教育部哲学社会科学重大课题攻关项目——"新时代马克思主义政治哲学话语体系构建研究"(19JZD008)的阶段性成果

PIPAN YU YINLING

批判与引领
当代中国非主流社会思潮研究

王岩 等 著

 南京大学出版社

图书在版编目(CIP)数据

批判与引领:当代中国非主流社会思潮研究／王岩等著. —南京:南京大学出版社,2021.11
ISBN 978-7-305-22829-2

Ⅰ.①批… Ⅱ.①王… Ⅲ.①社会思潮-研究-中国-现代 Ⅳ.①D092.7

中国版本图书馆CIP数据核字(2019)第296515号

出版发行 南京大学出版社
社　　址 南京市汉口路22号　　邮　编 210093
出 版 人 金鑫荣

书　　名 批判与引领:当代中国非主流社会思潮研究
著　　者 王岩等
责任编辑 王其平

照　　排 南京紫藤制版印务中心
印　　刷 常州市武进第三印刷有限公司
开　　本 718×1000　1/16　印张 40.5　字数 708千
版　　次 2021年11月第1版　2021年11月第1次印刷
ISBN 978-7-305-22829-2
定　　价 120.00元

网　　址:http://www.njupco.com
官方微博:http://weibo.com/njupco
官方微信:njupress
销售咨询热线:(025)83594756

＊ 版权所有,侵权必究
＊ 凡购买南大版图书,如有印装质量问题,请与所购图书销售部门联系调换

目　录

引　言 ··· 1
  第一节　当代中国非主流社会思潮的兴起与演进 ············· 1
    一、当代中国非主流社会思潮兴起的条件 ················· 2
    二、当代中国非主流社会思潮的演进逻辑 ················· 6
    三、当代中国非主流社会思潮的发展动向 ················· 9
  第二节　聚焦当代中国非主流社会思潮的必要性 ············· 14
    一、明确新时代我国意识形态建设战略地位的需要 ········· 15
    二、落实新时代我国意识形态建设中心任务的需要 ········· 18
    三、正视新时代我国意识形态建设现实困境的需要 ········· 22
  第三节　深化当代中国非主流社会思潮前瞻研究 ············· 28
    一、问题的缘起与研究述评 ···························· 29
    二、研究的对象与总体架构 ···························· 34
    三、研究的思路方法与价值 ···························· 37

第一章　当代中国自由主义思潮省思 ······························· 41
  第一节　自由主义思潮的理论渊源及演变历程 ··············· 41
    一、自由主义思潮的理论渊源 ·························· 41
    二、自由主义思潮的演变历程 ·························· 47
    三、自由主义思潮的价值硬核 ·························· 53
  第二节　自由主义思潮的中国流变及实践形态 ··············· 57
    一、西方自由主义思潮的中国流变 ······················ 57
    二、中国自由主义思潮生成的环境 ······················ 62
    三、中国自由主义思潮的历史命运 ······················ 66
  第三节　当代中国自由主义的理论实质及基本特点 ··········· 68
    一、当代中国自由主义的发展脉络 ······················ 69

二、当代中国自由主义的理论实质 ……………………………… 73
　　三、当代中国自由主义的基本特点 ……………………………… 76
　第四节　当代中国自由主义的意识形态命题 ………………………… 79
　　一、当代中国自由主义的意识形态本质 ………………………… 80
　　二、当代中国社会思潮的自由主义属性 ………………………… 83
　　三、当前中国自由主义的六大错误论调 ………………………… 89
　第五节　当代中国自由主义的意识形态危害 ………………………… 95
　　一、经济领域奉行"三化政策",削弱我国意识形态
　　　　建设的经济基础 ……………………………………………… 95
　　二、政治领域推崇"宪政民主",诋毁我国意识形态
　　　　建设的领导核心 ……………………………………………… 97
　　三、文化领域盲目"唯洋是举",冲击我国意识形态
　　　　建设的文化自信 ……………………………………………… 99
　　四、社会领域强调"福利个人化",恶化我国意识形态
　　　　建设的社会环境 ……………………………………………… 101
　　五、价值观领域宣扬"普世价值",消解我国意识形态
　　　　建设的价值认同 ……………………………………………… 103
　　六、指导思想领域主张异质多元化,争夺我国意识形态
　　　　建设的话语权 ………………………………………………… 105
　第六节　中国自由主义批判与我国意识形态建设 …………………… 106
　　一、紧扣经济建设中心,夯实我国意识形态建设的经济基础 …… 107
　　二、坚持全面从严治党,锻造我国意识形态建设的领导核心 …… 110
　　三、引领先进文化建设,坚定我国意识形态建设的文化自信 …… 112
　　四、加大民生改善力度,凝聚我国意识形态建设的主体力量 …… 115
　　五、培育践行核心价值观,增强我国意识形态建设的
　　　　价值认同 ……………………………………………………… 117
　　六、强化一元主导思想,牢牢掌握我国意识形态建设的
　　　　话语权 ………………………………………………………… 119

第二章　当代中国新左派思潮解析 ………………………………… 123
　第一节　当代中国新左派思潮的缘起与发展 ………………………… 123
　　一、新左派思潮由来与概念释义 ………………………………… 123

二、当代中国新左派思潮的缘起 ……………………… 127
三、当代中国新左派思潮的发展 ……………………… 131
第二节 当代中国新左派思潮的学理分析 …………………… 136
一、当代中国新左派思潮的理论渊源 ………………… 136
二、当代中国新左派思潮的心理基础 ………………… 141
三、当代中国新左派思潮的表现形态 ………………… 144
第三节 当代中国新左派思潮的观点透视 …………………… 148
一、平等至上论 ………………………………………… 148
二、市场原罪论 ………………………………………… 150
三、全面民主论 ………………………………………… 152
四、历史虚无观 ………………………………………… 155
五、新改革开放观 ……………………………………… 157
六、全球化陷阱论 ……………………………………… 159
第四节 当代中国新左派思潮的生存图谱 …………………… 161
一、新左派思潮与自由主义 …………………………… 161
二、新左派思潮与民族主义 …………………………… 164
三、新左派思潮与民粹主义 …………………………… 166
四、新左派思潮与新儒家思潮 ………………………… 168
第五节 当代中国新左派思潮的引领路向 …………………… 171
一、健全社会主义市场经济体制 ……………………… 171
二、拓展中国特色民主发展道路 ……………………… 176
三、坚持改革与完善改革相结合 ……………………… 181
四、奋力推进全面建成小康社会 ……………………… 185
五、推动人类命运共同体的构建 ……………………… 189

第三章 "普世价值"思潮的中国形态及其批判 …………………… 195
第一节 "普世价值"思潮的历史流变与理论内涵 ………… 195
一、"普世价值"的概念生成与语义演变 …………… 196
二、"普世价值"的学理内涵与根本特质 …………… 199
三、"普世价值"的理论逻辑与实现机理 …………… 202
第二节 "普世价值"思潮的中国境遇与理论论域 ………… 206
一、中国"普世价值"思潮兴起的背景 ……………… 206

二、中国"普世价值"思潮的发展进程 …………………… 210
　　三、中国"普世价值"思潮的话语形态 …………………… 213
第三节　"普世价值"思潮的价值指向与政治意图 …………… 215
　　一、以西方自由民主制度为其话语核心 …………………… 215
　　二、以绝对普遍价值消解多元特殊价值 …………………… 218
　　三、以抽象人性价值表达具体政治诉求 …………………… 222
第四节　"普世价值"思潮之于核心价值观的挑战以及危害 … 226
　　一、"普世价值"与社会主义核心价值观的根本对立 …… 226
　　二、"普世价值"与社会主义核心价值观的思想交锋 …… 233
　　三、"普世价值"对社会主义核心价值观的现实危害 …… 237
第五节　社会主义核心价值观建设的基本路向与有效举措 …… 241
　　一、解蔽"普世价值"的话语陷阱 ………………………… 242
　　二、确立凝聚社会共识的实践原则 ………………………… 246
　　三、增强社会主义核心价值观自信 ………………………… 250
　　四、建构完善核心价值观话语体系 ………………………… 254

第四章　当代中国宪政民主论的幻象解蔽 …………………… 262
第一节　宪政民主思潮的西方语境 ……………………………… 262
　　一、西方宪政民主思潮的理论溯源 ………………………… 262
　　二、西方宪政民主思潮的演进轨迹 ………………………… 266
　　三、西方宪政民主思潮的基本内涵 ………………………… 270
第二节　宪政民主思潮的中国诉求 ……………………………… 277
　　一、宪政民主论与新自由主义的嬗变 ……………………… 278
　　二、中国宪政民主论的主要政治主张 ……………………… 280
第三节　宪政民主思潮的理论实质与实践困境 ………………… 284
　　一、宪政民主思潮的理论实质 ……………………………… 284
　　二、宪政民主思潮的实践困境 ……………………………… 286
第四节　西方宪政民主在中国的不可行性分析 ………………… 292
　　一、宪政民主与社会主义民主法治的本质互斥 …………… 293
　　二、中国不具备实行"宪政民主"的肯定因素 …………… 294
　　三、中国宪政民主论政治诉求背后的价值隐忧 …………… 296
　　四、西方宪政民主思潮全球扩张的恶果与教训 …………… 298

第五节　坚持走中国特色的民主法治建设道路 ……………… 302
　　一、认清宪政民主论的意识形态实质 …………………… 302
　　二、遏制互联网领域宪政民主论泛滥 …………………… 303
　　三、增强主流意识形态的话语解释力 …………………… 305
　　四、构建中国特色民主法治话语体系 …………………… 308
　　五、完善渐进式政治体制改革的机制 …………………… 310

第五章　当代中国历史虚无主义评述 ……………………… 312
第一节　历史虚无主义的产生与发展 …………………………… 313
　　一、历史虚无主义的生成机理 …………………………… 313
　　二、历史虚无主义的西方根源 …………………………… 315
　　三、历史虚无主义的中国泛起 …………………………… 318
　　四、历史虚无主义的弥漫因由 …………………………… 324
第二节　历史虚无主义的错论谬论 ……………………………… 326
　　一、肆意歪曲否定中国革命历史 ………………………… 326
　　二、恶意编造虚构民族传统文化 ………………………… 328
　　三、随意以世俗化态度消费历史 ………………………… 330
　　四、刻意拓展网络文化虚无空间 ………………………… 331
第三节　历史虚无主义的多维透视 ……………………………… 333
　　一、唯心史观的哲学基础 ………………………………… 333
　　二、形而上学的思维方式 ………………………………… 336
　　三、西方中心论的价值秉承 ……………………………… 337
　　四、虚无马克思主义的本质所指 ………………………… 338
　　五、资产阶级意识形态的理论内核 ……………………… 339
第四节　中国历史虚无主义的现实危害 ………………………… 341
　　一、弱化人们对主流意识形态的认同 …………………… 341
　　二、加深意识形态领域的复杂化程度 …………………… 343
　　三、动摇中共治国理政的合法性基础 …………………… 344
　　四、消融中华民族赖以复兴的中国精神 ………………… 345
第五节　中国历史虚无主义的应对之道 ………………………… 347
　　一、尊重历史文化是应对中国历史虚无主义的首要前提 ……… 347
　　二、"四个自信"是应对中国历史虚无主义的思想根基 ……… 349

三、善用媒体舆论是应对中国历史虚无主义的重要举措 ········ 351
　　四、凝聚广泛社会共识是应对中国历史虚无主义的
　　　　有效路径 ·· 354
　　五、重视网络意识形态是应对中国历史虚无主义的
　　　　应有之义 ·· 356
　　六、构建特色话语体系是应对中国历史虚无主义的
　　　　必然之举 ·· 358

第六章　当代中国"公民社会"思潮批判 ································· 360
第一节　"公民社会"思潮的理论溯源及价值硬核 ················ 360
　　一、"公民社会"思潮的理论溯源 ··· 360
　　二、"公民社会"思潮的概念解读 ··· 364
　　三、"公民社会"思潮的价值硬核 ··· 365
第二节　"公民社会"思潮的中国流变及实践样态 ················ 367
　　一、"公民社会"思潮的中国缘起 ··· 367
　　二、"公民社会"思潮的中国流变 ··· 369
　　三、"公民社会"思潮的中国实践 ··· 370
第三节　当代中国"公民社会"思潮的理论主张 ···················· 371
　　一、当代中国"公民社会"思潮的主要内容 ······················· 371
　　二、当代中国"公民社会"思潮的基本特点 ······················· 373
　　三、当代中国"公民社会"思潮的未来走向 ······················· 375
第四节　当代中国"公民社会"思潮的价值诉求 ···················· 376
　　一、推崇绝对至上的权利观 ··· 377
　　二、信奉政府退出的经济观 ··· 378
　　三、迷思宪政模式的民主观 ··· 379
　　四、吹捧完全独立的社会观 ··· 380
　　五、提倡多元异质的价值观 ··· 381
第五节　当代中国"公民社会"思潮之现实危害 ···················· 382
　　一、偏离全面建成小康社会的战略目标 ····························· 383
　　二、混淆"两制"民主之间的社会基础 ····························· 384
　　三、瓦解我国基层民主自治的制度基石 ····························· 385
　　四、弱化我们党长期执政的政治合法性 ····························· 385

五、降低了基层社会治理能力的有效性 …………………… 386
　　　六、消解主流意识形态建设的理论根基 …………………… 388
　第六节　当代中国"公民社会"思潮的引领策略 ………………… 389
　　　一、创造健康氛围,理顺政府与市场之间的关系 …………… 389
　　　二、注重实践革新,坚持社会主义民主政治道路 …………… 395
　　　三、铸造社会基础,提升国家治理能力的现代化 …………… 400
　　　四、坚持正本清源,发挥马克思主义的指导作用 …………… 405
　　　五、明确价值指引,涵养理性而平和的现代公民 …………… 408

第七章　当代西方新闻自由思潮批驳 ……………………………… 415
　第一节　新闻自由理念的多维诠释及其理论内涵 ………………… 415
　　　一、新闻自由的多维诠释 ……………………………………… 416
　　　二、欠缺共识的新闻自由 ……………………………………… 422
　　　三、新闻自由的理论内涵 ……………………………………… 425
　第二节　西方新闻自由思潮的历史嬗演及其扩张 ………………… 429
　　　一、西方新闻自由思潮的嬗演历程 …………………………… 429
　　　二、西方新闻自由思潮的中国传播 …………………………… 435
　　　三、西方新闻自由思潮演变的现实启示 ……………………… 440
　第三节　当代西方新闻自由思潮的意识形态特质 ………………… 446
　　　一、当代西方新闻自由思潮兴起的背景 ……………………… 446
　　　二、当代西方新闻自由思潮的理论实质 ……………………… 449
　　　三、当代西方新闻自由思潮的价值渗透 ……………………… 456
　第四节　以马克思主义新闻观批判新闻自由思潮 ………………… 462
　　　一、把握马克思主义新闻自由观的基本内涵 ………………… 462
　　　二、坚持马克思主义新闻自由观的一般原则 ………………… 466
　　　三、践行新闻领域意识形态安全的有效路径 ………………… 470

第八章　当代中国民粹主义辩驳 …………………………………… 475
　第一节　民粹主义及其理论形态 …………………………………… 475
　　　一、民、民粹及民粹主义 ……………………………………… 475
　　　二、民粹主义的历史沿革 ……………………………………… 482
　　　三、民粹主义及其一般特征 …………………………………… 485

第二节　民粹主义的中国境遇及存在样态 …… 486
　一、当代中国民粹主义的演进路向 …… 486
　二、当代中国民粹主义的表现样态 …… 487
　三、当代中国民粹主义的价值诉求 …… 492

第三节　当代中国民粹主义产生的根源 …… 496
　一、收入分配差距拉大是其经济诱因 …… 496
　二、利益诉求渠道不畅是其政治前提 …… 497
　三、价值取向多元多样是其观念因素 …… 498
　四、社会矛盾问题凸显是其社会土壤 …… 499
　五、网络技术革新应用是其媒介条件 …… 500

第四节　当代中国民粹主义的意识形态批判 …… 502
　一、当代中国民粹主义的理论实质 …… 502
　二、中国民粹主义的意识形态危害 …… 506
　三、当代中国民粹主义的负面影响 …… 509

第五节　当代中国民粹主义的引领路径 …… 512
　一、以主流意识形态为统领夯实引领民粹主义的思想根基 …… 512
　二、以社会共建共享为核心奠定引领民粹主义的现实基础 …… 515
　三、以规范政治参与为保障优化引领民粹主义的政治环境 …… 516
　四、以培育公民意识为抓手提升引领民粹主义的主体能力 …… 518
　五、以网络舆论引导为重点健全引领民粹主义的媒介机制 …… 519

第九章　当代中国极端民族主义思潮检视 …… 521

第一节　民族主义及其发展脉络 …… 521
　一、民族主义的概念界说 …… 521
　二、西方民族主义的发展 …… 523
　三、中国的近代民族主义 …… 527
　四、马克思主义民族理论 …… 529

第二节　极端民族主义的理论解读 …… 534
　一、极端民族主义的基本内涵 …… 534
　二、极端民族主义的衍生原因 …… 535
　三、极端民族主义的扩张逻辑 …… 536

第三节　极端民族主义的实践风险 …… 538

一、诱使法西斯主义 ………………………………… 538
　　二、滋生国际恐怖主义 ……………………………… 541
　　三、影响世界和平进程 ……………………………… 543
第四节　极端民族主义的中国样态 …………………………… 545
　　一、作为极端民族主义的民族分裂主义 …………… 545
　　二、当代中国民族分裂主义的存在形式 …………… 547
　　三、当代中国民族分裂主义的精神实质 …………… 557
第五节　新时期反民族分裂主义的相应对策 ………………… 565
　　一、用马克思主义民族理论指导民族工作 ………… 565
　　二、坚持和加强党对民族工作的绝对领导 ………… 567
　三、积极培育和践行社会主义核心价值观 ………………… 569
　　四、健全完善反民族分裂主义的法律体系 ………… 570
　　五、锻造反民族分裂行为的国家专政机关 ………… 572
　　六、增进在民族问题上的全球对话与合作 ………… 573

第十章　当代中国消费主义的价值引领 …………………… 576
第一节　消费领域中的意识形态之争 ………………………… 576
　　一、消费领域中的意识形态问题辩驳 ……………… 576
　　二、作为意识形态渗透新途径的消费 ……………… 578
　　三、消费领域中意识形态渗透的本质 ……………… 579
第二节　消费主义基本原理及其相关 ………………………… 582
　　一、消费主义与经济主义 …………………………… 582
　　二、消费主义与自由主义 …………………………… 585
　　三、消费主义与个人主义 …………………………… 587
　　四、消费主义与享乐主义 …………………………… 591
第三节　消费主义在当代中国的境遇 ………………………… 594
　　一、中国消费主义的有无之辩 ……………………… 595
　　二、中国消费主义的基本特点 ……………………… 596
第四节　当代中国消费主义呈现方式 ………………………… 599
　　一、力倡节俭过时论 ………………………………… 599
　　二、热衷于奢侈品 …………………………………… 601
　　三、崇尚符号消费 …………………………………… 603

四、贪图安逸享乐 ………………………………………… 604
第五节　当代中国消费主义的危害性 ………………………… 606
　　一、自然生态恶化 ………………………………………… 607
　　二、社会贫富分化 ………………………………………… 608
　　三、主体人格异化 ………………………………………… 610
　　四、价值理想淡化 ………………………………………… 612
　　五、助推经济有限 ………………………………………… 615
第六节　以共享发展构建科学消费方式 ……………………… 616
　　一、消费：落实共享发展理念的一项重要内容 ………… 617
　　二、彰显共享发展的宗旨，增添消费的情感性 ………… 620
　　三、夯实共享发展的基础，延展消费的经济性 ………… 622
　　四、强化共享发展的能力，确保消费的持续性 ………… 625
　　五、突出共享发展的目的，增进消费的公正性 ………… 627
　　六、提升共享发展的质感，丰富消费的精神性 ………… 630

后　记 ………………………………………………………………… 633

引　言

作为一种规模宏观、形态嬗变的观念运动,社会思潮从思想层面折射着人们复杂的心理反应和行为认知,为人们观察社会、分析问题、解决矛盾、把握世界提供了不同视角。正是在此意义上,马克思指出:"新思潮的优点又恰恰在于我们不想教条地预期未来,而只是想通过批判旧世界发现新世界。"①然而,社会思潮并不是纯粹的观念演绎和精神运动,它在本质上乃是一种特殊的意识形态表现形式,有着特定的现实指向、实践取向和政治导向。近代以来,人类社会就身处纷繁冗杂的"意识形态时代"和"意识形态丛林"。形形色色的社会思潮的存在非但没有造就出海晏河清的意识形态愿景,反而导致了精神世界难以弥合的思想张力和无法消泯的价值冲突。回眸世界的东方,改革开放 40 多年来我国意识形态领域始终面临着"树欲静而风不止"的现实景状。一方面,随着世界范围内国家间思想文化交流交融交锋日益频繁,某些西方发达国家加大对我国进行文化侵蚀和意识形态渗透的力度,企图在意识形态这场没有硝烟的暗战中"西化""分化"中国。另一方面,中国市场化转轨过程中所呈现出的利益分化、阶层固化、价值观念多元化、文化形态多样化等现代性特征,也一度增添了我国意识形态建设的不确定性因素。受国际国内环境的双重影响,中国的自由主义、新左派思潮、"普世价值"思潮、宪政民主思潮、历史虚无主义、"公民社会"思潮、新闻自由思潮、民粹主义、极端民族主义和消费主义等非主流社会思潮彼此交织、遥相呼应,严重威胁着我国主流意识形态安全。缘于此,非主流社会思潮历来是我国学界的一个热门话题和研究主题。

第一节　当代中国非主流社会思潮的兴起与演进

社会思潮是社会发展的风向标和指示器,其更迭、替换既表征着时代进步

---

① 《马克思恩格斯文集》第 10 卷,人民出版社 2009 年版,第 7 页。

的旋律,也代表着社会变革的节奏。从社会思潮的变迁和兴替中,我们不仅可以觉察到社会民众的生活态度与政治期望,而且还能够发掘出社会变革所依赖的思想资源与理论学说。这就意味着,社会思潮不单纯是一个观念问题,同时也是一个依附于社会意识和社会心理的社会问题。诚然,"在分析任何一个社会问题时,马克思主义理论的绝对要求,就是要把问题提到一定的历史范围之中"①。故而,需要加以追问的是:作为"社会问题"的当代中国非主流社会思潮与中国40多年改革开放史有着何种关联?其兴起有着什么样的条件?其演进遵循着什么样的逻辑?其发展又呈现出什么样的特点?而对这些问题的阐释和解答,也正是洞察、透视和追踪当代中国非主流社会思潮"万花筒"的"秘钥"所在。

一、当代中国非主流社会思潮兴起的条件

按照历史唯物主义的理解,"历史从哪里开始,思想进程也应当从哪里开始。而思想进程的进一步发展不过是历史过程在抽象的、理论上前后一贯的形式上的反映;这种反映是经过修正的,然而是按照现实的历史过程本身的规律修正的。这时,每一个要素可以在它完全成熟而具有典范形式的发展点上加以考察"②。严格来说,对当代中国非主流社会思潮的研究应追溯至1949年新中国的成立。但就事实而言,由于改革开放前30年意识形态的严格管控,当时中国社会基本上不存在异质性的意识形态,当代中国非主流社会思潮的兴起是与中国的改革开放联结在一起的。一部中国改革开放史,亦是一部当代中国非主流社会思潮兴衰演变史。20世纪70年代末中国改革开放的启动,使社会民众逐步突破、摆脱了传统意识形态教条化的牵制和束缚,中国也由此步入了更为广阔的国际空间。中国社会民众思想解放程度和对外交往国际化程度的提升,势必会引起一系列思想文化的连锁反应,而这种连锁反应的突出标识便是当代中国非主流社会思潮的跌宕起伏。

(一)当代中国非主流社会思潮兴起的经济条件

任何社会思潮的产生都有其物质基础。无论是表现为观念形态的运动还是呈现为精神样式的产品,社会思潮注定摆脱不了物质条件的"纠缠"。诚如马克思主义经典作家所言,"'精神'从一开始就很倒霉,受到物质的'纠缠'"③,而

---

① 《列宁专题文集:论马克思主义》,人民出版社2009年版,第302页。
② 《马克思恩格斯文集》第2卷,人民出版社2009年版,第603页。
③ 《马克思恩格斯选集》第1卷,人民出版社2012年版,第161页。

"每一历史时代的经济生产以及必然由此产生的社会结构,是该时代政治的和精神的历史的基础"①,所以,"一切社会变迁和政治变革的终极原因,不应当到人们的头脑中,到人们对永恒的真理和正义的日益增进的认识中去寻找,而应当到生产方式或交换方式的变更中去寻找;不应当到有关时代的哲学中去寻找,而应该到有关时代的经济中去寻找"②。即是说,社会思潮的生成根源于社会经济结构,社会经济结构是社会思潮得以兴起的最直接的物质动因。众所周知,随着改革开放后市场机制的引入和运用,我国经济体制发生了深刻变革,传统计划经济体制逐渐被打破,新的市场经济体制被确立,公有制经济成分与非公有制经济成分并存,且非公有制经济在质和量上都获得了双重发展。不过,经济成分的多样化投射到思想文化领域,反映出的就是经济主体多元化的观点主张与价值诉求。依据不同的经济获利需要,各个利益主体/群体在认识和理解各种理论与实践问题时表现出明显的价值观差异,他们会有选择性地支持或反对某一思想流派,从而推动或阻滞着某种社会思潮的发展。辩证地看,中国市场化改革在繁荣社会经济的同时,也衍生出了利益分化、分配不公等问题。作为特定社会利益集团的"代言人",不同社会思潮背后所代表着的社会利益有着根本性区别,比如自由主义强调个人利益,新/老左派思潮关注集体利益,民族主义思潮则看重国家利益……据此可知,脱离经济基础的社会思潮并不存在,当代中国非主流社会思潮就是改革开放以来我国经济体制深刻变革直接催生的结果。

(二)当代中国非主流社会思潮兴起的政治条件

社会思潮不同于一般的社会意识、社会心理,它有着鲜明的政治取向,也必然拥有一定的政治环境。相较于以往严肃的政治氛围,改革开放以来宽松的政治环境为当代中国非主流社会思潮的兴起提供了舆论上的便利。我们都知道,在改革开放之前,我国的民主政治建设在很大程度上和很长时间段遵循的是一条"兴无灭资"的路线。虽然这一路线在巩固新生的无产阶级政权方面确实发挥着积极作用,但其重政治运动轻生产活动的弊端也使党和国家的民主政治建设遭遇了惨痛教训。如1957年4月,针对当时整风运动过程中极少数资产阶级右派反革命分子对中国共产党和社会主义制度的疯狂进攻,中央研究并部署了反右派斗争。正常来讲,对极少数右派分子的进攻实行坚决批判和反击,是完全正确和必要的。但由于受"左"倾思维定势的影响和对党内外形势的错判,

---

① 《马克思恩格斯文集》第2卷,人民出版社2009年版,第9页。
② 《马克思恩格斯文集》第3卷,人民出版社2009年版,第547页。

反右派斗争被人为地扩大化,一大批高级知识分子和重要民主人士被错划为"右派分子",党内民主生活也因此遭到破坏。与此同时,在1957年至1960年间,"大跃进"和人民公社化运动等"左"倾冒进行为,一度干扰了我国民主政治建设的进程。到了"文革"时期,"左"的路线发展到了顶峰,党和国家的民主法治被严重践踏。在那个动荡不安的时代,政治高压下人人深感自危,即便是党员群众发表有关社会主义建设的合理意见,也可能随时会被扣上反党反社会主义的帽子,更遑论那些对中国社会发展道路持有歧见的言论了。所以,受政治形势所迫,在新中国成立后的将近30年时间里,那些以阐发不同价值主张、政治取向和发展模式为基本特征的社会思潮根本就没有滋生的政治条件。只是在"文革"结束后,随着拨乱反正工作的顺利展开以及改革开放的正式启动,政治高压态势得以缓解,社会各界围绕社会主义现代化建设问题纷纷献计献策,我国的民主政治建设才逐渐步入正轨。这也就为国内各种社会思潮的萌生提供了必要的政治条件。

(三)当代中国非主流社会思潮兴起的文化条件

社会思潮的兴起既需要一定的经济和政治条件的支撑,也离不开知识文化条件的支持。就关联度而言,社会思潮是与知识分子群体直接联系在一起的,知识文化赋予了人们深度忖量和斟酌社会生活的无限可能。因而,考察社会思潮,就离不开对知识分子群体的关注。这是因为,知识分子群体既是社会思潮的生产者和传播者,同时也是社会思潮的研究者和推进者。列宁曾经指出:"知识分子之所以叫作知识分子,就是因为他们最自觉地、最彻底地、最准确地反映和表现了整个社会的阶级利益的发展和政治派别的划分。"[①]事实证明,近代以来东西方世界社会思潮的勃兴都同知识分子的参与有关。他们在其社会生活中流露出强烈的价值关怀,且希望借助相应的理想信念、道德规范、制度标准来诱发、引导和塑造民众的倾向,以此推动民族国家的发展。进一步来说,知识分子群体所代表的文化领导权与政党组织所代表的政治领导权之间的张力,正是东西方世界社会思潮潮起潮落的根本原因。诚然,当代中国非主流社会思潮的兴起也根源于文化领导权与政治领导权的断裂。始于1978年的改革开放,使中国知识分子群体从传统政治生活和政治安排的"休眠状态"中清醒过来,他们开始把目光聚于中国的民主政治建设,而他们政治思考的一个中心议题就是如何将文化权力从国家政治权力中解放出来,从而担负起思想解放的文化使命。

[①] 《列宁全集》第7卷,人民出版社1986年版,第324页。

40多年来,"中国知识分子就许多重要公共性问题展开了持续而热烈的争论,拓展了公共领域的疆界,开辟出新的论述空间,这无疑是知识分子参与社会转型实践的体现,对思考和理解中国社会在发展中面临的重要问题具有积极的意义"①。然而,基于不同社会集团的利益分野,中国知识分子群体在关于当代中国社会转型等重要问题的讨论中产生了派别性分歧,其所形成的思想派别沿着不同的价值取向和逻辑进路表达着不同的政治期望,不仅导致了我国思想文化界的严重分裂,而且加剧了国内非主流社会思潮多元化发展的态势。

(四)当代中国非主流社会思潮兴起的社会条件

社会思潮与社会革命或社会变革有着天然的亲缘关系,新旧世界交替时代也往往是社会思潮兴盛的年代。于是,人们经常看到这样的场景,即在社会发生革命或变革的时期,各种社会思潮会如雨后春笋般涌现。就此而言,鸦片战争至新中国成立前的百年中国史,也是各种社会思潮粉墨登场、竞相争艳的历史。不断的社会革命虽然终结了两千余年的封建帝制,但并未造就出一个崭新的中国。在那样一个混乱、迷惘的年代,人们对中国社会发展前途所进行的思考和追问,极大地推动着各种社会思潮的生成。所以说,近现代中国社会思潮是中国新旧世界更替时代的产物。同样,当代中国非主流社会思潮的兴起也是中国社会"第二次革命"的产物。以党的十一届三中全会为标志,中国改革开放的开启意味着一个新时代的开始。正是在改革开放进程中,在传统计划经济向现代市场经济转变的过程中,代表不同意见主张的社会思潮纷纷出现。从产生条件来说,这些丰富多彩的社会思潮的兴起根源于当代中国社会的急剧变革。伴随着新一轮的思想解放和经济基础的变化,不同社会阶层和利益群体出于自身利益的考量,表现出对中国社会变革走向不同的情感认知和价值诉求,以至最终形成对中国社会转型道路有着不同甚至完全对立思维路径的社会思潮。"当市场化改革把中国社会引领到世俗化轨道上的时候,中国政治思潮发生了明显的转向。其中最明显的就是以社会重构运动作为标志的各种政治思潮的出现,代表性的政治思潮包括自由主义、'新左派'等。"②这就表明,以社会重构运动作为共同标志的当代中国非主流社会思潮,其兴起、发展与中国急剧的社会变革有着紧密的关联。从表面上看,当代中国非主流社会思潮的兴起是对中国进入改革开放新时期以及融入经济全球化的一种文化反映,但实际上却展现

---

① 许纪霖、罗岗:《启蒙的自我瓦解:1990年代以来中国思想文化界重大论争研究》,吉林出版集团有限责任公司2007年版,第251页。
② 刘建军:《当代中国政治思潮》,复旦大学出版社2012年版,第21页。

了一种诊断和反思中国问题的政治期望。在中国不断从传统向现代、封闭向开放、计划经济向市场经济转变的时代背景下,当代中国非主流社会思潮同社会变革的亲缘关系更是充分地显现了出来。

二、当代中国非主流社会思潮的演进逻辑

社会思潮是观念史、政治史和社会史的集合体,体现着逻辑与历史的辩证统一。换句话说,作为理论体系或思想学说的社会思潮,其逻辑进程是要与客观现实的历史发展进程保持一致的。这就意味着,当代中国非主流社会思潮既存在兴起的外在条件,也有着自身演进的内在逻辑。恩格斯曾坦言:"逻辑的发展完全不必限于纯抽象的领域。相反,它需要历史的例证,需要不断接触现实。"①现时期,我们主张加强对当代中国非主流社会思潮的研究,但并不是将其仅仅局限于纯粹抽象的精神和思想领域,而是要努力从"历史例证"和"现实接触"中寻找其赖以产生的土壤与发展的逻辑。单单就其演进的历时性而言,我们姑且可以从"历史勾连""现实转化""未来前景"等三个方面,纵向审视当代中国非主流社会思潮逻辑进程在时序上的连贯性和再生性。

(一)当代中国非主流社会思潮与近现代中国社会思潮存在历史勾连

当代中国非主流社会思潮虽然衍生于改革开放新时期,但从它们所关注的现实主题以及叙述方式来看,却与近现代中国社会思潮有着前后承继的关系。或者说,近现代社会思潮为当代中国非主流社会思潮的产生和发展提供了可供参考借鉴的文化资源,它们之间的相同性或相似性则向人们说明,中国所面临着的许多经济、政治、文化和社会问题仍未从根本上得到解决。然而,在改革开放进程中,这些未被近现代社会思潮解答并遗留下来的问题又重新回到了公众视野,且在当代中国非主流社会思潮中再次展现出来;以前那些被宏大社会事件和政治运动所掩盖遮挡下来的问题,又成了当代中国各种社会思潮所关注的对象。因此,在当代中国非主流社会思潮背后,我们依稀能够看到近现代中国社会思潮的身影。如当代中国自由主义、民主社会主义、历史虚无主义、"普世价值"思潮、宪政民主思潮等,就与中国近现代史上的自由主义、西化论有着一定程度的连接。不过,问题还在于,即便是社会问题的连续性导致了社会思潮之间的勾连性,但在主要内容方面,当代中国非主流社会思潮与近现代社会思潮仍有着很大的差异。要知道,"每一时代的理论思维,从而我们时代的理论思

---

① 《马克思恩格斯文集》第2卷,人民出版社2009年版,第605页。

维,都是一种历史的产物,在不同的时代具有非常不同的形式,并因而具有非常不同的内容"①。所以说,在生存和发展的政治环境与社会环境迥然不同的条件下,当代中国非主流社会思潮无论在形式上还是在内容上,都有别于近现代社会思潮。另外,需要特别说明的是,纵然是产生于同一政治体系的社会思潮,但由于不同时期不同阶段内经济、政治和社会改革力度的不同,其所表现的形式以及所表达的内容自然也会有别。这也是当代中国非主流社会思潮不完全等同于近现代社会思潮的缘由之一。据此推之,当代中国非主流社会思潮并不能按照自身逻辑随意延展,而是要受到国家政治权力和意识形态的制约。这种外在约束也使得当代中国非主流社会思潮的兴起、变迁只有在国家的经济、政治、文化和社会改革的逻辑中才能够得到充分的说明。

(二)西方社会思潮不断地实现着向国内非主流社会思潮的现实转化

在当代中国非主流社会思潮中,有些社会思潮是从国外主要是从西方舶来的,如自由主义、历史虚无主义、民主社会主义等;有些社会思潮则是源自中国本土的,如新/老左派思潮、新儒家思潮等。如果单从存在的数量优势来说,在当代中国非主流社会思潮中,多数社会思潮是国外思潮向国内思潮不断转化的结果,是通过直接照搬、移植西方社会思潮而来的。究其原因,"资产阶级思想体系的渊源比社会主义思想体系久远得多,它经过了更加全面的加工,它拥有的传播工具也多得不能相比"②。所以,相较于资产阶级思想体系,社会主义思想体系在力量对比上明显处于弱势。长期以来,资本主义发达国家正是凭借这种思想上的强势,肆无忌惮地兜售其价值观念,以期完成"和平演变"社会主义国家和"按照自己的面貌为自己创造出一个世界"的夙愿。随着苏东剧变事件的发生,世界社会主义运动遭到重创,西方社会思潮的影响更是波及全球各个角落。在改革开放和经济全球化的时代背景下,西方社会思潮自然也不会放弃"和平长入"中国的机会。一时间,新自由主义、民主社会主义、历史虚无主义、"普世价值"思潮、利己主义、消费主义等西方社会思潮在中国传播和蔓延开来。受其影响,当代中国非主流社会思潮的理论陈说并未跳出西方社会思潮的思想窠臼,它们不是依据中国客观实际与时代特征所进行的原创性的价值创造,而是沿用乃至套用西方社会思潮的观点,以"西方理论"解读"中国实践",不可避免地存在着时空错位。这就表明,当代中国非主流社会思潮在立论基础和价值取向上都具有很强的西方依附性。当前,面对改革开放进程中利益分化、社会

---

① 《马克思恩格斯文集》第9卷,人民出版社2009年版,第436页。
② 《列宁专题文集:论无产阶级政党》,人民出版社2009年版,第87页。

断裂的现实,中国非主流社会思潮为了凸显其价值合理性,更加注重借鉴、吸收西方社会思潮的思想,国外思潮向国内思潮转化的态势愈发明显。如当代中国自由主义和宪政民主思潮就是国内坚持新启蒙立场的自由派、宪政派横移西方新自由主义和宪政民主思潮的衍生物,西方新自由主义和宪政民主思潮为了迎合中国社会市场化和民主化改革的需要,也倾其所能向国内其他社会思潮渗透、转化。

（三）当代中国非主流社会思潮面临观点碰撞、思想交锋的未来前景

由于阶级立场和政治倾向上的差异,当代中国非主流社会思潮在许多问题认识和价值选择上并未形成共识,甚至在某些方面处于两极对峙的状态。就像中国历史上历次的思想交锋一样,当代中国非主流社会思潮之间的对立对抗同样有着深刻的社会背景。进入20世纪90年代,中国加快了改革开放的步伐和融入全球化的进程,一方面取得了市场经济快速发展、民主政治建设业绩斐然、精神文明创建活动扎实开展、人民生活水平显著提高等举世瞩目的成就。另一方面却又遭遇着收入分配不公、贫富差距拉大、贪污腐败蔓延、生态环境恶化等社会问题的困扰。面对此种社会情境,相当一部分知识分子开始认真思考中国社会现代化的发展出路和发展方向问题。他们依据对中国社会现实问题和矛盾的不同诊断,开出了各自不同的"药方",形成了各自不同的意见。在一些人看来,这些问题是中国实现现代化所必须付出的代价,解决问题的根本出路在于实行全面市场化的经济体制改革和彻底民主化的政治体制改革,用民主制度抑制权力腐败,用法律法规规范市场经济,用公民社会制约政府权力,就能够促进社会的公平与和谐。但另一些人却认为,这些问题是过度市场化改革致使"国际资本主义在中国扩张"的必然结果,解决中国问题的关键就在于对抗资本主义世界经济政治体系的现存格局,进而走出一条任何文明形态都未曾走过的创新之路。这就不难看出,在如何认知和解决中国社会现实问题的思路与方案上,非主流社会思潮中的不同派别所持的态度几乎截然相反。由此推之,只要这些问题没有得到彻底根除,各种非主流社会思潮在如何认识和实现中国现代化上的分歧也就不可能化解,它们之间的观点碰撞、思想交锋更是无法避免。当前,虽然非主流社会思潮也在结合不断发展的实际对自身的思想理念进行调试,甚至主张吸收其他社会思潮的优点和长处,但出于根本利益诉求的不同,从整体发展的未来前景来看,非主流社会思潮之间的相互融合只不过是权宜之计而已,观点碰撞、思想交锋才是其最真实、一以贯之的"常态"。

三、当代中国非主流社会思潮的发展动向

当代中国非主流社会思潮虽名目繁多、形态多样,但相似的生成条件与演进逻辑,为人们科学预测其发展动向提供了可能。在意识形态工作方面,密切关注、科学把握社会思潮的发展动向,有利于我们及时发现问题并对之加以预防和应对,做到防患于未然,进而牢牢掌握批判和引领错误社会思潮的主动权。当前,中国正处于改革攻坚期和深水区,各种非主流社会思潮围绕转型期间的不同矛盾和问题,或时有对话交流,或时有对峙交锋。然而,人类思维规律表明,现实个人思想观念和价值取向多样性、多元性、多变性的特点并不能在短时间内得以彻底改变,非主流社会思潮冲击马克思主义指导地位的情形也难以在短时间内得到根本改观。但应该看到,党的十八大以来,在习近平新时代中国特色社会主义思想的科学指引下,国内非主流社会思潮整体上呈平稳态势,有的偃旗息鼓、静观其变,略显颓势,有的主动向主流意识形态靠拢,伺机崛起。与此同时,主流意识形态凝聚力、影响力显著提升,我国意识形态领域"一元主导、多元共存"的思想生态平衡格局初步形成。在这样新的时代境遇下,当代中国非主流社会思潮也难免呈现出一些新的发展动向。

（一）当代中国非主流社会思潮的政治诉求愈加公开化

生成并发展于社会实践的社会思潮具有强烈的实践取向,即"社会思潮的实践价值向外扩散到个人,使之通晓这种思想并能运用它"①。社会思潮的这一实践取向在一定程度上代表了人们对政治生活思索的思想成果,且在价值和制度层面流露出一种肯定或否定某种政治传统的设想和方案。而实践取向的外溢,也导致社会思潮不断向国家权力中心渗透的趋向,甚至会一度左右一个时代的政治发展进程。在当前国内学界,很多研究者之所以将社会思潮称作政治思潮,其中一个重要原因就是,几乎所有种类的社会思潮在其实践取向所产生的导引效应和鼓动效应中都表达着一种鲜明的政治观念和政治价值。值得警惕的是,很多非主流社会思潮已不再满足于其所处的"非主流"地位,而是希望通过推行自身的思想主张同主流意识形态争夺话语权,进而取代马克思主义在意识形态领域的指导地位。出于对马克思主义、社会主义制度和中国共产党的固有敌视,个别非主流社会思潮公然对我国现行的基本经济制度、政治制度和党的理论创新成果进行诋毁、抨击。如自由主义将社会主义市场经济的成功完

---

① [美]雷蒙德·保罗·库佐尔特、艾迪斯·W.金:《二十世纪社会思潮》,张向东译,中国人民大学出版社1991年版,第7页。

全归因于私有制和市场机制的引入,认为公有制和政府调控是导致国家经济活力不足、市场运行不畅的"罪魁祸首",以此要求以绝对自由化、彻底私有化和完全市场化来指导中国经济社会的发展。再如宪政民主思潮竭力标榜资产阶级的多党制、议会制、三权分立制,将中国共产党的领导污蔑为"一党专政"。又如"普世价值"思潮认为我们党所进行的思想解放和理论创新就是要确立"普世价值",主张以"普世价值"为尺度进行经济、政治、文化和社会方面的理论创新,而社会主义核心价值观就是承认、接受并践行资产阶级自由、平等、人权、博爱等"普世价值"的结果。不难发现,以上三种非主流社会思潮的政治诉求凸显了其资产阶级意识形态的本质,而它们同马克思主义斗争的根本问题,就是中国究竟要举什么旗,走什么道路,建立什么样的基本制度,建立什么样的国家。

(二)当代中国非主流社会思潮场域分布渐渐国际化

辩证唯物主义认为,任何事物都有作为其特殊运动和特定存在形式的时间与空间。正是在此意义上,社会思潮也可以视为人类思想意识同时间和空间相交融的产物,即它的生成、传播和认同都有相应的时空场域,其涌动或嬗变也都与此一时空中人们的物质生活条件紧密相关。在当今经济全球化、网络信息化高速发展的时代,个体之间乃至民族国家之间思想文化交流的时空被高度延展。这就使得社会思潮的传播能够随时随地进行,而不再局限于某一时间点和空间段。社会思潮也由此不再孤立地存在于某一狭窄范围或单一国度。就拿国内非主流社会思潮而言,由于改革开放前严格的意识形态管控,当时尚未出现规模成型且能够与官方主导意识形态相抗衡的其他社会思潮;只是在改革开放后,其他社会思潮才随着人们思想观念的解放和言论自由的放开而竞相登场。如前文所述,单从理论基础和衍生环境看,当代中国非主流社会思潮中的绝大多数都同西方社会思潮有着密切关系。中国的自由主义、历史虚无主义、宪政民主思潮、"公民社会"思潮等非主流社会思潮就直接承袭了西方社会思潮的价值理念,可谓是西方社会思潮在中国不同的嬗变样态。浓厚的西方根底和西化情结表明,国内个别非主流社会思潮自产生之日起就不只是孤立地存在于境内,而是有着多域化的分布场所。以中国自由主义、历史虚无主义、宪政民主思潮等非主流社会思潮为例,三者场所分布的多域化特点尤为明显。我们知道,冷战结束特别是苏东剧变后,西方发达国家把资产阶级的自由、民主、人权等标榜为所谓的"普世价值",并倚重强大的经济实力和话语权,凭借先进的科技、媒体优势,为新自由主义在华传播培植代言人,对中国竭尽意识形态渗透之能事。无独有偶,国内资产阶级自由化分子也同西方敌对势力遥相呼应,肆意散布新自由主义的普世言论,企图在里应外合之中颠覆社会主义政权。进入新世纪以来,面对中国的迅速崛起,国内外敌对势力加紧勾结,他们借助西方新自由主义、"普世价值"思潮、宪政民主思潮等意识形态渗透工具,希望以此达到"和平演变"中国的目的。这就在客观上推动了中国自由主义的分布场域朝着国际化方向发展。

(三) 当代中国非主流社会思潮问题意识越发明晰化

"问题就是时代的口号,是它表现自己精神状态的最实际的呼声。"[1]从最为直观的视角来看,社会思潮是知识分子群体介入解决社会问题和矛盾过程的一种理性思辨,社会思潮的变动其实就是对知识分子群体问题意识的一种映射。当代中国非主流社会思潮就可以看作是对转型期间中国社会问题与矛盾的表征抑或确证。衍生于问题、争论于问题,是时代赋予当代中国非主流社会思潮的一大特色。可以说,20世纪90年代以来转型时期的中国问题、中国矛盾,既为当代中国非主流社会思潮的产生提供了社会土壤,又为各社会思潮之间相互激荡的文化论争景观开辟了实践场域。当代中国非主流社会思潮正是围绕中国社会矛盾、社会问题,各自进行着理论上的建构和实践上的完善。不难想象的是,如果没有对中国社会问题的强烈关注,如果没有对解决中国社会矛盾的孜孜追求,这些非主流社会思潮就无法赢得相应群体的心理认同,也会因为缺乏民众的心理支持而难以延续至今。当代中国非主流社会思潮是通过对社会问题的关注和对不良现象的批判来俘获民众的。对于国内任何一种社会思潮而言,它唯有不断指出并解决当代中国社会发展所面临的种种问题,才能获得生存立足之本。自20世纪八九十年代开启市场化改革以来,中国在取得经济快速发展、财富汹涌般增长的同时,阶层分化、官场腐败、分配不公、消费主义盛行等社会问题也随之接踵而来。尤其是在国内市场化改革加强、世界全球化进程加速的时代背景下,中国正在经历着历史上前所未有的社会分化,中心城市、沿海地区的高度繁荣与广大乡村、城市边缘地区的凋敝,形成了鲜明对比。面对此种情形,国内非主流社会思潮一改过去单纯从思想学术层面进行抽象理论解读的面貌,而开始把目光转移到分析和解决具体的社会问题上,在不断回答社会问题中扩大受众的范围。鉴于此,当代中国非主流社会思潮的问题意识越发明晰化,他们越来越结合中国现实问题来陈述各自的思想学说和价值观点。

---

[1] 《马克思恩格斯全集》第40卷,人民出版社1982年版,第289—290页。

(四)当代中国非主流社会思潮表现形式日益学术化

在阶级社会中,统治阶级为了弥合不同阶级间的思想张力,凝聚不同阶层间的思想共识,不仅要时刻紧握物质生产资料的支配权,而且还要牢牢把持精神生产资料的支配权。为了更好地维护和巩固阶级统治,统治阶级也往往要进行舆论造势,对其思想或理论进行包装甚至粉饰。即如马克思所言:"每一个企图取代旧统治阶级的新阶级,为了达到自己的目的不得不把自己的利益说成是社会全体成员的共同利益,就是说,这在观念上的表达就是:赋予自己的思想以普遍性的形式,把它们描绘成唯一合乎理性的、有普遍意义的思想。"[①]这样一来,在阶级消灭与阶级社会消失之前,各种思想学说和理论体系无不嵌有阶级的烙印。也正是这种利益诉求表达上的阶级性,赋予了社会思潮广泛的意识形态动员功能。不过,任何一种社会思潮若想持久地发挥其意识形态动员功能,都要在为其阶级利益代言的同时,朝着系统化、理论化的方向演进。而这一演进过程,主要是由那些所谓的社会思潮学人推动的。更为重要的是,表现形式的学术化也多是出于社会思潮遮蔽其思想观点、避免与主流意识形态发生正面冲突的需要。由此,表现形式的学术化成了社会思潮发展所努力的一个方向。当前,在意识形态工作加强和社会关注度提升的压力下,国内诸多非主流社会思潮为了遮掩其欺骗性,越来越借助学术研究的形式向人们传递其理论主张,将学术探讨与现实批判杂糅在一起,颇具有渗透性和蛊惑性。当代中国非主流社会思潮表现形式的学术化,与其泛起过程中擅长窥测方向和变换进攻手法的特点相一致。如中国的自由主义、历史虚无主义、宪政民主思潮、"普世价值"思潮、新闻自由思潮等就善于因时而变,当认为形势对其有利时,它们便公然挑衅主流意识形态话语,有恃无恐地散布违反四项基本原则的言论,肆无忌惮地要求"批判"无产阶级专政、"纠正"马克思主义;当认为形势对其不利时,他们就用学术语言包装自由主义理论,借助学术活动的形式推行其价值主张和进行理论误导。

(五)当代中国非主流社会思潮传播路径更趋网络化

社会思潮的网络化传播是客观现象,也是大势所趋。在当代中国非主流社会思潮中,几乎每一种社会思潮都曾在网络上出现过、表演过。一时间,网络新媒体成了非主流社会思潮同主流意识形态轮番较量的平台。不可否认,互联网技术的运用与革新在彰显人类主体能力的同时,也深刻改变着人类的生产与生

---

① 《马克思恩格斯选集》第1卷,人民出版社2012年版,第180页。

活方式。在网络空间这一新疆域,人们既有搜集掌握信息即时、便捷的喜悦,也有整合统一思想难度加大的苦恼。信息传递和思想传播的网络化使社会思潮的交流交锋交融更为频繁复杂,这不仅造就了网络空间异质性意识形态多彩纷呈的景象,而且还严重威胁着网络空间的意识形态安全。尤其是随着网络新媒体的兴起,各种标新立异的社会思潮方兴未艾,它们充斥在网络空间的每一个角落,并试图在这个新的舆论场域大显身手、有所作为,其中不乏有些错误社会思潮同主流意识形态争夺网络阵地。虽然互联网技术和网络新媒体本身并无价值倾向性可言,但互联网技术的运营者和网络新媒体的使用者却都有着明确的思想趋向、目标取向和政治方向。就目前中国互联网发展状况而言,民营互联网企业在数量上占据着绝对优势,对于民间舆论场的形成发挥了重要作用。然而,出于经济利益的缘故,有些民营互联网网站置社会效益于不顾,忽视网络舆论的思想教育和价值导向功能,为了博取人们眼球和获取点击率而走向了庸俗化、世俗化、媚俗化和恶俗化。那些非主流社会思潮就是通过此种传播方式潜移默化地影响着民众的世界观、人生观和价值观。另外,个别所谓的"公知分子""意见领袖""网络大V"也对错误社会思潮的网络传播起到了推波助澜的作用。他们往往活跃于由媒体网站、微博、微信和移动客户端构成的舆论场,或隐或现地宣扬着各自的价值观念和理论主张,并凭其身份地位、文化学识、人生阅历和社会影响形成了一定的话语优势,因而能够比较成功地吸纳受众;他们更是利用社会热点焦点问题和重大突发事件,竭尽篡改、污蔑、丑化之能事,以渲染网络舆论来吸引网民群体的关注,借此企图左右党和政府决策。

(六) 当代中国非主流社会思潮受众对象趋于低龄化

社会思潮本身所具有的直观现实性和能动作用性,使其能够通过对社会问题的深入解读而拉拢、俘获社会公众。在意识形态的角斗场上,青少年群体历来是社会思潮竞相争夺的对象。当今互联网时代亦是如此。作为亿万网络使用者中的生力军,我国青少年群体的网络依赖性较大,其身心发展受到非主流社会思潮网络化传播的影响也更深刻。这就意味着,传播路径的网络化促使着广大青少年成了非主流社会思潮的主要受众对象。然而,青少年的世界观、人生观和价值观尚未定型,加上青少年普遍存在着猎奇和从众心理,致使其辨别是非、明辨善恶和判断对错的能力相对缺乏,对各种非主流社会思潮潜在危害的认知也不够全面、准确,因而极易受到错误社会思潮的浸染、蛊惑甚至毒害。可以说,当前国内非主流社会思潮越来越将影响青少年的价值取向作为其传播目的。如中国的自由主义、历史虚无主义、宪政民主思潮、"普世价值"思潮、"公民社会"思潮,往往从理论溯源的角度出发,探究西方资本主义自由、民主、人权、法治、市场等概念范畴的普适性,并将之视为超越了时代和地域限制的,因而理应为全人类共生共存共享的价值。对于那些涉世未深的青少年来说,中国自由主义等非主流社会思潮所倡导的抽象的自由、民主、平等和人权极具蛊惑性,以至于不少青年大学生也对这些西方资产阶级理念趋之若鹜。值得关注的是,当前马克思主义在我国高校学科中"失语"的现象仍然存在,法学、哲学、经济学、社会学、新闻学、政治学等学科领域中的西化倾向依旧强势,某些资本主义意识形态观点在穿上学术理论的外衣后频现于教师课堂教学和学生日常学习之中。这种状况也在客观上加剧了中国自由主义等非主流社会思潮向青年大学生群体的渗透,极大地动摇着青少年群体对马克思主义的信仰和对社会主义的信念。当代青少年群体并没有参与中国革命的亲身经历,他们对中国马克思主义指导思想和社会主义发展道路的选择也并未形成完全正确的认知,以至于个别青少年仍对走资本主义道路抱有幻想。

第二节 聚焦当代中国非主流社会思潮的必要性

作为意识形态重要表现形式的社会思潮隶属于观念上层建筑,它在本质上不单单是对人们不同利益诉求的思想表达,更是统治阶级"赋予自己的思想以普遍性的形式"的价值观体系。正如马克思所解释的那样:"统治阶级的思想在每一时代都是占统治地位的思想。这就是说,一个阶级是社会上占统治地位的物质力量,同时也是社会上占统治地位的精神力量。"[①]诚然,在任何一个阶级社会里,包含有某种思想体系和价值观体系的社会思潮都镌刻有阶级的烙印,也都流露着阶级的意志。正是这种阶级属性赋予了社会思潮鲜明的价值导向和目标指向,并使其形塑和凝聚着社会成员追求理想社会的"共同信仰",社会思潮最终也由此完成了从精神变革为物质的角色转换。社会思潮的这种变革功用,决定了其在一个国家和一定社会的经济、政治乃至文化生活中都发挥着巨大作用。正所谓是:"如果从观念上来考察,那么一定的意识形式的解体足以使整个时代覆灭。"[②]缘于此,重视非主流社会思潮的批判与引领工作,维护主流意识形态安全,成为近代以来世界各国政党用以捍卫阶级统治、强化政治认同和维护社会稳定的必然选择。在中国特色社会主义进入新时代、中华民族伟大复

[①] 《马克思恩格斯选集》第1卷,人民出版社2012年版,第178页。
[②] 《马克思恩格斯文集》第8卷,人民出版社2009年版,第170页。

兴迈向新征程的历史起点上,我们更要从强化社会主义意识形态建设的视角保持对非主流社会思潮批判与引领的自觉性,以此凝聚夺取新时代中国特色社会主义伟大胜利的精神力量。

一、明确新时代我国意识形态建设战略地位的需要

关注和重视意识形态建设历来是东西方世界现代政治发展史的一项重要实践活动。中国共产党人更是把党的思想政治工作和意识形态工作视为其他一切工作的生命线,并将之贯穿于社会主义革命、建设和改革的全过程和各环节,以此来赢得强大的政治优势。新中国成立以来,尤其是改革开放以来的我国社会主义现代化实践也一再表明,"经济建设是党的中心工作,意识形态工作是党的一项极端重要的工作","能否做好意识形态工作,事关党的前途命运,事关国家长治久安,事关民族凝聚力和向心力"。① 意识形态建设在党和国家事业发展中所占据的战略性地位表明,维护新时代我国意识形态安全,必须在思想层面注重批判和引领非主流社会思潮。

(一)意识形态建设关乎改革开放事业的前进方向

改革开放是强国之路,是新时代中国走向富强、民主、文明、和谐、美丽的社会主义现代化强国的康庄大道。实行改革开放战略既体现了全党对世界发展大势的深刻洞察与把握,也反映出全国各族人民追求美好幸福生活的共同愿景。然而,在全球化深入发展和社会急剧转型的背景下,我国改革开放事业面临着越来越多的不确定性因素。一方面,随着信息化革命和网络化时代的到来,那种传统上单纯依靠经济制裁、武力震慑、军事侵略等手段来颠覆一国政权的做法已不合时宜,思想侵蚀、文化侵袭日益成为个别西方发达国家进行对外扩张的惯用伎俩。这些国家凭借经济、科技、文化等优势对外倾力输出其民主模式、人权标准和市场理念,不仅加紧对中国民族工业和国有企业的资本盘剥,而且也加大对中国的意识形态渗透力度。这就在客观上导致了我国改革开放进程中客观存在着被"和平演变"的风险。比如,原苏东国家社会主义大厦的倾覆,其中一个重要原因就是在意识形态领域被西方敌对势力打开了突破口,使社会改革严重偏离了社会主义方向。另一方面,改革开放在造就我国经济发展、文化繁荣、科技进步、国力增强的同时,也衍生出贫富差距拉大、环境破坏严重、区域发展不平衡、公共服务能力不足等负面现象。而这些负面现象的存在,

---

① 《习近平总书记系列讲话读本》,人民出版社2016年版,第193页。

内在地决定了人们在如何看待改革开放问题上难以形成共识。尤其是对于那些现实生活中尚未普遍享有改革开放红利的底层民众而言,他们不仅质疑反对改革开放,而且还要求重返改革开放前的时代。显而易见,社会成员间改革共识的缺乏,势必阻滞着改革开放事业的顺利推进。为此,我们要加强意识形态建设,通过增强主流意识形态的凝聚力和整合力来最大限度地化解外部的改革风险,汇聚内部的改革共识,进而提升改革开放事业对社会民众的吸引力和感召力,始终确保改革开放事业能够沿着社会主义方向砥砺前行。

(二)意识形态建设肩负着复兴中华民族的历史使命

新时代我国意识形态建设以马克思主义为指导,从根本上代表和反映了中国人民和中华民族的根本利益,呈现出鲜明的目标指向。如果从鸦片战争算起,中华儿女已经为实现民族独立、人民解放和国家富强、人民幸福进行了170多年的艰苦卓绝的探索。在近现代中华民族发展的惊涛骇浪中,中国共产党脱颖而出,历史地承担了复兴中华民族的艰巨使命。经过几代中国共产党人的接续奋斗,中国经济实力、科技实力、文化软实力、综合国力大幅度跃升,缔造了人类社会进步史上前所未有的发展奇迹,今天的中华民族比以往任何时期都更有信心、更有能力接近复兴的目标。40多年来,在改革开放所开启的建设中国特色社会主义的新起点和新征程上,"我国意识形态建设和创新的目标指向概括起来就是,团结动员全党全国各族人民进一步坚定社会主义、共产主义必胜信念,共同致力于中华民族的伟大复兴中国梦"①。但也应该看到,复兴中华民族的征途并非一帆风顺。众所周知,经济利益和社会阶层的分化会诱发思想观念的深刻变化,各种异质文化或价值观的交流交融交锋日趋频繁,加之人们思想活动独立性、多变性、选择性和差异性的增强,最终导致了分属不同社会发展阶段和不同国家地区间的价值观念在我国现阶段同一时空中同步存在。仅就我国文化思想和意识形态领域而言,本土新儒家思潮、新左派思潮、民族主义与外来新自由主义、历史虚无主义、"普世价值"等诸多非主流社会思潮,不仅严重干扰了中国特色社会主义文化的发展方向,而且也一度消解着人们的民族精神和理想信念,进而稀释了全国各族人民复兴中华民族的凝聚力和向心力。因而,我们要切实加强意识形态建设,充分发挥意识形态举旗定向、固本培元的功能,在巩固完善社会主义制度中坚持用马克思主义统一思想、坚定信仰,以此团结带领全体人民以奋勉的精神状态和昂扬的奋斗姿态朝着实现中华民族伟大复

---

① 王永贵:《意识形态领域新变化与坚持马克思主义指导地位研究》,人民出版社2015年版,第185页。

兴的宏伟目标奋勇前进。

（三）意识形态建设塑造着全面小康社会的文明风尚

全面建成小康社会体现了坚持和发展中国特色社会主义的本质要求,是新时代我们党根据国家发展实况和人民生活实际作出的庄严承诺。全面建成小康社会,迫切需要发挥主流意识形态的引导和整合作用。这是因为,意识形态作为一种系统性理论化的思想体系,它反映并代表着特定社会群体的价值主张,因而能够通过利益协调、观念整合、道德教化和心理疏导等方式形塑着社会成员的人生价值观,规约着社会成员的生活言行。意识形态的这种独特功用,为全面建成小康社会这一战略目标的确立和实现提供了思想指引。与此同时,全面小康社会不仅与意识形态的作用和功能有着内在的契合,更重要的是它对意识形态建设的内容、任务和目标提出了新的要求。这是因为,全面小康社会不单单意味着丰盈的物质生活,它还涉及广泛的民主参与、高尚的文化品位、普遍的社会正义、优良的生态环境等内容。这就表明,当全面小康社会的丰富内涵映射到观念上层建筑时,意识形态建设也必须随之进行调整予以适应。特别是在价值取向上,意识形态建设要坚持全面建成小康社会的"以人为本"原则,通过共建共享来凝聚和强化社会成员的价值共识,用主流意识形态激发人们参与小康社会建设的积极性、主动性和创造性,从而不断夯实全面建成小康社会的群众基础。另外,意识形态建设具体内容和价值目标方面的创新发展,对全面建成小康社会产生强大的推动力。我们需要通过加强意识形态建设来强化社会主义意识形态的动员性和导向性功能,积极营造劳动光荣、艰苦奋斗的社会风尚,为全面建成小康社会凝心聚力。正是在此意义上,加强社会主义意识形态建设是统一全党思想、凝聚民族力量的重要政治保证,是全面建成小康社会的重要精神动力。

（四）意识形态建设承载着全体中国人民的精神寄托

促进和实现人的自由全面发展是社会主义社会所要实现的终极目标。历史唯物主义认为,个人的自由全面发展无法脱离于现实的社会关系。"人的本质不是单个人所固有的抽象物,在其现实性上,它是一切社会关系的总和。"[1]而"这些社会关系实际上决定着一个人能够发展到什么程度"[2]。所以,与存在着剥削对抗性社会关系的资本主义社会相比,社会主义社会高度和谐与发展的生产关系为人的自由全面发展的实现奠定了坚实基础。面对中国特色社会主义

---

[1] 《马克思恩格斯选集》第1卷,人民出版社2012年版,第135页。
[2] 《马克思恩格斯全集》第3卷,人民出版社1960年版,第295页。

进入新时代,无论是推进社会主义现代化强国建设,还是实现中华民族伟大复兴的中国梦,都需要生产力与生产关系的同步发展、物质与精神层面的双重支撑。可见,加强新时代社会主义意识形态建设,旨在提升精神和文化产品的供给能力,满足广大人民群众日益增长的精神文化生活需求。然而,物质主义对照下的人们精神生活和精神世界的匮乏,既明显与我国经济社会快速发展的现实状况不对称,更是同中国特色社会主义建设的现实要求不对接。基于价值观是意识形态的本质体现,同时又对现实个人人生道路的选择具有根本的导向作用,我们在推进意识形态建设过程中必须紧抓紧扣培育和践行社会主义核心价值观这个凝魂聚气、强基固本的基础工程,用社会主义核心价值观塑造人们崇高的精神世界。针对目前多元社会思潮造成的价值观混乱,及其给人们带来的思想困惑和价值迷惘,我们迫切需要发挥社会主义核心价值观的统领作用,积极探索用社会主义核心价值观引领和整合多元社会思潮的可行性路径,使之既内化为人们的精神追求,又外化为人们的自觉行动,进而增强全体中国人民对社会主义意识形态的认同感和归属感。另外,用社会主义核心价值观凝聚思想共识、鼓舞奋斗精神,还必须将之融入现实社会生活,持之以恒地在落细、落小、落实上下功夫。唯此,才能真正提升人们对社会主义核心价值观的感知度和领悟力,才能普遍铸就人们讲道德、尊道德、守道德的生活方式,也才能始终保持人们昂扬奋进的精神状态。

二、落实新时代我国意识形态建设中心任务的需要

历史和现实表明,意识形态是关系人心向背和国家长治久安的政治命题。能否把握好、建设好社会的意识形态,能否构建起具有强大感染力和感召力的主流价值观,关乎一个国家的社会稳定和发展。然而,在现实生活中,社会主义意识形态遭受着各方面的围攻和诘难,其中非主流社会思潮对马克思主义指导地位的威胁尤甚。正因如此,我们要在思想上和行动上高度重视对非主流社会思潮的批判与引领工作,明确社会主义意识形态建设的任务和目的。从本质上讲,我国意识形态建设的根本任务和最终目的就是"要把意识形态工作领导权和话语权牢牢掌握在手中,不断巩固马克思主义在意识形态领域的指导地位,巩固全党全国人民团结奋斗的共同思想基础"[①]。这一根本任务和最终目的,既标识了意识形态工作在新时代中国特色社会主义伟大事业中所处的战略地位,

---

① 《习近平总书记系列讲话读本》,人民出版社2016年版,第193页。

同时也决定了在批判和引领非主流社会思潮中我国意识形态建设所面临的四大中心任务。

（一）加强意识形态工作的领导与管理

无论是思想意识的生成还是价值观念的传播，不仅受现实主体人生阅历、政治立场、知识水平等内在因素的影响，而且还受有形客体如新闻媒体、网络媒介等外在条件的制约。这就决定了意识形态领域不是一个完全独立的"自由王国"。马克思曾经指出："作为思想的生产者进行统治，他们调节着自己时代的思想的生产和分配。"①诚然，这里所言说和强调的"思想的生产者"对"自己时代的思想的生产和分配"进行"调节"，其实也就是领导与管理。我们可以看到，在世界政党历史上，那些因疏于对意识形态工作的领导和管理而导致政党瓦解、政权丧失的悲剧现象可谓比比皆是。中国共产党作为执政党，其对意识形态工作的领导权和管理权是在我国社会主义革命、建设、改革的历史中形成的，既体现了对本身长期执政的客观要求，也反映出人民追求幸福的必然选择。即便我们党高度重视思想政治工作和意识形态建设，但在西方资本主义国家强势话语和资产阶级错误思潮的影响下，我国意识形态领域依然矛盾不断、斗争不止。国内外敌对势力企图弱化我们党对意识形态工作领导权和管理权的呼声不绝于耳，试图同我们党争夺意识形态话语权和主导权的努力更未曾中断。在此情形下，要始终遵循党领导和管理意识形态工作这一根本原则和重要制度，牢牢掌握党对意识形态工作的领导权和管理权，坚决避免在根本性问题上出现颠覆性错误。故而，要实现对意识形态工作的科学领导和管理，将我们党对意识形态工作的领导和管理意志与意识形态自身的发展规律有机统一起来，进而准确把握新时代我国意识形态建设的客观趋势。就当前而言，要特别注重改进和创新宣传思想工作，在不断提升宣传思想工作质量中提高我们党领导和管理意识形态建设的科学化水平。这就要求处理好宣传思想工作的时、度、效问题，在此基础上着重推进宣传思想工作的理念创新、手段创新和基层工作创新，以此增强宣传思想工作的吸引力和感染力，巩固并壮大主流思想舆论，确保我们党对意识形态工作的领导权和管理权永不旁落。

（二）强化中国化马克思主义理论武装

意识形态工作，说到底就是做人的思想工作，就是用科学的理论引领人、解放人、发展人和塑造人。这就表明，人的解放、发展抑或完善，须臾离不开科学

---

① 《马克思恩格斯选集》第1卷，人民出版社2012年版，第179页。

理论的武装。对于理论武装的这一独特作用,马克思如是解释道:"批判的武器当然不能代替武器的批判,物质力量只能用物质力量来摧毁;但是理论一经掌握群众,也会变成物质力量。"①所以,中国共产党人历来把理论武装作为自己的使命追求,并将学习理论、掌握理论视为其干革命、搞建设、抓改革的安身立命之本。须知,没有科学理论的武装,就不会有情操高尚的人;没有科学理论的武装,也就不会有坚强有力的党。当前,根据中国社会发展实际和时代发展要求,用科学理论尤其是中国化马克思主义理论武装头脑,俨然成为我们党所必须履行的一项长期性政治任务。对此,习近平反复强调:"要坚持不懈用马克思主义中国化最新成果武装头脑、凝心聚魂,坚定全党马克思主义信仰和共产主义理想,不断提高全党特别是领导干部的理论思维能力和思想政治水平。"②这就要求全体党员以及广大理论工作者要切实增强学习的自觉性和主动性,依靠学习接受理论、掌握理论,从而提高全党的马克思主义理论水平和政治素养。所以,在推进无产阶级政党建设和社会主义事业发展的过程中,"我们一定要给自己提出这样的任务:第一是学习,第二是学习,第三还是学习,然后是检查,使我们学到的东西真正深入血肉,真正地完全地成为生活的组成部分"③。可见,在新时代推进我国意识形态建设,全体党员就要在原原本本、扎扎实实地学习和研读马克思主义经典著作的基础上,带着问题且联系实际深入、持久、刻苦地学习毛泽东思想、邓小平理论、"三个代表"重要思想、科学发展观和习近平新时代中国特色社会主义思想等中国化马克思主义理论,将之作为思想教育和理想培育的中心内容,并自觉地转化为我们认识和改造主观与客观世界的强大物质力量。通过不断的理论学习和理论武装,全体党员势必会保持理论上的自觉与透彻,也势必能够在灵活运用中国化马克思主义理论的过程中认识中国现实和指导中国实践,并以此引领普通民众清醒认知中国特色社会主义共同理想和共产主义远大理想,从而增强全国各族人民走社会主义道路的政治定力。

(三)提升社会主义意识形态的引领力

社会主义意识形态以其无可辩驳的真理性、科学性和革命性,成为引领当代中国社会进步、民族发展与人民团结的一面精神旗帜。改革开放以来,中国共产党以经济社会建设的辉煌成就,证明了社会主义意识形态所具有的强大现

---

① 《马克思恩格斯选集》第1卷,人民出版社2012年版,第9页。
② 《习近平谈治国理政》第2卷,外文出版社2017年版,第67—68页。
③ 《列宁选集》第4卷,人民出版社2012年版,第786页。

实感召力和吸引力。然而,伴随着全球化进程中西方思想文化的渗透,以及国内社会转型过程中思想观念的变革,社会主义意识形态也一度经受着冲击和挑战。从国际范围来看,国家间综合国力的竞争日益转向文化和价值观层面,意识形态领域由此成了世界各国竞相争夺的角斗场。出于一贯仇视马克思主义、敌视社会主义的立场,西方个别发达国家利用其经济、科技、传媒等优势竭力向我国输入其生活方式、价值观念,以期在"和平演变"中赢得这场无硝烟的意识形态暗战。一时间,西方国家政界学界纷纷抛出所谓的"意识形态终结论""文明冲突论""社会主义失败论""中国威胁论"等怪论、谬论,以此来淡化和消解人们对社会主义意识形态的认同。从国内社会来看,市场化改革在造就社会各阶层利益分化的同时,也导致了人们在理想信念、价值理念、道德观念选择上存在一定的多样性和差异性。当前,国内社会存在的诸如自由主义、历史虚无主义、"普世价值"思潮、民主社会主义、宪政民主思潮、"公民社会"思潮、新闻自由思潮、新左派思潮、民粹主义、极端民族主义等非主流社会思潮,特别善于抓住人民群众普遍关注的社会问题,并予以发表意见或批判反思,以此博取和赢得广大民众青睐与信奉。显然,人们对这些错误社会思潮的认同和支持,实际上就是对社会主义意识形态的背离和反对。从以上两种情形不难看出,社会主义意识形态如若想更好地凝聚党心民心,就必须积极应对各种错误论调和错误思潮的挑战,尤其是要不断增强对各种非主流社会思潮的鉴别和引领能力。而为了提升社会主义意识形态的现实解释力和引领力,我们既要继续夯实人民创造美好生活的物质基础,又要科学认知和精准把握人们思想活动的规律特点,更要在意识形态宣传教育工作上有所作为,使社会主义意识形态言之有物、传之有道、释之有情,从而确保人们信之有据。

(四)培育中国特色社会主义共同理想

坚持和发展中国特色社会主义与我国意识形态建设的基本内容、目标任务和本质要求高度一致。作为改革开放以来党的全部理论和实践主题,中国特色社会主义是中国共产党和中国人民在长期实践过程中所取得的根本性成就。对中国社会而言,坚持和发展中国特色社会主义创造性地规避了走封闭僵化"老路"和改旗易帜"邪路"的风险,既体现了对科学社会主义基本原则的遵循,又反映出对我国社会主义初级阶段国情的把握,同时也彰显了对世界发展大势的洞察。习近平明确指出:"中国特色社会主义,是科学社会主义理论逻辑和中国社会发展历史逻辑的辩证统一,是根植于中国大地、反映中国人民意愿、适应中国和时代发展进步要求的科学社会主义。"①40多年改革开放实践证明,在理论层面,中国共产党人通过不断的理论创新,已使中国特色社会主义理论体系成为应对全球化挑战和实现中华民族伟大复兴的思想引擎;在实践层面,中国共产党人通过持续的实践摸索,亦使中国特色社会主义道路为人类对美好社会制度的探索贡献了"中国方案"。中国特色社会主义事业是一项崇高而伟大的事业,需要一代又一代中国共产党人为之持续努力,甚至为之作出牺牲。显然,如果没有坚定的理想信念和刚毅的道德品行就难以抵达这一理想的"彼岸世界"。尤其对于广大共产党员来说,更要坚定理想信念。"理想信念坚定,骨头就硬,没有理想信念,或理想信念不坚定,精神上就会'缺钙',就会得'软骨病'。"②而失去坚定理想信念的支撑,势必会导致经济、道德和生活上的贪婪、堕落与腐化,最终丧失共产党人安身立命的根本。可见,新时代我国意识形态建设的一项重要任务就是培育中国特色社会主义共同理想,坚定中国特色社会主义道路自信、理论自信、制度自信和文化自信,团结带领全党全国各族人民为全面建成富强民主文明和谐美丽的现代化强国而奋斗。这就要求我国意识形态建设要有担当精神,自觉承担起培育中国特色社会主义共同理想、坚定中国特色社会主义理想信念的重任,不断引领人民群众深刻领会中国特色社会主义的理论要义与实践意义,在增强人们的情感认知和价值认同中树立起全民族的共同理想,以此凝聚朝着中国特色社会主义伟大事业奋勇前进的磅礴力量。

三、正视新时代我国意识形态建设现实困境的需要

在资产阶级和无产阶级两种组织形式对立、资本主义和社会主义两种社会制度并存的现实格局中,对于任何国家的意识形态建设而言,"问题只能是这样:或者是资产阶级的思想体系,或者是社会主义的思想体系。这里中间的东西是没有的(因为人类没有创造过任何'第三种'思想体系,而且在为阶级矛盾所分裂的社会中,任何时候也不可能有非阶级的或超阶级的思想体系)。因此,对社会主义思想体系的任何轻视和任何脱离,都意味着资产阶级思想体系的加强。"③我国正处于这样一个历史时空之中:世界范围内社会主义运动依旧式微,国内社会非主流社会思潮的蠢蠢欲动,日常生活中去理想化、去政治化倾向愈

---

① 《习近平谈治国理政》第1卷,外文出版社2018年版,第21页。
② 《习近平谈治国理政》第1卷,外文出版社2018年版,第414页。
③ 《列宁专题文集 论无产阶级政党》,人民出版社2009年版,第85页。

演愈烈,一度使社会主义意识形态建设面临着诸多困难与挑战。具体来说,经济发展全球化、思想意识多样化、社会利益多元化、信息传播网络化和理想信念庸俗化所派生的一系列负面效应,是新时代批判引领非主流社会思潮和加强我国意识形态建设所必须正视的五大现实困境。

(一)经济发展全球化过程中西方国家意识形态渗透的高压态势

全球化并不仅仅是一种单纯的经济现象,它还是一种带有浓厚意识形态色彩的政治现象。"当今全球化的发展进程不但没有改变意识形态的政治性质,而且使国际政治格局和国际关系更趋复杂,使意识形态的作用和功能不断强化。"① 冷战前后,以美国为首的西方发达国家从未放弃过对社会主义国家的意识形态渗透,它们利用主导经济全球化的优势,借助媒体传播、文化交流、经济援助、政治改革等方式,加大对社会主义国家的"和平演变"力度。美国前总统尼克松曾直言不讳地指出,虽然美苏之间在经济、政治和军事上都存在竞争,但意识形态才是美苏敌对的根源所在。他认为:"如果我们在意识形态斗争中打了败仗,我们所有的武器、条约、贸易、外援和文化关系都将毫无意义。"② 20世纪80年代末90年代初,东欧剧变、苏联解体更是为西方资产阶级御用学者大肆渲染马克思主义过时论、社会主义失败论提供了契机。曾任美国国家安全事务助理的布热津斯基在苏东剧变之际就公开叫嚣共产主义危机时刻的到来,并断言:"到下个世纪,共产主义将不可逆转地在历史上衰亡,它的实践和信条将不再与人类的状况有什么关系","支配21世纪的将可能是民主政体,而不是共产主义"。③ 无独有偶,此时的日裔美籍学者福山则鼓噪"历史终结论",标榜资产阶级自由民主制度象征着"人类社会文化演进的终点与人类统治最后形态",在所有的人类社会发展模式中,自由民主制度才是对人类文明进步发挥决定性作用的"一个基本程序"。④ "随着经济全球化的深入发展,西方意识形态开始强化文化外衣的包装,借助全球化的有利条件并利用社会主义国家对外开放的时机,打着'文化全球化'的口号,以文化传播的方式向社会主义国家渗透其核心

---

① 王永贵:《经济全球化与我国社会主流意识形态建设研究》,人民出版社2010年版,第18页。
② [美]理查德·尼克松:《1999年:不战而胜》,王观声、郭健哉、李建英等译,世界知识出版社1989年版,第96页。
③ [美]兹·布热津斯基:《大失败:二十世纪共产主义的兴亡》,军事科学院外国军事研究部译,军事科学出版社1989年版,第1页。
④ [美]弗朗西斯·福山:《历史的终结及最后之人》,黄胜强、许铭原译,中国社会科学出版社2003年版,第55页。

价值观,以此逐步消解社会主义意识形态,进而最终达成意识形态的根本置换。"①苏东剧变之后,欧美诸国便将"和平演变"的目标对准中国。随着中国迅速融入经济全球化进程,美国更加有恃无恐地加大对中国的意识形态围攻,或通过文化交流、网络媒体等载体向中国人民尤其是中国青年介绍和传播其历史、宗教、社会制度和价值观念,或积极在华培植其利益"代言人",鼓吹和宣扬"西方文明中心论""普世价值论""民主趋同论",矮化甚至丑化社会主义、马克思主义。显然,西方国家的这种意识形态侵蚀,严重威胁着我国主流意识形态安全。而如何在融入经济全球化进程中有效抵制西方国家意识形态的强势渗透,已成为我国意识形态建设必须摆脱的一个困境。

(二)思想文化多样化客观上削弱了我国主流意识形态的影响力

新时代推进我国意识形态建设,不能忽视国内社会思想文化领域出现的多样化现象。国际流行文化首席评论家马特尔曾指出:"文化多元化是全球化的意识形态,国与国之间的交流的频繁程度远远超出了我们的想象,大家都在进行软实力的竞争。"②20世纪90年代以来,中国社会加快了向市场化转轨和全球化融入的进程,各种思想体系、价值观点纷至沓来,由此推动着人们思想倾向和价值取向更趋多元、多样。然而,不同思想意识、文化形态之间的碰撞和激荡,全天候、全方位地影响着人们的日常生活,并在一定程度上削弱了主流意识形态的影响力。一方面是西方文化的入侵。受西方文明中心论既定思维模式的影响,以美国为首的西方发达国家想当然地认为资产阶级文化天生就具有普世性,因而竭力将其文化观念和价值理念推销至其他国家和地区,以期"按照自己的面貌为自己创造出一个世界"。这些国家"凭借在当今世界的政治与经济优势,通过市场化与文化的主导与传播,大力输出本国的价值观念、意识形态、政治文化等,形成对弱势国家文化的侵蚀、破坏,即所谓的文化殖民、'文化霸权'"③。面对中国日益开放的文化市场,西方发达国家也试图将其文化霸权主义和文化殖民政策推行至我国的文化产业领域。它们倚重于雄厚的资本实力、娴熟的市场运作和高明的科技手段,积极向我国进行文化扩张和渗透,在牟取巨额商业利润的同时抢占我国文化市场和思想阵地。殊不知,这些浸染着西方价值观念且带有强烈意识形态色彩的文化产品,必然会冲击和影响社会主义文

---

① 侯惠勤、姜迎春、吴波:《新中国意识形态史论》,安徽人民出版社2011年版,第297页。
② [法]弗雷德里克·马特尔:《主流:谁将打赢全球文化战争》,刘成福、房美、胡园园等译,商务印书馆2012年版,第392页。
③ 张骥:《中国文化安全与意识形态战略》,人民出版社2010年版,第16页。

化及其核心价值观的传播,从而弱化了人民群众对我国主流意识形态的认知、认同。另一方面是大众文化的崛起。大众文化作为一种有着广泛影响力的文化形态,它对丰富人民精神文化生活、活跃我国文化产业市场发挥着积极作用。不过问题在于,大众文化的流行挤压了主流意识形态生存和发展的空间,也极大地改变着我国意识形态建设的文化环境。究其原因,大众文化从根本上受资本利润和市场利益的驱动,其主要目的不是塑造科学的世界观、人生观和价值观,而是为了迎合与满足人们日常文化生活的消遣需要。此种目的决定了大众文化经常充斥着娱乐性甚至低俗性的文化产品,而这些文化产品虽明显有悖于社会主流价值观,但为大众所青睐。更为严重的是,现实中大众文化产品潜在的唯利是图、题材媚俗、品格庸俗等问题,不仅会对民众科学消费观的确立产生误导,而且还会对民众正确价值观的养成造成伤害。这种误导和伤害消解着主流意识形态在民众日常生活中的影响力,自然不利于凝聚推进我国意识形态建设的主体力量。

(三)社会利益多元化消解了中国共产党的主流意识形态话语权

社会利益多元化虽是必然趋势,但过度的利益分化和悬殊势必会激化社会矛盾、诱发社会冲突。思想是利益的附庸,它一旦离开利益,定会使自己出丑。故而,利益分化的矛盾与冲突及其所造成的社会矛盾与冲突,最终都会被映射到人们的思想文化和意识形态领域。在中国整体向市场化转轨的过程中,不同单位、不同部门、不同个人的利益目标与利益边界愈发独立而清晰。与改革开放前的传统体制相比,经过 40 多年在经济、政治和文化体制上的不断转型,中国社会早已进入了阶层利益不断分化和多元的历史阶段,以往那种高度同质的社会日益被复杂的利益分化所稀释。对于身处社会利益高度分化阶段的国人而言,其利益诉求和实现方式的多样化,凸显出他们思想的异质性特征。即是说,社会利益分化、多元化在左右和冲击人们既有社会认识与既定价值观的同时,也撕裂着整个社会的思想与价值共识。如果将之置于我国意识形态建设场域,"社会利益不断分化的现实状况不仅使整个社会面临着不同意识形态之间的冲突,而且还在很大程度上削弱了社会主义意识形态的利益协调与整合功能"[①]。概而言之,社会利益多元化为各种非马克思主义甚至反马克思主义思潮的滋生与发展提供了社会土壤。在当前我国思想文化领域,除了占主导地位的马克思主义以外,还大量存在着代表不同阶层利益诉求的其他非主流意识形

[①] 杨昕:《中国共产党意识形态话语权研究》,社会科学文献出版社 2015 年版,第 174 页。

态,如新自由主义、民主社会主义、民主主义、民粹主义、历史虚无主义、新左派思潮、老左派思潮等等。这些非主流社会思潮虽然并未在根本上动摇马克思主义的根基,但不容大意的是,它们往往以为特定社会群体利益代言而能够获得不同社会阶层的认同和支持,并以此俘获人心、拉拢民众,进而抽离社会主义意识形态建设的群众基础。甚至在有些情况下,为了同主流意识形态争夺话语权,这些社会思潮也常常彼此呼应、结成联盟,形成对马克思主义的围攻态势。正是受社会利益多元化的影响,"有的认为马克思主义已经过时,中国现在搞的不是马克思主义;有的说马克思主义只是一种意识形态说教,没有学术上的学理性和系统性。实际工作中,在有的领域中马克思主义被边缘化、空泛化、标签化,在一些学科中'失语'、教材中'失踪'、论坛上'失声'"[①]。这种客观存在的状况表明,如果马克思主义无法对不同社会群体的利益诉求作出及时而有效的回应,那么必将会削弱社会主义主流意识形态的整合功能和加剧不同意识形态之间的冲突,也势必会弱化我们党对意识形态话语权的掌控,最终危及我国主流意识形态安全。

(四)信息传播网络化为我国意识形态建设注入了诸多不确定性

信息网络化不仅深刻变革了人们的生产、生活乃至思维方式,而且还逐渐改变着人们的思想观念和价值取向。但也应该看到,网络信息化削弱了国家的文化控制和同质能力。生活在信息化时代的人们越来越感受到,"数字化通讯、卫星、传真机和计算机网络使国家已经不可能对信息媒介发放许可证并进行控制了,这不仅削弱了意识形态上的独裁,而且破坏了国家用强力保存文化同质性的一切企图"[②]。仅就信息化时代我国意识形态建设而言,信息网络化在为其提供新技术手段、开辟新传播渠道的同时,还给其带来了诸多不确定性。比如,西方国家网络信息霸权严重威胁着我国网络信息安全。当前,以美国为首的西方发达国家占据着网络技术和网络话语的绝对优势,它们通过控制互联网核心技术或独揽全球互联网业务,或独掌国际互联网规则的制定权,由此形成了在信息占有和信息发布上的垄断地位。未来学家托夫勒曾指出:"世界已经离开了暴力与金钱控制的时代,而未来世界政治的魔方将控制在拥有强权人的手里,他们会使用手中掌握的网络控制权、信息发布权,利用英语这种强大的文化

---

① 《习近平谈治国理政》第2卷,外文出版社2017年版,第329页。
② [英]保罗·赫斯特、格雷厄姆·汤普森:《质疑全球化:国际经济与治理的可能性》,张文成、许宝友、贺和风译,社会科学文献出版社2002年版,第336页。

语言优势,达到暴力金钱无法征服的目的。"①西方发达国家正是凭借这种信息霸权控制着网络信息的传播,并强势向我国输入其生活理念、道德观念和价值信念,以期削弱广大网民们的思维判断能力,使其不断认同和接受资产阶级价值观。当然,随着互联网日益成为不同意识形态相互角逐的新阵地,西方发达国家在对我国进行意识形态网络渗透的同时,还时刻伴随着网络攻击。比如散布"西化"言论、实施网络入侵,就是其惯用伎俩。但就当前我国互联网发展现状而言,无论是在网络技术还是在网络传播上都无法与西方发达国家相抗衡。面对西方发达国家信息网络技术优势的现实威胁,我国网络意识形态安全状况堪忧。再如,社会信息网络化加大了党和政府引导与控制社会舆论的难度。在信息网络化时代,传统社会那种单独由政府或执政党充当信息"把关人"、引导社会舆论发展的格局已不复存在,舆论权力中心呈现出分散性特征。这就意味着,信息网络化使每个个体或群体都有可能成为社会舆论的制造、传播和控制中心。然而,这在满足民众话语表达欲望的同时,也在无形中削弱了我们党和政府筛选、引导社会思想和价值观念的能力。我们经常目睹到,"马克思主义在网络空间中被攻击、嘲笑或边缘化倾向严重,在大量商业和学术网站中马克思主义正气没有占据主流地位,没有成为普遍认同的价值观念"②。一些抹黑英雄人物、污蔑党和国家领导人、攻击党的领导和诋毁社会主义制度的网络言语甚嚣尘上,也与此有关。可以想象的是,在这样一种讯息冗杂的社会舆论生态中,我国意识形态建设将会步履维艰。

(五)意识形态世俗化降低了马克思主义意识形态信仰的吸引力

在内容上,任何一种意识形态都包含有理想化和世俗化的成分。其中,理想化部分的内容是引导人们追求美好幸福生活的精神支撑,世俗化部分的内容则成为反映人们现实社会生活的一面镜子。就此而言,缺少理想信念的意识形态注定会丧失其吸引力和感召力,而脱离世俗社会的意识形态也终将会失去其生存和发展的根基。马克思主义作为我们党和国家的主导/主流意识形态,它自产生之日起就融理想化和世俗化于一身。然而,受主客观因素的影响,我们党在处理马克思主义理想化与世俗化内容问题上曾有过相当深刻的教训。如从20世纪50年代后期开始,由于没有充分认识、估计到社会主义建设的长期性和艰巨性,中共第一代领导集体采取了"大跃进""人民公社化""文化大革命"

---

① [美]阿尔文·托夫勒:《权力的转移》,吴迎春、傅凌译,中信出版社2006年版,第465页。
② 陈联俊:《网络空间中马克思主义认同的挑战与应对》,《马克思主义研究》2017年第6期。

等超越生产力发展阶段而向共产主义过渡的社会主义建设方式,甚至提出了"超英赶美""跑步进入共产主义"等不切实际的口号。事实证明,这种过分强调马克思主义理想化内容而忽视其世俗化成分的做法,导致我国经济社会建设损失惨重。可见,即便是马克思主义,如果它缺乏对世俗的关注和对现实的关怀,非但不能够发挥其应有的社会功用,反而会诱发社会动荡、阻滞社会发展。鉴于此,在后来领导改革开放和进行市场经济建设过程中,我们党开始兼顾社会主义意识形态的理想化与世俗化,并着力推进二者的有机结合。究其因由,世俗化在一定程度上弥合了社会主义意识形态理想与世俗之间的张力,使得党的理论越来越关注人民的现实权利与实际利益,越来越能够为人们的现实利益与权利代言。然而,"意识形态世俗化发展过程中所形成的各种纷繁复杂的社会思潮从不同维度瓦解着马克思主义意识形态的凝聚力,如果主流意识形态回应的对策无力、竞争乏力、话语缺失,马克思主义意识形态的凝聚力和吸引力将会呈现边缘化的趋势"[①]。要知道,在当代中国,经济市场化与精神世俗化的双向展开,共同造就着一个属物而非属人的世界。尤其在物质利益的驱动下,越来越多的人开始将目光从主流意识形态所描绘的未来蓝图移向经济社会的发展和物质生活水平的提高。在这一物质化、世俗化转变中,有些普通民众贪图物质享受、追逐名利,甚至个别党员干部也宗旨意识淡忘、理想信念丧失。另外,加之我国现行民主与法制制度的相对不完善,主流意识形态世俗化更是为各种错误思潮的兴风作浪提供了可乘之机。这些错误思潮,如消费主义、个人主义、拜金主义、物质主义,极大地误导着人们的价值判断和价值选择,最终消解着人们对马克思主义的价值认同。不难想象的是,随着马克思主义认同感的下降与合法性的被剥夺,随之而来的可能就是整个社会普遍存在着的"理想真空"和"信仰危机"。

第三节 深化当代中国非主流社会思潮前瞻研究

改革开放以来的中国究竟存在哪些非主流社会思潮,是一个见仁见智的问题。纵然目前学界在这一问题上尚无定论,但学人们对中国非主流社会思潮的研究热度并没有因此减少,研究深度也在持续推进。客观而言,当代中国存在多元多样的社会思潮,不同的人会依据自身研究的需要而作出不同的类别划

---

① 杨海波:《意识形态世俗化与马克思主义大众化论析》,《东岳论丛》2011年第7期。

语言优势,达到暴力金钱无法征服的目的。"①西方发达国家正是凭借这种信息霸权控制着网络信息的传播,并强势向我国输入其生活理念、道德观念和价值信念,以期削弱广大网民们的思维判断能力,使其不断认同和接受资产阶级价值观。当然,随着互联网日益成为不同意识形态相互角逐的新阵地,西方发达国家在对我国进行意识形态网络渗透的同时,还时刻伴随着网络攻击。比如散布"西化"言论、实施网络入侵,就是其惯用伎俩。但就当前我国互联网发展现状而言,无论是在网络技术还是在网络传播上都无法与西方发达国家相抗衡。面对西方发达国家信息网络技术优势的现实威胁,我国网络意识形态安全状况堪忧。再如,社会信息网络化加大了党和政府引导与控制社会舆论的难度。在信息网络化时代,传统社会那种单独由政府或执政党充当信息"把关人"、引导社会舆论发展的格局已不复存在,舆论权力中心呈现出分散性特征。这就意味着,信息网络化使每个个体或群体都有可能成为社会舆论的制造、传播和控制中心。然而,这在满足民众话语表达欲望的同时,也在无形中削弱了我们党和政府筛选、引导社会思想和价值观念的能力。我们经常目睹到,"马克思主义在网络空间中被攻击、嘲笑或边缘化倾向严重,在大量商业和学术网站中马克思主义正气没有占据主流地位,没有成为普遍认同的价值观念"②。一些抹黑英雄人物、污蔑党和国家领导人、攻击党的领导和诋毁社会主义制度的网络言语甚嚣尘上,也与此有关。可以想象的是,在这样一种讯息冗杂的社会舆论生态中,我国意识形态建设将会步履维艰。

(五)意识形态世俗化降低了马克思主义意识形态信仰的吸引力

在内容上,任何一种意识形态都包含有理想化和世俗化的成分。其中,理想化部分的内容是引导人们追求美好幸福生活的精神支撑,世俗化部分的内容则成为反映人们现实社会生活的一面镜子。就此而言,缺少理想信念的意识形态注定会丧失其吸引力和感召力,而脱离世俗社会的意识形态也终将会失去其生存和发展的根基。马克思主义作为我们党和国家的主导/主流意识形态,它自产生之日起就融理想化和世俗化于一身。然而,受主客观因素的影响,我们党在处理马克思主义理想化与世俗化内容问题上曾有过相当深刻的教训。如从20世纪50年代后期开始,由于没有充分认识、估计到社会主义建设的长期性和艰巨性,中共第一代领导集体采取了"大跃进""人民公社化""文化大革命"

---

① [美]阿尔文·托夫勒:《权力的转移》,吴迎春、傅凌译,中信出版社2006年版,第465页。
② 陈联俊:《网络空间中马克思主义认同的挑战与应对》,《马克思主义研究》2017年第6期。

等超越生产力发展阶段而向共产主义过渡的社会主义建设方式,甚至提出了"超英赶美""跑步进入共产主义"等不切实际的口号。事实证明,这种过分强调马克思主义理想化内容而忽视其世俗化成分的做法,导致我国经济社会建设损失惨重。可见,即便是马克思主义,如果它缺乏对世俗的关注和对现实的关怀,非但不能够发挥其应有的社会功用,反而会诱发社会动荡、阻滞社会发展。鉴于此,在后来领导改革开放和进行市场经济建设过程中,我们党开始兼顾社会主义意识形态的理想化与世俗化,并着力推进二者的有机结合。究其因由,世俗化在一定程度上弥合了社会主义意识形态理想与世俗之间的张力,使得党的理论越来越关注人民的现实权利与实际利益,越来越能够为人们的现实利益与权利代言。然而,"意识形态世俗化发展过程中所形成的各种纷繁复杂的社会思潮从不同维度瓦解着马克思主义意识形态的凝聚力,如果主流意识形态回应的对策无力、竞争乏力、话语缺失,马克思主义意识形态的凝聚力和吸引力将会呈现边缘化的趋势"[①]。要知道,在当代中国,经济市场化与精神世俗化的双向展开,共同造就着一个属物而非属人的世界。尤其在物质利益的驱动下,越来越多的人开始将目光从主流意识形态所描绘的未来蓝图移向经济社会的发展和物质生活水平的提高。在这一物质化、世俗化转变中,有些普通民众贪图物质享受、追逐名利,甚至个别党员干部也宗旨意识淡忘、理想信念丧失。另外,加之我国现行民主与法制制度的相对不完善,主流意识形态世俗化更是为各种错误思潮的兴风作浪提供了可乘之机。这些错误思潮,如消费主义、个人主义、拜金主义、物质主义,极大地误导着人们的价值判断和价值选择,最终消解着人们对马克思主义的价值认同。不难想象的是,随着马克思主义认同感的下降与合法性的被剥夺,随之而来的可能就是整个社会普遍存在着的"理想真空"和"信仰危机"。

第三节 深化当代中国非主流社会思潮前瞻研究

改革开放以来的中国究竟存在哪些非主流社会思潮,是一个见仁见智的问题。纵然目前学界在这一问题上尚无定论,但学人们对中国非主流社会思潮的研究热度并没有因此减少,研究深度也在持续推进。客观而言,当代中国存在多元多样的社会思潮,不同的人会依据自身研究的需要而作出不同的类别划

---

① 杨海波:《意识形态世俗化与马克思主义大众化论析》,《东岳论丛》2011年第7期。

分。故此,我们在研究中不期望面面俱到,而是根据"自由主义属性延散的主线"、"意识形态本质阐释的主题"和"意识形态建设方略的主旨",拟定了自由主义、新左派思潮、"普世价值"思潮、宪政民主论、历史虚无主义、"公民社会"思潮、新闻自由思潮、民粹主义、极端民族主义和消费主义等十种非主流社会思潮予以评析,进而呈现出当代中国非主流社会思潮的多重面相。这十种非主流社会思潮或有着浓厚的自由主义血脉,实际上是自由主义在经济、政治、社会、价值观、历史观、消费观、新闻舆论、民族问题等领域的不同表现形式,或以反自由主义的姿态与中西自由主义进行着理论交锋和现实争辩,由此勾勒出当代中国意识形态领域左右之争的炫丽场景。

一、问题的缘起与研究述评

深刻分析、准确研判我国意识形态领域非主流社会思潮的新变化新动向,是近年来学界理论研究的热点之一。改革开放以来,与我国复杂生存环境、尖锐社会矛盾、艰巨现代化转型相伴而来的是各种非主流社会思潮的涌动和冲撞。自由主义、"普世价值"思潮、宪政民主论、历史虚无主义、"公民社会"思潮、极端民族主义等社会思潮粉墨登场,交相呼应,构成了对主流意识形态的渗透与挑战。爬梳这些社会思潮可以发现:它们虽风格不同,内容各异,但在本质上却无二致,自由主义是其学理渊源和理论硬核。本书以剖析这些社会思潮的自由主义属性为切入点,以马克思主义唯物史观为思想武器,以维护主流意识形态安全为价值旨归,既给予自由主义以恰如其分的评判,又对激荡在国内社会的各种思潮的来龙去脉及其自由主义属性进行抽丝剥茧式的分析,力图用马克思主义和中国化马克思主义理论批判、引领当代中国非主流社会思潮,进而构筑起我国意识形态建设的基本方略。

(一)关于西方自由主义及其批判的研究

作为西方社会的核心意识形态,自由主义不但因资本主义社会矛盾而实现了自身的理论嬗变——古典自由主义向现代自由主义和新自由主义的转型,而且表现出了其固有的渗透功能,对非西方社会进行强劲的意识形态输出。改革开放以来,自由主义已成为我国具有很强影响力的社会思潮。纵观国内外对西方自由主义的研究,主要呈现出如下特点:一是中外学术界尤为关注罗尔斯、哈耶克、伯林、诺齐克、德沃金、麦金泰尔、哈贝马斯、贝尔等当代西方自由主义代表人物的学术思想。前沿问题有:(1)自由主义在20世纪80年代以来的最新发展以及所涉及的关于市场与政府、自由与秩序、公平与效率、公民与社会、权利与权力等思想。社群主义等流派与自由主义的论战,这成为学界关注的另一焦点。(2)世纪之交,国内学界集中翻译出版了西方自由主义的经典著作,如伯克的《法国革命论》、伯林的《自由四论》、哈耶克的《通往奴役之路》、霍布豪斯的《自由主义》等;关于自由主义的讨论、论战的文章、丛刊和研究专著相继出版发表,对西方自由主义学说及其各派别进行一般性的描述、介绍和评价性的著作也不断出场,如李强的《自由主义》、顾肃的《自由主义基本理念》、任剑涛的《中国现代思想脉络中的自由主义》等。(3)当代市场经济的基本理念(也是自由主义的核心范畴)——正义、自由、平等、公平、权力、权利以及国家、政府、公民、社会等,西方近代以来与自由主义相关的理论——天赋人权论、社会契约论、分权制衡论、机会均等论、程序公正论、有限政府论、政治正义论等,这些曾对西方资产阶级的革命和意识形态的建立发生过重要影响,成为现代自由主义和新自由主义"本"与"源"的古典自由主义的基本理念,同样为中外学界所关注。

面对西方自由主义的强劲势头,尤其是在目睹了苏东剧变以及拉美国家实践新自由主义落败后,发展中的中国如何确保意识形态安全,如何避免重蹈苏东以及拉美国家的覆辙,批判自由主义便成为题中应有之义。对此,王伟光、李慎明、梅荣政、房宁、程恩富、侯惠勤、靳辉明、王一程、周新城、何秉孟、马德普等一大批马克思主义专家学者围绕着新自由主义的自由化、私有化、市场化、宪政民主论等问题,就新自由主义的方法论、理论实质及其现实危害进行了深度剖析和批判。进入21世纪以来,除了发表大量的学术论文和理论文章对西方新自由主义予以批判外,国内还先后出版了《全球化与新自由主义》(2003)、《新自由主义思潮》(2004)、《新自由主义意识形态》(2007)、《世界在反思:国际金融危机与新自由主义全球观点扫描》(2010)、《新自由主义评析》(2012)、《经济学界意见分歧与新自由主义》(2015)、《新自由主义批判》(2016)、《新自由主义辨析》(2017)等一系列代表性著作。正是这些文论和著作使得我们的研究工作能够在较高的起点上展开。

总之,国内学者对自由主义的研究取得了较为丰富的成果,但细究可以发现,现有研究成果或是单纯研究西方某一学者的自由主义思想,或是对某个时期的自由主义理念进行把握,或是从各个派别进行比较来触及自由主义,或是侧重于某一学科来描述自由主义,而对自由主义与其他非主流社会思潮的内在联系、作用机理和动态追踪的研究尚待加强。

(二)关于国内社会思潮存在样态的研究

"三大思潮说":王炳权在《当代中国政治思潮研究》一书中认为,中国存在

"'普世价值'、'公民社会'和民族主义"为代表的三大政治思潮;房宁在《影响当代中国的三大社会思潮》一文中提出了值得人们关注的以自由主义、民族主义和新左派为代表的三大社会思潮;胡伟希在《20世纪中国三大社会思潮及其当代转型》中提出的三大思潮是社会主义、自由主义与社会民主主义;鲁品越在《影响当代中国的三大乌托邦思潮》一文中认为当代中国主要有新自由主义、新左派和民主社会主义三大非主流社会乌托邦思潮。"四大思潮说":靳辉明在《关于当前影响我国的四种社会思潮的剖析和思考》一文中列举了"民主社会主义思潮、新自由主义思潮、历史虚无主义思潮和普世价值观"四种目前对我国影响最大的西方社会思潮。"五大思潮说":梅荣政、杨军在《理论是非辨:用社会主义核心价值体系引领多样化社会思潮》一书中对当代中国新自由主义、历史虚无主义等五种主要社会思潮进行了辨析评判;朱汉国在其《当代中国社会思潮研究》中对包括新自由主义、民主社会主义在内的当代中国五种社会思潮进行了系统阐述。"六大思潮说":萧功秦在《困境之礁上的思想水花:当代中国六大社会思潮析论》一文中重点考察了改革以来中国民间社会六种具有代表性和影响力的社会思潮。"七大思潮说":程恩富、侯为民认为在当代中国存在着以新自由主义、新左派为代表的七大社会思潮;王燕文在其主编的《社会思潮怎么看》一书中重点罗列了包括"普世价值"、新自由主义、西方新闻观等在内的七种社会思潮。"八大思潮说":马立诚在《当代中国八种社会思潮》一书中描述了包括自由主义和新左派在内的八种社会思潮;马德普在《当代中国政治思潮(改革开放以来)》一书中也罗列了"重温西化梦"的自由主义、"反思现代性"的新老左派、"重估国家作用"的新国家主义等八大非主流政治思潮。

  学界除了在宏观上进行分类划界之外,还呈现出对某一非主流社会思潮的专门性研究,如新自由主义、民主社会主义、历史虚无主义、"普世价值"思潮等等。对于当前中国非主流社会思潮中的非马克思主义和反马克思主义倾向,国内许多学者以《中国社会科学》《求是》《红旗文稿》《人民日报》《光明日报》等报刊为阵地,对其进行了有理有据的批判。例如,王一程认为,新自由主义在本质上是反马克思主义的资产阶级意识形态,其根本政治意图就是要否定党的领导和社会主义制度;周新城指出,民主社会主义反对无产阶级专政,赞成议会民主、三权分立、多党制,反对马克思主义的指导地位;在侯惠勤看来,历史虚无主义攻击乃至否定中国历史,企图在于颠覆中国政府和共产党执政的合法性;鲁品越则强调,新自由主义推行"普世价值",而将中国政治体制改革的方向锁定于西方的宪政民主制度。

通过对国内非主流社会思潮存在样态的梳理分析可知，学界仍需进一步澄清和改进的问题有：一是当代中国非主流社会思潮之间内在的本质联系有待发掘，只有从总体上廓清贯穿在诸种思潮中的主线，才能有效回应这些思潮为何能够交相呼应、为何能够对马克思主义形成围攻态势的问题。二是当代中国非主流社会思潮的理论源头是什么？它们与西方自由主义内在关联的机理是什么？又是通过何种方式来影响当代中国的政治、经济和文化生活的？三是以往学界在研究方法上更多的是采用定性研究的方法，实证研究明显不足，有些研究的指标建构或数据分析缺乏规范，这在无形中影响了研究的可信度。

（三）关于我国意识形态安全维护的研究

面对改革开放以来我国非主流社会思潮多元化多样化发展的现实景状，国内学者在阐述社会思潮基本观念、辨识社会思潮内在本质、认清社会思潮潜在危害、设定社会思潮批判引领路径等方面，既有系统性、整体性的论述，又有专门性、针对性的研究。首先，提高主流意识形态引领社会思潮的能力。"意识形态转型说"：侯惠勤指出，要通过"完成理想信念和日常生活相结合、理论逻辑和核心价值观相一致"[①]来实现社会主义意识形态的转型，进而迎接各种非马克思主义和反马克思主义思潮的挑战。"创新话语体系说"：陈锡喜强调，要通过重构话语体系来增强社会主义意识形态的影响力和凝聚力，进而提高马克思主义对社会矛盾的批判力和对社会问题的解释力。"创新马克思主义说"：程恩富、侯为民认为，用创新马克思主义实现对国内社会思潮的引领，并指出创新马克思主义学派将决定21世纪中国社会主义的发展方向和未来命运。"实现大众化说"：王永贵强调，不断推进马克思主义大众化是应对我国意识形态领域挑战的重要法宝，并由此提出"以促进主流意识形态发展的时代化为前提、以促进主流意识形态传播的通俗化为基础、以加强马克思主义学习型政党建设为契机、以强化大学生主流意识形态教育为核心"等四项推进马克思主义大众化的举措。其次，以社会主义核心价值体系引领社会思潮。张耀灿的《以社会主义核心价值体系引领社会思潮的着力点》、陈秉公的《论用社会主义核心价值体系引领社会思潮的基本途径》、沙健孙的《二十世纪中国的历史道路：兼评若干社会思潮》、顾红亮的《以社会主义核心价值体系引领社会思潮的方法论思考》、宁先圣的《社会主义核心价值体系与当代社会思潮》、梅荣政的《理论是非辨：用社会主义核心价值体系引领多样化社会思潮》等文章著作，以"用社会主义核心价值

---

① 侯惠勤：《意识形态的历史转型及其当代挑战》，《马克思主义研究》2013年第12期。

体系引领多样化社会思潮"为研究主题,在阐释梳理社会主义核心价值体系和社会思潮各自内涵的同时,对用社会主义核心价值体系引领多元化社会思潮的必要性、可行性和规律性,以及引领的原则和着力点、引领的有效途径进行了系统论证。再次,坚持和加强党对意识形态工作的领导。中国共产党的领导是中国特色社会主义最本质的特征,做好意识形态工作关键在于坚持和加强党对意识形态工作的领导。田心铭的《加强党对意识形态工作的领导》、高新民的《略论党的意识形态对国家意识形态的引导方式》、杨河的《马克思主义的意识形态理论与实践》、王永贵的《中国共产党 90 年来推进意识形态工作的历史经验》、朱继东的《新时代党的意识形态思想研究》等文章著作,从提升党的执政能力、总结党的意识形态工作经验、重视党的思想理论建设等视角,阐述了坚持和加强党对意识形态工作的领导对维护我国意识形态安全的重大意义。最后,从探索维护我国意识形态安全多维路径入手应对各种社会思潮的挑战。徐成芳、罗家峰既指出了我国意识形态安全面临的严峻挑战,又从"确立意识形态安全的国家战略和正确处理社会主义意识形态问题的基本原则、持之以恒地推进意识形态领域的立论驳论攻辩创新和引领工作、构筑富强民主文明和谐可持续发展的社会主义社会基础"[①]等方面提出了维护我国意识形态安全的相应措施;邓卓明提出了引领社会思潮的五大路径,即"在坚持正确导向中引领社会思潮;在把握意识形态规律中引领社会思潮;在积极培育和践行社会主义核心价值观过程中引领社会思潮;在最大限度凝聚社会共识中引领社会思潮;在增强宣传思想工作活力中引领社会思潮"[②]。

另外,基于大数据时代社会思潮网络传播对我国意识形态安全的威胁,国内学界围绕优化网络空间、加强网络阵地建设探讨了维护国家意识形态安全的问题。如杨嵘均从健全网络虚拟社群、发挥网络虚拟空间意见领袖作用、加强媒介素养和个人自律教育等视角,提出了治理网络虚拟空间主流意识形态安全的有效策略。张耀灿强调,通过推进网络意识形态治理大数据战略、完善网络意识形态治理的大数据舆情应急机制、构建网络意识形态安全大数据保障机制等措施来提升网络意识形态治理水平,不断利用大数据增强主流意识形态的吸引力,进而维护我国主流意识形态安全。张卫良指出,网络意识形态安全关乎国家政治制度安全,为此要警惕和防范西方国家借由"网络自由"之名而行对外输出意识形态之实,并从申明网络主权、打造网络强国、加强网络法治建设和提

---

① 徐成芳、罗家峰:《试论当前中国意识形态安全面临的主要问题》,《政治学研究》2012 年第 6 期。
② 邓卓明、税强:《论引领社会思潮的五大路径》,《马克思主义研究》2014 年第 5 期。

高广大网民对错误思潮的"免疫力"等四个方面来维护我国网络意识形态安全。

可见,目前学界在维护意识形态安全问题上的主要观点是,意识形态作为观念上层建筑是与时俱进的,需要随着国家的经济、政治和社会的发展而不断调整内涵、完善结构、明确目标,进而赢得民众认可。这实际上是意识形态自我发展、完善和创新的过程。在这一过程中,要充分把握意识形态的阶级性特征和政治性本质,既从宏观上把握意识形态的建设方略,也从微观上遵循意识形态的建设原则,从而确保我国意识形态建设落到实处。

二、研究的对象与总体架构

本书立足于十一届三中全会以来中国 40 多年的改革与发展,坚持以马克思主义和中国化马克思主义理论为指导,积极运用习近平新时代中国特色社会主义思想评析当代中国非主流社会思潮,重点剖析了当代中国非主流社会思潮的历史脉络、演变过程、观点主张和现实影响,着重从思想观念和理论形态上研究了自由主义在我国政治发展、经济改革、社会变迁、文化建设、公民意识、主流价值观等诸方面的存在形式,并在此基础上深入分析了各种非主流社会思潮潜在的意识形态危害。

(一)研究的对象

本书的研究对象是当代中国非主流社会思潮,研究任务主要是通过对当代中国非主流社会思潮的自由主义属性分析,进而揭示出中国的自由主义、"普世价值"思潮、"宪政民主"论、历史虚无主义、"公民社会"思潮、新闻自由思潮、极端民族主义等思潮实际上是西方自由主义在中国嬗变的结果。总体来看,本书对当代中国非主流社会思潮的研究主要从两个层面展开:一是从社会思潮的基础理论研究出发,如社会思潮的意识特性、内涵功能、生成条件、传播方式和彼此关系,归纳当代中国非主流社会思潮运行的一般性规律;二是从不同的具体社会思潮研究出发,探讨各种非主流社会思潮发生发展的时代背景、流变过程、代表人物、观点主张等特殊性问题。所以说,本书的研究对象既是当代中国非主流社会思潮的一般,也是当代中国非主流社会思潮的个别。

在一般上,围绕"当代中国非主流社会思潮的意识形态属性"与"西方自由主义思潮在中国的存在样态",本书隐性的研究对象可以归纳为以下四个方面:一是对西方自由主义思潮的原初状态所作的有针对性的梳理研究。本书着力于对西方自由主义的核心理念、观念硬核和理论范式进行深入研究,在此基础上梳理出西方政治势力对非西方国家,尤其对我国进行自由主义输出和渗透所依据的观念、理念和理论,所依仗的政治、经济和文化,所凭借的手段、方式和方法。二是分析和论证当代中国非主流社会思潮及其自由主义属性,重点概括了改革开放40多年来自由主义对我国社会生活的全方位渗透,由此指出当代中国非主流社会思潮实际上就是自由主义在中国的不同表现形式和存在样态。三是深化意识形态问题的学理研究。从哲学价值论层面上挖掘意识形态的科学内涵,从社会发展层面上理顺社会主义核心价值体系与意识形态的本质联系,从唯物史观出发分析经济基础与观念上层建筑(意识形态)的辩证关系,从而揭示出意识形态内在的政治、经济和文化功能。四是科学构筑我国意识形态的建设方略。我国意识形态安全面临着来自国内外的挑战,尤其面临以自由主义为核心的非马克思主义、反马克思主义思潮的挑战。基于意识形态安全与国家安全的特殊关系,从批判和引领非主流社会思潮的视角建构维护我国意识形态安全的基本方略也就成为必然。

在个别上,围绕"当代中国非主流社会思潮的意识形态本质及其对主流意识形态的挑战"与"维护我国意识形态安全的基本方略",本书显性的研究对象重点锁定在当代中国自由主义、新左派思潮、"普世价值"思潮、"宪政民主"论、历史虚无主义、"公民社会"思潮、新闻自由思潮、民粹主义、极端民族主义和消费主义等十大非主流社会思潮上。在阐述和论证过程中,我们始终秉持着理论联系实际、理论研究为现实服务的原则,对十大非主流社会思潮的概念、内涵、特征等着墨较少,而对其表现形式、价值诉求、理论实质、批判和引领路径等实质性问题论及充分。这就使得本书对当代中国非主流社会思潮的研究不再仅仅停留于一般性的纯粹的概念介绍,而是透过各自非马克思主义甚至反马克思主义的意识形态实质,揭示其潜在的意识形态危害,进而及时有效地提出应对策略。诚然,本书在辨析评判十大非主流社会思潮时,也着力把理论应用与理论创新结合起来,在深刻论证马克思主义指导地位历史必然性的基础上,对新时代党的意识形态工作的与时俱进和实践指向进行了深入探讨,以期深化对当代中国非主流社会思潮基本理论的研究和论述。

(二)研究的框架

本书所研讨的是关于社会思潮的基本理论与实践问题,其主要内容是分析改革开放以来中国非主流社会思潮的实际情况。本书认为,当代中国非主流社会思潮有着鲜明的自由主义属性或反自由主义属性,要么是西方自由主义在我国政治发展、经济改革、社会变迁、文化建设、公民意识、主流价值观等诸方面的变种,如当前国内社会存在的自由主义、"普世价值"思潮、"宪政民主"论、历史虚无主义、"公民社会"思潮、新闻自由思潮、极端民族主义、消费主义等思潮,要么是作为中西自由主义的对立面而存在,如中国新左派思潮和民粹主义。这些思潮虽名称不同、观念各异,但实际上都是自由主义的不同存在样态,是西方自由主义在当代中国的嬗变。为此,本书立足于中国社会左右之争的客观事实,在阐明作为左翼力量的中国新左派思潮和民粹主义的同时,还重点梳理了作为右翼势力的中国自由主义、"普世价值"思潮、"宪政民主"论、历史虚无主义、"公民社会"思潮、新闻自由思潮、极端民族主义和消费主义。就二者同主流意识形态之间的关系而言,前者非马克思主义的意识形态本质和后者反马克思主义的意识形态本质一度侵蚀着马克思主义的指导地位,严重威胁了我国主流意识形态的完全。

有鉴于此,本书着重从应对以自由主义为实质的当代中国非主流社会思潮的挑战出发,坚持以马克思主义唯物史观为武器对其分析和批判,用马克思主义引领各种社会思潮,进而全方位构筑我国意识形态的建设方略。从总体的理论架构来看,本书除了引言部分之外,共有十章内容,其叙述顺序第一章至第十章依次为:"当代中国自由主义思潮省思""当代中国新左派思潮解析""'普世价值'思潮的中国形态及其批判""宪政民主论的本质剖析与理论批判""当代中国历史虚无主义评述""当代中国'公民社会'思潮批判""当代西方新闻自由思潮批判与我国意识形态安全""当代中国民粹主义辩驳""当代中国极端民族主义思潮检视""消费主义批判与当代中国科学消费方式的构建"。本书对这十大中国非主流社会思潮予以客观呈现,并从维护主流意识形态安全的视角作出评析,基本认为这些社会思潮虽然有其客观生成的社会土壤和主观演进的心理机制,在思想层面也有助于人们加深对当前中国社会问题和矛盾的思考与认知,但其潜在的意识形态危害要求我们必须对之进行科学批判和引领,坚决杜绝我国社会主义意识形态建设过程中"颠覆性错误"的发生。

(三)研究的重点

本书的研究重点主要集中在以下三个方面:一是对以自由主义为本质的当代中国非主流社会思潮进行探索性研究。从分析当代中国非主流社会思潮发展的新态势入手,以西方自由主义在中国的嬗变为切入点,全面系统梳理、研究自由主义对当代中国的政治、经济、社会、文化、价值观乃至公民生活诸方面的价值渗透和意识形态挑战。这是一项十分艰巨的基础性研究工作,除了需要理论素养和学术积淀外,还要有沉静的心态、顽强的毅力和坚定的政治信念。毕竟,改革开放40多年来各种非马克思主义和反马克思主义思潮中,自由主义对我国的影响最大、最深刻。这一研究有助于更为透彻地认识自由主义在当代中国的沿革,认清自由主义的历史价值、真实面目和理论实质,对我国意识形态建设有着重要意义。二是对当代中国非主流社会思潮非马克思主义和反马克思主义意识形态实质的准确揭示。通过全面剖析当前挑战和威胁主流意识形态安全的中国自由主义、新左派思潮、"普世价值"思潮、宪政民主论、历史虚无主义、"公民社会"思潮、新闻自由思潮、民粹主义、极端民族主义和消费主义等十种非主流社会思潮,本书着重探讨了它们各自的表现形态以及渗透和传播手段的新变化,并详细分析了这些非主流社会思潮的现实危害,从而更加确证在当代中国所存在的自由主义、"普世价值"思潮、宪政民主论、历史虚无主义、"公民社会"思潮、新闻自由思潮、极端民粹主义和消费主义等社会思潮,实际上是自由主义的不同表现形式和存在样态。因此,以马克思主义唯物史观为武器对其分析和批判,廓清贯穿在其中的自由主义主线,从而找到这些思潮交相呼应、对马克思主义形成强烈冲击的深层原因。三是对批判引领当代中国非主流社会思潮和维护我国主流意识形态安全的路径与方式进行有针对性的研究。党的十八大以来,以习近平同志为核心的党中央从党和国家事业发展全局的战略高度来审视意识形态建设的极端重要性,认真谋划、精心部署党的意识形态工作,有效推进了马克思主义中国化、时代化、大众化,"两个巩固"目标初步实现。不过,从目前我国意识形态领域的实际情况来看,中外敌对势力仍在对我国进行文化和意识形态渗透,其中以自由主义为本质的社会思潮在中国的传播,就是他们用来"和平演变"中国的隐蔽手段。为此,我们要理性回应各种非马克思主义和反马克思主义社会思潮的挑战,有针对性地提出应对之策。本书竭力摆脱以往理论研究中空洞的理论说教和政治宣言,通过评析以自由主义为代表的中国十大非主流社会思潮,旨在构建我国意识形态建设的方略和路径,使社会主义意识形态从抽象走向具体、从学术化走向生活化,以此最大限度地增进人们对马克思主义信仰和中国特色社会主义信念的认同。

三、研究的思路方法与价值

马克思主义是我们立党兴国富民的根本指导思想,处于中国特色社会主义进入新时代的历史方位,要深化对中国非主流社会思潮的研究,自然需要运用马克思主义立场观点方法来剖析当代中国非主流社会思潮的自由主义属性和辨别当前中国各种非主流社会思潮纷争背后的意识形态实质。这是有效应对以自由主义为实质的当代中国非主流社会思潮挑战和全方位构筑我国意识形态建设方略的方法论前提。

（一）研究的思路

在总体研究思路上，本书以马克思主义唯物史观为指导，以我国意识形态安全的建设方略为旨归，以 40 多年来我国社会现代化转型的市场化改革、价值取向多元化为依据，以经济全球化和新科技革命带来的"意识形态陷阱"为背景，以当代中国非主流社会思潮为研究对象，以西方敌对势力对社会主义国家"和平演变"的图谋为判断原则，揭示以自由主义为本质的当代中国非主流社会思潮的理论实质和表现形式，考量自由主义对当代世界和中国社会的影响，梳理自由主义在我国的嬗变和存在样态，剖析自由主义的滋生土壤，认清自由主义的危害。在此基础上全面领会当前我国意识形态领域的复杂情形，深刻认识意识形态安全对国家安全的特殊意义，以积极主动的姿态构建维护我国意识形态安全的基本方略和现实路径。

在具体研究思路上，本书着重探讨了中国自由主义、新左派思潮、"普世价值"思潮、宪政民主论、历史虚无主义、"公民社会"思潮、新闻自由思潮、民粹主义、极端民族主义和消费主义等十个非主流社会思潮。在论证每一社会思潮的过程中，本书都依据马克思主义意识形态理论学说，坚持把批判、引领当代中国非主流社会思潮与"巩固马克思主义在意识形态领域的指导地位"和"巩固全党全国人民团结奋斗的共同思想基础"统一起来，并结合我国社会主义现代化建设的新情况和我国意识形态建设的新实践，以"理论溯源→演变历程→现实表现→核心理念→本质透视→理性回应"为基本研究线索，从维护国家主流意识形态安全的视角阐述了新时代如何更好地实现对当代中国非主流社会思潮的批判与引领。正是通过对当代中国非主流社会思潮进行动态性、对策性的跟踪研究，本书在整体上向人们展现了构筑我国意识形态建设方略时所应关涉的方方面面。

（二）研究的方法

无论是从事自然科学研究还是从事社会科学研究，正确方法的运用是确保科研工作取得事半功倍效果的不二法门。马克思主义作为时代精神的精华，它通过对自然界、人类社会和人的思维的内在本质与发展规律的科学揭示，为人类认识和改造世界提供了基本方法。对此，毛泽东同志曾坦言说："马克思主义的方法就是政治上军事上的望远镜和显微镜。"① 总体来说，辩证唯物主义和历

---

① 《毛泽东选集》第 1 卷，人民出版社 1991 年版，第 212 页。

史唯物主义是进行社会科学研究的根本方法。本书以马克思主义关于普遍联系与永恒发展的观点、社会存在决定社会意识的观点、阶级斗争的观点、矛盾分析的观点、人民群众是历史创造者的观点为依托,在对当代中国非主流社会思潮的研究中自觉贯彻了马克思主义的方法原则。另外,本书在贯彻马克思主义根本方法原则的同时,在具体研究中还运用了以下几种方法。

一是文献学与文本学相结合的研究方法。因为本书是一部学理性和理论性极强的著作,所以在研究和写作过程中必须阅读、掌握第一手材料。这就要求我们对现有国内外文献、文本进行搜集整理,在文献、文本中对改革开放以来中国社会思潮加以归纳、提炼。通过阅读文献、文本,可以获得更多的理论素材支撑,有助于厘清当前学界在国内社会思潮问题研究上的学术脉络,进而寻找新的研究视角;可以夯实研究的理论基础,从已有关于中国社会思潮研究的文论和著述中探索本书研究的理论依据。所以,在运用文献学与文本学相结合这种方法的过程中,除了深化研读马克思主义经典著作和改革开放以来党的文献之外,还要大量阅读借鉴中外学者在意识形态和社会思潮方面发表和出版的论文、书籍。

二是历史分析与比较研究相结合的方法。由于在改革开放之前缺少社会思潮衍生的经济、政治和文化条件,所以在本书中所运用到的历史分析法,就是把当代中国非主流社会思潮问题置于改革开放至今的这一特定历史范围之内与时代背景之下加以考察和研究。另外,历史分析法还要求从历史的因果联系中把握当代中国非主流社会思潮生成和演进的规律性,分析各种非主流社会思潮在改革开放这一特定历史环境中彼此间的联系。诚然,在进行纵向历史分析的同时,本书还强调横向的比较研究,即同种社会思潮在不同发展阶段所作的比较和不同社会思潮之间所进行的比较,前者如自由主义、"公民社会"思潮、历史虚无主义、民粹主义等不同时期的不同表现形态,后者如自由主义与新左派思潮所构成的跨世纪的左右之争。

三是多学科综合研究法。社会思潮是一个多学科交叉的问题。基于主要研究对象的跨学科特性,本书在研究当代中国非主流社会思潮的过程中不可避免地要涉及和运用到政治学、经济学、社会学、心理学、新闻传播学、哲学等多学科知识。

正是综合多学科知识,本书有效避免了具体论证过程可能存在着的思维局限性和话语单一性,从而使对当代中国非主流社会思潮问题的研究更加充实,更有说服力。

（三）研究的价值

当代中国非主流社会思潮既是中国社会现代化转型过程中因时因地的产物，也是这一转型过程本身重要的组成部分。意识形态和思想文化领域社会思潮的相互激荡，不仅深刻折射出利益个体或群体间的矛盾冲突，而且也直接反映了各种价值理念和理想信念的激烈碰撞。正是受其影响，人们的观念和行为不断地被洗礼、重塑，并反过来加速着社会思潮的激荡进程。甚至可以说，中国社会转型将魂归何处，在一定程度上取决于思想市场中社会思潮彼此博弈的结果。就此而言，全面梳理、准确认知、科学把握当代中国非主流社会思潮，对于了解中国社会现代化转型中的矛盾问题和思考中国社会现代化转型的未来走向大有裨益。

在学术价值方面，本书从维护主流意识形态安全的视角全面系统梳理、分析自由主义对当代中国政治、经济、文化、社会等方面的思想渗透和意识形态挑战，并以自由主义是当代中国非主流社会思潮的本质为定论，剖析了中国自由主义、新左派思潮、"普世价值"思潮、宪政民主论、历史虚无主义、"公民社会"思潮、新闻自由思潮、民粹主义、极端民族主义和消费主义等十大非主流社会思潮非马克思主义和反马克思主义的价值倾向。这一研究有助于我们直面自由主义在当代中国的嬗变，认清自由主义的历史价值、真实面目和理论实质。另外，本书还从社会史和观念史的视角考察了当代中国非主流社会思潮的源流、现状以及各种社会思潮的不同作用机理和相互关系，分别揭示出它们在攻击马克思主义和中国化马克思主义理论时所显现的着眼点与侧重面，进而有针对性地提出应对之道。在应用价值方面，本书聚焦于当代中国非主流社会思潮是实现"两个巩固"目标和应对中外敌对势力西化、分化中国阴谋挑战的现实要求。本书所阐述的十大非主流社会思潮在我国市场化改革和现代化转型时期竞相发声，不遗余力地与主流意识形态争夺话语权，以此试图按照自身的价值观念左右我国政策的制定。所以，本书并未停留在对国内非主流社会思潮的纯粹理论阐述和批判上，而是结合这些非主流社会思潮各自的意识形态危害和维护主流意识形态安全的实际需要，全方位、有针对性地构筑起我国意识形态建设方略，进而探索建立捍卫国家意识形态安全的完整体系。

第一章 当代中国自由主义思潮省思

第一节 自由主义思潮的理论渊源及演变历程

一、自由主义思潮的理论渊源[①]

自由主义是资产阶级政治文明的独特标识,它作为近代以来引领资本主义世界发展的主流思想学说,为人们认识、了解和走进西方经济、政治、文化、社会、宗教等生活图景打开了一扇窗口。但与其他思想学说相比,因其文化基因的久远性、价值体系的复杂性、观点主张的对立性、内部流派的异质性等秉性,自由主义理论渊源呈现出历史多维性的特征。通过梳理自由主义漫长的发展历程和剖析自由主义思想家的经典论述,可以发现,自由主义在不同历史时期、不同发展阶段的思想主张、价值诉求虽各有侧重,甚至有时大相径庭,但基于同样久远而深厚的理论渊源,自由主义有着某些共同且恒定的理论旨趣(如渴望自由、捍卫平等、宣扬人权等等)。单就理论基础而言,"如果没有古典文化提供给它的先例和指针以及中世纪的经历,现代自由主义史也许会是另外一种形式。尽管如此,文艺复兴确实在欧洲历史中建构了一个转折点,在这一转折点出现了截然不同的自由主义世界观。从这一点向前能够追溯持续的自由主义的发展,它不仅仅被看作是观念的运动,而是一种真实和客观存在的社会和政治力量"[②]。可见,从历史演进的角度梳理自由主义的理论渊源,成为人们认识和把握自由主义这种"真实和客观存在的社会和政治力量"的首要前提。

---

① 该部分主要内容已以《西方自由主义思潮三大古典理论基石论析》为题、竞辉独作的形式发表在《海南师范大学学报(社会科学版)》2016年第12期,特此说明。
② [英]安东尼·阿巴拉斯特:《西方自由主义的兴衰》(上),曹海军等译,吉林人民出版社2011年版,第123页。

(一) 古希腊理性自由观、古罗马自然法权论为自由主义的产生提供了最为原始的理论根基

在自由主义发展史上,古希腊人最早对人的理性自由能力进行了启发式追问,其标志就是从对自然界的"外化"认识逐渐转向对人类社会和人类自身的"内化"认识。正如黑格尔所言:"人类自身具有目的,就是因为它自身中具有'神圣的东西',——那便是我们开始就称作'理性'的东西。"[①]所以,在人类的认识由"外化"向"内化"转变的过程中,"个人主体意识的觉醒也就是理性的觉醒。人们不再用信仰的心情去虔诚地对待传统的法律、伦理和宗教,传统观念在人们的心中也不再是天经地义的神圣的信念"[②]。从伯里克利倡导"我们是自由的宽恕的"到普罗泰戈拉提出"人是万物的尺度",再到亚里士多德强调"认识你自己",都可以窥见古希腊人对理性自由的倡导和个性解放的向往。不过在古希腊人看来,城邦是实现公民自由和捍卫民主政体的唯一载体;只有参与城邦公共政治生活、讨论城邦公共事务,人们方能获得最普遍的自由和最崇高的幸福。对此,亚里士多德解释说,"城邦的目的是人类所可能达到的最优良生活(奴隶不在此列)"[③]。另外,亚里士多德强调以法律保障自由,认为法律是自由的题中之义。他指出:"法律应在任何方面受到尊重而保持无上的权威,执政人员和公民团体应在法律(通则)所不及的'个别'事例上有所抉择,两者都不该侵犯法律。"[④]这里包含了最初意义上的法律面前人人平等的思想。尽管亚里士多德看重自由和自由的法治保证,但个人主义真正开始酝酿是在古希腊后期。那时随着古希腊城邦日趋衰落,人们参与城邦公共事务的道德理想也就难以实现,于是人们撇开公共政治生活而开始关注私人领域的事务。这一时期斯多亚学派[⑤]的主要代表人物伊壁鸠鲁,就从伦理学的视角论述了个人自由的原理。难能可贵的是,伊壁鸠鲁主张在个人理性自由的基础上进行国家和社会的建构,并认为国家存在的意义和价值就在于实现人的幸福生活和促进人的自由发展。他的这一主张颠覆了以往思想家国家先于、优于、重于个人的观点,从而真正开启了个人主义发展的先河。

---

① [德]黑格尔:《历史哲学》,商务印书馆1963年版,第73页。
② 高文新:《欧洲哲学史专题研究》,吉林人民出版社1994年版,第50页。
③ [古希腊]亚里士多德:《政治学》,商务印书馆1965年版,第370页。
④ [古希腊]亚里士多德:《政治学》,商务印书馆1965年版,第195页。
⑤ 斯多亚学派,又称斯多葛哲学学派,公元前300年左右在雅典创立,是希腊化时代一个影响极大的思想派别。斯多亚学派对自然法的主要贡献在于为其提供坚实的哲学基础和丰富的伦理内涵,并据此提出世界主义的政治思想。

古罗马自然法学思想发展了斯多亚学派自然法理论,其主要贡献在于,它不仅对自由权利进行了系统而全面的论证,而且还将这一自由权利以法律形式固定下来。西塞罗认为,存在一种普遍的自然法,上帝的神圣统治和人类的社会本性是普遍自然法的两个主要来源,任何与上帝统治和人类本性相悖的立法都不是真正的法律。在他看来,"真正的法律是与自然一致的正确的理性;它具有普遍的适用性,是不变的而永恒的;它通过命令号召人们履行自己的义务;通过禁令使人们不做不正当的事情"[①]。剥离遮掩在自然法身上的宗教外衣,西塞罗还赋予现实个人拥有正确理性的权利,并从自然法理论中引申出世人皆平等的观点。他认为:"我们为正义而生,权力不是基于人的看法,而是基于自然,没有什么比完全认识这一点更有价值了。"[②]然而,西塞罗的平等思想只关乎伦理道德层面,并不涉及现代意义上民主、人权等政治理念。但瑕不掩瑜,西塞罗关于自然法的一系列思想学说,对近代西方自由主义产生了很大的影响。正如哈耶克所评价的那样:"西塞罗的论著的确成了现代自由主义的主要权威典籍,而且我们当下大多数最具效力的关于法治下的自由的论述也都得益于他。……西塞罗最为明确地指出,在罗马法的古典时代,人们已经充分认识到法律与自由之间并不存在冲突,而且自由还依赖于法律的某些特性,如法律的一般性和确定性,以及它对权力机构自由裁量权所施加的限制。"[③]在西塞罗之后,古罗马法学家更是化身为"正义的祭祀",强调法律源于自然和正义,国家立法权属于人民,人民授权于统治者,从而将自然法推向一个新的高度。

(二) 中世纪时期基督教关于自由平等法律的思想为自由主义的产生提供了重要的理论基础

如果说古希腊罗马文明开启了人类迈向近代自由主义的大门,那么,中世纪则是人类在宗教世界里通往自由主义所不得不经历的"暂时退却"时期。自公元392年古罗马皇帝狄奥多西一世将基督教确立为国教,基督教便有普遍的民间信仰跃升为官方的意识形态。在此后长达近1000年的漫长历史中,基督教始终是维护封建专制统治的精神支柱。究其本质而言,基督教既是中世纪的政治神学,又是宗教神权和封建王权压迫和剥削广大人民的工具,其教义内容

[①] Cicero, "The Republic and the Laws", in William Ebenstein, Great Political Thinkers, New York: Holt, Rinehart and Winston, 1969(4th ed.) p.136.

[②] Cicero, "The Republic and the Laws", in William Ebenstein, Great Political Thinkers, New York: Holt, Rinehart and Winston, 1969(4th ed.) p.137.

[③] [英]弗里德利希·冯·哈耶克:《自由秩序原理》(上),邓正来译,生活·读书·新知三联书店1998年版,第209页。

在很大程度上具有保守和排斥革命的一面。即便如此,基督教教义中的自由、平等和法律等思想却有其合理成分,它们在延续古希腊罗马自由主义文化基因和开启近代文艺复兴进程中发挥了复杂而独特的作用,因而成了自由主义理论渊源的一个重要方面。

基督教的产生和发展有着深刻的政治和经济根源,它是社会民众在古罗马奴隶制统治危机中寻求精神慰藉和心理安慰的非现实性的表达,体现了当时广大劳苦人民摆脱政治压迫、寻求人身解放的心声。鉴于此,恩格斯对早期基督教持褒扬态度:"在早期基督教的历史里,有些值得注意的与现代工人运动相同之点。基督教和后者一样,在其产生时也是被压迫者的运动:它最初是奴隶和被释放的奴隶、穷人和无权者、被罗马征服或驱散的人们的宗教。"[①]但随着基督教被封建统治者改造为维护其专制统治的意识形态,其基本教义中所蕴含的自由平等只是体现在自由平等地参加教会仪式,而不涉及宗教事务以外的领域。另外,基督教的自由平等观也具有社会等级属性。托马斯·阿奎那从维护"全知、全能、全在"的上帝形象的角度论证了封建等级制度的合理性,认为整个世界是由上帝主宰的等级结构,作为上帝独特创造的人类在智慧、体力和感觉上存在差别。他指出:"人有智慧和感觉,同时也有体力,这些禀赋就由天意安排,仿照宇宙间普遍存在的那种秩序样式,彼此处于从属的地位。体力从属于感性和智力,并决心服从它们的指挥,而感官则从属于智慧,并遵从它的指导。"[②]这就意味着,在神权高于王权、神性高于人性的基督教世界里,"低级的人也必须按照自然法和神法所建立的秩序,服从地位比他们高的人"[③]。

阿奎那在阐述基督教自由平等观的同时,也结合亚里士多德及斯多亚学派关于自然法的思想,提出了永恒法、自然法、神法和人法的观点,进而完善了基督教神学法律体系。他反对《罗马法典》对"君主的意志具有法的力量"的规定,认为一切法都是上帝理性的化身,且受上帝理性的指导。在他看来,法律是"人们赖以导致某些行动和不做其他一些行动的行动准则或尺度"[④]。这些"行动准则或尺度"不是君主的意志,而是上帝的理性;君主的意志很可能不是法律而是一种祸害,上帝的理性则是绝对性的真理。所以,在中世纪时期,宗教神权压制着世俗王权。关于法律的目的和效用,阿奎那认为:"法律的首要和主要的目的

---

① 《马克思恩格斯全集》第22卷,人民出版社1965年版,第525页。
② [意]托马斯·阿奎那:《阿奎那政治著作选》,马清槐译,商务印书馆1982年版,第98页。
③ [意]托马斯·阿奎那:《阿奎那政治著作选》,马清槐译,商务印书馆1982年版,第146页。
④ [意]托马斯·阿奎那:《阿奎那政治著作选》,马清槐译,商务印书馆1982年版,第104页。

是公共幸福的安排。"①而为了有效安排"公共幸福",君主的行为应受到理性和法律的制约。不过由于阿奎那本人拥护宗教神权统治,他倾向于将自然法、人法和神法置于上帝永恒法之下,以此为基督教神权统治服务。但客观而言,以阿奎那为代表的基督教神学法律思想虽然赞成君主专政统治,但其法律思想中依据法律反对暴君统治和国家根据法律为"公共幸福"服务的主张,为此后人文主义者依法反对宗教神权和封建王权提供了思想武器。

(三)文艺复兴时期人文精神的张扬和宗教宽容理念的倡导是自由主义产生的直接理论来源

随着中世纪后期封建专制统治的衰落和近代早期资本主义生产关系的萌芽,西欧各国人民对基督教神权对人的思想钳制与精神奴役越来越不满,批判宗教禁欲主义、谋求今世幸福成为人们共同的愿景。14世纪初期,一场反封建反教会斗争的文艺复兴运动在意大利悄然兴起,且迅速蔓延至西欧诸国。在这场持续300余年的文艺复兴运动中,各国人文主义者借助复兴古希腊文学艺术的形式表达着自身对自由平等和现实幸福的追求。罗素曾对此评价道:"文艺复兴通过复活希腊时代的知识,创造出一种精神气氛;在这种气氛里再度有可能媲美希腊人的成就,而且个人天才也能够在自从亚历山大时代以来就绝迹了的自由状况下蓬勃生长。"②然而,文艺复兴并不是对古希腊时代知识的简单返照,其在本质属性上是一种借助文学、艺术、哲学等方式反对宗教权威、宣扬个性解放的新兴资产阶级思想解放运动,预示着西欧国家"封建的中世纪的终结和现代资本主义纪元的开端"③。它为新兴资产阶级冲破宗教束缚、打碎封建枷锁进而谋求经济利益、政治地位营造了舆论氛围和文化空间,其人文主义精神和宗教宽容理念成为17世纪自由主义得以产生的最直接理论来源。

弘扬人性、抑制神性是人文主义精神的基本内容。针对中世纪基督教扼杀人性的现状,人文主义者高呼个性解放,指出人而非神才是现世生活的出发点和归宿。他们认为,人的本质就是人的感性存在,人的感性存在就在于人的自然欲望的满足与实现。这种对人的自然本性的讴歌,极大地冲击了基督教禁欲主义思想,从根本上动摇着基督教神学的立论基础。正是在人文主义之光的照耀下,中世纪那种完全服从启示、服从神法的观点显得如此不合时宜,那种完全献身于上帝、献身于宗教教会的说辞又显得如此荒诞不羁。人文主义者虽然痛

---

① [意]托马斯·阿奎那:《阿奎那政治著作选》,马清槐译,商务印书馆1982年版,第105页。
② [英]罗素:《西方哲学史》(下),马元德译,商务印书馆1976年版,第17页。
③ 《马克思恩格斯选集》第1卷,人民出版社2012年版,第397页。

恶基督教神权对人性的摧残，但他们并没有完全否定和丢弃基督教教义，甚至还把教义中与文艺复兴不相冲突的价值观念（如自由、平等和博爱）保留了下来。在早期人文主义者薄伽丘那里，人的自由是人类的至善美德，是区分人类的主要标准，而人的自由意志比理智和哲学更为重要；拉伯雷也认为，自由乃是人类行为的主要原则和德行的基本前提，人们应该根据自己的本性、爱好和需求而自由地生活。

人文主义者在高举个性解放、人性自由旗帜的同时，也信奉人生而平等和宗教宽容的信条。几乎在所有人文主义者那里，人生而平等是一条基本的法律。在此基础上，人文主义者将爱之情感视为人与人之间关系的永恒的和普遍的本质，认为博爱是人性的根本标志，且把这种博爱应用于宗教信仰自由领域，进而延伸出宗教宽容理念。尤其是在16世纪，以德国马丁·路德和法国约翰·加尔文为代表的宗教改革者反复论证和强调人的思想自由和信仰自由，他们二人在宗教领域以特定的形式呼应着人文主义者张扬个性、弘扬人性的主张。由于宗教改革有利于神权的消解和王权的加强，因而无论是在德国还是在法国，宗教改革都得到了世俗统治者的支持，宗教改革的一个重要成果就是世俗王权在与基督教神权的斗争中取得了决定性胜利。诗人海涅曾高度评价德国的宗教改革，指出在路德宗教改革期间，"德国产生了所谓精神自由或犹如人们所说的思想自由，思想变成了一种权利，而理性的权能变得合法化了"①。随着新兴资产阶级与世俗王权在反对基督教神权、倡导宗教信仰自由方面达成共识，经过宗教改革而形成的新教逐渐演变成适合资产阶级发展需要的宗教形式。其中，清教徒本身就是资产阶级的一部分，自然也是推动资产阶级革命发展的先锋；而宗教改革所形成的新教伦理，也发展成为一种影响自由主义乃至整个资本主义社会发展的精神力量。可以说，"宗教改革的巨大历史意义在于把信仰个人主义化，并且提出了思想宽容的核心问题……这些要求基本适应了市民阶级追求个性、思想和贸易自由的愿望，为自由主义的发展留下了广阔的余地"②。后来自由资本主义发展的历史也证明，文艺复兴运动时期的人文主义精神和宗教宽容理念对17世纪自由主义的产生起到了直接的推动作用。

---

① ［德］亨里希·海涅：《论德国宗教和哲学的历史》，海安译，商务印书馆1974年版，第42页。
② 顾肃：《自由主义基本理念》修订版，译林出版社2013年版，第201页。

二、自由主义思潮的演变历程①

自由主义的理论渊源虽然可以追溯至古希腊甚至更为久远的时期,但其作为一种系统完备、明确规范的思想学说,还是近代以来的事情。古典自由主义者约翰·格雷曾指出:"尽管历史学家从古代世界,尤其是从古希腊与罗马中,找出自由观念的成分,然则,自由主义是近代的学说……作为一种政治思潮与知识传统,作为一种可以辨识的思想要素,自由主义的出现只是17世纪以后的事。"②这一时期资本主义生产关系的发展为自由主义的产生提供了一定的经济、政治和文化基础。而随着自由主义日益深入人心,西欧各国人民开始以自由的眼光审视政治现象,以自由的心态塑造政治生活,以自由的制度评价政治行为,同样也以自由的理念建构政治制度。正是在政治取向上切合了新兴资产阶级与封建专制统治分权的需求,自由主义一跃成为资本主义社会的"显学"。然而,在近4个多世纪的发展历程中,由于所面临的时代背景、解决的社会问题、设计的政策方案的迥异,自由主义也不断进行着自我修正和完善。总体而言,为了满足特定时期的不同需要,近代以来西方自由主义遵循了一条从古典自由主义到现代自由主义、从现代自由主义到新自由主义的演进路径。

(一)自由资本主义期间的古典自由主义

古典自由主义发源于17世纪的英国,它既是英国早期资产阶级反对封建专制的思想利器,也是引领自由资本主义阶段经济社会发展的智慧结晶。"自由主义的核心要素第一次被提炼为一套一致的知识传统,并通过一个强有力的政治运动表达出来,是在英国内战期间以及光荣革命之后的辉格党执政期间。"③英国古典自由主义对后来西方世界资产阶级革命(如1775年美国独立战争和1789年法国大革命)产生了深远影响。托马斯·霍布斯、约翰·洛克、让-雅克·卢梭、亚当·斯密、大卫·李嘉图等是古典自由主义的奠基人。其中,约翰·洛克被称为"自由思想的始祖",亚当·斯密被尊奉为古典自由主义的先驱。

约翰·洛克(John Locke,1632—1704),是17世纪英国最著名的哲学家和政治思想家。洛克继承了霍布斯自由主义思想中的契约理念、维权意识和个人

---

① 该部分主要内容已以《西方自由主义演进史中的三次嬗变》为题,竟辉独作的形式发表在《商丘师范学院学报》2017年第2期,特此说明。
② [英]约翰·格雷:《自由主义》,曹海军、刘训练译,吉林人民出版社2005年版,第1页。
③ 李强:《自由主义》,东方出版社2015年版,第53页。

主义立场,但又比前者更具个人主义和自由主义色彩。他对社会契约论、政治分权说、私有财产论、宗教宽容论等观点的阐述,都比霍布斯更为全面和深刻。在其《论宗教宽容》和《政府论》两部著作中,洛克首次系统阐述了古典自由主义的基本原则,明确提出经济自由和天赋人权思想,并将人的自由权概括为思想自由、财产自由与政治自由。洛克自由主义的核心思想有:首先,私有财产神圣不可侵犯。洛克认为生命权、自由权和财产权是人类不能转让且不可剥夺的自然权利。在这三项自然权利中,财产权是最基本的首要的权利,失去了财产权,人的生命权和自由权也就失去了根基。与霍布斯认为人的自然权利可以转让的观点相比,洛克关于私有财产不能转让和不可剥夺的主张,显然更符合资产阶级革命的需求。其次,尊重每个人的权利,维护个人自由的自然状态。洛克以个人主义和个人权利为本位建构了自己的自由观体系。在他看来,人类的自然状态不是霍布斯式"所有人反对所有人的战争"的斗争状态,而是依据自然法为人类所预设的自然权利与义务而维持的自由状态。再者,以社会契约限制政府权力,建立有限政府。为了保障个人自由权利和防范集权主义,洛克将政府角色定位为"守夜人",认为政府只是个人自由的保护者和市场秩序的维护者,限制国家权力建立有限政府是确保个人自由权利的先决条件。最后,倡导代议制民主,主张分权制衡。洛克在强调建立有限政府的同时,主张将国家权力分为立法权、执行权和对外权,通过分权制衡来根除国家或个人的专制主义,以此达到保护公民政治自由的目的。

  继洛克之后,将自由主义应用于指导市场经济活动的思想家首推斯密。亚当·斯密(Adam Smith,1723—1790),是英国古典自由主义经济学的集大成者,其著作《道德情操论》和《国民财富的性质和原因的研究》分别从伦理学和经济学角度论述了市场经济的相关理论,且提出了支撑整个资本主义市场经济理论大厦的"理性人假设"观点。斯密认为,从事经济活动的市场主体都是理性的人,每一市场主体的经济行为都以获取最大经济利益为目的。他指出,追求最大经济利益的人受制于"一只看不见的手",一方面在经济活动中实现着自身的经济利益,另一方面市场主体间这种逐利行为能够自发地促进市场秩序并保持社会和谐。至此,斯密以其完整的论证确立了以自由放任主义为核心内容与基本原则的自由主义市场经济理论,为资本主义古典经济学的发展奠定了基础。在斯密之后,英国著名功利主义哲学创始人杰里米·边沁(Jeremy Bentham,1748—1832),确立了个人权利的功利主义标准,进一步夯实了古典自由主义的哲学基础。边沁认为,国家应该依据功利主义原则将政府职权限制在保护自由和财产安全的最小限度之内,严禁政府干涉一切私人领域的个人活动。约翰·斯图尔特·密尔(John Stuart Mill,1806—1873)作为边沁后功利主义时代的代表,从个人与社会关系的角度系统阐述了个人自由,他在将个人自由从经济领域扩展到社会领域的同时,较早提出并论证了个人自由与社会控制之间的界限问题。在密尔看来,实行一定限度的国家干预政策是维护个人社会自由的一个重要前提。他所主张的有限度的自由放任主义政策使古典自由主义在19世纪发生了重大转变,为古典自由放任主义向现代国家干预主义过渡拉开了序幕。正是在这个意义上,密尔被称为现代自由主义第一人。

(二)国家垄断资本主义阶段的现代自由主义

随着生产资料社会化与资本主义私人占有之间矛盾的激化,无产阶级与资产阶级冲突加剧,资本主义国家频现经济危机,这一切使古典自由主义市场经济的神话不攻自破。19世纪中叶世界市场的形成,全球性经济危机在所难免。虽然西方各主要资本主义国家于20世纪初期就已完成由自由资本主义向垄断资本主义的过渡,但在1929—1933年资本主义世界性经济危机面前却束手无策。由此,一些资产阶级学者开始质疑并批判自由放任主义的经济政策,强调国家干预的必要性和重要性。其中,以对自由放任主义革命著称的英国经济学家约翰·梅纳德·凯恩斯(John Maynard Keynes,1883—1946)和以新政著称的美国总统富兰克林·德拉诺·罗斯福(Franklin D. Roosevelt,1882—1945),是现代自由主义理论与实践的最早信奉者与推动者。现代自由主义满足了国家垄断资本主义发展的需要,逐渐取代古典自由主义而占据国家意识形态领域的主导地位,直至20世纪70年代资本主义世界"滞胀"危机的爆发才渐以消退。

作为英国庸俗政治经济学的代表人物,凯恩斯围绕充分就业和有效需求等问题,分析了资本主义社会经济危机和失业的原因,提出并论证了国家全面干预经济生活的观点。他于1936年发表的《就业、利息和货币通论》一书被后人称为"凯恩斯革命"的核心文献,该书也是阐述现代自由主义理论的经典之作。大致来说,凯恩斯对古典自由主义的修正主要体现在以下几点:一是否定古典自由主义"供给创造自己的需求"的萨伊定律,提出"有效需求原理",认为"有效需求"决定社会总就业量;二是纠偏古典自由主义自由放任的市场经济模式,反对古典自由主义将政府视为"守夜人",主张加强国家干预经济和社会生活的职能;三是倡导实施积极的货币与财政政策,以扩大政府财政支出和财政赤字预算及大量发行国债为手段来消除经济危机;四是强调以"积极自由"替代"消极自由",将个人自由与社会发展和社会公益相联系,注重社会利益和社会责任,以建设"福利国家"保障社会公平正义。以上凯恩斯关于就业以及缓解经济危机的政策主张为后来"罗斯福新政"提供了理论基础。为了扭转胡佛政府期间应对国内经济危机不利的局面,罗斯福一上任就宣布实施以"救济、复兴、改革"为核心经济政策的"新政",并通过国会制定颁布一系列法案(如《国家工业复兴法》《社会保障法案》《农业调整法》等),由此开启了政府干预经济的国家垄断资本主义发展模式。所以,从实质上看,"罗斯福新政"就是以加强国家对经济社会干预的办法来实现消除经济危机和缓解社会矛盾的目的,进而维护资产阶级的政治统治。二战后,随着科学技术和生产力的发展,各主要资本主义国家在国家干预的情况下迎来了相对稳定和高速发展的黄金期,而主张国家干预的现代自由主义也成为这一时期西方各国所推崇的主流意识形态。

福利国家就是现代自由主义在西方世界尤其是西欧国家实践的一个重要结果或载体,其产生不但与广大工人阶级为改善工作和生活条件所进行的不间断斗争密切相关,而且还与现代自由主义的理论诉求紧密相联。譬如,二战后英国工党政府为恢复经济,以现代自由主义为施政理念,不断加强国家对经济的全面干预,大力发展国有经济,推行以企业国有化、经济计划化和福利国家化为主要内容的改革,并参照《贝弗里奇报告》[①]建设福利国家。随后西欧各国纷纷效仿,以突出现代国家社会职能和加强政府干预的方式推动福利国家建设。可以说,战后西方福利国家建设的实践处处显现着现代自由主义国家干预的思想。这些思想体现在社会诸多领域:在就业方面,严格限制工作时限,制定最低工资标准;在教育方面,普遍实行义务教育,促进教育均等化发展;在社会保障方面,提供基本的医疗、卫生和救济服务,确保人们基本生活权益;在企业管理方面,强化劳工或工会组织,实行民主化管理……正是在这个意义上,福利国家是现代自由主义实践的逻辑必然。然而,福利国家在保障人民基本生活条件和维护社会公平正义的同时,也带来本国政府巨额财政赤字、企业税务负担过重、个人劳动积极性下降等一系列问题。面对风险重重的国家垄断资本主义世界,现代自由主义又将何去何从?它能否规避风险逃避危机而完成华丽的转

---

① 《贝弗里奇报告》,全称为《贝弗里奇报告——社会保险和相关服务》,是英国经济学家贝弗里奇爵士于1942年就二战后英国如何重建社会保障而设计的具体方案。该报告提出了著名的社会福利保障三原则:普享性原则,即所有公民不论其职业如何,都应被覆盖以预防社会风险;统一性原则,即建立大一统的福利行政管理机构;均一性原则,即每一个受益人根据其需要,而不是收入状况,获得资助。

身呢？

（三）国际金融垄断资本主义时期的新自由主义

新自由主义以"对凯恩斯革命的反革命"而著称于世。从发展脉络来看，新自由主义与现代自由主义在演进时间上几乎一致。就在现代自由主义主导垄断资本主义福利国家发展势头强劲之时，以路德维希·冯·米塞斯(Ludwig von Mises, 1881—1973)和弗里德里克·哈耶克(Friedrich August Hayek, 1899—1992)为首的朝圣山学社①，主张在扬弃凯恩斯等人国家干预理论的基础上，恢复古典自由主义的基本原则和理念。相对于现代自由主义而言，与其说新自由主义是对古典自由主义的一种回归，不如说它是古典自由主义的一种变种。乔姆斯基就曾指出新自由主义的这种异变本质。他说："'新自由主义'，顾名思义，是在古典自由主义思想的基础上建立起来的一个新的理论体系，亚当·斯密被认为是其创始人。该理论体系也称为'华盛顿共识'，包含了一些有关全球秩序方面的内容。"接着，他还强调："新自由主义的华盛顿共识指的是以市场为导向的一系列理论，他们由美国政府及其控制的国际经济组织所规定，并由他们通过各种方式实施。"②可见，新自由主义仍然是维护资产阶级统治的意识形态，它只是借恢复古典自由主义基本原则之名而行捍卫资产阶级利益之实。在经历长期的蛰伏之后，新自由主义抓住20世纪六七十年代资本主义世界"滞胀危机"的有利时机，对陷入困境的现代自由主义发起诘难，开始由幕后的学术研究走向前台的理论宣传。随着国家垄断资本主义向国际金融垄断资本主义的转变及英美两国保守党陆续上台执政，新自由主义成为撒切尔和里根政府施政决策的主要依据，进而取代现代自由主义的主导地位而成为英美诸国的国家意识形态和主流价值观念。

新自由主义并不是一种单一的思想学说，而是一个学派林立、理论庞杂的思想体系。虽然新自由主义内部各学派在具体内容上各有所指，但在维护资本主义制度和捍卫国际资本垄断集团利益方面却有着惊人的一致。概而言之，新自由主义的经济理论主张主要体现在以下三个方面。一是主张经济自由，反对国家干预，建立有限政府。新自由主义认为，经济自由是一切自由的前提与保障，如若"我们逐渐放弃了经济事务中的自由，而离开这种自由，就绝不会存在

---

① 朝圣山学社，成立于1947年，是由米塞斯、哈耶克等人发起成立的一个新自由主义学术团体，其宗旨是宣扬资本主义和市场自由的普遍性。
② [美]乔姆斯基：《新自由主义和全球秩序》，徐海铭等译，江苏人民出版社2000年版，第4页。

已往的那种个人的和政治的自由"①。为了促进和实现这种经济事务中的自由,就必须排除一切国家干预,充分依靠市场机制来调节社会生产。在多数新自由主义者看来,国家干预不仅会破坏市场自由,妨碍市场机制的正常运作,还会扼杀市场主体的积极性,导致经济效率低下。鉴于此,"为了经济稳定和增长,我们迫切需要的是减少而不是增加政府的干预"②。二是保护私有财产,认为私有制是人类社会最合理的制度安排。新自由主义认为,私有制是最能体现人之本性的"唯一可行的社会组织制度",建立私有制基础上的资本主义制度是人类理想社会的唯一发展模式,而"剥夺任何私有财产并使之社会化可能是不正当的"③。所以,新自由主义强烈反对和诋毁社会主义公有制,将共产主义视为"通往奴役之路"。三是崇拜市场的自发力量,绝对肯定资本主义市场经济的自我完善能力。在鼓吹私有制优越论的同时,新自由主义强调只有坚持自由放任主义原则才能实现经济均衡发展,甚至宣称完全的市场竞争才是最有效配置资源和最充分实现就业的唯一形式。

20世纪90年代以来,国际金融资本在全球范围内寻求实行垄断和扩张的意图更为强烈。此时的新自由主义由于迎合了国际金融垄断资本谋求世界霸权的需要,而日益受到英美等发达国家的青睐。特别是"华盛顿共识"的出笼和推广,新自由主义由此嬗变为国际金融垄断资本向全球扩张的理论体系,其自身也完成了由学术理论向经济范式化、政治纲领化和意识形态化的转变。在全球化浪潮的推动下,新自由主义迅速在世界各国蔓延。然而,"新自由主义化的降临却推崇了食利者的角色,为富人减免税收,将股息和投机收益置于工资和薪金之上,并释放大量(虽然地理上规模有限)金融危机,给各国的就业和生活机遇造成毁灭性影响"④。就实践来看,新自由主义在全球的扩散非但没有给世界各国带来经济的繁荣和社会的稳定,相反,却给那些奉行新自由主义的国家打开了"潘多拉之盒"。当前缘起于新自由主义的全球金融危机仍在持续,那些受新自由主义毒害的国家更加清醒地认识到,新自由主义实践模式不是福音而是灾祸。

---

① [英]哈耶克:《通往奴役之路》,王明毅、冯兴元等译,中国社会科学出版社2015年版,第39页。
② [美]米尔顿·弗里德曼:《资本主义与自由》,商务印书馆2006年版,第38页。
③ [英]G.A.柯亨:《马克思与诺齐克之间》,吕增奎编,江苏人民出版社2007年版,第98页。
④ [美]大卫·哈维:《新自由主义简史》,王钦译,上海译文出版社2016年版,第197页。

三、自由主义思潮的价值硬核①

通观自由主义演变历程可知,自近代以来,西方国家的政党实践都带有强烈的自由主义色彩。诚如拉姆赛所指出的那样,在资本主义兴起和发展过程中,"自由主义观念支配一般大众的思想并影响形形色色政党的实践。可以毫不夸张地说,整个西方的政治制度都建立在自由主义原则及价值观之上并受其制约"②。正是在资产阶级政党实践中,自由主义者成功地把自由主义诸理念(如自由与平等、权利与正义、法治与民主)传播至社会、经济、政治和文化生活的各个方面。但是,在资本主义制度框架里,自由主义理念只能表现为资产阶级生产关系和经济利益的观念形态,其所谓的自由早已沦落为一种阶级化的政治偏见;所谓的平等早已变异为一种阶级化的剥削工具;所谓的正义早已脱离"共同的善"的本质……近四个世纪以来,自由主义虽屡受挑战但从未消泯,其在西方近代思想史上和国家意识形态领域的主流与主导地位延续至今。那么,究竟是什么样的理论硬核支撑着自由主义的发展命运呢?

(一)个人主义的价值取向

在自由主义发展史上,个人主义构成了自由主义的理论基点,它既为描绘自由主义世界图景提供了方法论指导,也为促进西方近代文明渐次演进奠定了伦理观基础。但是,无论是作为思想方法论的个人主义还是作为道德伦理观的个人主义,它都是一种在近代资产阶级革命的政治实践中才得以发展的解释性和规范性学说,且自身有着内在的本质特征。哈耶克认为,真正个人主义的本质特征有以下两点:首先,它主要是一种旨在理解那些决定人类社会生活的力量的社会理论;其次,它是一套源于这种社会观的政治行为规范。③ 正是在此意义上,个人主义成为自由主义者评判一切哲学世界观、政治行为、经济生活和文化主张的根本出发点。总的来说,"个人主义涉及一种价值体系,一种有关人性的理论,对某种政治、经济、社会和宗教体制的一种态度或信念"④。即是说,在自由主义的个人主义价值取向中,个人在所有价值观或价值体系中居于核心地

---

① 该部分主要内容已以《西方自由主义思潮价值硬核释义》为题、竟辉第一作者/导师王岩教授第二作者的形式发表在《思想教育研究》2017年第7期,特此说明。
② Maureen Ramsay, What's Wrong with Liberalism: A Radical Critique of Liberal Political Philosophy, Leicester University Press, 1997, p.1.
③ [英]F.A.冯·哈耶克:《个人主义与经济秩序》,邓正来译,生活·读书·新知三联书店2003年版,第6页。
④ 顾肃:《自由主义基本原理》,译林出版社2013年版,第19页。

位;个人具有最高的价值而成为目的本身;个人在道德上的平等适用于整个社会,任何人都不能被视为他人获取福利的手段。而准确把握自由主义的个人主义价值取向,不仅要理解个人主义价值取向的基本信条,而且还要关注个人主义所衍生出的个人本位立场与个人权利诉求。

个人本位是个人主义价值取向的逻辑必然,它要求人们在权力、责任和利益等方面作出权衡,并根据自由选择与趋利避害原则进行价值判断。在自由主义者那里,"个人相对社会与国家而言具有逻辑上的在先性、地位上的优越性、价值上的优先性、政治上的自主性以及生活上的自立性"①。显然,个人本位与个人主义存在正相关联系,即个人本位化过程越快、程度越大,个人主义乃至整个自由主义的发展进程也就越快、程度也就越深。早期资产阶级自由主义思想家从人权理论出发所推衍出的天赋人权、主权在民、契约自由、私有财产不容侵犯等基本原则,一度闪耀着个人本位价值立场的理性光辉。如果说对个人本位立场的坚持是个人主义价值取向的逻辑必然,那么,对个人权利的诉求就是个人主义价值取向的历史结果。自由主义认为,权利是不带有任何强制力且需要加以保护的社会存在,任何让渡自身权利或非法剥夺他人权利的行为都是极为不妥的。所以,几乎所有自由主义者都在一定程度上承认权利是对人主体意识和自由意志的彰显。从洛克"自由的善"到边沁"最大多数人的最大幸福",从密尔担忧"多数人的暴政"到罗尔斯倡导"正义是社会制度的首要价值",都流露出保护个人权利的需要。

(二)私有财产的集体保护

私有财产是资本主义制度得以确立与运行的根基所在。诚如马克思所揭示的那样,"资产阶级生存和统治的根本条件,是财富在私人手里的积累,是资本的形成和增殖"②。所以,自由主义将私有财产权视为基本人权的前提与保障,认为"每个人对自己的人生享有一种所有权,除他自己以外任何人都没有这种权利。……只要他使任何东西脱离自然所提供的那个东西所处的状态,他就已经掺进他的劳动,在这上面掺进他自己所有的东西,因而使它成为他的财产"③。而国家产生和存在的目的就是为了保护个人财产,"人们联合成为国家

---

① 王岩、施向峰:《批判与启示:西方近现代政治哲学流派研究》,中国社会科学出版社 2011 年版,第 216 页。
② 《马克思恩格斯选集》第 1 卷,人民出版社 2012 年版,第 412 页。
③ [英]洛克:《政府论》(下),叶启芳、瞿菊农译,商务印书馆 2013 年版,第 19 页。

和置身于政府管理之下的重大的和主要的目的,是保护他们的财产"①。

保护私有财产是维护资产阶级统治地位的需要。在资本主义社会里,"私有财产这一人权是任意地(à son gré)、同他人无关地、不受社会影响地享用和处理自己的财产的权利;这一权利是自私自利的权利。这种个人自由和对这种自由的应用构成了市民社会的基础"②。而为了巩固所谓的"市民社会基础",私有财产就必须被积累被扩大,资本主义生产就必须以获取剩余价值和资本利润为根本目的。在资本利润的驱使下,资本主义市场经济服务于整个社会私有化、自由化的发展。如果说早先时期保护私有财产是为资产阶级反对封建专制的革命鸣金开道的话,那么,到了资本主义制度普遍确立之时,私有财产就是为巩固资本主义专制统治保驾护航了。私有财产保驾护航作用的主要表现就是为新兴资产阶级政权提供资本积累。另外,自由主义主张在自由放任主义原则基础上建立有限政府,以此保护私有财产。自由主义者普遍认为:"私有制是自由的最重要的保障,这不单是对有产者,而且对无产者也是一样。……如果所有的生产资料都落到一个人手里,不管它在名义上是属于整个'社会'的,还是属于独裁者的,谁行使这个管理权,谁就有全权控制我们。"③按照自由主义者的理解,市场这只"看不见的手"能够自发促进个人利益与公共利益的和谐,而政府这只"看的见的手"无论对个人幸福还是市场活动都只是个"必要的祸害",生产资料的集中是对私有财产的最大威胁。

(三)政治版图的无限扩张

自由主义是在西方国家政治版图的无限扩张中成长起来的,一部自由主义发展史也是一部充满殖民主义硝烟的历史。如果从思想根源寻找其中缘由,自由主义所造就的市场情结与资本逐利使其对扩张政治版图有着强烈的欲求。反观西方思想史,斯多亚派对"世界主义者"的自我标榜和英国自由大宪章对"我们领土的重整"的目标定位,可以视为自由主义史前时期有关政治版图扩张的最初理论构思。到了近代工业革命时期,"不断扩大产品销路的需要,驱使资产阶级奔走于全球各地。它必须到处落户,到处开发,到处建立联系",力图"按照自己的面貌为自己创造出一个世界"。④ 可见,资产阶级走上殖民扩张道路既有理论上的必然性,也有实践上的必要性。

---

① [英]洛克:《政府论》(下),叶启芳、瞿菊农译,商务印书馆2013年版,第77页。
② 《马克思恩格斯文集》第1卷,人民出版社2009年版,第41页。
③ [英]哈耶克:《通往奴役之路》,王明毅、冯兴元等译,中国社会科学出版社1997年版,第101页。
④ 《马克思恩格斯选集》第1卷,人民出版社2012年版,第404页。

早在15世纪,新兴资产阶级为了发展商品经济和自由贸易,急需对外开辟新的贸易路线并建立新的贸易联系。在葡萄牙、西班牙封建王室的支持下,以迪亚士、麦哲伦、哥伦布等人为代表的航海家开启了"大航海时代"。新航路的发现确实为欧洲资本主义的发展和世界市场的形成奠定了雄厚的物质基础,但其催生出的奴隶贸易与殖民主义却给欧洲以外的其他国家和民族带来了沉重灾难。在资本主义生产关系萌芽时期,"正是这些开明的、宽容的和自由的资产阶级开始从事殖民扩张","奴隶贸易是殖民扩张的有机组成部分";古典自由主义者在奴隶贸易问题上保持了缄默,认为奴隶贸易的进行与黑人奴隶制的存在是实现资本主义社会自由政治秩序的一种文化传统,他们"对于奴隶制,他们喜欢扯起或多或少厚重的沉默面罩"。① 在长达近4个世纪的奴隶贸易与殖民扩张中,荷兰、西班牙、英国、法国、美国等早发资本主义国家赢得了发展资本主义的财力和人力。不过,这种野蛮粗暴的贸易形式和殖民方式遭到了黑人奴隶和殖民地居民的强烈反抗。随着世界殖民体系的形成,资产阶级以资本输出为主要形式加紧了对殖民地半殖民地的侵略和掠夺。针对帝国主义垄断资本对外扩张的现象,列宁总结道:"资本主义已成为极少数'先进'国对世界上绝大多数居民实行殖民压迫和金融扼杀的世界体系。"②而面对世界殖民地被瓜分完毕的现实,后发资本主义国家(如德国、日本、意大利)迫切需要打破老牌资本主义国家的殖民垄断地位,为本民族寻求更大的发展空间。在法西斯势力迅速崛起的背景下,自由主义世界蔓延着一种挑战民主政府和法治的趋势,此时的自由主义者在某种程度上也都成了投机分子。"自我表白为自由主义者,而且事实上主张要恢复真正的自由主义的许多人物,都或多或少地在很长时期内支持法西斯分子。"③在整个自由主义世界普遍存在着社会危机和政治危机的那个时期,自由主义者(如艾奥迪、帕累托、斯宾塞、梅因等)不得不对法西斯主义秉持着一种仁慈的态度,他们或赞誉法西斯政权终结了被称为"有组织的强盗利用国家从他人那里偷钱"的累进所得税制,或批判社会主义国家对私有财产的威胁。自由主义对法西斯分子的暧昧态度,在一定程度上纵容了法西斯主义的对外侵略扩张。

---

① [意]多米尼克·洛苏尔多:《自由主义批判史》,王崟兴、张蓉译,商务印书馆2014年版,第31页。
② 《列宁选集》第2卷,人民出版社2012年版,第578—579页。
③ [意]多米尼克·洛苏尔多:《自由主义批判史》,王崟兴、张蓉译,商务印书馆2014年版,第356页。

第二节　自由主义思潮的中国流变及实践形态

一、西方自由主义思潮的中国流变

传统中国缺少自由主义赖以生存和发展的文化条件与社会土壤,中国自由主义是西方自由主义思潮在中国被译介、移植和嫁接的变种。近代以降,随着中华民族陷入半殖民地半封建社会的深渊,挽救民族危机、寻求民族解放成为中国人民最大的梦想。毛泽东曾向人们描述了当时先进中国人向西方寻找革命真理的情形。他说道:"自从一八四〇年鸦片战争失败那时起,先进的中国人,经过千辛万苦,向西方国家寻找真理。……那时,求进步的中国人,只要是西方的新道理,什么书也看。向日本、英国、美国、法国、德国派遣留学生之多,达到了惊人的程度。……这就是十九世纪四十年代至二十世纪初期中国人学习外国的情形。"①西方自由主义就是在此情景下经由先进的中国人而传入中国的。然而,"西方自由主义思想传入中国是从政治制度层面进入的,主要反映的是'体制概念'而不是其'思想性'"②。可以说,中国自由主义的政治倾向是西方自由主义"体制概念"的中国表达,中国自由主义围绕近代中国政治生活主题的变化,向人们呈现出一幅跌宕起伏的历史画卷。

（一）中国自由主义的曙光初露（鸦片战争至新文化运动）

从衍生时间来看,中国自由主义真正发端于鸦片战争之后,它是清末开明知识分子"西学东渐"过程中接引西方自由主义基本理念的结果。"自由主义思想在中国背景下的译介与阐释,作为'援西入中'的一部分,是以某些概念如'自由'、'自主'等的迻译为肇端的,时间约在19世纪中叶。"③鸦片战争的失利惊醒了大清帝国的天朝美梦,此后强国与救亡的政治生活主题激励着近代中国仁人志士"开眼看世界"。洋务运动时期,在"中学为体、西学为用"思想指导下,开明地主阶级虽主张在器物层面效仿欧美,但对西学的了解已不再局限于"经世致用"的自然科学,还把目光转向西方的政治、经济与文化等社会科学。维新运动前夕,清末学人在"西学东渐"过程中关注和介绍西方经济、政治制度的趋势更为明显,时而可以听到他们要求推动经济改革和发展私人资本主义、赞誉英国

---

① 《毛泽东选集》第4卷,人民出版社1991年版,第1469—1470页。
② 章清:《"胡适派学人群"与现代中国自由主义》,上海三联书店2015年版,第30页。
③ 章清:《"胡适派学人群"与现代中国自由主义》,上海三联书店2015年版,第24页。

议会制度和取法西方政治制度的舆论呼声。这就为维新运动的政治大变革和中国自由主义思潮的正式登台铺平了道路。

严复作为系统输入西方自由主义的第一人,开启了中国近代自由主义思潮的演进路向。在留英回国后,严复便将自身所学应用于国家建设,一度将介绍、传播西方思想和文化作为其治学理念,翻译并出版了大量英国自由主义思想家的著作,以此阐发自己救亡图存、强国富民的观点。通过对西学的研究,他认为,"自由为体,民主为用","身贵自由,国贵民主"是西方社会政治制度的基本特征,也是西方国家富强的本原所在。他赞同西方自由理念,认为天赋自由权利是神圣而不可侵犯的。他在《〈群己权界论〉译凡例》中阐释了自己关于自由内涵的认识和看法:"自繇者,凡所欲为,理无不可,此如有人独居世外,其自繇界域,岂有限制?……但自入群而后,我自繇者人亦自繇,使无限制约束,便入强权世界,而相冲突。故曰人得自繇,而必以他人之自繇为界,此则大学絜矩之道,君子所持以平天下者也。"在这里,严复不但强调了个体自由的价值,而且还明确了个体自由的界限。诚然,严复的自由主义思想带有明显的历史局限,价值理性与工具理性在其自由主义思想体系中存在着明显的冲突。在严复那里,当个体自由与强国目标发生冲突时,个体自由就要让位于、从属于强国目标。但这并不妨碍严复的自由主义思想对后来自由主义者所产生的影响。正是在借鉴、综合严复的自由主义思想的基础上,谭嗣同、梁启超等人不断推进着自由主义在近代中国的发展。

(二)中国自由主义的黄金时代(五四运动至新中国成立前)

五四新文化运动的兴起,造就了近代中国自由主义发展史上的黄金时代。蔡元培"思想自由、兼容并蓄"的办学方针,一度使北大成为中国引进和阐扬自由主义的阵地;《新潮》《新月》《独立评论》等自由主义刊物的出现,为广大自由主义者致力于推进中国政治改革和人权运动提供了舆论平台。这一时期,"自由主义已不再像维新运动时期那样仅是少数先知人物的预言和呐喊。它经过胡适、陈独秀、周作人及蔡元培等人的提倡,形成一股强劲的风潮,在青年一代知识分子中获得极大反响"[①]。如果说中国自由主义在五四新文化运动之前还是靠个别理论家阐释和传播的话,那么,五四新文化运动时期及其以后的中国自由主义则是以群体立论的方式呈现于世人面前。

五四新文化运动初期的中国自由主义突出表现在伦理道德、文学、教育等

---

① 胡伟希、高瑞泉、张利民:《十字街头与塔:中国近代自由主义思潮研究》,上海人民出版社1991年版,第34页。

领域,自由主义者多围绕道德革命、文学改革、教育发展等主题向封建文化发起攻击。作为"第一代自由主义知识分子代表"的胡适是提倡道德革命的领军人物。他积极号召国人以进步的道德替代陈腐保守的道德,主张对那些"不科学的信仰""非仁道的制度"进行坚决斗争。他还指出,道德革命的目的就是要通过解放个性、独立人格造就一代具有"新的思想、新的人格、新的理想"的新人。为了推动道德革命的顺利进行,进而创作出能够抒发个人性灵和呼唤人格觉醒的文学作品,胡适、鲁迅、周作人等极力倡导白话文运动。他们借助改革文学形式和丰富文学内容来反对封建"死文学"、倡导时代"新文学"。如这一时期以胡适的政论文、鲁迅的小说和周作人的小品文等为代表的新文学形式,就为自由主义理念深入中国民众生活起到了启蒙作用。另外,五四时期中国自由主义的高涨还表现在教育领域。1917年就任北大校长的蔡元培致力于在国内教育界营造一种思想宽容、学术独立的新风尚。在他的领导与关怀下,北大迅速成为当时中西学说交汇、新旧思想交锋的聚集地。在北大"思想自由、兼容并蓄"精神的引领下,近代中国自由主义者开始从单纯的对道德革命、文学改革的关注转移到对现实政治生活的关怀。但也应该看到,此时的中国自由主义既有革命的色彩,同时也有反动的成分。对于中国自由主义内在的反动倾向,毛泽东曾解释说:"西方资产阶级需要买办和熟习西方习惯的奴才,不得不允许中国这一类国家开办学校和派遣留学生,给中国'介绍了许多新思想进来'。"①就此而言,提倡改良主义、实行多党制历来是中国自由主义者的基调,中国自由主义者希望按照西方民主政治制度影响和改造中国。"从严复到胡适,中国的自由主义者对于群众的'过激行为'与革命,一直怀有天然的恐惧,担心那会导致社会的无序与混乱状况。"②

(三)中国自由主义的蛰伏沉寂(新中国成立至"文革"结束)

随着新中国的成立,中国自由主义内部发生了严重分化,即绝大多数自由主义知识分子能够胸怀民族大义、心系国家责任,积极拥护、响应和配合中国共产党建立人民民主专政的建国方略;但也有少数自由主义分子抱守残缺,怀揣着对共产党、马克思主义的固有成见,或跟随国民党败退至台湾或移居海外。对于前者来说,他们经过中国共产党的教育和社会主义的改造,逐渐接受并形成了马克思主义的世界观,在思想认识上、实践劳动上都获得了进步。被改造

---

① 《毛泽东选集》第4卷,人民出版社1991年版,第1513页。
② 胡伟希、高瑞泉、张利民:《十字街头与塔:中国近代自由主义思潮研究》,上海人民出版社1991年版,第58页。

后的自由主义知识分子走上了与工农劳动者相结合的路线,逐渐认同中国共产党所建立和领导的社会主义政权,并愿意在社会主义道路上为祖国建设作出贡献。

然而,对自由主义知识分子的改造并不是一件易事。一方面,西方国家极为敌视社会主义中国,在采取经济封锁、军事威胁、政治打压等手段的同时,还诱迫中国大陆的自由主义者推翻社会主义政权,进而把中国引向资本主义。另一方面,国内部分自由主义者虽接受了社会主义改造,但他们并没有真正跳出资本主义民主政治的思想框架,仍希望在中国建立资本主义制度。正是由于国内外都存在着颠覆社会主义政权的潜在危险,中国共产党人自觉开展了对资产阶级自由主义知识分子的思想斗争工作。对此,早在建国初期毛泽东就保持着清醒的认识。他指出:"在我国社会主义革命取得基本胜利以后,社会上还有一部分人梦想恢复资本主义制度,他们要从各个方面向工人阶级进行斗争,包括思想方面的斗争。"[①]1957年国内极少数资产阶级右派分子就以强势的姿态向社会主义政权发起过进攻。他们借助当时匈牙利事件所引发的世界性反共反人民浪潮和中国共产党开展整风运动的时机,肆无忌惮地诋毁中国共产党及其领导下的人民民主专政,妄图推翻社会主义政权,建立资本主义制度。在这样一种严峻态势下,毛泽东亲自部署并发动了反右派斗争。虽然在具体实践过程中反右派斗争被某些人扩大化,并导致不少知识分子被错划为右派,但为了巩固中国共产党的领导地位和捍卫人民民主专政的社会主义政权,毛泽东在当时坚决主张对资产阶级右派反革命分子进行斗争的做法是完全必要的。诚如邓小平所评价的那样:"一九五七年反右派斗争还是要肯定。三大改造完成以后,确实有一股势力、一股思潮是反社会主义的,是资产阶级性质的。反击这股思潮是必要的。我多次说过,那时候有的人确实杀气腾腾,想要否定共产党的领导,扭转社会主义的方向,不反击,我们就不能前进。"[②]后来的《关于建国以来党的若干历史问题的决议》对反右派斗争也作出了比较中肯的评价。而随着反右派斗争的扩大化和"文化大革命"的到来,中国大陆的自由主义基本上销声匿迹,陷入了将近20年的蛰伏沉寂期。

(四) 中国自由主义的嬗变复苏(改革开放至今)

20世纪70年代末80年代初,改革开放的启动与新一轮思想解放大潮的兴起,使中国自由主义死灰复燃。从国内情况看,"文化大革命"结束后,我们党及

---

① 《毛泽东文集》第7卷,人民出版社1999年版,第233页。
② 《邓小平文选》第2卷,人民出版社1994年版,第294页。

时开展了拨乱反正和纠正"左"倾错误的工作。而在反"左"过程中,部分自由主义者趁着人们反思"文革"、批判极左思潮的时机,肆意散布、宣扬自由主义观念,企图以此博得同情,对我们党的现行政策施加影响。就国际背景看,西方个别资本主义国家"和平演变"中国的目的始终未变。随着70年代中期新自由主义从幕后走向前台,国际垄断资产阶级利用经济全球化趋势加紧意识形态输出。在国内外双重因素的影响下,国内资产阶级自由化思潮借助理论、文艺和非法的组织活动等形式出现并且迅速蔓延开来。面对中国自由主义即资产阶级自由化思潮的种种非难,我们党对其进行了有力反击。大致而言,发端于这一时期的资产阶级自由化思潮历经了两次起落。

激进资产阶级自由化思潮的回落。资产阶级自由化思潮有着明确的政治图谋,它打着"要民主""要人权"的旗号,诽谤毛泽东等党和国家领袖,攻击中国共产党领导的人民民主政权,否定建国以来我国社会主义改造和建设取得的成就,要求进行所谓资本主义性质的社会改革和走资本主义道路。邓小平敏锐地察觉到改革开放初期我国社会上存在的这种反党反社会主义的激进思想言论,并揭示出资产阶级自由化思潮的本质"就是要脱离社会主义的轨道,脱离党的领导"[①],"搞自由化就是要把我们引导到资本主义道路上去"[②]。他继而强调,资产阶级自由化与我国社会主义建设事业和人民群众利益存在根本冲突,"搞资产阶级自由化,即否定社会主义制度,主张资本主义制度,是根本违背人民利益和历史潮流,为广大人民所坚决反对的"[③]。在邓小平的领导和指示下,中央制定并颁布了一系列反对资产阶级自由化的重要文件,如《关于建国以来党的若干历史问题的决议》(1981)、《关于社会主义精神文明建设指导方针的决议》(1986)。经过20世纪80年代反复开展的"清污""反自由化"运动,激进资产阶级自由化思潮遭受严重打击,陷入低谷。

温和资产阶级自由化思潮的兴起。资产阶级自由化思潮在20世纪80年代遭受沉重打击后,经过短暂"修正"后再度沉渣泛起。此次兴起的资产阶级自由化思潮革新了"话语方式",通过介绍和传播以绝对自由化、彻底私有化、全面市场化为主要特征的新自由主义来表达其内在的政治诉求。资产阶级自由化的代表人物提出要汲取以往教训,主张用"温水煮青蛙"的方式"慢慢挤开"中国共产党"正统体制"的大门,尽量把"损失"降到最低。于是,个别自由主义者甚

---

① 《邓小平文选》第2卷,人民出版社1994年版,第390页。
② 《邓小平文选》第3卷,人民出版社1993年版,第182页。
③ 《十三大以来重要文献选编》(上),人民出版社1991年版,第525页。

至还打出"经济改革""开拓创新""还原历史真相"的旗号,误读和曲解我们党基本路线方针政策的科学内容,然后再赋予其新自由主义内涵,以此达到蛊惑煽动、欺骗蒙蔽群众的目的。但无论资产阶级自由化分子如何粉饰包装他们的思想言论,无论资产阶级自由化分子如何隐晦巧妙地革新他们的话语方式,其始终贯穿着反党反社会主义反马克思主义的政治立场。尤为值得警惕的是,国内个别资产阶级自由化分子受到西方金融垄断资本集团的经济援助,充当着西方国家"和平演变"中国的吹鼓手。他们唯恐中国不乱,把中国社会转型期间出现的社会问题无限放大,对中国共产党所制定的各项方针政策肆意歪曲,在战略和策略层面配合着西方国家颠覆我国社会主义政权。所以,在反对资产阶级自由化思潮过程中,我们党要及时甄别这些极右的资产阶级自由化分子,并对其进行毫不留情的打击。

二、中国自由主义思潮生成的环境

对于中国自由主义生成的环境,当代西方著名地理学家大卫·哈维曾解释道:"中国经济改革的时间恰好与英国和美国发生的新自由主义转向一致,很难不把这视作具有世界史意义的巧合。结果是在中国建立了一种特殊的市场经济,日益将新自由主义要素与权威主义的中央控制交叉结合。"[1]他还通过对改革开放以来中国国内转型、对外关系和阶级力量变化等方面的考察,指出"中国已确定无疑地迈向新自由主义化和阶级力量的重建,虽然'带有独特的中国特色'",并将之称为"'有中国特色的'新自由主义"。[2]毋庸置疑,正是在改革开放的时代背景下,国内经济学、政治学、法学、文学、社会学、新闻学等领域涌现出一批推崇西方自由主义的人,正是这些人构成了中国自由主义的主体力量。他们承继西方新自由主义之遗志,推崇新自由主义而排斥马克思主义,并主张以新自由主义化的改革方案"匡正"中国现代化建设的社会主义"歧途"。当前,从生成环境这一视角分析、研判中国自由主义,既有利于准确把握其产生的历史必然性,也有助于科学揭示其发展的资产阶级意识形态本质。

(一)中国自由主义衍生的市场条件

早在20世纪80年代,中国自由主义就出现端倪。但由于受传统"左"倾意识形态惯性的影响和现代知识资源匮乏的制约,人们多是从文化或哲学层面对西方自由主义的思想主题进行反思或启蒙,而缺乏应有的理论自觉。加之1989

---

[1] [美]大卫·哈维:《新自由主义简史》,王钦译,上海译文出版社2016年版,第124页。
[2] [美]大卫·哈维:《新自由主义简史》,王钦译,上海译文出版社2016年版,第151页。

年政治风波的发生迫使党和政府对资产阶级自由化思潮采取高压措施,中国自由主义"出师未捷"便身遭打击。然而,政治上层建筑与经济基础紧密关联,意识形态领域的趋紧必然意味着经济政策的收缩,中国市场化改革受挫的后果便是此后两年内国内经济发展面临巨大的困难。在此情形下,"南方谈话"的发表为中国摆脱经济发展困境、推动改革开放指明了出路。根据当时发展社会生产力的迫切需要,邓小平提倡利用外资、发展私营经济,主张对市场经济"姓资姓社"采取"不争论"态度,认为计划和市场都是发展经济的必要手段,而不是社会主义与资本主义两种制度的本质区别。如果说"南方谈话"对市场经济的定性暂时平息了党内外关于是否发展市场经济的争论,那么,党的十四大对建立社会主义市场经济体制目标的确立则明晰了中国市场化改革的方向。20世纪90年代中后期,党和政府按照"抓大放小"的方针和"三年脱困"的要求,对国有企业进行大规模市场化改造,由此迎来了我国私有经济和民营企业发展的黄金时期。进入21世纪以来,以成功加入WTO为标志,中国加快了融入经济全球化进程的步伐。这就从微观和宏观双重层面为中国自由主义重整旗鼓创造了有利的市场条件。

中国的自由主义者为了获取并捍卫其生存和发展的私有制基础,竭力反对公有制和政府干预,宣扬绝对自由化、彻底私有化、完全市场化的经济主张。比如在国企改革问题上,国内新自由主义者依据"国家所有不如企业所有,企业所有不如个人所有"的私有化改革逻辑,提出了"非国有化""去国有化"的谬论,以此抽离社会主义经济建设的公有制基础。曾有人指出,国有企业与市场经济水火不容,"国有企业改革的实质就是让国有企业的存量资本和增量资本(包括人力资本)由原来的'计划'(行政手段)配置改为真正交给市场去配置","市场化才是国有企业改革的根本出路"。① 甚至还有人曲解中央关于推进国企改革的相关政策,认为国企改革就是"要突出一个卖字,落实一个股字,抓好一个私字",主张实施全面"国退民进""化公为私"的经济改革方案,尽快实现国有企业的"私有化"和"民营化"。另外,国内个别自由主义者还以马克思倡导的"重建个人所有制"为据,为推行全盘私有化改革"正名"。他们甚至鼓吹,拥有财产权利是每位公民与生俱来且不可剥夺的权利,而公民财产权利的这种排他性,内在地决定了要将一切国有资产划分到全体国民个人头上。正是在这样一种市场化改革背景下,中国的自由主义者大肆兜售其非调控化、私有化理论,要求把

---

① 谢元态:《市场化:国有企业改革的根本出路》,《企业经济》1998年第5期。

政府驱逐于经济活动之外,并通过国企私有化逐步消解我国的公有制基础,进而实现"由社会主义经济制度向资本主义经济制度"的"制度变迁"。

(二)中国自由主义生存的制度空间

为了确保国内经济市场化改革顺利进行,顺应世界经济全球化发展潮流,加强和改进经济、政治、文化、社会、法治诸领域的制度设计显然是必要的。1992年社会主义市场经济体制目标的定位,1997年"公有制为主体、多种所有制经济共同发展"基本经济制度的确立,2004年人权入宪,2007年《物权法》的出台,2013年"市场决定资源配置是市场经济的一般规律"命题的提出,等等,都在一定程度上反映出我国市场经济改革、民主政治建设制度化水平的跃升。然而,在经济成分日益多样化、政治参与日益民主化、思想观念日益多元化的现实背景下,自由主义趁机利用我国经济体制与法律体系上的不成熟不完善而肆意标榜资产阶级价值理念和制度模式,在拓展其生存制度空间的同时改造中国政治制度。

就经济体制而言,"公有制为主体、多种所有制经济共同发展"的基本经济制度为我国经济体制改革提供了根本遵循。但在理解该基本经济制度方面,国内自由主义者似乎更愿意强调党和政府对非公有制经济的鼓励与支持,而有意忽略对非公有制的引导。他们诟病公有制的主体地位,认为公有制为主体只能限于那些对市场起到"弥补"作用的公共产品与公共服务领域;他们鼓噪"私有产权是真正的市场的先决条件",认为中国经济改革的目标就是借助非公有制发展确立私有产权,"推测中国会走向资本主义,逐步推行一种以私有产权为基础的制度"[1]。显然,此种新自由主义式的"经济解释"是对社会主义初级阶段我国基本经济制度的严重歪曲,国内有些自由主义者正是借完善基本经济制度和健全市场经济体制之名而行全盘私有化改革之实。就法律体系而言,20世纪90年代以来,在西方科斯产权定律和现代企业制度的影响下,国内自由主义者更加笃信,财产权能够为限制政府职权、防范私人领域免受侵害提供最为坚实和最为安全的屏障,私有财产才是个人一切自由权利的基础与保障。据此,他们谴责当前中国经济建设过程中"公有产权不明晰",并由此得出结论,认为在中国进行市场经济体制改革,产权改革是"绕不过去的关键性改革",进而要求国家通过立法完善现行的物权制度。其中,有人指出:"财产权与经济自由为个人创造了一个不受国家控制的领域,限制了政府及统治者的专横意志。财产权

---

[1] 张五常:《经济解释:张五常经济论文选》,商务印书馆2001年版,第490页。

是抵制统治权力扩张的最牢固的屏障,是自由的市场社会赖以发育的温床。"[1]无独有偶,还有人将西方新自由主义"无财产即无自由""无代议即不纳税"原则视为"伟大遗产",认为这一"伟大遗产""以明确保护私人财产来为'公民的政治权利'垫底",力主"支持目前正在进行的市场经济改革,同时则不懈努力,将这一改革成果延伸入政治法律层面"[2]。所以,当我国宪法宣布保护私有财产、准许人权入宪后,中国新自由主义者仿佛找到了鼓吹人权和私有产权的法律依据。他们纷纷援引西方新自由主义的产权、人权和宪政理论来解释我国宪法条例中所体现的私有财产不可侵犯与人权原则,并以此为据要求中国民主政治建设接轨资产阶级自由民主制度、靠拢资本主义政治文明。

(三)中国自由主义发展的舆论平台

得益于宽松的市场环境和不完善的经济体制与法律体系,"市场化改革"迅速成为国内学术界、新闻媒体的主流话语。正是得益于经济自由主义的一系列主张,并顺应国家建立健全社会主义市场经济体制的改革东风,中国自由主义者"借助于市场化的'政治正确'",把自由主义市场化、自由化的观念"在公共媒体上迅速扩张地盘"[3]。可以说,"自由主义于九十年代兴起之后,迅速地影响及于公众,除了一般图书出版之外,最为重要的通道当属大众媒体"[4]。正是凭借大众媒体的舆论平台,国内自由主义者竭力渲染西方资本主义自由、民主、人权等价值理念的普世性,在扩大新自由主义受众范围的同时消解着普通民众对主流意识形态的价值认同。

中国自由主义者传播其理论主张的媒体通道主要包括新锐传统媒体和新兴网络媒体。其中,以南方报系为代表的新锐传统媒体(如《南方日报》《南方周末》《财经》等)为了寻求自身发展的自主性和自由性,要求参照西方新闻自由观的"中立、客观、公正"原则,以此摆脱党与政府对新闻媒体的管控。新锐传统媒体的新闻触角遍布社会生活的各个领域,其报道内容或时评也总能触及民众最关心的问题,因而有着广泛的阅读群体。而依靠互联网技术发展起来的网络媒体,是国内诸多社会思潮争相抢夺的舆论阵地。由于政府对传统新闻媒体管理较严,各类门户网站也就成为各种思潮竞相发声、传播观点的最佳选择。当然,新锐传统媒体与新兴网络媒体彼此之间也相互扶持,前者借助后者所提供的网

---

[1] 刘军宁:《共和·民主·宪政:自由主义思想研究》,上海三联书店1998年版,第368页。
[2] 罗岗、倪文尖:《90年代思想文选》第2卷,广西人民出版社2000年版,第486页。
[3] 秋风:《嵌入文明:中国自由主义省思》,江苏文艺出版社2014年版,第107页。
[4] 秋风:《嵌入文明:中国自由主义省思》,江苏文艺出版社2014年版,第112页。

络平台扩大自身影响;后者通过前者所提供的应景报道博取眼球。中国自由主义就一度活跃于这两种大众媒体之中。这是因为,从事于大众媒体的记者和编辑人员,有一部分是西方自由主义的信奉者和追捧者。部分新闻媒体从业者相信人权、自由、市场、民主、法治等理念,以自由主义视角报道公共事务,结果导致在现实报道中亦步亦趋地效仿西方媒体。所以,"大众传媒在公众舆论领域中,塑造了一个强势的自由主义气氛,包括保障个人自由和权利,限制政府权力,市场化,法治,这些都是媒体的新闻与评论最为关心的话题"①。据此,国内自由主义者不仅以所谓"客观、公正"的新闻报道掩藏媒体人应有的阶级属性、政治观念和价值判断,而且利用媒体的舆论传播优势来宣传与社会主义政治观、新闻观相左的理论观点,其后果必然是诱发人们价值观的紊乱。应该看到,中国自由主义之所以热衷于大众媒体,无非是希望借助大众媒体来传播理论主张和制造舆论压力,进而影响政府做出有利于其生存和发展的决策。值得注意的是,当今网络空间里自由主义式言论较多,一方面表明了自由主义在该领域的兴盛,另一方面也意味着维护网络意识形态安全已经到了刻不容缓的地步。

三、中国自由主义思潮的历史命运

中国自由主义历经百年,既有勃兴也有沉寂,既迎来过波峰也遭遇过低谷。就连自由主义者自己也感叹说:"自由主义在中国却是命运多舛,它长期受到批评和误解,虽然 20 世纪三四十年代在知识分子中暂显兴旺之势,但在无情的历史激流中却不断触礁,在激烈的政治斗争中左右碰壁。"②改革开放以来,中国自由主义又历经起落,但其始终处于被边缘化了的地位。通观中国自由主义发展历程,国内自由主义者虽试图以自由主义作为立国方案,并希望借此来指导国家建设,但其努力终归失败。对此,秋风曾指出:"大陆自由主义理论上的贫弱,面对迅速变化的现实设定理论议题能力的匮乏,乃是其在学院、在学术界乃至在观念世界和政治世界中逐渐丧失魅力甚至被边缘化的根本原因。"③囿于其资产阶级意识形态的固有属性,中国自由主义虽存而不亡,但其走向衰落的命运有着不可逆性。

首先,从中国近现代历史演变的角度分析,西方殖民势力为了维护在华利益,并不真正希望中国以自由主义为指导来实现救亡图存的目标。西方自由主

---

① 秋风:《嵌入文明:中国自由主义省思》,江苏文艺出版社 2014 年版,第 114 页。
② 徐友渔:《重读自由主义及其他》,河南大学出版社 2008 年版,第 15 页。
③ 秋风:《嵌入文明:中国自由主义省思》,江苏文艺出版社 2014 年版,第 127 页。

义经由鸦片战争传入中国,并延续至今。早期资产阶级自由主义思想家一开始就希望运用西方自由主义理论改造中国社会,并借此引领中华民族走向国强民富。洋务运动、戊戌变法、预备立宪等事件的发生都与效法西方有着直接关联。而这一系列事件均以失败告终,其惨败原因固然涉及诸多方面,但西方殖民势力的阻挠和干扰是一个不容忽视的重要因素。中国近现代历史表明,西方列强并不愿意看到中国强大,甚至害怕中国崛起会威胁其在资本主义世界的既得利益和霸权地位。所以,西方殖民势力竭力遏制中国独立发展资本主义,不希望中国发展成为与其争夺世界市场的强大竞争对手。另外,西方殖民势力为了扩大在华利益,需要保留一个半殖民地半封建社会的中国,他们在内心深处就不愿看到中国发展资本主义,更不愿看到中国成为一个独立的资本主义国家。因而,在西方殖民势力统治下的中国无法产生中国自由主义赖以成长的阶级基础。此时的民族资产阶级在封建专制主义和西方殖民主义的夹缝中艰难生存,其实力十分软弱,既没有能力为中国自由主义的发展提供阶级力量,更没有能力领导中国人民实现民族独立和人民解放。

其次,从当代中国社会发展的视角看,新中国成立后尤其是在社会主义改造完成后,作为完整剥削阶级的地主阶级和资产阶级在中国大陆基本上被消灭,这就导致中国自由主义彻底丧失了自身赖以生存和发展的阶级基础。随着改革开放的深入,我国非公有制经济虽然在社会地位、发展规模等方面都有了较大的改善,但这并不意味着公有制经济的自动让位或退却。只要我们时刻坚持以"四项基本原则"立国,始终坚持公有制经济的主体地位,更好地发挥国家宏观调控的作用,非公有制经济的发展就不会成为中国自由主义滋生蔓延的经济基础。在全面深化改革的今天,尽管中国自由主义鼓吹私有化的声音不绝于耳,但其误导中国社会改革、诱导中国走西化道路的企图已昭然若揭。当前,中国自由主义希望通过私有化改革为其在中国社会塑造一个"中产阶级"的阶级基础,进而凭借这一阶级基础表达其政治诉求。而在"中产阶级"一时难以塑造完成的情况下,国内个别自由主义者转而配合西方国家的"和平演变"战略,积极兜售西方新自由主义、"普世价值"论、民主社会主义等腐朽思潮,以此来蛊惑人心。中国自由主义正是"围绕着国家政权这个核心,从掀起反社会主义社会思潮到组织政治反对派,从夺取舆论阵地到有组织地策动动乱和暴乱,竭尽了全力,力图把中国引上资本主义道路"[①]。可以说,中国自由主义对中国共产党

---

① 梅荣政、张晓红:《新自由主义思潮》,高等教育出版社2004年版,第100页。

和中国化马克思主义理论的攻讦可谓使尽了浑身解数,但只要坚持以马克思主义为指导,不断加强对非公有制经济的引导,中国自由主义就难以成为中国社会的主流思想,其主张建立资本主义制度"千年王国"的梦想自然也无法实现。

再者,中国自由主义不但缺乏自身的阶级基础,更没有真正的群众基础。当代中国自由主义者常常以学术争鸣、会议探讨的形式散布其自由主义观念。在现实生活中,他们往往把自己装扮成为国为民谋权利、求自由、促民主的代言人,并打出"追求自由、捍卫民主、保障人权"的旗号,以资本主义抽象的自由、民主、人权、法治来蛊惑和欺骗群众。比如,以对"自由"价值的认知为例,就有自由主义者强调,"在人认为有价值的各种价值中,自由是最有价值的一种价值"①。虽然中国自由主义者声称代表社会大众的利益,但无论从其理论观念、政治主张还是从其思想情感、价值诉求来看,他们在阶级立场上与广大人民群众存在着根本对立。如中国自由主义者公开宣扬西方新自由主义彻底私有化主张,攻击我国社会主义公有制和国有企业,否认工人阶级在国有企业中的主人翁地位。他们反对马克思主义"劳动价值论",鄙视工人群众,蔑视工人群众创造价值的主体地位,声称"工人不具备主人的条件","股东才是企业的主人"。还有论者指出:"如果说'工人是企业的主人'这一提法在一切以政治为中心、高度集中的计划经济体制中还有其积极作用的话,那么在社会主义市场经济体制中,它已经成为阻碍进一步深化改革的观念上的障碍。因此,不宜再提'工人是企业的主人'。"②显然,中国自由主义者的此番理论见解是与广大劳动者利益相悖的。如果社会主义市场经济建设按照他们的理论来进行,中国的经济体制改革非但不会使人民获益,而且会直接损害人民利益。这也是国内自由主义者的诸多主张在广大人民群众中并未传播开来,却只能在那些受西方资产阶级思想影响较深的知识分子中兜圈子的原因所在。

第三节　当代中国自由主义的理论实质及基本特点

从其产生源头来看,中国自由主义本身就是一种"舶来品",它是"在现代中国的具体环境中,吸收西方自由主义思想而形成的,以实现个人的独立和自由为最高原则,不对中国的社会矛盾作切实研究和准确判断,而力求在中国实行

---

① 刘军宁:《北大传统与近代中国:自由主义的先声》,中国人事出版社1998年版,第2页。
② 转引自赵晓燕《当代自由主义思潮的新发展研究》,《学理论》2014年第3期。

英美式的自由、民主的经济政治制度的思想体系"①。所以说,中国自由主义的学理渊源是西方自由主义,其理论构造、价值诉求与西方自由主义尤其是新自由主义一脉相承。改革开放至今,中国自由主义跌宕起伏的发展脉络向人们呈现出其内在的实践特点。科学认知中国自由主义的理论基础及其实践特点,有助于人们更好地明辨其价值诉求和理论实质。

一、当代中国自由主义的发展脉络

20世纪70年代末80年代初中国改革开放的启动为当代中国自由主义的产生提供了时空场域。正是由改革开放发端,中国自由主义演进轨迹经历了三次起落。

(一)激进对抗期

中国自由主义衍生于改革开放初期,跟这一时期的思想解放有着密切关联。一方面,"文革"十年浩劫过后,广大民众开始从个人崇拜与思想禁锢中走出来,迫切需要个人自由、价值、权利的实现,而以倡导个人权利、呼唤民主法治为噱头的中国自由主义在此时兴起自然比较容易得到人们的心理认同。另一方面,实施改革开放与否定"文化大革命"在提升社会空间和人们思想自由度的同时,也为中国自由主义乘机宣扬西方政治理念和制度模式提供了便利。国内自由主义者借批判"左"倾思潮之际否定党的领导和社会主义制度。以上两个方面向人们昭示了,自由主义在中国是"伴随着中国知识界对极左时代文化专制主义的批判与反思出现的",它"与中国的思想解放运动同步产生"。②不过整体来看,在20世纪70年代末至80年代末的十余年时间里,中国自由主义有着浓厚的激进主义色彩,其推崇者否定中国共产党领导的社会主义政权,转而要求按照欧美国家体制进行政治变革和社会改革。整体来看,这一时期的中国自由主义主要通过理论、文艺和非法组织活动等形式表达其政治诉求和政治行动。

中国自由主义者采取探讨理论问题的形式鼓吹资产阶级自由化思想。此时国内自由主义者热衷于讨论一些关乎社会主义建设的重大理论问题——如何界定我国现阶段的社会性质,如何评价毛泽东及其思想,如何看待我国社会主义时期的主要矛盾和阶级斗争等等。他们认为,在资本主义尚未充分发展的

---

① 陆剑杰:《中国的自由主义和中国的马克思主义之关系的历史、现状与未来》,《哲学研究》1999年第11期。
② 马立诚:《最近四十年中国社会思潮》,东方出版社2015年版,第136页。

条件下,中国"过早"进行社会主义建设必将失败,因而要补资本主义的课。他们不但从根本上否认我国现阶段的社会主义性质,而且还全盘否定毛泽东同志的历史地位及其思想。中国自由主义者还通过文艺表现形式传达与四项基本原则相悖的观点,以"表现自我"是文艺最高境界为由在文艺创作中故意歪曲中华五千年文明史和党领导人民革命斗争史,丑化社会主义制度和中国共产党。剧本《苦恋》、专题纪录片《河殇》就是此类文艺作品的主要代表。更有中国新自由主义者通过非法活动对抗人民政权。他们打着所谓自由民主的幌子,策划了北京"西单民主墙"事件,并筹建了上海"民主讨论会""人权委员会"等组织,一方面煽动国内民众跟随其游行示威,另一方面蓄谋西方国家插手中国事务。他们还打出了反革命的标语,主张"坚决彻底地批判中国共产党",诋毁"无产阶级专政是万恶之源"。为了配合其自由化口号,甚至有人煽动、诱骗部分群众示威游行、静坐绝食,攻击党和政府机关,其恶劣行为给当时社会的日常生产、管理造成严重影响。就整个 20 世纪 80 年代来说,中国自由主义竭力推动所谓的"思想启蒙运动",高呼"反传统主义"和"人道主义",主张用"人道主义"取代马克思主义,进而引导中国走西方资本主义道路。诚如邓小平所揭示的那样,搞资产阶级自由化即新自由主义"就是要脱离社会主义的轨道,脱离党的领导"[①],"就是要把我们引导到资本主义道路上去"[②]。可见,整个 20 世纪 80 年代是中国自由主义与党和政府直接对抗的时期。

(二)退却修正期

面对 20 世纪 80 年代资产阶级自由化思潮的疯狂进攻,党和政府开展了"清除精神污染"和"反对资产阶级自由化"运动,国内自由主义因此遭受严重打击而跌入低谷。而与 80 年代不同,90 年代的国内自由主义抛弃了从体制外进行颠覆政权的政治动员,转而进入体制内的以经济自由、法制分权为主要内容的制度设计。这一时期的中国自由主义企图通过淡化自身的激进色彩和进行巧妙的学术包装来寻找与国家政权之间的契合点。其间,中国"自由派知识分子坚决反左,支持改革开放,支持经济领域深入变革,并且在融入全球化、建立市场经济体制、发展私营经济、保护私人产权、加入 WTO 等一系列重大问题上,与决策层再次形成共识"[③]。这就意味着,自由主义与国家意识形态之间的对抗冲突有所缓和,两者在制衡"左"倾思潮方面存有一致性。经过三年时间的

---

① 《邓小平文选》第 2 卷,人民出版社 1994 年版,第 390 页。
② 《邓小平文选》第 3 卷,人民出版社 1993 年版,第 182 页。
③ 马立诚:《最近四十年中国社会思潮》,东方出版社 2015 年版,第 138 页。

短暂沉寂和修正,自由主义很快又成为思想舆论界的主要议题,人们在经济、政治、文化等领域都能够听到自由主义的声音。

通观90年代中国自由主义的发展,经济自由主义是中国自由主义者最为强烈的现实诉求。随着社会主义市场经济体制目标的确立,我国市场化改革方向日益明晰。据此,国内自由主义者在市场经济领域大做文章,竭力鼓吹西方新自由主义市场化、私有化和自由化主张,企图利用新自由主义经济和政治学说影响我国改革开放进程,进而推动改革开放朝着新自由主义方向发展。然而,在西方新自由主义思维逻辑和价值观念里,思想文化和民主政治领域的自由化是经济领域自由化、市场化和私有化的必然结果。为此,国内自由主义者配合着市场化改革和发展经济的需要,主张按照西方新自由主义自由放任主义和私有化原则指导中国经济改革和社会建设,认为全面市场化、彻底私有化才是中国市场经济发展的未来方向。国内自由主义者这种移花接木的做法在党的十五大以后尤为凸显。他们将十五大报告中"公有制实现形式可以而且应当多样化""非公有制经济是我国社会主义市场经济的重要组成部分"等相关表述视为新自由主义的宣言书,将其曲解为对社会主义公有制的否定,并认为这种公有制与非公有制的定位使市场经济冲破了"姓资姓社""姓公姓私"的狭隘界限。当然,国内自由主义者并不仅仅满足于对经济自由化、市场化和私有化的鼓吹,他们还热衷于对中国政治体制改革的设计。有论者曾直言不讳地指出:"既然我们的经济体制必须和世界接轨,那么政治体制又怎么可能独立于门外?总之,改革进行到今天,政治和经济改革都需要从传统的意识形态束缚中解脱出来。"[①]显然,国内自由主义者在这里所提出的我国政治体制改革要与"世界接轨",要"从传统的意识形态束缚中解脱出来",其背后用意就是脱离马克思主义,然后按照西方宪政民主模式塑造中国的政治制度和政治生活,继而步入西方资本主义制度的轨道。值得注意的是,经过理论上的不断修正完善,此时国内自由主义者在言语表达和实践行动上都淡化了以往的激进色彩。在发展市场经济和融入全球化进程的时代背景下,中国自由主义经济主张的暧昧态度、政治诉求的闪烁其词,非但没有与国家意识形态形成正面冲突,反而从某些方面或角度论证了现行政策的合理性,这就为其发展赢得了更为广阔的空间。

(三)左右交锋期

在改革开放最初20年里,中国自由主义始终处于与国家意识形态斡旋的

---

① 转引自梅荣政、张晓红《新自由主义思潮》,高等教育出版社2004年版,第136页。

状态,或在激进中无畏对抗,或在保守中寻求和解。然而,当中国市场化改革进入20世纪90年代中后期,随着一系列诸如贫富差距悬殊、贪污腐化蔓延、生态环境恶化、伦理道德滑坡等社会矛盾问题的出现,社会上越来越多的人开始质疑、批判新自由主义所倡导的改革模式。中国新左派思潮就是在这样一种情景下作为自由主义的对立面而进入了公众视野,其与国内自由主义之间的交锋,彰显出两者在经济、政治、文化和社会领域各自不同的立场和观点,两者论争主题之深、内容之多、规模之大、时间之久为转型时期中国思想界所罕见。但不管双方论争内容如何广泛,是否批评市场机制、呼吁政治体制改革是新左派思潮与自由主义根本分歧所在,其他分歧也都由此派生。新左派思潮质疑十一届三中全会以来中国社会改革所走的市场化道路,认为当前中国社会不公问题的根源在于资本逻辑主导下的市场经济,中国经由市场化改革已进入了资本主义市场社会,成了世界资本主义体系大家庭的一员。不过,国内自由主义者并不赞同和认可新左派思潮对中国市场社会性质的研判,也不认为中国社会矛盾的滋生和社会制度的蜕变源于市场化改革。相反,国内自由主义者竭力为资本市场辩护,认为完全规范的市场经济才是消解国家权力垄断的积极力量。在他们看来,当前中国的市场经济仍然是一种"权力经济",垄断性权力结构已造成市场运行过程中权力寻租、权钱交易现象的泛滥;要解决社会矛盾、促进社会公正,就必须改革这种垄断性权力结构、发展完善市场机制,使市场真正摆脱旧有权力体制的束缚。为此,他们建言政治体制改革是中国现代化建设取得成功的"关键之关键","如果政治体制改革始终不能提上议事日程,如果市场经济一直得不到规范,中国社会将成为官僚资本和权力经济的怪胎"[①]。

客观而言,自由主义与新左派思潮之间的这场论战,也催生了国内一大批自由主义的推进者、批判者和研究者。他们或著书立说宣传鼓吹自由主义,或译介发文研究批判自由主义。尽管褒贬不一,但一个客观存在的事实是,"随着争论的延续扩展和对自由主义研究的深入,自由主义无论是作为一种政治思潮,还是作为一种思想理论,都进一步扩大了自己的影响"[②]。时至今日,国内自由主义与新左派思潮基于各自的价值理念依然争论不休,双方关于当代中国社会一系列重大问题的认识分歧,无疑也是当前国内学界和政界所要面对并予以思考的对象。所以,有学者从自由主义与新左派思潮的论争中得出结论:"'新

---

① 徐友渔:《重读自由主义及其他》,河南人民出版社2008年版,第124页。
② 余科杰:《当代中国自由主义思潮的历史演变及其基本特征》,《毛泽东邓小平理论研究》2004年第11期。

左派'与自由主义之争的最浅层的意义就在于他们将问题提了出来,不管这些命题是大是小,是深是浅,它们都是未来中国所必须面对的,从这角度观之,'新左派'与自由主义的争论确实具有跨时代的意义。"①

二、当代中国自由主义的理论实质②

"所谓中国的自由主义思潮,从根本上来说,是试图效法现代西方社会的经济、政治、文化模式,全面改造中国社会,使中国融入所谓世界潮流的意识形态。"③即是说,中国自由主义外在不同的表现样态并不能抹煞其内在不变的资产阶级意识形态本质。国内自由主义者信奉西方新自由主义,认为西方新自由主义的学说、理论已经为人类社会的发展提供了完备的制度建设原理和方案,其经济上对绝对自由化完全市场化彻底私有化的垂青、政治上对宪政民主模式的膜拜和思想文化上对多元主义的推崇,一再确证着"中国自由主义是不折不扣的资产阶级意识形态"的理论实质。当然,作为资产阶级意识形态的中国自由主义,也以其特有的意识形态方式和功能影响着我国经济社会文化的发展。尤其是在意识形态领域,以新自由主义为主导或以新自由主义为本质的社会思潮在当代中国的传播,实际上是西方敌对势力对我国思想文化侵蚀和意识形态渗透并最终达到"和平演变"目的的手段,严重威胁着我国主流意识形态的安全。

(一)经济发展主张上,中国自由主义垂青于西方新自由主义"三化"政策

当代中国自由主义是国内经济市场化改革向西方新自由主义自觉靠拢的衍生物。大卫·哈维就曾将20世纪80年代中国的经济改革与英美两国发生的新自由主义转向相联结,指出"中国已确定无疑地迈向新自由主义化和阶级力量的重建,虽然'带有独特的中国特色'"④。他还把这种"将新自由主义要素与权威主义的中央控制交叉结合"而形成的特殊市场经济称之为"'有中国特色的'新自由主义"。国内自由主义者怀揣着市场拜物教情结,向来仇视我国改革开放之前的计划经济,却对西方资本主义国家的市场经济情有独钟,并将新自由主义视为具有普世性的经济学理论。他们认为,在当今全球化时代,"经济市

---

① 刘建军:《当代中国政治思潮》,复旦大学出版社2010年版,第158页。
② 该部分主要内容以及后文中的"当代中国自由主义的基本特点""当代中国社会思潮的自由主义属性"等两部分的主要内容,经过整理提炼后已以《新自由主义的中国样态及其批判》为题、王岩独作的形式发表在《探索》2018年第1期,特此说明。
③ 房宁:《影响当代中国的三大社会思潮》,《复旦政治学评论》2006年第1期。
④ [英]大卫·哈维:《新自由主义简史》,王钦译,上海译文出版社2016年版,第151页。

场化已成为全球性的潮流,自由和自由主义也越来越成为一种全球性的价值"①。正是基于这种认识,国内自由主义者依据西方新自由主义绝对自由化完全市场化彻底私有化的理念,为中国经济社会建设开出了"药方"。他们反对党和国家对经济的调控,主张取消国家管控和政府对经济活动的任何干预,要求国有企业退出市场竞争领域,进而企图否定我国的基本经济制度。在他们看来,市场机制是最富有效率的经济发展方式,政府对经济活动的任何干预都是对私有财产的践踏与破坏。另外,国内自由主义者还竭力为私有产权辩护,力推中国私有化改革进程。他们认为,"财产权与经济自由为个人创造了一个不受国家控制的领域,限制了政府及统治者的专横意志。财产权是抵制统治权力扩张的最牢固的屏障,是自由的市场社会赖以发育的温床"②,"私人产权是经济增长的最重要前提"③。尤其是在中国改革进入20世纪90年代以后,在西方新自由主义"科斯产权定律"和现代企业制度的影响下,国内自由主义者更加坚定了私有化改革的信念,认为私有财产是个人一切自由权利的基础与保障,财产权为限制政府权力、防范私人领域受到侵害提供了最为安全的屏障。据此,国内自由主义者肆意鼓吹产权清晰才是"市场交易的先决条件",他们一方面抱怨指责当前中国"公有产权不明晰",另一方面强调产权改革是中国建立市场经济体制"绕不过去的关键性改革",并建议"逐步推行一种以私有产权为基础的制度"④。时至今日,国内自由主义者仍在积极兜售西方新自由主义的经济"绝对自由化、完全市场化、彻底私有化"的"三化"政策。

(二)政治制度设计上,中国自由主义膜拜西方资本主义宪政民主模式

中国自由主义不但在经济上要求与西方新自由主义"三化"政策无缝对接,而且在政治上也力主与西方宪政民主制度全面接轨。通过建立资产阶级宪政民主制度来保障人的自由与权利的实现,是中西自由主义的共识之一。国内自由主义者普遍认为:"中国的当务之急是建立宪政体制,在宪政运转起来以后,自由多一点还是平等多一点,宪政体制本身就会解决这个问题。"⑤鉴于此,他们希望参照西方新自由主义三权分立、多党制、司法独立、军队国家化的宪政民主模式来擘画中国自由宪政的政治蓝图。在有些人看来,西方新自由主义对社会

---

① 刘军宁:《北大传统与近代中国:自由主义的先声》,中国人事出版社1998年版,第4页。
② 刘军宁:《共和·民主·宪政:自由主义思想研究》,上海三联书店1998年版,第368页。
③ 张五常:《经济解释:张五常经济论文选》,商务印书馆2000年版,第16页。
④ 张五常:《经济解释:张五常经济论文选》,商务印书馆2000年版,第490页。
⑤ 萧三匝:《左右为难:中国当代思潮访谈录》,福建教育出版社2012年版,第159页。

主义基本经济制度的抨击契合了当代中国政治发展的需要,哈耶克所著的《通往奴役之路》就是一本"从根本上令人信服地否定了这种经济体制和相应的政治制度"的佳作。在这些人的思维逻辑里,要实现中西之间政治制度的接轨,其首要条件就是"政治体制改革一定要推上议事日程","必须引进西方的自由主义政治思想",自觉向西方宪政文明靠拢。所以,改革伊始就有国内自由主义者公开斥责中国共产党的领导是"政治疯狂",污蔑人民民主专政为"万恶之源",叫嚷"彻底批判中国共产党",其根本目的就是通过否定党的领导和批评中国政治体制,引领中国走上西方自由宪政道路,进而在中国建立资本主义宪政民主制度。对于当时国内自由主义者的这种险恶政治阴谋,邓小平早就有所揭示。他指出,最初以资产阶级自由化思潮形式呈现的中国新自由主义,"实际上就是要把我们中国现行的政策引导到走资本主义道路。这股思潮的代表人物是要把我们引导到资本主义方向上去"[①]。当前,虽然国内自由主义者宣扬宪政主义的言辞态度趋于温和,但其力图按照资本主义宪政民主模式促进中国政治制度改革的激进诉求却并未有所改变,其配合西方敌对势力将中国"纳入国际垄断资本的统治,纳入资本主义的轨道"的政治野心也可能死灰复燃。然而,历史与现实已经也并将继续证明,我国人民民主专政的社会主义国家制度和中国共产党领导的多党合作制度,是适合中国实际国情、代表人民根本利益、顺应时代发展潮流的伟大创造,任何诋毁这一伟大创造的行为不仅是卑劣的,而且也是徒劳的。

(三)意识形态建设上,中国自由主义敌视马克思主义而推崇多元主义

经济上的"三化"主张和政治上的宪政设计,内在地决定了西方自由主义将反对马克思主义作为其毕生目标。无独有偶,派生于西方自由主义的中国自由主义也竭力宣扬思想文化的多元化。对中国自由主义者而言,仇视、攻击马克思主义是其一贯立场,歪曲、肢解马克思主义是其常用花招。而为了给人们在价值选择和价值判断上制造混乱,借此彻底抽离党和国家建设发展的思想根基,国内自由主义者不遗余力地加大对马克思主义及其中国化理论成果的攻势。改革开放至今,国内自由主义者对马克思主义的诋毁从未中断,其方式和手段也可谓是无所不用其极。一是宣称马克思主义无用论、危害论,认为马克思主义尤其是中国化马克思主义对人类未来社会和中国社会建设没有任何价值。持此类观念的人认为,马克思主义不但无法解决中国的现实社会问题,反

[①] 《邓小平文选》第3卷,人民出版社1993年版,第181页。

而"在对中国民生有影响的理论中,马克思主义的危害最深"①。有人还将信仰马克思主义的民族标签化,认为信仰或崇拜马克思主义"是知识落后民族的特征"。二是鼓吹所谓的马克思主义过时论,认为马克思主义是19世纪的产物,无法解决20世纪中国的发展问题。在有些人看来,对于当代中国而言"马克思的理论已经奄奄一息了","已经僵化、贫困化、过时了。"②三是否定马克思主义作为无产阶级世界观所特有的斗争性和革命性,妄言马克思主义与工人阶级毫无关联。对此,有论者指出:"马克思主义并不是什么无产阶级(或工人阶级)的世界观或意识形态……马克思主义并非工人阶级本身的世界观,它与工人阶级并没有什么关系。"③四是将马克思主义宗教化,认为马克思主义是一种"偏激的意义形态",它只有在国家权力的保护下才能取得"国教"的独尊地位。为此,有人断言称:"马克思主义和宗教没有什么区别,其本质在于求善而不在于求真;马克思主义关于资本主义制度的灭亡,关于未来共产主义社会的设想,都带有空想成分,激情多于真理。"由此可知,中国自由主义对马克思主义的"围攻""讨伐"可谓来势凶猛,其在意识形态领域与马克思主义争夺话语权的资产阶级意识形态本质更是昭然若揭。

三、当代中国自由主义的基本特点

从鸦片战争算起,自由主义在中国虽然有着百余年的发展历史,但中国自由主义仍然需要借助西方自由主义的思想资源来解决自身的逻辑难题。然而,中国自由主义者在学习西方自由主义过程中时空错位的发生,又使当代中国自由主义在实践中显示出幼稚与肤浅的一面。尽管如此,在改革开放40多年时间里,当代中国自由主义也显现出一些明显的特点。概括和分析这些特点,有助于人们更好地认清其资产阶级的意识形态本质。概而言之,理论基础的依附性、思想定位的空想性、实践方法的教条性和价值理念的欺骗性是当代中国自由主义的四大特点。

(一)理论基础的依附性

中国自由主义从产生之日起就是一种依附性很强的思想理论体系,其在嫁接西方新自由主义时采取了一种实用主义和工具理性的态度。比如在发展社会主义市场经济过程中,中国自由主义"对西方主流经济学采取'各取所需、为

---

① 张五常:《中国的前途》,香港信报有限公司1996年版,第40页。
② 张五常:《中国的前途》,香港信报有限公司1996年版,第44页。
③ 李泽厚、刘再复:《告别革命》,香港天地图书有限公司1995年版,第178页。

我所用'的态度,只援引自己喜欢的论点,而回避甚至闭口不提那些它不喜欢的西方主流经济学的重要思想观点"①。所以说,国内自由主义者都不过是在拾西方新自由主义的牙慧而已,他们并不是根据中国客观实际和时代发展特征而进行理论创造,而是全盘照搬西方新自由主义那套东西。就其在各领域的核心主张而言,当代中国自由主义理论基础的依附性更为明显。中国自由主义在经济政策上,要求全面引入西方新自由主义市场竞争机制,主张以绝对自由化、彻底私有化和完全市场化为标准建立以私有制为基础的市场经济;在政治诉求上,鼓吹西方新自由主义以代议制为形式的宪政民主制度,倡导宪政立国;在文化理念上,要求实现思想观点和意识形态的多元化,主张用新自由主义替代马克思主义;在社会建设上,以培育"公民社会"为由消解中共领导权;在伦理道德上,标榜所谓"个人自由优先"原则,鼓吹个人主义和利己主义。以上理论陈述表明,中国自由主义对西方新自由主义有着极度迷恋和盲目崇拜的情结,在其思维定势里,凡是与西方新自由主义观点相悖的,他们就大加批驳,无理抵制;凡是与西方新自由主义思想相近的,他们就竭力称颂,全盘接受。可见,中国自由主义并非是什么新的思想体系,它不仅在理论基础上有着强烈的依附性,而且在思维模式上也有着浓厚的僵化色彩。

(二)思想定位的空想性

中国自由主义谋求主导思想地位的努力自始至终没有放弃过。改革开放以来,随着西方新自由主义的强势渗透,国内自由主义知识分子鼓吹新自由主义是"今天真正具有生命力的思想力量","已经在中国取得了最后的胜利";而对于作为指导中国社会主义建设的马克思主义,他们认为"日益没落和为人遗弃"。有论者曾自信地指出:"在二十世纪的末叶,当曾经在中国社会变动中夺取了政权的某种思想力量日益没落和为人遗弃的时候,自由主义知识分子的理想追求和价值取向,成为中国新一代知识分子的思想源泉,从这个意义上说,自由主义知识分子是思想力量的最后胜利者,因为它们代表着人类文明共同的追求目标。"②可见,在国内自由主义者的潜意识里,自由主义可以同中国文明相结合,中国社会与自由主义也能够形成"共生一体"的新格局。他们认为,"自由不再是知识,而是事实,伦理的事实或者历史的事实","自由就是中国的'道'";自由作为一种"普遍的信念",是促进中国社会制度变迁最为重要的因素。③ 然而,

---

① 左大培:《混乱的经济学:经济学到底教给了我们什么》,石油工业出版社2002年版,第2页。
② 谢泳:《逝去的年代:中国自由知识分子的命运》修订版,福建教育出版社2013年版,第257页。
③ 秋风:《嵌入文明:中国自由主义之省思》,江苏文艺出版社2014年版,第127—128页。

无论是国共两党激烈斗争时期还是建国前后多党合作期间,中国自由主义或是以"中坚力量"出现或是靠民主党派、无党派人士亮相,根本不存在"自由主义知识分子是思想力量的最后胜利者"一说。现时期,中国自由主义又企图利用市场化改革来塑造一个代表其利益的"中产阶级",并以此填充和壮大自身发展的阶级基础,进而与代表工人阶级和广大人民群众利益的马克思主义相抗衡。但是,中国自由主义的努力和设想并未如愿以偿。在中国共产党的领导下和马克思主义的指导下,我国社会主义现代化建设成果日益为国人和世人所认可,马克思主义也在中国化时代化大众化过程中赢得了越来越多的信奉者、推广者与践行者。

(三)价值理念的欺骗性

中国自由主义价值理念的欺骗性是其理论基础依附性、思想定位空想性的必然结果。为了避免与主流意识形态发生正面冲突,中国自由主义往往借助讲座论坛、会议研讨、学术交流等方式散布理论观点。但在其骨子里,中国自由主义始终秉承着敌视社会主义、否定马克思主义的立场和原则。在现实生活中,国内自由主义者以自由、民主、博爱、平等、人权的化身自居,并将这些抽象的价值理念描绘成人类社会的"普世价值",竭力倡导自由主义思想无国界,自由主义理应是全人类的价值追求,因而有着很强的蛊惑性和欺骗性。他们认为,"在人认为有价值的各种价值中,自由是最有价值的一种价值","自由主义者最懂得一个人必须自尊、自强、自律、自胜,最懂得对他人要尊重、要宽容"。[①] 其实,中国自由主义所主张的绝不是什么劳动人民的自由、民主、人权,而是有产阶级的自由、民主、人权。为了最大限度地满足私人的获利需求和制造思想上的混乱,国内自由主义者从早先鼓吹"告别革命论""文化多元论"到今天力倡"私有制优越论""市场万能论""普世价值论",其宣传误导的方式和手段日趋多样化、隐蔽化。但无论如何变化,中国自由主义价值观念的抽象性、虚伪性、超阶级性的内在本质却始终如一,其颠覆社会主义政权和走资本主义道路的"初心"未泯。所以,要坚持用马克思主义的立场、观点和方法辨识中国自由主义的价值理念,不断向广大人民群众澄清中国自由主义的资产阶级意识形态本质,认清中国自由主义的政治图谋。我们有理由坚信,只要坚持以马克思主义为指导,就能够揭穿中国自由主义为实现其政治诉求而散布的各种谎言,就能够在批判中国自由主义的过程中高举中国特色社会主义伟大旗帜。

---

① 刘军宁:《北大传统与近代中国:自由主义的先声》,中国人事出版社1998年版,第2—4页。

（四）实践方法的教条性

中国自由主义将西方自由主义奉若神明，自然也就形成了以资产阶级意识形态为判断是非标准的僵化的思维模式。正是这种僵化的思维模式决定了中国自由主义实践方法的教条性。一方面，国内自由主义者以形而上学的思维方式批判指责我们党对历史的研究方法。在他们看来，"中共对待历史的方法有这样两种：一、从自己固有的意识形态出发，对于自己不利的东西进行批判；二、对曾经存在过的东西视而不见"①。中国自由主义这种带有明显意识形态偏见的言论，既表明其对中共历史发展及研究方法的愚昧无知，也意味着其脱离实际、脱离群众而进行主观臆测的认知倾向。另一方面，国内自由主义者"唯'西'是从"的自负心理导致其教条式地运用西方自由主义理论指导我国社会建设。而这一自负心理弥漫于我国改革开放的全程。早前当我们党确立建设社会主义市场经济体制目标时，国内自由主义者就借题发挥，完全否定经济计划和国家宏观调控，甚至将计划经济等同于法西斯主义；现时期当我们党提出"让市场在资源配置中起决定性作用"和"供给侧结构性改革"时，国内自由主义者又再次躁动，鼓吹"全面市场化"和兜销西方新自由主义"供给经济学"理论。从以上两方面可以看出，中国自由主义这番肆意解构我们党政策主张的教条性做法，显然是受其形而上学思维定势的影响。加之认识论上的肤浅和政治立场的短视，国内自由主义者在很大程度上都是教条主义者。同其他教条主义者一样，国内自由主义者的错误在于：他们既"不懂得必须研究矛盾的特殊性，认识个别事物的特殊的本质，才有可能充分地认识矛盾的普遍性，充分地认识诸种事物的共同的本质"，更"不懂得在我们认识了事物的共同的本质以后，还必须继续研究那些尚未深入地研究过的或者新冒出来的具体的事物"。②但与其他教条主义者相比，国内新自由主义者"以'西'化'中'"的教条主义倾向似乎危害性更大。

第四节 当代中国自由主义的意识形态命题

作为中西方社会学和政治学领域的一个核心概念范畴，"自由主义（liberalism）是以对个人的信奉与对建立一个可以满足个人利益或实现个人成就的社会的信奉为主题的一种政治意识形态"③。中国自由主义具备了自由主义的一

---

① 谢泳：《逝去的年代：中国自由知识分子的命运》修订版，福建教育出版社2013年版，第279页。
② 《毛泽东选集》第1卷，人民出版社1991年版，第310页。
③ ［英］安德鲁·海伍德：《政治学核心概念》，吴勇译，中国人民大学出版社2014年版，第38页。

般性特征,其在性质上自然也是一种政治意识形态,自然也以政治意识形态特有的方式和功能试图左右我国现实社会的发展。就处于社会转型期的中国而言,包括自由主义在内的国内其他社会思潮以其强烈的问题意识和政治倾向,针对我国社会发展问题纷纷提出各自的解决方案,且不约而同地将斗争矛头指向马克思主义和社会主义,形成了对主流意识形态的围攻态势。但与其他社会思潮相比,中国自由主义由于意识形态化过程中受众人群的广泛性、传播方式的遮蔽性和危害程度的严重性,对我国意识形态安全的威胁更大。鉴于此,要在辨析中国自由主义意识形态面相与本质、梳理中国自由主义与其他社会思潮的区别与联系的基础上,剖析当前中国自由主义的错误论调,并及时从马克思主义的视角对其予以反驳和引领,从而在有效应对自由主义的挑战中维护我国主流意识形态安全。

一、当代中国自由主义的意识形态本质[①]

当代中国自由主义是一种披着经济学外衣、具有明确政治图谋、力主文化多元的意识形态理论。改革开放以来,自由主义对中国社会变革和发展的影响无孔不入。有论者指出,伴随着中国改革开放进程,"自由主义在整体上已经成为当代中国可以公开言说的意识形态,并逐渐成功渗入中国社会现代变迁的实际进程之中"[②]。因而,要坚持运用马克思主义立场观点方法把握中国自由主义的叙事方式,从其理论根源、演变历程和价值诉求等方面辨析其资产阶级意识形态实质。

从理论根源看,当代中国自由主义是新自由主义在中国的变种,新自由主义构成了中国自由主义的直接理论来源。

当代中国自由主义是西方新自由主义理论与实践的产物,是国内经济改革向新自由主义自觉转向的结果。正如哈维所指出的那样:"中国经济改革的时间恰好与英国和美国发生的新自由主义转向一致,很难不把这视作具有世界历史意义的巧合。结果是在中国建立了一种特殊的市场经济,日益将新自由主义要素与权威主义的重要控制交叉结合。"[③]

由此观之,中国自由主义以西方新自由主义为根基和蓝本,强调在坚持个

[①] 该部分主要内容已以《当代中国自由主义思潮意识形态本质解读》为题、竟辉独作的形式发表在《太原理工大学学报(社会科学版)》2017年第1期,特此说明。
[②] 任剑涛:《意识形态与中国改革》,《战略与管理》2010年第5、6期合编本。
[③] [美]大卫·哈维:《新自由主义简史》,王钦译,上海译文出版社2016年版,第124页。

人主义价值原则的基础上，着重将新自由主义经济学理论中的市场机制、私有化和反对国家干预等理论应用于指导中国经济社会的改革和发展。在几乎所有国内自由主义者那里，新自由主义是中国经济学界的主流话语，而经济自由主义则成为促进中国社会经济发展的最佳模式。这是因为，"资本主义长期'得逞'西方世界，尤其是英美，可以说，没有经济自由主义，就没有自由主义。纵观古今，建立在经济自由主义基石上的自由主义学说对整个自由主义思想宝库的贡献甚大"①。正是基于新自由主义相关经济理论，国内自由主义者紧扣我国建立社会主义市场经济体制的需要，竭力倡导市场原教旨主义，主张经济活动的非调控化，反对社会主义公有制和国有企业，大肆兜销新自由主义自由化、市场化和私有化的政治、经济和社会政策。以经济领域为例，20世纪90年代以来，国内自由主义者公开抛出"公有制罪恶论""国企冰棍论""国退民进论"等谬论，以期推动我国私有化进程。显然，中国自由主义的这些思想主张完全契合了新自由主义的基本理念和资本主义的原初精神，可以说是资产阶级"意识形态的理论表现形式"在中国的"翻版"。

从发展历程看，当代中国自由主义的每一次"闪亮登场"和"暂时隐退"都带有明确的政治倾向和政治诉求。

相对于社会主义政治文明发展而言，中国自由主义虽在唤醒人们主体意识、制衡新老左派思潮和深化政治体制改革方面扮演着建设性角色，但其承认资本主义自由、人权的普世性，且将西方多元民主政体视为适用于一切社会的良制，进而要求党和政府在遵循"多元民主制度普适论"原则基础上推进政治体制改革。总体来看，无论是20世纪80年代的激进化时期，还是90年代中期以来的温和化时期，中国自由主义的这种政治努力从未中断过。

整个20世纪80年代是中国自由主义激进发展的时期，无论从理论层面上的价值目标还是实践层面上的方式手段，中国自由主义都有着全盘西化的激进色彩。这一时期，国内个别极端资产阶级自由化分子为了实现其政治目标，肆意散布反对四项基本原则、美化资本主义的言论，蛊惑不明真相的群众冲击党政机关、静坐绝食，并发动学潮、贴大字报对抗中央政府。他们不仅以"反饥饿""要人权""要民主"为口号煽动人们游行示威，而且还公然打着反革命的标语，叫嚷"彻底批判中国共产党"，污蔑"无产阶级专政是万恶之源"，要求党和政府通过"社会改革"建立资本主义社会。面对激进自由主义全盘西化的政治诘难，

---

① 刘军宁：《北大传统与近代中国：自由主义的先声》，中国人事出版社1998年版，第366页。

党和政府采取有力措施予以回击。然而，90年代中期以来，中国自由主义虽由激进趋于温和，但其要求按照资产阶级民主政体进行改革的政治诉求却一直未变。

从价值硬核看，当代中国自由主义虽不断变化，但其一以贯之的彻底私有化、全面市场化、宪政民主化等核心思想却始终未变。

中国自由主义承袭了西方新自由主义"自由化、私有化和市场化"的衣钵，其理论基础的依附性决定了中国自由主义在建构自身思想内容时所依据的西方逻辑。国内自由主义者认为，党和政府倡导建立现代企业制度、改革完善产权制度、加大外资引进力度、划分政府与市场责任界限、定位市场在资源配置中起决定性作用等政策举措，都是对代表人类文明发展方向的"普世价值"的自觉接轨。

究其核心思想，中国自由主义多是围绕私有化和市场化改革进行理论建构和政策施压。出于对公有制的恐惧和维护既得利益的需要，国内自由主义者认为，"没有私有制，就没有法治、自由与民主"，公有制只会束缚人的自由并产生剥削。他们还将生产资料公有制歪曲为"官有制"，并污蔑"公有制是一切罪恶的根源"，甚至借马克思"重建个人所有制"之名而行私有化之实。有论者指出，"重建个人所有制的目标是……要在权利公平、机会公平、规则公平的条件下，经过平等竞争，造就一个庞大的中产阶层，就是出了比尔·盖茨那样的冒尖户也要保护"，"重建个人所有制"就是坚定走"民主社会主义道路"。① 另外，国内自由主义者信奉市场万能论，认为政府对经济活动的任何干预，不仅是造成市场经济效率低下的根源，而且还是影响经济社会平稳运行和导致社会不公平不公正的诱因。为此，有些人不顾实际国情和行业性质，制定出全面而详细的市场化改革方案。为了扩大市场化改革的广度和深度，国内自由主义者质疑我国《反垄断法》是对自由市场经济的破坏，认为政府部门在反垄断政策制定和执行中应坚守"只反行政垄断，不反其他垄断；普遍保护产权，反对市场禁入"②的原则。中国自由主义罔顾市场的内在缺陷而一味反对国家调控，必然会削弱党对社会主义市场经济的驾驭能力，不利于我国经济建设的健康发展。

二、当代中国社会思潮的自由主义属性

社会思潮多样化发展已是我国思想文化领域的常态现象。在国内诸多社

---

① 谢韬、辛子陵：《试解马克思重建个人所有制的理论与中国改革》，《炎黄春秋》2007年第6期。
② 谢作诗：《莫学西方反垄断》，《社会科学报》2014年10月9日第2版。

会思潮中,自由主义凭其历史的久远性、地位的重要性、内容的丰富性、影响的广泛性而赋予其他社会思潮自由主义色彩。甚至可以认为,"当今世界上几乎所有的意识形态都与自由主义有着密切的关系,要么是自由主义的变种,要么是自由主义的对立面"[①]。在当代中国社会思潮的光谱中,自由主义能够像20世纪80年代那样一统江山的局面虽不复存在,但其理论硬核早已深深内嵌于我国经济改革、政治发展、社会变迁、文化建设、主流价值观、历史认知的方方面面,以至于在上述领域统领并制约着人们的思维方式和行为模式。正是受自由主义同质化的影响,国内民主社会主义、历史虚无主义、"普世价值"思潮、宪政民主思潮、"公民社会"思潮、西方新闻自由观等等社会思潮都有着鲜明的自由主义属性。

(一)民主社会主义:中国自由主义开辟的"第三条道路"

从斯密到密尔、边沁,再到格林、霍布豪斯、凯恩斯、罗尔斯,几乎所有的西方自由主义者在强调市场效率的同时,也把平等、公平等理念纳入自由主义价值体系之中予以考量。从表面看,自由主义与民主社会主义在关注效率与公平问题上确实有着不同的侧重点,但实际情况是,民主社会主义作为对马克思主义的修正和对资本主义的改良,其基本价值主张并没有脱离自由主义认同资本主义生产资料私有制和推崇资本主义多党制的理论窠臼。自由主义构成了民主社会主义的基础和前提,而民主社会主义发展了自由主义的思想。"在那些已实现政治民主的国家,政治民主的先决条件无疑是自由主义创造的。"[②]这就表明,民主社会主义者多数是自由主义理念的继承者和自由主义运动的倡导者,而民主社会主义目标的确立和纲领的制定也要建立在自由主义理念、原则和运动之上,且保持着自由主义的本真意蕴。

中国自由主义也有容纳平等、公平的巨大空间,其与民主社会主义在追求公民权利、自由平等、程序正义等理念时有着很大的价值重合面。正是这些价值重合面构成了当代中国自由主义与民主社会主义的"共同底线"。对此,有人论述道,"中国目前的问题既不是'自由太多妨碍了平等',也不是'平等太多妨碍了自由'",而是要探索出一条能够"追求更多的自由同时也有更多平等的'第

[①] 李世涛:《知识分子立场:自由主义之争与中国思想界的分化》,时代文艺出版社2000年版,第498页。

[②] [德]维·勃兰特、[奥]布·克赖斯基、[瑞典]欧·帕尔梅:《社会民主与未来》,丁冬红、白伟译,重庆出版社1993年版,第40页。

三条道路'"。① 除了少数极端自由主义者无视社会贫富分化、漠视底层民众生活外,大多数自由主义者开始关注社会发展过程中的公平正义问题。然而,对于自由主义与民主社会主义而言,真正问题的关键并非是自由与平等、效率与公平的孰多孰少,也绝非是公民权利、程序正义的价值重合,而是如何才能确保中国社会能够沿着"第三条道路"发展。国内自由主义者认为,"第三条道路"是实现自由与平等、效率与公平同向度增进的重要保障;在民主社会主义者那里,"第三条道路"是中国"开辟世界历史发展的新航道"②。可见,国内自由主义和民主社会主义之所以在青睐"第三条道路"方面有着惊人的相似性,正是由于两者都希望通过曲解我国社会性质、混淆社会主义与资本主义原则界限、淡化民主社会主义和中国特色社会主义本质区别等方式,最终诱导我国走上资本主义的"歧路""邪路"。

(二)历史虚无主义:中国自由主义"全盘西化"的理论旨趣

从起源角度看,国内历史虚无主义本身就是自由主义的一个分支。在中国,"历史虚无主义作为资产阶级自由化的一种表现形式","是同'全盘西化'论相呼应而出现的一种错误思潮"。③ 另外,从理论主张讲,历史虚无主义轻蔑中华民族传统文化、颠倒历史人物是非评价、质疑社会主义革命进步性、否定社会主义建设与改革成就,凡此自由主义式的说教,恰恰体现了历史虚无主义作为一种资产阶级自由化思潮的本质规定性。如果说历史虚无主义虚无的只是过去,那么自由主义虚无的则是过去、现在和未来。

历史虚无主义在我国改革开放进程中几度泛起。早在20世纪八九十年代,就有自由主义者打着"反思历史""重估历史"的旗号,从否定"文化大革命"到否定新中国成立后的社会主义建设史,再到否定5000多年中华文明演进史,从肆意夸大毛泽东同志晚年错误到恶意攻击党和国家的领导人与英雄模范人物,从全盘否定毛泽东同志的历史地位和毛泽东思想到对党的指导思想恶意诋毁、攻击……这期间,更有自由主义人士声称中国"辛亥革命搞早了","五四运动是破坏运动",要"告别革命";断言中华文明"已经夭亡",要向"蓝色文明"靠拢,进行"全盘西化";歌颂侵略战争,认为是资本主义列强的殖民侵略"给中国带来了近代文明",而中国人民争取民族独立的斗争则是"落后对先进,保守对进步"的反逆行为。这些虚无民族传统文化、篡改历史事实、反对正义革命的思

---

① 秦晖:《共同的底线》,江苏文艺出版社2013年版,第9—10页。
② 谢韬:《民主社会主义模式与中国前途》,《炎黄春秋》2007年第2期。
③ 梁柱:《历史虚无主义思潮的泛起、特点及其主要表现》,《马克思主义研究》2013年第10期。

想言论构成了当时资产阶级自由化思潮的重要内容。时至今日,为了配合西方"和平演变"中国的战略图谋,国内仍有一些自由主义者有选择性地虚无中国共产党领导的社会主义革命史和建设史,将抹黑诋毁毛泽东同志和曲解毛泽东思想作为西化和分化中国的一个重要突破口。而这些"非毛化""去毛化"言论的背后折射出的是对中国社会主义革命史和建设史的否定。固然毛泽东在其晚年犯了严重的"左"倾错误,但评价毛泽东同志和毛泽东思想要坚持实事求是的态度。"对毛泽东同志的评价,对毛泽东思想的阐述,不是仅仅涉及毛泽东同志个人的问题,这同我们党、我们国家的整个历史是分不开的。要看到这个全局。"①然而,国内自由主义者和历史虚无主义者罔顾"这个全局",其反对马克思主义、取消共产党领导的政治意图暴露无遗。诚如习近平指出的那样,同新自由主义意识形态危害一样,"历史虚无主义的要害,是从根本上否定马克思主义指导地位和中国走向社会主义的历史必然性,否定中国共产党的领导"②。可以说,与自由主义相比,历史虚无主义"全盘西化"的政治倾向更是有过之而无不及。

(三)"普世价值"思潮:中国自由主义价值共识上的"终结论"

作为西方进行意识形态渗透的重要工具,"普世价值"思潮在我国的兴起却是近十多年来的事情:2005年国内个别自由主义者将西式民主、人权、法治、宪政视为人类社会"现代文明的核心价值",认为"任何国家和地区的现代化成败的关键都与是否接受这些普世性的核心价值息息相关",中国现代化建设"不应以多元文化为借口,抗拒普世性的核心价值"③;2007年国内自由主义通过书刊、报纸和网络等渠道积极扩散传播其所标榜的"普世价值";2008年国内外自由主义者和以自由主义立场自居的新闻媒体借助"5·12 汶川地震",大肆炒作以西方自由、民主、人权、法治为主要内容的"普世价值",并将党和政府领导全国人民进行抗震救灾的壮烈举动定性为"向自己的人民,向全世界兑现自己对于普世价值的承诺"④。自此以后,"普世价值"思潮逐渐成为国内自由主义者蛊惑人心、颠覆社会主义政权所打出的又一张"王牌"。

其实,对于受西化逻辑主导的国内自由主义者而言,在所有意识形态种类

---

① 《邓小平文选》第2卷,人民出版社1994年版,第299页。
② 习近平:《在对历史的深入思考中更好走向未来 交出发展中国特色社会主义合格答卷》,http://dangshi.people.com.cn/n/2013/0722/c85037-22271795.html,访问日期 2017年7月20日。
③ 袁伟时:《中西文化论争终结的内涵和意义》,《炎黄春秋》2005年第2期。
④ 本报编辑部:《汶川震痛,痛出一个新中国》,《南方周末》2008年5月22日。

中,"自由主义是最好的、最具普遍性的价值";在所有社会思潮中,只有自由主义传统才能把"一个自由的中国带入一个全球化的世界,而且为世界造福争光"①。正是基于这样一种意识形态观和价值观上的不自信,国内一些自由主义者将秉承"普世价值"作为重要使命,并以"普世价值"来拒绝和否定"中国模式""中国道路"。有论者声称"中国模式"是特殊论,认为用"中国模式"取代"普世价值"不具有可行性。该论者还以中国社会转型为例,指出"在通向现代化的道路上,不存在一个区别于欧洲、北美模式的所谓中国模式"②。按照此类人的说法,中国要实现现代化就必须接受与"普世价值"相适应的"欧洲、北美模式的"民主政治制度。据此可知,国内"普世价值"思潮是一种奉新自由主义价值观为圭臬、以西方自由民主制度为模式、否认社会主义核心价值观的资产阶级意识形态。因而,当前国内思想理论界关于普世价值有无之争,表面上是两种不同价值观的论争,实则是两种不同社会制度和意识形态的较量。可以预见的是,只要中国自由主义存在一天,国内"普世价值"论者按照自由主义价值理念指导我国民主政治建设和改造我国政治制度的企图就一刻也不会放弃。

(四)宪政民主思潮:中国自由主义政治理念上的"普适论"

在宪政问题上,中国自由主义者"从接触到西方自由主义学说的那一天起就表示认同立宪政治的价值,并试图对实际政治产生积极影响"③。他们认为,人类社会无法脱离新自由主义的宪政原则而促进政治文明的发展,更无法超越新自由主义的宪政成果而实现建立宪政民主制度的目标;苏联、东欧等国的历史经验表明,任何试图脱离和超越宪政原则与成果的行为都是对自由民主的摧残。在他们看来,"就像市场经济是不可超越的一样,自由民主的宪政制度也是不可超越的"④。所以,国内自由主义者高举宪政旗帜,主张参照欧美国家宪政制度设计并建构中国政治制度和民主政治,而后根据中国政治文明建设的实际需要来修补完善宪政政策。

国内自由主义者视宪政为人类文明最高成果和人类社会政体核心原则的做法表明,凡是西方新自由主义的倡导者也无不是宪政民主思潮的推动者。为了完成所谓的"社会主义宪政事业",国内自由主义与宪政民主思潮鼓吹"宪政普适论"的言行可谓是如出一辙。一方面,国内自由主义者历来有美化宪政的

---

① 刘军宁:《北大传统与近代中国:自由主义的先声》,中国人事出版社1998年版,第5页。
② 秦晓:《追问中国的现代性方案》,社会科学文献出版社2010年版,第4页。
③ 郑大华、邹小站:《中国近代史上的自由主义》,社会科学文献出版社2008年版,第13页。
④ 徐友渔:《重读自由主义及其他》,河南大学出版社2008年版,第171页。

语调和建设社会主义宪政的行动。在他们看来,"宪政是人类历史上迄今为止最为人性有效的一种政治体制",既然有资本主义宪政,那么必然也就有社会主义宪政。据此,国内自由主义者不仅强烈呼吁中国要向"宪政转型",并迫切要求制定"中国社会主义宪政大纲",使中国尽快"回到世界宪政的大家庭",而且还寄希望中国共产党接受"宪政"这一西化概念,建设"宪政社会主义"和"宪政中国"。而对于如何促进中国宪政事业发展,有论者还专门撰文从官方和民间的角度对中国宪政发展进行了路径建构。① 另一方面,反对中国共产党领导和社会主义制度的共同政治阴谋,也加快了国内自由主义与宪政民主思潮的合流步伐。为了弱化和否定党的领导,攻击我国人民民主专政制度,中国自由主义者中的泛宪政派分子人为割裂依法治国与党的领导的有机统一。这些自由主义者中的宪政派以"司法独立"为口号,公开质疑党对社会主义司法事业的绝对领导地位,认为取消党的领导是"推进司法政治中立的基础性制度保障"②。用宪政鼓吹者的话说,自由主义竭力推动的中国宪政改革的目标就是"解构以致终结中国共产党的一党专制体制,再造共和,建设名副其实的宪政民主国家"。

(五)"公民社会"思潮:中国自由主义为社会建设虚构的神话世界

公民社会是资本主义自由市场经济作用的结果。从思想渊源、主要内涵、价值诉求等方面考量,"公民社会"思潮的自由主义属性尤为凸显。有学者解释道:"现代'公民社会'是一个强调自主、自治、多元且与资产阶级的人权、自由、平等、法治等密切相关的概念,在本质上是西方自由主义思想的理论抽象。"③公民社会所特有的公民政治参与的自主性、国家权力部门运作的制约性、社会组织运营的自治性、公共权力职能效用的分享性和社会治理理念的包容性等特征,无不流露出自由主义的思想观点。这就意味着,指导公民社会建设的"公民社会"思潮必然将个人主义、多元主义、市场原教旨主义等自由主义思想作为构建自身所遵循的根本原则,并一经产生便沦为维护资产阶级民主政治制度的意识形态附庸。当前国内"公民社会"思潮在意识形态领域跃跃欲试,其根源就在于国内外新自由主义企图借助公民社会建设来抽离我们党执政的社会基础和我国社会主义制度的民众根基。

"公民社会"思潮随着我国改革开放和市场经济的深入发展而兴起,其一踏上中国本土就成为国内自由主义者所推崇的政治信条。国内自由主义者相信,

---

① 张千帆:《中国宪政的路径与局限》,《法学》2011年第1期。
② 童之伟:《司法中立:改善党的领导的关键》,《炎黄春秋》2014年第9期。
③ 王炳权:《当代中国政治思潮研究》,中国社会科学出版社2014年版,第204页。

对处于全球化时代的中国来说,公民社会既是"制约政府公共权力""解决权威秩序与现代民主关系"的最佳途径,也是促进中国政治民主化进程所要遵循的基本理路。依据当前自由主义对中国现代民主发展程序的预设,今日中国自由市场经济的发展已为公民社会的建构奠定了坚实的物质基础,而如何在公民社会的基础上实现政治民主化则成为现时期中国政治体制改革的紧迫任务。由此,建设公民社会成为国内自由主义者的共同追求。他们一方面主张"公民社会就是社会发展的一个自然过程","不能将公民社会视为'陷阱'",希望通过"淡化意识形态""规制政府行为"等途径实现公民社会在中国的健康发展。另一方面,他们竭力借助公民社会来传播西方社会的民主政治、公民自治模式和契约文化,以此消解中国特色社会主义的道路自信、制度自信和文化自信。尤其是社会转型时期,国内自由主义者更是将社会自由空间的拓展和民众思想自由程度的提升视为公民社会成长的主要标志,并以此标榜公民社会是中国社会转型的正确方向。他们认为,"中国的社会转型实质上是传统社会向现代社会的转型,公民社会是转型的方向",而"寻找中国公民社会的生长路径,是中国向现代社会转型必须完成的任务"。① 另外,国内自由主义者还从社会制度出发分析中国社会转型存在的不足,认为"制度现代化的滞后"导致了中国公民社会发展缺乏内在动力,继而指出中国要发展公民社会就必须率先按照西方政治民主模式实现自身社会制度的现代化。可见,国内自由主义者所编造的"公民社会"神话有着明确的政治目的。

(六)西方新闻自由观:被中国自由主义劫持的"无冕之王"

新闻自由观作为一种社会思潮,滥觞于近代西方自由主义。就其实质而言,新闻自由观是对资本逻辑主导下的"西方中心论"的话语表达,资本逻辑的先在性决定了西方新闻自由无法避免的虚伪性、反动性和欺骗性。20世纪90年代以来,西方发达国家利用科技、文化、话语优势,从维护金融垄断资产阶级统治出发鼓吹新闻自由,使新闻媒体演变成为对外传播"普世价值"理念与实施"和平演变"战略的"马前卒"。发生在美英法等国的相关事件,如2009年美国严控"9·11"新闻报道事件、2011年英国"窃听丑闻"事件、2013年美国"棱镜门"事件、2015年法国"《查理周刊》"事件和美国"希拉里邮件门"事件等,正是西方主流媒体打着"新闻自由"的幌子,对内无限制地侵犯国人尊严、隐私,对外宣传报道第三世界国家时肆意歪曲事实、误导舆论,进而为垄断资本集团牟取利

---

① 贾西津:《转型成功依赖公民社会成长》,《炎黄春秋》2013年第6期。

益的鲜活证明。

通常情况下,西方新闻自由观在我国主要通过以下两种途径挑战着我国主流意识形态安全。一方面,西方主流媒体历来戴着有色眼镜看中国,连篇累牍式地对我国社会转型期间所出现的矛盾和问题进行失实、充满偏见的报道。比较明显的例子是,在对发生在中国境内的2008年西藏"3·14"、2009年新疆"7·5"两起恐怖主义事件进行报道时,某些西方主流媒体打着新自由主义的"自由""民主""人权"的旗号借机炒作,把暴徒打砸抢烧的暴行美化成"和平抗议示威",将警方依法维护社会治安的行为描绘成"武力镇压"。很明显,西方主流媒体这种张冠李戴、移花接木的报道旨在掀起反华舆论,以此遏制中国崛起。另一方面,中国自由主义盲目推崇西方新闻自由观,认为经过市场化洗礼的西方媒体彻底实现了新闻自由与客观中立。据此,国内个别自由主义者过度推崇新闻的"独立性",抨击党对新闻媒体的领导。有人甚至将党领导下的新闻自由狭隘地理解为党的新闻自由,以此割裂我国社会主义新闻事业和舆论宣传工作的党性与人民性的统一。国内自由主义者还认为:"社会主义国家的实践证明,即使无产阶级新闻自由,在实践中也都被置换为无产阶级政党及其所领导的组织的新闻自由。……无产阶级新闻自由被进一步置换为全党都要宣传党的高层意志甚至最高领导人的思想。"[①]在这些人看来,取消党管媒体是实现新闻自由的必要前提和首要保障。但应该看到,如若放弃了党对新闻媒体的领导,势必会为国内外敌对势力蚕食我国主流意识形态的新闻舆论阵地打开"潘多拉之盒",进而威胁我国主流意识形态安全。因而,要坚持用马克思主义新闻自由观武装自己,揭开罩在西方新闻自由观上不为人知的意识形态面纱,使人们真正走出对西方新闻自由观的迷思和幻想。

三、当前中国自由主义的六大错误论调[②]

改革开放以来,批判意识形态化的自由主义是我们党实现"两个巩固"目标和维护国家意识形态安全的重要议题。尤其是最近几年,党中央不断加大对自由主义的批判力度,在反对自由主义"去意识形态化""非意识形态化""意识形态多元化"等方面可谓态度坚决、措施果断,这在一定程度上消除和压缩了中国

---

① 孙旭培:《新闻自由在中国的命运》,《炎黄春秋》2013年第4期。
② 该部分主要内容已以《十八大以来国内新自由主义思潮主要错误论调辩驳》为题、竞辉第一作者/导师王岩教授第二作者的形式发表在《河南大学学报(社会科学版)》2017年第2期,特此说明。

自由主义的负面影响与生存空间。然而，在社会土壤已经生成和西方新自由主义强势渗透的宏观背景下，当前中国自由主义在某些领域表现异常活跃，错误论调也层出不穷，其试图左右我国社会舆论正确走向、影响党和政府经济社会政策科学制定、诱导走资本主义"歧路""邪路"的险恶用心未泯。

其一，社会主义核心价值观与西方"普世价值"对接论。自 2006 年党的十六届六中全会提出"建设社会主义核心价值体系"的战略任务以来，一方面国内主流思想理论界围绕社会主义核心价值体系建设，对如何进一步提炼社会主义核心价值观进行了深入研究；另一方面，国内自由主义者借机鼓吹西方"普世价值"，认为应全盘接受西方的自由、民主、宪政而无需再另搞一套核心价值。由此，国内关于有无普世价值之争进入公开化、炽热化阶段。即便 2012 年党的十八大从国家、社会和个人三个层面对社会主义核心价值观的具体内容作出了确认，宣扬"普世价值"的声音却并未就此停息。"普世价值"的吹鼓手们甚至以西方"普世价值"裁剪社会主义核心价值观，认为社会主义核心价值观就是对西方"普世价值"的肯定和对接。

为了兜销西方"普世价值"，国内自由主义者故意歪曲社会主义核心价值观的社会性质，将社会主义核心价值观中的"自由、平等、民主、公正、法治"等具体内容与西方带有强烈意识形态色彩的"普世价值"的某些理念相等同。在十八大闭幕不久，就有人撰文指出，党的十八大报告"第一次提出了鲜明肯定普世价值的社会主义核心价值观"，"原来引起激烈争论的普世价值，如自由、平等、公正、民主，等等，……是排除在外的，……这次……终于将普世价值列入了社会主义核心价值观范畴"[①]。该论者还将十八大报告中"肯定普世价值的社会主义核心价值观"视为新一届中央领导人的"新思维"之一。时至今日，还有个别自由主义者从"常识"与"主义"的角度论证中国全盘接受西方"普世价值"的必要性。对此，有人论证道："常识反映的是人类的共同价值，而'主义'则是对某一价值的突出强调和包装"，"无论'主义'多么深奥，它都不能违背常识"。接着该论者又从价值取向思维特点的视角指出："西方是常识性的价值取向……而中国的传统思维基本上是'主义'性的价值取向……"[②]很显然，按照该论者的逻辑推演下去，其结论就是作为我们党指导思想的马克思主义和作为引领中华民族伟大复兴旗帜的中国特色社会主义显然是"违背"了以"常识"反映出来的西方"普世价值"。显然，国内自由主义者的话外之音是社会主义核心价值观理应

---

① 周瑞金：《从历史视角看十八大》，《炎黄春秋》2013 年第 1 期。
② 蔡霞：《常识与"主义"：中西价值取向之争》，《炎黄春秋》2016 年第 7 期。

与西方以"常识"为代表的"普世价值"相对接。

其二,改革开放前后两个历史时期互否论。在如何看待和评价改革开放前后历史时期的问题上,目前来自国内非主流方面的评价就有两种截然相反的声音:一种是用改革开放前的历史否定改革开放后的历史,另一种是用改革开放后的历史否定改革开放前的历史。但需要指出的是,正确梳理和认知改革开放前后两个历史时期的辩证关系,并不仅仅是一个纯粹的理论学术问题,还是一个重大的现实政治问题。

这是因为,国内始终存在着一股自由主义势力,试图人为割裂改革开放前后之间的必然关联性,主观捏造两段历史的彼此对立,并借此反对社会主义制度和党的领导。比如用改革开放前的历史否定改革开放后的历史,以追问社会问题的方式表达对我国改革开放后社会发展的不满与愤怒,质疑改革开放以来的我国社会性质。此错误观点将当前中国经济社会发展中所出现的矛盾和问题(如贫富分化、消极腐败)完全归咎于改革开放,指责改革开放偏离了社会主义发展方向,认为中国已是资本主义社会。对此,有人分析说:"经验地看,我国同时存在三种类型的资本主义,即市场资本主义、权贵资本主义和国家资本主义。"① 而要改变中国向资本主义转向的被动局面,就必须摒弃改革开放以来的路线方针政策,重新回归改革开放前的发展道路。再如用改革开放后的历史否定改革开放前的历史,以反问改革滞后的方式表达对我国改革开放前社会实践的恐惧与控诉,无限放大社会主义建设初期所遭遇的挫折和失误。该错误观点对改革开放前我国社会建设所取得的巨大成就选择性失明,认为改革开放前的历史充斥着"政治运动"和"重重危机"。有人为了"重启改革议程"妖魔化改革开放前我国社会主义建设和发展的历史,说什么"1949年以后的多次政治运动和'大跃进'使普通工人、农民和知识分子受难","是一种'国将不国'的深重危机"。② 甚至某党校教授也与之附和,将建国初期的计划经济说成是"拍脑袋决策",认为前30年的社会主义建设无比笨拙,"结果老百姓的温饱都没有解决"。在这类人看来,要避免类似于改革开放前的"社会危机""政治灾难"和有效解决当前我国经济社会发展所面临的问题,就必须参照西方制度进行"全面改革"。

其三,市场决定性作用和更好发挥政府作用割裂论。2013年党的十八届三中全会通过的《中共中央关于全面深化改革若干重大问题的决定》作出了"使市场在资源配置中起决定性作用和更好发挥政府作用"的重大理论创新。这一理

---

① 郑永年:《重建中国社会》,东方出版社2016年版,第81页。
② 吴敬琏、马国川:《重启改革议程》,生活·读书·新知三联书店2013年版,第2页。

论创新将市场在资源配置中所起的"基础性作用"完善为"决定性作用",既表现出我们党对市场经济本质的内在把握和对市场驾驭能力的质性提升,也在国内舆论界再次掀起了关于政府与市场作用的争论高潮。在此次争论中,国内自由主义者片面理解甚至曲解中央文件精神,一味强调"使市场在资源配置中起决定性作用"而忽视"更好发挥政府作用",故意割裂市场与政府在资源配置过程中的协调互补。

实际上,自改革开放之日起,国内反对政府干预、取消国家调控的声音就一直存在,几乎所有自由主义者都对政府抱有警惕和防范心理。在他们看来,政府从属于市场且依附于市场而存在,其扮演的只是"守夜人"或"消防队"的角色,当且仅当市场完全失灵时政府方能介入经济活动。因而有人主张,凡是能交由市场的都应该交由市场来处理,除非市场失灵陷于危机时,否则政府都不应该干预经济。据此,有人认为,当前中国经济发展困难的重要原因就是政府主导经济社会发展且对经济活动干预过多,唯有限制政府权限建立"有限政府",让"市场任性",让"各种经济主体去充分竞争",才能促进经济发展。基于此,国内自由主义者视十八届三中全会为全面市场化的"宣言书",一度夸大和泛化市场决定性作用。有些人不仅片面强调"发挥市场决定性作用",把"主要由市场决定价格"篡改为"全部由市场决定价格",而且还主张将"市场决定资源配置"从经济领域扩展至社会、政治、文化甚至意识形态等领域。另外,国内自由主义者还专门从市场运行机制的角度论证党的领导与市场经济体制的不相适应性,认为党领导经济社会发展不仅完全背离了市场经济自由竞争的精神实质,而且还彻底违背了市场决定资源配置的市场经济的一般规律。所以,他们将我国社会主义市场经济污蔑为"党导型市场经济",进而提出反对政府干预、推进国企私有化改革的主张。

其四,宪政普适论。国内自由主义者认为,宪政理应像自由、民主、法治、市场经济等概念一样,成为社会主义法治国家的自觉选择。有人就曾将我国历次宪法修订视为"追求宪政理想、努力实行宪政"的表现,甚至认为"八二宪法奠定了中国实行宪政的基础"[①]。在国内自由主义者看来,无论是宪法的每一次修缮还是社会主义法治建设的每一次进步,都是向西方代议制民主的自觉靠拢和对西方宪政这一"普世价值"的自觉吸收。

十八大以来,围绕我们党所倡导的"中国梦""依宪治国,依宪执政""设立宪

---

① 童之伟:《八二宪法与宪政》,《炎黄春秋》2013年第12期。

法日""建立宪法宣誓制度"等治国目标与法治理念,国内鼓吹宪政普适论的自由主义者望文生义、混淆视听,或以西方宪政套解这些目标理念,或将这些目标理念与西方宪政混为一谈。在十八届四中全会召开前夕,有人从人类文明发展的高度论证宪政的重要性,指出"宪政是从野蛮走向文明、从奴役走向自由的一个重要标志","反宪政就是反文明"[①];还有人从"中国梦"引申出"宪政中国梦",说"'中国复兴梦'的核心即'宪政中国梦'",中国要始终"高举社会主义宪政旗帜",建设"宪政社会主义";也有人把"依宪治国视为宪政立国",认为"依宪治国,依宪执政"在形和义上"与知识界呼吁的'宪政'""都十分接近"。在十八届四中全会之后,更是有人随意曲解此次全会精神,认为我国"政治体制改革的目标,……就是建立宪政的政治体制"[②]。而为了扫除宪政改革的"障碍",国内自由主义者还故意抛出"党大还是法大"的伪命题,有意割裂党的领导与依法治国的内在关系。他们认为,既然宪法法律是在党的领导下制定和修改的,仿佛"党比法大";但党的活动又必须在宪法和法律框架下进行,似乎"法比党大"。于是,"党大还是法大"在国内个别自由主义者那里就成了有待解决的"难题""悬题"。但透过国内自由主义者在"党大"还是"法大"问题上纠缠不休的表面现象,不难发现其背后反对社会主义民主政治和推崇西方宪政民主的真实意图。

其五,无产阶级新闻自由违宪论。近些年,由于受西方各种错误社会思潮的侵袭和国内所谓"社会公知""网络大V"的蛊惑,越来越多的人开始推崇和追捧西方新闻自由,认为西方媒体实现了新闻自由和客观中立。于是乎有人效仿西方新闻自由,对我们党所领导的新闻事业和开展的新闻舆论工作,或含沙射影,或恶意诋毁。其中,国内自由主义者就主张新闻自由的去阶级性,并通过援引我国宪法中对公民言论、出版自由的规定来否定无产阶级新闻自由的存在,公开叫嚷"无产阶级新闻自由的说法是违宪的"。"无产阶级新闻自由违宪论"也成为国内自由主义者诋毁党的领导、反对社会主义的托词。

客观而言,由于传统文化框架内的自由多含"随心所欲、自由放任"之义,加之人们缺乏从法律层面认知自由确切内涵的习惯,人们在对新闻自由的理解上难免会出现偏差甚至失误。这不仅造成了新闻自由在中国命运多舛,而且也导致了当前超越新闻自由的非法新闻活动屡见不鲜。但某些别有用心之人却以

---

① 本刊编辑部:《冲破阻力,做全面改革的促进派——本刊新春联谊会发言摘要》,《炎黄春秋》2014年第4期。
② 周瑞金:《政治体制改革的共识、目标与路径选择》,《国家智库》2015年第2期。

此为据判断中国并不存在新闻自由，认为新闻自由在中国"披着非法的外衣"。这些持西方新闻自由观的人否定对新闻自由作阶级分析，他们一方面将马克思主义新闻观污蔑为"高度集权的新闻观念"，并宣传"公民言论自由与党性原则的悖论"在无产阶级政党领导的新闻舆论工作中随处可见；另一方面认为党领导新闻舆论工作的做法违背了新闻自由、媒体独立，新闻自由的党治而非法治正是当今中国社会出现"舆论禁锢与僵化"问题的根源所在。为了标榜西方新闻自由并向西方新闻自由靠拢，有人以革命党与执政党不能共享新闻自由为由质疑中国共产党民主革命时期新闻自由存在的合理性，认为早期共产党人的"报刊活动无法以新闻自由论之，只不过是借新闻自由之名罢了"。针对目前国内党和政府对新闻媒体的"钳制"和新闻信息的"垄断"，他们竭力主张实现报刊国家化、媒体市场化运作，并为中国实现新闻自由开出了自己的药方，即承认"普世价值"、摒弃对自由主义的误读是"新时期建设符合文明标准的新闻自由的第一步"[①]。可见，在这些主张"无产阶级新闻自由违宪论"的自由主义者眼里，中国要想实现新闻自由，就要以西方新闻自由为标准，就必须承认"普世价值"和接受自由主义理念。

其六，供给侧结构性改革是西方供给学派翻版论。自 2015 年 11 月习近平同志在中央经济工作会议上首次提出"推进供给侧结构性改革"以来，国内舆论界和思想界给予了高度关注，并从不同角度对之进行了解读。但在诸多解读中，不乏一些自由主义者依据西方供给学派的理论体系来套解供给侧结构性改革，认为供给侧结构性改革就是西方供给学派在当代中国的"现代版本"。这种新自由主义式的解说言论，极易造成对供给侧结构性改革的误读与误解，使指导我国经济社会发展的供给侧结构性改革新理论陷入西方话语陷阱，从而误导我国供给侧结构性改革的正确思路与经济社会发展的社会主义方向。

当然，国内自由主义者将供给侧结构性改革视为西方供给学派的翻版有着自身的一套界说，即供给侧结构性改革不仅在经济理论上完全承袭西方供给学派，而且在政策主张上直接奉行的是"撒切尔主义"和"里根经济学"。据此，有些人依据萨伊定律"供给会直接创造需求""购买力永远等于生产力"相关理论内容，曲解供给侧结构性改革改善供给结构、提高供给质量的目的，片面认为重视"供给侧"就是将供给作为促进我国未来经济增长的唯一源泉，以此割裂供给

---

① 孙旭培：《新闻自由在中国的命运》，《炎黄春秋》2013 年第 4 期。

与需求在拉动经济发展过程中的密切关联。还有人站在新自由主义立场上对当前供给侧结构性改革"去产能、去库存、去杠杆、降成本、补短板"的改革任务进行解读。比如,有观点认为,我国现时期产能过剩、库存剩余是国家干预过多、政府过于强大、市场资源配置决定性作用发挥不足的结果,尤其是国有企业,其本身既是产能过剩、库存剩余的受害者,同时也是造成产能过剩、库存剩余的根源所在。再如,有观点试图把中央去除"僵尸企业"的经济决策泛化运用,一方面主张将暂时性亏损企业当作"僵尸企业"简单化处理,另一方面,把国有企业或污名化为或等同于"僵尸企业",借此宣扬"国退民进"和国企私有化。也有人强调,供给侧结构性改革所主张的经济结构调整的改革重点,其实质就是进行完全市场化的体制改革,正是市场化改革的缺位才使得我国经济发展问题不断,而唯有进行完全市场化改革才是解决一切问题的不二法门。不过,供给侧结构性改革与西方供给学派存在着本质区别,国内自由主义者对供给侧结构性改革目的、任务和重点的种种误解、误读,显然有碍于供给侧结构性改革理论指导我国经济社会发展作用的发挥。

第五节 当代中国自由主义的意识形态危害①

在当代中国,与其他社会思潮相比,自由主义因其持续时间之久、影响范围之广、受众人群之多、危害程度之大而备受关注。随着全球化时代的到来和我国全面深化改革进程的深入,自由主义在国内学术与实践层面空前活跃,其价值诉求体现在我国社会主义现代化建设的各个方面,其经济领域的"三化政策"、政治领域的宪政民主、文化领域的"唯洋是举"、社会领域的"福利个人化"、价值观领域的"普世价值"、指导思想领域的多元化等理论主张,一度给我国意识形态建设带来诸多负面影响。

一、经济领域奉行"三化政策",削弱我国意识形态建设的经济基础

国内自由主义者企图用西方新自由主义经济学误导我国改革开放进程。一些经济学家公开反对马克思主义劳动价值论,而对新自由主义私有产权制、股份制顶礼膜拜,希望借助西方经济学理论改变我国社会主义经济关系。从整

---

① 该部分主要内容已以《新自由主义思潮意识形态危害论剖析》为题、竟辉独作的形式发表在《理论月刊》2017年第11期,特此说明。

体来看，国内自由主义者多以新自由主义绝对自由化、完全市场化和彻底私有化的理论来观照我国社会主义市场经济建设，鼓吹所谓自由至上论、市场万能论、私有制优越论，主张建立西方新自由主义式的市场经济制度，进而将中国纳入西方资本主义世界经济体系。

首先，作为个人主义自由至上价值观在经济领域的直接表现，绝对自由化的经济主张旨在论证经济自由对于提高经济效率和积累社会财富的绝对意义。从哈耶克"自由市场机制是最好的制度"到弗里德曼"自由竞争是资本主义社会理想的经济制度"，自由经济中的经营自由、贸易自由、竞争自由等市场原则得到了近乎完美的阐释。中国自由主义承袭了新自由主义经济绝对自由的思想，倡导市场机制的自由运行，反对国家对经济活动的任何干涉。"我国个别经济学人士曾大力倡导把政府职能压缩到提供市场环境和维护市场秩序上，要政府从一切经营性领域退出，从全部竞争性乃至垄断部门退出，并且竭力贬低和削弱国家计划在宏观调控中的作用。"① 其次，中国自由主义在渲染"绝对自由化"的背后是对市场化的迷恋和推崇。在国内自由主义者看来，市场经济才是唯一能够实现资源有效配置的运行方式，而计划经济则是一条"通往奴役之路"、一种"致命的自负"。新自由主义这种"市场原教旨主义"情结在中国自由主义者身上更为明显。中国自由主义者固守着新自由主义市场经济与计划经济绝对对立的思维定势，认为任何对经济活动进行宏观调控的行为都是向计划经济的复归。对他们而言，"市场是内在稳定的，而且可以自我平衡。它一般不需要干预。……市场在性质上不同于政府。自由的市场能够产生自发的秩序，市场不会强制人，效率和效益也都极高，且带来合作"②。另外，还有人将国家必要的宏观调控视为"强势政府"的表现，认为"各级政府日益强化的资源配置的权力和对经济活动的干预，强化了寻租活动的制度基础，使腐败迅速蔓延和贫富差别日益扩大，官民矛盾激化，甚至可能酝酿社会动荡"③。可见，国内自由主义者是市场万能论的忠实信奉者和积极倡导者。再者，中国自由主义围绕经济自由化和市场化所作的一切论述的最终旨趣是实现生产资料占有和分配关系的私有化。在新自由主义那里，私有制、私有产权是市场经济乃至社会发展的核心议题，市场经济只能建立在私有制基础之上；既然实行市场经济，也就应该实现生产资料公有制向私有制的转化。在中国自由主义的理论逻辑里，"私有制浇灌

---

① 张力化：《认清新自由主义本质 坚持马克思主义主流地位》，《当代经济研究》2010年第10期。
② 刘军宁：《共和·民主·宪政：自由主义思想研究》，上海三联书店1998年版，第398页。
③ 吴敬琏：《改革回归市场化才是正途》，《新经济导刊》2012年第3期。

培育了我们人类的文明,包括亚洲、美洲、欧洲的文明"①。国内自由主义者认为,私有制是促进中国经济发展和社会进步的"灵丹妙药"和"唯一选择"。他们竭力美化私有制,高喊"私有制万岁",甚至主张"中国的经济改革应该实现全面的私有化"和"建立以私有产权为基础的制度","一日不实行私有产权制度,就没有可能用市场价值作为衡量准则"。鉴于此,国内自由主义者抹黑我国市场经济的社会主义属性,模糊社会主义市场经济与资本主义市场经济的界限和区别;诋毁我国社会主义公有制,主张国有企业的"非国有化",加快"国退民进"改革步伐;曲解我国按劳分配制度,认为"按贡献分配"是市场经济条件下个人收入分配的最佳方式。

可见,当代中国自由主义的经济理论不过是新自由主义经济学的翻版而已。不能否认,中国自由主义的经济理论在深化人们对市场经济的认识、构建现代企业制度和促进企业主体不断创新等方面所起到的积极作用。但从社会主义现代化建设全程来说,中国自由主义企图以"绝对自由化"剥离经济计划的必要性,以"完全市场化"否决政府对经济活动进行宏观调控的合理性,以"全面私有化"抽掉社会主义基本经济制度内涵的科学性,势必会威胁公有制的主体地位,损害广大人民群众的根本利益,摧毁社会主义意识形态建设的经济基础。

二、政治领域推崇"宪政民主",诋毁我国意识形态建设的领导核心

建立宪政民主制度是中国自由主义的政治宗旨。"现代中国自由主义是以西方在立宪完成之后兴起的、旨在解决宪政制度之下的策略选择的理论及制度,来讨论中国的立宪问题,设计中国的宪政制度。"②在国内自由主义者看来,当前中国政府专制威权的统治形式已经使个人私有财产遭受严重侵犯,要彻底改变"权力捉弄财产"的现状,就必须实行西方宪政民主。他们把斗争矛头集中指向党的领导和人民民主专政,大肆宣扬"阶级调和论""政党多元论""直接民主论""党导立宪论",以宪政民主代替人民民主。对此,有论者指出:"历史证明,宪政民主政体是人类迄今为止所能找到的既保障自由,又提供相当程度平等的最不坏的体制。"③

中国自由主义鼓吹宪政民主的做法有:首先,主张按照西方宪政模式修订宪法。近年来,国内自由主义者要求"修宪"的呼声不绝于耳。他们对中国宪法

---

① 曹思源:《国企改革 绕不开的私有化》,知识产权出版社2003年版,第192页。
② 秋风:《嵌入文明:中国自由主义之省思》,江苏文艺出版社2014年版,第144页。
③ 徐友渔:《重读自由主义及其他》,河南大学出版社2008年版,第124页。

修订有着极强的乐观心态,主张将我国社会主义式的"革命宪法""改革宪法"修改为西方资本主义式的"宪政宪法"。为了给"修宪"运动营造舆论声势,有些人通过修宪研讨会等形式进行所谓的"宪政启蒙"和"宪政教育"。他们认为推进宪政已在民众中形成了"强大共识","民间修宪"也已成为全体中国人的"理性呼声"和"热烈愿望"。有人甚至还提出了"修宪双十建议",将共产党领导视为"一把悬在所有公民头上的达摩克利斯之剑",并要求在宪法中取消党的领导地位。然而,无论是推进宪政的共识还是"民间修宪"的呼声,中国自由主义在取消"专政"条款、取消"主体经济"与"非主体经济"划分、实行总统制等目标内容方面的设计,显然有悖于"四项基本原则"。其次,鼓吹选举民主或纯粹民主,认为西方宪政民主具有普适性。国内自由主义者认为,宪政民主对公私财产的保护和对个人民主权利的关注,使其成为中西自由主义者进行政治制度建构的理想选择。有论者指出:"区分宪政民主体制和市场经济条件下的国家干预和再分配与全能体制和国有制条件下的国家包办、控制,是十分必要的。历史经验证明,前一种情况没有产生可怕的结果,因为国家的权力受到监督和制衡,个人自由财产权受到宪法、法律和整个政治体制的保障。"① 其实,国内自由主义者所推崇的宪政民主无非就是西式民主选举过程中的"一人一票"。他们尤为崇拜和向往美国式民主,视美国民主为人类社会政治文明的发展的标准样式,并希望中国能够按照西方民主模式推行选举民主或纯粹民主。有些自由主义者鼓吹个人政治参与自由,主张以全民民主和直接民主推进中国民主化进程。他们罔顾美国民主选举过程中政治献金的客观事实,也看不到"一人一票"的背后是"一钱一票",由此掉进了西式民主话语的语义陷阱。再者,倡导多党制,从根本上改造中国政治制度。国内自由主义者将中国现实社会中所出现的一系列问题归咎于中国共产党一党执政,主张政治多元化,要求学习西方多党制而与社会主义"一党专政"彻底决裂。他们将西方某些按照宪政方案建设民主社会主义的国家视为未来中国的前途。曾有人将瑞典视为中国发展的楷模,认为"在民主宪政框架内,瑞典社民党依靠自己政策的正确,代表了广大人民的利益,得以连选连任、长期执政的经验;……为我们在改革开放中坚持社会主义方向,走民主社会主义道路,提供了成功的范例"②。为此,他们质疑中共执政的合法性,给党和政府施压允许政治反对派和反对党的合法存在,进而否定和取消共产党的领导。

---

① 徐友渔:《重读自由主义及其他》,河南大学出版社2008年版,第122—123页。
② 谢韬:《民主社会主义模式与中国前途》,《炎黄春秋》2007年第2期。

然而,"完整的自由宪政制度形成于西方,而不是在中国的传统中自然地生发出来的,中国自身的历史并没有演进出可有效运转的、相对完整的自由宪政制度"①。这就意味着,中国自由主义为了实现宪政改革的目的,就必须借助西方宪政民主制度来重塑中国政治文明。也不难看出,中国自由主义所标榜的宪政民主的实质就是要在政治上全盘西化。"中国的顽固派所说的宪政,就是外国的旧式的资产阶级的民主政治。他们口里说要这种宪政,并不是真正要这种宪政,而是借此欺骗人民。"②可见,国内自由主义者所倡导的宪政民主已不再是一个单纯的学术论题,而是一个不折不扣的政治问题。作为西方国家政治制度的基本架构,宪政民主服务于资产阶级专政的需要,它以表面上的自由民主掩盖实质上的资产阶级专政,在根本上区别于我国社会主义人民民主制度。

三、文化领域盲目"唯洋是举",冲击我国意识形态建设的文化自信

当代中国自由主义在文化领域妄自菲薄,对中华民族五千余年文明史视而不见,散布"文化落后论""文明窒息论"等怪论、谬论,不但造成了人们思想上的极度混乱,而且严重阻碍了弘扬优秀传统文化和建设社会主义先进文化的进程,同时也对增强社会主义文化自信产生了不利影响。由于缺乏相应的文化自信,国内自由主义者"言必称西方""言必称美国"背后折射出的是其食洋不化的通病。在现实生活中,他们作为倡导西方大众文化、消费文化的"急先锋"积极配合着国际上的反华势力,企图在文化理念和文化信仰上架空中华民族和中国人民赖以生存的精神支柱。

首先,文化领域的"唯洋是举"意味着对中华民族传统文化的拒斥和否定。一是,丧失了民族文化应有的自信。从 20 世纪 80 年代末《河殇》所演绎的蓝色文明完胜黄色文明到今天主张全面接轨西方文明,中国自由主义的一贯态度是贬斥中华文明、赞扬西方文化。有些自由主义者全盘否定民族文化,认为中华传统文化充斥着糟粕。在他们看来,中华文化是一种奴性文化,无论是传统儒学、道学还是传统法学、佛学,到处充斥着压抑个性和毁灭人性的文化因子。所以,他们污蔑中华民族传统文化是一种"牢狱文化",认为"这种文化的特点就是没有私人生活空间,使人的生存方式就像牢狱。每一个人的私人生活空间都非常狭小,因为每一个人都生活在各种围墙之中,都生活在密集的监视之下"③。

---

① 秋风:《嵌入文明:中国自由主义之省思》,江苏文艺出版社 2014 年版,第 252 页。
② 《毛泽东选集》第 2 卷,人民出版社 1991 年版,第 732 页。
③ 李泽厚、刘再复:《告别革命》,香港天地图书有限公司 1995 年版,第 99 页。

二是诋毁传统文化中的爱国主义精神。国内自由主义者认为,一个专制的国度和野蛮的民族不可能形成爱国主义精神。他们把五四运动以来高举的爱国主义旗帜称之为"狂热的民族主义",主张有条件的爱国。"爱国的前提是通过像共和、宪政、民主这样的政治制度设施使国家真正成为属于每个公民的'公器'。没有体现'公器'的新制度,就不可能有真正的'爱国'和政治的统一。……那种'把党放在国家上面'的做法,如何能养成'公忠'?"①即是说,中国只有建立西方国家"共和、宪政、民主"的政治制度,才能养成国家的"公忠",也才能形成自身的爱国主义精神。三是推崇西方殖民文化。个别自由主义者认为,中国百年来的反帝反封建斗争阻碍、延缓了中国实现现代化的步伐,要求借助西方列强再殖民中国的方式来实现中国社会的真正变革。有人近乎疯狂地说,"殖民化在世界范围内推动了现代化进程","香港一百年殖民地变成今天这样,中国那么大,当然需要三百年殖民地,才会变成今天香港这样,三百年够不够,我还有怀疑"。这种殖民文化心态,无疑为西方敌对势力"和平演变"中国起到了推波助澜的作用。其次,文化领域的"唯洋是举"同样意味着在国内某些领域西化倾向愈演愈烈。比如在国内某些高校、科研院所和管理机构,以西方学术标准来评判我国学术研究尤其是哲学社会科学研究的现象尤为突出。一些高校在学术管理评价体系、职位晋升和人才引进等方面唯洋刊是瞻、唯留洋是瞻,以在国外期刊发表文章和出国留学作为各项考核与申请资助的重要依据。这种评价导向,不仅严重挫败了高校教师和相关科研人员学术研究的积极性,造成了学术评价上的"崇洋媚外"和中国学术话语权和影响力甚微,而且导致了马克思主义在学科中"失踪"、教材中"失踪"、论坛上"失声",威胁着我国意识形态安全。与此同时,在改革开放和全球化的大背景下,以美国为首的西方反华势力积极在西方高校或科研机构培育反共、反社会主义人员。这些人员中既包括留洋海外的中国学人、久居国外的华裔,也有西方资产阶级的御用学者。他们往往以大学教授、国际专家、慈善人士等身份作掩护,通过文化交流、学术讲座等方式传播西方价值观念,成为对中国进行意识形态渗透的重要推手。

中国自由主义"唯洋是举"文化心态的形成,既与缺乏应有的民族文化自信有关,也与西方国家操纵和绑架中国整个理论研究的恶劣行径相联。在现实中,中国自由主义者所力主的中西交流、思想包容,与西方国家所倡导的全球化、国际化话语遥相呼应,旨在诱使中国在学术研究和文化发展方面服从于资

---

① 刘军宁:《北大传统与近代中国:自由主义的先声》,中国人事出版社1998年版,第423页。

本主义世界制定的"国际标准"。为了克服中国自由主义"唯洋是举"的文化心态和应对西方敌对势力思想文化方面的侵袭,我们要立足中国发展实际,对传统文化进行创造性转化和创新性发展,在坚持文化自信的过程中展示中华文化的独特魅力,进而构建体现中国特色、具有中国风格、彰显中国气派的社会主义先进文化。

四、社会领域强调"福利个人化",恶化我国意识形态建设的社会环境

新自由主义认为,作为一种人为的制度设计,福利国家是政府依据公共权力进行"分配正义"和实施福利政策的结果,它不仅严重侵害了个人自由,而且还妨碍了经济的正常发展。当代中国自由主义沿袭了新自由主义反对福利国家的思维模式,为私人(外资)资本和国内"既得利益集团"代言,希望通过削减政府福利开支和削弱工会力量,在最大限度上减少企业的税收与社会责任。国内自由主义者无视社会保障和福利的公共性质,认为靠市场这只"无为之手"就能够"让财富更多地流向百姓,以最大化社会经济福利"[1]。中国自由主义"福利个人化"的实质在于,把理应由政府承担的拨付资金和提供服务的计划职能变相地转变成市场职能,使个人而不是国家来负担社会福利所需要的资金。

为了推动福利个人化,国内自由主义者强烈反对由政府主导建立的社会保障体系与社会福利制度,却希望借助市场的力量介入社会公共服务领域,进而使社会保障和社会福利市场化、私人化。尤其是在与基本民生紧密相关的公共住房补助、教育经费预算、医疗卫生救济等公共服务领域,中国自由主义"福利个人化"倾向更为凸显。首先,要求取消国家各项社会保障和福利政策。国内自由主义者对党和政府主导制定并实施的收入分配与社会保障制度百般阻挠,认为政府进行收入再分配和提供民生保障既是对私人产权的践踏和自由市场的破坏,也是对人们工作积极性的打击。基于这种认识,有人质疑中国社会福利和保障制度:"中国是否应健全福利与社会保障制度?我建议取消所谓的养老保险失业保险工伤保险等等福利,目的是保持大家的工作热情和能力。"其次,漠视广大人民群众的基本生活,默认甚至吹捧贫富差距。中国自由主义"福利个人化"倾向与其所代表的阶级立场和经济利益紧密相关。与普通民众相比,国内自由主义者在中国改革开放进程中所获得的经济收益更多更大。而为

---

[1] 田国强:《中国经济发展中的深层次问题》,《学术月刊》2011年第3期。

了维护既有巨额财产的合法性与合理性,有些人恬不知耻地抛出贫富差距大小与社会和谐进步程度高低成正比的谬论,认为"中国的贫富差距还不够大,只有拉大差距,社会才能进步,和谐社会才能有希望";"为了达到改革的目标,必须牺牲一代人,这一代人就是3000万老工人。8亿多农民和下岗工人是中国巨大的财富,没有他们的辛苦哪有少数人的享乐,他们的存在和维持现在的状态是很有必要的"。国内自由主义者的此番言论表明,其所倡导的福利个人化政策的最终受益者是既得利益集团,而不是广大人民群众。另外,他们对广大人民群众也心存芥蒂,认为少数富人才是推动中国社会进步的"中坚力量",而绝大多数的穷人则破坏着中国的改革进程。对此,个别自由主义者指出:"改革在中国造就了占总人口5%左右的富人,他们是中国的中坚力量,而另外的95%中的很大部分,则因为信仰毛泽东思想,具有很大的破坏性。"再者,主张在涉及社会保障和福利的公共服务领域全面引入市场机制。国内自由主义者不但不把房价高、上学贵、看病难、养老难等民生难题归咎于住房、教育、医疗和社保等领域所进行的市场化、私有化改革,反而认为是市场化、私有化不彻底导致了以上民生问题。其中,有人甚至无知地发表一些令人啼笑皆非的言论,认为房价之所以居高不下是因为老百姓手中太有钱,是老百姓"疯狂购房"抬高了市场的房价。凡此种种,中国自由主义反人民的立场可谓是显露无遗,其"福利个人化"主张只是其巩固和维护自身既得利益的噱头而已。

揭穿、认清中国自由主义在社会建设领域鼓吹"福利个人化"的真实目的和现实危害,是自觉遵循共同富裕原则的客观需要。"社会主义的目的就是要全国人民共同富裕,不是两极分化。如果我们的政策导致两极分化,我们就失败了;如果产生了什么新的资产阶级,那我们就真是走了邪路了。"[①]所以,党和政府健全完善社会保障和福利制度,就是要在坚持走共同富裕道路上使广大人民群众获得更多幸福感。但也要认识到,我国社会保障和福利水平低、覆盖面窄、受益不公平的现象依然严峻,社会群体性事件频发问题突出,无不与目前我国公共住房、医疗卫生、文化教育等民生事业相对滞后有关联。因而,党和政府更要加大力度健全完善我国社会保障与福利制度,排除中国自由主义"福利个人化"主张的干扰,在关注民生、改善民生中带领全国各族人民全面建成小康社会。

---

① 《邓小平文选》第3卷,人民出版社1993年版,第110—111页。

五、价值观领域宣扬"普世价值",消解我国意识形态建设的价值认同

国内自由主义者"唯洋是举"的文化心态使其对西方价值理念充满崇拜。他们认为,自由、民主、法治、人权不是资本主义的"专利",而是由人类社会共享的文明成果,理应成为世界各国共同追求的价值。"正如在经济领域有些东西既不姓社也不姓资,而是生产力发展的客观规律要求和规律体现一样,在政治领域也有些东西既不姓社也不姓资,而是人类政治生活发展的客观规律要求与规律体现。"①照此推理,代表西方资本主义国家政治文明的自由、民主、法治、人权等概念范畴就是人类社会政治生活的规律体现,因而也是世界各国进行政治文明建设所必须遵循的价值理念。所以,在信奉和宣扬西方"普世价值"的自由主义分子看来,中国改革开放所取得的一切成果都是承认、接受并确立"普世价值"的功劳,任何批判、否定"普世价值"的言论或行为都是逆时代潮流而动。

首先,承认"普世价值"的存在。国内自由主义者普遍认为,"当代中国命题应该是'秉承普世价值,开创中国道路'"②。他们一方面从近现代资本主义发展历史的角度论证"普世价值"的客观存在。对于西方"普世价值"的这种客观存在性与普遍适应性,有人解释说:"普世价值指的是欧美思想史上为启蒙理性所倡导的个体自由、独立、平等、民主、人权以及与之相联的科学、进步等观念,认为它们有世界性的价值,可以普遍适用。"③另一方面,也有人从中国传统文化抑或马克思主义的角度认同普世价值的存在。不过与西方"普世价值"不同的是,这类论者或试图将中华民族传统文化中的某种普世性追求或某些超越性理念(如仁爱、尚德等)视为普世价值,或尝试从马克思主义经典作家文本中寻找支持普世价值存在的证据。为此,国内自由主义者要求中国传统文化与西方"普世价值"对接和交融。"我们要挖掘我们历史遗产中的积极因素,抛弃那些与普世价值相背离的东西,瞄准由人类文明的普世价值所确认的基本社会经济制度迈开前进步伐,坚决地将中华民族融入到世界文明的主流中去。"④不仅如此,还有人从改革开放的角度阐明"普世价值"之于我国现代化建设的现实意义,认为"中国实行改革开放,……必须融入人类文明主流,民主、科学和法治,承认普世

---

① 蔡霞:《解放思想最需要什么?》,《党政论坛(干部文摘)》2008年第5期。
② 秦晓:《秉承普世价值 开创中国道路》,《社会观察》2010年第9期。
③ 李泽厚:《从"两德论"谈普世价值与中国模式》,《东吴学术》2011年第4期。
④ 党国英:《立足民族特色拥抱普世价值》,《南方周末》2007年10月25日。

价值,同世界文明接轨"①。其次,主张接受"普世价值"。中国自由主义认为,"普世价值"造就了西方现代文明,也必然能够促进未来人类社会的文明进步,所以"普世价值应予肯定"。有人指出:"普世价值既是一定社会历史发展时期的产物,随着全球经济一体化,将无可避免地在全世界各地区传布开来,它们将指引人们走向更为繁荣、富裕和幸福的生活,任何宗教、文化或传统观念都难以阻挡。"②所以,中国不应以维护民族特色为理由,也不该为多元文化找借口来抗拒西方的自由、民主、法治、人权等核心价值,中国没有必要走到"否定普世价值,否定宪政"的"另一个极端"。相反,在全球化时代,"任何国家和地区的现代化成败的关键都与是否接受这些普世性的核心价值息息相关"③。再者,认为中国正在确立并践行"普世价值"。长期以来,国内自由主义者把中国化的马克思主义污蔑为另类的普世价值,借此来缓和"普世价值"与马克思主义之间的对立与冲突。他们认为,思想解放和理论创新就是要确立"普世价值","无论是经济、政治还是社会、文化的理论创新,我们都必须以普世价值为尺度"④。正因如此,他们将现时期我们党培育与践行社会主义核心价值观等同于确立普世价值,认为中国改革开放的进程就是一个不断确立和实践普世价值的过程。有些人认为,在改革开放过程中,"中国已重新逐步融入世界文明,人权、法治、公平、正义、自由、平等、博爱等普世价值日渐成为我们文明中的核心价值"⑤。

国内自由主义者承认、接受并主张确立践行"普世价值"有着其鲜明的政治目的。他们不但有意或无意忽略西方"普世价值"哲学基础的二元对立,而且无视"普世价值"给其他国家带来的灾难困苦。改革开放以来,国内某些自由主义分子甘愿充当西方发达资本主义国家对我国意识形态渗透的马前卒,以西方"普世价值"为标准妄加指责中国特色社会主义实践,要求按照"普世价值"改造我国的政党制度和价值体系,极大地消解了人民群众对我国主流意识形态建设的价值认同。

---

① 李锐:《李昌和"一二·九"那代人》,《炎黄春秋》2008年第4期。
② 李泽厚:《从"两德论"谈普世价值与中国模式》,《东吴学术》2011年第4期。
③ 袁伟时:《中西文化论争终结的内涵和意义》,《炎黄春秋》2005年第2期。
④ 赵炎潮:《解放思想需要勇气决心献身精神——南方周末解放思想论坛点集纳》,《南方周末》2008年3月27日。
⑤ 袁绪程:《中国改革开放30年回顾与展望》,《改革内参》2008年第12期。

六、指导思想领域主张异质多元化,争夺我国意识形态建设的话语权

敌视、仇视马克思主义和社会主义制度是中西自由主义的一贯立场。早在20世纪八九十年代,就有少数国内自由主义分子鼓吹指导思想和意识形态的多元化。进入21世纪以来,一些自由主义者又公开叫嚷用自由主义取代马克思主义在意识形态领域的指导地位。他们认为,马克思主义严重束缚了人们的自由、钳制了人们的思想,将马克思主义的"一元主导"地位污蔑为"垄断主义"或"集权主义"。因此,他们主张意识形态领域的异质多元化,放松对代表不同观点和思想的意识形态的控制,进而实现各种意识形态之间的"自由竞争"。

首先,从唯心史观出发,否认意识形态本身所固有的阶级性,宣扬"意识形态多元化"。自人类进入阶级社会以来,任何占主导地位的意识形态都是统治阶级思想意识的体现,也都具有鲜明的阶级属性。马克思主义唯物史观从物质生产与精神生产关系的角度,科学论证了阶级社会占主导地位思想的阶级性。马克思、恩格斯曾在《德意志意识形态》中指出:"统治阶级的思想在每一时代都是占统治地位的思想。这就是说,一个阶级是社会上占统治地位的物质力量,同时也是社会上占统治地位的精神力量。"[1]然而,中国自由主义在否决意识形态阶级性方面与西方新自由主义可谓是一脉相承。西方新自由主义将资产阶级的自由、民主、法治冠以超阶级的"人类意识""普世的价值",并利用各种方式和手段对外传播这些阶级色彩浓厚的意识形态观念。国内自由主义者有意回避意识形态的阶级性,要求实行意识形态多元化,主张用代表资产阶级利益的新自由主义改造中国社会。其次,要求我国人文社会科学"去意识形态化"。国内自由主义者要求在涉及维护和巩固马克思主义指导地位的人文社会科学领域"去意识形态化"。他们的论证逻辑是,人文社会科学是客观"科学"而非主观意识形态,为保证人文社会科学研究的客观性、真实性和科学性,就必须实现人文社会科学的"去意识形态化"。然而,中国自由主义这种否定人文社会科学意识形态性,将人文社会科学的客观性、科学性、真理性同其意识形态性尖锐对立起来的做法,没有相应的理论依据,而价值导向、服务对象的缺失会导致人文社会科学发展缓慢。再者,强调取消马克思主义指导地位是实现意识形态多元化的根本前提。为了取消马克思主义在我国意识形态领域的指导地位,国内自由

---

[1]《马克思恩格斯选集》第1卷,人民出版社2012年版,第178页。

主义者抛出"马克思主义危害论",认为"在对中国民生有影响的理论中,马克思的为祸最深";杜撰"马克思主义西学论",视马克思主义为"外来的异族文化",人为割裂马克思主义与中华文明相通之处;锻造"马克思主义儒化论",认为"复兴儒学是中国大陆当前最大的问题"……还有人主张"摒弃'主义'思维","少讲主义,多谈问题",以所谓的"主义不能背离'常识'"消解人们对主流意识形态的认同。值得注意的是,当前国内自由主义者还以发展马克思主义之名而行反马克思主义之实,篡改、歪曲、肢解、裁剪、伪造马克思主义是其惯用伎俩。他们或是将马克思关于"劳动不是一切财富的源泉"篡改为劳动不是价值的源泉;或是将马克思关于"生产力是推动社会发展的决定力量"歪曲为"生产力是推动社会发展的唯一力量"……这些荒谬言论和错误做法对马克思主义形成了围攻态势,同时也给人们造成极大的思想混乱。

从国内外发展经验和实践看,在阶级社会里,意识形态多元化存在着极大的理论误区和潜在的现实危害。尤其是在资本主义世界一家独大的背景下,中国自由主义主张意识形态多元化,其根本指向就是以资产阶级意识形态取代社会主义意识形态,用新自由主义替代马克思主义。改革开放40多年来,正是在马克思主义的指导下我们取得了举世瞩目的发展成就。我国社会主义革命、建设和改革实践一再证明,马克思主义的科学内涵不容置疑,马克思主义的指导地位不容撼动。无论是对于社会主义国家还是对于资本主义国家,都"不能没有马克思,没有马克思,没有对马克思的记忆,没有马克思的遗传,也就没有将来;无论如何得有个马克思,得有他的才华,至少得有他的某种精神"①。所以,我们不仅要坚决反对自由主义意识形态多元化主张,还要在推进马克思主义中国化时代化大众化的过程中,发展21世纪中国的马克思主义,不断巩固马克思主义在意识形态领域的指导地位,不断巩固全党全国各族人民团结奋斗的思想基础。

第六节 中国自由主义批判与我国意识形态建设

在党的诸多工作中,意识形态工作是一项极端重要的工作,占据着十分重要的位置。对此,习近平同志解释说:"能否做好意识形态工作,事关党的前途

---

① [法]雅克·德里达:《马克思的幽灵:债务国家、哀悼活动和新国际》,何一译,中国人民大学出版社2008年版,第147页。

命运,事关国家长治久安,事关民族凝聚力和向心力。"①然而,自改革开放以来,我国意识形态领域始终面临着"树欲静而风不止"的现实境况。一方面,西方发达国家利用科技、文化、传媒等优势不断加强对我国意识形态领域的渗透;另一方面,国内各种社会思潮暗流涌动,对我国主流意识形态形成围攻态势。仅就后者而言,中国自由主义作为诸多社会思潮之一,因其受众人数之多、影响范围之广、危害程度之深,一度威胁、阻滞着我国主流意识形态建设。鉴于此,加强主流意识形态建设、维护国家意识形态安全,必须对中国自由主义进行全面批判。基于中国自由主义意识形态危害的辐射面几乎涉及我国现代化建设的各个领域,所以要真正提高我国主流意识形态的抵御能力,有必要从夯实经济基础、锻造领导核心、坚定文化自信、优化社会环境、增强价值认同和确保正确方向等六个方面出发,不断压缩中国自由主义的生存与发展空间,进而全方位构筑我国意识形态建设的安全屏障。

一、紧扣经济建设中心,夯实我国意识形态建设的经济基础

首先,解放和发展生产力是巩固我国主流意识形态建设经济基础的根本前提。生产力的发展是一切社会进步的先决条件。围绕经济建设这个中心,经过40多年的改革发展,我国经济总量已位居世界第二,人民生活普遍得到改善。但与发达国家相比,我国生产力发展水平、人均收入水平依然处于低阶位,经济基础薄弱的现状尚未得到根本性改观。党的十八大所提出的"三个没有变"国情,既是对上述情况的真实写照,也是对不断解放和发展社会生产力、继续巩固我国经济基础的再次确证。从生产力与生产关系的视角对意识形态进行考量,如若没有社会主义社会生产力的解放与发展,社会主义国家建设势必会缺乏经济基础和物质基础,其后果就是社会主义制度的生命力和优越性无法显现,社会主义意识形态的吸引力、感召力、凝聚力无法提高。所以邓小平一再强调,"社会主义阶段的最根本任务就是发展生产力,社会主义的优越性归根到底要体现在它的生产力比资本主义发展得更快一些、更高一些"②。与资本主义社会私人占有生产资料的生产关系对生产力的钳制、破坏不同,社会主义社会以公有制为实现形式的生产关系整体上适应、促进了生产力的发展要求。这就表明,社会主义意识形态相对于资本主义意识形态的优越性,也要通过生产力更

---

① 《习近平关于全面建成小康社会论述摘编》,中央文献出版社2016年版,第103页。
② 《邓小平文选》第3卷,人民出版社1993年版,第63页。

快、更高的发展表现出来。鉴于此,在我国社会主义初级阶段,一方面要做到经济建设的中心地位不容动摇,解放和发展生产力的根本任务不容推诿;另一方面,还要揭露中外自由主义诱导我国改革开放走资本主义邪路、破坏社会主义生产力的不轨企图。我们必须牢记:"只要国内外大势没有发生根本变化,坚持以经济建设为中心就不能也不应该改变。这是坚持党的基本路线100年不动摇的根本要求,也是解决当代中国一切问题的根本要求。"①就当前维护国家意识形态安全需要而言,唯有不断促进社会主义生产力解放和发展,不断提升我国综合国力和国际竞争力,才能在夯实经济基础和物质基础的同时真正赢得我国主流意识形态建设的真正优势。

其次,坚持公有制主体地位是巩固我国主流意识形态建设经济基础的重要保障。在社会主义初级阶段,我国基本经济制度的主要内容是坚持公有制为主体和促进多种所有制经济共同发展。正是在这一基本经济制度下,生产资料的全民占有、生产过程的人际和谐、生产成果的共同享有才成为可能。这是因为,公有制主体地位的确立,既体现了社会主义政权的人民性质,也凸显了我们党全心全意为人民服务的宗旨意识,同时又为社会主义意识形态建设提供必要的经济基础。正是在此意义上,坚持公有制主体地位是社会主义的本质规定性,公有制经济也就顺其自然地成了社会主义意识形态赖以生存的物质基础。随着我国所有制结构的调整和公有制经济与非公有制经济比重的变化,"如何更好体现和坚持公有制主体地位,进一步探索基本经济制度有效实现形式,是摆在我们面前的一个重大课题。"②反观国内鼓吹私有制优越论、市场万能论的自由主义者,他们希望通过绝对私有化、完全市场化的改革来彻底改变我国以生产资料公有制为基础的社会主义生产关系,以私有制替代公有制的主体地位,进而取缔社会主义国家政权赖以建立的经济基础。为此,他们要求确立私有制经济在我国经济基础中的主体地位,借此达到破坏我国意识形态安全的目的。比如,在市场经济与社会主义制度关系方面,他们认为市场经济与社会主义不可兼容,中国实行市场经济就必须建立在私有制基础上排斥国家宏观调控;在生产资料所有制方面,他们认为市场经济只能以"非国有经济"作为基础,将中央"允许更多国有经济和其他所有制经济发展成为混合所有制经济"的经济改革举措曲解为推行私有化的手段,认为发展混合所有制经济就是利用私有制经济控制、支配我国社会主义公有制经济。面对国内自由主义者对我国公有制的

---

① 《习近平谈治国理政》第1卷,外文出版社2018年版,第153页。
② 《习近平谈治国理政》第1卷,外文出版社2018年版,第78页。

种种诘难和对我国主流意识形态建设经济基础的不断消解,我们需要进一步完善我国的基本经济制度,从维护公有制经济在国民经济中的主体地位出发,不断提高国有经济在我国国民经济中的主导地位,以量的增加与质的提升促进我国公有制经济持续、健康发展,从根本上夯实我国主流意识形态建设经济基础。

再者,明确市场化改革方向是夯实我国主流意识形态建设经济基础的强大动力。马克思主义唯物史观认为:"人们在自己生活的社会生产中发生一定的、必然的、不以他们的意志为转移的关系,即同他们的物质生产力的一定发展阶段相适合的生产关系。这些生产关系的总和构成社会的经济结构,即有法律的和政治的上层建筑竖立其上并有一定的社会意识形式与之相适应的现实基础。"[①]就此不难看出,经济体制改革对包括意识形态、思想文化等其他体制方面的改革起着牵引作用。改革开放以来,我们党紧扣经济建设中心,充分发挥市场在资源配置中的决定性作用和更好地发挥政府的宏观调控作用,一方面在理论与实践创新中着力于健全和完善社会主义市场经济体制,另一方面摆脱了传统社会主义发展模式的局限,促进了我国社会生产力的快速发展和人民生活的普遍改善。其中,坚持社会主义市场经济改革方向就是我国经济体制改革所取得的一条重要经验。正是在市场化改革方向指引下,社会主义市场经济体制才得以逐步确立,全方位对外开放格局才渐次展开,经济发展才实现历史性飞跃……当然,市场化改革更为我国主流意识形态建设提供了雄厚的物质基础。不过也应该看到,我国市场经济体制不尽完善、市场化水平较低的一面,如市场发育不甚充分,市场体系尚不健全,政府与市场边界依然模糊,等等。另外,市场化改革在增强人们自由、竞争、独立、平等、法治等意识的同时,也滋生出极端个人主义、享乐主义、消费主义等腐朽价值观,并冲击着我国主流意识形态建设。基于此,国内某些自由主义者将我们党发展市场经济的政策主张作为其推行全面市场化改革的理论依据,却无视市场经济的社会主义性质及市场经济的负面影响,企图诱导我国经济体制改革沿着资本主义方向进行。虽然我们党一再强调要发挥经济体制改革的牵引作用,使各方面改革协调推进、形成合力,但我国经济体制市场化改革不是对社会主义制度的改弦易张,它有着自己的方向、立场和原则。尤其是在涉及经济建设与意识形态建设关系方面,市场化改革要始终坚守政治底线、增强政治定力,以防我国改革事业在方向性问题上出现颠覆性错误。正如习近平同志所强调的那样,对于我国市场化改革,"问题的

---

① 《马克思恩格斯选集》第2卷,人民出版社2012年版,第2页。

实质是改什么、不改什么,有些不能改的,再过多长时间也是不改"①。

二、坚持全面从严治党,锻造我国意识形态建设的领导核心

首先,持续推进"六大建设",提升党领导意识形态建设的亲和力。党的建设的具体内容涵括政治建设、思想建设、组织建设、作风建设、制度建设和反腐倡廉建设,这六个方面构成了党提高执政能力和执政水平、永葆先进性和纯洁性的重要依托。从加强党对意识形态建设领导的角度而言,全面从严治党,就是要以"六大建设"为抓手,不断扩大我们党领导意识形态建设的影响力与亲和力。其中,政治建设决定党的建设方向和效果,能够维护党中央权威,从而确保党对意识形态工作的集中统一领导;思想建设有利于全体党员牢固树立中国特色社会主义共同理想和共产主义远大信仰,通过党员引领示范作用的发挥进而筑牢人们坚守马克思主义意识形态的思想阵地;组织建设有助于全党按照民主集中制原则把意识形态建设作为一项政治任务抓严抓实,确保党组织的意识形态工作上下联通;作风建设旨在通过密切党同人民群众的血肉联系增强人们对社会主义意识形态的认同;制度建设通过提供相应的体制机制保障,促进我国意识形态建设的规范化和常态化;反腐倡廉建设旨在通过弘扬清风正气和建设服务型政党与服务型政府,明确马克思主义执政党在开展意识形态建设过程中要坚持以人民为中心的工作导向。可见,党的"六大建设"在向人们塑造一个亲民爱民为民的无产阶级执政党形象的同时,也内在地流露出社会主义意识形态的真理魅力和实践活力。十八大以来,以习近平同志为核心的党中央在保持高压反腐态势的同时,相继在党内党外开展了群众路线教育实践活动、"三严三实"教育活动、"两学一做"学习教育活动。这一系列管党治党举措无一列外地都与巩固马克思主义在意识形态领域的指导地位有着千丝万缕的联系。究其精神实质而言,社会主义意识形态是党性和人民性有机统一的观念载体,人民群众才是推动我国意识形态建设的主体,唯有以党心赢得民心、以党魂凝聚民魂,我们党才能有序开展意识形态建设工作。正是在这个意义上,持续推进"六大建设"能够使广大人民群众乐于接受社会主义意识形态,进而提升党领导意识形态建设的亲和力。

其次,加大严惩党内腐败力度,聚合党领导意识形态建设的向心力。坚持全面从严治党,其关键环节就是要把反腐败斗争进行到底。习近平同志强调,

---

① 《习近平关于协调推进"四个全面"战略布局论述摘编》,中央文献出版社2015年版,第53页。

反腐败斗争是事关民心向背、国家兴亡的重大政治问题,"必须从关系党和国家生死存亡的高度,以强烈的历史责任感、深沉的使命忧患感、顽强的意志品质推进党风廉政建设和反腐败斗争,坚持无禁区、全覆盖、零容忍,严肃查处腐败分子,坚决遏制腐败现象蔓延势头,着力营造不敢腐、不能腐、不想腐的政治氛围"[①]。改革开放以来,受市场化潮流负面因素、资产阶级自由化思潮等影响,党内腐败现象接连涌现,极大地侵害了党的健康肌体、损害了党的执政形象。诚如邓小平同志指出的那样:"腐败现象很严重,这同不坚决反对资产阶级自由化有关系。"[②]在当前全面深化改革背景下,面对实现"两个一百年"奋斗目标和复兴中华民族的历史使命,以及"四大考验""四种危险"的执政困境,我们党反资产阶级自由化思潮的形势比以往任何时候都更为严峻,反腐败斗争的任务也比以往任何时候都更为艰巨。然而,国内自由主义者颠倒是非黑白,对我们党反腐斗争或盲目质疑或加以反对。在他们看来,腐败现象是"一党专政"的结果,要想根除腐败就必须实行西方多党制,建立三权分立的执政模式,当前中共反腐并非是治本之策。他们还鼓吹"腐败有利论",认为腐败是减少改革阻力的"润滑剂",是改革过程所必须经历的"代价""阵痛"。无论是对反腐败的质疑还是对"腐败有利论"的鼓吹,中国自由主义的真实目的就是想通过腐败来消解我们党的精神支柱和瓦解我们党的执政基础,利用腐败达到推翻社会主义制度的目的。鉴于此,我们既要有力回击国内自由主义者的荒谬言论,更要加大严惩党内腐败力度,以猛药去疴的决心、刮骨疗毒的勇气将反腐败斗争进行到底。现时期,我们党保持高压反腐态势,以惩贪肃腐营造干部清正、政府清廉、政治清明的政治生态,既建构了党的良好形象,又聚合了党领导意识形态建设的向心力,从而确保了我们党在意识形态工作中能够增强主动性、掌握主动权、打好主动仗。

再者,落实党管意识形态责任制,增强党领导意识形态建设的凝聚力。加强党对意识形态工作的管理和领导是无产阶级专政的内在要求,也是衡量无产阶级政党执政能力与执政水平的重要标准。确切地说,党管意识形态责任制是全面从严治党主体责任在意识形态建设领域的自觉表现。在加强主流意识形态建设过程中,"各级党委要切实负起政治责任和领导责任,严格落实意识形态工作主体责任,加强意识形态领域重大问题的分析研判,加强对重大战略性任

[①] 《习近平关于协调推进"四个全面"战略布局论述摘编》,中央文献出版社2015年版,第144—145页。
[②] 《邓小平文选》第3卷,人民出版社1993年版,第325页。

务的统筹指导,推动重大部署、重要任务的落实"①。针对中国自由主义取消党对意识形态工作领导的错误主张,各级党组织要树立政治意识、坚定政治立场,牢牢把握意识形态工作的正确方向,在履行党管意识形态责任制的同时,彰显马克思主义和中国化马克思主义的生命活力,进而激发广大民众参与主流意识形态建设的积极性和主动性。一是建立健全党员干部在意识形态工作中的率先垂范机制。对于广大党员干部而言,"要强化政治意识、政权意识、阵地意识,勇于举旗帜、打头阵、当先锋,当好意识形态领域斗争的生力军"②。作为站在我国意识形态领域斗争第一线的"关键少数",各级党委主要负责人更要带头抓好抓实意识形态工作,切实担负起守土有责、守土负责、守土尽责的神圣使命,不断提高指导意识形态工作的能力和水平。只要每位党员干部在面对错误社会思潮时敢于亮剑、勇于发声,只要每位党员干部自觉担负起向人们确证社会主义意识形态科学性、革命性的光荣使命,便能够形成我国意识形态建设的强大合力。二是严格落实党管意识形态工作的监督机制。在社会主义中国,意识形态工作的极端重要性要求各级党委在意识形态建设工作中要执好纪、问好责、把好关,不能有丝毫懈怠。所以,各级党组织和广大党员干部不但要在意识形态建设中起到率先垂范作用,还要自觉接受来自各方面各部门的监督。在党管意识形态工作中,要使党内监督与党外监督、纪检部门监督与民众监督、主管部门监督与新闻媒体监督同向发力,构筑立体式全方位的党管意识形态监督体系,畅通党管意识形态监督制约渠道,从而确保党管意识形态管出实效、管出水平。

三、引领先进文化建设,坚定我国意识形态建设的文化自信

首先,建设社会主义先进文化要始终坚持以马克思主义文化观为指导。马克思主义文化观是关于无产阶级文化思想内涵、文化服务对象、文化价值追求和文化发展规律的科学理论体系。概而言之,马克思主义文化观以辩证唯物主义和历史唯物主义为哲学基石,以实现和维护人民根本利益为政治立场,以促进人的自由而全面发展为价值目标,它是指导无产阶级乃至整个人类社会文化建设和发展的科学指针。作为人类社会迄今为止所创造的能够代表人民群众利益和未来社会发展方向的文化形态,"无产阶级文化应当是人类在资本主义

---

① 《习近平总书记系列重要讲话读本》,人民出版社2016年版,第195页。
② 习近平:《坚持军报姓党 坚持强军为本 坚持创新为要 为实现中国梦强军梦提供思想舆论支持》,《人民日报》2015年12月27日第1版。

社会、地主社会和官僚社会压迫下创造出来的全部知识合乎规律的发展"①。无论从内涵还是外延来看,无产阶级文化与社会主义意识形态都有着高度的一致性。所以说,以马克思主义文化观为指导推进无产阶级文化建设,以无产阶级文化建设奠定社会主义意识形态建设的文化基础,既有理论上的必要性,也有实践上的可行性。当前,推进社会主义先进文化和社会主义文化强国建设,就是要坚持马克思主义文化观的指导地位,并运用其分析和解决社会主义先进文化建设过程中的矛盾与问题,进而为我国意识形态建设指明发展方向。一方面,马克思主义文化观可以看作是对社会主义意识形态在文化观念层面的抽象概括,其科学性革命性实践性的理论内涵、阶级性人民性的政治意蕴、批判性建设性的精神实质,与社会主义意识形态内容相容、理念相同。因而,以马克思主义文化观为指导建设社会主义先进文化,能够确保我国意识形态建设的社会主义方向。另一方面,马克思主义文化观指导下的社会主义先进文化,说到底就是民族的科学的大众的文化,是能够真正服务人民且满足人民精神需求的文化。在社会主义先进文化的涵养下,社会主义意识形态犹如春风化雨,贯穿于社会生活的各个方面,自然能够演变为广大人民群众的价值信仰。当然,社会主义先进文化的意识形态教化功能,也势必会为马克思主义的创新和发展营造出一种良好的文化氛围。

其次,建设社会主义先进文化要立足于民族文化的创造性转化与创新性发展。中华文化是中华民族生生不息、发展进步的丰厚滋养,进行社会主义先进文化建设要立足于促进传统文化的创造性转化与创新性发展。中华民族传统文化所固有的文化基因,如自强不息的坚韧品格、崇仁尚德的道德诉求、天人合一的生态伦理、睦邻友好的交往准则,等等,无不是中华文化独特魅力的鲜活呈现。如何将这些跨越时空、超越国度、具有时代价值的文化基因和文化精神融入社会主义先进文化建设之中,是进行社会主义先进文化建设不得不考虑的现实问题。然而,国内自由主义者全盘否定传统文化的内在价值,不仅将中华文化视为一种专制文化,认为中华民族是"落后愚昧民族的典范",而且还主张以西方资本主义的"蓝色文明"取代中华民族的"黄色文明",认为资本主义文明代表着未来人类社会的发展方向。必须承认,中华传统文化固然有其糟粕成分,但中国自由主义基于自身政治目的的需要完全否定中华传统文化,确实有失公允。"对待传统文化,既不能片面地讲厚古薄今,也不能片面地讲厚今薄古,更

---

① 《列宁选集》第 4 卷,人民出版社 2012 年版,第 285 页。

不能采取全盘接受或者全盘抛弃的绝对主义错误。"①所以,中国共产党在利用优秀传统文化进行社会主义先进文化建设和开展意识形态工作过程中,一方面要根据时代特点和要求,赋予那些虽仍有借鉴价值但表现形式陈旧的传统文化以新的时代内涵和表现方式,激活其内在生命力;另一方面,要依据时代发展补充、拓展、丰富和完善中华优秀传统文化的原有内涵,扩大其现实影响力和感召力。要知道,实现传统文化的创造性转化与创新性发展是新时代中国特色社会主义文化建设所需。唯有从传统文化的转化与发展中,社会主义先进文化建设的文化资源才会更加厚实,我国意识形态建设的文化基础也才能更加坚实。我们要有这样的文化自信:"中华民族创造了源远流长的中华文化,中华民族也一定能够创造出中华文化新的辉煌。"②

再者,建设社会主义先进文化要汲取人类社会文明发展的一切优秀成果。在全球化信息化时代,世界各国各民族之间的文化交往空前频繁。随着改革开放的逐步深入,中国与其他国家之间的文明交流也日益紧密。就文化建设而言,面对全球化带来的双重影响,建设社会主义先进文化既要保持民族特色,从本民族传统文化中借鉴有益资源,也要树立国际视野,从对外交往中汲取世界各国文明成果。因而,把握住、处理好文化民族性与世界性的统一,是建设社会主义先进文化的一个重要前提。对于文化的世界性而言,建设社会主义先进文化要讲求兼收并蓄,坚持取长补短、择善而从。正如习近平同志所指出的那样:"文明因交流而多彩,文明因互鉴而丰富,对世界各国人民创造的优秀文明成果,都应该采取学习借鉴的态度,都应该积极吸纳其中的有益成分。"③即是说,学习借鉴世界各国优秀文明成果,并从中汲取各种文明养分,有利于在中华文化与世界文明交流互鉴中促进我国社会主义先进文化建设。但是,国内自由主义者一边打着文化多元主义的旗号,反对社会主义文化的主体地位,另一边积极配合西方发达国家文化霸权主义策略,主张全盘接受西方文化理念和思想观念,质疑乃至反对社会主义先进文化建设,企图以西方资本主义文明为蓝本重塑中华文明。而与国内自由主义者不同,我们所主张的向世界各国文明尤其是资本主义文明学习借鉴,是有立场原则和价值取向的。这种立场原则与价值取向亦可以概括为"三个有利于",即只要其他国家文明有利于我国社会主义政权的巩固、有利于社会主义文化的繁荣兴盛、有利于人民群众精神境界和文化素

---

① 《习近平总书记系列重要讲话读本》,人民出版社 2016 年版,第 202 页。
② 《习近平谈治国理政》第 1 卷,外文出版社 2018 年版,第 156 页。
③ 《习近平总书记系列重要讲话读本》,人民出版社 2016 年版,第 204 页。

养的提升,就应该摒弃文化层面上两种制度存在的敌对思维。为此,要在坚持既定立场原则和价值取向的同时,通过各种文化交流形式学习借鉴人类社会一切优秀文明成果,并用之服务于我国社会主义先进文化建设。

四、加大民生改善力度,凝聚我国意识形态建设的主体力量

首先,深化收入分配制度改革,扩大社会主义意识形态建设的整合力。完善收入分配方式是促进民生改善和实现发展成果共享最为直接的方式。在社会主义初级阶段,我国实行的是按劳分配为主体、多种分配方式并存的分配制度。基于效率优先、兼顾公平的分配原则,这一分配制度在激发市场主体劳动积极性和生产积极性方面发挥了重要作用。但与此同时,由于受现阶段经济体制不完善的影响,这一分配制度也自觉不自觉地拉开了收入差距,大量的社会矛盾和问题也随之滋生。为了缩小收入差距和缓解社会矛盾,党和政府采取多方面措施完善健全初次分配和再分配机制,以此确保城乡居民人均收入增长与经济增长同步,劳动报酬增长与劳动生产率提高同步,真正使民生改善工作建立在收入增长的基础之上。然而,国内自由主义者出于私有化和市场化改革的需要,竭力反对现有分配制度,肢解按劳分配为主体与多种分配方式之间的内在关联,认为按劳分配既不符合市场经济自由竞争的精神,也不利于各类市场经济参与者积极性的发挥。据此,他们完全摒弃按劳分配所内含的公有制性质,主张以"重建个人所有制"的名义建立以按生产要素或按贡献分配为主要形式的分配制度。显然,深化收入分配制度改革绝不能按照自由主义私有化、市场化路线进行,否则未来中国极有可能出现民生凋敝、主流意识形态缺乏认同的危机。道理很明显:"只有在改善劳动者的经济状况的条件下,群众才会投入运动,积极参加运动,高度重视运动,发扬英雄主义和自我牺牲、坚定不移的精神,并对伟大事业忠心耿耿。"①这就表明,为了适应和满足凝聚社会主义意识形态建设各方力量的迫切需要,全面深化收入分配制度改革应着重从增加一线劳动者劳动报酬、健全按生产要素分配方式、完善再分配调节机制等方面入手,通过更为合理有序的收入分配方式来缩小城乡、区域、行业的收入差距,进而在经济收入不断提高、经济分配平等不断落实中彰显社会主义制度的优越性。

其次,建立健全社会保障制度,提升社会主义意识形态建设的感染力。社会保障是谋划社会发展、促进社会和谐的"压舱石""稳定器"。改革开放以来,

---

① 《列宁全集》第 21 卷,人民出版社 1990 年版,第 325 页。

我国社会保障事业快速发展。但与西方发达国家相比,我国社会保障事业在改善民生、和谐社会方面还有很多亟待改进与提升的地方。尤其是在社会转型期间,一方面利益分化、阶层固化、环境恶化等社会问题,极大地影响着和谐社会的建设进程;另一方面,教育、就业、医疗、住房等基本民生诉求得不到全面满足,也极大地增加了新时代中国共产党人建设和谐社会、开创美好生活的不确定性。仅就后者而言,如果社会保障制度不能够及时有效地解决与人民群众切身利益相关的民生问题,如果马克思主义的发展和社会主义意识形态的建设不能够为这些民生问题的解决提供方向指引,那么社会主义意识形态的合理性与中共执政的合法性就会受到质疑。对于共产党人而言,"一切群众的实际生活问题,都是我们应当注意的问题。假如我们对这些问题注意了,解决了,满足了群众的需要,我们就真正成了群众生活的组织者,群众就会真正围绕在我们的周围,热烈地拥护我们"①。所以,进行社会主义意识形态建设也理应以关注和改善民生为出发点,通过建立健全社会保障制度来逐步弥合意识形态宣传教育与现实生活之间的鸿沟。我们要提防国内自由主义者福利个人化、私人化倾向,严格按照政府主导、市场参与、社会协同的原则要求,建立健全更加公平、更可持续的社会保障制度,在完善基本社会保险制度、健全社会救助体系等方面取得实质性进展,全方位、多层次提高社会福利水平,努力建构"幼有所育、学有所教、劳有所得、病有所医、住有所居、老有所养"的民生保障网络。通过建立健全社会保障制度,切实发挥社会主义意识形态在解决民生问题、改善民生质量、实现民生目标方面的导向和引领作用,并以此提升我国意识形态建设的感染力。

再者,贯彻落实扶贫脱贫政策,增强社会主义意识形态建设的吸引力。消除贫困、促进共同富裕是社会主义的本质要求,也是我国意识形态建设的重要价值取向。只有根除贫困、实现共同富裕,社会主义制度的无比优越性才能够得以彰显,社会主义意识形态才能够得到最广泛的社会认同,社会主义意识形态建设的群众根基也才能够更加扎实。对此,习近平同志多次强调:"如果贫困地区长期贫困,面貌长期得不到改变,群众生活得不到明显提高,那就没有体现我国社会主义制度的优越性,那也不是社会主义。"②党和政府实施扶贫脱贫工程、坚决打赢脱贫攻坚战,就体现了再塑社会主义意识形态威信的内在要求。但就在党和政府带领全国人民向贫困宣战之时,国内某些自由主义者却认为

---

① 《毛泽东选集》第 1 卷,人民出版社 1991 年版,第 137 页。
② 《习近平总书记系列重要讲话读本》,人民出版社 2016 年版,第 219 页。

"中国的贫富差距还不够大""富人才是中国社会的中坚力量",抛出所谓的"社会进步论""改革代价论""贫穷罪恶论"而为拉大贫富差距正名。与国内自由主义者漠视贫穷的做法相反,建国以来特别是改革开放以来,我们党和政府始终坚持共同富裕原则,实施精确扶贫、精心减贫、精准脱贫,既加大扶贫投入,又创新扶贫方式,开辟了一条中国特色的扶贫开发道路。

五、培育践行核心价值观,增强我国意识形态建设的价值认同

首先,明辨区别,确立我国意识形态建设的价值导向。社会主义核心价值观与西方"普世价值"有着重大原则区别。"'普世价值'之争表明,核心价值观上的渗透与反渗透,既是当前意识形态冲突的动向,也是我们借以判断当前意识形态态势的重要依据。"①一段时期以来,国内自由主义者将西方资产阶级自由、民主、人权、法治、平等、博爱等价值理念视为"普世价值",主张以"普世价值"为尺度评价我国改革开放的历史功绩,认为否定"普世价值"就是拒绝与世界文明接轨。2012年10月,在党的十八大报告首次将社会主义核心价值观凝练为"三个倡导"之际,国内自由主义者就开始为"普世价值"唱赞歌,将社会主义核心价值观视为"学习和实践人类普世价值的结果",从而有意模糊社会主义核心价值观与西方"普世价值"的界限。显然,这种曲解在相当程度上妨碍了人们对社会主义核心价值观具体内容的正确认识和准确理解。就此而言,培育践行社会主义核心价值观,首先要澄清国内自由主义者的价值观误区,将社会主义核心价值观与"普世价值"区别开来。概而言之,理论基础上唯物史观与唯心史观的分野、逻辑结构上历史与非历史的对立、规律特点上具体性与抽象性的张力、利益主体上群众性与个体性的矛盾、实践结果上文明与野蛮的冲突,构成了社会主义核心价值观与"普世价值"的五大区别。进一步来说,社会主义核心价值观与"普世价值"所依据的经济基础和代表的阶级立场的不同,既是两者区别形成的根源所在,也是两者隶属于不同社会制度意识形态的内在因由。与西方"普世价值"相比,社会主义核心价值观以马克思主义唯物史观为理论基石,以中西文明传统为资源借鉴,以人民至上为建构原则,体现出其价值取向上的历史进步性,因而能够最大限度地凝聚价值共识、增进价值认同,并在为人们确立价值导向的过程中统领着社会主义意识形态建设全过程。

其次,探寻方法,引领我国意识形态建设的发展方向。遵循科学的方法原

---

① 侯惠勤:《"普世价值"与核心价值观的反渗透》,《马克思主义研究》2010年第11期。

则能够推进社会主义核心价值观培育践行活动的顺利开展。众所周知,社会主义核心价值观从国家、社会和公民个人三个层面,将建设什么样的国家、实现什么样的社会、培育什么样的公民融为一体,代表着中华民族的整体利益,形塑了全体中华儿女的价值追求。即是说,社会主义核心价值观从其产生之日起就是中华民族和中国人民团结奋斗的"最大公约数",因而也就有着最广泛的群众基础。所以,要积极探寻培育和践行社会主义核心价值观的有效方法,真正发挥这一"最大公约数"对我国意识形态建设发展方向的引领作用。从现有经验而言,"要通过教育引导、舆论宣传、文化熏陶、行为实践、制度保障等"培育践行社会主义核心价值观,从而"使社会主义核心价值观内化为人们的精神追求"[①]。一方面,社会主义核心价值观的教育引导、舆论宣传、文化熏陶过程,同时也就是对外传播社会主义意识形态的过程,这是因为社会主义核心价值观本身就是对社会主义意识形态价值内核的高度凝练、集成概括。另一方面,社会主义核心价值观的行为实践、制度保障过程,同时也就是自觉参与社会主义意识形态建设的过程。另外,还需要明确的一点是,培育践行社会主义核心价值观要坚持"贴近实际、贴近生活、贴近群众"的原则,在落小、落细、落实上下真功夫,确保人们在实践中能够认知它、领悟它,使之成为每位民众平常生活中的价值遵循。即是说,要将集中体现社会主义意识形态的社会主义核心价值观融入人们现实生活的各个部分各个方面,使其影响像空气一样无处不在、无时不有。这就表明,通过创建社会主义核心价值观培育践行的文化氛围和生活情景,通过社会主义核心价值观培育践行的宣传教育,不仅在理论上能够增强人们对社会主义意识形态的认同感和归属感,而且在实践上也能够引领我国意识形态建设朝着健康方向发展。

再者,确保实效,明确我国意识形态建设的目标指向。确保培育践行社会主义核心价值观取得实效,就是使其内化于心外化于行,使人们日用而不觉。对于现代国家而言,任何一个社会目标如果脱离了核心价值观的支撑,即便再恢宏再美好也难以企及。就是在这一点上,培育践行社会主义核心价值观的实效性内在地标识着我国社会发展的目标指向性。习近平同志指出,"实现我们的发展目标,实现中国梦,必须增强道路自信、理论自信、制度自信","而这'三个自信'需要我们对核心价值观的认定作支撑"[②]。可以肯定地说,培育践行社会主义核心价值观,就是要以社会主义价值观自信筑牢"四个自信"的价值根

[①] 《习近平谈治国理政》第 1 卷,外文出版社 2018 年版,第 164 页。
[②] 《习近平谈治国理政》第 1 卷,外文出版社 2018 年版,第 171—172 页。

基,以社会主义意识形态信仰自信构筑和涵养"四个自信"的价值灵魂。这就告诉我们,"四个自信"成为新时代培育践行社会主义核心价值观和确保社会主义意识形态建设实效性的最直接表现。当然,社会主义核心价值观培育践行所取得的实效的程度也内在地反映着我国社会发展目标实现的程度。这是因为,社会主义核心价值观实效性取得的过程其实就是社会主义意识形态吸引力和凝聚力增强的过程。具体而言,建设"富强、民主、文明、和谐"的社会主义国家,有助于全社会牢固树立起中国特色社会主义共同理想;创建"自由、平等、公正、法治"的社会主义社会,有益于在焕发社会主义制度生机活力的同时感染群众,赢得民心;培养"爱国、敬业、诚信、友善"的社会主义公民,则有利于激发无产阶级的道德力量。社会主义核心价值观正是通过对国家价值目标、社会价值取向和个人价值准则的倡导,一方面从宏观层面体现并满足着新时代中国特色社会主义的发展要求,另一方面也从微观视角表征着社会主义意识形态"真善美"的精神实质。所以,要形成培育践行社会主义核心价值观的强大合力,就必须从国家、社会和公民个人三个层面着手,唯此才能确保社会主义核心价值观的培育践行取得实效性,才能不断明确我国意识形态建设的目标指向。现时期,无论是社会主义核心价值观实效性的获取,还是社会主义意识形态建设目标指向的确立,都要见之于"两个一百年"目标和中华民族伟大复兴的实现。

六、强化一元主导思想,牢牢掌握我国意识形态建设的话语权

首先,发展21世纪中国马克思主义,增强主流意识形态的理论诠释能力。作为一种高势位的意识形态,马克思主义凭借其高向度的理论知识、高位阶的概念范畴、高层次的价值体系有着极强的生命力。但这种强大生命力的根源在于马克思主义能够直面现实问题且不断实现自身的革新和发展。与西方资本主义意识形态相比,马克思主义正是在满足实践需要、实现自身创新中彰显出无与伦比的理论魅力,并赢得话语权。所以,"真正的马克思列宁主义者必须根据现在的情况,认识、继承和发展马克思列宁主义"[①]。1921年以来,中国共产党人在领导中国革命、建设和改革的过程中,始终秉承着实事求是的态度,保持着与时俱进的精神,不断将马克思主义与中国社会发展实际和时代发展特征相结合,从而在中国马克思主义发展史上实现了马克思主义中国化的两次历史性飞跃,并由此相继形成了毛泽东思想和中国特色社会主义理论体系两大中国化

[①] 《邓小平文选》第3卷,人民出版社1993年版,第291页。

马克思主义理论成果。今天,站在复兴中华民族的时间节点上,处于中国特色社会主义进入新时代的历史方位上,我们更要学会自觉运用马克思主义的立场、观点和方法,既用之深刻解读当代中国社会发展问题和当今世界发展格局,也用之深入分析中国特色社会主义道路所蕴含的独特的文化传统、历史命运和基本国情。无论哪一方面,都要求我们结合国内外实际情况推进理论创新、加强理论武装,以此提高马克思主义分析和解决当今中国乃至世界现实问题的能力。这就涉及如何增强马克思主义理论诠释能力的问题。在马克思主义指导下,我国各项事业有了较快发展。但问题在于,与实践上的巨大成就相比,我们在理论宣传上却相对乏力,马克思主义理论诠释不够给力。为此,发展21世纪中国马克思主义要直面中国现实问题,既激发其观照现实的力量,又增强其理论诠释的能力。这就意味着,我们要根据新时代中国特色社会主义的发展实践,努力建构具有民族风格、时代特色、中国气派的话语体系,着力打造贯通中西的新概念、新范畴和新表达,用以分析现实中国所面对的世情国情党情民情,在不断形成社会主义意识形态"中国论述"的基础上增强马克思主义的理论诠释能力,进而牢牢掌握意识形态建设的话语权,不断赢得意识形态斗争的主动权。

其次,全面推进"四大平台"建设,增强主流意识形态的宣传教化能力。在争夺意识形态话语权方面,国内自由主义者往往以西方新自由主义制度模式和意识形态作为评判中国现实社会的标准,把中国道路发展的成果说成是对西方文明的接轨和"普世价值"的兑现;将中国社会转型期间出现的社会问题、社会现象视为"社会危机"的表现和"体制弊端"的结果……显然,中国自由主义话语表达上的强势与我国主流意识形态宣传力度不强、不够和宣传话语不清晰、不透彻有关。因此,要深化和加强新形势下马克思主义理论研究和宣传教育、党的思想理论工作,通过不断创新马克思主义的话语表达方式,增强我国主流意识形态建设的凝聚力、辐射力和感染力,在冲破人们对自由主义的迷思和幻想中牢牢掌握主流意识形态建设的话语权。为此,我们要高度重视主流意识形态成果转化、科学研究、人才培育、舆论宣传等方面的工作,全面推进作为主流意识形态建设重要抓手的"四大平台"建设,真正发挥"四大平台"在思想建设、理论创新、人才培养、宣传引导等方面的重要作用。一是深入实施"马克思主义理论研究与建设工程",从马克思主义视角深刻剖析中国自由主义的意识形态属性,向广大民众揭穿国内自由主义者反马克思主义、反社会主义和共产主义的内在本质。二是建设好中国特色社会主义理论体系研究中心,使其成为讲好中国故事、传播中国声音、形塑中国形象的重要窗口,借此确保我们既能够在新时代中国特色社会主义发展实践中干得有模有样,又在丰富和充实中国特色社会主义理论体系中阐释得有理有据,从而向人们澄清中西自由主义的种种谬论。三是扶持和加强各类高校马克思主义学院建设,推进党的理论创新成果进教材、进课堂、进头脑,压缩新自由主义在高校的生存空间。四是抢占并坚守报刊网络理论阵地,牢牢掌握网络主流意识形态话语权。一方面加强对报刊网络的法治化管理,优化网络生态空间,传播正能量,维护网络意识形态安全;另一方面,尊重报刊网络传播规律,重视主流意识形态的感性表达,以个性化、平民化、生活化的感性表达拉近民众与社会主义意识形态之间的距离,在增进网民对马克思主义认知、认同的过程中提升网络意识形态的话语权。

再者,处理好与其他社会思潮的关系,增强主流意识形态的引领整合能力。准确来说,社会思潮属于社会意识范畴,其本身就有明确的政治诉求。诚如列宁所言:"或者是资产阶级的意识形态,或者是社会主义的意识形态。这里中间的东西是没有的(因为人类没有创造过任何'第三种'意识形态,而且在为阶级矛盾所分裂的社会中,任何时候也不可能有非阶级的或超阶级的意识形态)。因此,对社会主义意识形态的任何轻视和任何脱离,都意味着资产阶级意识形态的加强。"①毛泽东也曾以"香花"和"毒草"作比,预见了我国思想文化和意识形态领域马克思主义与非马克思主义、反马克思主义之间斗争的现实性、复杂性和长期性。他还指出:"我们应当批评各种各样的错误思想。不加批评,看着错误思想到处泛滥,任凭它们去占领市场,当然不行。有错误就得批判,有毒草就得进行斗争。"②当前,马克思主义与其他社会思潮长期共存、社会思潮多元化发展是我国意识形态领域的基本态势。鉴于此,要牢牢掌握我国意识形态建设的话语权,就必须深入了解其他社会思潮形成的历史背景、发展脉络、现实根据和利益诉求,并对之作出实事求是的分析与评价。我们要直面这一多元化的客观事实,不断促进马克思主义对其他社会思潮的引领与整合。要认识到,掌握意识形态建设的话语权和巩固马克思主义的一元主导地位,并不是排斥其他社会思潮的存在。恰恰相反,我们党在思想文化领域历来奉行"百花齐放、百家争鸣"的方针,尊重差异、包容多样已成为我国社会主义意识形态建设遵循的一项重要原则。尊重和包容其他社会思潮也并非意味着放任不管,而是要用马克思主义对那些只属于思想认识问题层面上的社会思潮进行引领整合。另外,有些

---

① 《列宁选集》第1卷,人民出版社2012年版,第326—327页。
② 《毛泽东文集》第7卷,人民出版社1999年版,第232—233页。

社会思潮(如新自由主义、"普世价值"、民主社会主义等)在阶级立场和政治原则方面存在着严重问题,对此类社会思潮要勇于亮剑、敢于发声,旗帜鲜明地亮出底线,自觉划清马克思主义同非马克思主义、反马克思主义思潮的界限。尤其面对中国自由主义这一社会思潮对马克思主义的无理诘难和对我国社会主义制度的恶意攻击,我们更不能坐视不管、任其泛滥。对这一无视原则、歪曲是非的错误社会思潮,我们要理直气壮地予以反驳和批判,始终把社会主义意识形态建设的话语权牢牢掌握在自己手里,坚决维护我国主流意识形态的安全。

第二章　当代中国新左派思潮解析[①]

第一节　当代中国新左派思潮的缘起与发展

马克思主义经典作家认为:"考察每个问题都要看某种现象在历史上怎样产生、在发展中经过了哪些主要阶段,并根据它的这种发展去考察这一事物现在是怎样的。"[②]正是遵循这样一种研究思路,我们可以较为直观地审视新左派思潮在中国的产生与发展过程。严格来说,中国新左派思潮缘起于20世纪90年代中后期,并在不断与自由主义的论争较量中获得理论上的完善和实践上的突破。同分析其他社会思潮类似,探求新左派思潮在中国的缘起和发展也必须要对其相关概念与内涵进行前提性把握。

一、新左派思潮由来与概念释义

用"左""右"标识政治立场、表达政治观点的传统源于法国大革命时期。在当时法国等级议会中,封建贵族坐在国王右侧,以明确支持国王的态度;激进派坐在国王左侧,以强烈要求国王进行有利于第三等级改革的主张。随后,这种借座位的物理空间方位来区分政治立场与观点的传统就被沿袭下来,且逐渐发展成为人们明确政治倾向的一种思维定势。当然,在纷纭繁杂的现实政治生活

[①] 无论是在西方理论界还是在国内学术界,将一些思想观点相同或相近的人统称为某一派的做法是一件习以为常的事情。就此而言,左/右派在中西方社会也的确是一个客观存在的事实。不过在行文之前,有必要对本文中关于中国新左派/新左派思潮方面的研究作出以下两点说明:一是文中所使用或涉及的新左派/新左派思潮一词,仅仅是中性层面上的词汇分析,并不带有任何批评、讽刺或贬低的意味;二是为了便于论述的需要,文中将王绍光、汪晖、崔之元、旷新年、甘阳等人代表的思想流派视为"新左派",对其观点的直接或间接引用,也纯粹是从学术探讨的角度予以客观分析,并无对其中任何人和任何观点进行政治猜度或政治归类及贴政治标签的想法,更无任何先在的褒贬立场。

[②] 《列宁选集》第4卷,人民出版社2012年版,第26页。

面前,这种以左右二分法的尺度或标准划分政治立场与政治派别的方式略显得不合时宜。但问题在于,在左右分野已约定俗成的情况下,以左右来明确人们面对复杂政治问题时的思想分歧与派别分类,自然有其合理性之处。至少在政治区分的意义上,"左"与"右"各自所蕴含的政治原则早已相当广泛地深入到人们生活之中,且在很大程度上为人们所接受、认可。不过需要指出的是,中国语境下的左右派分类在内涵指向上有着自身的特殊性。援引政论家马立诚的话对之进行解释:"由于中国是一个相对独立的政治系统,所以中国的左右之分,与国际上左右划分标准不一样,在很多问题上甚至完全相反。"[①]但这并不意味着中西方在左右政治立场上的完全对立。通过对中国左派尤其是新左派的历史溯源,我们甚至可以认为中国新左派的衍生与发展在很大程度上正是得益于对西方新左派理论的直接借鉴。当然,在中国独特政治生态环境中派生的左右派划分传统也有其自成体系的一面,因此我们完全没有必要按照所谓的国际划分标准重新界定中国"左"与"右"的概念和内涵。

说起中国的左派,首先使人联想到的便是影响大、受众广的新左派。中国新左派最初是以"新左翼"的面貌呈现于世人的。国内学界普遍认为,中国新左派名称的由来最早始于1994年,其起因是当时青年学者杨平在《北京青年报》发表了一篇关于崔之元《新进化论·分析的马克思主义·批判法学·中国现实》的时评。杨平在其时评中声称中国社会开始存在"新左翼",他还特别强调这种新出现的"新左翼"力量是对国内社会分配过程不公正和国际社会秩序不公正的双重批判。由此发端,中国"新左翼"亦即"新左派"就被命名为对一些秉持批判态度和批判立场学人的特有称谓,而这一称谓也在一定程度上得到了学界多数人的认可。倘若单从字面意思来理解,新左派显然是一个缺乏规范性的专有术语。正如英国政治学家安德鲁·海伍德所解释的那样:"新左派(new left)是一个宽泛的概念,指那种试图通过对先进工业社会的激进批判来复兴社会主义的思想家和知识运动的集合体。"[②]按照这种概念界定,带有激进与批判色彩的新左派至少包含着两层含义:一是特指一定的社会群体,即"复兴社会主义的思想家";二是泛指一切涵盖知识性的社会活动,即"知识运动的集合体"。这就表明,新左派是静态意义上的群体聚集和活动集合,而非动态意义思想与现实的彼此交互。其实,正是在特定的思想引领与理论指导下,新左派的群体人员和知识活动才能够得以聚集、集合。而这种思想与理论就被冠以"新左派

---

① 马立诚:《最近四十年中国社会思潮(序)》,东方出版社2015年版,第4页。
② [英]安德鲁·海伍德:《政治学核心概念》,吴勇译,中国人民大学出版社2014年版,第43页。

思潮"为人们所熟知。可见,新左派与新左派思潮并非意指同种内涵,故而不能将两者用同一概念界定,比如新左派并不像新左派思潮那样能够直接反映出人们思想的流动和观念的更迭。所以说,当前国内思想界、学术界有些人将新左派与新左派思潮等同的尝试显然是不可取的。

准确地说,中国新左派思潮是20世纪90年代中国启蒙思想界自我分化及其与自由主义接续论争的结果。历史地看,中国新左派思潮首先是一种批判性的文化现象。与80年代中国改革相比,肇始于90年代初期的中国市场化转轨加剧了国内经济利益和社会阶层的分化,贫富差距拉大、腐败现象丛生等问题一度导致了中国社会结构的深层断裂。"在利益分化和社会断裂的90年代,对改革之正当性的质疑、对中国问题的不同诊断,以及重建中国知识分子批判传统的不同路向,导致了新启蒙文化人士的思想分裂。"[①]这就凸显了中国问题的复杂性。而面对国内自由主义者的保守倾向和对市场原教旨主义的痴迷,从新启蒙阵营中分化出来的新左派知识分子则主动担当起了批判资本主义的历史使命,他们努力从西方左翼理论中汲取灵感,率先祭起了批判中国自由主义的大旗。当时留美学者甘阳、崔之元等人相继撰文质疑中国市场化改革路线,反对中国走西方现代化道路。现实地看,中国新左派思潮通过与自由主义不断交锋而完善自身和扩大影响。20世纪90年代中后期,新左派思潮在于自由主义的论争中异军突起,其标志性事件是汪晖《当代中国的思想状况与现代性问题》一文的发表。该文成为20世纪末新左派思潮与自由主义论争的导火索。在文中,汪晖以西方左翼批判理论对中国现代性问题进行了深刻反思,他在指出当代中国现代化意识形态和新启蒙主义所面临困境的同时,对自由主义所导致的中国"市场社会"或资本主义社会提出了严厉批评。一石激起千层浪。在这期间,其他新左派人士纷纷著书立说,进一步批判中国自由主义的市场原教旨主义和保守强项。面对新左派人士的批判讨伐,自由主义知识分子也不甘示弱,在理论上做出了针锋相对地回应,一场跨世纪的思想论争[②]随之蔓延开来,至今仍余波绵绵。

---

① 许纪霖、罗岗:《启蒙的自我瓦解:1990年代以来中国思想文化界重大论争研究》,吉林出版有限集团公司2007年版,第195页。
② 李世涛主编的《知识分子立场:自由主义之争与中国思想界的分化》(2000年时代文艺出版社出版)、罗岗与倪文尖合编的《90年代思想文选(3卷本)》,以及公羊主编的《思潮:中国"新左派"及其影响》,较为详细地记载了90年代以来新左派思潮与自由主义之间论争的文章,其中《思潮:中国"新左派"及其影响》被认为是国内较早的"一份当代中国思想界两大阵营激烈交锋的档案文存"。

在大致了解中国新左派思潮由来的基础上,我们还要继续对其概念和内涵进行界定。虽然新左派与新左派思潮确实存在着"你中有我,我中有你"的紧密关联,目前学界在研究过程中也都倾向于用新左派替代新左派思潮,或将新左派思潮等同于新左派,但就学术研究的严谨性而言,新左派与新左派思潮毕竟不是同一范畴,自然也就不能用同一概念进行概括。那种试图将新左派与新左派思潮混为一谈的做法,虽说不上有偷换概念之嫌,但显然不利于人们科学认知新左派思潮的内在本质。当然,国内学界在对新左派思潮的概念界定方面还是做出过努力的。不过令人吊诡的是,新左派阵营内部并没有人对作为其思想理论指导的新左派思潮作出过明确的概念阐释,相反,与新左派对立的自由主义阵营,却对新左派思潮进行了较为详细的概念界说。比如,任剑涛从新左派价值主张的"拒斥"与"回归"对当代中国新左派思潮的概念进行了概括。在他看来:"'新左派'的理论陈述,不是一个具有理论一致性的、自觉结社的理论阐释行动。它是一个以某些立论的相对接近而形成的松散的、无明确理论纲领的姿态与主张的代称。"①不过细细品味我们可以发现,任剑涛对新左派思潮概念的阐释并非十分明确。相对于任剑涛的概念释义,萧功秦的概念界定或许能够加深人们对新左派思潮的理解。后者曾撰文指出:"'新左派'思潮是以西方左翼社会主义思想理论为基础,以平等与公平为核心价值,把中国走向市场经济的转型过程中的社会分层化、社会失范与社会问题理解为资本主义社会矛盾的体现,并以平等主义社会主义作为解决中国问题的基本选择的社会思潮。"②紧接着,他还详细论述了中国三类"新左派"知识分子和两种"新左派"类型。显然,这些阐述客观上有助于人们加深对新左派思潮的理解。另外,自由主义人士朱学勤《"新左派"与自由主义之争》、王思睿《今日中国的左派光谱》、任赜《中国的"新左派"是"自由左派"吗》、徐友渔"三评90年代'新左派'"等系列文章中关于中国新左派思潮的论述,也都从不同视角为人们理解新左派思潮提供了相应思路。

与自由主义阵营表现迥异,新左派人士在对新左派思潮概念内涵的理解和界定方面却差强人意。比如,作为新左派旗帜性人物的汪晖,其本人就不乐于接受被冠以"新左派"名称,自然也就无法直接从其处获得对新左派思潮概念的直观理解。新左派的另一位代表人物甘阳,他以西方自由主义与保守主义为参照系,将中国新左派归为"自由左派",以此与马列主义式的"老左派"相区别。

---

① 公羊:《思潮:中国"新左派"及其影响》,中国社会科学出版社2003年版,第337页。
② 公羊:《思潮:中国"新左派"及其影响》,中国社会科学出版社2003年版,第404—405页。

甘阳虽以20世纪90年代国内自由主义理论的内部分歧来划分"自由左派",但他的这种划分方式却难以将所有新左派知识分子尤其是那些以西方马克思主义自居的人涵括在内。这就意味着,甘氏为中国新左派即"自由左派"的正名无法从根本上概括出新左派思潮的复杂价值取向。就连甘阳本人也承认:"所谓'自由左派'并不是一个统一的思想学术阵营,而是包含着许多观点各异,甚至在思想学术上相互分歧的学者。"①所以说,新左派自身这种缺乏理论自信的表现,一方面证实了中国新左派阵营内部思想取向的复杂性,另一方面也说明了新左派思潮概念界定上的模糊性。正是基于以上种种原因,仿佛任何试图对新左派思潮概念进行准确定义的努力都将是事倍功半。

通观中国新左派的由来及新左派知识分子的价值主张,我们或许可以从以下两点来理解和掌握新左派思潮的概念与内涵。第一,中国新左派思潮并不是单一的思想体系,而是由各种左翼批判理论进行组合的混合体;第二,中国新左派思潮有其明确的批判对象,它是一个反自由主义的思想联盟。基于这样一种理解,我们至少可以梳理出中国新左派思潮概念的要义所在:作为衍生于当代中国社会转型期间的社会思潮,新左派思潮是以各种左翼思想为批判载体、以自由主义为批判对象、以社会平等和公正为主要价值诉求的理论形态。

二、当代中国新左派思潮的缘起

当代中国新左派思潮肇始于20世纪90年代市场化改革进程之中,并在与自由主义的论争中一度崛起。究其缘起背景,国内社会的急剧变革和国际社会中新左派运动的兴起,构成了中国新左派思潮得以衍生的客观因素;而新左派人士的主观努力也为中国新左派思潮接续发展提供了主观条件。

首先,国内社会的急剧变革直接催生了中国新左派思潮。任何社会思潮的产生都有其特定的社会背景,新左派思潮也不例外。"从社会变迁的视角而言,市场经济的引入导致了社会分化与利益的多元化,由此形成不同的利益集团与社会阶层……他们出于本阶层的实际利益和价值观,对某些特定观念产生亲和感的同时,对另外一些思想观念和价值会产生排斥。这样,不同的社会思潮在不同的社会阶层中,遇到自己的追随者或反对者,新左派思潮在这种条件下应运而生。"②20世纪90年代以来,随着国内社会计划经济向市场经济的转轨和

---

① 公羊:《思潮:中国"新左派"及其影响》,中国社会科学出版社2003年版,第116页。
② 萧功秦:《困境之礁上的思想水花——当代中国六大社会思潮析论》,《社会科学论坛》2010年第8期。

社会主义市场经济体制目标的确立,中国的经济社会结构发生了急剧而又深刻的变化。一方面,经济市场化改革促使了部分人财富的集聚和国家财力的增强;另一方面,市场化转轨过程中涌现出的贫富分化、腐败蔓延、国有资产流失等社会不公现象,又凸显了中国经济改革所面临的重重困境。如果我们将80年代中国所进行的市场化改革视为一个社会财富和资源由国家向社会不断扩散过程的话,那么90年代以来中国的市场化改革则俨然成为一个社会资源和财富急剧向个人集聚的阶段。正是在后一时期,"中国的经济学自由主义对腐败和权贵资本主义的失语,成为刺激反自由主义的左翼批判思潮崛起的思想诱因"[①]。在众人看来,此时的中国已经步入一个利益与阶层严重分化的风险社会,且这种不同社会集团和阶层之间的利益分野也必然会投射到思想文化领域。

其实,中国市场化转轨所导致的国内社会两极分化现象在20世纪90年代前期就已经显现。社会学家孙立平教授就曾指出,早在1994年中国城乡居民总收入结构中,最高收入的1/5家庭占有全部收入的50.13%,中间的1/5家庭占有总收入的14.35%,最低的1/5家庭占有总收入的4.27%。[②] 尤为引人注目的是,在整个90年代,中国居民基尼系数的整体走向自始至终都呈现为上升趋势。参照国家统计局相关数据,中国居民基尼系数1999年为0.397,已逼临0.4的国际警戒线,而到了2000年,中国居民基尼系数为0.409,已超出0.4的国际警戒线。面对20世纪90年代以来中国贫富分化的两极社会,以及市场化改革过程中国有资产的流失,从新启蒙知识界阵营中分化出来的部分知识分子开始质疑中国西方式的现代化道路,并反思中国经济转轨和资本积累所带来的种种阵痛。当看到国内自由主义者对贫富分化现象的漠视,及其在腐败面前的失语和在权贵资本面前的暧昧,这些人纷纷撰文批评自由主义的这种保守倾向。他们或借鉴传统社会主义建设经验,或汲取西方左翼批判理论,仿佛站在真理和道义的制高点批判国内新自由主义市场化改革模式,且基于自身"左"倾立场为铲除市场弊病和消除社会不公提出解决方案,以此建构反对新自由主义市场化改革的新左翼批判传统。较早撰文批判国内自由主义市场化改革的当属留美新左翼学者甘阳、崔之元等人。90年代初期,甘、崔二人陆续在《读书》《二十一

[①] 许纪霖、罗岗:《启蒙的自我瓦解:1990年代以来中国思想文化界重大论争研究》,吉林出版集团有限责任公司2007年版,第196页。

[②] 孙立平:《转型与断裂:改革开放以来中国社会结构的变迁》,清华大学出版社2004年版,第46页。

世纪》杂志上发表了《自由主义:贵族的还是平民的?》《制度创新与第二次思想解放》等文论,大加批判中国经济转轨过程中出现的社会不公和腐败现象。90年代后期,汪晖、韩毓海、陈燕谷等本土人士也相继刊文批判自由主义市场化、全球化、现代性等理论,并提出不同于国内自由主义的社会建设方案。中国新左派思潮正是对这些知识分子思想观点系统性学理性的称呼。

其次,西方新左派运动间接推动了中国新左派思潮的产生。西方新左派思想、理论和运动最早发端于20世纪50年代的英国,当时英国共产党人为了寻找一种新的模式来替代等级制政党而率先使用了"新左派"一词。根据《当代西方思潮词典》对"新左派"概念的定义可知,"新左派"特指20世纪五六十年代英国、美国等欧美发达资本主义国家中青年学生群体造反运动中的激进派。[①] 在西方社会,"新左派"作为一场"运动的运动",涵盖了从20世纪50年代至今的所有为基础性改变而作出的斗争,其主体也由先前的青年知识分子,迅速扩展至包括工人、农民、学者等在内的不满于资本主义剥削制度而要求彻底解放的广大普通民众。而在社会主义阵营里,苏联社会主义发展模式弊端的也已显现。加之发达资本主义国家内部剥削程度的加深,当时欧美诸国年轻一代的学者无论是对资本主义政治发展还是对苏联社会主义民主建设,都产生了双重的幻灭感。为了摆脱制度弊端所带来的思想上的苦恼,他们借此聚集起来以寻求一种新的理论出路,提出所谓的"新的社会主义思想"。他们逐步将思想聚焦于马克思主义、乌托邦社会主义、青年黑格尔主义和无政府主义,并致力于建构一个不同于苏联模式社会主义和消除发达工业社会弊病的理想社会。由此,新左派运动席卷欧美世界。纵观欧美新左派运动发展历程,其批判资本主义制度和向往社会主义社会的政治主张对中国新左派思潮的发展可谓是影响深远。

西方新左派知识分子认为,资本主义制度是滋生一切社会问题的总根源。正是基于这样一种思想认识,西方新左派运动将斗争焦点锁定于资本主义制度本身,认为资本主义社会是一个普遍异化的社会——文化与历史传统被隔绝,人性被物性所湮没和肢解,生活缺乏创造性……资本主义制度的这种异化特质,不仅遮蔽了资本主义自由民主的虚伪性,而且还掩饰了广大工人阶级被剥削受奴役的现实性。为了彻底克服资本主义制度内在的异化特质,进而争取弱势群体(如妇女和黑人)的民主权利,消除富裕社会中的贫困现象,英美诸国所开展的新左派运动特别重视社会主义之于实现人类自由解放的重要意义,西方

---

① 王森洋、张华金:《当代西方思潮词典》,华东师范大学出版社1995年版,第485页。

新左派知识分子更是将社会主义视为"遍布世界的宣言"。比如当时英国新左派运动的代表性人物艾瑞克·霍布斯鲍姆、爱德华·汤普森、佩里·安德森就曾论证过社会主义替代资本主义的可能性。在他们看来,"社会主义不仅在经济上是可行的,而且也非常符合人们的欲求,也就是说,社会主义社会将彻底改变人与人的关系,那将是一个以重人来取代尊重财产,以共有财富来取代贪得无厌的社会"①。毋庸置疑的是,在西方新左派运动的整个过程中,对资本主义制度的批判和对社会主义制度的向往始终是各国新左派运动所关注的核心议题。另外,西方新左派运动对"参与民主制"的青睐、对"改良与暴力"革命手段的兼顾、对青年知识分子主体变革力量的肯定以及对本国殖民战争的抵制,也都在一定程度上颠覆动摇着资产阶级的统治根基。如美国知名左翼学者阿里夫·德里克就从后殖民主义理论的视角对由资本主义主导的全球化进程提出了质疑与批评。在他看来,"全球化本身在许多方面正是美国的经济和文化霸权的另一种表达方式,因而实际上充当了向全世界输出美国的经济、政治和文化实践的借口"②。正是受西方新左派运动中这些政治主张的影响,中国新左派人士能够从域外视角对关注弱势群体、扩大政治参与、反对工业社会人性异化和认清西方侵略性本质等问题进行更为深刻的思考。因而,西方新左派运动无论在理论上还是实践上,都深刻影响着中国新左派思潮的产生和发展。

再者,新左派人士的学术努力助推了中国新左派思潮的发展。中国新左派思潮的兴起是多重因素共同作用的结果。如果说国内社会变革和西方新左派运动为中国新左派思潮的衍生提供了客观条件,那么新左派知识分子的学术努力则成为促进中国新左派思潮持续发展的主观因素。列宁认为:"知识分子之所以叫作知识分子,就是因为他们最自觉地、最彻底地、最准确地反映和表现了整个社会的阶级利益的发展和政治派别划分的发展。"③20 世纪 90 年代以来,经济体制变革、社会结构变动、利益格局调整和思想观念变化几乎是与中国市场化改革进程同步进行,由此滋生的各种社会矛盾问题逐渐凸显,与之相伴的人们各种利益诉求也日益强烈。这些矛盾问题与利益诉求的出现,加之苏东剧变和西方国家意识形态渗透,迫使着国内一批青年知识分子重新审视和反思中

---

① 张亮、熊婴:《伦理、文化与社会主义:英国新左派早期思想读本》,江苏人民出版社 2013 年版,第 4 页。
② [美]阿里夫·德里克:《反历史的文化?寻找东亚认同的"西方"》,王宁译,《文艺研究》2000 年第 3 期。
③ 《列宁全集》第 7 卷,人民出版社 1986 年版,第 324 页。

国的市场化改革。新左派这一有着浓厚学术性质的团体就是 90 年代国内新启蒙知识界分化的产物。这时从新启蒙阵营中分化出来的部分知识分子主动担当起了批判国内自由主义、消除社会不公正的历史重任，他们凭借自身的学术努力，并通过与自由主义的不断争论，由此带动着中国新左派思潮的发展。

可见，中国新左派思潮俨然是作为自由主义的对立面而存在的，它在与自由主义论争的过程中自然要有其代言人。然而，新左派思潮并不是一个系统完备的理论体系，国内学界对中国左派阵营的划分也存有异议。更为重要的是，目前官方只是在国内左右派阵营不触及主流意识形态安全底线的情况下默许其存在，但尚未对中国左右派阵营予以准确的概念界定。这就表明，对新左派思潮代表人物的认定，既没有政府部门的权威指示可以依据，也没有具体标准可供参照。但就当前国内思想界和学术界而言，通常认为崔之元、甘阳、汪晖、陈燕谷、韩毓海、韩德强、王绍光、张宏良等人是新左派思潮的代表性人物。这些新左派人士极为关注国内市场化改革过程中所涌现的社会不公、阶层分化、腐败丛生等社会问题，他们自称是社会的卫道士、救世主和启蒙者，凭借强烈的问题意识和知识分子的特有良知对中国新自由主义式市场化改革的弊病展开批判，为促进社会平等和实现社会公正摇旗呐喊。不过，无论是对国内社会矛盾问题的无畏揭示，还是与自由主义的针锋相对，这些新左派人士并不满足于口头式的说教，他们更注重通过学术影响力来传达自身的理论主张和价值诉求。早在 20 世纪 90 年代初期，这些新左派人士就已经开始通过借助报刊来表达对社会问题的关注，并就此提出相应的解决方案。即使后来在与自由主义争论中，新左派人士也是借助学术性色彩浓厚的期刊来表达其思想观点的。从最初的《读书》《二十一世纪》等纸质媒介到如今的"共识网""乌有之乡""民族复兴网""毛泽东旗帜网"等网络平台，都闪现着新左派人士通过学术理论阵地而阐释、宣扬其价值理念的身影。其实，中国新左派思潮正是这些知识分子学术主张相对理论化、系统化的成果，也正是新左派知识分子的学术努力，一度推动着中国新左派思潮的持续发展。

三、当代中国新左派思潮的发展

虽然改革开放早在党的十一届三中全会后就已成为官方主导社会发展的新政治话语和意识形态，但真正促使中国经济市场化改革迈出实质性步伐的是发生于 1992 年的两件大事，即"南方谈话"的发表与社会主义市场经济体制目标的确立。不可否认，中国经济转轨所采取的市场化改革模式极大地促进了人们思想观念的解放和社会生产力的发展,中国也由此取得了举世瞩目的经济繁荣与文明进步。然而,从全球化背景下观照中国的经济繁荣与文明进步,一方面是难以遮掩的国内普遍存在的社会不公、贫富分化、官场腐败、消费主义盛行等现实矛盾和问题,另一方面是难以改变的由发达资本主义国家主导的不平等不公正的国际经济政治秩序。围绕上述两个方面,中国新启蒙知识界再次分化,其分化的一个重要结果就是新左派思潮的诞生。从20世纪90年代初算起,中国新左派思潮大致经历了三个发展阶段。

首先,20世纪90年代初期中国新左派思潮的兴起阶段。改革开放以来,受资本逻辑和市场驱动的负面影响,国内经济建设在某些时段遵循了一条发展至上主义的路线。正是这种将发展效率、资本利润置于首位的实用主义,为20世纪80年代末期和90年代初期国内贫富分化、腐败滋生等社会不公正现象的滋生和蔓延创造了条件。然而,这种以严重破坏社会公正为代价的经济发展方式,即使当时能够带来可观的经济效益,但从长远来看,并未能产生有利于环境优化、道德提升、民生改善和社会稳定的社会效益。尤其是在1992年以后,国内民众已经无法忍受经济市场化改革过程中的种种不公正现象。对此,汪晖曾指出:"'南方谈话'的直接后果是大量开发区的出现和期货市场、证券股票市场和房地产市场的开放,这些因素构成了当代中国新富人阶层的出现与制度性腐败的政策前提和市场条件,提供了不同层次的政治精英与经济精英(国内的和国际的)合二而一的历史条件,这是一个在不平等条件下重新制造社会分化与阶级分化的过程,并孕育着长远的社会危机。"[①]而在社会分化与社会危机面前,人们不得不为中国摆脱经济转轨困境和解决市场化改革矛盾寻找新的出路。这一时期,崔之元、甘阳等人对国内社会市场化改革路线的质疑和对中国自由主义的批判,成为新左派思潮兴起阶段的主要特征。

甘阳、崔之元二人分别于1993年、1994年在香港《二十一世纪》杂志发表了《乡土中国重建与中国文化前景》和《制度创新与第二次思想解放》两篇文章。前者立足于改革开放以来中国乡村的巨大变迁,思考冷战后中国社会和文化的发展前景,并尝试通过分析国内乡镇企业崛起特点和中国传统文化固有特征来否决中国市场化改革所依据的"西方现代性"标准。在甘阳看来,"如果不充分着眼于乡土中国种种世界独一无二的条件,硬性按照西方现代性的标准去追求经济与社会的分离、企业与社区的相对独立等等,其结果多半不是变落后为不

---

① 汪晖:《去政治化的政治:短20世纪的终结与90年代》,生活·读书·新知三联书店2008年版,第128页。

落后,而是将'落后的优势'变成'无优势的落后'"①。为此,他提出了以"中国现代性"替代"西方现代性"的方案,即让扎根于乡土中国的乡镇企业走出一条不同于西方国家的工业化道路,以此确保中国社会的后发优势。后者则从制度创新和理论创新的视角,论证了中国经济政治体制改革无须与西方国家自由民主制度相统一。崔之元通过列举我国改革开放过程中形成的"股份合作制""村民委员会选举"等具体事例,严厉批判了国内自由主义者的"制度拜物教"情结。他认为,国内自由主义者将美国公司制等同于"市场经济"、将西方多党制化约为"民主"的做法,对人们正确辨识中国现实社会中正在发生的各种制度创新造成了严重障碍。为此,他主张通过进行"第二次思想解放运动"来摆脱国内自由主义者"制度拜物教"的思维定势,进而促使那些在我国改革开放过程中所涌现出的大量制度创新能够得到国内外社会的认可和研究。可以说,这一时期甘、崔二人对中国现实社会问题的价值关切和对自由主义经济市场化改革的质疑批判,基本规制了日后中国新左派思潮的发展方向及其与自由主义的论争主题。

其次,20世纪90年代后期中国新左派思潮的突起阶段。进入90年代中后期,中国市场化改革所导致的社会矛盾与问题更加凸显。美国著名经济学家卡尔·里斯金通过对比同期世界上其他国家收入差距揭露了此时中国日益严重的贫富悬殊状况。他指出:"在中国,发展、不平等和减少贫困之间存在特殊的关系,这里收入的不平等正在急剧地恶化。在2001年,中国的基尼系数达到0.458,这使中国进入'全球收入最不平等的40个国家'之列。"②国内严重的贫富两极分化、国有资产大量流失、贪污腐化等社会不公现象,再次刺激了新左派人士的敏感神经。他们认为,正是市场本身的内在缺陷导致了这些现象,当前国内一切社会弊病都是资本主义早期发展阶段出现过的"西方病""市场病",而中国社会发展所面临的最为紧迫的任务就是超越资本逻辑、纠正市场机制和促进社会公正。为此,新左派思潮对国内自由主义一贯倡导的"市场拜物教""西方现代性"等主张不以为然,并对其抽象化的"市场"和"市场化过程"等观点进行了更为猛烈的批驳。也是在这一时期,新左派思潮与自由主义之间的论争开始由幕后走向前台,两者的交锋真正由"水下"浮出"水面"。而这次思想论争成为继五四时期"问题与主义"之争后,20世纪中国思想理论界的又一重要文化

---

① 罗岗、倪文尖:《90年代思想文选》第3卷,广西人民出版社2000年版,第202页。
② 姚洋:《转轨中国:审视社会公正和平等》,中国人民大学出版社2004年版,第202页。

景观。

最先挑起此次论争的当属新左派。作为中国新左派思潮的旗帜性人物，汪晖早在1994年就已经写成了《当代中国的思想状况与现代性问题》一文，并于1997年在国内《天涯》杂志予以公开发表，该文也由此成了新左派思潮与自由主义论争的导火索。在文中，汪晖以左翼批判理论反思西方现代性问题和中国市场化改革，认为以市场化为导向的经济转轨不仅导致了中国进入资本主义市场社会，而且还把中国纳入了全球资本主义生产体系之中，中国经济已成为世界资本主义市场的一个活跃部分。汪晖还进一步揭示了被市场经济所掩盖的现代社会不平等关系及其权力结构，要求冲破自由主义对市场保障个人自由权利、限制国家权力扩张的迷思和幻想。他指出："经济自由主义的论述掩盖了中国的市场形成与国家改革计划的关系，创造了作为一种自然范畴的'市场'概念，却丧失了分析市场关系内部的那些支配与被支配的权力关系。这种权力关系不仅是社会腐败的主要根源，而且也是社会资源的不平等分配的基本前提。"[①]在他看来，要想根除权力腐败与资源不平等分配等社会不公现象，就必须摆脱由市场法则支配一切社会生活的市场社会。为了深化对自由主义激进市场化改革的批判，时隔四年即2001年，汪晖在《台湾社会研究季刊》发表了《"新自由主义"的历史根源及其批判——再论当代中国大陆的思想状况与现代性问题》。面对新左派人士的自由主义批判，国内自由主义知识分子也纷纷撰文予以回应，如朱学勤的《1998年自由主义学理的言说》、汪丁丁的《启蒙死了，启蒙万岁！——评汪晖关于'中国问题'的叙说》……这期间，新左派人士（如汪晖、韩毓海、王彬彬、陈燕谷、旷新年）与自由主义知识分子（如朱学勤、徐友渔、汪丁丁、刘军宁、李慎明、盛洪）以《天涯》《读书》《二十一世纪》等杂志为理论阵地，展开了一场跨世纪的思想争论。诚如美国学者汤本指出的那样，这次思想争论是"中国大陆的热忱的爱国者们，面对2000年世界新格局而对未来中国的经济政治道路再次抉择的理论探讨"。也正是缘于此次思想争论，中国新左派思潮异军突起。

再者，新世纪以来的中国新左派思潮的分化转化阶段。新世纪以来，虽然像20世纪90年代那种新左派思潮与自由主义激烈论争的场面不复存在，但两者之间的交锋并未就此落幕，而是蔓延至今。在官方市场化改革既定政策的宏观背景下，相对于自由主义而言，新左派思潮并未取得与之对等的话语权，其影

[①] 公羊：《思潮：中国"新左派"及其影响》，中国社会科学出版社2003年版，第32页。

响力较多地存在于底层社会民众中。不过新左派思潮对社会平等、公正等价值理念的强调,以及对传统社会主义体制内部原有思想资源、政治遗产的挖掘,为其革新和发展自身提供了强大的动力源。但问题的关键是,面对市场化改革带来的中国经济科技实力增强与国际地位国际影响力提高的现实,新左派思潮能否在坚持自身批判立场和革命叙事的同时,保持其以往与自由主义论争的风采?而对这一问题的前提预设,昭示了新左派阵营内部不可避免的分化与转化趋势。以"北京共识"的提出和国际金融危机后"中国模式"的热议为界标,中国新左派思潮进入了明显的分化和转化阶段。

十一届三中全会以来的国内市场化改革造就了中国经济社会发展史上的奇迹,社会主义现代化建设成果世人瞩目。而这一切发展业绩的取得,与国内自由主义所力倡的经济市场化改革有着千丝万缕的关联。在改革开放所取得的辉煌成就面前,新左派人士的传统批判多多少少显得苍白无力。为了顺应国内外发展形势的需要和重塑自身社会卫道士的角色,新左派思潮必须在理论主张和实践策略上作出某些调整,以期在与自由主义的争锋中扩大民众基础。其实,中国新左派阵营并不是一个统一的学术思想阵地,在其衍生早期就已经存在着分化的趋势。如甘阳就倾向于将中国新左派理解为"自由左派",并指出中国新左派是 90 年代国内自由主义知识分子分化的产物。他还特别强调:"中国'新左派'之所以是'自由左派',即在于他们基本是以当代西方自由主义思想和理论为自己的主要理论参照,而对当代西方保守主义则保持比较保留的态度。"[①]然而,令人大跌眼镜的是,甘阳对中国新左派思潮的理论定位并没有得到其他新左派人士的积极响应。比如汪晖就一度反对用给别人戴帽子的方式来概括国内思想理论界的分歧,他对思想理论界被冠以"新左派"与"自由主义"之争的做法不以为然。时至今日,新左派阵营内部仍在分化[②],但这种分化并没有触及或改变新左派思潮固有的"左"倾批判立场。明确地说,新左派思潮发生转化是近些年的事情。随着 2004 年"北京共识"的提出和 2008 年"中国模式"的热议,新左派思潮内部的一些人士掉转笔头,不再一味地质疑、批判市场经济和改革开放,转而总结起中国市场化改革的成功经验,盛赞"中国模式"。更有新

[①] 公羊:《思潮:中国"新左派"及其影响》,中国社会科学出版社 2003 年版,第 212—213 页。
[②] 关于此类观点可参见武汉大学杨军教授《三类左派阵营的思想关注点》一文。杨教授在该文中将当前中国左派阵营划分为三类:第一类是存在于体制内的左派,特指那些高校和科研院所的工作人员;第二类是存在于体制内外的极左派,亦即传统"老左派";第三类是新左派,多指那些有海外背景的知识分子。

左派人士围绕"中国模式"著书立说,俨然成为"中国模式"的政策设计者和理论阐释者,如王绍光认为中国60年的发展是坚持社会主义方向的结果;汪晖将中国60年的发展经验归结于中国独立而完备的主权性格。对于部分新左派人士主动拥抱改革开放、讴歌"中国模式"的这一反转态度,学者许纪霖将之称为中国新左派人物的"集体右转",即全面拥抱国家,主张国家主义。可以预见的是,随着党和政府对中国经济社会发展顶层设计的加强和完善,未来中国新左派思潮将会迎来更加深刻的转化。

第二节 当代中国新左派思潮的学理分析

从学理层面探讨某一社会思潮的价值取向是人们科学认知、准确把握其演进过程、发展规律和理论诉求的一个重要切入口。即是说,从理论渊源、心理基础和表现形态等方面对新左派思潮予以学理层面的解读,显然有利于拓宽当前国内外学界研究中国新左派思潮的广度和深度。

一、当代中国新左派思潮的理论渊源

新左派思潮在当代中国的产生,既有前文指出的国内社会结构和权力变迁的现实根源,更有自身所赖以存在和发展的理论源头。仅就后者而言,当代中国新左派思潮有着深厚的理论渊源。比如,高力克在界定中国新左派概念时指出:"所谓中国'新左派'是各种左翼批判思潮的混合体,其思想资源包括马克思主义、社会主义、世界体系理论、法兰克福学派、共和主义、社群主义、后现代主义、后殖民主义等各种非自由主义理论。"[①]另外,萧功秦从中国新左派知识分子学术背景的角度考察了新左派思潮的理论基础,认为中国新左派思潮至少包括"西方左派的法兰克福学派与后现代主义文学批评""西方左派'依附性发展'经济学理论与'文革'经济思想""'后殖民主义理论'与东方主义"等三个方面的理论资源。通观新左派思潮在当代中国的缘起与发展,除了上述两位学者所说的西方马克思主义对中国新左派思潮的理论影响外,国内社会"左"倾传统和老左派思潮也为新左派思潮在中国的衍生与发展提供了资源借鉴。

首先,西方马克思主义的兴起。从本质上说,左翼批判理论构成了西方马克思主义的核心内容,该内容赋予了当代中国新左派思潮浓厚的西方左翼先锋

[①] 许纪霖、罗岗:《启蒙的自我瓦解:1990年代以来中国思想文化界重大论争研究》,吉林出版集团有限责任公司2007年版,第196页。

理论色彩。"所谓西方马克思主义,主要是指西方发达资本主义国家中的思想家对马克思主义理论的解读,用马克思主义的视角来批判当代资本主义社会。"①然而,西方马克思主义的形成背景与内容体系相当复杂。一般来看,西方马克思主义的诞生往往是以20世纪20年代卢卡奇、柯尔施等人对马克思主义进行人道主义阐释为标志。二战后,西方左翼思想家既看到了新科技革命为西方各国经济、政治、文化等社会结构带来的新变化,也目睹了资本主义社会矛盾的加剧和苏联东欧社会主义集团内部的弊端,并对这些新变化和弊端进行了广泛思考与关注。随着五六十年代英美诸国新左派运动的发展,以及《新左派评论》《社会主义纪事》等左翼理论阵地的开辟,西方马克思主义在迎来发展鼎盛时期的同时,也由一种纯粹的学术理论嬗变为指导社会运动的政治思想。西方新左派运动纷纷从法兰克福学派、存在主义的马克思主义、结构主义的马克思主义等西方马克思主义中汲取有益资源,马尔库塞、萨特、阿尔都塞、哈贝马斯等人一度成为各国新左派运动的"精神领袖"。

在影响中国新左派思潮的诸多西方马克思主义流派中,尤以法兰克福学派社会批判理论和依附理论最为显著。法兰克福学派作为西方马克思主义较早的一支流派,它是一个以批判的社会理论著称的综合性研究群体,其代表性人物有霍克海默、阿多诺、本雅明、马尔库塞、哈贝马斯、施密特等人。该学派基于马克思、卢卡奇等人资本主义的社会批判理论,通过综合哲学、法学、经济学、社会学等学科对资本主义社会进行综合分析,在此基础上得出"批判"是马克思主义的本质特征,也是一切思想理论应有的社会功能。法兰克学派进一步指出,"批判理论"的实质就是要对资本主义社会持有一种彻底批判、彻底否定的态度。当代中国新左派思潮承继了法兰克福学派的"批判理论",并以此为指导致力于对资本主义制度及其意识形态的批判。中国新左派人士还在揭露西方政治、经济、文化霸权的基础上,提出要摆脱西方现代性道路而追求中国自身发展的本土化道路。依附理论最初是由阿根廷经济学家劳尔·普雷维什于1949年提出的"中心—外围理论"演化而来,后经埃及经济学家萨米尔·阿明的发展而备受中外新左派人士推崇。该理论认为,在当今资本主义占主导地位的情况下,世界体系可分为以北美、西欧和日本为主的"中心部分的资本主义组成体"和以广大第三世界国家为主的"外围部分的资本主义组成体"两部分。正是国际社会中这种"中心—外围"结构的长期存在,一度诱发了发达国家和发展中国

---

① 匡萃坚:《当代西方政治思潮》,社会科学文献出版社2005年版,第440页。

家之间剥削与反剥削、压迫与反压迫的阶级斗争。根据西方马克思主义的依附理论,中国新左派人士仿佛寻找到了用于批驳资本主义社会制度、经济体制的思想武器。对此,部分新左派人士认为:"所谓依附性绝不是通常所说的互相依存的关系,而是从属或屈从的不平等的权力关系,依附理论是关于一种特殊形态的资本主义'发展'形式的理论。"①正是基于这种认识,批判资本主义世界体系、避免西方资本主义现代性弊端成为当代中国新左派思潮内容的一个重要方面。

其次,国内社会"左"倾文化传统的影响。中国社会"左"倾文化传统有着久远的历史根源。对此,高放教授曾指出:"封建社会遗留下来的众多消极因素成为滋生左的思潮的肥沃土壤。大量自然经济的手工劳动小生产者、农民的平均主义、君主专制主义、个人集权制、领导职务终身制、等级制、家长制、个人崇拜、官僚主义等,都使左的东西更加根深蒂固,更具群众基础,并成为左的历史根源。"②事实上,封建社会确实也为中国新/老左派思潮的产生和发展提供了可资借鉴的资源。就中国新左派思潮要求实现社会平等、促进社会公正的理论主张而言,其与封建社会节制资本、力求均等、倡导共享等价值观念有着高度契合性。尤其是在传统儒家文化中,民生思想历来为儒家圣贤所倚重,"均平"思想在儒家经典中随处可见。如孔子"不患寡而患不均,不患贫而患不安"(《论语·季氏》)的"均民"思想、孟子"制民之产"(《孟子·梁惠王上》)的"利民"思想、荀子"天之生民,非为君也。天之立君,以为民也"(《荀子·大略》)的"爱民"思想,都在一定程度上显示出儒家文化传统中"平均主义"的思想倾向。就其最为突出的表现来说,中国历史上无数次农民起义口号都有着强烈的均等诉求。从秦末陈胜、吴广起义"王侯将相宁有种乎"到北宋王小波、李顺起义"吾疾贫富不均,今为汝等均之",从明末李自成起义"等贵贱,均田免粮"到清末洪秀全太平天国起义"无处不均匀,无人不饱暖",这些起义口号中所流露出来的儒家"均平"思想,已深深烙印在人们心中。即使到了近代,康有为的大同空想、章太炎的平等观念以及孙中山的民生主义,也都在一定程度上受制于儒家文化中的"均平"思想和民生传统。正是基于这样一种悠久的文化根底和普遍的文化心理,中国新左派人士强烈谴责国内市场化改革过程中出现的不平等不公正现象,并尝试以关注弱势社会群体的姿态对中外自由主义展开批判。

另外,中国新民主主义革命时期和社会主义建设初期的"左"倾思想也是新

---

① 公羊:《思潮:中国"新左派"及其影响》,中国社会科学出版社2003年版,第57页。
② 高放:《高放政治学论萃》,团结出版社2001年版,第63页。

左派思潮的重要理论来源之一。在近现代中西政治传统中,"左派人士因为相信平等而支持某种形式的社会主义,右派人士因为相信自由而支持某种形式的自由市场资本主义"①。照此推理,主张平等的社会主义当属于左派,而信奉自由的资本主义当属于右派。基于这样一种价值评判和认知标准,中国共产党人曾教条式地理解并运用马克思主义,而甘愿做社会主义左派的先锋,以致在社会主义革命和建设过程中多次犯了"左"倾错误。其中,民主革命时期以王明、博古为代表的"左"倾冒险主义和社会主义建设初期"大跃进""人民公社化""文化大革命"的极左路线运动,为中国革命和建设事业留下了沉痛的教训。对此,邓小平同志沉痛地回忆说:"'左'带有革命的色彩,好像越'左'越革命。'左'的东西在我们党的历史上可怕呀!一个好好的东西,一下子被他搞掉了。"②虽然后来我们党在《关于若干历史问题的决议》(1945)、《关于建国以来党的若干历史问题的决议》(1981)等文件中对历史上"左"的倾向和错误作出了深刻反思,但在社会土壤已经生成的情况下,"左"倾思想并不可能彻底消失,它时刻在寻找泛滥开来的机会。所以说,当前国内新左派思潮在肯定传统社会主义体制和做法时所持有的"左"的倾向,与中国社会主义革命和建设时期遗留下来的"左"倾思想可谓是一脉相承。

再者,老左派思潮的理论借鉴。作为中国左派阵营的两个重要分支,新左派思潮与老左派思潮的历史勾连可谓是错综复杂。老左派思潮向来以坚持正统马克思列宁主义、毛泽东思想自居,公有制、计划经济和阶级斗争是其核心内容。马立诚在分析改革开放以来老左派30多年抗争史的基础上,对中国老左派思潮的相关内容进行了概括。他认为:"老左派思潮的特点,是坚持斯大林僵化的社会主义模式,坚持毛泽东晚年左倾思想,坚持'以阶级斗争为纲',否定改革开放,批判市场经济,尤其恐惧私营经济的发展。"③而在这些特点当中,中国老左派思潮最为显著的特征是对毛泽东晚年思想政治遗产的直接继承,多数老左派人士曾高度赞扬毛泽东晚年提出的无产阶级专政下继续革命的理论,并高调宣称支持毛泽东时代的"文化大革命",主张发挥"文革"中所谓的"合理因素"。老左派思潮虽在思想来源、队伍构成、论战方式、主题表达等方面与新左派思潮略有差异,但老左派思潮率先对经济市场化转轨的警醒,对社会主义公有制经济主体地位的捍卫,以及对现实社会中腐败丛生、贫富分化、环境恶化、

---

① [加]威尔·金里卡:《当代政治哲学(上)》,刘莘译,上海三联书店2004年版,第4页.
② 《邓小平文选》第3卷,人民出版社1993年版,第375页。
③ 马立诚:《最近四十年年中国社会思潮》,东方出版社2015年版,第68页。

法治不彰等现象的揭示和批判,都为后来中国新左派思潮的产生与发展提供了本土资源。即是说,新左派思潮能够从老左派思潮那里获取自己所需的理论资源,中国新左派思潮与老左派思潮之间有着内在的共同性。

一是新左派思潮在批判资本主义自由市场经济方面与老左派思潮旨趣相同。反对资本主义是中国新/老左派思潮的一贯立场。老左派人士更是将兴无灭资和建立无等级、无资产阶级法权的平等社会作为毕生奋斗目标。在批判资本主义自由市场经济方面,新左派人士更是走在了老左派人士的前面。新左派思潮认为,市场经济乃是资本主义的化身,市场经济与资本主义之间并无二致,推行经济市场化改革就是迷信资本主义制度,就是走西方资本主义道路。据此,新左派人士认为市场化改革已导致中国处于资本主义社会,国际资本主义在中国的扩张是国内各种社会问题滋生的根源所在。二是新左派思潮在维护社会主义公有制主体地位方面与老左派思潮目标等同。老左派思潮始终将私有制视为社会主义政权的最大威胁。从"南方谈话"发表前"姓社姓资"的争论到20世纪90年代中期"姓公姓私"的论争,老左派人士都表现出对私营经济和私有制的敌视态度。面对这一时期国内私营经济空前的爆炸性增长,老左派人士甚至以散发"万言书"①的形式为公有制经济"正名"。新左派思潮竭力批判国内自由主义私有化改革,正是汲取了老左派思潮历来维护社会主义公有制经济的理论精髓。三是新左派思潮在关注社会底层、关怀弱势群体方面与老左派思潮情怀一致。老左派人士向来痛恨私有化改革对社会底层的剥削,他们不但把斗争矛头对准私人企业主和暴发户,而且还把抨击对象锁定于那些以钱买权、以权换钱的社会强势群体。新左派人士从老左派那里接过正义之剑,将平等、公正视为自身核心价值,对国内经济转轨过程中那些损害底层民众利益的贫富分化、贪污腐化等社会不公现象进行了言辞激烈的批判。新左派思潮本身所包含着的底层情怀和草根情结,使其更加关注新时期社会分化过程中那些边缘弱势群体的利益。

---

① "万言书"是政治斗争惯用的一种宣传手段。20世纪90年代中后期老左派人士迫于官方对"左"倾思想的痛击和媒介对"左"的腔调的警惕,便更换斗争方式来控诉私有制和私营经济对社会主义公有制经济主体地位的侵害。当时比较有影响的"万言书"有四份:1995年春秋的《影响我国国家安全的若干因素》和《未来一二十年我国国家安全的内外形式及主要威胁的初步探讨》,1996年年底的《关于坚持公有制主体地位的若干理论和政策问题》和1997年年初的《1992年以来资产阶级自由化的动态和特点》。

二、当代中国新左派思潮的心理基础

社会思潮在本质上属于社会意识范畴,任何社会思潮的衍生、发展都是社会变迁诱发社会心理变化的结果。但与一般社会意识不同,社会思潮是社会心理上升为社会理论的展现形态,其实质是社会新型价值观念(亦即那种带有一定意识形态诉求的价值观念)的萌动和形成;而一定时期内人们社会心理在价值取向和理想追求方面所具有的同质性,又使社会思潮总能够以新观念引领新时尚。如果"没有一定的社会心理基础,社会思潮就不可能流行、传播开来,就无法发挥广泛的社会影响,也就难以成为思潮。一种社会思潮的社会心理越广泛,就越具有普遍性和典型性,就越容易产生出相关的理论体系"①。这就表明,在社会心理诉求向意识形态转化与意识形态沉淀为社会心理诉求的双向流动过程中,社会思潮是其中介环节。如果从心理发生学角度来讲,社会思潮可以看作是对社会心理波动的折射与回响。然而,社会心理不单单是社会思潮产生与存在的前提和基础,而且还是社会思潮的内在构成要素。由此可知,"要了解某一个国家的思想文化的变迁,只知道它的经济是不够的,必须知道如何从经济进而研究社会心理;对于社会心理若没有精细的研究与了解,思想体系的历史唯物主义解释根本就不可能"②。可见,唯有立足于经济基础上的社会心理分析,才能真正做到对作为"思想体系"的当代中国新左派思潮进行"历史唯物主义解释"。

首先,当代中国新左派思潮的衍生与传播有着潜在的文化心理。社会思潮的发生发展深受文化心理的影响。这是因为,文化心理结构内在地决定着人们会以何种方式来加工改造本民族传统的思想观念,进而左右社会思潮的衍生与传播。尽管新左派思潮衍生于20世纪90年代中后期,但其生成与发展的文化心理可谓源远流长。自秦汉以来,中国历代封建统治阶级所推行的重农抑商政策构成了平衡与稳定社会政治制度、道德伦理和民众心理的重要组成部分。如果用今人的眼光来看,当时我国封建社会所推行的"抑商"政策实际上就是古代版本的对市场、资本的利用与限制。中国封建社会这种抑制市场、资本发展的"左"的文化心理绵延至今,也为西方学者将华夏文明贬低为阻碍资本主义发展的文明提供了口实。近代以降,"这种文化心理依次体现为20世纪初叶孙中山的'节制资本'观念、20世纪中期毛泽东的社会主义运动以及20世纪末的'新左

---

① 王柄权:《论社会思潮的意识特性》,《高校理论战线》2011年第8期。
② 《普列汉诺夫哲学著作选集》第2卷,生活·读书·新知三联书店1959年版,第272—273页。

派'思潮"①。可见,中国新左派思潮在借鉴、汲取西方现代左翼理论资源的同时,还注重发掘中国历史传统的文化心理和民族情感等思想资源。新左派思潮之所以能够沿着中国世俗化改革轨道兴起和发展,在很大程度上就依赖于民族传统中"节制资本""均平共富"的文化心理。

由于同经典马克思主义作家所畅想的理想社会状态相契合,中华民族这种"左"的文化心理一度被教条式地诉诸新中国成立初期的社会主义建设实践之中。20世纪50年代末期至70年代中后期国内接连发生的"大跃进"、人民公社化和"文化大革命"等极左运动,无不与传统"左"的文化心理有着千丝万缕的关联。虽然我们党在"文革"后及时开展了拨乱反正、思想解放等工作,但"经历过'文化大革命'的中国民众,在文化心理上也有'文革'理论残余的心理积淀,很容易受其影响"②。这就意味着,"左"的文化心理经过传统与现代的双重耦合,使得国人极易从浪漫主义的视角反思市场化改革中所涌现的社会矛盾与问题;而现实景状与历史回顾和未来展望之间的巨大落差,又不断加深着国人在情感层面对"左"的文化心理的认同。当前国内新左派思潮恰恰抓住了人民大众文化心理上的"左"的倾向,通过借助各种会议场合、媒体平台以似是而非的言论表达着为底层民众辩护的道义责任感。比如新左派人士多是从文化心理的视角表达着对社会不公正现象的关切、对国家已被"资本主义化"的恐慌和对基层民众将沦为"被资本家奴役的奴隶"的忧虑,以此来赢得和增进民众对其价值理念的认同。

其次,当代中国新左派思潮的衍生与传播有着强烈的民族心理。学界普遍认为:"民族心理是指在一定的社会历史条件下,构成一个民族的人们通过共同的感觉、知觉、思维、情绪、思想感情、性格特征等心理活动形式表现出的对客观事物的反映。"③这就意味着,民族心理既可以内在地呈现为一种社会群体心理运动的民族主义情结,也可以外在地演绎为对民族认同感、民族归属感和民族自豪感的优化与提升。对于拥有五千余年悠久而灿烂文明史的中华民族而言,民族团结、国家统一的历史传统在缔造国人民族情感、民族情结和民族情绪的同时,也派生出强烈的民族心理,且这种民族心理上的认同在唤醒民族意识、促进民族团结、维护国家统一等方面发挥着重要作用。对此,我们可以从洋务运

---

① 公羊:《思潮:中国"新左派"及其影响》,中国社会科学出版社2003年版,第5页。
② 萧功秦:《警惕新左派的极左化危险》,《人民论坛》2016年第3期。
③ 高永久:《论民族心理认同对社会稳定的作用》,《中南民族大学学报(人文社会科学版)》2005年第5期。

动、戊戌维新、辛亥革命、五四运动、抗日战争中管窥到民族心理在凝心聚力方面所起到的积极作用。正是基于民族心理之于民族国家的强大整合作用,近代以来国内诸多社会思潮都试图通过与民族心理的结合而实现其扩大信众群体和左右社会发展的目的。中国新左派思潮恰是那种凭借着国人强烈的民族心理认同而在全球化背景下愈演愈烈的社会思潮,国内新左派人士也往往通过对全球化的批判强化着国人的民族心理认同和民族主义情绪。

新左派思潮认为,全球化编织了一个等级化的、不平等的结构。在这个结构中,发展中国家只能沦为发达国家剥削和奴役的对象。20世纪90年代中国面向全球化的经济改革过程,其实就是一个逐渐被资本主义化、被殖民主义化的过程。也正是这样一个过程导致了中国社会集权体制与资本一体化格局的出现,以及大量社会矛盾与问题的涌现。然而,在新左派人士看来,全球化造成的苦难远非如此。"资本主义的全球化过程已经成为当代世界的最为重要的世界性现象,中国的社会主义已经将中国的经济和文化生产过程纳入到全球市场之中。在这样的历史条件下,中国的社会文化问题,包括政府行为本身,都已经不能在单一的中国语境中加以分析。"[①]按照新左派思潮的理论分析框架,全球化是引发中国社会矛盾与问题的根源所在,既然全球化已经把中国编织进由资本主义主导的世界市场,那么反对全球化、退出世界市场也就成为解决所有社会问题与矛盾的根本出路。为此,新左派思潮历来对中国所实施的融入全球化政策予以批评,一方面以反抗全球资本霸权和暴力为由挖掘普遍的民族心理资源,另一方面又以抵制资本主义制度的方式嫁接国内流行开来的民族主义情绪。最近几年,随着中国经济的腾飞,新左派思潮对民族心理的开掘方式也由先前的纯粹批判全球化转向盛赞"中国模式"。无论这种转向能否成功,但在新左派人士的潜意识里,其正是基于反对资本主义立场而实现着继续促进民族觉醒和发掘民族心理的目的。

再者,当代中国新左派思潮的衍生与传播有着现实的社会心理。社会思潮是社会心理的表征。较之于国内其他社会思潮,新左派思潮更具有现实社会基础,它在很大程度上是国内知识分子对我国改革开放进程中社会问题的一种自觉的理论反思,且这种理论反思极大地迎合了那些因不满改革或因改革失落的社会心理。20世纪90年代中后期以来,市场化改革在带来经济发展和城市进步的同时,也加剧了社会利益和阶层的分化,从而导致了城市农民工、失业人

---

① 公羊:《思潮:中国"新左派"及其影响》,中国社会科学出版社2003年版,第7页。

员、贫困人群等社会边缘群体的大量涌现。另外,这一时期国内贫富分化、腐败蔓延、道德滑坡等现象也一再刺激着社会大众的敏感神经。相对于遮蔽甚至无视利益分野和劳动人民权利诉求的国内自由主义而言,新左派思潮有着浓厚的为民情怀,它更加关注中国社会现实和底层,强调转型时期社会分化中弱势群体的利益,率先抢占道义与正义的制高点,因而能够激起民众社会心理上的强大共鸣,并产生相当大的社会影响力。一般而言,新左派思潮主要从以下两个方面集聚民众的社会心理资源。

一是以怀旧情绪为依托渲染民众社会心理普遍存在的对中国改革开放前历史时期的眷恋意识。新左派人士认为,中国的市场化改革非但未能有效解决前计划经济时代的遗留问题,反而滋生出市场经济时期的新生问题。新左派思潮在对这些问题进行痛彻指陈和批判的同时,也利用民众对贫富差距拉大、腐败等社会不公现象深恶痛绝的心理,引领人们回忆并向往那个绝对平等、绝对公正的"毛泽东时代"。二是以忧患意识为导向扩大民众社会心理普遍存在的对中国现时期市场化改革的疑虑。新左派人士历来对中国改革开放所实行的"发展主义"政策持有异议,即使中国在经过40多年的改革开放取得了历史上无法比拟的发展成就,但这并没有彻底打消他们对市场化改革的担忧和疑虑。在部分新左派人士看来,以市场化改革为导向的经济发展模式充斥着太多的不确定性与不稳定性,而这种不确定性与不稳定性背后隐藏着工人失业、经济失调和社会失衡的风险,一旦中国经济发展遭遇某种挫折或困境,国内社会矛盾和问题必然会无限扩大。新左派思潮的这种担忧与社会公众普遍存在的心理焦虑遥相呼应,且这种心理焦虑为新左派思潮的生成与发展提供了社会土壤。

三、当代中国新左派思潮的表现形态[①]

当代中国新左派思潮在其演变和发展过程中有着自己的表现形态。面对20世纪90年代以来国内市场化改革过程中涌现的贫富分化、腐败蔓延、国有资产流失等新问题,以及国际社会左翼力量在谴责资本主义制度弊端、批判新自由主义政策方面的新趋势,中国新左派思潮唯有不断自我革新,才能以新的面貌或姿态顺应社会发展需要和时代发展需求。然而,作为一个思想阵营,中国新左派思潮虽然有着内在的理论基础和实践诉求,但其成分却极为复杂。比

---

① 该部分主要内容以及后文中"当代中国新左派思潮的观点透视""当代中国新左派思潮的引领路向"等两章节部分的主要内容,经过整理提炼后已以《中国新左派思潮的当代解析》为题、竞辉独作的形式发表在《探索》2018年第1期,特此说明。

如,既有人教条式地坚持马克思主义和毛泽东思想,据此提出绝对的公正、平等和正义等极端价值主张,也有人经验式地将当代中国市场化改革过程中的现实问题视为资本主义问题而给予评说,并对传统社会主义的某些理念(如纯粹公有制、大众民主、计划经济等)持肯定态度。新左派人士这种在思维路径选择、政治立场强弱、价值转型快慢等方面存在的差异性,决定了新左派思潮必然要以相应的形态予以呈现。

其一,借助于道德优势和政治正确之名而扭曲主流意识形态话语的激进左派思潮。新左派思潮向来以关注社会底层、关怀弱势群体而赢得道德优势,以坚守马列主义而奉行政治正确。作为一种"左"倾意识形态范畴,"新左派中的激进派不但会拉拢社会群众,而且还会从'左'的方面来攻击执政党的既定方针,通过改革开放而形成的执政党的合法性的新道统,就会受到挑战威胁"①。可见,激进左派思潮虽然承袭了一般新左派思潮的批判意识,但其囿于"左"的立场扭曲主流意识形态话语和稀释执政党合法性的做法,不仅使其非此即彼的思维定势暴露无遗,而且还使其引以为豪的道德优势和政治正确弥漫着非理性色彩。比如,激进左派思潮过分夸大中国市场化改革过程中涌现的社会矛盾和问题,将社会转型时期客观存在的诸如腐败、贫富差距、国有资产流失等社会不公现象视为"资本主义本质的再现"。鉴于此,激进左派人士历来对改革开放这项基本国策抱有不满,认为改革开放造成了国际资本主义在中国的极度扩张,中国已经步入资本主义社会,中国民众也沦为"被资本家奴役的奴隶"。他们视改革开放成就而不见,却希望终止市场化改革而钟情于改革开放前一时期。有些激进左派人士还趁着批判资产阶级自由化思潮的有利时机,竭力对改革开放政策施压,公然宣称改革就是回归资本主义,就是"资本主义的复辟"。另外,激进左派思潮还以"消灭私有制"为由,质疑现时期的基本经济制度,主张限制甚至取消非公有制经济,认为纯粹公有制经济或全民所有制经济才是社会主义的真正本质。由此出发,激进左派思潮完全无视自由与平等的内在关联,主张取消绝大部分的自由,追求绝对的平等和无差别的公正,并天真地认为只要将一切活动纳入国家机器的控制之下,人们就能够获得绝对的平等。殊不知,激进左派思潮这种通过集权压制个性、寻求公正的主张,非但不会实现经济上的基本平等,反而会导致政治权力的不平等,结果陷入"伪平等""伪公平"的恶性循环。可以想象的是,激进左派思潮一旦在舆论场上得势,其不受制约的极权模

---

① 萧功秦:《警惕新左派的极左化危险》,《人民论坛》2016年第3期。

式也必然会使整个社会处于撕裂状态。

其二,主张在主流意识形态话语框架内对现实社会予以新式解读的温和左派思潮。当激进左派思潮遭到学界和社会普遍质疑与责难的时候,新左派思潮内部的言论便开始趋于温和谨慎。在这种外力作用下,激进左派思潮逐渐呈现出向温和左派思潮转化的趋势。概而言之,温和左派思潮以理想主义、集体主义为思想核心,既强调群体利益的实现与保护,又注重对个性发展的关怀与尊重;既反对社会专制和私欲膨胀,颂扬社会光明,批判社会黑暗,又提倡构建一个互助友爱、共同富裕、美满和谐的理想社会。虽然温和左派思潮仍旧对社会问题保持着浓厚兴趣,但与激进左派思潮不同,温和左派人士似乎更乐于在主流意识形态范围内观照和分析国内社会问题,其言论与立场更趋近于主流意识形态的话语表达。比如在如何看待改革开放前后两个历史时期这一问题上,温和左派思潮虽承认毛邓两时代彼此之间的区别性,但反对将二者对立起来,认为它们之间有着内在的连贯性和延续性。对此,甘阳早在 2003 年就做出了解释:"从毛时代和邓时代的连续性着眼,实际上我们不应该把改革二十五年来的成就和毛泽东时代对立起来,而是要作为一个历史连续统来思考。"①甘阳在反对将市场经济时代与计划经济时代孤立、割裂的同时,还着重强调传统中国与现代中国的连续性。再如在发展社会主义市场经济、健全社会主义市场经济体制方面,温和左派思潮摆脱了激进左派思潮极端仇视市场、资本、私有制的思维定势,将党和政府在一定范围内一定程度上允许私有制经济发展、允许企业员工持股等方针政策,视为我们党在新形势下激发人民群众改革力量的重大理论创新。另外,当前温和左派思潮尤为关注和认可中央在改善民生、依法治国、铁腕反腐、对外交往等方面所采取的一系列新举措新部署,高度评价以习近平同志为核心的党中央治国理政的表现与作为,俨然成了我国主流意识形态的阐释者和宣传者。

其三,以倡导绝对平均主义和追求民粹式民主为核心诉求的民粹左派思潮。民粹左派思潮并非是新左派思潮与民粹主义的简单耦合,而是新左派思潮自身内生性演化的结果。民粹是新左派思潮的固有病理,新左派思潮天生具有强烈的民粹化倾向。这是因为,新左派思潮向来以"人民""群众"为出发点,视捍卫人民大众利益为己任,关注社会底层,限制精英权力,其草根性、平民化的思想特征流露出浓厚的人道主义情怀。新左派思潮这种以底层民众利益作为

---

① 甘阳:《通三统》,生活·读书·新知三联书店 2014 年版,第 38 页。

价值典范与价值旨归的内在理念,显然契合了民粹概念中"以'民'为精粹"的原意。这就表明,民粹左派思潮是新左派思潮民粹化倾向的外在表现。具体而言,民粹左派思潮在以下两个方面凸显出与一般新左派思潮的不同:一是过分倡导绝对平均主义。民粹左派思潮立足于平民立场,强调平民利益和公平分配,奉行公平优先原则,主张用平均主义方式来解决国内社会存在的不公正问题。基于这种认识,民粹左派人士主张实行绝对平均主义的分配方式,并让底层民众在生产资料公有制前提下参与民主管理,以此确保每个人都能够获得同等同步的发展机会。二是追求民粹式民主。民主的民粹化是民粹左派思潮的重要理念。民粹左派人士认为,民粹是民主"必要的恶",只有以民粹作为支撑的大众民主才是真正的民主。他们往往打着主权在民、"大众民主转向"的旗号引进和推广群众性的"大民主",认为自下而上的大众民主才是保障人民群众基本权利的最佳路径。有人甚至将大众民主视为对人权的充分尊重,主张在大众民主基础上建立宪政民主国家,认为"惟有立足于大众民主基础上的宪政民主国家,方可能达成内尊人权、外抗霸权"①。现时期,作为民粹式民主的大众民主由于在社会底层有着强大的号召力,因而也成为民粹左派思潮煽动民意、施加政治影响的一个惯用伎俩。

其四,在对"文化大革命"浪漫历史想象中来建构合理性基础的"文革"左派思潮。顾名思义,中国新左派思潮中的"文革"左派思潮,是指那种专门从"文革"理论中寻找学理资源的思想流派。面对新时期国内市场化改革所造成的一系列社会矛盾和问题,部分新左派人士极易产生保守和怀旧心理,由此而产生浓厚而深刻的"文革"眷恋情结。"文革"左派人士认为:"发生在不发达的中国的'文化大革命',成为资本主义核心国家内新左运动的最先进的革命旗帜,中国成为世界范围内社会革命与文化革命实践的先锋。"②对于如何解决国内社会问题,他们认为"必须坚持毛泽东思想,遵循毛主席革命路线,搞第二次'文化大革命'"③。所以,"文革"左派人士竭力要求突破《关于建国以来党的若干历史问题的决议》中对"文革"事件的既有定性,力主要为"文化大革命""正名",并借助网络平台和学术活动阐发"文化大革命"的"正面因素""积极作用",肯定"文化大革命"的必要性。在"文革"左派人士的潜意识里,"文革"的失败并不意味着左派路线和"左"倾思想的失败,因而他们主张从发起动机、民主实践、国防建

---

① 公羊:《思潮:中国"新左派"及其影响》,中国社会科学出版社2003年版,第119页。
② 公羊:《思潮:中国"新左派"及其影响》,中国社会科学出版社2003年版,第191页。
③ 马立诚:《交锋三十年》,江苏人民出版社2008年版,第279页。

设、外交事务等方面"重新发现""文化大革命"的意义和价值。在"文革"左派思潮看来,毛泽东晚年发动"文革"并非是出于一己私利,而是为了打击党内"走资本主义道路的当权派"和维护新生的无产阶级政权;"文革"并未造成国民经济的全面崩溃,恰恰相反,正是在"文革"期间,中国在推动政治民主、国防科技建设等方面取得了惊人的进步,尤其是"文革"中大众民主的实践形式,可以直接用来解决当前存在的贪污腐败、贫富分化、分配不公等问题;"文革"时期中国外交成就显著,中美正式建交、中日关系破冰、恢复联合国合法席位等外交事件的发生,充分展示了"文革"期间社会主义建设的积极成果。不难看出,"文革"左派人士试图从"文化大革命"的理论与实践中获得启示,进而在浪漫历史想象中为中国现实社会建设和未来社会发展寻找出路。

第三节　当代中国新左派思潮的观点透视

研究任何一种社会思潮,既要从理论渊源、心理基础、表现形态等宏观层面进行全面考察,又要从基本观点、理论主张等微观视角给予重点探究。新左派思潮作为一种在国内有着广泛现实影响力的社会思潮,对其进行研究也要立足于宏观与微观的双重维度,尤其是要从

微观视角对其基本观点、理论主张进行深刻剖析。与其他社会思潮相比,伴随着中国市场化改革而衍生并发展起来的新左派思潮,其问题意识的强烈性和问题导向的明确性更为凸显。诚然,新左派思潮在对国内社会矛盾问题予以分析和研讨的同时,无疑会从自身知识体系、思维方式和阶级立场出发而作出相应的价值判断,进而形成有别于其他社会思潮的理论主张。姑且抛开新左派思潮内部形态不一、观点纷呈的客观复杂性,新左派人士囿于固有的"左"倾立场,在处理和解决市场化改革所派生的社会矛盾问题时,其思想观点必然会呈现出相近的一面;也正是囿于固有的"左"倾立场,这些相近的思想观点同主流意识形态之间存在着难以弥合的张力。总体而言,当代中国新左派思潮的理论诉求主要集中于以下六个方面。

一、平等至上论

强调社会平等是新左派思潮最为强烈的价值追求,机会平等、结果平等、能力平等、差异平等、国家平等都在新左派思潮关注和研讨范围之内。改革开放以来中国渐以开启的市场化改革既造就了空前的经济繁荣,也导致了愈益严重

的社会不公和贫富分化。面对国内经济发展过程中个体平等性的丧失和社会公正性的缺失,新左派人士出于对底层民众的同情与关怀,一向主张捍卫社会平等、维护社会公正,并将批判矛头直指市场化改革。为此,新左派思潮强调经济体制确立和经济政策执行中的平等公正导向,反对经济社会发展过程中重效率、轻平等的倾向。与自由主义将个人自由置于优先地位不同,新左派思潮从集体本位出发推崇平等至上。

在自由与平等关系方面,新左派思潮强调平等比自由重要,平等优先于自由,认为真正的自由必须以权利平等为前提。缘于此,新左派人士强烈反对国内自由主义所倡导的那种富人、强人和能人的自由,认为自由主义者所标榜的自由既忽视了弱势群体的平等权利,也偏离了每个人都是平等自由的道德个体的价值理念。所以,对新左派人士而言,"在中国贫富差距日益悬殊、社会不平等不公正日益突出而又缺乏矫正的政治机制情势下,大谈'自由的优先性'而贬低民主与平等,实有为不平等不公正辩护之嫌"[①]。甘阳曾在其《自由主义:贵族的还是平民的?》一文中指出,自由主义只关乎强人、能人的权利,缺乏对所有人平等权利的同等保护,并且将自由归纳为纯粹市场的自由,认为自由经济能够自发地实现每个人的自由平等,但这种集体信仰由于丧失了最基本的道义感和正义感而最终演变为"中国知识界的集体道德败坏症";在弱肉强食成为发展第一原则的自由主义者那里,平等是"奢侈的",也是"罪恶的"[②]。在资源分配方面,新左派思潮反对现时期中国经济社会的发展方式,主张用"平等优先"取代"效率优先",甚至力主重新用平均主义方式来解决社会公正问题。针对当前国内存在的收入分配不平等而产生的贫富分化现象,新左派人士在揭示其市场化改革根源的同时,要求在充分公开化或者民主监督的程序下进行社会财富的再分配,以此根除社会再分配过程中以各种名义对国有资产进行掠夺和瓜分的行为。汪晖就曾严厉谴责了借助权贵私有化而牟取私利结果导致社会不公现象。他认为:"现在人们寄希望于用私有产权的合法化来解决当前的社会矛盾,然而,如果私有化过程不是在民主和公正的条件下进行,这个合法化过程保护的就只能是不合法的分配过程。"[③]由以上两点可知,新左派思潮认为,平等、公正是促使生产效率提高的重要因素,社会再分配过程应该体现出平等原则,通过

[①] 公羊:《思潮:中国"新左派"及其影响》,中国社会科学出版社2003年版,第118页。
[②] 李世涛:《知识分子立场:自由主义之争与中国思想界的分化》,时代文艺出版社2000年版,第1页。
[③] 公羊:《思潮:中国"新左派"及其影响》,中国社会科学出版社2003年版,第13页。

生产资料的集体占有和社会财富的国家再分配实现分配结果的平等,而国内自由主义者用私有化方式解决社会矛盾的做法无异于饮鸩止渴。所以,新左派人士主张实现某种最低限度的收入平等和实行高程度的社会保障,进而肯定经济基础平等上的个人自由。如若没有个人之间经济收入的平等,真正的个人自由非但不会实现,每个人反而会逐步坠入被奴役的状态。

另外,新左派人士还致力于将平等或公正问题置于全球资本主义视野中加以考量,从全球化进程中世界资本主义与民族国家的互动关系、支配与被支配的权力关系来分析中国社会不平等不公正问题的成因。就其实质而言,由资本主导的全球化天生具有掩饰国家内部权力结构和国家之间不平等关系的倾向,因而资本主义对全球化的垄断总是与社会经济、政治、文化和其他领域的不平等密切相关。从这个意义上说,中国融入生产、贸易全球化的过程,可以看作是民族国家内部资本权力与国际外部资本权力相互博弈的过程。然而,国内资本无论是在力量强弱还是在抗风险压力上都无法与国际资本相比。这就意味着全球化不但使国内经济关系更加复杂化,资本与权力的耦合使腐败渗透于国家生活的各个层面,在国内造成了严重的社会不公,而且加剧了发达国家对发展中国家资本的强势渗透与财富的变相掠夺,进一步拉大"南北差距""东西悬殊"。为此,要解决国内社会不公正问题、摆脱国际社会不平等地位,就必须打破资本主义对全球化的垄断,反抗资本主义经济霸权和跨国垄断,通过"制度创新"为中国经济社会发展创造保障自由竞争和公平交往的制度形式和便利条件。要知道,"在任何范围内,即无论是在民族国家的范围内,还是在世界市场的范围内,争取自由的斗争都必然会表现为争取民主和平等的斗争。自由的程度越高也就意味着平等的水平越高,从而劳动者获取他们创造的剩余价值的能力也就越高"[①]。不难发现,新左派思潮在将争取自由的斗争视为争取社会平等斗争的同时,还着力于构建国家与国家之间更为公正和平等的政治关系。

二、市场原罪论

在诸多价值诉求中,新左派思潮最为鲜明的理论特点就是对市场机制的警惕与防范。中国新左派思潮通过分析马克思主义著作文本对资本主义市场经济的批判,教条式地认为市场经济与社会主义格格不入,并集中火力批判中国的市场化改革。在他们看来,由资本逻辑主导的市场经济物化异化了人与人之

---

① 许宝强、渠敬东:《反市场的资本主义》(序),中央编译出版社2001年版,第2页。

间的关系,不仅使广大劳动者被迫成为市场上的工具和商品,遭受着资本的剥削,而且导致了两极分化,使社会生存环境更加恶化。因而,带有原罪色彩的市场经济,既为新的社会不平等创造了条件,也给中国民主政治建设制造了障碍。

一是新左派思潮认为过度市场化是当前中国经济改革的基本事实。改革开放以来,中国经济市场化程度基本上处于上升状态。据相关资料显示,进入21世纪,中国市场化指数已超过60%,2003年为73.80%,2005年为76.03%,2008年为76.40%。①客观而言,以上市场化指数真切地反映了中国已基本建立社会主义市场经济体制的现实。然而,新左派思潮却认为,市场的资本属性内在地决定了市场不会单纯地满足于经济领域而必然对外扩张延伸。"所谓'市场化'不是一般地对市场的赞同,而是要把整个社会的运行法则纳入到市场的轨道,从而市场化不是一个经济学范畴,而是一个政治、社会、文化和经济的范畴。"②继而,新左派思潮指认当前的中国经济改革存有全盘私有化的风险和过度市场化的问题,指出资本活动已经广泛地渗透到经济、政治、文化、社会乃至政府行为之中,而医疗、教育、住房、交通、银行等领域的市场化亦产生了严重后果。二是新左派思潮强调市场经济是导致和滋生各种社会矛盾与问题的根源所在。在新左派人士看来,过度市场化改革一方面淡化了国家和政府所应该承担的社会责任,另一方面强化了资本的逐利本性。1978年底以来中国开启的以市场化为导向的经济改革给世人描绘出这样一幅资本世界的图景:"在资本活动渗透到社会生活各个领域的历史语境中,政府和其他国家机器的行为和权力运作也已经与市场和资本活动密切相关。"③对此,有人指出:"不受制约和监督的权力主体和权力的市场化,与市场经济相结合,造成了整体的腐败机制。"④所以,新左派人士反对市场化改革,认为市场化改革是一个"重新制造社会分化和阶级分化的过程",而当前中国存在的贫富分化、城乡分化、区域分化、民族矛盾、生态危机等社会问题都是由市场经济的消极面造成的,因而主张市场经济体制要为这些问题埋单。三是新左派思潮认为市场化改革已使中国转变为"市场社会"即资本主义社会。国内新左派人士将国内出现的贫富分化、腐败蔓延、国有资产流失等问题视为资本主义社会"市场病""西方病"在中国的重现。他

---

① 详细内容可参见由北京师范大学经济与资源管理研究院所编著的2003、2005、2008和2010年《中国市场经济发展报告》。
② 公羊:《思潮:中国"新左派"及其影响》,中国社会科学出版社2003年版,第28页。
③ 公羊:《思潮:中国"新左派"及其影响》,中国社会科学出版社2003年版,第7页。
④ 张木生:《改造我们的文化观》,军事科学出版社2011年版,第407页。

们认为,中国社会以市场化为导向的经济改革,既导致了国内市场因素的增长和市场化的泛滥,也发展了国人社会心理和消费习惯的资本主义倾向。在此背景下,中国经济改革已经导致市场社会的基本形成,且中国已被纳入世界资本主义市场体系之中。"市场经济已经日益成为主要的经济形态,中国的社会主义经济改革已经把中国带入全球资本主义的生产关系之中,在资本主义化的过程中,国家及其功能也相应地发生了虽然不是彻底的、但却是极为重要的变化。"① 另外,他们还从当前中国就业结构、经济成分和社会关系等方面的变化出发,论证中国已经建成了资本主义市场经济。而随着市场的垄断,越来越多的人被排斥到社会的边缘,这就进一步促使了中国社会劳动力的大规模无产阶级化,同时加剧着国内无产阶级与资产阶级权贵之间不可调和的阶级矛盾。

为了规避市场化改革所派生的种种社会矛盾和问题,新左派思潮竭力反对自由主义倡导的"强市场、弱政府"的理论主张,要求国家进入经济领域,通过国家和政府强有力的干预来节制市场对资本的无序开发。基于此,新左派人士热衷于传统社会主义计划经济模式,并将其视作解决国内乃至世界问题最为理想的选择。他们认为,在理顺经济活动中支配与被支配权力关系的基础上,"只要用政治、经济民主来替代官僚制度,计划经济就可以成为解决后资本主义时代世界所面临的问题的理想经济制度"②。然而,当看到中国经济改革所创造的发展奇迹时,个别新左派人士在如何看待市场作用问题上也略显暧昧。例如在识别中国经济体制问题上,就有人将我国经济体制改革模式人为地设定为混合经济体制,而非市场经济体制,认为"社会主义市场经济其实就是政府自觉计划和市场自发调节相结合的混合经济"③。由此可见,新左派思潮反市场的态度是如此坚决。

三、全面民主论

作为中国现代化建设所要实现的一个重要价值目标,"民主"曾一度是中国知识分子反专制建共和的理想追求。然而,在20世纪90年代中国向市场化转轨的全新语境中,国内思想理论界出现了多种相互竞争甚至彼此对立的民主观念。当然,基于各自所需,"民主"的旗帜被涂上了各种色调。而在诸多色调中,国内自由主义所倡导的宪政民主与新左派思潮所推崇的全面民主尤为凸显。

---

① 公羊:《思潮:中国"新左派"及其影响》,中国社会科学出版社2003年版,第24—25页。
② 公羊:《思潮:中国"新左派"及其影响》,中国社会科学出版社2003年版,第109页。
③ 韩德强:《混合经济体制与新自由主义对我国改革的影响》,《探索》2005年4期。

宪政民主与全面民主的冲突也就成为自由主义与新左派思潮在民主问题上论争的一个焦点。新左派思潮所奉行的全面民主表达了一种超越于自由主义宪政民主的激进诉求,认为人类社会不可能就此终结于西方式的自由民主制度。不同于自由主义所倡导的宪政民主,一方面新左派思潮将民主的概念内涵从政治层面延伸至经济、文化领域,提出政治民主、经济民主和文化民主等民主类型,另一方面,新左派思潮批驳间接民主对多数人权利的无视,进而诉诸全面民主亦即直接民主以实现社会公正。具体而言,我们可以从其主要内容和实践方式两个方面来对新左派思潮的全面民主观点进行解读。

就主要内容而言,新左派思潮的全面民主观包含了经济民主、政治民主和文化民主等类型。有新左派人士指出,"扩大民主原则的适用范围、从政治领域延伸至经济领域是真民主的题中应有之义"[①],争取政治民主与争取经济民主和文化民主在事实上都是"同一场斗争"。这是因为,"全面民主的生活方式必须承认每一个人都拥有平等的权利参与社会生活所有主要方面的决策和安排,因为权力决不仅仅局限在狭义的政治领域,经济资源和文化资源占有的不平等同样会导致权力关系的不平等,导致形形色色的压迫关系,所以和政治民主同样重要的是经济民主和文化民主"[②]。可见,在新左派思潮所理解的民主框架里,经济民主作为"取代少数经济、政治精英对社会资源的操纵"的理想模式,其所涉及的内容是与政治民主紧密相关的整个社会分配制度与生产方式,是全面民主的必要条件,没有经济民主也就不可能有真正的政治民主;政治民主作为防范公有资产被少数人"自发私有化"的有效手段,其所讨论的主题为经济民主和文化民主提供了实质性内容,是全面民主的可靠保障;文化民主作为人民大众享有文化权利和拥有自身价值观的平台,抵制并驳斥着西方文化霸权及其自由主义普世权利观,是全面民主的重要组成部分。所以,在中国独特的市场社会形态中,既不会存在脱离政治民主与文化民主的经济民主问题,也不会存在脱离经济民主和文化民主的政治民主问题。因此,我们要"以经济民主和政治民主为指导思想,寻求各种制度创新的机会"[③]。另外,新左派人士还认为社会主义是经济民主、政治民主的同义词,全面民主就是一种社会主义实践。他们从全球视野来考量"建设一个全面民主的全球社会",以此助力于社会主义的复兴

---

① 王绍光:《民主四讲》,生活·读书·新知三联书店2014年版,第252页。
② 李世涛:《知识分子立场:自由主义之争与中国思想界的分化》,时代文艺出版社2000年版,第237页。
③ 罗岗、倪文尖:《90年代思想文选》第3卷,广西人民出版社2000年版,第323页。

和整个人类的解放。就实践方式而言,新左派思潮全面民主观的真谛在于推动直接民主或全民民主。新左派思潮强调,民主的实质就是承认人的基本权利的平等,既然经济并非是一个完全自律的领域,那么就应该促进公民对经济、政治和文化的公共参与,以广泛的、直接的乃至全民的民主形式来遏制权力垄断,进而实现社会公正;一旦"排除掉公民的政治参与以及社会群体、社会阶层的平等诉求,同时也就抛弃了民主的最为根本的动力,无法确定民主的目标"①。新左派思潮的代表性人物汪晖、崔之元、甘阳、王绍光等就曾将民众的普遍参与视为民主精神的实质。他们主张以直接民主超越自由主义的间接民主,通过群众性的全民民主解决社会不公和消除市场弊端。其中,甘阳还以美国民主建设经验为依据,并结合中国政治建设的实际,提出了在中国实施直接民主的构想。他曾坦言道:"所有发达经济民族加强中央权力的最有效手段无一例外都是走向中央权力由全国大选直接产生……由于中国社会经济已走向高度多元分殊发展,中国的中央权力走向由全国大选直接产生已成为无可回避的问题。"②也有论者(如崔之元、韩毓海)甚至试图从"文革"中发掘"群众性大民主"的理论资源,认为唯有用"群众性大民主"的办法才能够解决社会主义体制内的一系列矛盾与问题。不过,新左派人士虽然接受来自国内自由主义者对其直接民主的指责,承认直接民主所存在的实施规模问题和隐含的暴政倾向,但他们认为这只是直接民主技术层面上的难题,因而不能将其作为进行制度设计时忽略底层民众与被压迫群体利益的理由。

可见,无论是从主要内容还是从实践形式来看,新左派思潮所推崇的全面民主论实质上是一种多元主义民主观。而这种多元主义民主观源于毛泽东时代后期群众性大民主的实践经验和西方新左派的民主理论。尤其是在承袭西方新左派全面民主论方面,中国新左派人士似乎走得更远。他们不但或多或少地从沃勒斯坦、托克维尔等人的民主理论中受到启发,而且更"创造性"地提出自由主义与民主不相兼容。当然,也有学者质疑新左派思潮的这种多元主义民主观,认为国内新左派思潮政治立场开始转向保守,其所标榜的全面民主是"以拒斥议会民主制为口号的民粹式民主,在国家制度上一定会落实到以民主为合法性基础的寡头式权威。当诉诸底层民主或全民直选受到压抑的情况下,他们的政治诉求会从诉诸社会运动转向期望国家意志,从'觉民行道'的下行路线转

---

① 汪晖:《死火重温》,人民出版社2001年版,第10页。
② 甘阳:《公民个体为本,统一宪政立国》,《二十一世纪》1996年8月号。

向'替君行道'的上行路线"①。姑且避开全面民主本身的理论和实践缺陷不谈，但就一点而言，新左派思潮的全面民主论在制衡国内自由主义以西方宪政民主为政改目标方面确实起到了一定的积极作用。

四、历史虚无观

马克思在深刻批判虚无客观历史现象的基础上，准确揭示了人们持有历史虚无观的现实表现。他指出："迄今为止的一切历史观不是完全忽视了历史的这一现实基础，就是把它仅仅看成与历史进程没有任何联系的附带因素。"②新左派思潮由于不是站在历史唯物主义立场上对相关历史事实和问题进行分析与解答，而是从唯心主义视角出发随意裁剪历史、割裂历史甚至歪曲历史，所以其历史观注定与马克思所批判的"过去的一切历史观"别无二致，最终也难以逃脱沦落为历史虚无观的宿命。总体来看，新左派思潮对历史的虚无主要聚焦于对无产阶级革命、西方现代性和"文革"等事件的认知与评价方面。

一是鼓吹革命，强调无产阶级革命的必然性和超然性。与国内自由主义者所标榜的"告别革命"论截然相反，新左派人士囿于其阶级斗争的思维定势，鼓吹暴力革命，认为无产阶级革命既有历史必然性，又超越于以往任何革命形式。在他们看来，无产阶级革命"所继承的是反抗压迫的事业，要启动的是消灭压迫的工程，这期间的转折与过渡仿佛昆仑造山、黄河改道，令人叹为观止。它是人道的应有之义，是历史的未有之局"③。在赞赏无产阶级革命历史必然性和现实超越性的同时，新左派思潮更为具体地强调，无产阶级革命作为一个复合体，不单单是指政治、经济方面的革命，它还涵括思想、文化方面的革命，是实现人类解放与真实历史统一起来的"有自觉历史意识的阶级的运动"；只有这种革命运动才能真正祛除以往一切社会革命所固有的弊端，帮助人类社会摆脱以暴惩暴的恶性历史循环，进而为人们描绘了未来即将建立的一个没有剥削、没有压迫的大同社会的世界图景。二是否决西方"现代性"，寻求以所谓的"制度创新"指引中国现代化建设。新左派思潮认为，现代性是一个自身包含着内在矛盾与张力的悖论式的概念，它与市场化、世俗化、资本化过程密切相关，集中表现为对经济发展、市场体制和资本利益的信仰与崇拜。出于对市场和资本的恐惧，反思现代性成为中国新左派人士批判资本主义国家现代化发展模式的一个重要

---

① 许纪霖：《当代中国的启蒙与反启蒙》，社会科学文献出版社2011年版，第241页。
② 《马克思恩格斯选集》第1卷，人民出版社2012年版，第173页。
③ 公羊：《中国"新左派"及其影响》，中国社会科学出版社2003年版，第124页。

切入口。韩毓海认为,现代性在本质上是近代以来资本主义国家为了实现现代化所采取的一种发展方式,"西方正是通过'现代性'把'现代化'模式化、西方化了"[①]。为此,中国要警惕西方现代性的蛊惑,坚持走自己的现代化道路。相比于韩德强对现代性的直接定性,汪晖对西方现代性的批判则显得更为详尽而深刻。他通过反思西方现代性进而质疑当前中国现代化的价值目标和当代中国社会的各种现代化意识形态,并指出反思西方现代性对于中国社会发展而言有着重大的理论意义和实践价值。他认为:"对现代性的反思不是对于现代经验的全面的否定,相反,它首先是一种解放运动,一种从历史目的论和历史决定论的思想方式中解放出来的运动,一种从各种各样的制度拜物教中解放出来的运动,一种把中国和其它社会的历史经验作为理论创新和制度创新源泉的努力。"[②]接着,汪晖还指出,中国对现代化的呼求本身就具有抵抗殖民主义和批判资本主义的历史含义,反思西方现代性就是在制度上探索中国采取非西方现代化发展模式的历史可能性。三是美化"文革",人为制造改革开放前后三十年互否的虚假议题。利用普通民众对毛泽东同志的深厚感情和当前社会矛盾问题来对"文革"进行肆意美化,是个别新左派人士的惯用伎俩。有人认为,"文化大革命"创造了一个既不同于资本主义,又有别于苏联社会主义的"真正的社会主义的发展范式",从而开启了人类社会发展的新篇章。为此,新左派思潮主张重新评价早已被否定的"文革"实践,并通过列举"文革"时期所取得的成就和借助改革开放过程中涌现的一些问题来鼓吹"文革",甚至试图为之翻案。极左思潮人士还将"文革"运动等同于"文革"时期,以此割裂改革开放前后三十年的历史连续性,通过选择性的历史片段记忆否定十一届三中全会以来的社会主义建设实践,否决改革开放以来我们党所取得的一系列理论创新成果,否认中国特色社会主义道路的合法性。尤其随着互联网技术的发展,当前新左派人士热衷于抢占网络阵地,其"文革"言论充斥着各种网络论坛。对于一些不明历史真相的普通网民而言,新左派思潮歪曲、肢解历史的做法极具迷惑性和煽动性。

毫无疑问,新左派思潮历史虚无观是其极左意识形态本质属性在历史领域的理论折射。正是通过虚无历史,新左派思潮一方面强化着自身进行阶级斗争、无产阶级革命的话语权,另一方面赢得了批判资本主义现代性所要争取的道德制高点。不过客观来看,揭开罩在新左派思潮历史虚无观上的意识形态面

---

① 韩毓海:《"五四"与20世纪中国文化》,《学术月刊》1994年第6期。
② 汪晖:《"新自由主义"的历史根源及其批判——再论当代中国大陆的思想状况与现代性问题》,《台湾社会研究季刊》2001年第42期。

纱,其鼓吹革命、完全反对西方现代性和美化"文革"的历史主张,无论是对于促进经济发展还是保持社会稳定,都有着极大的现实危害性。因而,要以历史唯物主义为指导,辨析并批驳新左派思潮的历史虚无观,澄清并还原被其扭曲和歪曲的历史事实和历史真相,进而坚定人们走中国特色社会主义道路的决心和信心。

五、新改革开放观

新左派思潮认为:中国的改革开放从一开始就受到了新自由主义的误导,实质上是一种由市场原教旨主义主导的"发展主义";在改革开放过程中,资本变成了全社会的实际主宰者,党和国家的各项工作与任务也都受控于资本的指挥。新左派思潮主张重新认识和界定中国改革开放的目标和内涵,要求防范中国改革目标朝向"自由放任资本主义"转变和开放结果最终依附于国际资本主义体系。按照新左派人士的理解,中国"改革的目标应该以扩大政治和经济民主的方式来达成市场、国家与社会之间的相对均衡机制,以保证社会分配的相对公正,避免贫富差异的无限扩大";中国"开放更意味着应该特别注重西方思想界本身近年来对'西方现代性'的批判反省,对'西方中心论'的批判反省,以及对差异问题、杂多文化问题的深入思考,从而为思考中国文明的未来敞开更大的理论空间"①。据此可知,新左派思潮所做的努力就在于建构一种有别于新自由主义式的改革开放观。

与新自由主义式的改革开放观相比,新左派思潮的新改革开放观究竟"新"在何处呢?韩德强从发挥制度和人以及道德文化和价值观作用的视角对其进行了解读,认为消除国内贫富分化、减轻社会不平等是新改革开放观的核心内容。相对于韩德强的理解,杨帆对新改革开放观的阐述则显得更为清晰和明确。他认为新改革开放观应包括以下四个要点,即"揭露新自由主义对中国改革开放的误导,继续深化市场导向的改革,将改革从经济改革扩大到政治与社会改革;以公平原则纠正一系列社会不公,进行社会利益格局调整;继续扩大对外开放,但不能影响国家安全,要摆正中国在世界体系中的地位;防止经济依赖性过强,在加入经济全球化过程中坚持技术和经济的自主性"②。综合两位新左派人士对新改革开放观的认知,我们可以发现,即使是在新左派思潮内部,人们对新改革开放观的认识并没有达成共识。但这并不妨碍我们对新左派思潮新

---

① 参见公羊《中国"新左派"及其影响》,中国社会科学出版社2003年版,第115—116页。
② 杨帆:《论新改革开放观》,《开放导报》2005年第3期。

改革开放观的一般性认知。从新左派人士对新改革开放观内涵和外延的理解上，我们至少可以从三个方面对其进行剖析：一是反对市场迷信，打破新自由主义对改革开放解释权和话语权的垄断。新左派思潮的改革开放观具有强烈的反市场倾向，认为不能简单地将改革开放等同于市场化或全球化，而应该看到改革内容的完整性和开放内容的全面性。以往那种以市场化为导向的改革开放观敌视甚至反对政府介入，要求把一切经济活动都交由市场来处理，其实就是主张资本垄断和资本投机而无视人民大众的根本利益。二是捍卫民族独立性和国家自主权，防范西方国家的"和平演变"。针对国内自由主义者只追求改革开放形式而无视改革开放性质、只讲究改革开放与国际接轨而忽视民族国家利益的做法，新左派思潮认为新时期的改革开放要始终坚守"大国防"观念，"树立假想敌"，进而维护国家安全。这就要求尽快改变当前改革开放进程中核心技术严重依赖进口、需求严重依赖国外市场的现状，不断增强科技自主创新能力和扩大内需；要时刻警惕国际资本妄图控制我国经济命脉，通过壮大民族产业和民族资本夯实国家主权安全的经济基础。三是肯定改革开放前后三十年制度上的因果性。新左派思潮认为，邓小平开启的改革开放是建立在中央政治集权与地方行政分权统一基础之上的，而这种统一早在毛泽东时代就已经完成。中国改革开放之所以能够避免像苏联改革而惨遭亡党亡国的命运，其根源在于毛泽东时代所创立的中央计划经济体制。正是这种计划经济体制在国营企业之外又发展出了以地方企业为主的新的经济主体，而经济改革主要是依靠地方尤其是地方企业而得以进行的。据此，新左派人士甘阳特别强调要从制度层面"重新认识中国改革成功于毛泽东时代的联系和连续性"[①]。

由上可知，新左派思潮并不完全排斥改革开放，其所反对的是以纯粹市场和资本利益为导向的新自由主义式的改革开放。就其客观内容而言，新左派思潮所倡导的新改革开放观，虽然在中国社会趋于市场化、世俗化和全球化的道路选择上具有明显的反潮流倾向，但其立足于人民大众和民族国家的根本利益，对市场原教旨主义和国际金融资本展开了批判，这也在一定程度上有利于坚守改革开放的社会主义方向和维护国家经济安全，从而使改革开放的已有成果更加巩固。不过，国内也有人对新左派思潮的新改革开放观提出过异议，认为在推进改革开放问题上，"新左派是对自由主义的某种修正和补充，但修正和补充不能代替自由主义所倡导的基础架构。中国的改革应该走以右为主、以左

---

① 甘阳：《通三统》，生活·读书·新知三联书店2014年版，第46页。

为辅的道路"①。这就意味着,在如何促使新改革开放观认同方面,新左派思潮确实还有很长的路要走。

六、全球化陷阱论

依据西方马克思主义的发展依附理论和后殖民主义理论,中国新左派思潮历来对全球化进程持有质疑和反对的态度。在新左派人士看来,全球化是一个极不平等的过程,它并未像某些发达国家所标榜的那样能够促进世界各国经济社会的均衡发展,却不可避免地制造了"中心"国家(如欧美等发达国家)与"边缘"国家(即第三世界国家)之间的区隔。正是伴随着全球化进程,广大"边缘"国家日益陷入所谓的"发展困境"。据此,他们甚至认为,资本主义国家正在通过全球化征服并统一着整个世界,它在创建一个覆盖全球经济体系的同时,也在"按照自己的面貌为自己创造出一个世界"。正是在此背景下,"西方国家打着全球化的幌子,以经济殖民主义盘剥发展中国家,跨国公司就是经济侵略和盘剥的工具。中国在全球化背景下的发展,只能是一个梦"②。基于这样一种认知,新左派思潮走向全球化的对立面,其"逆全球化"的思维要求站在维护中国经济安全和捍卫国家利益的战略高度,揭露全球化的内在本质和潜在危害,进而戳穿个别发达资本主义国家企图借助全球化奴役广大发展中国家的险恶阴谋。

概而言之,新左派思潮对全球化的质疑表现在以下两个方面。一是认为全球化进程就是发达国家剥削发展中国家的过程。新左派思潮强调,受西方中心论和资本逻辑的影响,新型殖民主义和霸权主义如影随形地伴随着全球化进程,由此全球化成了新帝国主义变相侵略和剥削发展中国家的新招数。针对这种情形,汪晖明确指出:"所谓全球化的历史,也是把各个区域、社会和个人编织进一个等级化的、不平等的结构之中的过程。"③显而易见,在全球化扩散蔓延的整个过程中,发达国家与发展中国家始终处于"一个中心和边缘、主宰和从属的不平等模式之中",而这种不平等模式的始作俑者就是资本主义世界所主导的全球化。这也表明,"自由化-全球化战略的实质,是试图一方面通过国有企业私有化,另一方面通过商品、劳务和资本市场的开放,将中国目前的半外围的地

---

① 萧三匝:《左右为难:中国当代思潮访谈录》,福建教育出版社2012年版,第159页。
② 马立诚:《最近四十年中国社会思潮》,东方出版社2015年版,第77页。
③ 汪晖:《去政治化的政治:短20世纪的终结与90年代》,生活·读书·新知三联书店2008年版,第498页。

位固定下来"①。可见,广大发展中国家不能盲目地将全球化外显的所谓成功的欧美发展模式视为有决定性意义和普遍性作用的发展模式,而是要再三审视欧美诸国取道全球化来掩盖其对别国人民的生存权利和发展权利的剥夺这一基本事实,以防被纳入资本主义全球化体系的依从位置。二是认为全球化本质上就是资本主义将社会主义同质化。在新左派人士看来,发达国家既利用全球化压榨发展中国家进而牟取经济利益,也妄图对外输出被其标榜为带有"普世价值"色彩的自由民主制度。比如,以美国为首的西方国家为了达到维护资本主义世界霸权的目的,无视他国具体国情和政治传统,不惜花重金来培育扶持亲西方的各类"公知分子""意见领袖",甚至动用武力强行推广其自由人权、宪政民主等价值理念。在现实的国与国之间的交往中,西方发达国家的这种政治意图尤其表现为对社会主义国家的"和平演变"上。这些国家出于对社会主义的固有仇视,便想方设法通过全球化进行意识形态方面的渗透,借此"西化""分化"社会主义国家,不遗余力地颠覆社会主义国家政权。20世纪90年代前后,美国等西方国家正是利用经济全球化进程加强了对苏东等社会主义国家的意识形态渗透,并且打赢了意识形态这场没有硝烟的战争,最终实现了对苏东等社会主义国家的"和平演变"。所以说,"在苏联、东欧社会主义体系瓦解之后,资本主义的全球化过程已经成为当代世界的最重要的世界性现象,中国的社会主义改革已经将中国的经济和文化生产纳入全球市场之中"②。

可见,在中国新左派思潮的理论框架里,全球化对于广大发展中国家而言完全就是西方国家所炮制的一个陷阱。为了应对全球化"中心"国家对"边缘"国家的盘剥,"中国应广泛团结世界各国人民,共同反对垄断资本鼓吹的全球化,揭露全球化名为促进开放和经济联系,实为变相推行新殖民主义政策,为美国谋求世界霸权创造条件的本质"③。通过对全球化内在本质的揭示,新左派思潮反对中国主动融入全球化和世界经济体系比如,有些新左派人士不赞成中国加入世贸组织,认为中国在作出加入世贸组织的决定上并没有遵循民主的和共同参与的原则,而且还指出世贸组织是欧美等资本主义国家扼杀中国社会发展的绞索,中国加入世贸组织之日就是中国经济奇迹覆灭之时。有人进而言之:"美国让中国加入世贸组织主要不是基于经济考虑,而是基于政治考虑。美国政府认为,中国的企业无法与美国和西方的企业竞争,中国加入世贸组织后势

---

① 公羊:《思潮:中国"新左派"及其影响》,中国社会科学出版社2003年版,第16页。
② 公羊:《思潮:中国"新左派"及其影响》,中国社会科学出版社2003年版,第7页。
③ 杨斌:《威胁中国的隐蔽战争》,经济管理出版社2000年版,第311页。

必造成失业狂潮,这样中国社会就会不稳定,政府就可能垮台。"①不可不说,对那些要求中国无条件无原则加入全球化进程的国内个别自由主义者而言,新左派思潮对全球化负面影响的警语无疑为中国融入全球化进程注射了一剂清醒剂。然而,在和平与发展的时代背景下,任何国家无论是抵制全球化进程还是关起门来搞建设,可能都不是一种明智的选择。问题的关键在于,如何在全球化进程中既维护国家主权安全,又能够确保普通民众获得实实在在的利益。这才是世界各国在评价全球化这一客观现象时所要真正考虑的问题。

第四节 当代中国新左派思潮的生存图谱

英国著名政治学家安德鲁·海伍德曾指出,对于生活在中西世界纷繁冗杂的意识形态图景里的人们而言,"新左派的力量在于:它提出了一种无遮无掩的乌托邦主义从而激发了弱势群体特别是年轻人的热情;它对常规生活的所有方面(包括家庭结构、性生活、消费主义、经济组织和环境破坏)都进行了无情的批判"②。作为一种活跃于当代中国思想文化领域的社会思潮,新左派思潮强调社会公正平等理念、推崇大众民主模式以及警惕市场化改革和经济全球化,此番理论主张对当前推动社会主义现代化进程仍有着积极意义。甚至可以说,新左派思潮凭借自身独特的"左"倾立场及其与国内自由主义的历史纠葛,为分析我国主流意识形态的基本状况和非主流社会思潮之间的彼此关联提供了一种更为广阔的思维框架:它通过对重构国家-社会关系的革命化尝试,既在防止无序化的市场竞争和两极化的贫富格局方面扮演着建设性角色,又在同其他社会思潮的有效制衡和互动中促进着中国现代政治文明的健康发展。这就意味着,全面梳理新左派思潮同其他社会思潮的分歧与关联,不仅有利于深化对新左派思潮理论观点的历史认知,而且有助于准确定位新左派思潮在当代中国社会思潮乱象中所处的现实处境。

一、新左派思潮与自由主义

从衍生和发展的社会背景来看,新左派思潮是作为自由主义的对立面而进入公众视野的,其与自由主义之间的交锋无疑是20世纪最后十年中国思想学

---

① 杨斌:《威胁中国的隐蔽战争》,经济管理出版社2000年版,第295页。
② [英]安德鲁·海伍德:《政治学核心概念》,吴勇译,中国人民大学出版社2014年版,第43页。

术界最为引人注目的事件。发端于20世纪90年代的这场论战,彰显出新左派思潮与自由主义在经济、政治、文化和社会领域各自不同的立场和观点,其论争主题之深、内容之广、时间之久、人数之多、规模之大为转型时期的中国思想界所罕见,以至于论争余波至今不绝。尽管在时间维度上新左派思潮与自由主义之争缺乏历史厚重感,但二者论争所涉及的问题都是事关中国现实和未来社会发展命运的关键性命题。有学者指出:"'新左派'与自由主义之争的最浅层的意义就在于他们将问题提了出来,不管这些命题是大是小,是深是浅,它们都是未来中国所必须面对的,从这角度观之,'新左派'与自由主义的争论确实具有跨时代的意义。"[①]

那么,中国新左派思潮与自由主义论争焦点究竟有哪些呢?对此,包括自由主义者、新左派人士在内的思想文化界学人分别从自身政治立场、学术经验的角度,对两派论争的主要内容作出了研究,其观点有:"三内容争论说"。朱学勤在其《"新左派"与自由主义之争》一文中从"对基本国情的判断、对社会弊病的判断和如何解决社会弊病"等三个方面探讨了新左派思潮与自由主义之间的学术分歧;谢岳在其《"新左派"与自由主义的政治学之争》一文中从政治学角度对国内自由主义与新左派思潮在"自由与平等的优先性问题""有关社会公正问题""民主的制度形式"等方面作了比较分析;高瑞泉、刘建军等人围绕"自由优先对平等至上""关于社会公正问题""民主的形式",从三个方面对自由主义与新左派思潮的论争内容进行了梳理。"四内容争论说"。房宁认为,国内自由主义与新左派思潮在"对待政权问题、中国现存社会问题产生原因、关于社会基本价值、如何看待与评价两股思潮对中国社会现实的影响和作用"等问题上存在着截然对立的态度;高克力从自由主义与新左派思潮如何认识传统中国的角度,将两者之间的论争内容锁定于"市场社会与转型社会""公正问题:资本与权力""宪政民主与激进民主""现代性批判与现代化诉求"四个方面;许纪霖、刘擎、罗岗、薛毅等人在《寻求"第三条道路"——关于"自由主义"与"新左翼"的对话》一文中围绕"历史是否终结""市民社会与公共领域""自由与民主是否悖论""如何落实社会公正"等四个方面,阐述了国内自由主义与新左派思潮的分歧。"六内容争论说"。马立诚在其《最近四十年中国社会思潮》一书中认为,自由主义与新左派思潮之间的论争涉及"全球化与中国发展、中国社会性质、中国与西方关系、市场经济与社会公正、自由与民主、中国现代化道路"等六个方面。"七

---

① 刘建军:《当代中国政治思潮》,复旦大学出版社2010年版,第158页。

内容争论说"。徐友渔在其《当代中国社会思想：自由主义和新左派》《进入21世纪的自由主义和新左派》两篇论文中从"市场经济和社会不公""全球化和加入世贸组织""关于中国国情""如何看待大跃进、人民公社、'文革'""如何看待80年代的思想解放运动和五四新文化运动""中国的现代化""与极端民族主义立场有关的一系列国际问题"等七个方面，较为全面地梳理了国内自由主义与新左派思潮的对立之处。

不管双方论争内容如何广泛，批评市场机制、呼吁政治体制改革则是新左派思潮与自由主义根本分歧所在，其他分歧也都由此派生。两者虽然在"中国除了继续改革没有任何出路"的价值主张上存有共识，但在中国朝着什么方向改革、参照何种理念改革、遵循哪些原则改革等问题上却观念各异，二者由此对中国未来社会发展走向所作出的设计方案也截然不同。新左派人士质疑十一届三中全会以来中国社会改革所走的市场化道路，认为当前中国所涌现的社会不公问题，其根源就在于资本逻辑主导下的市场经济。在他们看来，虽然市场这只"看不见的手"能够激发各类市场主体的合作热情与合作欲望，"但由于合作各方力量的不平衡，合作的成果为强势方占有，并进而增强了强势方的力量，造成了强者愈强、弱者愈弱的后果，使强者可以肆无忌惮地对弱者进行压榨和剥夺，也使弱者不得不周期性地铤而走险，从而激化了社会矛盾"[①]。在指陈市场化改革种种弊端的同时，新左派人士还主张从全球资本主义的视角审视中国社会问题，认为经过市场化改革的中国社会已经发生了质的变化，中国经由市场化改革转而进入了资本主义市场社会，成为当今世界资本主义市场体系的有机部分。然而，国内自由主义者并不认同新左派思潮对中国资本主义市场社会性质的研判，更不赞同中国社会矛盾问题的滋生和基本制度的改变是由市场化改革所导致。相反，中国自由主义竭力为资本市场辩护，认为完全规范的市场经济是消解国家权力垄断的积极力量。在自由主义者眼里，当前中国的市场经济仍然是一种"权力经济"，垄断性权力结构已造成市场运行过程中权力寻租、权钱交易现象的泛滥，要解决社会矛盾、促进社会公正，就必须改革这种垄断性权力结构，进一步发展和完善市场机制，使市场真正摆脱旧有权力体制的束缚。他们认为，对今日中国现代化建设而言，"关键之关键，是政治体制改革一定要推上议事日程"[②]，"如果政治体制改革始终不能提上议事日程，如果市场经济一

---

① 韩德强：《全球化陷阱与中国现实选择》，经济管理出版社2000年版，第4页。
② 朱学勤：《书斋里的革命》，长春出版社1999年版，第426页。

直得不到规范,中国社会将成为官僚资本和权力经济的怪胎"①。可见,与新左派思潮相比,自由主义身兼规范市场经济、改革政治体制的双重使命,其对中国现实社会问题的认知与分析似乎显得更为深刻,故而能够在国内诸多社会思潮中长期占据着话语优势。

二、新左派思潮与民族主义

顾名思义,民族主义以强调本民族的特殊性和维护本民族的利益而著称于世。虽然中国自秦汉以来就是一个统一的多民族国家,也有着孕育民族主义的民族意识和文化基因,但中国民族主义的真正形成和发展却是近代以来的事情。"与西方一样,民族主义在中国也是现代的产物,确切地说,是现代性的产物。与西方不同的是,西方的民族主义是在西方民族的现代化过程中自发自然地产生的;而中国的民族主义却是在中国与西方国家的交往和冲突中被动地产生的。"②如果从鸦片战争算起,中国民族主义作为一种"被动地产生的"社会思潮,至今已有着百余年的历史传统,且发展成为一支动员民族群众、凝聚民族力量、推动民族解放的重要力量。可以肯定的是,无论社会形态如何变迁、时代主题如何变幻,任何一个现代民族国家和政党组织在治国理政过程中都要时刻考量本民族的情感与利益。尤其是在经济全球化、政治多极化、文化多元化的世界格局中,现今不少国家都或多或少、或明或暗地祭起了民族主义大旗,民族主义思潮大有愈演愈烈之势。这是因为,"当今时代的任何政治运动,至少是西方世界以外的政治运动,如果不跟民族主义激情携手,就不大可能取得成功"③。

但严格来说,当代中国民族主义思潮正式崛起于20世纪90年代,经济全球化的挑战和新霸权主义的威胁成为其兴起的直接诱因。所以,仅从时间节点看,新左派思潮与民族主义就有着极大的重合面,且同属于左翼思潮范围。新左派思潮基本赞同民族主义反对新自由主义、反思现代化和全球化、维护民权和追求民主、主张适度开放的理论观点,两者都以维护中华民族利益为立足点,并将批判矛头指向西方国家主导的世界经济政治秩序。民族主义与新左派思潮之间的这种价值共识,不仅丰富了新左派思潮的理论内涵,而且也促使着新左派思潮拓展其与民族主义进行合作的空间。因而,新左派人士极为青睐民族主义,试图从中寻求资源借鉴。新左派思潮领军人物汪晖就曾从全球化的视角

---

① 徐友渔:《重读自由主义及其他》,河南人民出版社2008年版,第124页。
② 张汝伦:《现代中国思想研究》,上海人民出版社2014年版,第111页。
③ 转引自徐迅《民族主义》(序),东方出版社2015年版,第3页。

论述了民族主义产生与存在的客观必然性,继而阐明对民族主义运动的支持态度。他认为,虽然全球化对当今民族国家的发展造成一定程度的冲击,但"只要民族国家体系没有彻底瓦解和重组,民族主义作为民族国家同一性的基础就不会消失。更为重要的是,当代的民族主义政治与传统民族主义存在重要差别,与其把它看作全球化的对立物,毋宁把它看作是全球化的副产品。对于民族主义问题的讨论必须与全球政治经济关联起来,而不能作孤立的说明"[①]。另外,也有新左派人士从近代以来挽救中华民族危亡和构建和谐世界的角度概括当代中国民族主义的本质。"本世纪积极的民族主义,本质上是民众主义,依靠民众的觉悟和解放来挽救民族衰亡的命运,也希望由此来避免发达国家因为阶级矛盾带来的种种灾难深重的危机。……民众解放的民族主义,正是为了通过人民的斗争以首先赢得民族的独立,并随后以独立的姿态共造多民族和睦共处的丰富世界,最后粉碎一种意识形态、一种政治文化、一种经济结构的霸权主义。"[②]正是基于新左派人士对民族主义运动的倡导与支持,国内曾有学者对新左派思潮与民族主义之间的融合趋势作出过这样的预期:"新左派扬弃财产权进而实现其直接民主的方式却并非基于传统左派所相信的'大众',而是国家。在这个意义上,新左派的政治诉求同民族主义达到了某种程度的契合。因而,在十余年以后的今天两者会走到一起,这并不是没有原因的。"[③]当前,反映新左派思潮与民族主义走到一起最为突出的表现是,两者都试图借助于国内重大事件或历史时刻来扩大自身的影响。

当然,新左派思潮同民族主义既有相互联系,也有原则区别。首先,解决社会问题的路线不同。虽然新左派思潮与民族主义都认为腐败和社会不公的根源在于"国际资本主义在中国的扩张",但两者在解决此类问题上的先后顺序有所差别。新左派思潮强调,当前中国所走的改革发展道路并不符合中国国情,且偏离了社会主义方向,所以才导致国内社会建设面临诸多问题。要解决这些问题,必须先从解决国内执政路线和发展方向问题着手。然而,民族主义却主张,资本主义全球化以及西方发达国家的新殖民主义才是诱发国内诸多问题的罪魁祸首,解决国内社会问题首先要优化影响中国发展的外部环境。其次,利益关注的边界不同。新左派思潮包含着浓厚的草根情结,尤为关注新时期不同社会阶层的利益分化问题。正是凭借对弱势群体权益的关怀,新左派思潮在引

---

① 公羊:《思潮:中国"新左派"及其影响》,中国社会科学出版社2003年版,第40页。
② 公羊:《思潮:中国"新左派"及其影响》,中国社会科学出版社2003年版,第204页。
③ 邹诗鹏:《三十年社会与文化思潮》,复旦大学出版社2012年版,第44页。

起普通民众以及广大青年学生强烈呼应的同时,也强化着自身的价值认同。与新左派思潮关注微观层面的底层民众利益不同,民族主义关注更多的是宏观层面的国家利益,即在全球化背景下如何保障民族利益不受损害、国家利益不受侵犯。再者,对待主流意识形态建设现状的态度不同。新左派思潮对当前中国主流意识形态建设现状较为悲观,认为主流意识形态对市场化改革负面的纵容,已经严重稀释了其对资本主义的批判力。与新左派思潮相比,民族主义对主流意识形态建设现状较为乐观,认为中国共产党仍然坚守着原初的信仰,并认定中国共产党是带领人民实现民族复兴、国家富强的坚强领导核心。最后,社会变革的方式不同。新左派思潮有着革命的冲突,时不时地用阶级斗争式的革命话语煽动或蛊惑民众,以此推动经济、政治、文化的改革和人的存在方式的变革。民族主义则强调利益整合性、民族整体性,主张对外敢于斗争、对内善于化解分歧,以期实现国内社会稳定和发展,因而有着极强的社会改良意愿。

三、新左派思潮与民粹主义

作为"小资产阶级反动'社会主义者'的理论"(列宁语),民粹主义最早产生于 19 世纪 60 年代的俄国,其主要内容是反对资本主义和市场经济,维护农民小生产者的利益,并主张在自然经济或个体经济的基础上直接向社会主义过渡。毛泽东同志曾准确揭示了民粹主义理论主张的本质。他指出:"所谓民粹主义,就是要直接由封建经济发展到社会主义经济,中间不经过发展资本主义的阶段。"[①]由于华夏历史上封建经济的长期存在,民粹主义在中国有着深厚的历史基础和广泛的现实影响。即是说,中国民粹主义的生成与演变有着自身独特的历史传统。要知道,"在中国这个流动的等级社会之中,唯有往上流动,才会被人看得起,形成了普遍的对下傲慢、对上自卑的等级心理。社会是一个金字塔,越是往上,仕途越挤,而往上的欲望又永无止境,于是往上流动的失意者,常常因此产生逆反心理,表现出强烈的反智主义与民粹主义,试图以民众为道德的象征符号,将自己对社会精英的仇视正当化与合理化"[②]。关于中国民粹主义的主要内容,马立诚从反对精英主义、反对代议制民主、要求结果均等、推崇道德至上、崇拜魅力型领袖、热衷于暴力革命等六个方面[③],作出了较为全面的概括。单从当前国内异彩纷呈的社会思潮领域观之,就有民粹主义活跃的身

---

① 《毛泽东文集》第 3 卷,人民出版社 1996 年版,第 323 页。
② 许纪霖:《当代中国的启蒙与反启蒙》,社会科学文献出版社 2011 年版,第 232 页。
③ 参见马立诚《最近四十年中国社会思潮》,东方出版社 2015 年版,第 92—93 页。

影。近年来,在世界经济复苏乏力、国际政治不稳定性增加的情况下,民粹主义一再被激活、唤醒。在全球民粹主义浪潮的裹挟下,国内民粹主义立足于平民立场,凭其阶级斗争理论和极化思维模式,趁势表现出"仇官""仇富""仇精英"的社会心理。

从文化传统和相关内容来看,民粹主义与新左派思潮是同属于当今中国左翼势力的思想体系,新左派思潮天生具有民粹化倾向。当代中国新左派思潮的民粹化倾向可谓浸透到了国家社会生活的各个方面,从民间到官方、从线下到线上,到处弥散着新左派思潮的民粹主义情绪。源于此,萧功秦从新左派人士的思想状态与观念出发,直接将新左派划分为后现代主义和民粹主义两种类型,并从"强烈的'底层意识'""强烈的反西方的情绪""道德优越感下的斗争哲学""类雅各宾党的民众动员冲动与暴力崇尚"等四个方面[①],论述了民粹式新左派思潮的主要特点。在民粹主义影响下,新左派人士可以随意用意识形态术语或政治正确来攻击对方,并打着维护国家权威的旗号把自己所不认同的言行视为阶级意志的表达。也正是这种独具特色的民粹式的政治诉求,内在地决定了新左派思潮转向国家主义的逻辑必然性。对此,学者许纪霖直言:"近年来'新左派'的最大变化就是集体右转,'新左派'的集体右转并非晴天霹雳,而有其内在的思想和历史逻辑,以拒斥西方代议制民主为号召的民粹式民主,在国家制度上势必要落实到以民主为合法性基础上的个人或寡头式权威。"[②]不过由于根本价值取向上的不同,我们并不能将新左派思潮与民粹主义等同视之。但令人吊诡的是,可能是基于反经济全球化、反精英主义的合作需要,新左派思潮与民粹主义日益呈现出明显的合流趋势。这种合流趋势主要表现为两者有着共同的批判对象、相似的思维方式和一致的发展动向。在批判对象上,反对市场经济、批判资本主义是新左派思潮与民粹主义共同的理论旨趣。两者都将腐败蔓延、两极分化、社会不公归咎于市场化改革。在思维方式上,新左派思潮尤其是激进左派思潮,尚未真正脱离暴力革命、阶级斗争、个人崇拜、集权政治等理论窠臼,其同情弱者、批判主流的革命性话语叙事,仍然带有强烈的民粹主义色彩。新左派思潮主张依靠平民力量、推崇大众民主对社会进行激进变革的做法,也是国内民粹主义者津津乐道的话题。在发展动向上,互联网成为新左派思潮发声的重要平台。无论是新左派思潮还是民粹主义,都试图通过抢占网络阵地、拓展网络空间,针对某些社会热点事件发表非理性、极端化的舆论主张。

---

① 参见公羊《思潮:中国"新左派"及其影响》,中国社会科学出版社2003年版,第409—414页。
② 许纪霖:《当代中国的启蒙与反启蒙》,社会科学文献出版社2011年版,第241页。

随着互联网技术的普及,民间社会和底层民众也更善于运用网络舆情、网络舆论表达自身利益诉求及政治主张。一时间,网络媒介成为国内新左派思潮、民粹主义盛行的重要推动力,网络新左派思潮、网络民粹主义方兴未艾。

然而,"民粹主义者有这样的倾向,他们通常站在自己所排斥、厌恶的社会集团的对立面上来描述自身。民粹主义者的言语中充满了对头脑敏锐的知识分子、官僚、雇佣文人、财主、强盗头领、披头士和财阀的诋毁"①。在中国现实生活中,新左派思潮的民粹主义喧嚣非但没有化解社会矛盾、消除阶层分化,反而在一定程度上严重影响到了社会稳定和国家发展。可以预见的是,如果新左派思潮不能摆脱情绪化、非理性、非敌即友的思维弊端,而继续沿着民粹主义道路走下去的话,那么它势必会越来越遮蔽广大劳动人民的利益诉求,最终沦落为一个脱离中国现实社会和基层民众利益的思想派别。这就表明,在未来发展过程中,新左派思潮面临着既要防范来自外界民粹主义的煽动蛊惑,又要警惕自身固有民粹化倾向的双重任务。

四、新左派思潮与新儒家思潮

受传统文化中左倾政治立场的影响,以及对市场化改革、全球化进程、宪政民主理念等西方现代性话语的反感,新左派思潮有着明显的保守倾向。故而,作为一种思想派别的新左派也被称为"保守左派势力"。正是新左派思潮这种内在的保守倾向,架起了其与现代中国新儒家思潮之间联通的桥梁。所谓中国现代新儒家思潮,就是"以接续儒家'道统'、复兴儒家学说为己任,以服膺宋明理学(特别是儒家心性之学)为主要特征,力图以儒家学说为主体,为本位,来吸纳、融合、会通西学,以寻求中国现代化道路的一个学术思想流派"②。显而易见,儒家传统文化构成了现代新儒家思潮的主要理论支柱,新儒家思潮也将挖掘阐释儒家核心价值观念、重建儒家思想体系视为己任。然而,新儒家思潮与新左派思潮概念内涵的不同,并未阻碍两者在某些价值主张上(如公正、平等、民主、文明等)的相通。不仅如此,在新儒家思潮的理论框架里,新儒家思潮对国家整体利益的维护,对人性至善、德性至高的强调,决定了儒家传统甚至可以成为整合左右两派的一个重要平台。无怪乎新儒家人士直接把新左派思潮视为自己的"左邻"。

具体来说,我们可以从以下三点来熟悉新左派思潮与新儒家思潮的融通之

---

① [英]保罗·塔格特:《民粹主义》,袁明旭译,吉林人民出版社2011年版,第74页。
② 方克立:《现代新儒学与中国现代化》,长春出版社2008年版,第19页。

处。首先,呵护中华文明。面对西方强势文化的侵袭,新左派思潮与新儒家思潮都强烈谴责国内自由主义分子从西方文化中寻找精神资源的做法,认为20世纪80年代所选择的西方启蒙话语已经丧失了批判和诊断当代中国社会问题的能力,要摆脱国人被思想殖民的困惑,就必须呵护中华传统文明,增强本民族文化认同,以此来重建安身立命之本。在抵御西方文化和开掘中华传统文化的过程中,无论是新左派思潮还是新儒家思潮,极为强调儒家文化所处的主体性地位,并要求赋予传统儒家文化以当代表述形式,以期实现中国传统文化向现代转型。尤其是新儒家思潮,更是将复兴中华文明尤其是复兴儒学视为国家存在与发展的价值基础。在新儒家人士那里,"历史上的儒学传统不仅代表着中国的过去,而且也预示着中国的未来,这并不是说儒家思想将作为社会意识形态延续下去,而是说儒家思想所代表的意义结构在民族精神的重建方面将仍然发挥作用,从而也将最终制约着我们民族对于未来道路的选择"[①]。其次,重视社情民意。基于世俗化的唯物主义立场,新儒家思潮与新左派思潮单纯从理论上将是否符合人民利益、满足人民需求、体现人民意志视为评判现代政治合法性的重要标准。"敬德保民"就是两者在社会民生领域所达成的一致共识。面对20世纪90年代以来国内市场化改革与世界全球化进程中所涌现的诸多社会问题,新儒家思潮同样表现出强烈的忧患意识和社会责任,其对市场经济和全球化复杂内涵、内在矛盾的深刻揭示,一再警示着人们不能对市场经济和全球化做一种纯粹理想化或过于简单化的理解。出于对人性善的伦理考量和对现实生活中贫富分化的道德批判,新儒家人士自觉将保障人民基本权利、促进社会公平正义视为其思考与解决问题时所要考虑的一个出发点和落脚点。再者,强调中体西用。新左派思潮与新儒家思潮虽然都十分看重中西文化之间的传播与交流,但在本质上两者都属于中体西用派。新左派思潮在探讨中国问题时多是援引甚至移植西方新马克思主义的理论观点,用其解释中国社会现象,并以此为指导在中国语境下提出自身的理论主张。新左派思潮的代表甘阳就曾主张从传统文化政治体制中为中国发展寻找出路,并开创性地提出"儒家社会主义"的概念。他曾直言说:"'中华人民共和国'的含义实际就是'儒家社会主义共和国'。因为首先,中华的意思就是中华文明,而中华文明的主干是儒家为主来包容道家佛教和其他文化因素的;其次,'人民共和国'的意思表明这共和国不是资本的共和国,而是工人、农民和其他劳动者为主体的全体人民的共

[①] 郑家栋:《现代新儒学概论》,广西人民出版社1990年版,第10页。

和国,这是社会主义的共和国,因此,中华人民共和国的实质就是'儒家社会主义共和国'。"①可见,新儒家思潮对中体西用的强调似乎比新左派思潮更为直接。因而在新儒家人士看来,"建设未来,既要古为今用,又要洋为中用,但必须中学为体、西学为用,因为新蓝图的灵魂还是我们中国的儒家思想,而不是西方的马克思主义或自由民主主义"②。不过,新左派思潮与新儒家思潮在肯定引鉴西学的同时,更倾向于寻求与中国传统文化的结合点,以此减少中国政治体制改革可能引起的社会震荡。

　　新左派思潮的保守化特征虽使其在某些价值观点上与新儒家思潮存有共性之处,但这并不意味着可以将两者等同。总体而言,新左派思潮与新儒家思潮精神取向的不同、理论体系的相异、政治立场的冲突,决定了两者在融通之外的对立。这种对立最为凸显的是在政治领域,即新左派思潮"坚守正统"而新儒家思潮"尊儒反马"。从前文新左派思潮具体价值诉求上就可以看出,新左派思潮主张巩固马克思主义作为一元化指导思想的主导地位和拥护社会主义制度,在政治问题上并未与主流意识形态发生根本性冲突。而与新左派思潮不同,新儒家思潮要求以儒学为主体和本位,视儒学为指引中国社会发展的主导意识形态。有些人甚至把马列主义看作一种外来异族文化,质疑马克思主义作为主导意识形态的合法性,要求"全面超越"马克思主义,以儒学取代马列主义,确立儒教为国教。新儒家思潮代表性人物蒋庆就曾明确提出以儒家文化取代马克思主义的要求。他指出,"中国的政治秩序依儒家文化统治为合法,不依儒家文化统治为不合法",如果我们不能够以儒家思想为指导来确立中国的国家意识形态,那就是"违背尧舜以来至孔子一脉相承的王道政治文化传统,其政治秩序就不合法"。③新儒家思潮的另一位代表康晓光则从反对自由民主主义的视角探求未来中国发展出路的替代性方案,将复兴儒家文化视为中国政治走向仁政的充要条件。为此,他擘画了融"道统、政统、学统"为一体的仁政蓝图,并由此指出,"对于中国来说,既能保留现实的优点,又能克服现实的缺点,非'仁政'莫属"④。不难发现,新儒家思潮站在马克思主义与社会主义的对立面,企图通过复兴儒学、重建儒教来"儒化共产党""儒化社会""儒化中国",最终建立所谓王道政治

---

① 甘阳:《中国道路:三十年与六十年》,《读书》2007年第6期。
② 康晓光:《仁政:中国政治发展的第三条道路》,八方文化创作室出版社2005年版,第14页。
③ 蒋庆:《政治儒学:当代儒学的转向、特质与发展》,生活·读书·新知三联书店2003年版,第209—210页。
④ 康晓光:《我为什么主张"儒化"——关于中国未来政治发展的保守主义思考》,http://www.aisixiang.com/data/4908—6.html,访问日期2018年2月26日。

的"儒家社会主义"。蒋庆就曾在其著作《政治儒学》一书中描绘了此番治国图景。他所设计的以"通儒院、庶民院、国体院"为主要组成部分的三院制政体与以"虚君共和制、议会三院制和太学监国制"为主要构成要素的儒教宪政,则是通达仁政社会的理想路径。显然,新儒家思潮这种唯儒独尊、唯儒是从的唯心史观,既与建设社会主义先进文化方向相悖,又与实现社会主义现代化目标相左。而与新左派思潮相比,新儒家思潮强烈的政治权力诉求、鲜明的意识形态色彩使其反马克思主义、反社会主义的嘴脸表露无遗。

第五节 当代中国新左派思潮的引领路向

对于人类社会发展进程而言,"世界体系的每一个思想映象,总是在客观上受到历史状况的限制,在主观上受到得出该思想映象的人的肉体状况和精神状况的限制"[①]。当代中国新左派思潮作为一种"思想映象",其存在与发展既受制于中国现实社会的实际发展状况,又受限于广大民众社会心态的成熟与否。中国新左派思潮以其鲜明的政治立场和强烈的责任担当,借助革命的话语叙事和批判的思想资源,在揭示市场化改革造成国内社会分化的同时,也反映了广大知识分子对市场经济、民主化浪潮和全球化的深刻反思。通观新左派思潮的理论主张及其与国内其他社会思潮的现实勾连可知,新左派思潮凭借其独有的批判性的话语特质,在表达基层社会民意诉求、制衡新自由主义式改革和实施对国家政权的体外监督等方面发挥着建设性作用。然而,囿于固有的"左"倾立场,新左派思潮浓重的乌托邦色彩、盲目的革命崇拜、纯粹的市场批判、绝对的平等诉求等内在缺陷,一度消解了其价值关怀所应有的现实感召力和凝聚力。尤为需要警惕的是,新左派思潮过度沉迷于改革开放前的旧体制,并试图以此为据论证和设计未来中国社会发展的具体方案。为了避免重蹈历史上"左"倾路线的覆辙和排除现实中"左"倾错误的干扰,我们要敢于对新左派思潮这种"走封闭僵化的老路"的思想倾向亮剑,在不断剥离和剔除新左派思潮非马克思主义意识形态成分的基础上探索出对其价值引领的有效路径,以期新左派思潮能够成为一支促进中国社会健康发展的建构性力量。

一、健全社会主义市场经济体制

社会主义与市场经济之间并不存在根本矛盾。新左派思潮基于对传统社

---

① 《马克思恩格斯选集》第3卷,人民出版社2012年版,第412页。

会主义的教条式认知,将当前国内分配不公、腐败蔓延、贫富分化、道德滑坡等问题归咎于市场化改革,片面认为市场机制是资本主义社会的"专利",实行市场经济、进行市场化改革在本质上就是走资本主义道路。基于这种认识,新左派思潮竭力否定市场经济与社会主义结合的可能性和现实性,不认可社会主义市场经济,强调发展市场经济就是对社会主义发展道路和共同富裕价值取向的背离。在新左派人士看来,以经济建设为中心的方针政策是"去政治化"和追求"单纯的金钱观"的表现,不可避免地使"资本实际上成为社会的主导";而建立市场经济体制,其实质就是赤裸裸地在中国复辟资本主义,诱引中国"到奴役的道路上"。新左派思潮主张坚持社会主义就必须实行计划经济而非市场经济,其对改革开放以来我们党所作出的有关社会主义经济建设方面的制度性安排持有质疑、否定的态度。诚然,新左派思潮对国内诸多问题尤其是民生问题的关注虽引起了广大民众的共鸣,但其盲目敌视市场经济和选择性漠视我国经济建设成就的"左"倾做法,显然有悖于我国处于社会主义初级阶段的实际国情。其实,早在1980年邓小平在总结建国30年经验时就已强调:"不要离开现实和超越阶段采取一些'左'的办法,这样是搞不成社会主义的。我们过去就是吃'左'的亏。"①在中国特色社会主义进入新时代的现实背景下,发展特别是经济发展仍然是"解决中国所有问题的关键"和"党执政兴国的第一要务",我们唯有坚持社会主义市场经济改革方向,在坚持社会主义基本经济制度的基础上不断完善市场经济体制,才能更好地解放和发展生产力,进而促进经济社会发展。

首先,巩固公有制主体地位。生产资料公有制是社会主义的本质特征,也是社会主义市场经济体制的根本支柱。马克思主义经典作家认为,公有制是区别社会主义制度与资本主义制度的主要标志。这是因为:"生产资料由社会占有,不仅会消除生产的现存的人为障碍,而且还会消除生产力和产品的有形的浪费和破坏,这种浪费和破坏在目前是生产的无法摆脱的伴侣,并且在危机时期达到顶点。此外,这种占有还由于消除了现在的统治阶级及其政治代表的穷奢极欲的挥霍而为全社会节省出大量的生产资料和产品。通过社会化生产,不仅可能保证一切社会成员有富足的和一天比一天充裕的物质生活,而且还可能保证他们的体力和智力获得充分的自由的发展和运用。"②即是说,生产资料公有制作为"社会主义最本质的东西",其自身就有利于促进生产力发展、创造物质与精神消费的条件和减少社会剥削现象,巩固其主体地位是社会主义国家进

---

① 《邓小平文选》第2卷,人民出版社1994年版,第312页。
② 《马克思恩格斯选集》第1卷,人民出版社2012年版,第670页。

行经济建设时所要把握的逻辑前提。为了彻底纠正以往追求纯粹公有制实现形式的"左"倾错误和解放公有制经济发展的生产力要素,经过40多年改革开放的实践探索,我国经济体制改革目标即建立社会主义市场经济体制已初步实现,社会主义经济建设由此焕发出强大的生机与活力。如果从党的十四大正式确立社会主义市场经济体制改革目标算起,我国GDP从1992年的23938亿元上升到2016年的744127亿元,25年间翻了30余倍;我国国有企业利润总额从1992年的535.1亿元上升至2016年的2.3万亿,25年间翻了近43倍。以上两组数据说明,没有任何理由证明新左派思潮说辞——公有制与市场经济之间不相兼容,建立社会主义市场经济体制就等同于削弱公有制主体地位——的正确性。相反,公有制经济本身就属于市场主体的一个组成部分,自然能够像其他市场主体一样平等参与市场竞争,并获得相应的发展空间。中国经济社会发展的事实表明,公有制经济成分完全可以适应市场经济环境,且能够在市场竞争中迅速发展和壮大起来;国有企业也完全可以参与经济活动,并依靠自主创新和建立现代企业制度而赢得比较发展优势。在市场经济背景下,要更好地利用市场机制服务于公有制经济的发展,不断增强国有经济活力、控制力和影响力,不断做强做优做大国有企业,以此确保国有经济主导地位和公有制主体地位不动摇。

其次,完善社会分配制度。在社会主义初级阶段,在发展社会主义市场经济的条件下,公有制为主体、多种所有制经济共同发展的所有制结构内在地决定了在个人收入领域必须实行按劳分配为主体、多种分配方式并存的分配制度。不可否认,在进行社会主义经济建设过程中,由于受主客观因素的影响,我国现行分配制度确实在一定程度上存有不合理、不公正之处。但总体而言,这种分配制度在调动劳动者生产积极性、促进生产力发展和调适生产关系等方面发挥着重要作用。然而,新左派人士却以国内社会客观存在的分配不公、不合理现象为噱头,百般诋毁我国现行分配制度,认为此种收入分配制度奉行的是"效率优先"和"发展至上"的政策路线,不但损害了社会公平,而且也淹没了社会正义。他们强调,为了避免资本盘剥和消除两极分化,应强化国家权力和扩大政府再分配职能,通过行政命令把社会财富集中在政府手里,继而以财富的再分配遏制不平等现象的发生。自开启市场化改革以来,我国经济建设既有社会财富剧增的喜悦,也有国内贫富悬殊拉大、社会分配不公的忧虑。如何实现社会财富合理分配,防止社会两极分化,也就成为中国发展起来以后所必须考虑的一个现实问题。对此,邓小平指出:"中国发展到一定程度后,一定要考虑分配问题。……如果仅仅是少数人富有,那就会落到资本主义去了。要研究提出分配这个问题和它的意义。到本世纪末就应该考虑这个问题了。我们的政策应该是既不能鼓励懒汉,又不能造成打'内战'。"①自然,分配问题的解决有赖于科学合理分配制度的建立与完善。在当前社会主义市场经济条件下,我国生产资料所有制的市场定位和公有制性质,在客观上既要求兼顾按劳分配与按资分配两种分配形式,又规定按劳分配必须居于主导地位,即在分配比例上按劳分配多于且优于按资分配。这也是为什么我们党和政府一再强调初次分配和再分配都要注重公平的原因所在。就目前我国经济发展实际状况而言,建立健全社会分配制度的目标层次有二:一是满足人的生存需要;二是满足人的发展需要。对于前者,健全社会分配制度就是要向弱势群体倾斜,将消除贫困作为最低要求;对于后者,健全社会分配制度就是要关注受教育条件和机会的平等,将提升人们文化修养和精神境界作为较高目标。

再者,规范市场运行机制。新左派思潮向来以市场批判者的身份自居,认为中国经由 20 世纪 90 年代的市场化转轨已步入"市场社会"或"资本化的社会";而当前国内发生的一切社会不公现象,其根源就在于市场这只"看不见的手"。市场因素的无限增长和资本活动的无孔不入,使生活在社会主义国度里的人们(无论在社会心理还是在消费习惯方面)都滋生出资本主义倾向。据此,新左派思潮代表汪晖主张"重新定义社会主义"。在他看来,"如果我们相信市场机制,就不应该拥抱垄断的资本主义,而是反对这种资本主义。资本主义不是自由市场,也不是市场规则,而是反市场的力量。在这个意义上,权力的市场化和市场的权力化是一种典型的资本主义现象……"②而在众多新左派人士眼里,这种"典型的资本主义现象"正在中国紧锣密鼓地上演。不过,面对中国运用市场机制进行经济建设所取得的辉煌成就,新左派思潮谴责和批判市场经济的做法,如果说不是一厢情愿,那么也注定苍白无力。要知道,市场决定资源配置是市场经济的一般规律。至少就目前而言,市场经济是人类社会在配置资源时所能作出的最佳选择。只要人类社会经济活动不消泯,市场经济就会持续存在,市场机制之于经济建设的作用就必然会凸显出来。中国改革开放前的历史也已证明,人为排斥市场机制、无视市场作用的"左"倾做法,注定不利于经济社会的长远发展。反而正是市场机制的引入,激活了中国经济社会的发展潜能。

---

① 《邓小平年谱一九七五——一九九七》(下),中央文献出版社 2004 年版,第 1356—1357 页。
② 李世涛:《知识分子立场:自由主义之争与中国思想界的分化》,时代文艺出版社 2000 年版,第 141 页。

但这并不是说市场机制完美无缺,可以随意介入经济社会的一切领域。由于市场机制在配置资源过程中存在着自发性、盲目性和滞后性,市场经济活动中的无序竞争甚至恶性竞争就难以避免。针对市场机制的这种"二律背反"现象,我国经济发展所要解决的不是取消市场机制的问题,而是怎样规范市场机制的问题。规范市场机制,说到底就是引领市场机制从自发导致"优胜劣汰"向自觉加快"促劣变优"转变。为此,要充分运用政府调控力量和法治保障力量,纠正市场配置资源的内在缺陷,以此确保市场机制在释放经济发展动能的同时,自觉趋向共同富裕的目标。

最后,改善政府宏观调控职能。政府与市场的关系问题是社会主义市场经济体制改革的核心问题。繁荣发展社会主义市场经济,既需要借助市场在资源配置中的决定性作用,也需要更好地发挥政府的作用。这是因为,在具体经济建设实践中,市场机制潜在的自发趋势需要政府加以调控来消解其不经济性质。当然,"我们社会主义的国家机器是强有力的。一旦发现偏离社会主义方向的情况,国家机器就会出面干预,把它纠正过来"①。不过对于经济建设而言,社会主义国家机器的干预必须建立在市场机制运行的客观规律之上。这就意味着政府在市场经济活动中既不能缺位,以防经济建设偏离共同富裕取向和社会主义方向,也不可越位,以免违背市场机制内在运行规律而破坏社会生产力的发展。在深入推进市场化改革过程中,"政府的职责和作用主要是保持宏观经济稳定,加强和优化公共服务,保障公平竞争,加强市场监管,维护市场秩序,推动可持续发展,促进共同富裕,弥补市场失灵"②。因而,促进社会主义市场经济健康有序发展,需要进一步改善政府宏观调控职能,建设有为政府和有效政府。一方面,注意政府宏观调控方式的间接性,即主要运用财政、税收、货币、收入等经济手段调节国民经济发展,着力解决政府干预过多的问题,以此减少政府对资源的直接配置。另一方面,注重政府宏观调控手段的综合性,即在强调以经济手段为主要调控方式的同时,还要综合运用行政、法律、计划等非经济手段,着力解决政府监管不到位问题,以此减少市场配置资源的盲目性。尤其是在社会民生建设方面,党和政府要按照集体主义价值原则对市场经济体制的某些方面或环节进行改造,切实将健全社会保障体系和发展社会公益事业作为其宏观经济调控的重要职责,防范市场逐利行为对教育、就业、医疗、住房、养老等民生建设的侵蚀和对社会稳定的破坏。所以说,社会主义市场经济的持续健康

---

① 《邓小平文选》第3卷,人民出版社1993年版,第139页。
② 《十八大以来重要文献选编》(上),中央文献出版社2014年版,第514页。

发展离不开政府宏观调控职能,而政府宏观调控的最终目的就是在维护市场机制运行自治状态的基础上不断提高人民生活水平。正是在这个意义上,任何否定市场调节抑或拒绝政府调控的做法都有碍于社会主义经济建设。

近代以来世界各国经济建设的实践表明,任何经济政策的制定与实施都不能脱离本国的发展实际。在社会主义初级阶段,无论是生产力的解放和发展,还是生产关系的调整和优化,都迫切需要突破计划经济的僵化模式。改革开放以来的实践证明,市场机制的引入为社会主义经济建设注入了新生力量。纵然市场机制在具体运行过程中有着内在的缺陷并滋生出许多问题,但客观而言,这一经济手段的实施在总体上能够为社会主义现代化事业的发展注入新的力量。即如邓小平所指出的那样:"社会主义经济政策对不对,归根到底要看生产力是否发展,人民收入是否增加。这是压倒一切的标准。空讲社会主义不行,人民不相信。"①所以,如果"不彻底纠正'左'的错误,坚决转移工作重点,就不会有今天的好形势"②。然而,新左派人士罔顾我国社会生产力发展和人民收入增加的事实,一味指责市场机制,甚至主张重返计划经济时代。不过,新左派思潮"要通过消灭市场经济而转向国家权力来解决社会秩序问题,除了怀旧和乌托邦,并没有任何现实可行性"③。

二、拓展中国特色民主发展道路

与中国自由主义所主张的宪政民主不同,新左派思潮从其所秉承的"平等至上"原则出发,对自由主义强调的人类社会终结于资产阶级自由民主制度的说法不以为然,且将直接民主、全面民主视为中国民主政治建设的主要目标。新左派人士曾呼吁:"历史没有终结,是因为产生不平等、不自由和不民主的土壤还继续存在;因为没有任何力量能够阻止'全世界受苦的人'追求一种更为公正的、全面民主的生活方式。"④故而,他们认为只有在中国实行直接选举制度,通过直接选举才能确保并扩大普通民众在社会生活和政治生活中的自主权,才能真正体现社会主义国家人民当家作主的民主真谛。毋庸置疑,在一定程度上新左派人士所构想的全面民主和直接民主等民主形式对捍卫民众的民主权利

---

① 《邓小平文选》第2卷,人民出版社1994年版,第314页。
② 《邓小平文选》第3卷,人民出版社1993年版,第141页。
③ 郑永年:《再塑意识形态》,东方出版社2016年版,第76页。
④ 李世涛:《知识分子立场:自由主义之争与中国思想界的分化》,时代文艺出版社2000年版,第237页。

有着积极性的一面。但是，个别新左派人士却以主观设计裁剪客观现实，要求对"文化大革命"中的群众运动进行经验总结，希望用"文革"时期的群众性大民主方式来解决当前我国存在的贫富分化、分配不公、贪污腐化等问题。殊不知，"文化大革命"中的群众性大民主并不是什么直接民主，更谈不上什么大众民主，它脱离了法治轨道，一度演变为"多数人的暴政"，不仅严重损害了普通民众的生存发展权利，而且还严重阻碍了中国民主政治建设的进程。诚如邓小平所揭示的那样："'文化大革命'时搞'大民主'，以为把群众哄起来，就是民主，就能解决问题。实际上一哄起来就打内战。"[①]这就表明，新左派思潮所倡导的直接民主抑或全面民主有着潜在的民粹风险，其难以规避的效率低下、成本过高、对抗秉性等天生缺陷，决定了中国民主政治建设要跳出新左派思潮全面民主和直接民主的怪圈，继而探索和拓展符合中国国情、具有中国特色的民主发展道路。

首先，实现选举民主与协商民主协调发展。实现形式的多元化、多样化是民主的显著特征。"古今中外的实践都表明，保证和支持人民当家作主，通过依法选举、让人民的代表来参与国家生活和社会生活的管理是十分重要的，通过选举以外的制度和方式让人民参与国家生活和社会生活的管理也是十分重要的。"[②]这就表明，探索选举民主之外的政治参与形式乃是确保人民当家作主和发展中国社会主义民主政治的题中之义。协商民主作为党的群众路线在政治领域的重要体现，既是对选举民主的有效补充，也是我国民主发展所要实现的一个高级形态。当然，中国特色社会主义民主实践绝不能走西式选举民主与协商民主的路子，而应立足于本国国情，并结合时代特征，在坚持党的领导和社会主义制度的基础上建构富有中国特色的选举民主与协商民主，并努力实现两者协调发展，进而不断拓展人民当家作主的广度和深度。虽然中国特色选举民主与协商民主在民主性质、功能定位、基本原则等方面存在形式上的差异，但两者在内容方面有着很多的相同之处（如主权在民的精神实质、文化多元的生成背景、政治平等的价值诉求和公共利益的最终目的），在本质上都是对确保民众拥有更广泛政治参与权利所作出的有效制度安排。"在中国，这两种民主形式不是相互替代、相互否定的，而是相互补充、相得益彰的，共同构成了中国社会主义民主政治的制度特点和优势。"[③]为此，要不断完善选举民主的制度程序和推进协商民主多层化制度化发展，并在坚持根本政治制度的前提下自觉遵循民主

---

① 《邓小平文选》第3卷，人民出版社1993年版，第200页。
② 《习近平谈治国理政》第2卷，外文出版社2017年版，第293页。
③ 《习近平谈治国理政》第2卷，外文出版社2017年版，第293页。

集中制原则,以民主防范选举和协商过程中的权力专断,以集中消除选举和协商过程中的无序竞争,从而在民主集中制指导下使富有中国特色的选举民主与协商民主更好地结合在一起。我们有理由坚信,中国特色选举民主与协商民主的协调发展不仅有助于克服新左派思潮忽视程序正义而要求实现民主诉求的弊端,而且有利于扩大公民有序政治参与、满足民众政治参与意愿和实现社会和谐稳定,从而推动我国政治体制改革朝着更加科学化、民主化、制度化、规范化的方向发展。

其次,促进党内民主与人民民主良性互动。如果说党内民主是党的生命的话,那么,人民民主就是社会主义的生命。没有党内民主,就没有党的长期执政的地位;而没有人民民主,也就没有社会主义的现代化和中华民族的伟大复兴。通俗来讲,发展党内民主与人民民主,就是"要让大家敞开思想讲话","要允许发表不同的意见,一定要做到不抓辫子、不打棍子、不戴帽子,真正做到三不主义"。[①] 新左派思潮所推崇的全面民主和直接民主并不能充分表达社情民意,促进党内民主与人民民主之间的良性互动才是我国民主政治建设的必由之路。这就要求在民主建设过程中,既要发挥党内民主对人民民主的示范和带动作用,又要以人民民主建设来优化党内民主的发展环境。一方面,中国共产党的性质和宗旨、执政地位和执政方式内在地决定了党内民主要走在人民民主前列、要比人民民主发展的更充分,进而带动人民民主发展;另一方面,人民民主在满足广大民众对我国民主政治发展迫切愿望的同时,进一步增强了社会成员的平等意识、自主意识、法治意识和竞争意识,同时也为人民群众民主意识的提升、民主权利的维护和民主生活的健全提供了有利条件,进而推动着党内民主的健康发展。促进党内民主与人民民主之间的良性互动需要遵循以下原则:一是权利平等原则。平等是发展党内民主、建设人民民主的首要原则。民主的实质是人民当家作主,即承认公民拥有决定国家制度和参与国家管理的平等权利。根据这一原则,我国宪法明确规定,"中华人民共和国公民在法律面前一律平等",《中国共产党章程》也明确要求,"除了法律和政策规定范围内的个人利益和工作职权外,所有党员都不得谋求任何私利和特权"。二是民主监督原则。民主监督充分体现了我国人民民主专政的国家性质和人民代表大会制度的政权体制。现代国家民主政治的发展实践表明,不受监督的权力容易滋生腐败。既然国家权力来源于人民、党的建设根植于人民,国家权力和政党权力的运行

---

① 《邓小平年谱一九七五——一九九七》(上),中央文献出版社2004年版,第402页。

与使用就要接受人民群众的民主监督,使权力在阳光下运行。另外,党内监督作为人民监督向党建领域的自觉延伸,既是加强党内民主建设的重要任务,也是衡量党内民主水准的主要根据。能否有效开展党内监督工作,已成为关乎党生死存亡的重大问题。三是公开原则。民主的公开原则主要是指政治权力的实施过程要公开。列宁曾解释说:"没有公开性而谈民主制是很可笑的,并且这种公开性还要不仅限于对本组织的成员。"①他还指出,无产阶级专政"这个政权对大家都是公开的,它办理一切事情都不回避群众,群众很容易接近它;它直接来自群众,是直接代表人民群众及其意志的机关"②。这就告诉人们,当前在一定程度一定范围内推进党务公开、政务公开是发展党内民主和人民民主不可或缺的一环。

再者,营造社会主义民主建设的法治环境。社会主义政治文明建设的基本内容囊括了民主与法治两个方面。其中,民主是法治的实质和灵魂,并为法治奠定基础;法治是民主的根本形式,并为民主提供保障。要发扬社会主义民主,就要健全社会主义法制。究其缘由,"社会主义民主和社会主义法制是不可分的。不要社会主义法制的民主,不要党的领导的民主,不要纪律和秩序的民主,决不是社会主义民主"③。如果民主同法治相分离,缺乏法制的保障和支撑,势必会造成全社会的民主失控,其结果无非是导致无序化的社会动乱或误导社会倒退回僵化的专制状态。被新左派思潮所青睐的"文革"时期的"群众性大民主",就是这种缺少法制约束、脱离法治轨道的失控民主的典型代表。这种民主形式非但没有赋予人们真实的民主权利,反而损害了人们最基本的生命权、自由权和财产权,且一度使国家建设和社会发展陷入无政府状态。究其实质而言,"像'文化大革命'那样的'大民主'不能再搞了,那实际上是无政府主义"④。所以,为了防范新左派思潮全面民主、直接民主的民粹风险和无政府主义倾向,同时也为了保障人民民主和发展党内民主,就必须通过法律法规推动社会主义民主的制度化、规范化和程序化,积极营造社会主义民主建设的法治环境,不断提升社会主义民主的法治化水平。在全面依法治国的宏观背景下,推进社会主义民主法治化进程内在地要求实现党依法执政、政府依法行政和人民依法参政三者之间的有机统一。党依法执政,就是要依照宪法和法律治国理政,实现对

---

① 《列宁选集》第1卷,人民出版社2012年版,第417页。
② 《列宁全集》第12卷,人民出版社1987年版,第287页。
③ 《邓小平文选》第2卷,人民出版社1994年版,第359页。
④ 《邓小平文选》第3卷,人民出版社1993年版,第242—243页。

国家机关的思想领导、组织领导、政治领导与制度领导,最大限度地提升党领导的法治化和科学化水平。政府依法行政,就是要按照"职能科学、权责法定、执法严明、公开公正、廉洁高效、守法诚信"的要求与原则推进法治政府建设,坚持权为民所用、利为民所谋,在维护人民群众根本利益的基础上保障人民当家作主。人民依法参政,主要是指民众在参政过程中要准确把握权利的法定界限,以此确保参政内容符合宪法和法律精神、参政行为在宪法和法律范围内进行。另外,民众在行使参政权利的同时,还要依法履行相应的义务和承担对应的职责。正是在三者的共同作用下,社会主义民主建设才能够在良好的法治环境中得以顺利展开。

最后,积极推动网络民主健康有序发展。互联网技术的发展与普及在深刻改变人们生产、生活和思维方式的同时,也极大地创新了公民政治参与的方式与手段。由此,以互联网为载体的网络民主兴起,并在提高公民政治参与意识、降低公民政治参与成本、畅通公民政治参与渠道等方面发挥着建设性作用。然而,在为网络民主获得迅速发展而深感欣慰的同时,也应注意到互联网领域意识形态话语权斗争的复杂性和严峻性。诸如各种社会思潮依据互联网开放性、互动性、便捷性、隐匿性等特征,争相与主流意识形态抢占生存和发展的网络阵地。新左派思潮就是其中一种以高扬全面民主、为弱势群体代言的左翼政治势力。值得关注的是,新左派思潮向互联网领域进军的通道往往是借助发展网络民主而得以开辟的。只不过新左派人士为维护民众民主权利所倡导的网络民主存在着过于激进化、偏于感性化的短板,其中不乏有人打着网络民主的旗号侵害他人的基本公民权利,网络民主进而演变为"网络多数人暴政",干扰和破坏了正常的社会秩序。即是说,新左派思潮所力主的民粹式的网络民主并非是真民主,若想通过网络保障人们政治参与权利的实现,还必须要采取措施推动网络民主朝着健康有序的方向发展。一是加强对网民的教育、引导和管理。网民在发展网络民主过程中首先要具备网络政治参与的道德规范,以此保证网民政治参与的有序性。据第 41 次《中国互联网络发展状况统计报告》,截至 2017 年 12 月,我国网民规模已达 7.72 亿,互联网普及率高达 55.8%,明显高出全球平均水平 4.1 个百分点。如此庞大的网民规模,难免会有些网民网络道德素养缺失、网络法治意识淡薄。不加强对这部分网民的教育、引导和管理,势必会有碍于网民网络政治参与广度和深度的拓展。二是加强对互联网领域的立法和监管。加强网络民主法治化建设是推动网络民主健康有序发展的重要保障。为此,要加快网络立法进程,坚决依法保证和规范公民行使网络政治参与的权利;要加大网络监督执法力度,坚决依法打击利用网络制造传播谣言、诋毁党的领导和社会主义制度的违法犯罪行为。三是加强互联网平台建设。互联网作为网络民主的有效载体,其发展既需要信息技术的支撑,也需要政府网络门户、民间网站、主流网络媒体等网络平台的搭建。须知网络民主的健康有序发展,离不开这样一种多层次、交互式、全覆盖的网络平台。

捍卫人民当家作主地位、实现人民民主权利是中国社会主义民主事业孜孜追求的目标。新左派思潮试图用直接民主、全面民主取代人民民主,既不符合社会主义民主的精神实质,也脱离了我国民主政治建设的现实实践。要知道,"实现民主的形式是丰富多样的,不能拘泥于刻板的模式,更不能说只有一种放之四海而皆准的评判标准。……社会主义民主不仅需要完整的制度程序,而且需要完整的参与实践"[①]。为此,要想超越新左派思潮的民主理论,就必须在准确把握民主观念范畴内生性、民主建设过程渐进性、民主主体参与广泛性、民主范围支配局限性和民主功能发挥条件性的基础上,立足于我国民主政治建设的实际,探索富有中国特色的民主发展道路。

三、坚持改革与完善改革相结合

全面深化改革是解决中国现实问题的根本途径。对于在改革开放中所涌现的矛盾和问题,也只能通过改革开放的办法加以解决。早在20世纪80年代末,邓小平就强调过:"有些人对改革的某些方面、某些方法不赞成,但不是完全不赞成。中国不存在完全反对改革的一派。"[②]新左派思潮虽历来对中国改革开放持有批判态度,但其在真正意义上并不反对改革。多数新左派人士认为,由于受新自由主义资本逻辑和市场化导向的影响,十一届三中全会以来中国所实施的改革政策实际上奉行的是一种发展至上主义或唯GDP主义;中国的改革正是在市场化、私有化名义下无形中剥削着下层民众,摧毁了社会保障制度,并造成严重的社会两极分化。据此,他们主张重新认识和界定中国目前的改革,严厉谴责新自由主义以市场化、私有化、自由化为导向的改革观,并指出这种改革观不仅无视广大人民群众的根本利益,而且日益使中国步入资本主义的市场社会。然而问题在于,新左派思潮虽有直面中国改革开放进程中现实问题的勇气,但它自身并未建构起逻辑严密、内容科学、目标明确的改革理论,在当今经济全球化时代其所提倡的"新改革开放观"具有明显的反潮流倾向,自然也无法

---

① 《习近平谈治国理政》第2卷,外文出版社2017年版,第292页。
② 《邓小平文选》第3卷,人民出版社1993年版,第209页。

全面指导中国未来社会的改革进程。时至今日,中国改革已跨过40多个年头,又将进入一个新的历史关头。面对眼前美好的改革目标和潜在的改革风险,中国唯有坚持改革、完善改革,坚定不移地推进全面深化改革,方能永葆当代中国发展进步的活力之源。

首先,明确改革的必要性。唯物史观认为,作为有机体的社会始终处于一个能够变化并且经常变化的过程之中。马克思主义历来强调:"所谓'社会主义社会'不是一种一成不变的东西,而应当和任何其他社会制度一样,把它看成是经常变化和改革的社会。"[①]即是说,改革是贯穿社会主义社会建设全程的一个重要议题。一旦改革议题遭到搁置,社会就会变得僵化停滞而缺乏生机。邓小平在总结改革开放前我国社会主义建设经验教训时指出:"从一九五七年开始我们的主要错误是'左','文化大革命'是'极左'。中国社会从一九五八年到一九七八年二十年时间,实际上处于停滞和徘徊的状态,国家的经济和人民的生活没有得到多大的发展和提高。这种情况不改革行吗?"[②]正是得益于邓小平所倡导和主导的改革,党和国家及时将工作重心转移到经济建设上来,将努力建设四个现代化、发展社会生产力作为压倒一切的中心任务。40多年来,改革开放政策的实施极大地提升了中国人民的生活水平、增强着中国的经济科技实力,并扩大了中国在国际社会的影响力,中国已然发展成为世界第二大经济体。然而,对于中国社会发展而言,改革希望与改革风险同在,改革成就与改革问题并存。面对"两个未变、一个改变"的现实国情,以及改革开放过程中利益分化、贪污腐化、道德恶化的现实景状,我们唯有坚持改革、完善改革,才能够更好地应对我国进一步发展所面临的一系列困难和挑战,也才能够在立足于社会主义初级阶段这个最大实际的基础上实现"两个一百年"奋斗目标和推进中华民族伟大复兴。正是在此意义上,坚持深化改革成为我们解决发展矛盾和问题、落实发展措施和目标的重要抓手。党的十八届三中全会聚焦改革主题,并对新时代如何推进全面深化改革进行了专题部署,而这正是对中国必须坚持改革、持续完善改革的积极响应。

其次,注重改革的方法性。正确的改革方法是全面深化改革取得事半功倍效果的不二法门。作为一项复杂的系统工程,全面深化改革涉及经济、政治、文化、社会、生态和党建的各个方面。其中,任何一个领域都无法孤立进行,任何一个层面的改革都关乎并牵动着其他领域和其他方面的改革,同时也需要其他

---

① 《马克思恩格斯选集》第4卷,人民出版社2012年版,第601页。
② 《邓小平文选》第3卷,人民出版社1993年版,第237页。

领域、其他方面改革的密切配合。即是说,"全面深化改革需要加强顶层设计和整体谋划,加强各项改革的关联性、系统性、可行性研究"①。如果各领域改革方案单打一、各方面改革措施不配套,那么全面深化改革进程必然难以持续,其效果势必也会大打折扣。这就要求我们在推进全面深化改革中,要严格按照"统筹兼顾、综合平衡,突出重点、带动全局"的十六字方针,始终坚持"四个结合"改革方法,即坚持思想解放与实事求是相结合、顶层设计与"摸着石头过河"相结合、整体推进与重点突破相结合、胆子要大与步子要稳相结合,从而确保在宏观层面上增强改革的系统性和协同性,在微观层面上提高改革的针对性与实效性。显然,作为一种渐进式改革方法,"四个结合"既有效避免了因情况不明、措施不当所可能诱发的社会不安和社会动荡,也成功解答了是否坚持改革、如何推进改革的现实难题,进而为稳步推动改革进程、顺利实现改革目标提供方法保障。不过需要明确的一点是,面对社会主义初级阶段发展生产力的改革重任,全面深化改革的方法论意蕴内在地要求锁定改革重点、狠抓改革关键。对于新时代中国特色社会主义的发展前景而言,经济建设仍然处于全党工作的中心地位,这也就客观地决定了全面深化改革的重点是要围绕经济体制改革来进行,发挥经济体制改革对政治体制、文化体制、社会体制等方面的牵引和传导作用。这就告诉我们,在推进全面深化改革过程中,唯有紧紧扣住经济体制改革这个"牛鼻子",争取在重要领域和关键环节的改革上取得新的突破,继而以经济体制改革牵引和带动其他领域的改革,方能形成各领域、各方面改革整体推进的强大合力,才能把全面深化改革事业引向深入。

再者,把握改革的人民性。人民性是改革最为根本的价值属性。无论是确定改革目标、落实改革举措,还是激发改革动力、评判改革成效,都要坚定人民立场、回应人民关切、实现人民利益。要知道,人民是改革的主体力量,实现好、维护好、发展好广大人民群众的根本利益,是我国社会主义改革事业的根本遵循。要知道,改革开放是中国亿万人民群众共同的事业,推进全面深化改革既要紧紧依靠人民群众,又要尊重人民主体地位和发挥群众首创精神。所以,"推进任何一项重大改革,都要站在人民立场上把握和处理好涉及改革的重大问题,都要从人民利益出发谋划改革思路、制定改革举措"②。针对当前改革过程中人民利益受损、攻坚难度增大、时间任务紧迫等问题,如何以改革凝聚共识、用改革激发动力,从而调动广大人民群众参与改革的积极性、主动性和创造性,

---

① 《习近平谈治国理政》第1卷,人民出版社2018年版,第88页。
② 《习近平谈治国理政》第1卷,人民出版社2018年版,第98页。

是当前推进全面深化改革亟待解决的一项重大课题。为此,我们要积极营造公平正义的改革环境,明确全面深化改革的出发点和落脚点,真正在促进社会公平正义、增进人民福祉上下硬功夫,以此确保改革发展成果更多更公平地惠及全体人民。这就要求,一要着力发展社会生产力,提升经济社会发展水平,积极做大社会财富积累的"蛋糕",不断为社会分配公平正义的实现奠定坚实的物质基础;二要着眼促进人民共同富裕,在不断释放改革红利中缩小不同群体之间、不同行业之间、城乡之间、地区之间的收入差距,切实维护最广大人民群众能够公正平等地享有经济、政治和文化权益。现时期,顺利推进全面深化改革,其前提就是要将以上两个方面作为重要抓手,借助经济发展坚定持续改革的信心,通过成果共享赢得深化改革的民心。人民群众只有在改革中得到实实在在的利益,才会衷心拥护和支持全面深化改革事业;全面深化改革事业也只有把实现人民利益作为最终价值取向,才能真正拥有永续发展的不竭动力。

最后,坚持改革的方向性。全面深化改革是一场关乎国家前途、民族命运、人民幸福的新的伟大革命。在全面深化改革方向问题上,我们必须立场坚定、原则不移。早在改革开放伊始,邓小平就十分关注我国改革的方向性问题。他指出:"在改革中坚持社会主义方向,这是一个很重要的问题。……我们现在讲的对内搞活经济、对外开放是在坚持社会主义原则下开展的。"①在全面深化改革进入深水区、攻坚期的当今,习近平总书记同样反复强调和关注我国改革事业的方向性问题。他再三指出:"我们的改革是在中国特色社会主义道路上不断前进的改革,既不走封闭僵化的老路,也不走改旗易帜的邪路。推进改革的目的是要不断推进我国社会主义制度自我完善和发展,赋予社会主义新的生机活力。"②党和国家领导人对坚持正确改革方向的重要论述与科学论断,为在新时代更好地推进我国社会主义改革事业提供了政治遵循。把握这一政治遵循,一是要自觉坚持四项基本原则,在高举中国特色社会主义旗帜下推进我国改革事业,以免在改革问题上出现颠覆性错误;二是要始终坚持社会主义市场经济改革方向,既勇于反对那种将改革开放同资产阶级自由化混于一谈的僵化思想,也敢于批判那种以反对资产阶级自由化为名而行恢复旧体制之实的极左行为,以免我国改革事业惨遭中断。这就说明,推进全面深化改革要同时兼顾社会主义方向和市场经济导向,社会主义方向是内在灵魂,指引着改革事业沿着社会主义的康庄大道奋力前行;市场经济为内生动力,驱动着改革事业永不止

---

① 《邓小平文选》第 3 卷,人民出版社 1993 年版,第 138 页。
② 《习近平重要讲话文章选编》,中央文献出版社 2016 年版,第 99 页。

步。二者偏于一方,全面深化改革不是因为方向迷失而踟蹰不前,就是因为动力缺失而难以为继。这就是"不实行改革开放是死路一条,搞否定社会主义方向的'改革开放'也是死路一条"警示背后的深刻价值意蕴所在。

全面深化改革是决定当代中国命运的关键抉择,也是实现中华民族复兴、社会主义发展和马克思主义创新的必由之路。1978年以来的我国社会主义建设实践已向世人昭示,改革开放乃大势所趋、人心所向,任何企图误导改革、阻止改革的呼声和行径终将会被时代发展的洪流所淹没。对发展中国特色社会主义事业而言,"改革开放符合党心民心、顺应时代潮流,方向和道路是完全正确的,成效和功绩不容否定,停顿和倒退没有出路"[①]。但这并不意味着中国改革的坦途已经铸就。尤其是在涉及重大利益关系调整时,全面深化改革"左右前后都要碰到障碍",其难度和阻力空前增加。面对新时代全面深化改革的艰巨任务,中国共产党人更要自觉高扬改革旗帜、紧跟改革步伐、弘扬改革精神,做到始终坚持改革、持续完善改革、不断深化改革,以改革破解发展难题、以改革回应民众关切、以改革担当大国职责,在排除"左"右干扰中引领中华民族走向复兴。

四、奋力推进全面建成小康社会

新左派思潮的社会目标是致力于消除社会不公、实现社会公正,因其对弱势群体的关注和对当代中国社会问题的思考而不乏听众。在新左派人士看来,中国进行市场化改革、融入经济全球化的过程其实也是一个重新制造社会分化和阶级分化的过程,市场化改革中国有、集体资产的流失,全球化进程中跨国资本的盘剥,一度造成了国内社会出现大量的贫富悬殊、司法腐败、城乡户籍壁垒等不公现象。他们认为,改革开放以来中国社会建设奉行了一条资本逻辑主导下的发展主义路线,改革开放只是让"一部分人先富起来"的现实结果,严重偏离了当初"先富带后富"的最初设想;而由此导致的社会不公,不但严重影响着社会稳定,而且还滋生出一系列社会危机。在此基础上,新左派思潮强烈谴责国内自由主义者为了自由牺牲公平、为了效率纵容腐败的错误观点,并主张采用绝对平均主义的分配方式来确保所有社会成员都能够分享到应得的改革成果。在建设和谐社会、小康社会的大背景下,新左派思潮为擘画一个公平公正、共享共富的中国社会所作的努力并无异议,但就长远而言,其忽视经济发展而

---

① 《胡锦涛文选》第3卷,人民出版社2016年版,第172页。

主张用平均主义方式解决社会不公问题的做法,其脱离现实和超越阶段所采取的一些"左"的办法,显然有悖于人民群众的根本利益。如果新左派思潮固守其"不患寡而患不均"的思维定势,单纯就公平的概念和形式而大谈特谈社会公正问题,无异于是站在道义的制高点为中国社会建设绘制了一幅难以企及的乌托邦图景。故而,在社会建设方面,要仔细辨别新左派思潮理论观点的是与非,对其"左"的错误倾向予以及时纠正,不断提升人民群众的获得感、幸福感和安全感,以此压缩社会不公的生存空间。

首先,发展经济,为全面建成小康社会奠定物质基础。习近平同志认为,"以经济建设为中心是兴国之要,发展仍是解决我国所有问题的关键"①。就现阶段而言,实现生产力的解放和发展依然是我们所要面对的一项最根本最紧迫的任务。为实现全面建成小康社会的战略目标,一刻也不能放缓经济发展的步伐。当前,我国正处于社会转型的关键时期,加快经济建设进程、促进经济健康可持续发展,就必须以创新经济发展理念为前提、以转变经济发展方式为主线,不断提高经济发展质量和发展效益,进而为全面建成小康社会奠定坚实的物质基础。而促进经济健康可持续发展,其前提条件就是要确立科学的经济发展理念。党的十八届五中全会审议并通过的"十三五规划建议"在对未来五年如何推进全面建成小康社会做出战略部署的同时,首次提出了以"创新、协调、绿色、开放、共享"为主要内容的新发展理念。该建议同时指出,新发展理念是我国"十三五"乃至更长时期内经济社会发展的基本遵循。从其具体内容来看,新发展理念致力于解决我国经济社会发展过程中的动力问题、不平衡问题、人与自然和谐问题、内外联动问题和社会公平问题,既为我国经济发展进入新常态注入了清醒剂,也为世界经济走向复苏注射了强心剂。当然,将新发展理念落实到经济建设的实践环节之中,势必会对全面建成小康社会起到引领性作用。另外,促进经济健康可持续发展,还要转变经济发展方式。全面建成小康社会,"不是新一轮大干快上,不能靠粗放型发展方式、靠强力刺激抬高速度实现'两个翻番',否则势必走到老路上去,那将会带来新的矛盾"②。因而,转变经济发展方式就是要纠正以往"唯GDP论英雄"的经济发展导向,通过实施创新驱动战略、优化经济结构和提高开放型经济水平来不断提升经济发展的质量和效益,进而在赢得新的经济竞争优势中确保全面建成小康社会目标顺利实现。

---

① 《习近平关于全面建成小康社会论述摘编》,中央文献出版社2016年版,第19页。
② 《习近平关于全面建成小康社会论述摘编》,中央文献出版社2016年版,第12页。

其次,改善民生,紧扣全面建设小康社会的关键环节。民生连着民心,民心关乎国运。改善民生始终是我们党和政府的工作方向和重要任务。全面建成小康社会作为一项民生工程,其根本价值取向就是要努力实现好、发展好和维护好人民群众最关心最直接最现实的利益。所以,"在整个发展过程中,都要注重民生、保障民生、改善民生,让改革发展成果更多更公平惠及广大人民群众,使人民群众在共建共享发展中有更多获得感"①。然而,现时期我国收入分配制度不合理、公共服务设施不健全、社会保障体系不完善、生态环境质量待提高等民生问题的长期存在,俨然成为制约我国经济社会可持续发展的瓶颈。解决民生难题由此成了全面建成小康社会的必要条件。这就要求我们要围绕做好民生工作、推进民生建设来推进全面小康社会建设,不断满足百姓多样化民生需求,尽力织密扎牢民生保障网,从而确保全体人民都能够实现"幼有所育、学有所教、劳有所得、病有所医、老有所养、住有所居"②。但无论是改善民生还是推进全面建成小康社会,其重点和首要任务就是要消除贫困。可以毫不夸张地说,贫困尤其是农村和边远地区的贫困,既是民生改善工作所要完成的最为艰巨的任务,也是全面建成小康社会所要面对的最为突出的短板。为此,习近平深情地说道:"全面建成小康社会,最艰巨最繁重的任务在农村,特别是在贫困地区。没有农村的小康,特别是没有贫困地区的小康,就没有全面建成小康社会。"③对于补齐全面建成小康社会农村脱贫这块短板而言,最为紧迫和关键的就是要做到精准扶贫、精准脱贫,着力破除城乡二元体制、缩小城乡差距,着力完善农村社会保障、加强农村基础设施建设,着力提高农村教育水平、加大农村人才扶持力度。可以说,这"三个着力"是我们打赢这场脱贫攻坚战的根本举措。要知道,只有实现农民脱贫致富,把广大农村建设成农民幸福生活的美好家园,才能最大限度地为全面建成小康社会凝聚民心、集聚民智、汇聚民力,也才能为全面建成小康社会赢得最广泛的群众基础。

再者,完善制度,强化全面建成小康社会的根本保障。制度问题带有根本性和全局性。全面建成小康社会内在地要求在各方面形成更加成熟更加定型的制度,而成熟定型的制度也为小康社会的全面建成提供根本保障。没有社会制度的完善和社会体制的健全,全面建成小康社会的奋斗目标就难以实现。所

---

① 《习近平关于全面建成小康社会论述摘编》,中央文献出版社2016年版,第157页。
② 习近平:《决胜全面建成小康社会 夺取新时代中国特色社会主义伟大胜利——在中国共产党第十九次全国代表大会上的报告》,人民出版社2017年版,第23页。
③ 《习近平谈治国理政》第1卷,外文出版社2018年版,第189页。

以,有学者指出:"全面建成小康社会不仅体现在经济增长指标的完成、民主参与的扩大、文化社会事业的发展、生态环境的恢复上,更重要的是建成一整套系统完备、运转有效的制度体系。"① 针对全面建成小康社会过程中存在的制度碎片化问题,必须进一步完善社会制度,从制度层面规范社会运行,确保改革发展成果能够更多更公平地惠及全体人民。一是加强城乡社会保障体系建设,严格按照"全覆盖、保基本、多层次、可持续"的十二字方针,丰富保障类型、提高保障强度,不断满足人民群众基本物质和精神生活需求,促进社会公平正义,为全面建成小康社会凝民心聚民力。二是推进民主法制建设,既要推动人民民主更加广泛、更加充分的发展,也要推动协商民主广泛多层制度化发展;既要建设完备的法律规范体系和党内法规体系,也要健全高效的法治实施体系、监督体系和保障体系,通过社会主义民主和法治的不断完善,为全面建成小康社会提供政治保障。三是建立系统完整的生态文明制度体系,优化全面建成小康社会的生态环境。习近平同志指出:"环境就是民生,青山就是美丽,蓝天也是幸福。要像保护眼睛一样保护生态环境,像对待生命一样对待生态环境,把不损害生态环境作为发展的底线。"② 这就向人们说明了一个通俗易懂的道理,良好的生态环境是最普惠的民生福祉。所以,实现全面建成小康社会的宏伟目标,决不能以牺牲生态环境为代价。相反,我们在推进全面建成小康社会的过程中要时时刻刻保护和改善生态环境。这就要求在全社会既要鼓励全体民众牢固树立"尊重自然、顺应自然、保护自然"的生态文明理念,又要实行和推广最严格的生态环境保护制度,用制度保护生态环境,通过生态保护补偿机制和生态责任追究机制的建立健全,为人民群众的生产生活和全面建成小康社会的推进创造良好的生态环境。

最后,加强领导,锻造全面建成小康社会的领导核心。为人民谋幸福是中国共产党人建党立党强党的初心所在、使命所系。如果把这种初心和使命落实到社会建设上,就体现为中国共产党人向历史、向人民所作出的全面建成小康社会的庄严承诺。诚然,兑现这一诺言离不开党的领导。这是因为,能否兑现这一承诺,既关乎人民切身利益,也关乎党的执政形象。对此,习近平同志强调:"党面临的'赶考'远未结束。我们党要带领人民实现全面建成小康社会的奋斗目标,不断坚持和发展中国特色社会主义,就是这场考试的继续。所有领

---

① 肖贵清:《全面建成小康社会的内涵、战略地位和制度保障》,《思想理论教育导刊》2015年第9期。
② 《习近平总书记系列重要讲话读本》,人民出版社2016年版,第233页。

导干部和全体党员要继续把人民对我们党的'考试'、把我们党正在经受和将要经受各种考验的'考试'考好,努力交出优异的答卷。"①这就要求全体党员在全面建成小康社会这场"赶考"中,既要坚定信心和信念,也要对前进道路上可能遭遇的风险矛盾做好充分准备。为此,要加强对全体党员的精神历练和实践锤炼,通过全面从严治党来不断提升全体党员的政治素养和职业能力,以此提高我们党率领人民全面建成小康社会的科学化水平。可见,作为"四个全面"战略布局的一项重要战略举措,全面从严治党为全面建成小康社会提供了最坚强的政治保证。正是在此意义上,锻造全面建成小康社会的领导核心,就必须推进全面从严治党向纵深发展。在理论层面,要坚持和践行以人民为中心的发展思想,密切保持党同人民群众的血肉联系。全面建成小康社会终究是人民的事业,只有深入贯彻党的群众路线,从人民群众根本利益出发,才能紧紧依靠人民推动全面建成小康社会的进程。在实践层面,严肃党内政治生活,优化党内政治生态,在扎实改进作风中永葆党的先进性和纯洁性。全面从严治党的关键在于加强对权力运行的制约和监督,既重点从严治吏,也全面强力反腐,从而以优良党风政风引领民风社风,在取信于民中强化党对全面建成小康社会的绝对领导。

全面建成小康社会是我们党在中国特色社会主义进入新时代这一新的历史方位所提出的战略目标,它本身蕴含于中国特色社会主义伟业之中,是实现中华民族伟大复兴的中国梦的关键一步。坚定这一战略目标,促进社会公平正义、实现人民幸福,也是千百年来华夏儿女梦寐以求的共同夙愿。"决胜全面建成小康社会的历史大幕已经拉开,向全面建成小康社会冲刺的艰巨任务落在我们这一代人肩上。……领导干部要勇于担当,人民群众要增强主人翁意识,全党全国各族人民要拧成一股绳,以必胜的信心、昂扬的斗志、扎实的努力投身新的历史进军,朝着全面建成小康社会的宏伟目标奋勇前进!"②

五、推动人类命运共同体的构建

质疑并反对全球化是新左派思潮的基本观点。新左派思潮认为,由西方发达国家主导的全球化已经将不同民族、国家和社会的个人编织进一个等级化的、不平等的结构之中,欧美诸国正是打着全球化的幌子而实现着对发展中国家的经济盘剥、政治控制和文化奴役。在新左派人士看来,中国所实施的市场

---

① 《习近平关于全面建成小康社会论述摘编》,中央文献出版社2016年版,第190页。
② 《习近平关于全面建成小康社会论述摘编》,中央文献出版社2016年版,第201页。

化改革和对外开放政策,无疑为跨国公司进行经济殖民打开了方便之门,且日益把中国纳入世界资本主义市场的从属地位。他们甚至认为,世贸组织是资本主义国家套在中国脖子上的绞索;中国之所以能够加入WTO,完全取决于美国政府维护其霸权地位的政治需要。为了抵制美国的霸权主义和强权政治,改变当前不公正不合理的国际经济政治秩序,"中国应广泛团结世界各国人民,共同反对垄断资本鼓吹的全球化,揭露全球化名为促进开放和经济联系,实为变相推行新殖民主义政策,为美国谋求世界霸权创造条件的本质"[①]。基于此,新左派思潮一方面从维护国家利益、国家安全和国家主权的角度出发,对受资本逻辑驱动的经济全球化保持着高度警惕,主张实行关税保护政策,坚决捍卫民族工业主体地位,以此摆脱作为世界资本主义体系边缘国家越陷越深的命运。另一方面,面对西方敌对势力为遏制中国发展所构筑的"C型包围圈",新左派思潮强调实现民族崛起、维护国家安全要有强烈的"反危机"意识,认为中国既然"逃不出战争的劫难",就不如通过"合法而又正义的战争"为中国发展赢得机遇。显然,新左派思潮这种拒斥全球化、拥抱战争的极端做法,既不符合经济社会发展的客观规律,也有悖于当今世界和平与发展的时代主题。尤其是在世界各国彼此相互联系、相互依存、相互合作程度空前加深的背景下,任何试图把中国问题或世界问题简单归咎于全球化的言行,都无助于矛盾的化解和问题的解决。对世界各国而言,人类社会日益成为一个"你中有我、我中有你"的命运共同体。而中国作为社会主义性质的负责任大国,理应积极参与全球化秩序的优化和新型国际关系的建构,争做改善全球治理环境、变革全球治理体系、调整全球治理格局的参与者、建设者和引领者,同世界各国一道积极构建人类命运共同体。

首先,深度发掘中华优秀传统文化精髓。人类命运共同体理念有着深厚的历史文化底蕴。中华文明绵延五千余年,其所孕育的那些超越时空、超越国度、富有永恒魅力、具有当代价值的文化精神,仍然能够为当今世界处理国家之间的关系问题提供资源借鉴。"修身齐家治国平太下"的治世理想,"为天地立心,为生民立命,为往圣继绝学,为万世开太平"的政治抱负,"天行健,君子以自强不息"的进取意识,"亲亲而仁民,仁民而爱物"的爱民情情怀,"己欲立而立人,己欲达而达人"的处世准则,"仁者以天地万物为一体"的生态道德等文化思想,不会因为时间的流逝而淡去其所蕴含的文化精髓。在现实世界中,这些文化精

---

① 杨斌:《威胁中国的隐蔽战争》,经济管理出版社2000年版,第311页。

髓内在地与人类命运共同体所主张的民族平等、主权统一、文明多样等价值诉求、精神实质相融通,无形中演变成为国家间交往的重要遵循。这就意味着,无论是对人类命运共同体理念的倡导,还是对人类命运共同体实践的推动,都可以从中华优秀传统文化中汲取智慧、获得滋养。一是秉承中华优秀传统文化的"天下情怀"。从基本语义上解读,人类命运共同体实则是对中华民族传统天下观的时代表达。在传统文献中,"穷则独善其身,达则兼济天下","既以为人,己愈有,既以与人,己愈多","大道行思,取则行远","大道之行也,天下为公"等经典语录,展现了中华民族和中国人民最为博大的"天下情怀"。人类命运共同体着眼于人类社会的整体和长远发展,其所擘画的大同世界场景显然是对我国先人圣贤们"天下情怀"的自觉承继。二是发扬中华优秀传统文化的"和合精神"。"和合文化"可谓是中华文明的原初性基因,支配并主导着中华文化的发展命运。中华民族历来强调"和实生物""和而不同",主张"夫物之不齐,物之情也","和羹之美,在于合异","万物并育而不相害,道并行而不相悖","远人不服,则修文德以来之",由此而派生出的"和合文化"贯穿于中华文化发展全程,且已发展成为人与人、民族与民族、国家与国家之间的相处准则。正是"和合文化"所内含的包容性、内聚性、开放性等特征,塑造了中华民族崇德修睦、贵仁尚合、兼善天下的民族性格,这就为当前世界各国携手构建人类命运共同体提供了理论逻辑上的支撑。

其次,自觉促进不同文明之间交流互鉴。文明因交流而多彩,文明因互鉴而丰富。文明交流互鉴是引领人类社会进步和实现世界和平发展的重要推动力。诚如习近平同志所指出的那样:"文明没有高下、优劣之分,只有特色、地域之别。文明差异不应该成为世界冲突的根源,而应该成为人类文明进步的动力。……不同文明要取长补短、共同进步,让文明交流互鉴成为推动人类社会进步的动力、维护世界和平的纽带。"[1]然而,自20世纪90年代以来,以美国为首的西方国家竭力鼓吹"文明冲突论",认为文明之间的差异是产生文明冲突的根源,文明的冲突又是对世界和平的最大威胁。据此,亨廷顿等人从西方文明普世主义的视角出发,揭示了包括中华文明、印度文明、伊斯兰文明、东正教文明等在内的六种文明同西方文明之间无法消弭的对抗性,并指出未来世界不稳定的主要原因和国家地区间战争的可能性,来自非西方文明的复兴(特别是中华文明和伊斯兰文明的复兴)对现有西方文明的威胁和挑战。事实上,作为人

---

[1] 《习近平谈治国理政》第2卷,外文出版社2017年版,第544页。

类社会的固有特征,人类文明的多样性与差异性非但不是制造世界战乱的诱因,反而是丰富各国人民精神生活、增进各国人民友谊和促进人类社会进步的黏合剂。因而,构建人类命运共同体需要秉持不同文明不同文化间兼容并蓄、交流互鉴的态度,通过各文明各文化间的交流融合来缓解地区冲突、化解民族矛盾,以此促进各民族国家间的友好往来。这就要求世界各国在相互交往中要自觉摒弃一切文明傲慢与偏见,尊重和珍惜一切人类文明成果,以开放的姿态、平等的地位、包容的精神促进文明交流、实现文明和谐,进而建设和谐世界。由此观之,构建人类命运共同体就是要从不同文明不同发展模式中寻求智慧、汲取营养,既希望以此为各国人民提供精神支撑和心灵慰藉,也能够借此携同世界各国解决人类社会发展共同面临的困难和挑战。

再者,加强全球治理过程中的对话与协商。人类只有一个地球,各国共处一个世界。人类命运共同体为当今世界各国走向美好未来指明了前进方向,构建人类命运共同体自然也需要世界各国在全球重大问题上加强对话与协商。这是因为,一方面,在经济全球化和社会信息化高速发展的今天,世界各国发展的关联性和协同性更加紧密,一国的长远发展必须以其他国家的发展为前提才能得以实现;另一方面,面对世界经济发展的复杂形势和日益凸显的全球问题,任何国家都无法独自应对,更不能独善其身。诚然,构建人类命运共同体不仅仅要从未来世界发展的美好愿景中整体把握,还要从现实全球治理的困难问题着手。在当前全球治理格局中,作为西方资本主义国家政治理念和制度模式的新自由主义虽败象已露,但依然占据着主导地位。早在20世纪80年代,美英诸国就已将新自由主义包装成"普世价值"而向全球广泛推销,大肆宣扬资本主义制度的优越性和普世性。西方世界更是以"华盛顿共识"为载体、以资本全球扩张为目的,借助经济利诱、政治胁迫、文化渗透甚至军事威胁等手段攫取战略利益和资源,动辄就粗暴干涉与之价值观不符的主权国家。可以说,新自由主义国家所推崇的霸权主义和强权政治,一度加剧了全球治理格局的失衡状态。从拉美主权债务危机到东南亚金融风暴,再到蔓延至今的全球金融危机,从苏东剧变到中亚东欧"颜色革命"再到美法英等国的"民主之春""黑夜站立""脱欧公投"运动,这一系列事件背后呈现出的是新自由主义治理模式固有的矛盾弊端和制度局限,折射出的是新自由主义主导下全球治理已经或正在遭遇的重重危机。另外,贫富差距悬殊、难民潮危机、恐怖主义猖獗、环境持续恶化、逆全球化暗流涌动等"世界乱象"的长期存在,既预示了西方国家新自由主义主导的全球治理模式已积重难返,同时也为全球治理增添了诸多不确定性因素。化解新自由主义危机、解决全球性问题,促进全球治理秩序平衡,并非某一国家或某些国家能力所及,而是要世界各国通过对话协商共同应对。正是在对话协商中,世界各国寻求利益的交汇点,并由此汇聚成构建人类命运共同体的强大合力。

最后,携手建立合作共赢的新型国际关系。建立以合作共赢为核心的新型国际关系,既是倡导人类命运共同体理念的核心命题,也是推动人类命运共同体实践的有效路径。俗话说:"孤举者难起,众行者易趋。"在当前经济全球化进程受阻的现实背景下,发展依然是世界各国面临的首要任务,唯有发展才能为各国人民解决本国问题提供可能。确切地说,世界各国所需要的发展是同舟共济式而非以邻为壑式的发展。但问题是,由于西方国家长期把持、占据着国际经济政治秩序的主导权,故而非西方国家的发展地位始终处于经济全球化的边缘或末端。即便是在发展本国经济方面,这些非西方国家无论是制定贸易规则、选择资本流动方向,还是制定技术转移标准、确立生产规模大小,都缺少甚至没有话语权和自主权。而为了维护在现有世界秩序中的霸主地位,欧美等国受其"西方中心论"和"国强必霸"思维定势的影响,罔顾中国等新兴经济体国家对维护世界和平、促进全球经济发展的积极作用,人为设置贸易壁垒、技术障碍,借以阻挠发展中国家的崛起。显然,个别发达国家仍然停留在殖民冷战、零和博弈的陈旧思维框内,既未跟上时代前进步伐,更不符合时代发展潮流。而要避开战争和冲突、实现世界和平与发展,就必须摒弃以往国际关系中零和博弈的冷战思维,建立以合作共赢为核心的新型国际关系。对于世界各国而言,"只有合作共赢才能办大事、办好事、办长久之事。要摒弃零和游戏、你输我赢的旧思维,树立双赢、共赢的新理念,在追求自身利益时兼顾他方利益,在寻求自身发展时促进共同发展"[①]。而建构这种新型国际关系,既要从宏观层面上着眼于完善"南南合作"机制和"南北对话"框架,整体解决发展中国家在全球化进程中所面对的发展失衡、信息鸿沟、公平赤字等问题,以此提升发展中国家在国际经济治理领域的制度性话语权,进而实现经济全球化均衡普惠发展,也要从微观层面上着眼于寻求各方利益的最大公约数,重点加强世界各国在协调宏观政策、实施创新驱动战略、维护世界贸易组织规则等方面的沟通与合作,以此确保各国人民共享全球化发展成果,从而不断扩大经济全球化的正向效益。

---

① 习近平:《迈向命运共同体 开创亚洲新未来——在博鳌亚洲论坛 2015 年年会上的主旨演讲》,《人民日报》2015 年 3 月 29 日第 2 版。

总之,在和平与发展的时代主题下,在经济全球化的历史趋势下,无论是对中国还是对世界而言,冲突对抗只会诱发战争动乱,闭关锁国只能导致发展停滞。当今和平、发展、合作、共赢的时代潮流,标识着世界各国间利益共享、荣辱共存、生死与共的密切关联。人类命运共同体作为当代中国共产党人为构建新型国际关系、谋划人类未来走向所作出的"中国判断"和为促进世界和平与发展、克服全球化风险并以积极姿态融入全球化进程所贡献的"中国智慧",超越了单一民族国家、纯粹意识形态的话语局限,日益成为世界各国人民的价值共识;人类命运共同体所焕发的化解纷争矛盾、消弭战乱冲突的理论真理和实践魅力昭示了未来人类社会发展的必然方向,也势必能够推动人类社会走向政治包容、经济繁荣、文明融合、生态良好的新时代。

第三章 "普世价值"思潮的中国形态及其批判

在当今思想多元的时代,不同的文化和价值在流变中激荡、创新,在互动中交织、交锋。进入新世纪以来,标榜自由民主制度的西方右翼势力借助于新自由主义、宪政民主观和意识形态终结论等社会思潮,对马克思主义和社会主义展开了激烈的攻击。尤为值得一提的是,在思想文化领域,西方意识形态依托于"普世价值"的形式,宣扬西方价值观念,企图冲破马克思主义意识形态营垒,颠覆社会主义制度。西方所谓的"普世价值"实际上是指"存在一种为普天下所有的人共同接受、并贯穿人类社会发展过程始终,亦即普遍适用、永恒存在的价值"①。价值观的意识形态属性决定了"普世价值"是中西方话语权争夺和意识形态暗战的理论阵地。它致力于弥合价值多元、价值对立所形成的理论沟壑,借助于普世化的形而上思维方式在人类的精神领域造就了一个绝对的、神圣的和恒在的理念世界,试图呈现一种圆融的姿态来关注现实生活和价值体系的建构,并以此赢得世人的认同和接受。然而,"普世价值"借助于普世化的形而上思维方式将某一阶级价值观念的共性转化为全人类共同的核心价值,强化了价值标准的绝对化与教条化倾向,显现出与生俱来的理论缺陷。另外,西方政治制度和思想文化被精心构造为具有普遍意义的价值形态,使得"普世价值"巧妙地带上消解他国主流意识形态、宣扬西方民主政治制度的面具。缘于此,"普世价值"存留着道德危机和思想冲突的深刻印记,而它所带来的理论困顿和现实危害则凸显出恪守和建设主流意识形态和社会主义核心价值观的迫切需求,由此主流学界应在意识形态领域开启批判"普世价值"思潮、建设社会主义核心价值观及其话语体系的实践之路。

第一节 "普世价值"思潮的历史流变与理论内涵

人类对价值命题的追问始终是认识论中的难题。传统的思想体系和思维

---

① 汪亭友:《"共同价值"不是西方所谓"普世价值"》,《红旗文稿》2016年第2期。

范式经受着新的价值论题的困扰,既映现出多元利益主体之间的博弈,也凸显了价值理论体系重构的热切诉求。在推动经济全球化、信息化、区域一体化的鼓噪声中,价值追求遭遇流放乃至边缘化,寄托了人们精神理想的"普世价值"思潮席卷而来,更因为处于文化繁荣与精神匮乏、生活奢靡与贫困加剧、物质崇拜与道德下滑的困境之中而更加富含思考的因子。可见,人类自身在追求物质富饶的征途中,也可能会陷入思想的恐慌。正是由于没有了思想的价值、失去了生存的意义,人们急迫地转向对价值命题的思考和追问。传统价值体系的理论形态遭受前所未有的挑战,甚至出现了缝隙乃至崩塌,新的理论命题应运而生,纷纷寻找适合自身发展的理论空间。此外,从现实主义的维度出发,人类生活的差异性和价值观念的多元性所带来的矛盾和冲突,要求人类不断寻求生存和发展的共性,这就在现实生活层面上为"普世价值"的形成奠定了社会心理条件。在多元价值观念碰撞和新旧思想体系交替的混乱中,攀附于资本主义理论体系中的"普世价值"粉墨登场。

一、"普世价值"的概念生成与语义演变

从词源上追溯,"普世"一词原先并不带有任何宗教或者伦理的含义,它源自希腊文"oikoumene",原意是指"家务管理",而后拓展为"凡是人所居住的地方",亦即现代意义上的"世界"。在希腊化时期①,希腊文明克服地域、种族和语言的差异,从爱琴海地区传播到印度河流域,并逐渐建立起一个拥有共同文化主体的希腊化世界,也因此具有了"普世"的意蕴。当时,无论是对世界本源的探索还是对知识形态的构建,哲学家们始终致力于寻求永恒不变的、同一的和必然的普遍知识,进而根据这些普遍知识来规范自己的意识活动和社会实践。尤其是在自然法思想中,"逻各斯"所代表的理性知识是支配这个世界的主宰,人类的思想和行为都受到"逻各斯"的规范。这种理性知识是具有普遍适用性和普遍有效性的客观存在,同样具有"普世主义"的价值和意蕴。至此,"普世主义"不仅具有文化普及和世界一体的诉求,同时也是一种倡导普遍理性支配一切的主张。立足于道德普遍主义的伦理学立场,这一主张同时获得了西方诸多学派和思想家的支持,从古希腊时期的柏拉图学派、斯多葛学派,经过基督教文

---

① "希腊化时期"在史学上是一个科学严谨的概念,特指公元前4世纪末至公元1世纪初的时间段。其间,马其顿国王亚历山大率军征服了希腊各城邦以及北非和西亚,建立了亚历山大帝国。随着帝国的不断扩展,产生了希腊文化向东方的传播以及与东方文化的交流,故而这一时期又被称为"泛希腊时期"。

明的发展和传播,再到现代资产阶级理论家所宣扬的天赋人权、自然法权、功利主义等思想,都映射着道德普遍主义的内涵。

基督教率先接纳了古希腊的普世观念,将"普世主义"作为其思想的基本原则,并且从不同的维度丰富和发展了"普世主义"。从教会论的维度看,基督教自诩为一种世界性的宗教在全球范围内进行传播和普及,并且打破文化、语言、种族以及社会阶层的限制,在各地建立教会,成为"第一个可行的世界宗教"[①]。就拯救论的维度而言,基督教教义认为,唯有耶稣基督的救恩才是全人类普遍适用的福音,因而笃信基督人人都能获得上帝的救赎,这种"普遍拯救论"则发展为一种具有普世性的信仰形态和价值追求。相较于其他宗教的"普世"情怀,基督教从组织结构到信仰追求都刻上了"普世"的烙印,成为宗教普世主义的代表。到了文艺复兴时期,在思想和文化革新的狂澜中,人的尊严和价值得到彰显,"人性"取代"神性"而被塑造为人类普遍的、永恒的本性,个人自由与幸福则是人类普遍的、永恒的价值追求。如果说文艺复兴还是信仰与理性的相互妥协,那么启蒙运动则是不遗余力地伸张人的理性力量,使"自由、平等、博爱"的普遍价值挣脱宗教的桎梏而成为人性的代名词。当然,这种普遍价值仍然延续着"普遍化"的扩张性。

"全球伦理"的问世,则使得"普世主义"获得了精神与信仰的持久力量,"普世价值"概念也正是由此衍生。1993年,由德国神学家孔汉思负责起草的《走向全球伦理宣言》在世界宗教会议上通过。这项宣言的主旨就是提出关于世界走向"普遍伦理"和"普世伦理"的构想,并且明确提出"全球伦理"这一概念的具体内涵。宣言指出:"我们所说的全球伦理,并不是指一种全球的意识形态,也不是指超越一切现存宗教的一种单一的统一的宗教,更不是指用一种宗教来支配所有别的宗教。我们所说的全球伦理,指的是对一些有约束性的价值观,一些不可取消的标准和人格态度的一种基本共识。"[②]根据这一定义可知,全球伦理是为了应对人类生存的严峻危机,超越单一宗教的意识形态,经由民主与平等的对话,力求为全人类寻找一种超越民族与国家视野的普遍伦理共识。今天人们使用的"普世价值"概念就是从"全球伦理""普适伦理""普遍伦理"等概念演化而来的。

最初"普世价值"这一名词仅仅在宗教学、伦理学等学术领域讨论。从表面

[①] 《马克思恩格斯全集》第25卷,人民出版社2001年版,第557页。
[②] [德]孔汉思、[德]库舍尔:《全球伦理:世界宗教会议宣言》,何光沪译,四川人民出版社1997年版,第12页。

上看,这是西方学者为了解决人类面对的共同问题,在文明对话基础上寻求的一种共同价值。而现代意义上的"普世价值"已经经由宗教伦理的形式向政治、经济、文化、生态、医学、战争与和平等问题领域延伸,并以世俗化的表达方式开启了话语扩张的理论疆域。作为西方宣扬"普世价值"论的典型代表,丹尼尔·贝尔的"意识形态终结论"、弗兰西斯·福山的"历史终结论"、塞缪尔·亨廷顿的"文明冲突论",纷纷从政治社会的和意识形态的层面来论证资本主义制度"普世"化的合理性,认为人类历史的演变将在资本主义的社会形态中终结。这就为西方资本主义国家进行价值观念输出和意识形态扩张奠定了理论和思想基础。20世纪90年代末,"普世价值"的意识形态特征和政治色彩尤其鲜明,充当了西方国家"和平演变"战略的政治武器,成为导致苏联解体和东欧剧变的一个重要因素。"在与苏联进行意识形态竞争时,我们有一手好牌。我们的自由和民主价值观在世界各地极有魅力。它们的力量在于它们并不规定人们应该如何生活,而只是认为个人与民族应能自由地选择他们的生活方式。虽然不是所有的人都有民主管理自己的能力,但几乎所有人都希望民主。"[①]从美国前总统尼克松的这番言论中,我们可以管窥到西方国家进行价值观念输出和意识形态扩张的政治目的,而包含自由、民主的"普世价值"就是其用以包装这一政治目的的外衣。自此,"普世价值"已经从宗教命题、学术命题演变成了代表资产阶级利益、具有明确政治意图的社会思潮。尤其是在东欧剧变之后,西方国家看到了价值观念输出在"和平演变"战略中所发挥的政治功效,于是进一步加大力度在全球范围内进行"普世价值"宣传和意识形态渗透,并把它作为打击非资本主义政治体系尤其是社会主义政治体系的工具。奥巴马政府在每年的国情咨文中都曾明确指出,"推行自由、民主、人权这些普世价值"是美国的"国家战略"。例如,美国2010年《四年防务评估报告》指出,美国的主要利益是"安全、繁荣、广泛尊重普世价值,以及能够促进合作行动的国际秩序";2014年的《四年防务评估报告》又再次将"美国和盟国及伙伴的安全,在开放的经济体系中保持强有力的经济,尊重普世价值以及通过合作建设以和平、安全和机会为特征的国际秩序"作为美国的国家利益。从美国的《国家安全战略》《防务战略指南》《四年防务报告》可以看出,在全球推广"普世价值"早已成为美国维护国家利益的必要内容,更是美国巩固其全球霸权地位、发挥全球领导作用的重要战略之一。

---

① 辛灿:《西方政界人物谈和平演变》,新华出版社1989年版,第48页。

二、"普世价值"的学理内涵与根本特质

"普遍价值""普遍伦理""全球伦理"接踵而至,最终汇集为"普世价值"争论的千重声浪。统治阶级企图摆脱物质条件和实践载体的限制而追求普遍与永恒的价值,极力宣扬理念优于实践、价值高于一切的普世情结。在某种程度上,"普世价值"吸取了道德的元素而将社会共同体上升为一种"价值共同体"的样式,构建了一个类似于最高范式的具有必然性和普遍性的理论空间。与此同时,"普世价值"还借助于普遍主义思维和抽象人性论来关注人类生存与发展的终极命题,并且以道德规范与社会伦理形式占据了社会生活实践中的道义制高点。理论必须在实践中获取存续的力量,"普世价值"也不例外。在实践领域,"普世价值"从意识形态的高度回应着人们所关切的现实问题,并且通过解决人们所面临的价值困惑与思想困境来发挥排忧解难的功能,并以此赋予其存在的合理性和该理论体系的逻辑自洽。"普世价值"肇始于对价值共识的追问,并且从观念世界或精神领域引申出一种绝对化和神圣化的价值理念,它以西方意识形态中的价值诸如民主、自由、平等、正义、人权等为载体,试图在整体上获得绝对性和真理性的外在表现形式。可见,"普世价值"在力图构建其理论范式的过程中,呈现出以普适性代替差异性、以绝对性取代相对性、以永恒性替代阶段性的鲜明特征;在期望锻造一种思维范式的过程中,发挥着以共存包容差异、以和解消除矛盾的功能;在企图推广这种理论体系的过程中,凸显出以普遍诉求代表整体需求、以价值共识反映整体意向的实践取向。

(一)价值主体的抽象性和单一性

在哲学层面,价值反映的是主体和客体之间的一种相互关系,反映的是主体与满足其需要的客体之间的一种相互关系,是主体性和客观性的有机统一。价值主体指的是进行社会实践和认识活动的"现实的人",或者由个人所组成的群体、集团、民族、国家、政党;价值客体指的是人的实践和认识活动的对象。价值的主体性表明价值是由主体创造的,因而价值主体是判定事物是否有价值的内在尺度,并且成为决定价值属性的根本要素。

"普世价值"的价值主体实际上是将"全人类"当作一个"共主体",进而在此基础上抽象出一个最高形态的个体。当然,这个个体并不是每个具体个体形态的总和,而是基于"普遍共同性"所构造的一个整体性的主体形态。这种价值主体是超越了时间和空间的"绝对人类"。这种"绝对人类"是永恒的,它没有历史演进的时间维度,丧失了人类存在的历史性。"普世价值"超越人类社会不同历

史发展阶段的特征,认为人类主体在任何历史阶段所具有的主体需要和活动目的都是不变的,并且产生相同的价值实践,进而表明价值存在的文明形态都是一成不变的。另一方面,这种"绝对人类"是抽象单一的,它没有事物存在的空间维度,丧失了人类的现实性和社会性。人类本身是一种实体性的现实存在物,具有事物存在的空间特征,因此才有北方人和南方人、东方人和西方人等以地域来区别人类的说法。"普世价值"之"世",表征着它所设定的价值主体并不具备由空间区别所带来的差异性特征。这种"绝对人类"既不具有历史发展的阶段性特征,也不具有现实人类存在所具有的多样性特点,而是一种超越历史、超越现实的"绝对抽象物"。这集中体现了"普世价值"对于"绝对精神"的继承,或者说它充当着世俗世界的"万能上帝",从而暴露了"普世价值"的唯心主义本质。

"普世价值"除了从超越时空的绝对人类中寻找理论依据之外,还从资本主义的"抽象人性论"出发,在建构"绝对人类"中高扬人的共性,从而为宣扬"普世价值"提供合理的立论根基。资产阶级的人性论脱离了具体的社会实践和历史条件去解释"人的本质",在此意义上的人是不受任何条件制约且丧失社会性、阶级性和现实性的抽象人。而在马克思主义经典作家那里,"人的本质不是单个人所固有的抽象物,在其现实性上,它是一切社会关系的总和"[①]。换言之,人的本质存在于生产实践活动所创造的社会关系当中,是随着社会实践的改变而变化的,脱离了社会实践、丧失了社会性和阶级性的人是不存在的。然而,在资产阶级眼中,只有遵循理性和自然法则,从"天赋人权"和"自由、平等、博爱"的价值原点出发,才能真正建立符合人性的社会制度。"普世价值"在资产阶级所宣扬的抽象人性论中扎下根基,竭力把抽象人性提升为衡量一切社会历史的最高尺度。与此同时,将抽象人性放置于人类社会共同体中,又逐步衍生出超越社会历史的普遍的、永恒的价值标准,从而消解不同意识形态和价值观的差异。

(二)价值客体的抽象性和永恒性

客体是区别于主体并与主体一起构成"价值"的重要方面,它根据主体的需要而对主体产生一定的作用和意义。从哲学层面讲,客体是主体认识和实践的对象,是指主体以外的事物,它可以是物质,可以是精神,也可以是区别于主体以外的他人。换言之,价值客体是相对于价值主体而言的,是能够满足价值主体需要的某物、某人、某事。

[①] 《马克思恩格斯选集》第1卷,人民出版社2012年版,第135页。

"普世价值"由于没有历史性和现实性的价值主体,所以能够满足其需要的价值客体也就缺乏明确的现实指向性。这也就意味着,"一些价值客体的某些具体属性对所有的价值主体在任何时空条件下都是具有正面意义的,也即都是能够符合人们需要的"①。按照"普世价值"的逻辑,价值客体不仅对所有的价值主体始终发挥着相同的意义和作用,而且其满足主体需要的方式和途径也是永恒不变的。对于每一个人来说,衣食住行都是具有普遍意义的价值客体。因为这是维持生命存续的必要条件,对于每一个生命有机体来说都具有毋庸置疑的意义。但是,即便是这样被人人追求的价值,我们仍然能够看到它们在不同情况之下可能会引发的价值冲突。比如,同样的食物对于一个处于饥饿的人和一个已经饱食的人而言,其意义有可能是截然不同的,它能够使一个饥肠辘辘的人不再感到饥饿,但也能够使一个酒足饭饱的人感到消化不良。同样的,对于一个食不果腹的人来说,房屋虽然能够满足他的居住需要,但是能够充饥的食物对于当下的他来说更具有价值。也就是说,相同的客体对于处境不同的主体而言,它的价值和意义是不同的。当人们说某种客体具有"普世价值"的时候,也就意味着这一客体对不同主体的不同需要都具有相同的意义,这也就抹杀了价值客体的具体性、历史性和现实性,同时遮蔽了价值主体在不同情境下的具体需要。

价值主体和价值客体的抽象性、永恒性,决定了"普世价值"中的价值关系是永恒的和普遍的。它超越了文明、制度和信仰的差异,凌驾于一切国家、民族和种族之上,即某种事物的某一属性对于所有人(包括所有区域、所有世代的人)都具有永恒不变的价值,这种相互关系不会因历史的变迁或社会形态的更替而发生改变。由此可见,"普世价值"因缺乏现实的价值主体和价值客体而成为内容空洞的"价值躯壳",其本质是代表资本主义意识形态的"绝对意志",因而也是永远无法实现的"价值幻象"。

(三) 价值评价的绝对性和单一性

价值评价是客体在满足主体需要的过程中,主体对客体的效用所产生的主观认识和判断。一方面,主体与客体之间是物质性的关系,表现为主客体之间满足与被满足、利用与被利用、改造与被改造的物质能量转换关系;另一方面,主体与客体也是一种精神性关系,表现为主客体之间认识与被认识、评价与被评价的相互关系。价值评价基于主客体之间的价值关系,是以价值客体对价

---

① 马德普:《价值问题的复杂性与"普世价值"概念的误导性》,《政治学研究》2009年第1期。

主体的效用为评价标准的，它既由客体存在的客观条件所决定，又为人的主观判断所影响，受到人的主体性及其存在的客观条件和社会实践的制约。

一方面，作为主体性存在的人，他们的大多数需要都带有主观色彩，尤其是精神性的需要本身就带有主观的性质，而人的经验习惯、认知思维、审美趣味、文化境遇、道德情操等都在很大程度上影响着人的具体需要。正如施普兰格尔所说："价值并不是'超主观领域'中的、万古不变的实质，而总是个人精神结构的一部分。"①尤其是在阶级社会，人的价值判断受到人所处的阶级地位和历史条件的制约，是具有阶级性的。另一方面，处于不同历史条件和社会实践中的人，对于同样的客体效用的价值判断也带有主观色彩。积极自由与消极自由、机会平等与结果平等表征着同一价值自身的内部冲突，自由与平等、公平与效率、法治与德治代表了不同价值之间的矛盾冲突，而人们的主观偏好常常使得这些价值自身的内部冲突以及与其他价值的外部冲突更为复杂和尖锐。"普世价值"忽视了人对自身需要的主观感知和对客体认识的主观评价，自发地产生一种绝对性和权威性的价值要求，即便这种要求与主体自身的需要和主观认知不一致甚至是相冲突，它也仍然要求所有的主体共同遵循。"普世价值"利用其绝对性和单一性的话语方式堂而皇之地将特殊性的东西称为普遍性，并把普遍性作为评价客体是否具有价值的标准，由此呈现出抽象的、非历史性的、普遍主义的形而上学思维特征。"普世价值"之所以能够迷惑世人，就在于它看似消弭了价值冲突，实际上带有一种道德优越感和历史使命感，即拥有"普世价值"就意味着可以站在道德制高点上来评判他人。与此同时，主客体的抽象性和永恒性决定了在此基础上的价值判断是没有现实意义的，这种绝对性和权威性的"价值评价"遮蔽了主体需要的多样性和复杂性，无视了许多更为重要的价值，很难在人们的价值选择中发挥实质性的指导作用。

三、"普世价值"的理论逻辑与实现机理

"普世价值"有其存在的理论逻辑、实现机理和实践场域。"普世价值"沿着对"共同人性"进行抽象认知的解释学路径，在人类步入"共同体"的"全球化"进程中寻找栖息之地，竭力将其存在的必然性、合理性建立在对"人类共同利益"的"价值共享"当中。"在历史上的所有时期，社会都倾向于在更高层的系统中会聚，而在目前这个时期，这种发展趋势已促使社会大大超过了民族国家的组

---

① ［美］马斯洛等：《人的潜能和价值》，林方译，华夏出版社1987年版，第23页。

织层次。"① 在古今中外的历史中,无数先贤表达了对人类社会走向一体化和实现所有人幸福生活的设想。然而,人作为一种有着自身"类特性"的自然和社会生命体,即便由于历史和地域的因素而存在个体上的差异,但是最终却能够通过语言行为和实践活动进行交流与互动,这就足以表明人们深层的心理结构、思维方式以及现实的生存实践方式都具有某种"共性"的特征。"普世价值"正是从这种"共性"的抽象认知出发,迎合了"共同体"生活和"世界性"生存方式的利益需求,在全球化趋势的推波助澜下不断实践和强化着自身的具体内容,它以人类共同的基本需要和基本价值自居,通过"价值共享"的方式寻求更广泛的价值认同。

(一)植根于对人类"共同人性"的抽象认知

价值以主体的需要为逻辑起点,主体决定着价值的根本属性,并根据自身的具体需要对价值的有无和价值的大小进行评判。因此,主体成了价值生成的原点和动因。人类一般的、普遍的本性通常是区别于动物而言的自然属性,"普世价值"的立论依据就在于价值主体的统一性和一致性,一切人都具有的共同属性。

"普世价值"论者从人的自然性和社会性两个维度来论证"共同性"的存在。从人的自然属性维度,虽然作为价值主体的个人和群体是多样化的,具有不同的需要、能力、个性和目的,但是他们属于地球上的同一物种就不能否认他们具有相同的自然属性。因为人类属于地球上的同一物种而具有共同性,如人类普遍的生命特征、生存条件,包括自然环境、社会生产、精神空间等,对于人来说都具有基础的意义和作用。从人的社会性维度,一方面,"普世价值"利用人类生存方式、实践方式的一致性,推导出人类在社会性上的基本共同点。另一方面,"普世价值"从人类社会发展进程和历史演进过程的某些共同点之中,推导出人类共同的需要和追求,能够满足这种需要的价值准则就被纳入"普世价值"的范畴之中。从人的自然属性和社会属性当中的某些共同点出发,"普世价值"断言人类具有共同的"人性",在"人性"问题上,一切阶级、一切国家、一切民族、一切种族、一切地域的人都没有区别。无论是西方的"天赋人权""自然法权""人人生而平等",还是中国古代思想家提倡的"不事而自然为之性"都被"普世价值"用来论证"共同人性"的存在。生命可贵、趋利避害、恻隐之心、对"真善美"的向

---

① [美]E.拉兹洛:《决定命运的选择:21世纪的生存选择》,李吟波等译,生活·读书·新知三联书店1997年版,第135页。

往都揭示了人类共同的人性,正是在共同人性的驱使下产生了共同的价值目标,这些价值目标是人类共同追求的理想愿景,反映了人类自身的人性和理性本质。基于此,自由、平等、民主、人权等不仅成为具有普遍意义的价值观念,更是发扬人性的良药。它们既彰显了人类的"共同人性",又代表着人类共同的价值追求,成为推动人类发展的驱动力,因而具有"普世"的意义。由此可见,"普世价值"正是从人类的某些共同点之中抽象出共同的"人性",并在共同"人性"之上构建人类共同的价值理想。然而,这种共同"人性"脱离了现实的社会关系,遮蔽了具体性、现实性和差异性的"人性"特征,与湮没了个体特殊利益的原始共同体一样,以普遍性消解了人的特殊性。

(二)借助于符合"人类共同利益"的"价值共享"

"人类共同利益"是"普世价值"实现的客观基础。在全球化背景下,人类面临着环境治理、科技进步、经济发展等需求,人类的共同利益增加,尤其在全球性问题面前需要取得一定程度上的价值共识和行动共识。"普世价值"论者从这个现实角度出发,认为"普世价值"就是符合"人类共同利益"的普遍价值共识,并且能够为解决全球性问题提供价值指导。所谓的"人类共同利益",就是整个人类社会共同具有的生存和发展需要,"普世价值"就是"人类共同利益"的现实实现形式。根据价值是客体对主体需要的满足关系这一定义,当某一事物能够满足人类共同的生存和发展需要,即能够实现"人类共同利益"时,它就具有"普世性"。

离开人类共同的利益基础,"普世价值"也就丧失了其合法性的现实条件。当代全球问题的日益繁复使得人类的"共同体"意识逐渐觉醒,只有共同解决这些问题才能维系人类的生存和发展,也才能使得"人类共同利益"增加。事实已经清楚地表明,当今人类所面临的威胁和挑战已不是一个政党、一个民族或一个国家可以独自应对和解决的问题,全球性问题的蔓延将人类的命运置于共同的生存境遇中,当今人类是以"全体"的形式成为自然及其本身的对立面。正是人类共同命运的实质存在加速了"人类共同利益"的生成。"普世价值"将人类日常生活世界的价值关切与解决全球性问题的利益相统一,既致力于协调人类与自然的关系,又意图调解多元文化与意识形态对立的冲突,并最终渗透于每个人的思想观念和道德实践之中。

与人类共同利益的契合增强了人们对"普世价值"的认知和认同,人类共同利益构成了"普世价值"认同的基础,即"普遍性"是被人类共同认识的客观存在。照此逻辑推演,"普世价值"必然是被人类共识并共同享有的。因此,在价值认识、价值认同基础上的价值共享就成为"普世价值"的实现途径。"普世价值并非只是抽象的概念和空洞的口号,更是关系着人类福祉的具体的行为准则;并非是资本主义所独有的标签,而是人类社会在漫长的历史进程中共同创造的精神财富。只要其告别蒙昧时代、走向文明未来,就必然要尊重人类普世价值。"[1]在他们看来,"普世价值"的"普遍性"是具有客观性和必然性的,而其本身就是当下人类文明中具有客观性、必然性和时代性的价值精神。这种价值精神是在人类共同生活、相互交往的过程中逐渐形成的价值共识,兼具资本主义价值的优越性和人类共同利益的客观性,符合人类社会发展的要求。因而,它标志了这个时代与封建专制时代的根本区别,是现代文明价值特征的集中表达,随着人类精神认识的逐渐成熟必然会成为人人共享的价值追求和共同遵守的行为准则。

(三)实践于走向全球化的"世界历史"时代

在全球化的背景下,民族国家的历史已经变成了"世界历史",各民族国家之间的联系日益紧密、交往不断加深,工业化、信息化、智能化、电气化的发展已经完全改变了人类社会的活动方式和环境,人与人之间的封闭隔离状态加速瓦解,整个世界变成了一个"地球村",人类社会已经进入了全方位的世界历史新时期。伴随着地域的、民族的、封闭的历史向世界的、全人类的、开放的世界历史的转变,人类共同的价值追求会逐渐增多,对共同价值目标的认同也会日益加快。尤其是在全球性问题的推动下,关乎人类主体需要的价值追求会更容易达成共识,自诩代表人类共同价值追求的"普世价值"顺势形成和彰显,成为区别于经济和科技的一种价值视野和价值理念。

全球化既是"普世价值"生成的催化剂,也是促进其实现的驱动力。一方面,在全球化推动下的"世界历史"时代,个人将从孤立的地域性个体向开放的世界性个体转变,单一个体基于利益的一致性而结成群体性主体,正是在此意义上,"人类"这一概念获得了现实规定性,由此为"普世价值"的形成提供了主体条件。另一方面,普遍交往加强了人类的对话和沟通,随着人类从"独白时代"走向"对话时代",价值观念的交流碰撞不仅引发了价值矛盾和冲突的尖锐与凸显,同时加速了价值共识的达成和价值认同的自觉。在以前,各民族国家的经济、政治、文化和价值观念都处于一种封闭、隔离的独立发展状态,能够形成共同利益和价值共识的客观条件尚且缺乏。但是在全球化的推动下,地球上

---

[1] 夏行:《论党的建设改革创新的价值取向与人类的普世价值》,《宁波经济(三江论坛)》2008年第4期。

不同地域、民族和国家在经济、文化、思想上的联系与交流日益频繁,人类真正成为一个有机的整体,并开始以整体的身份,在共时态的语境中面对自然、治理社会和发展自身。从这个层面上来看,全球化提供了"人类共同利益"形成的主体基础和现实条件,而"普世价值"就是实践于"世界历史"时代的价值体系。即便"普世价值"是从资本主义的价值因素当中演绎而来的,但这并不妨碍它从人类这一价值主体中所获得的普遍性、永恒性,也因此能够高于各民族国家的价值体系而在人类主体层面通行,既是全球化在文化和价值观领域的表现,也成为推动全球化发展的精神动能。在"世界历史"时代,作为"类主体"的人的"共同体"意识将进一步彰显,这也将为"普世价值"的存在和传播提供更为广阔的实践空间。尤其是在全球化浪潮的推动下,隐匿在资本主义话语霸权之中的"普世价值"还将以虚假、扭曲的价值幻象在全世界招揽更多的膜拜者和追随者。

第二节 "普世价值"思潮的中国境遇与理论论域

"普世价值"这一概念从 20 世纪 90 年代初在我国出现以来,已经从最初应用的伦理学领域扩展到政治学、经济学、文化学、医学等领域。尤其是在经济全球化、政治多极化和文化多元化浪潮的推动下,"普世价值"已经演绎成为一种具备成熟理论形态、鲜明政治倾向和广泛影响力的社会思潮。

一、中国"普世价值"思潮兴起的背景

在全球化进程中,随着不同地域、国家和民族之间联系的日益频繁与紧密,多元文化之间的对立与冲突、制衡与趋同也越来越尖锐和复杂。在此背景之下,"普世价值"争论逐渐产生。在国内,随着改革开放的不断深入,生产方式、生活方式以及思维方式日益多样化,与此同时,夹杂西方文明理念的各种社会思潮随着全球化进程不断涌入国内,在中西方文化、思想、观念的交流、碰撞、融合当中,人们的思想观念和价值观念也日益多元化。尤其在现代信息技术的推波助澜下,信息化时代逐渐到来,人们获取信息的途径增多、速度加快、内容庞杂,有效地推动了各种社会思潮在学术领域、思想领域的传播与渗透。"普世价值"思潮在中国的兴起、传播和活跃都与这些复杂的国际国内背景密不可分。

(一)经济全球化进程中的价值冲突与价值趋同

价值冲突根源于人们利益的冲突。经济全球化加剧了价值冲突,而又迫切

需要价值趋同。基于人类在基本价值理念方面的共性，在新的历史条件下，经济全球化加强了各国经济之间的相互影响、相互制约、相互依赖，以此进一步增加了共同的利益和相交融的价值观念，逐渐形成了具有共识性的价值体系，这就是价值趋同。那么，在价值冲突中是否存在具有普遍适用性和永恒不变性的价值体系？这种价值体系又将以何种方式呈现？由此引发了关于"普世价值"的争论。

与此同时，经济全球化已经渗透到政治、文化和精神领域，人类的生活方式、思维方式和价值理念正在潜移默化地发生着变化。在多种价值体系混杂的状态中，民族的、国家的价值观遭受外来思想的冲击，人们陷入多元价值体系的选择困境，逐渐变得无所适从。尤其是处于极度浮躁的物质时代，旧有的价值观面临土崩瓦解，新的价值观体系尚未形成。在错误思潮及其价值观念的影响下，人们的思想鉴别能力和心理承受能力遭受极大考验，甚至沦落为物质的附庸，暴露出严重的精神危机。因此，在变幻莫测的现实世界，人类只有找寻到安定的精神栖息地，才能建立起正确的价值规范，以此来克服物质丰盈之外的精神匮乏，缓解精神危机的痛苦和内在心灵的煎熬。这就为"普世价值"的传播奠定了社会心理基础。精神危机反映到文化层面就变成了文化多元化的问题。生产力状况决定了文化的性质和发展水平，因而经济交往的加深和通信技术的发展，也带动了思想文化的交流与互动。但是经济体制、历史传统、社会形态等的差异，也引发了多元文化之间的矛盾和冲突。然而，每一种文化的发展权利和地位都应该受到保护和尊重，这就需要一个统一的价值标准来规范多元文化的交流和发展。"普世价值"的形成和发展就与此种文化背景有关。"普世价值"既关注宏观世界的现实问题，又伴装对微观世界个体生命的意义加以关怀，必然会受到众多人的膜拜与追随，但其实质却是以牺牲和消除各个民族、国家乃至个体的特殊利益为代价，来推动资本主义价值观的全球化。

经济全球化是生产力变革和科学技术发展的必然趋势，它加速了世界成为一个相互依存、俱荣俱损的有机整体。在此进程中，由地域、制度、民族的差异所带来的阻碍日益减少，越来越多的民族、国家通过与其他市场主体的联系、合作实现自身的利益和价值，进而促进了世界经济的长远发展。由此可见，世界经济的稳定与繁荣，有赖于市场主体的有序合作，因此，为了避免陷入由多元主体带来的分裂与混乱，就需要制定适用于各个国家、各个民族发展的共同规范。这种共同规范的制定是否能够依据"普世价值"精神来建构普遍适用的规则体系，则引发了关于"普世价值"是否成立的争论。在生产、贸易、技术、人才等要素全球自由流动的过程中,人们逐渐超越自然地域的藩篱,摆脱封闭独立的行政桎梏,一种跨国界的全球性价值取向开始流行并在世界延伸。经济全球化需要公平、公开和公正的市场机制维持运转。然而,在西方资本主义主导之下的国际经济秩序使得发展中国家长期处于被动的不利状态,尤其是西方一些国家企图把经济全球化演变为"全球资本主义化"和"全球西方化",更加深了国家和民族间价值观念的矛盾与冲突。"普世价值"则成为推行"西化"的思想武器。在中国,"西化"与"反西化"成为"普世价值"争论的重要问题。

(二)改革开放进程中的价值迷失与价值重塑

改革开放40多年来,伴随着经济体制的深刻变革,不仅社会生产方式、分配方式、就业方式等都呈现出多样化的趋势,人们的生活方式、思维方式也日益复杂多样。尤其是在西方思想文化和社会思潮的涌入中,人们面临着具有时代性、开放性、易变性和多元性特征的价值取向和价值选择。然而,在意识形态和社会制度的对立中,以美国为首的西方资本主义国家凭借强大的经济主导权和话语主导权,利用先进的信息技术和现代化的大众新闻媒介,向中国大肆传播和宣扬资产阶级的思想文化和价值观念。他们始终没有放弃"分化""西化"中国的战略图谋,对我国的一些重大事件进行恶意评论和歪曲宣传,渲染夸大我国在发展过程中经历的曲折,散布意识形态终结论、社会主义破产论、"中国威胁论"等,煽动对共产党和社会主义制度的不满与反对情绪。他们打着学术交流和文化交流的幌子,向中国介绍和传播带有西方政治倾向和价值观念的书籍、影片等,进行思想渗透,制造思想混乱,破坏我国的国家认同、制度认同和意识形态认同。"普世价值"正是西方用来向中国进行文化扩张和意识形态渗透的工具。

首先,经济和文化相互影响、相互交融,价值冲突影响市场经济的长远发展。经济交往是文化交流的前提和基础,决定文化发展的方向和深度。尤其是在全球化中世界各国的经济交往日益频繁,不同国家的经济体制之间相互影响、相互借鉴,作为全球化载体的跨国公司充分体现了经济和文化交往中的多元化特征。多元文化和价值理念的摩擦与冲突,影响到公司的日常运作以及战略目标的制定与实施,长远来看阻碍了经济交往和市场发展。其次,中国传统文化面临外来文化和现代文化的双重挑战。自19世纪中期开始,中国传统文化的扩张性逐渐式微。以臣民为主体的农业社会文化遭受到西方以平民为主体的商业社会文化的冲击,以重群体、重道德、重实用为特征的东方文化与以重个体、重科学、重思辨为核心的西方文化形成鲜明的对比。在我国现代社会文化发展中,西方文化的影响力逐渐超过传统文化,渗透到人们的思想观念和日常生活当中。例如,中国的年轻一代将以肯德基、麦当劳为代表的西方快餐视为家常,将好莱坞电影作为文化消费的首选。可见,西方资本主义的生活方式已经渗入到中国的现代文明当中。最后,文化差异影响人们的生活方式和思维方式,引发价值取向的混乱甚至是迷失。中国文化以社会为本位,崇尚集体、谦虚、和谐,而西方文化以个人为本位,崇尚权利、平等、自由。在中西文化交流的过程中,面对西方文化传统的熏陶,中国人开始张扬自己的个体意识。"在这样复杂的思想文化背景下,一些人难免在思想和价值观上产生迷惘、困惑乃至无所适从,进而丧失了对错误思潮和歪曲价值观的鉴别力和判断力;而更有些人则完全成为西方思想文化的信徒,不加质疑地追随西方的价值取向,不加反思地接受西方资本主义国家宣传的思想理论。"[1]正是在中西思想文化和价值观念的碰撞、融合背景下,隐匿在西方文化体系中的"普世价值"论传入中国,迅速成为别有用心者颠覆社会主义的思想武器。

(三)"信息化"推动下的社会思潮传播与渗透

现代互联网技术、计算机技术、移动传媒技术等先进科技的发展奠定了"信息化"时代的物质基础,信息技术的应用和信息网络的普及推动了社会的"信息化"进程,使得经济交往、人际交往也都建立在信息的传递和共享基础之上。"信息化"是人类社会科学技术发展到一定阶段的产物,集中体现当下社会的时代特征。"信息化"使人类获得和传递信息的方式变得更快、更便捷,它为人类提供高效、便捷的交往手段,促进人与人之间的交流与对话。"信息化"也正在逐渐消解时间、空间概念,尤其是随着全球信息网络的应用与普及,自然地理上的空间阻隔被打破,通过信息网络的连接重新组合在一起,传统意义上的"国家"概念遭受冲击。"信息化"社会的建立加速了全球化的进程,引发社会各个领域全面而深刻的变革,成为物质文明和精神文明发展的主要牵引力。与工业化不同的是,"信息化"是以信息为标志的关于时间和空间转换的过程,是人类发展的新阶段。在这一新阶段,经济、政治、文化以及其他人类生存的领域都是以信息的获取、加工、传递、分享为基础的。

现代"信息化"社会最显著的特征是开放性和全球性,它使得世界更为紧密地连接为一个整体,无论是物质资源还是精神资源、信息资源,都能够以高效、便捷的方式得到配置和共享。信息交换和流动的快速和低成本,使人际交往更

---

[1] 向冬梅、徐德荣:《对"普世价值"争论的一种解读》,《思想理论教育导刊》2009年第11期。

加便捷而紧密,从而加深了人们在生活方式、思维习惯、文化传统等方面的相互了解和相互影响,在推动人类社会逐渐成为一个有机整体的同时,也加速了多元文化之间的冲突与融合。从这个意义上来看,现代信息技术为社会思潮的传播和渗透提供了便利的实践方式,并强化了实践的速度和影响的广度。"普世价值"正是通过移动终端、网络传媒、报刊等通讯工具与传播媒介,迅速渗透到学术、政治、生活等领域,成为人们讨论的热点问题。

在"信息化"时代,人们每天都要主动或被动地接受各种信息的"轰炸"。多如牛毛的价值现象和价值观念经过信息的渲染与包装而花样百出,还没等人们作出鉴别和判断就可能被另一种价值观所替代。全球化以其强烈的同质化力量推动了社会、文化和价值的趋同化,统一性的趣味越来越明显,而地方性的特色逐渐被淡化。"普世价值"正是迎合了这种统一性的趣味,依靠西方发达资本主义国家在政治、经济、文化中的强势力量,利用现代信息技术将其价值观念散布于全球。而在西方资本主义土壤中生成的"民主、自由、平等、人权、博爱"等被宣称为"普世价值",通过现代通讯工具和信息媒介向其他国家传播与渗透。正是在"信息化"的推动下,中国的"普世价值"争论才得以产生和勃兴,并且迅速演绎成为一种具备成熟理论形态、鲜明政治倾向和广泛影响力的社会思潮。

二、中国"普世价值"思潮的发展进程[①]

"普世价值"思潮打着"全人类共同价值追求"的旗号,在经济全球化、信息化和中国改革开放的背景下传入中国。总体而言,这一思潮的传入过程经历了两个层面的演变:一是概念上的演变,从"全球伦理"经由"普遍伦理""普遍价值"发展到"普世价值"概念;二是传播领域的转变,从原初宗教领域的伦理道德问题到哲学领域的价值问题,最终从思想理论领域的学术探讨转化为意识形态领域的现实政治问题。

在国内学界,通过学术文献检索追溯,"普世价值"概念最早可能出现于1995年郭洪纪发表在《青海社会科学》第5期的《儒学传统与中国文化建制的流变》一文。该文提出"每一种文明都含有普世价值和殊别价值两种成分以及相应的制度"[②]。次年,郭洪纪在《青海民族学院学报》第1期发表了《儒教文明的普世价值与特殊主义取向》一文,他在该文中正式提出了"普世价值"概念。此后,这一概念逐渐被国内学者所采用,并对其进行了专门的阐释和分析。1997

---

① 参见胡媛媛《"普世价值"思潮的话语霸权及其消解之道》,《探索》2018年第2期。
② 郭洪纪:《儒学传统与中国文化建制的流变》,《青海社会科学》1995年第5期。

年和 1998 年,中国学者围绕"全球伦理"问题展开了热烈的讨论。1999 年,在一场纪念五四运动 80 周年的专门对话中,新儒学代表人物杜维明和自由主义代表人物袁伟时认为,人权、自由、民主、法治、宪政等都属于"放诸四海皆准的基本价值"。2004 年,中国人民大学哲学系教授彭永捷在《普遍伦理与东亚文化》一文中认为,人类的经济全球化、交往全球化制造了全球性问题,"这些问题的解决大都依赖于全球各方的普遍参与,同时也产生了普遍性的伦理约束的需要","普遍伦理是针对全球性问题而成为必要的,它的主要任务是促进全球性问题的解决,并帮助人类从此困境中走出"。[①] 2005 年,袁伟时在《中西文化论争终结的内涵和意义》一文中指出,"中国政府承认现代文明的普世价值","任何国家和地区的现代化成败的关键都与是否接受这些普世性的核心价值息息相关"。[②] 如果说 2007 年以前关于"普遍伦理""普世价值"的探讨还只是在伦理学领域的小范围学术性探讨,那么 2007 年以后关于"普世价值"的争论便甚嚣尘上,成为"普世价值"思潮发展演变的重要分水岭。在这场争论中,"普世价值"思潮的理论实质和真实意图逐渐被揭开。

自 2007 年秋天起,"普世价值"观开始在社会的各个领域扩散、传播。2008 年 5 月 22 日《南方周末》发表的一篇《汶川震痛,痛出一个新中国》文章,更是点燃了关于"普世价值"论战的导火索。文章大力宣扬"普世价值",认为国家在抗震救灾中的积极行动是在"向全世界兑现自己关于'普世价值'的承诺",中国正同"世界一起走向人权、法治、民主的康庄大道"[③]。与此同时,以司马南为代表的学者借助于博客、论坛等网络手段针对《南方周末》中的观点发表了数百篇批评文章,表达了对于"普世价值"的质疑。2008 年 9 月 19 日,在北京召开的关于"普世价值"问题的研讨会上,与会学者围绕"普世价值"的理论实质、现实指向及其出现的原因和过程等问题进行了探讨。随后,一批著名学者以《人民日报》《求是》《马克思主义研究》《政治学研究》《思想理论教育导刊》等权威杂志为阵地,相继发表了更多的批判性文章。在此,围绕着"普世价值",以《南方周末》为代表的支持派和以《人民日报》为代表的反对派展开了激烈争论,形成了"南北之争"的态势。

这场争论聚焦于三个问题:"普世价值"是否真的存在?"普世价值"宣扬的内容和实质是什么?"普世价值"对当代中国又意味着什么?对于这三个问题

---

① 彭永捷:《普遍伦理与东亚文化》,《伦理学研究》2004 年第 3 期。
② 袁伟时:《中西文化论争终结的内涵和意义》,《炎黄春秋》2005 年第 2 期。
③ 本报编辑部:《汶川震痛,痛出一个新中国》,《南方周末》2008 年 5 月 22 日。

的回答代表着人们对待"普世价值"所持有的立场,时至今日都没有达成共识。围绕这三个问题大致可分为如下三种立场和观点:(1)"普世价值"肯定论。坚持这一立场的学者主要从人类共同价值追求、价值哲学、中国传统文化、马克思主义经典文本、执政党的本质特性和领导人言论的角度出发来论证自由、民主、人权、法治、平等、博爱等是超越国界、超越阶级、超越历史而放之四海皆准的"普世价值"。肯定论者认为中国不仅应该接受"普世价值",还应该继续解放思想,将"民主、自由、公正、法治、人权、人格尊严等都纳入到社会主义价值目标体系当中"[1]。(2)"普世价值"否定论。持这种立场的学者利用马克思主义方法和立场批判"普世价值"的"抽象人性论""独断论""西方中心主义论",认为不存在所谓的"普世价值",进而揭露"普世价值"的实质是淡化意识形态斗争,削弱马克思主义意识形态,挑战社会主义核心价值体系,并且试图改变中国政治发展道路。因此,他们极力反对中国接受"普世价值",主张放弃"普世价值"这种极具迷惑性和误导性的言语方式,牢牢把握我们自己在价值问题上的话语权,加强中国特色社会主义价值观建设。(3)"普世价值"相对论。持这种折中立场的学者以中庸的态度对"普世价值"进行解读和分析。他们从"普世价值"概念入手,对其进行不同层次的剖析。他们认为"普世价值"的客观必然性是在某种层面上成立的,是针对"类主体"在一定条件下才存在的。即没有绝对的"普世价值",只有相对意义上的"普世价值"。在如何对待"普世价值"的问题上,相对论者认为中国应当接受不具有政治含义层面上的"普世价值"追求,而对于意识形态层面上推销资本主义价值观、否定社会主义制度和核心价值观的"普世价值"则应当旗帜鲜明地反对和摒弃。从发展态势上来看,持"普世价值"相对论者的人较少,"普世价值"的反对者通过深入的批判逐渐占据了话语优势,越来越多的人看清了"普世价值"的理论实质和现实危害,从而遏制了"普世价值"思潮的蔓延之势。

在当前国内,"普世价值"思潮与其他社会思潮相融合,不断转换手法、变换形式,凭借对社会主义核心价值观、依法治国、人类命运共同体、共同价值的歪曲解读再度活跃,呈现出新的发展态势。在思想上,"普世价值"思潮借解读社会主义核心价值观的契机,从纯粹形式主义的抽象逻辑出发,将社会主义核心价值观和"普世价值"观混为一谈,认为社会主义核心价值观是将"普世价值"中的"民主、自由、平等、公正、法治"等重要理念囊括其中,因而是中共突破传统意

---

[1] 本报评论员:《国家荣誉制度当奠基于人类普世价值》,《南方都市报》2007年12月17日。

识形态认知而"与时俱进"的产物,并不是"中国特色"。显然,这种歪曲解读企图混淆视听、制造思想混乱。在政治上,"普世价值"思潮借解读党的十八届四中全会关于"全面推进依法治国的总目标和重大任务"的契机,鼓吹宪政制度是现代政治制度的基本框架,因而"宪政民主"是社会主义应当遵循和发展的政治法律价值,中国的政治体制改革必然要依循宪政改革的道路才能真正实现现代化的目标。不难看出,这种主张企图将"法治"和"专政"对立起来,其实质就是消解国人对社会主义制度和"人民民主专政"的价值认同,用西方的"宪政民主"来否定、取代人民民主专政。

总而言之,在资本主义私有制土壤中生成的"自由、民主、人权、博爱"等理念被奉为全人类必然遵循的终极价值规范而受到大肆追捧,以这些抽象的价值理念为核心构成的自由民主制度被奉为"人类意识形态发展的终点"和"人类最后一种统治形式"[①]。在对西方社会制度的依附中,也不难发现"普世价值"思潮所蕴含的西方话语烙印和霸权主义思维,它依托于西方资本主义的话语主导权,逐渐演变成为一种对"价值"进行现代诠释的霸权理论,并且触及学术、政治、文化和生活的方方面面。它试图模糊政治话语、学术话语、生活话语的界限,打着学术讨论的幌子,实质是宣扬资本主义的价值观念和社会模式,借人类对价值愿景的美好夙愿表达一种政治诉求。

三、中国"普世价值"思潮的话语形态[②]

在我国,"普世价值"概念以学术命题的形式出现,并且在理论界掀起了一场声势浩大的争论。随着这场争论的深入,"普世价值"已经借助于对终极价值问题的讨论,以学术探究与价值判断的形式,渗透于人文社会科学的各个领域,形成了学术话语、大众话语和政治话语相互交织的复杂局面。从学术话语层面来看,学者们主要从学术的角度对"普世价值"概念进行客观的解读和分析,并不带有政治意图。从大众话语层面来看,"普世价值"经学者们的引入和传播,逐渐成为一部分知识分子、大众媒体和普通民众的话语。比如,他们使用"普世价值"来表达奥运精神、抗震救灾精神等带有共识性的情感、观念或行为。从政治话语层面来看,"普世价值"鼓吹者依托于"抽象人性论",宣扬资产阶级的思想文化和价值观念,用抽象的人性价值来表达现实的政治诉求,他们的真实目

---

① [美]弗朗西斯·福山:《历史的终结及最后之人》,黄胜强、许铭原译,中国社会科学出版社2003年版,第1页。
② 参见胡媛媛《"普世价值"思潮的话语霸权及其消解之道》,《探索》2018年第2期。

的就是颠覆中国共产党的领导,否定社会主义道路,取代马克思主义在意识形态领域的指导地位,因而带有强烈的意识形态性,也具有很大的迷惑性和欺骗性。为此,我们需要警惕和批判的正是这种宣扬抽象"普世价值"的政治话语。

在伦理学领域,"普世价值"植根于"全球伦理"的普世化吁求,是在平等对话和友好协商的基础上为全人类寻求一种超越文化差异的普遍道德原则、伦理共识和伦理底线。"普世价值"在全球伦理的制度化过程中,站在非宗教传统的立场上,不仅克服了宗教信仰的保守与局限,更彰显出极强的包容性、开放性和超越性。在哲学领域,"普世价值"跻身"价值"范畴当中,从抽象人性的逻辑起点出发,超越具体历史条件和社会实践的限制,作为符合全体人类社会恒久或终极需要的共同价值而存在。从哲学范畴的逻辑规定性来看,"这个价值范畴就是对于绝对性、唯一性、整体性、一元性的价值的概括表述"①。正是在哲学研究的学术框架中,"普世价值"奠定了其基础性的理论形态,逐渐向文化学和政治学领域拓展。在意识形态对立、文明冲突、文化差异和价值矛盾的困境中,"普世价值"显露出共性的光辉,制造出文化多样性发展的共性结构和文化表达的终极形式。在政治学领域,"普世价值"在淡化意识形态的基础上,将西方民主政治理念和社会制度模式理想化、抽象化为人类社会的终极归宿,并提出了"世界人权""普适民主""利益共同体""政治自由"等具有"普世性"的政治原则和价值观念。

与一般社会思潮不同的是,"普世价值"思潮在学术外壳的包装下,经过漫长的蓄积和打磨,制造出超越物质基础和社会历史的永恒价值标准,并以此主导现实生活领域的价值选择。在崇尚自由和思想多元的学术论域中,"普世价值"借助于回答学术问题和拓展研究领域的方式,以温和的姿态从不同的维度来表达自身的价值诉求,并以其强大的传播力对社会生活产生了广泛的影响,成为又一种代表资产阶级利益和诉求的社会思潮,与新自由主义、"宪政民主"论、意识形态终结论等社会思潮组成围攻之势,企图冲破马克思主义意识形态营垒,颠覆社会主义制度。在多元价值观念碰撞和新旧思想体系交替的混乱中,"普世价值"已经寻找到了立足的理论论域,构建了一个类似于最高范式的具有必然性和普遍性的理论空间,并且以道德规范与社会伦理的形式占据了道义和伦理的制高点。当人们津津乐道于"普世化"的思维图景和价值理想时,就已经深陷"普世价值"思潮的洪流当中,并且被这种寄居在价值追求理想状态中

---

① 李鹏程:《对"普世价值"的哲学理性思考》,《人民论坛》2015第5期。

看似符合人类"应然"状态的价值幻象所统摄。

"普世价值"一方面期望通过对现实问题的关切和回应来发挥排忧解难的功能,并且致力于塑造新的话语体系;另一方面,从"共同人性"的高度来回答人们所面临的价值困惑和思想困境,以此赋予该理论体系存在的合理性和发展路向的逻辑自洽。从理论论域的拓展过程不难看出,"普世价值"并不满足于建构实践之外的理念世界,它在完成一般性价值理念铺垫的基础上,开始将目光投向实践论意义上的现实世界,比如自由、民主、人权的制度实践问题,对西方自由民主制度的依附和礼赞更是显露出明确的实践意图。"普世价值"开始沿着解释学的路径对自身进行理论改造,致力于在实践语境中获得话语垄断的新形式。在意识形态终结论、历史终结论、去意识形态化和社会制度趋同论等社会思潮的汹涌之势中,"普世价值"思潮借助于价值幻象的臆造,逐渐构筑起隐蔽的意识形态堡垒,已然成为中西方话语权争夺和意识形态暗战的理论阵地。

第三节 "普世价值"思潮的价值指向与政治意图

一、以西方自由民主制度为其话语核心[①]

"普世价值"立足于抽象人性论的理论根基,预设资产阶级的价值主体先验地位,将西方政治制度和思想文化精心构造为具有普遍意义的价值形态。作为西方自由民主制度的代名词,"普世价值"将"自由、民主、平等、博爱、法治、人权"包装成话语标识,以"趋同论"推导出社会主义与资本主义殊途同归的结论,既掩盖了话语霸权的强势与凌厉,又淡化了意识形态的阶级属性,其背后是将世界潮流引向西方社会制度与价值崇拜,巧妙地实施着颠覆马克思主义并削弱社会主义意识形态功能的政治目的。

(一)以"自由、民主、平等、法治、人权"为话语标识

"自由、民主、平等、法治、人权"是"普世价值"论者所宣扬的基本价值理念,已经"在我们今天的各种制度安排、政策制定和行动决策中都在发挥着越来越重要的指导作用"[②]。

从其产生和发展的现状来看,"普世价值"是在苏联解体、东欧剧变、颜色革命后社会主义运动陷入低潮,西方资本主义在意识形态对抗中获取了一时之

---

① 参见胡媛媛《"普世价值"思潮的话语霸权及其消解之道》,《探索》2018年第2期。
② 胡玻:《普世价值的客观存在及现实意义》,《重庆邮电大学学报(社会科学版)》2008年第2期。

利,才体验到了价值观念输出和意识形态扩张的成效。"自由、民主、平等、法治、人权"等价值观念就是"普世价值"用来掩人耳目的话语标识。首先,融合在"人权高于主权""全人类的利益高于一切""普适民主""人人生而平等"等西方国家大肆鼓吹的口号中,"自由、民主、平等、法治、人权"早已成为人们耳熟能详的价值标识,潜移默化地影响着人们的思想和行为。其次,有些学者从文化的角度出发,主张将中国传统价值纳入"普世价值"的范畴,诸如认为中国儒家文化中的"仁爱"精神与西方文化中的"博爱"思想一样都具有"普世性"。这样,"普世价值"既取得了存在的合法性,又将自己包装成一种"普遍真理"占据了道义的制高点。最后,在资本主义私有制土壤中生长出来的价值原则被渲染为代表着世界各国社会发展的趋势,譬如明确提出中国经济体制改革的方向是自由市场经济,大肆宣扬中国政治体制改革的前景是"宪政民主"制,等等。

总之,"普世价值"借助于"价值共同体"的形式,采用"去意识形态化"的手法将意识形态元素从人们的物质需求、精神需求及其满足方式当中剥离出来,将限定在资本主义制度框架中的自由、民主、人权、平等以一般价值追求的形式呈现。而"普世价值"也正是借助于"自由、民主、平等、博爱""天赋人权""主权在民"等"无公害"标识,迎合了西方意识形态扩张的需求,隐遁在霸权主义和强权政治的身后,竭力推销"全盘西化"道路的政治主张,并把攻击的矛头对准社会主义制度,奢望篡改和取代社会主义的思想根基和价值取向。

(二)以"趋同论"的"温和"口吻淡化意识形态的阶级属性

"趋同论"是20世纪30年代,由西方学者所提出的一种社会发展理论。它的基本观点是否定社会主义取代资本主义的科学论断,而主张在社会主义与资本主义相互学习和相互借鉴中"趋同"于一种既非资本主义亦非社会主义的"新制度"。到了20世纪80年代,"趋同论"在我国广为传播,并且极力主张社会主义趋向资本主义之同。到了90年代,"普世价值"开始在我国兴起,它以"全人类的共同价值"形式出现,消弭了资本主义与社会主义在发展道路和价值观塑造方面的差异性,主张价值观念和价值原则的共性与共享,这其中同样蕴含着将社会主义引向资本主义的"趋同论"思想。

"普世价值"论者坚持认为,人类的不同群体在社会实践和价值观念上有着相似性和共通性。尤其是在经济全球化和科技进步的推动下,人类面临的共同问题越来越多,寻求解决的路径必然会越来越相似,这就意味着社会改革的方向和政治发展的模式会越来越"趋同"。而经过"普世价值"的理论包装,西方民主制度不仅具有普遍适用性、普遍永恒性和普遍必然性,更是人类在长期生活实践中所创造的优秀文明成果,被冠以"人类意识形态发展的终点"。由此,西方自由民主制度成为解决一切重大问题的"良药",以最完美的方式终结了人类社会历史发展和意识形态发展的进程。在极力美化西方社会制度的同时,"普世价值"论者将中国的改革开放标榜为是对"普世价值"的实践印证,是中国走向普世民主的必然过程,最终社会主义都会在历史进程中通过市场化和民主化的改革而倒向资本主义自由民主制度的怀抱。"普世价值"以"社会发展趋同论"的方式宣扬资本主义和社会主义文明发展的殊途同归,也一并反驳了马克思主义关于社会主义必然取代资本主义的科学论断。

"趋同论"抓住了经济全球化和现代科技革命中社会主义改革对资本主义长处的学习与借鉴等现象,将其夸大为是社会主义制度向世界的"接轨",从而淡化了意识形态的阶级属性,抹杀了两种社会制度的本质区别和根本对立。这种看似"中庸"的思想带有极强的隐蔽性和欺骗性。"普世价值"正是利用了这种隐蔽性,为西方民主制度输出营造了广阔的话语空间,用"去意识形态化"的手法将经济全球化趋势演变成为民主全球化,本质目的是促使世界社会制度趋同于资本主义的自由民主制度。然而,无论是多么"温和"的口吻和隐蔽方式,都难以掩盖"普世价值"入侵非资本主义社会制度的凌厉攻势。

(三)以颠覆马克思主义并削弱社会主义意识形态功能为话语目的

在阶级社会,每一种社会思潮的兴衰总是伴随着意识形态的抗争和变革,并对人类的物质生产活动和精神生产活动产生深刻的影响。作为上层建筑中不可或缺的组成部分,意识形态囊括了政治、哲学、宗教、伦理等社会意识形式,是特定阶级或社会集团的思想体系以及利益诉求的集中体现,不仅映射着人类社会的矛盾运动和社会制度的演化过程,更发挥着调整社会关系、巩固阶级利益和凝聚社会共识的作用。一方面,从广义的层面上看,意识形态是能够影响乃至支配人们思想与行为的思想体系的集合体,既包含代表不同社会形态的意识形态,又包含同一社会形态中的不同意识形态。"普世价值"兼收并蓄了新自由主义、人本主义、普遍主义、新儒学等社会思潮的核心内容,并借助于学术论域逐渐形成了一定的话语范式和思想体系,经过大肆的传播和渲染,在一些国家和地区已经拥有了大量的追随者。另一方面,从狭义的层面来看,意识形态与特定社会、特定历史阶段的特定阶级密不可分,代表着特定阶级的利益和意志,往往表现为社会中占据统治地位的思想体系。"普世价值"契合了当下资产阶级进行意识形态全球扩张的利益需求,既体现了垄断资本主义的阶段性特征,又迎合了西方资产阶级推行霸权主义和强权政治的意图。可见,无论是从广义层面还是从狭义层面,"普世价值"都蕴含着意识形态争夺的本质属性,是扎根于资本主义私有制经济关系的思想体系,既是资本主义掩盖资本剥削和掠夺的工具,也是资本主义攻击社会主义的理论武器。

在中国,"普世价值"的推崇者们将带有资本主义性质的自由、平等、人权、法治等作为标准来衡量和指导社会主义实践。他们推崇西方的个人主义,利用资产阶级永恒的、绝对的、普遍的"天赋人权"思想来反对马克思主义的非永恒、非天赋并且建立在社会历史条件基础上的人权观;他们认为私有制是最符合人性的经济制度,因而是合理的、普世的,所以中国应该摒弃公有制而实现产权全面私有的自由化市场经济制度;他们利用西方资本主义的三权分立制、多党制、议会制来歪曲和攻击无产阶级专政,将社会主义制度与民主对立起来,提倡在政治领域进行"宪政改革";他们将西方的自由、民主、人权、博爱等理念吹捧为全人类共同的核心价值,以此来弱化和取代社会主义核心价值观。以上种种言辞无不表明,"普世价值"企图将马克思主义驱逐出当代中国,并以此颠覆社会主义制度。在社会主义国家里推行"普世价值"会引发的后果我们已有了前车之鉴。戈尔巴乔夫按照资产阶级自由、民主、平等等"普世价值"来改造苏联共产党和社会主义制度的结果是引发了社会的动乱和国家的分裂,最终酿成苏联解体和东欧剧变的历史悲剧。

显而易见,"普世价值"思潮与新自由主义、宪政民主论、意识形态终结论等反对社会主义意识形态的逆流交汇在一起,实质上是资产阶级"和平演变"战略的当代语式。它的使命就是消解国家独立的主权意识和民族意识,从而破坏社会主义国家的意识形态认同、文化认同、制度认同、国家认同。因此,我们必须认清"普世价值"之争的实质"是西方意识形态针对特定对象展开的思想渗透,是新的历史条件下我国意识形态斗争的突出表现"[①]。如果任由人们陶醉于这种"乌托邦"式的价值幻想当中而自得其乐,就可能丧失意识形态话语权阵地。

二、以绝对普遍价值消解多元特殊价值[②]

"普世价值"以关切人类生存与发展的价值命题形式存在,在"抽象人性"的逻辑起点上预先设定了"恒定不变"的价值主体先验地位,垄断了价值标准的制定权、解释权和评判权,实质上是以"决定论""独断论"的思维方式将价值原则和规范凌驾于客观规律之上,并且强化了价值标准的绝对化与教条化倾向。换

---

① 侯惠勤:《"普世价值"的理论误区和制度陷阱》,《求是》2017 年第 1 期。
② 参见胡媛媛《"普世价值"思潮的话语霸权及其消解之道》,《探索》2018 年第 2 期。

言之,就是以绝对化的普遍价值消解多元化的特殊价值,以资本主义的一元价值消解非资本主义的多元价值。

(一) 对"抽象人性"是构成社会历史基本原则的理论独断

"人性"围绕着揭示"人的本质"而展开,贯穿于自由、平等、理性、人权等范畴当中,是构成西方思想体系和价值观念的核心要素。在西方的思想体系中,自然法则规定着整个世界的秩序,人可以凭借理性认知自然法则,并且受到自然法则的支配。"天赋人权"和"自由、平等、博爱"都体现着自然法和人性的内在原则,因而是神圣的、普遍的和永恒的。在资本主义生产关系取代封建主义生产关系的过程中,资产阶级不断将自己的利益普遍化为社会全体成员的共同利益,将自己的价值观描绘成唯一合乎人性、有普遍意义的价值形态。抽象人性论是资产阶级进行思想对抗的工具和武器,在资本主义制度遇到障碍时,资产阶级总要从中获取拯救的机会和动力。然而,抽象人性论超越具体的社会实践和历史条件去解释"人的本质",在此意义上的人是丧失社会性和实践性的抽象人。马克思认为:"人的本质不是单个人所固有的抽象物,在其现实性上,它是一切社会关系的总和。"[①]换言之,人的本质存在于生产实践活动所创造的社会关系当中,是随着社会实践的改变而变化的,脱离了社会实践,丧失了社会性和阶级性的人是不存在的。然而,在资产阶级眼中,"人类的使命就是遵循理性和自然法则,或者说就是在'自由、平等、博爱'等价值原则基础上,建立符合人性的社会制度"[②]。

"普世价值"论者认为:"作为普遍存在或类的存在比个体存在、特殊存在要更真实,更具有意义。""人是一种类存在物,具有类的本质或普遍性。这是普世价值存在和发生作用的最深厚的根基。"[③]因此,"普世价值"在资本主义的抽象人性论中扎下根基,将立足于抽象人性基础上的自由、平等、人权、正义、博爱等承载着西方意识形态的价值观念以普遍知识的结构呈现,提炼出人类价值追求的普遍意义,从而制造出超越物质基础和社会历史的永恒价值标准。从方法论层面上来看,"普世价值"从这些脱离了现实生活的个体中抽象出共性和一般性,当作现实中的普遍人性,再从这些既定的特征出发建构理想的价值标准和制度模型,以此来衡量现实的社会发展。显然,这种将事物的共性与个性、普遍性与特殊性割裂开来的做法是典型的形而上学方法。

---

① 《马克思恩格斯选集》第1卷,人民出版社2012年版,第135页。
② 梁孝:《抽象人性论、"普世价值"和美国文化战》,《马克思主义研究》2009年第7期。
③ 皮家胜:《普世价值辨考》,《江汉论坛》2009年第8期。

可见,"普世价值"主张抽象人性是构成社会历史基本原则的理论独断,一方面将"抽象人性"上升到衡量社会历史进程的最高尺度,以期获得关于人类生存与发展的解释权和评判权,另一方面认为西方自由民主的社会制度已经到达了人类理想的终极状态,企图淡化由抽象人性所衍生的资本主义意识形态的内在矛盾和现实问题,从而在思维演进过程中推演出意识形态终结和历史终结的假象。

(二)对资产阶级价值主体进行"恒久不变"的逻辑预设

"普世价值"自称是"以人类为主体的价值"[①],它的自命不凡之处正在于极力宣扬普世情怀,主张以满足全人类的共同利益和普遍需要为己任。这种意图背后反映出"普世价值"对个人、民族和国家等具体利益的漠视,在抽象人性论的基础上虚构了一个"利益共同体",并在认识论意义上进行利益普遍性的塑造。"普世价值"进行了这样的逻辑设定,"即当价值主体的地位与作用恒定不变的时候,对价值客体的认识以及价值实践的路径,就完全有可能按照预先设定的方向与模式发展"[②]。换言之,人类这个价值主体只有始终处于"恒久不变"的状态,"普世价值"才能存在并且满足全人类的共同需要。然而,人类的存在始终处于历时性与地域性的运动变化过程中,并且在此过程中凭借对自身的确证和认识构建人与人、人与自然和人与社会之间的关系。因此,"普世价值"虚构的"利益共同体"突破了社会历史条件的限制,借由普遍化、绝对化和神圣化的价值追求来表达现实的利益需求,看似是主张全人类的共同需要,实际上是以资产阶级的特殊利益来否定和取代多数人的根本利益。简言之,"普世价值"恒久不变的主体是资产阶级本身,并逐渐强化资产阶级作为价值主体的先验地位和作用。

由此可见,"普世价值"根据资产阶级作为价值主体的设定,不仅证明了资本主义价值观念的合理性,而且强调价值主体对于价值客体的绝对支配作用,也就是资产阶级根据自己的利益需要和价值诉求享有对价值客体进行审视和评判的绝对控制权。而这种"先验论"的逻辑预设尽显"普世价值"对其先天理论缺陷和霸权式话语色彩的欲盖弥彰。

(三)对价值进行定义、解释和评判的权力垄断

依托于伦理学、宗教学、哲学、文化学和政治学等社会科学的学理支撑,"普世价值"思潮具备了强大的生产能力、传播能力和渗透能力,迅速抢占了价值观话语体系的理论高地。在当前国际话语体系当中流行的诸如民主、人权、法治

---

① 郭明俊:《普世价值的性质及其基本理念刍议》,《延安大学学报(社会科学版)》2003 年第 3 期。
② 汤荣光:《普世价值论辩缘起与走向》,中央编译出版社 2014 年版,第 136 页。

等概念、理论以及实践形式绝大多数都被"普世价值"囊括其中并由资本主义的话语方式所主导。它们依循自身的理论基础和思维逻辑包装和建构了一套完整的价值体系,这套价值体系依托于西方意识形态垄断了价值的定义权、解释权和评判权,从而实现了"普世价值"的话语霸权。

　　以"民主"为例,这一概念来源于西方并且在西方得到繁盛而长远的发展,虽然西方世界具有历史首创性和先发优势,但是如今它已经成为世界政治文明发展的重要价值,所以对于民主这一价值的定义权、阐释权和评判权应当被世界各国人民所共享。然而,按照"普世价值"的话语逻辑,西方世界凭借着对民主的首创和实践,极力宣扬西方的民主观念是最进步和最人道的,西方的自由民主制度是唯一拥有合法性的政治制度,也是迄今为止人类社会最优良的政治实践形态。在这种语境中,西方的民主与自由、人权、平等、公平等一切美好的价值联系在一起,它们代表着全人类共同的价值追求。正如"普世价值"的宣扬者所声称的那样:"当今世界,无论是东方还是西方,凡是经济发达、国力强盛、人民生活富裕幸福的国家,几乎都是民主国家。这足可证明:自由、民主、人权、平等、博爱、法治等价值,是全球人类普遍适用的价值。"[①]经过"普世价值"的精心包装,"民主"由一些特定国家在特定历史时期所累积的政治实践经验上升为全人类的经验,并且还代表着人类未来政治发展的价值取向。自此,"民主"演变成为一种超阶级的、绝对的、永恒的价值,而民主制度是可以在全世界推广的最优良和最有效的政治制度模式。在关于"人权"的问题上,中西方的思想对立尤为明显。在"普世价值"话语霸权的推波助澜下,西方不仅掌握了人权评判标准和规则制定的主动权,更挤压了非西方国家"人权"话语的生存空间,尤其是广大发展中国家不得不接受西方世界的恶意贬低和强势干预。

　　"普世价值"所构造的价值原则和规范虽然指向"全人类共同价值",但其所考虑的只是价值原则对实践活动的指导和支配,却有意回避了这些价值原则产生与作用的条件与范围,看似固守了社会实践活动的规律,实质上以"决定论"的思维方式将价值原则和规范凌驾于客观规律之上,并且强化了价值标准的绝对化与教条化倾向。可见,如果用"普世价值"来指导和规制我们的现实生活和社会实践,就必然会消除客观规律和自由意志的作用,使鲜活的生命活动蜕变成死板僵化的价值范式。

---

① 本报编辑部:《汶川震痛,痛出一个新中国》,《南方周末》2008年5月22日。

三、以抽象人性价值表达具体政治诉求

从思维逻辑的演进轨迹中可以看出,"普世价值"打破了普遍到特殊的单一思维模式,将价值共识和价值标准普遍化和先验化,并且脱离社会实践将其变成绝对化的终极真理。从方法论意义上来看,就会发现这样一条铁律,即把从不同的具体价值中抽象出来的共性和一般性,当作现实中的具体价值,并且称其为全人类共同的价值。"推己及人"以其非凡的亲和力推动"普世价值"从理论预设向实践领域的扩张,以此掩盖其脱离实际的价值幻象和强加于人的本质意图。这样一种方法要想真的发挥作用,必须建立在这样一种理想状态中:社会是由无差别的具有完全同一性的个体所形成的集合体。因而,"普世价值"试图淡化不同文明、阶级、制度的差异性来追求所谓的完全同一性,它的真实意图是以抽象的人性价值来表达现实的政治诉求,刻意混淆价值的普遍性和特殊性,将西方特殊的价值观念普遍化;文化意图是刻意抹杀多元文化的差异性,通过"多元文化同一化"的路径将世界文明引向对资本主义文化的价值崇拜;政治意图是淡化意识形态,忽视价值的阶级性和意识形态性,将西方政治制度全球化,企图颠覆社会主义国家制度。

（一）理论意图是将西方特殊的价值观念普遍化

从理论层面来看,"普世价值"思潮实质上是将资本主义特殊的价值观念普遍化、永恒化,从而取代非资本主义的价值观念。"普世价值"论者不仅忽视了价值内容与形式的具体的对立统一性,同时割裂了价值概念的普遍性和特殊性,他们赋予"普世价值"在认识和时间上绝对的、永恒的真理意义,从而构建起与"永恒真理"相等同的价值体系。

首先,"普世价值"论者把纷繁复杂对立统一的现实矛盾关系加以简单的分割,将具有特殊性的某一方面关系看作是事物的本质关系和现实矛盾关系的全体,忽视了事物矛盾关系的复杂性和具体性。"普世价值"把对价值的内涵规定简单理解为概念的单一表征,忽视了矛盾关系发生作用的具体"场域"与特定维度,从而把分割了的现实关系和空洞的抽象概念直接对应起来,运用演绎法的逻辑先用抽象的形式表述概念,然后再将貌似具体的形式作为前者的结论。"普世价值"的构造方法就在于"抽象形态的运动",即"只要抽去各种各样的运动的一切特征,就可得到抽象形态的运动,纯粹形式上的运动,运动的纯粹逻辑公式"[①]。其

---

① 《马克思恩格斯选集》第 1 卷,人民出版社 2012 年版,第 220 页。

次,"普世价值"割裂了价值的普遍性和特殊性关系。"普世价值"论者往往不考虑价值观念具体内容的复杂性、逻辑结构的差异性以及关联方式的特殊性,而只从价值观念语词表述的相同性、价值诉求的一般相同性和价值主体的一般共性等形式相同,而不是内容和本质相同的角度来理解价值观念的异同关系。这种抽象理解的极端做法就是认为所有形式相同的观念都相同。运用这种纯粹形式主义的抽象方法撇开现实生活的具体性和多样性,将现实的人抽象为"人性"概念,然后再从"人性"出发推演出"自由、民主、平等、正义、幸福"等作为人的普遍诉求,最后以这些范畴形式相同或抽象本质相同为前提撇开具体内容的差异,从而进一步演绎成"普世价值"观念。也就是说,从抽象性的普遍本性出发推演出抽象的没有具体内容的价值范畴,从而抽取掉价值观念的具体内容,把某种特殊的价值论证为具有"普世性"的价值观念。最后,"普世价值"论者忽视认识的绝对性和相对性,将"普世价值"与"永恒真理"相等同。在认识论领域,"普世价值"具有认识上的绝对的、永恒的真理意义,推崇绝对规律和永恒真理,甚至构建起与"永恒真理"绝对统一的关系。"普世价值"撇开价值主客体及其实践基础的变化,忽视价值关系的历史发展性,将其包含的价值范畴变成恒久的价值原则,凌驾于历史和现今的民族、阶级、国家的差别之上。

总而言之,"普世价值"的方法论特点是割裂价值的普遍性和特殊性,把概念化的、抽象的普遍性推向绝对和永恒。这也揭示了"普世价值"的理论意图,即利用纯粹形式主义的抽象方法将其包含的价值范畴理解为具有普遍性和永恒性的价值观念,在具体的宣传过程中,巧妙地将"资产阶级"这一主体基础抽空,从而撇开具体的价值主体把西方发达资本主义的价值观念诠释为是适用于每一个人、适用于人类一切时代的"普世价值"。

(二)文化意图是将多元文化同一化

从文化层面上来看,"普世价值"思潮实质上掩盖了西方发达资本主义的文化霸权主义,即借助于全球化进程中的文化交往强势推行资产阶级的思想文化,刻意抹杀人类文化体系的多样性和差异性,将世界文明引向对资本主义文化的价值崇拜。尤其是一些落后的发展中国家,一些激进人士急于实现现代化而盲目迷恋和仿效西方的文化,丧失本国传统文化的特色和自信,而走上"西化"的发展道路。西方发达资本主义国家正是利用了人们的这种心态,企图消解本土文化的民族特色,把"自由、民主、人权"等所谓的"普世价值"观念强加给其他国家。

文化与经济活动密切相关,是人类在生存和发展过程中的积累和创造的实践经验与成果的凝结。每一种文化的存在,都有其适应自然生存、调整社会关系以及抚慰人类心灵的内在价值,但是由于地理位置、自然环境、历史条件等主客观因素的差异,这种被称为"文化"的人类创造物表现出各种各样的形态。人类在长期的生产和生活实践中,形成了形态各异的生活习惯、宗教信仰、历史传统、价值观念和交流语言等。这些习惯、信仰、传统、观念和语言等构成了一个民族生存与发展的基础,成为人与人之间沟通的桥梁与纽带,但同时也成为一个民族与其他民族相互区别的界限。因此,每个民族或国家的文化与价值观都是带有差异性的特殊存在。然而,在全球化的推动下,世界正在走向经济、政治和文化的一体化,文化发展呈现出相互交流和借鉴的趋势,从表面上看不同民族的文化正在趋于融合。从文化意图上来看,西方资本主义国家自诩为"人类文明的中心",他们将"自由、民主、平等、人权、法治"等宣称为"普世价值",利用强大的经济优势、军事力量和话语霸权向其他国家输出自己的文化和价值观,企图用自己的文化与文明统一世界,占据全球的霸主地位。自近代以来,西方资本主义国家在物质经济领域取得了巨大成就,因而其精神文化对发展中国家具有相当的吸引力和影响力,在一些人的潜意识中有向西方看齐的情结,对西方文化的好感与善意不仅促使他们更快地接受"普世价值",而且促使他们在对待本土文化和外来文化时陷入极端的态度,逐渐丢失了本土文化的民族特色和民族自信。

历史事实证明,"普世价值"撇开文化差异性而片面追求文化的同一,不仅不会实现真正的文化繁荣,反而会导致文化发展的失衡和文化生态的破坏,其实质是"文化殖民主义"和"文化霸权主义"的当代形式。文化的演进从来都不是指向单一的文化形态,即便当下的文化发展呈现出相互渗透、相互融合的趋势,然而真正的文化"同一"也不是像"普世价值"那样抹杀文化的具体内容而追求抽象的形式相同,更不是通过促进某一种特殊文明的普遍特征来寻求文明的共性,"必定以肯定不同文化、文明及其相应价值观平等存在权利为前提,以鼓励多种价值观求同存异、互学互补的良性交流为主旨"①。

(三)政治意图是将资本主义制度全球化

随着传播领域由学术领域向意识形态领域的延伸,我们不难发现"普世价值"思潮的实质就是西方价值观念输出和资本主义意识形态扩张。换言之,就是争夺政治话语权和意识形态主导权的斗争。在思想上,"普世价值"鼓吹者宣

---

① 侯惠勤:《"普世价值"的理论误区和实践陷阱》,《马克思主义研究》2008年第9期。

扬资本主义价值观念,鼓吹指导思想多元化,企图动摇马克思主义的"一元"指导地位;在经济改革上,企图以资产阶级私有制代替以公有制为主体的经济基础;在政治改革上,一些人认为"宪政民主"是中国政治改革的未来目标,企图用"法治"来否定和替代人民民主专政。在我国全面深化改革的关键时期,鼓吹"普世价值"的人用"普世价值"来解释中国的发展成就,并且将其作为标准来指责改革过程中出现的问题,企图改变中国未来的发展道路、颠覆社会主义制度,其政治指向不言自明。

既然"普世价值"代表全人类的共同利益,西方国家便堂而皇之将其推销至全世界,强迫世界各国尤其是社会主义国家接受,更打着"普世价值"的旗号不惜动用武力强行干涉别国的内政。比如,美国曾经高举"人权"的大旗对伊拉克实施军事打击,名义上是为了推动伊拉克的人权,实际上造成了十多万平民丧生、数百万人流离失所;主张言论自由的美国却实施着对本国和其他国家公民的言论和通信进行监听的"棱镜计划";效仿美式民主,在发动"颜色革命""阿拉伯之春"中所波及的国家不仅没有带来长远的发展和百姓生活水平的提高,反而政权的更迭引发了长时间的政治混乱、社会动荡和经济凋敝。在包含了政治、经济、文化和社会等多方面的国家有机体中,"普世价值"导向的单向度政治变革最多只能触及某一个层面,难以实现各个层面的协调并进,但是一个层面的变动足以引发有机体中其他方面的震动。尤其是在一个经济相对落后的国家,政府如果不考虑本国的民情国情,而将希望寄托于"普世价值"和"民主化"的单向度政治变革,势必会"水土不服",最终接连失败。国际政治的实践经验表明,"普世价值"所代表的西方民主制度模式解决不了苏联国家和阿拉伯世界的民族矛盾、地区矛盾和经济困境,同样不适用于当下以中国为代表的社会主义国家。盲目推行以"普世价值"为导向的政治变革反而会使国家陷入政治动荡和经济凋敝当中,加速了社会的分裂,甚至使国家走向解体。如果求助于西方大国来收拾残局,最终也只能沦为他们的附庸,这也正是西方国家推行"普世价值"的本质意图所在。

西方国家利用抽象概念来忽悠民众,到处宣扬资产阶级民主制度是"普世价值",其背后往往隐藏着损人利己的战略利益考量。他们总是寻找机会,变换花样地攻击中国共产党的领导、攻击中国特色社会主义制度,打着"普世价值"的旗号推销西方的民主制度模式和价值体系。对此,我们应该秉持鲜明的立场,我们认为,"民主"可以是多数人认同的政治价值,但是"民主"的定义权以及民主制度的评判权应当被世界人民所共有。西方民主制度是西方资本主义历史传统和文化积淀的产物,是具有特殊性的"地方知识",无论是过去、现在、将来都不可能成为"普世性"的社会制度模式,非西方国家可以借鉴西方民主建设的有益经验,但绝不能走上照搬西方民主模式的"西化"道路。

第四节 "普世价值"思潮之于核心价值观的挑战以及危害

2013年12月,中央办公厅印发《关于培育和践行社会主义核心价值观的意见》,将"富强、民主、文明、和谐、自由、平等、公正、法治、爱国、敬业、诚信、友善"正式确定为社会主义核心价值观的基本内容。面对思想文化和价值观念多元化的现实,我国大力推动社会主义核心价值观建设,充分发挥其在引领社会思潮、强化共同理想和凝聚人民力量等方面的重要作用。社会主义核心价值观是一个包容、开放的思想体系,它善于汲取人类社会的一切优秀文明成果,其中就包括西方资本主义国家人民所创造的有益思想文化。然而,"普世价值"思潮从纯粹形式主义的抽象逻辑出发,利用"普世价值"与核心价值观在某些字面上的重合,将二者混为一谈。针对这种企图混淆视听、制造思想混乱的歪曲解读,我们有必要从经济基础、理论基础、本质特征、逻辑结构和价值目标的角度来厘清社会主义核心价值观与"普世价值"的根本区别,揭露"普世价值"的本质"是当代西方话语霸权及其价值渗透方式的表达"[①]。这是一场渗透与反渗透、演变与反演变、颠覆与反颠覆的持久斗争,只有从学理上加强研究论证,通过学术话语的支撑,才能从政治上批判和揭露"普世价值"的实质与危害,才能提高研究成果的科学性与说服力。

一、"普世价值"与社会主义核心价值观的根本对立

(一)经济基础的对立

社会主义核心价值观产生于我国现实的经济体制和经济制度中,以生产资料公有制为经济保障,实现着经济基础与上层建筑之间正向促进的互动关系。马克思指出:"观念的东西不外是移入人的头脑并在人的头脑中改造过的物质的东西而已。"[②]换言之,观念就是对客观事物的主观反映。价值观从事物的具体特性出发,是指人对客观事物的作用、意义和重要性的总体评价和综合看法。而核心价值观是指"一定社会形态社会性质的集中体现,在社会思想观念中处

---

① 侯惠勤:《"普世价值观"的理论误区和实践陷阱》,《马克思主义研究》2008年第9期。
② 《马克思恩格斯选集》第2卷,人民出版社2012年版,第93页。

于主导地位,决定着社会制度、社会运行的基本原则,制约着社会发展的基本方向"①。总之,价值观是人们在社会实践中逐渐确立和确认的,是人类观念层面的具体表现形式之一,因而是人类特有的精神现象。

观念属于上层建筑中最基本、最深层的范畴,这也就意味着它们是由生产力和生产关系即经济基础所决定的。同时,它们又对经济基础和上层建筑其他部分的运作发挥重要的推动或制约作用。一定的价值观念尤其是核心价值观,不仅决定着人们的价值偏好、价值取向和价值追求,形成一定的价值目标,而且还成为人们的评判尺度和行为标准,主导着人们的精神思想,引导和规范着人们的实践行为。如果国家的经济基础有着与自己相适应的,得到大多数人自觉认同和践行的价值观念,社会的经济制度和政治制度将会更顺利地建立和实施。因为此时人们的行为是出自内心的自觉,甚至不需要监督就会为了自己笃信的理想和信念而奋斗。无论是在革命年代还是在社会主义经济建设年代,多少英雄模范人物前仆后继地甘愿牺牲自己的个人利益甚至是生命,来实现他们所信奉的价值信念和崇高理想。而如果上层建筑脱离现实的经济基础,轻则会导致经济运行困难或效率低下,重则会出现与经济制度和政治制度相反的行为,甚至引发社会的混乱和经济的滞后。

由此可见,一种经济制度和经济体制,必须拥有或建立起与之相适应的价值观念,才能顺畅运行和长远发展。社会主义核心价值观正是与当前我国现实的经济关系,与我国的基本经济制度,与社会主义市场经济体制相适应的价值观体系,并且在社会上起主导支配的作用。而"普世价值"所宣扬的"自由、民主、平等、人权、法治"等价值观念是建立在资产阶级生产资料私有制的经济基础之上,是与资产阶级的经济关系和经济制度相一致的价值体系。"自由、民主、平等、人权、博爱"起初是资产阶级为了发展资本主义生产关系,为了维护阶级利益、夺取政权而提出的反封建、反王权、反教会的理念与口号。随着资本主义国家经济实力的不断壮大,这些理念又被冠以"普世"的头衔,用来进一步维护垄断资本主义的经济基础和阶级利益。

(二)理论基础的对立

"普世价值"植根于"抽象人性论",蕴含着西方文化的"普世主义"情结和"扩张性"基因。社会主义核心价值观立足于马克思主义的唯物史观,蕴含着辩证唯物主义和历史唯物主义的方法论思维,批判地超越了"抽象人性论",并与

---

① 王晓晖:《十八大报告辅导读本》,人民出版社2012年版,第251页。

"普世价值"在理论基础上区别开来。

西方诸多思想家都以"人性"作为最初的理论出发点,以此为基础或前提来建构自己的理论体系。"普世价值"自然也不例外,它从"抽象人性论"出发建构自己的学说体系和论证自身存在的合法性。"抽象人性论"认为在每个个体、民族和共同体的特性掩盖之下,古往今来的所有人都具有一种共同的本性,即所谓的"人性"。它寓于每一个个体当中,时代和地域的变迁只是改变了"人性"的具体表现形式,"人性"的本质规定并没有改变。换言之,"人性"不会随着社会历史和地域环境的改变而变化,思想体系和社会关系的建立都应当以"人性"为首要考量。"抽象人性论"往往从人的自然性角度出发来论证自己的客观性。比如,在论证自私的问题上,"我们承认人们有某种程度的自私;因为我们知道,自私是和人性不可分离的,并且是我们的组织和结构中所固有的"[①]。自私属于"人性"的范畴,是建立在肉体的自然性之上,人只要有肉身,就必然具有自私的"人性"特征。因而,时代、地域改变不了人的自然性,也就改变不了"人性"。由此断定,必然存在着符合全人类"人性"的价值取向和价值追求,"普世价值"便应运而生。与此同时,无论是基督教的"普世主义"情结还是文艺复兴、启蒙运动对"人性"的弘扬,以及斯宾诺莎、洛克、卢梭等的自由、民主思想都可见西方文化中所隐含的"人性"传统和扩张性基因。"抽象人性论"将现实中具体的、多样的人抽象为"人性"概念,否定历史地、具体地研究人性的努力,认为自己对"人性"的总结是符合现实和历史的客观观察,进而成为建立包括"普世价值"在内的西方思想文化的理论基础。

然而,"抽象人性论"将带有资本主义烙印的"人性"普遍化为超越时空界限的共同人性,运用非历史性的演绎方式将资本主义制度绝对化为自然合理的一般制度。"因为按照他们关于人性的观念,这种合乎自然的个人并不是从历史中产生的,而是由自然造成的。这样的错觉是到现在为止的每个新时代所具有的。"[②]唯物史观认为,"人性"不应该脱离具体的社会历史和生活实践进行独断或假设。从唯物主义的辩证思维和历史思维出发,一方面,在人类从与动物界分离的历史中总结出与动物性相区别的"人性";另一方面,从人类自身的发展史中探究各个时代、各个地域以及身处不同社会关系中的"人性"之区别,而其中劳动是人与其他动物相区别的关键。人类通过劳动这种物质性的实践活动,创造了语言、工具以及自由意志,这是与其他动物相区别的主要标志。"动物仅

[①] [英]休谟:《人性论》,关文运译,商务印书馆1996年版,第625页。
[②] 《马克思恩格斯选集》第2卷,人民出版社2012年版,第684页。

仅利用外部自然界,简单地通过自身的存在在自然界中引起变化;而人则通过他所作出的改变来使自然界为自己的目的服务,来支配自然界。这便是人同其他动物的最终的本质的差别,而造成这一差别的又是劳动。"[①]换言之,"人性"与"兽性"的根本区别就在于,人通过对象化的劳动利用并改造自然以满足自身的生存和发展需求,而动物只能靠现存的客观自然物来生存。劳动总是在特定的生产关系和在其基础上形成的社会关系中进行的,这也就意味着对于"人性"的认识应该考虑不同时代、不同社会关系中的历史性、现实性和具体性。因此,社会主义核心价值观承认人的一般共性,从生产关系和社会关系的历史演进中得出对"人性"的具体认识。各个时代、各个民族或国家的生产力水平、社会关系、历史传统不同,那么在此基础上形成的思维方式、社会心理、价值准则也必然相异,因而适用于一切时代、一切地域、一切民族或国家的"普世价值"也就不可能存在。

(三)逻辑结构的对立

"普世价值"撇开现实生活的具体性和多样性内容,将现实的人抽象为"人性"概念,然后再从"抽象人性论"的前提出发推演出"自由、民主、平等、法治"等价值观念。在"普世价值"看来,"人性"中的自私利己基因凸显出个人自由的重要意义,个人自由的保障又称为个人生命和尊严的体现,而财产权体现了个人的能力与个性,又成为个人自由的保障,因此,在私有财产权保障下的自由成为"普世价值"的首要诉求。

为了避免私有财产权以及个人自由免受来自他人的侵犯,天生自由的个人通过订立契约的方式形成国家,也就是通过社会契约的想象来满足保护私有财产权和个人自由的需要。这一理论构建并不在于对国家的形成进行历史考察,而在于对国家的合法性进行解释。从这个意义上来看,国家通过赋予政府的强制力来保护私有财产权和个人自由,然而这种强制力量反过来又对私有财产权和个人自由构成了威胁,那么如何重建政府的合法性和合理性呢?于是"普世价值"又给出了这样的结论:通过一人一票来选举代表组建政府、制定决策,即实施民主。按照"普世价值"的逻辑,当多数人的意见即民主的结果与自由相悖时,前者应该让位于后者。可见,在这一逻辑中,作为一种政治制度的民主实际上沦为了对私有财产和个人自由保护的合法化工具。同理,平等、法治的构建也都是出于对私有财产和个人自由保护的目的。首先,西方所倡导的"平等"并

[①] 《马克思恩格斯全集》第26卷,人民出版社2014年版,第768页。

不是在机会和结果上的平等,而只是法定权利尤其是财产权的平等,即保护以私有财产权为基础的个人自由,排斥结果平等而主张权利平等。一方面,他们强调社会中的两极分化是社会进步的动力,缩小贫富差距的政府行为侵犯了富人的自由和财产权;另一方面,他们又主张权利平等,富翁和贫民无论财富差距有多大都享有平等的财产权和自由。其次,作为西方法治核心理念的"宪政",就是以限制政府的"专制权力"对个人自由的侵害为宗旨,但是不管这种"专制权力"是否由民主制度产生,是不是代表多数人的意志。"法治可以通过有效地约束民主中的多数人专制的倾向来确保民主是服从于自由的,即确保一个自由的民主。"①从这个意义上来看,西方"普世价值"所宣扬的平等和法治,在本质上都是用来保护"自由"即私有财产的。由此可见,"普世价值"从"抽象人性论"出发,用社会契约论和纯粹形式主义的逻辑演绎出与西方资本主义生产关系、社会关系相适应的结构体系,终极目的仍然是对个人自由和私有财产的保护。

唯物史观的理论基础决定了社会主义核心价值观的建构不是遵循非历史性的抽象逻辑演绎路径,而是从中国的历史传统、文化积淀和时代诉求当中归纳出基本共识。"中国当代的价值共识,实际上是四重历史传统叠加化合的结果。这四种历史传统,分别是百年来的民族复兴传统,60多年来的社会主义传统,30多年来的改革开放传统,以及作为所有这些传统底色的五千年中国文化传统。"②首先,百年来的民族复兴传统使人们形成了这样的共识:国家富强不仅奠定了人们实现美好生活的物质基础,也是实现个人自由全面发展的保障;国民只有心系国家兴亡,方能凝聚实现国家富强和社会自由的力量。于是,社会主义核心价值观遵循这样的价值共识:"在国家层面,倡导富强;在社会层面,倡导自由;在公民层面,倡导爱国。"其次,60多年来的社会主义建设历程中,以人民代表大会制度为核心的基本政治制度支撑了社会主义的民主之维;基本经济制度和其他经济体制支撑了社会主义的平等之维;民主与平等又激发了公民投身于社会主义建设事业的敬业精神。因此,社会主义核心价值观将这些价值纳入其中,"在国家层面,倡导民主;在社会层面,倡导平等;在公民层面,倡导敬业"。再次,进入新时代,提出要推进物质文明、政治文明、精神文明、社会文明、生态文明协调发展。依法治国成为国家的基本方略,法治理念已深入民心。社会主义市场经济中的契约行为塑造了公民的诚信品质。故而,40多年的改革开

---

① 刘军宁:《保守主义》,中国社会科学出版社1998年版,第130页。
② 李健:《社会主义核心价值观与西方"普世"价值的四大区别》,《思想理论教育导刊》2015年第3期。

放传统突出了这样的价值观,"在国家层面,倡导文明;在社会层面,倡导法治;在公民层面,倡导诚信"。最后,五千年的中国文化传统为社会主义核心价值观打上了鲜明的中国特色。《周礼》中"以和邦国""以谐万民"的"和谐"理念;《荀子》中"上公正则下易直矣"的"公正"理念;《孟子》中"取诸人以为善,是与人为善者也"的"友善"理念,凝聚成社会主义核心价值观中国家层面的和谐观、社会层面的公正观和人际层面的友善观。由这四重传统的叠加化合所形成的价值共识,共同构成了社会主义核心价值观的基本内容。

(四)本质特征的对立

经济基础、理论基础和逻辑结构的不同,决定了社会主义核心价值观和"普世价值"的理论形态存在根本区别,并且呈现出不同的特征。"普世价值"建立在资本主义私有制的经济基础和"抽象人性论"的理论基础之上,重在个性的张扬和权利的保护,因而呈现出抽象性、排他性和扩张性的特征;与公有制经济基础和唯物史观相一致的社会主义核心价值观,以集体主义为价值定位,呈现出民族性、包容性和自主性的特征。

从本质上来看,"普世价值"是资本主义性质的,它首先呈现出抽象性的特点。从"抽象人性论"出发,"普世价值"将脱离现实关系、超越时空的价值概念用抽象的形式表述出来,并且经由纯粹形式主义的逻辑演绎,从抽象性的普遍本性出发推演出抽象的价值范畴,这些被抽掉具体内容的价值观念必然是虚假空洞的价值幻象。"普世价值"的第二个特点是排他性。"普世价值"站在"西方中心主义"的立场,将资本主义的价值观念普遍化和永恒化,忽视了不同国家由于历史、文化和国情的差异而选择了不同发展道路和模式的现实,以它的标准来反对一切与之不同的观念和制度,在现实中则表现为对非资本主义制度模式、文化形态、价值观念进行排斥甚至是颠覆,其实质就是为了维护资产阶级的阶级利益和国家利益。"普世价值"的第三个特点就在于"扩张性"。尤其是它急于对中国实行价值输出和文化入侵,向政治、经济、文化和意识形态领域渗透,"扩张性"特征极其鲜明。西方国家利用学术伪装的形式,通过设立教育基金、开展学术交流、共同培养学生等一系列活动,向世界各地进行有计划、有意识的价值渗透。西方国家极力将自己的经济模式、文化形式、生活方式推向世界,进而实现对他者进行意识形态和价值观念的渗透与改变。

作为中国特色社会主义在观念领域的集中体现,社会主义核心价值观的第一个特点就呈现出鲜明的民族性。"四重历史传统"是核心价值观的直接来源,这些历史带有鲜明而具体的民族特色、国家特色和社会主义特色,由中华民族五千年发展历程中积淀而来,给核心价值观打上了深刻的民族烙印。第二个特点是体现包容性。社会主义核心价值观并不是抽象的价值概念,它有十分明确而具体的价值内容和价值指向,既包括国家和社会层面的价值追求,也包括个人层面的价值目标。虽然社会主义核心价值观主张社会主义的"集体"观,但是它强调个人的价值追求和国家、社会的命运紧密相连,旨在推动个人、社会和国家的全面价值提升。与"普世价值"与生俱来的扩张性不同,社会主义核心价值观既不屈服于其他价值观的压力,也不会对其他国家的价值观构成威胁,始终坚持自主性原则。它既不会脱离中国的民族特色和时代条件,坚决抵制西方意识形态的入侵和渗透,同时也不会将自己的价值观强加于人,尊重他国在历史传统、文化习俗和制度模式上的差异。

(五)价值目标的对立

社会主义核心价值观的重大意义在于凝聚全社会经济发展、改善民生的价值共识,在全社会形成基本的道德规范、共同的理想追求和强大的精神支柱,发挥凝聚力量、引领价值和教化人民的作用,从而增强国家的文化软实力,助力中华民族伟大复兴的"中国梦"。代表资产阶级利益的"普世价值"观则将攻击的矛头指向社会主义,旨在摧毁社会主义国家的价值认同、制度认同和意识形态认同,将世界文明带向资本主义的价值崇拜,充当着西方国家尤其是美国进行意识形态扩张和谋求全球霸主地位的理论工具。

由于资本主义的本质属性,"普世价值"观实际上是以个人主义为本位,反映资产阶级的政治、经济和文化利益,是以"普世"的名义兜售资产阶级的价值观念,是西方资产阶级特殊利益的"遮羞布"。如今,它又充当了西方国家推行"霸权主义"的工具。正如亨廷顿所言:"'普世主义'是西方对付非西方社会的意识形态。"[①]以个人主义为价值本位,是西方"普世价值"与生俱来的特性。个人主义是西方价值体系的基本定位,正如美国学者所言:"美国文化最核心的东西就是个人主义,……放弃个人主义就等于放弃我们最深刻的本质。"[②]西方社会历来重视个人权利、个人价值以及个人的自我发展,一切行为都以个人的存在和欲望的满足为归宿。在以个人主义为出发点和落脚点的社会中,资本主义私有制的经济基础就决定了自由、民主、平等、人权等都掌握在控制金钱和权力的"资本家"手中。为了谋求全球"霸主"地位,西方国家又利用"普世价值"来逐

---

① [美]塞缪尔·亨廷顿:《文明的冲突与世界秩序的重建》,新华出版社2002年版,第36页。
② [美]贝拉等:《心灵的习性:美国人生活中的个人主义和公共责任》,翟宏彪等译,生活·读书·新知三联书店1991年版,第3页。

步消解非资本主义国家的主权意识和民族意识,破坏民众对国家、社会、文化及制度的价值认同。尤其是在政治层面,西方国家鼓吹宪政是现代文明社会的政治法律价值,宪政制度亦成为现代政治制度的基本框架。因而,中国要想实现现代化就必须接受和发展宪政这一"普世价值"。他们看似是在为中国的政治改革建言献策,实际上是要消解国人对社会主义制度和"人民民主专政"的价值认同,在意识形态领域制造思想混乱,并从中渔利。

社会主义核心价值观由于其本质属性的内在规定,代表着最广大人民群众的根本利益,是为无产阶级和社会主义事业服务的。正如习近平总书记所说:"我们提出的社会主义核心价值观,把涉及国家、社会、公民的价值要求融为一体,既体现了社会主义本质要求,继承了中华优秀传统文化,也吸收了世界文明有益成果,体现了时代精神。"[①]社会主义核心价值观具体内容中所蕴含着的关于国家发展、社会建设和公民个人道德素养培育的三重目标,表明了社会主义核心价值观是与社会主义社会的基本价值相一致,与中华民族的核心价值追求相适应,与当今世界的共同价值诉求相契合的。由此可见,培育和践行社会主义核心价值观,有助于凝聚经济发展、社会建设和改善民生的价值共识,有助于提高社会主义意识形态的吸引力、感召力和凝聚力,成为增强文化软实力的重要举措,从而进一步提升中国特色社会主义的道路自信、理论自信、制度自信和文化自信,成为推动经济社会又好又快发展的精神动力。

二、"普世价值"与社会主义核心价值观的思想交锋

"普世价值"与社会主义核心价值观之间的思想交锋映射出两种意识形态之间的对立和斗争。"普世价值"问题已经不是一个纯学术性议题,逐渐演绎成为一种极具迷惑性、欺骗性和隐秘性并且带有鲜明政治倾向的社会思潮,是西方资本主义国家用来渗透、演变和颠覆我国社会主义制度的思想武器。可以说,两种价值体系之间的思想交锋实质上就是一场渗透与反渗透、演变与反演变、颠覆与反颠覆的意识形态斗争。只有认清这个实质,我们才能彻底拆穿"普世价值"的谎言,才能旗帜鲜明地抵制这一错误思潮的危害。

(一)渗透与反渗透

"普世价值"披上了寄托人类价值理想的光鲜外衣,也由此带有强烈的迷惑性和欺骗性,更容易渗透进人们的思想认知当中。它迷惑人心的地方就在于以

---

① 《习近平谈治国理政》第1卷,外文出版社2018年版,第169页。

"抽象人性论"为理论依托主张全人类的共同利益。"普世价值"鼓吹者强调"普世价值"建立在人类的共同人性之上,"饥而欲食、寒而欲暖、劳而欲息"都是人类的共同人性,不分种族、民族、国家、地域和时代的差异。它的迷惑性就在于揭示了人类与生俱来的本质需求,但是忽视了需求产生的实践"场域"和偏好差异。比如对于一个饥肠辘辘的人来说,能够充饥的食物比房屋更能满足他当下的实际需求;比如有的人偏好中餐,有的人喜食西餐。撇开人类需求的具体性、多样性,使得"普世价值"带有明显的抽象性和虚伪性。在抽象的理论基础之上,它又进一步用"自由、民主、人权、平等、博爱"等具体的价值概念来佐证"共同人性"的存在。"普世价值"更明显的迷惑性就是采用抽象的极端做法从所有形式相同的观念出发,推导出无论是社会主义还是资本主义,其所追求的自由、民主、平等、人权等价值都是相同的。而它的欺骗性正在于自诩为是以全人类为主体的价值,主张以满足全人类的共同利益和普遍需要为己任。在抽象人性论基础上虚构出的"利益共同体"看似是对人类整体利益的关切,实际上是对个人、民族和国家等具体利益的漠视,是对资产阶级利益普遍性的塑造。

面对西方"普世价值"的渗透活动,中国进行了一系列强有力的反渗透,通过建设社会主义核心价值观,驱散"普世价值"的话语霸权和思想迷雾,抵制西方错误思潮的渗透。虽然,对于社会主义核心价值观的普遍认知已经基本树立,但是西方文明的入侵、价值观念的多元和社会矛盾的交织,使得人们对于它的认同度还有待提升。首先,全球化使得各个民族、国家的联系更加频繁和紧密,信息化使得人际交往日益便利和快捷,在它们的助力下,西方文明逐渐进入中国,以美国为首的资本主义强国以"普世价值"的名义积极地将本国文化和理念向社会主义国家推销。"西方,特别是一贯富有使命感的美国,认为非西方国家的人民应该认同西方的民主、自由市场、权力有限的政府、人权、个人主义和法制的价值观念,并将这些价值观念纳入他们的体制。"[①]尤其是中国的年轻一代,他们更容易接受来自西方物质文明和生活方式的渗透,从而削弱了对于社会主义核心价值观的认同。其次,在社会转型期,各种思想文化相互激荡、社会思潮相互交织、多种信仰并存,原有的传统价值观和道德观遭受被质疑和挑战,人们的价值取向也从单一转向多元,在这一过程中出现了困惑、迷失,尤其是一些人盲从西方的价值观念和生活方式,对社会主义核心价值观的认知模糊甚至出现抵触情绪。此外,社会问题和腐败现象的存在也会直接影响核心价值观认

---

① [美]塞缪尔·亨廷顿:《文明的冲突与世界秩序的重建》,新华出版社1998年版,第200页。

同。尤其是关乎人们最基本物质生活的民生问题,"如果国家忽视民生,给不出解决民生和贫困问题的答案,就丧失了社会道义上的制高点,国家要建立的核心价值观也就难以获得普通大众的认同"①。住房、医疗、教育等民生问题的凸显,贫富差距、城乡差距和地区差距的不断拉大,政府公职人员贪污腐败现象的存在,这些都成为消解核心价值观认同的社会根源。可见,只有驱散错误思潮所营造的思想迷雾,提高核心价值观的认同度,才能在抵制"普世价值"观的反渗透中,使社会主义核心价值观内化于心、外化于行,成为人们自觉的理想追求和行为准则。

(二)演变与反演变

由于兼具理论依托的迷惑性、传播方式的隐秘性和表达方式的隐晦性等特征,"普世价值"日益成为西方资本主义国家实行"和平演变"战略最有力的工具。例如,以推动"普世价值"的名义,西方主要国家推动中亚、东欧独联体国家发动"颜色革命",仿效资本主义民主模式进行政权变更运动。2003年格鲁吉亚发生"玫瑰革命",时任美国总统的小布什称新上任的总统萨卡什维利为"民主英雄",赞誉格鲁吉亚是欧亚地区的"民主明灯"。但是这场革命并未带来格鲁吉亚经济的发展和人民生活水平的提高,尤其是后来的民主政治和法制建设反而赋予总统以极大的权威,侵害了人民的利益。2005年,吉尔吉斯斯坦发生所谓的"郁金香革命",被美国政界和媒体称为"民主和自由"的胜利。但是,在革命发生后,吉尔吉斯斯坦陷入了长期的社会动荡之中,代表南、北不同地区的政治势力也陷入持续不断的内斗。社会动荡、内斗不断直接导致经济的衰退和百姓生活水平的下降。历史事实表明,西方国家的"和平演变"策略带有巨大的迷惑性和破坏力,盲目的仿效和顺从不仅会使政治陷入动荡,经济走向凋敝,甚至国家都有可能走向解体,最终成为西方大国的附庸。也正是出于这样的险恶意图,西方大国更会变本加厉地给自己的思想文化和价值观念冠上"普世价值"的头衔,掩人耳目地实施着"和平演变"策略。

中国始终没有放松与西方大国的意识形态斗争,开展了一系列反演变的斗争。以坚持"四项基本原则"来抵制资产阶级自由化思潮的入侵,用马克思主义的唯物史观和阶级分析方法评析历史虚无主义,驳斥西方"意识形态终结论",揭露"普世价值"思潮。在理论依托上,"普世价值"鼓吹者为"普世价值"披上了"全人类共同人性""全人类共同利益"等极具迷惑性和欺骗性的华美外衣;在内

---

① 周道华:《改善民生与社会主义核心价值体系建设》,《福建论坛·人文社会科学版》2009年第8期。

容上,将资本主义的"自由、民主、平等、法治"包装为全人类共同的价值追求;在传播方式上,借助于电脑网络、移动终端等现代信息技术和电子媒介,以音像制品、书画报刊等文化产品消费的方式进行意识形态渗透。美国一位社会学家道出了其中的真相:"美国流行文化的传播是长久以来人们为实现全球统一而做出的一连串努力中最近的一次行动,它代替了罗马帝国和基督教徒推行的拉丁语以及(共产党政府推及的)马克思列宁主义。"① 针对西方国家利用"普世价值"进行意识形态渗透的"和平演变"新策略,国内以侯惠勤、冯虞章、李崇富、刘书林、汪亭友等为代表的一批专家学者,运用马克思主义方法、观点和立场对"普世价值"论进行深刻的剖析和严厉的批判,进而指出"普世价值"是个伪命题,"宣扬所谓'普世价值',鼓吹所谓'宪政改革',实质还是要取消共产党的领导和社会主义制度,走资本主义道路"②。可见,社会主义核心价值观与"普世价值"的关系并不是像某些人所说的相互包容、相互融通,而是中国社会主义和西方资本主义在政治领域的一场演变与反演变斗争。

(三) 颠覆与反颠覆

"普世价值"鼓吹者借助于"普世价值"的概念来包裹这一思潮的政治阴谋,是企图颠覆中国社会主义制度。一位支持"普世价值"论的学者在文章中写道:"在国与国之间存在各种落差的时候,只有增进理解,追求和合,才有双赢……普世价值,其实本质上与中国人的人文精神与价值追求并没有多少不同。抵制普世价值,与抵制《功夫熊猫》在本质上是一样的。"③ 在他们看来,中国所倡导的社会主义核心价值观,就是把西方"普世价值"中的自由、民主、平等、公正、法治等理念都纳入其中。他们还指出,中共领导人所提出的"科学发展观""以人为本""建设和谐社会"等本身就具有"普世性",甚至"中国改革开放30年的回顾与展望说明中国改革开放既是中国特色社会主义的成功,也是具有普世价值的人类文明在中国的开花结果"④。诸如此类的言论无非就是妄图曲解和改造党的执政理念,企图用"普世价值"来解释中国的发展成就,否定中国共产党的领导和中国特色社会主义道路的历史贡献,"用西方政治制度模式取代中国共产党的领导和社会主义制度"⑤。

---

① 转引自刘曙光《全球化与反全球化》,湖南人民出版社2003年版,第252页。
② 汪亭友:《"普世价值"是个伪命题》,《思想理论教育导刊》2008年第11期。
③ 徐迅雷:《普世价值与反普世价值》,《民主与科学》2008年第4期。
④ 高尚全:《中国改革开放三十年:回顾与展望》,《中国改革》2008年第12期。
⑤ 文平:《"普世价值"辨析》,《红旗文稿》2009年第10期。

社会主义核心价值观中所包含的自由、民主、平等、法治虽然被西方资本主义国家用来描绘"普世价值",但并意味着二者具有相同的本质内涵。在社会主义制度下,这些核心价值是在马克思主义的指导下,植根于中华民族优秀文化土壤,吸收借鉴人类文明有益成果,超越了个人主义的狭隘,突破了资本和私有制的藩篱,并且"获得了比其他任何社会制度都更加坚实的经济基础和制度保障:社会主义强调通过解放和发展社会生产力,为每个人的全面发展创造物质条件;社会主义基本经济制度保障每个劳动者在生产和分配中的平等;社会主义政治制度保障了人民当家做主的权利;社会主义宪法和法律保障了每个公民享有的权利和义务"①。社会主义核心价值观是对"中国精神""中国价值"的集中表达。结合双方思想交锋的言论和发展态势不难发现,社会主义核心价值观与"普世价值"的交锋实质上是意识形态话语权和主导权之争,如果我们失去了对有害意识形态的辨别能力、自卫能力和抵制能力,就意味着放弃了对意识形态的主导权,而丧失了主导权的执政党,其结果只能是失去人心甚至丧失执政地位。在激烈的意识形态较量中,必须始终坚持马克思主义指导地位,对一切企图危害国家利益、共产党执政地位、社会主义制度的错误思潮进行坚决的斗争,否则社会主义核心价值观难以确立。因此,只有以马克思主义为指导,通过学术研究、理论切磋和舆论宣传与"普世价值"思潮进行有理有据、有力有节的思想交锋,才能认清"普世价值"的西方话语本质,才能树立起对社会主义核心价值观的自信和认同,才能自觉坚定中国特色社会主义道路自信,从而最大限度地消除"普世价值"思潮的负面影响。

三、"普世价值"对社会主义核心价值观的现实危害

社会主义与资本主义是当今世界两大对立的社会制度,社会主义核心价值观与"普世价值"的思想交锋集中体现了这两种社会制度在意识形态领域里的对立和斗争。资本主义国家为了维护阶级统治、铲除异己,凭借经济、政治、文化上的优势将代表资产阶级利益的"普世价值"观灌输给中国。名义上,"普世价值"鼓吹"价值多元""思想自由",实际上是将矛头指向马克思主义指导思想,挑战社会主义核心价值观的主导地位。在"普世价值"思潮的冲击下,马克思主义被一些人边缘化,导致核心价值观的社会认同被分裂,促使个体对核心价值观产生离散的力量即离心力,进而消解甚至否定社会主义核心价值观的号召

---

① 程霞:《马克思主义与当代社会思潮》,西安电子科技大学出版社2016年版,第69页。

力、吸引力和凝聚力。

（一）威胁社会主义核心价值观的主导地位

在"普世价值"思潮传播的过程中，中西方思想文化、价值观念等出现激烈碰撞，特别是在西方先进生产方式、现代化生活方式的影响下，一部分国人开始质疑自身文化的合理性，甚至全盘否定传统民族文化，脱离中国国情、民情，投入到资本主义的理论、方法和话语阵营当中。尤其是在政治领域，一些专家学者自觉或不自觉地受西方社会思潮影响，以自由民主、"宪政民主"、民主社会主义等政治理念或制度模式来指导中国的政治体制改革和民主政治建设。

社会主义核心价值观坚持马克思主义指导思想，反映了无产阶级和劳动人民的利益诉求和价值目标。马克思说："统治阶级的思想在每一时代都是占统治地位的思想。这就是说，一个阶级是社会上占统治地位的物质力量，同时也是社会上占统治地位的精神力量。"[①]古今中外，无论社会形态、制度模式如何不同，反映统治阶级意志的思想总是在意识形态领域中占据支配地位。换言之，任何国家和社会的指导思想都是一元的。在当下中国，思想观念、价值取向和利益诉求多元化的趋势，突显出坚持马克思主义"一元"指导地位的深刻必然性。首先，以公有制为主体的经济制度决定了马克思主义的主导地位。社会主义市场经济体制中的多种所有制形式催生了多元利益主体的生成，利益诉求的多元化引发了价值取向的多元化。然而，由于社会主义公有制始终占据主导地位，因此在思想领域中，以马克思主义为指导的社会主义核心价值观也必然占据主导地位。换言之，经济成分的多样性和利益主体的多元化，并不意味着指导思想的多元化。其次，人民根本利益的一致性需要统一的指导思想。不同阶层和群体的具体利益诉求尽管不同，但是在根本利益上是一致的。马克思主义引导中国共产党带领中国人民实现中华民族的独立、发展和富强，始终致力于实现以劳动人民为主体的最广大人民群众的根本利益，必然成为推动社会不断发展的精神旗帜和行动指南。最后，社会经济的深刻变革、社会思想的日益多样以及社会价值取向的日益多元，必然要求"一元"的指导思想来引领多元发展的秩序建立。如果一个社会缺乏统一的指导思想，人们的价值追求随之会失去正确方向的指引，价值的迷失将引发思想的混乱和社会的动荡。从这个层面上来看，坚持马克思主义指导思想的一元地位更是促进社会稳定、有序发展的客观需要。

---

① 《马克思恩格斯选集》第1卷，人民出版社2012年版，第178页。

"普世价值"鼓吹"思想自由",很明显并不是鼓励思想文化的多元发展与繁荣,而是具有明确的政治意图。社会主义制度和资本主义制度在意识形态领域里长期存在着尖锐的斗争,最集中的体现就在于四项基本原则与资产阶级自由化的对立。当下,以西方民主、自由、人权等为口号的"普世价值"正是资产阶级自由化思潮的又一新变种,企图将中国的改革开放纳入资本主义轨道,以此来否定人民民主专政、削弱和取消党的领导。在思想领域,宣扬西方"普世价值"是全人类共同的核心价值,就是挑战社会主义核心价值观的主导地位;在意识形态领域,倡导指导思想多元化,就是挑战马克思主义的"一元"指导地位。

(二)分裂社会主义核心价值观的社会认同

"普世价值"思潮以价值观念的样态对人的精神领域产生影响。具体来说,"普世价值"已经干扰了人们对社会主义核心价值观的认同和实践。作为我国主流意识形态本质体现的社会主义核心价值观,是我国经济制度、政治制度、文化形态在价值观领域中的自觉反映,是推动先进生产力和先进文化发展的精神动力。然而,"普世价值"思潮利用"普世价值"观的宣传力图对中国人民的价值观发挥影响力,试图取代社会主义核心价值观,摧毁中国人民团结奋进的精神支柱。

具体来说,"普世价值"思潮已经造成了一定的实质影响,干扰了人们对社会主义核心价值观的认同和实践。马克思主义指导思想是社会主义核心价值观的灵魂,但在"普世价值"思潮的影响下,一些人并不能自觉认同马克思主义的指导地位,而投身于以"民主、自由、平等、人权"等为核心的西方"普世价值"。他们逐渐形成了一种西方式的思维方式,尤其是在面对这些抽象价值的具体解释时,往往盲目听信西方人的话语范式,从而对社会主义制度的合理性、科学性和未来的发展前景产生怀疑。一些人在"普世价值"思潮的影响下,已经对"中国特色社会主义道路"、社会主义基本道德规范、中华民族精神出现了信仰危机,特别是社会上存在的享乐主义、拜金主义和奢靡之风,这些都是资产阶级"个人主义"价值取向对人们价值观影响的外在表现。此外,在"普世价值"鼓吹者的影响和蛊惑下,一些人迷信于"普世性标本"的西方社会,只看到西方政治制度上的成功,却看不到本国社会的发展与进步;他们常常着眼于抽象的"世情"而脱离本国的现实国情,用西方流行的术语和观点来言论中国,用西方的标准来衡量和评价中国改革开放的得失,显然是被西方的表面现象和政治说辞所左右。在"普世价值"的推波助澜下,一些人开始相信超阶级、超时空的价值观点,在政治观上出现了非意识形态化的倾向,他们否认阶级斗争,认识不到意识形态对立的复杂性和长期性,因而分辨不出"普世价值"与社会主义核心价值观斗争的实质所在。他们将西方的"自由、民主、公正、法治"等作为普世的规律,要想实现自由民主,只有一条路,那就是西方资本主义道路。

在资本主义文明中孕育出的"普世价值",不仅向世界传播资本主义思想文化和价值观念,更是在向非资本主义国家渗透西方的文明形态,因而带有强烈的"西方中心论"色彩。自改革开放以来,中国人民有更多的机会去接触和了解西方社会和西方文明,这就使得一些人深受西方思维方式的影响,逐渐认同西方文明的优越性,采用欧美发达国家的标准来评价和衡量本民族的价值观念。他们往往对资本主义价值观了解不深,但却认为资本主义价值观较之社会主义核心价值观更能够真正象征"民主、自由、平等、公正",而"普世价值"观就是资本主义价值观的先进代表,因此对于社会主义核心价值观的认同感逐渐降低。总之,"普世价值"思潮的传播和渗透,企图弱化马克思主义的价值观、政治观和文化观,导致人们对社会主义核心价值观的认同出现分裂。

(三)消解社会主义核心价值观的凝聚力

每个国家和民族都有自己的核心价值观。"核心价值观是一个国家和民族价值体系中最本质、最具决定作用的部分,它支撑和影响着所有价值判断,因而应当是对整个人类发展历史和未来走向的总概括。"[1]它包含了被社会成员认同的价值理想、价值目标和价值实现方式,向来是凝聚人心、增进团结的精神力量。核心价值观建立在民族优秀文化传统之上,民族价值观就是核心价值观的集中表达。中华民族价值观是各族人民在五千年的风雨磨难中互帮互助、团结奋进、艰苦奋斗的历史积淀,是中华民族的优秀价值观。

社会凝聚力蕴含于社会价值观之中。在传统社会里,"中国人通过伦理规范紧密和充分地调整家族间的人际关系,通过宗法社会的等级次序,使家族成员牢固地凝聚在一起,形成以族类为核心的凝聚力量"[2]。在历史上,这种凝聚力量来自中华民族精神和价值观,是实现民族团结的力量之源。在新中国成立后,民族价值观和民族精神更是发扬强大的向心力和凝聚力,激励着大批优秀的科学家,放弃国外优厚的物质条件,投身于社会主义新中国建设的艰苦征程中。民族价值观、个人价值观随着时代的变迁不断发生变化,现代社会的核心价值观又增添了许多时代性、创造性的新内涵。经过五千年中国文化传统和民族复兴历史的积淀,形成了具有高度共识的社会主义核心价值观,成为新时期

---

[1] 王泽应:《社会主义核心价值观的基本特征》,《光明日报》2007年4月3日第9版。
[2] 王克千、吴宗英:《价值观与中华民族凝聚力》,上海人民出版社2001年版,第175页。

凝聚社会主义建设力量的精神纽带。在全球化背景下，西方思想文化和价值观念的涌入，尤其是"普世价值"的传播，不仅对中华民族的价值观形成诸多挑战，更威胁和瓦解着核心价值观对整个中华民族的感召力、吸引力和凝聚力。

时下"普世价值"的传播，已经渗透到人们自发的心理层面，影响到人们的意向、感觉和愿望，其潜在的危害正在悄然发生。对于"普世价值"的认同往往引发人们对社会主义核心价值观的否定和消除，这种否定和消除促使个体对核心价值观产生离散的力量，即离心力。而这种离心力正是与核心价值观的"同心同德"作用相背离。"同心同德"即将个体的思想和行为凝聚为统一的意志和行动，这是核心价值观发挥号召力、吸引力和凝聚力的重要体现。而"普世价值"却在消解这种吸引力，它从人们生活的方方面面侵入，逐渐改变人们的思维方式、生活方式，这对社会主义核心价值观的凝聚力而言是个巨大威胁。尤其是对中国以社会为本位的文化体系而言，如何抵御西方个人主义、物质主义和消费主义文化的入侵，始终是社会主义文化建设的难题。不过可以肯定的是，"普世价值"思潮的传播必定会从微观领域消解人们的传统观念，进而影响到核心价值观的培育和践行。与此同时，"普世价值"在处理民族与民族之间、国家与国家之间、地域与地域之间以及资产阶级与其他阶级之间关系时的"游刃有余"，更增强了其自身的吸引力，在此消彼长中，核心价值观的吸引力和感召力必然被削弱。由此可见，"普世价值"表现出来的吸引力凸显出我国核心价值观体系建设的急迫性，正是社会价值体系建设的滞后才使得"普世价值"有机可乘，陈旧的价值观"话语系统"更难以抵挡"普世价值"强势话语的入侵。因此，"普世价值"不仅弱化和消解社会主义核心价值观的凝聚力，更对核心价值观的实践和创新带来了更大的挑战。

第五节　社会主义核心价值观建设的基本路向与有效举措

在国内，消解"普世价值"的话语霸权和现实危害，就是要坚守马克思主义的话语阵地，"培育和践行社会主义核心价值观，不断增强意识形态领域主导权和话语权"[①]。因此，社会主义核心价值观建设既要坚守社会主义意识形态的主导地位，直面价值观念多元化和包容性的问题，又要将实践的创新性和策略的灵活性相结合，最终回归到对社会历史和现实生活的关切与回答当中。当前我

---

① 习近平：《决胜全面建成小康社会 夺取新时代中国特色社会主义伟大胜利——在中国共产党第十九次全国代表大会上的报告》，人民出版社2017年版，第23页。

国核心价值观的本质内涵集中体现在中国特色社会主义制度当中,因此核心价值观建设必然要积极融入"新时代中国特色社会主义"①的历史进程,并从中获得理论支撑、制度保障和实践动力。首先,用马克思主义的立场、观点、方法从理论上解蔽西方"普世价值"的意识形态陷阱,增强对错误思潮的辨别能力和抵御能力。从社会思潮泛滥的现状中厘清马克思主义指导地位被弱化的具体原因,反思社会主义意识形态和核心价值观之所以遭受质疑和挑战的真正根源,揭示西方资本主义国家颠覆我国社会主义制度的险恶用心。其次,从制度保障的层面来看,社会主义基本经济制度为每个人的全面发展创造物质条件,社会主义民主政治制度满足了人民当家作主的愿望和要求,社会主义法制保障了每个公民的权利和义务。最后,从实践创新的角度来看,打破陈旧的理论教条和思维模式的禁锢,在更为开放的空间中增强核心价值观的实效性与时代性。以加大核心价值观的宣传教育为突破口,巩固价值观自信的文化根基,树立价值观自信的主体认知,建立核心价值观的认同机制,将社会主义核心价值观汇聚为精神力量并且转化为物质力量从而被人民群众自觉认同和践行。更为重要的是,在形形色色的社会思潮浊流中,澄清主流价值观的话语误区和盲区,克服多元话语的现实困境,不断创新和丰富核心价值观的话语内容,强化核心价值观的话语传播,使其成为阐释"中国特色""中国价值"和"中国担当"的"中国话语"。

一、解蔽"普世价值"的话语陷阱

在各种意识形态交织的现实世界中,"普世价值"萌生于意识形态终结论、历史终结论和非意识形态化潮流之中,宣扬抽象、虚假的意识形态幻象,主张淡忘不同意识形态之间的对立,进而抹杀意识形态的阶级本质与属性,这在一定程度上推动了意识形态终结论、历史终结论的泛滥。"普世价值"借用人类本性、共同利益、共同人性等华丽语言的包装,实际宣扬的是西方资产阶级文明,以貌似全球话语的价值表达方式使意识形态渗透更具隐秘性、欺骗性和迷惑性,进而不遗余力地为西方"自由民主制度"唱起赞歌。在对待有别于西方的制度模式、意识形态时始终采取以普遍掩盖特殊、以多元取代一元的扩张策略,表面上是宣扬西方的价值观念、生活方式和政治理论,但实质上是迎合西方资本主义大国对社会主义国家实施"和平演变"的需要,旨在抹黑社会主义意识形

---

① 习近平:《决胜全面建成小康社会 夺取新时代中国特色社会主义伟大胜利——在中国共产党第十九次全国代表大会上的报告》,人民出版社2017年版,第19页。

态,动摇马克思主义信仰,摧毁社会主义的共同理想和共产主义的远大理想,最终颠覆社会主义制度。

(一)借美好愿景隐藏西方意识形态

"普世价值"以抽象的人性论作为立论根基,提炼出人类生活的抽象意义,将承载着西方意识形态的价值观念以普遍知识的形态加以呈现,构建起一套超越社会实践、历史条件和物质基础的永恒价值体系。它凌驾于国家、民族、种族之上,并且超越了一切文明、制度和信仰的差异,不会因历史的变迁和社会形态的更替而发生改变。"普世价值"寄托了人类对于自身生存和发展问题的深刻追思,以一种圆融的姿态来关注现实生活和价值体系的建构,并以此赢得世人的赞同和顶礼膜拜。它常以温和的姿态表达政治层面的诉求,对资本主义意识形态作出普遍化、绝对化和神圣化的解释,竭力维护资产阶级的政治制度和道德伦理,并将其抽象为凌驾于国家、民族和社会制度之上的永恒原则。在其光鲜外表之下,是将世界潮流引向西方社会制度与价值崇拜的险恶意图,掩藏着资本主义自我存续与扩张的诉求。然而,当民主、自由、平等、人权等掩盖在西方意识形态中的价值幻象被一部分人信以为真并大肆推崇之时,"普世价值"的"去意识形态化"本质显露无遗,并且将矛头指向了马克思主义和社会主义国家。一方面,用美妙的字眼和美好的期许注解"普世价值";另一方面,用"普世价值"表达政治层面的现实诉求,企图消解社会主义意识形态,推行西方的民主政治制度。

从理论构造的层面来看,"普世价值"天然带有意识形态的基本内涵,并且钟情于西方的社会制度和价值观念。因此,在涉及意识形态争夺之时,便会露出话语霸权的攻势,颂扬西方意识形态、诋毁社会主义制度。意识形态作为上层建筑往往与特定阶级、特定社会和特定的历史阶段紧密关联,集中体现了统治阶级的意志和利益,是占统治地位的思想体系。在现实政治实践中,一方面发挥着聚合社会成员思想意识和行为方式的作用,另一方面也是支配人们思想与行为的思想体系。西方资产阶级打着"普世价值"的旗号,利用价值传播和渗透的方式,将其打造成维护资本主义利益和霸权的精神标识,对一部分人的思想和行为产生了重要的影响。西方所宣扬的"民主、自由、平等、人权"等"普世价值"掩盖了广大劳动者被剥削和奴役的残酷现实。可见,"普世价值"兼收了新自由主义、人本主义和社群主义等西方社会思潮的核心价值观念,融合了"全盘私有化""人权高于主权""价值普世主义"等西方意识形态大肆宣扬的内容,传递着资产阶级的全球扩张意图,显露出在世界范围内进行更深入的政治干预、价值渗透、思想控制和文化奴役的险恶用心。

从"普世价值"产生和发展的条件来看,在苏东剧变后,社会主义运动陷入低潮,西方资本主义在意识形态对抗中获取了一时之利,体验到了价值观念输出和意识形态扩张的成效。显而易见,"普世价值"在这场争夺战中迎合了西方意识形态的发展需求,隐遁在霸权主义和强权政治的身后,对社会主义制度发起攻击,奢望篡改和取代社会主义的思想根基和价值取向。在中国,极端的"普世价值"论者主张"全盘西化",抹黑马克思主义理论,将西方的一整套价值体系和思想观念强加于中国。"普世价值"力图打造一个"价值共同体",脱离于人类物质生活实践和社会历史条件的差异,即将一般价值追求中的民主、自由、平等、人权限定在资本主义的框架中,通过论证资本主义发展模式的普遍性、合理性,推演出社会主义与资本主义发展殊途同归的路径,带有淡化社会主义意识形态的浓厚色彩,构筑了一个意识形态的谎言和陷阱。

(二)宣扬虚假、扭曲的意识形态幻象

不同意识形态的对抗,直接反映不同物质力量、社会利益、阶级利益关系对峙的情况,展现不同社会制度在精神领域的冲突与碰撞。就意识形态的特征与内容而言,它又是虚幻性与真实性矛盾对立的结合体。同样,"普世价值"思潮也隐含这样的矛盾冲突,它代表并维护着资产阶级的特定利益诉求,但在采用的手段上却选择虚幻的表现方式,制造出价值幻象。

在理论上,"普世价值"从人的共同本质出发,将西方的价值观念与价值追求化作恒久意义的普遍价值,赋予社会生活与现实世界以虚幻的形式,由此强化了对社会现实的驾驭和控制。当社会现实与"普世价值"所描绘的价值幻象相背离时,价值幻象就会以超越的姿态来置换或取代社会现实。尽管"普世价值"推崇者对人性的解释各不相同,但他们都是脱离人的现实社会关系和具体历史条件去抽象地理解人性。马克思在批判资产阶级"天赋人权"时指出:"所谓的人权,不同于 droits du citoyen[公民权]的 droits de l'homme[人权],无非是市民社会的成员的权利,就是说,无非是利己的人的权利、同其他人并同共同体分离开来的人的权利。"[1]"人权并不是使人摆脱财产,而是使人有占有财产的自由;人权并不是使人摆脱牟利的龌龊行为,反而是赋予人以经营的自由。"[2]资产阶级正是打着全人类的旗号,利用无产阶级的力量来实现推翻封建主义制度、建立资产阶级政权的目的。

---

[1] 《马克思恩格斯文集》第1卷,人民出版社2009年版,第40页。
[2] 《马克思恩格斯文集》第1卷,人民出版社2009年版,第312页。

"普世价值"的意识形态属性决定了它在实践中必然从其隶属的阶级或社会集团的利益出发,而这恰恰与其在理论上所宣扬的"自由、民主、平等"等全人类普遍价值之间构成了深刻矛盾。尽管早期的"普世价值"论者确实怀着美好的愿望、真诚的动机,旨在为人类的尊严而奋斗,但是实际结果仍是统治阶级对被统治阶级的压迫和剥削。在社会的个性化和多元化趋势中,"统治思想越来越采取'软实力'的方式,'普世价值'就成为其最为理想的选择"[①]。但是,当我们反观以美国为首的西方发达资本主义国家的"普世价值"的理想和现实状况时,又会发现另外一番景象。比如,美国曾支持以色列入侵黎巴嫩,造成万名黎巴嫩和巴勒斯坦平民丧生;美国先后发动海湾战争和伊拉克战争,最终造成伊拉克十万多无辜平民丧命,几十万难民流离失所。这些都是美国打着"维护人权"的旗号践踏别国人权的鲜活事例,这些罪恶和不幸的根源都来自资本主义全球扩张的现实。而这一切都表明,"普世价值"通过空洞的口号和华丽的辞藻,掩藏其代表西方资产阶级利益扩张的实质,其内部却存在着深刻的理论与实践矛盾。

(三)充当"文化霸权"战略的思想先锋

"文化霸权"也被称为文化领导权,是霸权主义在文化领域的突出表现,它的产生与世界经济、政治、科技和军事等发展不平衡密切相关。与文化强权和文化殖民一样,"文化霸权"是一种思想文化、价值观念的强迫性统治形式,强调对文化意识形态的绝对领导权和控制权。在新的国际形势和背景之下,以美国为首的西方资本主义国家通过各种手段和途径,依靠自身强大的经济、科技和军事等硬实力,极力向世界推销资本主义的政治制度、价值观念和意识形态等,将"文化霸权"作为实施霸权主义和强权政治的重要组成部分。"普世价值"正是"文化霸权"战略的当下表现形式和实践载体,是国际垄断资本主义对社会主义国家进行"和平演变"的思想先锋。

首先,"普世价值"借助于学术讨论、文艺作品、国际贸易以及外交活动等形式出现与传播。西方学者主张"价值中立"与"非意识形态化"将学术与意识形态分开,认为西方的自由、民主、平等、人权等价值理念作为社会常识,已经被世人所认识和普遍接受,因而具有"普世"意义。西方国家利用文艺作品等更加直观、生动的艺术形式来传达本国的价值观念,成为传播"普世价值"思潮最为便捷有效的方法和形式。其中,好莱坞电影充当着"美国霸权主义"的传声筒,以

---

① 侯惠勤:《"普世价值"的理论误区和实践陷阱》,《马克思主义研究》2008年第9期。

炫耀国家优势的方式来达到文化征服的目的。与此同时,西方国家政府利用民间团体的外交活动,对传播对象包括官员和学者等进行资助和收买,通过资助出版机构、教育机构、学术组织和研讨会的方式在中国寻求其代理人,并支持这些人进行"普世价值""宪政民主"等"学术研究",积极推广美国的文化价值观。除此之外,现代信息技术成为西方国家推行"文化霸权"和"普世价值"传播的主要工具,一方面是因为现代信息技术使得信息的交流与交换更加快捷、便利;另一方面是因为计算机和网络的核心技术被美国所掌控,美国"掌握了13个国际互联网根服务器的10个","目前国际互联网上访问量最大的100个网站中,就有94个在美国境内,全球80%以上的数据库集中在美国"[①]。可见,美国利用其主导的网络话语权,将大量带有美国文化烙印的新闻、影视、游戏等散布全球,配合着"普世价值"观的传播与渗透。

总而言之,当前"普世价值"思潮已经成为意识形态斗争的主要阵地,对内发挥着巩固资产阶级统治地位的作用,对外充当着西方垄断资本主义谋求霸权主义和强权政治的工具。"普世价值"的意识形态目的和政治指向,就是企图动摇马克思主义指导地位,干扰社会主义核心价值观建设,颠覆社会主义制度。它在经济上鼓吹市场化、自由化、私有化等新自由主义主张,在政治上鼓吹宪政民主、多党制、三权分立等西方政治制度,在文化价值观上鼓吹资产阶级"普世价值"取代社会主义文化和核心价值观,而这些思想主张汇聚为"普世价值"思潮的千重声浪,成为我国意识形态斗争的焦点和前沿问题。

二、确立凝聚社会共识的实践原则

社会主义核心价值观符合中国特色社会主义发展的基本潮流和根本利益,具有强大的生命力和远大的发展前景。价值共识是人类共同形成的对某些基本价值的认同和共享,构成了主体建立价值自信与价值认同的前提条件,是社会基本价值具有合法性、科学性的理论依据。就此而言,社会主义核心价值观只有成为全社会的价值共识,才能体现理论的先进性、科学性和实践性,才能取得广泛的群众基础并受到中国人民的赞成和拥护,才能最终成为引领中国特色社会主义发展的精神旗帜。

(一)以宽容贵和原则化解价值分歧

人类价值观的差异是客观存在的。在一个多元并存、冲突频生的世界,建

[①] 涂成林、刘纯强、黄旭:《美国霸权文化安全理念及其文化扩张战略》,《学术研究》2013年第9期。

立一种对"他者"持宽容贵和态度的普遍意愿显得尤为迫切和必要。"宽容"是一个颇具歧义性的概念,在不同的语境中,具有不同的历史渊源、展现形态和实践方式。就其本质而言,"宽容"是一种理性的妥协,它给予"他者"自由选择的空间和权利,不强求、不压制,并与异己平等交往、和平共存。在化解价值分歧的过程中,宽容贵和原则为主体间的对话合作、和谐共赢创设了条件,不仅有利于塑造开放包容的主体意识和仁慈谦和的道德品质,也代表了一种避免干涉、维护独立和尊重差异的慎独精神。

宽容在人类的和平发展中发挥了巨大的作用。回顾历史,在宗教、民族、国家的发展中,傲慢与偏见造成了矛盾和冲突的加深,曾导致暴力的蹂躏和血腥的战争。例如,欧洲历史上的"十字军东征"、北美殖民史上的"印第安屠杀",虽然夹杂着利益等客观因素,但对"异己"的苛责和仇视也是引发战乱和屠杀的根源之一。当人们产生了"宽容"的信念并付诸实践,也就是为和平与发展创造了条件。宽容的力量使欧洲大陆冲破宗教的藩篱,最终走出中世纪的黑暗;汉唐以来"儒释道"三教的共存正是对"和而不同"理念的贯彻;从某种意义上来看,冷战的结束是人类试图从极端的思维与行动中走出来,寻求"宽容"的标志。"宽容"是相互尊重和理解的源泉,只有当彼此做到宽容互信,才能摆脱恐惧心态,为化解价值分歧奠定心理基础。

"和而不同"是宽容贵和原则的内在要求,它本身就意味着对差异的认知与包容。尊重"不同"是实现"和"的前提,即保存事物自身的独立性和独特性,它揭示了矛盾同一性与斗争性相互作用的最佳状态。在追求"和"的过程中,各种"不同"的事物平等交往、保持本真,最终达致相辅相成、和睦共荣的状态。正是在这一理念指导下,才有了春秋战国的"百家争鸣"、汉唐以来的儒释相融,才有了数千年中国传统文化呈现的多元共存、和谐共荣的格局。虽然今日仍有一些个人、组织或者国家打着"普世价值"的旗号妄图消弭差异、强行统一,但是,"在今日日益缩小的地球村,'存异求同'变成我们首要的责任"[①]。如若摒弃"宽容贵和""和而不同",还是一味强调"分殊",那么人际关系依旧处于紧张状态,价值分歧无法化解,社会冲突亦永无终结之日。因此,在建立社会主义核心价值观的社会共识当中,首先应当树立"宽容贵和""和而不同"的原则,充分尊重不同民族、不同区域之间文化背景、传统习俗以及发展水平的差异,秉承和则相济、兼容并蓄的精神去弥合价值分歧的裂痕,从而避免傲慢式的独白与灌输,走

---

① 刘述先:《全球伦理与宗教对话》,河北人民出版社2006年版,第58页。

向实践式的对谈与共享。

(二)以辩证统一原则处理功利诉求与理想夙愿的关系

功利诉求,就是对功名、利益尤其是物质条件的现实追求。人欲生存,必欲求利,利益是人类社会发展的内在动力,而人在社会生活中的功利诉求是引发价值观念革新的内在动因。马克思曾说:"人们为之奋斗的一切,都同他们的利益有关。"[①]"利益总是主体活动直接的、自觉的目的性基础。不管主体是否意识到,他总是把利益作为衡量自己与事物或他人关系的一个尺度"[②]可见,利益原则是支配人们思想和行为的根本原因。其中,满足利益诉求是人们建立交往行为和关系的主要目的,而主体间的利益矛盾则成为阻碍社会交往、滋生社会冲突的根源。因此,要想让社会主义核心价值观成为全社会的基本共识,就必须发挥其调和利益矛盾、凝聚共同利益的作用,指导人们正确处理功利诉求与价值理想的关系。

功利诉求虽然揭示了社会关系与经济基础之间的联系,但是它往往受工具理性的支配,只是根据当下的情形作出判断和选择,容易造成人类精神道德的沦丧和社会情感的消亡。"人类精神状态并不简单地依附于物质财富的高度发达,腰缠万贯的富翁依然会有精神无法依托的虚无感。"[③]科学技术的发达、物质财富的丰饶始终代替不了精神上的独立人格。所以,人类行为不能止步于实然世界的功利追求,还应该赋予目标追求以更为崇高的内涵和意义,实现对现实的应然超越。如若将功利诉求视为终极目标,那么,信仰势必被功利所取代,人的理性将被物质浮华所俘虏,人类将被困于物欲横流的牢笼之中而无法挣脱。社会主义核心价值观虽是一种求实的价值目标,但现实世界以及人类精神需求的动态发展决定了它在诉求共同利益的同时,也必须心怀崇高的理想夙愿。

价值理想是与功利诉求相对的一个范畴,是人在社会实践中形成的预定目标,既立足于当下的客观现实及其规律,又面向人类未来的生活世界,既立足于现实又高于现实,并能够不断调节现实的价值取向。可见,理想夙愿实质上是人们超越现实、突破自我,对更真、更善、更美人生和世界的自觉追求,与人类的终极价值目标紧密相连。换言之,它的旨趣就在于对人类未来的关切,对前进道路的探索。中西方的"理想国""太阳城""乌托邦""大同世界",都寄托着人类对未来社会的理想构建,当下价值共识的建立更要以辩证统一的原则处理功利

---

① 《马克思恩格斯全集》第1卷,人民出版社1995年版,第187页。
② 李德顺:《价值论》,中国人民大学出版社2007年版,第99页。
③ 阮青:《价值哲学》,中共中央党校出版社2004年版,第21页。

诉求和理想夙愿的关系,不仅要满足最低限度的利益需求,也应包含崇高的价值理想,这也是社会主义核心价值观取得社会共识的必由之路。

(三) 以协商对话的方式达致价值共识

世上万事万物的演进都需经历一个循序渐进的过程,无论是偏激的"揠苗助长"抑或是消极的等待心理,其结果都是事与愿违。存在于人类精神领域的价值观同样具有很强的稳定性和持久性,这就意味着观念的革新必然要经历一个漫长而曲折的过程。因此,人们只有自觉地参与合作与交往,在合理保留自身特色的同时共同学习和借鉴彼此的理念、思想,才能形成具有共识性的价值观念和价值目标。

之所以要展开协商对话,是因为对话是了解彼此共性和个性的途径,是对多元主体地位的尊重和对多元主义立场的预设。没有人能够拥有绝对真理,只有充分了解对同一个议题的不同见解,才有可能做出最优的选择。越来越多的学者认识到协商对话在化解矛盾和冲突中的重要作用,逐渐将其视为建立新秩序的实践原则。哈贝马斯从哲学本体论的维度,主张通过"主体间性"和"商谈"的方式来改善工具理性造成的人际交往隔阂。这种"交往行为"是"建立在两个或两个以上的具有语言和行为表达能力的人之间,以语言为媒介,通过协商达成相互理解、协调一致的行为而进行的交往"①。哈贝马斯建立了一种以语言为媒介,由两个或两个以上具有语言和行为表达能力的"主体"在自愿、平等的基础上进行对话和协商的合理交往行为理论。这种交往行为理论就是为了建立主体之间的平等对话与协商,从而为缓和冲突、解决争端寻求和平的化解方式。个体或群体通过思想与感情的对话交流,获得对彼此立场和观点的认知与理解,以期能够相互适应或通过某种暂时的妥协达成共识。尤其在矛盾和冲突当中,这是维持和继续共同生活的主要方式,从而维持整个社会以及世界的均衡关系。多元价值之间的冲突并非人类社会的必然状态,对话思维才是把握全球文明关系的主要范式,尤其是全球化时代的来临已经宣告人类"独白时代"的终结和全球"对话时代"的降临。

因此,在多元主体协商对话、合作交往的框架中,社会主义核心价值观只有既保持自身的独立性和独特性,又对他者价值予以理解和体认,既不一味地夸大和强制性地灌输,又与他者价值进行良性互动,才能争取更广泛的群众基础,成为普遍认可和实践的社会共识。

---

① 卢元芬:《"交往行为理论"与"人类命运共同体"的逻辑关联》,《关东学刊》2016年第4期。

三、增强社会主义核心价值观自信

价值观自信是对自身价值观的一种自觉认同和积极肯定。简单来说,社会主义核心价值观自信就是认同和相信社会主义核心价值观,并对其充满信心和信念。之所以要增强核心价值观自信,不仅仅是因为它本身具有合乎事物发展规律的科学性、先进性和优越性,更是因为价值观自信给予国人充足的理由和信心来坚持中国特色的社会主义文化发展道路。社会主义核心价值观自信的培育主要在于夯实价值观自信的文化根基、塑造价值观自信的主体认知、建立核心价值观的认同机制、创新核心价值观的践行模式。

(一)夯实价值观自信的文化根基

中国传统文化历经五千余年的历史沉淀,孕育出博大精深且源远流长的文化内涵,成为滋养社会主义核心价值观的源泉。坚定社会主义核心价值观自信必须立足于传统文化这一本源。中国传统文化既是人民的精神家园,也是民族精神的载体,以其强大的融合力和生命力成为维系民族生存、稳定和发展的精神纽带。中国传统文化的融合力主要体现在其兼容并包的特性中,以此区别于西方将上帝视为"最高真理"的"一元"价值世界。中国历史上各种文化和谐包容、和平共处,尤其是儒释道三大文化并育不相害、并行不相悖,并且形成"三教合流"的文化现象。正是在这种多元文化的兼容并包、和谐共处中,传统文化得以较为完整的保存,并且延续至今。

中华文明历经千年的历史激荡,曾开创了文景之治、贞观之治、开元之治、康乾盛世等多个繁华盛世。但到了封建社会后期,自信心的无限膨胀逐渐演变为自负,封建统治者骄傲自负地实施着闭关锁国政策,不断消耗上千年的历史文化积淀,最终被昔日国人心中的蛮夷之邦带着坚船利炮,肆无忌惮地打击和摧毁中国的政治、经济和文化。在以"民主""科学"为旗帜的新文化运动中,中国传统文化遭受严厉的批判,一时之间成为人们口诛笔伐的对象。借助这一契机,传统文化中的封建落后思想被摒弃,优秀的文化内涵依然保持着顽强的生命力,即便在当下的社会生活中还能够发挥重要的作用。尤其是传统的伦理道德体系,如"尊老爱幼""兄友弟恭""精忠报国"等传统美德依然是我们的精神追求,血缘亲情、家国观念仍旧是维系家庭和睦与社会团结的精神纽带。从实用主义的角度出发,传统文化在人们的思想中根深蒂固,尤其是在民间的影响力颇深,在塑造公民的伦理道德观方面仍然具有积极的作用。比如"仁爱""兼爱""和合"等思想为构建和谐社会提供理论渊源,传统的"孝悌之道"为解决老人赡养、家庭纠纷问题提供理论支撑。

优秀传统文化是社会主义核心价值观建构的历史基点,深深地植根于中华大地,经过历史的洗涤依然闪烁着智慧的光芒。只要我们去其糟粕、取其精华,适应中国社会发展所需,赋予其社会主义的时代新内涵,它必将为社会主义核心价值观自信的培育注入丰厚的养分和强劲的动力。

(二)塑造价值观自信的主体认知

具体来说,价值观自信是基于对自身所持价值观的认知和把握,以主体的价值实践能力为标志,以对自身价值追求的肯定评价为主导的态度和看法。从人类价值实践活动的整体状况来看,主体对自身价值观的认知和把握是生成价值观自信的前提,成功的价值实践活动是生成价值观自信的基础,主体对自身价值追求的评价活动是价值观自信生成的关键环节,而积极肯定的评价是生成价值观自信的重要条件。

作为一种心理机制,价值观自信的生成来源于主体对自身持有的价值观的历史洞察、现实把握与未来憧憬,缺乏对价值观的清晰认知和把握,价值观自信也就无从发生。每一次社会制度的变革都会引发人们思想和观念的更新,作为一种意识形态存在的价值观也总是随着社会历史的变革而不断变化。但凡能够顺应时代潮流、适应社会发展的价值观在实践活动中被不断地确证,从而在主体的意识中不断地得到确信;那些不顺应时代潮流、不能够适应社会发展要求的价值观在实践活动中则会表现出消极性和滞后性,也将得不到主体的确证与确信。因此,只有主体对价值观有较为全面、清晰和客观的认知与把握,才能不断消除自身持有的价值观的滞后性,保持与社会发展相一致的先进性。"认知和把握"是主体能动性的体现,不同于机械式的"镜像反映",科学的"认知和把握"是主体对自身持有价值观进行历史、现实和未来的理性审视,是保持先进性、消除滞后性的精神活动。只有在此基础上,才有可能对自身秉持的价值观给予肯定性的评价。一般而言,只要主体能够实现价值目标、满足自身价值需要,就意味着这一价值实践活动是成功的,进而表明指导主体的价值观是具有现实意义的,由此使秉承这种价值观的主体产生内在的信心。可见,主体对自身持有价值观的意义和作用的肯定性评价与价值观自信的生成具有内在的关联。在具体的实践中,具有相同价值观的不同主体也总会遭遇不同的成或败,这是因为差异性主体的价值实践能力相异,对价值观的"认知和把握"相差甚远,由此导致价值观对主体需要的满足程度不一样,同时导致主体对价值观的历史意义、现实作用和未来期望也存在着差异。

价值观自信意味着差异的主体在价值实践活动中,将差异性的期望作为现实性的追求,对于其所持价值观的"认知和把握"依然能给予肯定性的评价。在当下,培育核心价值观自信就是要树立这样的主体认知,尽管个人的实践能力、现实境遇和未来憧憬不同,但是仍然要对建设"富强、民主、文明、和谐"的国家、"自由、平等、公正、法治"的社会以及"爱国、敬业、诚信、友善"的公民充满自信,对实现中华民族伟大复兴的"中国梦"充满自信。为此,首先要明确内容宣传和实践培育的具体要求和目标,在各地区、各部门、各行业搭建统一的信息平台与公共服务平台,加强对核心价值观内容的知识普及。更为重要的是,将核心价值观与日常生活对接,让人们在生活中体验、认知、认同和践行社会主义核心价值观。

(三)建立核心价值观的认同机制

价值认同是指主体对自身所持价值观的认可和接受,主体对自身所持价值观的认同度越高,越能说明主体的价值观自信程度越高。按照认同层次从低到高来划分,可分为认知性认同、情感性认同和行为性认同三个层次。认知性认同就是要在认识价值观的内涵、特征、导向以及准则等基本内容的前提下,进一步了解倡导这一价值观的原因。要清楚地知道为什么只有这一价值观才能适应社会的发展需要,它在何种程度上契合了国家的基本国情,又与其他价值观存在怎样的根本区别,等等。有了这种理论上的清楚认知,才能保持思想上的清醒与坚定。情感性认同就是在情感上喜爱本国所倡导的价值观。对于信仰的追求源自"人的情感",情感力量是主体自觉追求价值目标的内在动力,也就是说有了情感上的认同才能将精神意识层面的认知性认同上升到社会实践层面的行为性认同,即在社会生活中自觉践行价值观。总而言之,人在认同中不断增强价值观自信,对价值观的认同越广泛、越深刻,价值观自信也就越坚固、越深厚。

建立核心价值观的认同机制,就是指通过一定的宣传倡导、思想教化等方式将社会主义核心价值观灌输到人们的头脑中,使之被认识、接受并内化为人们评价事物意义的立场、方法以及流程。换言之,就是经由外在的培育逐渐内化为主体的价值需求,从而融入人们的生活实践。核心价值观认同,就是社会民众在原有价值图式基础上不断将社会主义核心价值观同化于自身的价值观念结构之中,同时不断改变自身的价值观念结构以顺应核心价值观的发展过程和需要。由此可见,认同机制的建立就是两种异质价值观念的互动过程,既体现了社会对于个体接受共同的价值观念和行为模式,并将其转化为内在价值准则和价值目标的基本要求，又展现了个体的自我意识，尤其是个体价值观发展的成熟程度和适应能力。反映到个体的心理层面，就是个体首先依据自己原有的价值观念去解释社会主义核心价值观的内容，在取得认同的基础上将其纳入自身内在的价值图式中。在"纳入"的过程中，一方面，要将社会主义核心价值观所反映的利益与个体的利益有机统一，使得社会主义核心观既代表社会共同的价值追求，又能与个人的价值目标相契合。脱离个体自身利益的价值观，永远得不到个体的认同。另一方面，要将物质形式的转化与精神意识的内化有机结合。物质形式的转化只是对价值观念进行浅层次的信息加工和处理，尚未真正被个体所认同，只有实现精神意识的内化才能使个体真正认同这些价值观念的内核，并将其融入先在的价值图式当中。这就要求创造良好的社会环境，能够引导个体对原有的价值观念体系进行相应的处理、改变，以便对社会主义核心价值观的内容进行合理的选择与吸收。唯此，才能使之同化进个体的价值观念图式中。

（四）培育核心价值观的践行模式

实践是增强价值观自信的目的，也是锻造自信品质的根本方法。建设社会主义核心价值观，最艰巨的任务就是在实践中能够得到笃行。社会主义核心价值观要内化于心、外化于行，能真正被人民群众所感知、所认同、所践行，并成为比较稳定而又普遍的价值准则和价值目标，不是靠简单的宣传教育就可以实现的。它需要融入国家治理体系中，融入精神文明建设中，融入国民教育的全过程中，融入人们日常的生活实践中。只有这样，才能形成和发挥价值引领的作用，才能成为人民大众认识世界和改造世界的精神武器。

践行模式旨在通过内化和外化过程将关于社会主义核心价值观的知识、理念、原则等转化为实践行为的形式、方法与流程。从时间维度上来看，社会主义核心价值观必须贯穿于社会生活的始终；在内容上，必须融入社会实践的各个环节、各个方面；在效果上，必须转化为人们自觉遵守的价值准则。价值观是社会精神生活的组成部分，也就意味着它与社会物质生活是反映与被反映的关系，这就决定了社会主义核心价值观与社会生活相融合的过程必然也是变革社会生活与实践行为的过程。没有这样的变革，社会主义核心价值观就无法显示其影响。实际上对于任何核心价值观自信和认同的建立，都是将其自觉或不自觉地融入社会实践，用以改造社会生活。否则，核心价值观被视为与社会生活实践相断裂的"纯粹的观念物"，进而被束之高阁，更加难以获得认同。

核心价值观践行模式的创新，首先要引导主体积极外化，防止出现价值观念的"流佚现象"。由于主体心理构面上的倾向性选择,一方面在具体的社会实践行为中可能会出现拒绝接受或内化核心价值观的情况,造成社会主义核心价值观在内化为个体价值观过程中的流佚;另一方面可能会出现主体拒绝将价值观外化的情况,或者外化的内容只是核心价值观的某一部分,其余部分被"脱化"或"退化"甚至消蚀。其次,促进"他主教育"向自主践行转化。"他主教育"分为刚性的灌输教育和柔性的引导教育。灌输教育在内容上更偏重于政治话语,在方式上过于单向性,往往效果不明显,甚至产生负面效应。引导教育是当下主要的方式,通过"引导"的方式促进他主教育向自主践行转化,即主体自觉地将社会主义核心价值观融入自身价值观念图式和价值实践行为中。此外,实现自主践行的方式是具体的、多样的,关键是要因地制宜地开展实践活动,大体可以分为以下几种:一是通过对榜样、模范、英雄人物的宣传、模仿和学习,以现实事例加深人们对核心价值观实际成效的自信与认同;二是将核心价值观融入国民教育的全过程,通过教育传播和普及价值理论知识,提升人们的价值行为和践行能力;三是充分利用民族传统节日、重大纪念日以及精神文明创建活动等,使社会主义核心价值观融入普通群众的学习、工作和生活之中,在具体实践即"做"中,加深认知与认同,进一步内化为自身的精神素养与道德品质。

四、建构完善核心价值观话语体系

建构并完善社会主义核心价值观话语体系,既是传播主流意识形态内容、提升主流意识形态话语权的核心诉求,也是消解"普世价值"话语霸权、巩固马克思主义指导地位的现实需要。当下社会主义核心价值观话语体系建设面临着多重困境,多元话语潮流的冲击、"普世价值"话语霸权的挑战、新媒体话语形态的碰撞等,都对社会主义核心价值观的感召力、凝聚力构成严重威胁。这就内在地决定了社会主义核心价值观话语体系建设的主要任务,就是将马克思主义理论、优秀的中国传统文化和社会主义先进文化作为话语建构的"基石",将官方话语与民间话语相融合促进"官民"良性互动,将传统主流媒体与现代网络新传媒相结合,提升价值观话语的传播力、吸引力和感召力。

(一)坚守马克思主义的话语阵地

毫无疑问,谁控制核心价值观背后的价值导向,谁就将统摄和引领核心价值观的话语表达。当前,基于对核心价值观的本质、范围以及定位的不同理解,在其价值导向上形成了"中""马""西"三派。持"中"派的人认为社会主义核心价值观是以中国传统文化及其价值理念为导向;持"马"派的人认为社会主义先进文化及其价值观是根本;持"西"派的人认为社会主义核心价值观是对西方话语资源的借鉴,并将其与"普世价值"画上等号。这三种价值导向的分歧归根结底就是话语权之争。

在中国,"中马西"之争并不是一个新议题,曾有学者提出过用"马魂、中体、西用"的原则来解决多元文化的交流和融合问题。还有学者建议在价值观体系的构建中采用类似的方法,"以马克思主义理论为指导,以中国传统文化为根基,以西方文化为重要资源"[①]。从客观上讲,"马魂、中体、西用"确实能够实现对各方价值取向的兼容,从而建立较为全面的价值遵循。但是深入思考,这一做法并不能规避三种价值观的话语权之争,反而会在从"价值理论"到"话语表述"的转化过程中,增加被西方资本主义价值观话语霸权裹挟的风险。从价值内核的角度来看,中国本土价值观以中国传统文化为根脉,马克思主义价值观以人的全面自由发展为目标,西方价值观旨在追求财产占有前提下的个人利益最大化;从建构价值的哲学方法论维度来看,中国传统文化主张"天人合一",西方主张"主客二分",马克思主义强调主体的批判性和创造力。归结来看,"中西马"有着各自独立的价值体系和终极的价值追求,因而它们不可能成为兼容并包、融贯一致的价值导向。总而言之,虽然"普世价值"与社会主义核心价值观包含"同构性"思想和话语,但资本主义制度与社会主义制度的意识形态对立,就早已决定二者不可能成为"同质性"的价值系统。

面对"中马西"之争,社会主义核心价值观实际上是要处理好价值观话语中的传统与现代、民族与世界、普遍与特殊的矛盾关系,既展现中国特色的历史传统和文化积淀,又展现顺应世界历史发展潮流对国外价值观话语的融通,最为重要的是坚守马克思主义的理论品格和价值导向,这样才能通过话语表达传递中国特色社会主义制度的优越性和生命力。

(二)创新核心价值观的话语内容

通俗地讲,话语内容创新就是解决核心价值观"说什么"的问题。话语内容是话语主体核心理念和思想精髓的外在展示,是话语对象直接接受和知晓的观点、理论。只有能够被关注、认知和掌握的话语内容才有可能获得话语对象的认同,这就需要将话语内容与话语对象自身利益的关注点相契合,成为每个公民价值诉求的"满足物",才能增强话语内容的吸引力和号召力,进而在传播过程中获得话语的发生权和控制权。"三个倡导"是从国家、社会和公民三个层面

---

① 陈秉公:《论社会主义核心价值观"高势位"培育和践行的规律性》,《思想理论教育》2014年第2期。

对社会主义核心价值观进行高度凝练的权威性表述,尽管理论工作者做了大量的宣传阐释、研究论证等工作,但在社会认同度和行为践行度上并没有达到理想的成效。究其原因:一是"三个倡导"的表述较为冗长、表意不够具体,话语内容不能简洁有力地表达核心的价值追求;二是围绕"三个倡导"的反复论述既枯燥无味,又容易造成审美疲劳,反而会带来负面效应。在当前中国主流意识形态建设中,社会主义核心价值观凭借对人民群众思想困惑的回应、国家重大理论问题的阐释以及国际政治文化发展的关切必然成为意识形态话语的重要内容。作为主流意识形态核心价值追求的话语凝练,社会主义核心价值观必然要随着时代的发展不断更新和丰富自身的话语内涵及其表达形式,在透彻阐释核心价值观的同时提高话语内容的吸引力、号召力和凝聚力。

创新社会主义核心价值观的话语内容,首先在当前核心价值观表述的12个词24个字基础上进一步提炼和阐释,以高度概括、简明有力的语言集中表达社会各种价值追求,充分展示中国形象、传达中国价值。比如,我们可以借鉴"一带一路""互联网+"的简洁化、通俗化方式,将"社会主义核心价值观"这一名词进一步提炼为短小精悍的词语。同样借鉴这种思维方式,分别将国家、社会和公民层面的表述进行精简语词的再凝练;在提炼的过程中,针对不同的话语对象和传播渠道可以提炼出初级版与高级版、学术研究版与宣传教育版、国内传播版与国际传播版等等,通过不同版本的提炼与阐释来强化核心价值观的统摄力。其次,在中华优秀传统文化中汲取养分,"中国优秀传统文化的丰富哲学思想、人文精神、教化思想、道德理念等,可以为人们认识和改造世界提供有益启迪,可以为治国理政提供有益启示,也可以为道德建设提供有益启发"①。延伸到价值观领域,核心价值观话语体系的构建与创新同样离不开中国优秀传统文化。博大精深的中华传统文化内蕴丰富的话语内涵和表达方式,可以从中汲取精华,用以支撑对核心内容的理论阐释。以公民个人层面的"敬业"价值为例,它来源于中华民族艰苦奋斗、勤劳勇敢的美德,"天道酬勤","业精于勤荒于嬉;行成于思毁于随"等都可用来作为阐释这一价值的历史资源。最后,辩证吸收多元话语中的正面思想。不可否认,多元话语的存在是不可逆的潮流趋势,创新核心价值观话语内容就是要挖掘多元话语中的正面思想来补充、丰富和发展核心价值观的话语内容,以此扭转核心价值观话语给人们造成的强硬说教的印象。一是面对西方话语中包含的科学精神、法治精神、契约精神等被人类共

---

① 习近平:《在纪念孔子诞辰2565周年国际学术研讨会暨国际儒学联合会第五届会员大会开幕会上的讲话》,人民出版社2014年版,第7页。

同认可的优秀文明成果和价值观念,可以在结合中国实际的基础上被核心价值观话语内容所借鉴和吸收,并赋予其中国化的内涵。需要强调的是,必须以马克思主义及其中国化理论成果为出发点和根本立场,破除西方话语崇拜,尤其是高度警惕西方社会利用话语优势推销其精心包装的"普世价值"。二是面对反映人民群众切身利益的民间话语和网络话语,可以在积极回应和理性筛选的基础上,以核心价值观的话语内容去同化。民间话语和网络话语中所释放的内容,集中体现了与人民群众切身利益相关的社会问题和社会矛盾,可以从中发现社会主义核心价值观话语体系建设的现实困难和关键问题,在解决问题的过程中,听取人民群众的建议和看法,核心价值观的话语内容也必然会得到创新优化。

(三)弥合官方与民间的话语鸿沟

拥有足够的参与者是核心价值观话语传播力和感召力的直接体现。在中国,政府、政党及思想政治理论工作者是社会主义核心价值观话语的主导力量:政府掌握话语的制定权、实施权和控制权;党员干部充当话语的组织者和代言人;思想政治理论工作者充当话语的阐释者和推广者,承担话语的研究和教育任务,以便让话语符号实现"入脑、入耳、入心"的效果。但是,人民群众作为历史发展的推动者,既是核心价值观话语传播的对象也是话语表达的主体,他们才是意识形态话语权的真正所有者。核心价值观话语的普及和推广,不仅要靠主导者,更需要全体社会成员的自觉参与。故而,要推动官方与民间两大舆论场的互动和融合,弥合官方话语与民间话语的鸿沟,设法让基层人民主动变为核心价值观的组织者、传播者和践行者。

首先,积极培育和壮大主流价值观话语的民间力量。随着社会组织的发展,各类企业、文化机构、社会团体等非政府组织日益成为社会的价值主体,设法将核心价值观融入他们的组织文化中,明确这些组织在追求自身利益的同时要承担的社会责任,使它们成为宣传核心价值观的话语中介。在知识经济占据主导的时代,知识分子由于具有丰富的知识资源、较高的知识水准和话语表达能力,逐渐成为"先进政治、社会理论的创制者和传播者,媒体言论发展的真正推动者,社会进步的真正启蒙者"[1]。他们所拥有的话语权威足以影响公众的价值选择。尤其是在良莠不齐、真假莫辨的网络空间,以大学教授、律师、记者等为代表的专家权威逐渐取代政治权威成为网络舆论场的意见领袖。因此,要竭

---

[1] [意]葛兰西:《狱中札记》,曹雷雨等译,中国社会科学出版社2000年版,第15页。

力争取他们的认同和信仰,通过他们去分享核心价值观的理念,关注普通公民的价值需求,借助他们既有的影响力去扩大核心价值观的话语影响。总而言之,通过这些话语"二传手"的助力,社会主义核心价值观最终将从"层层颁布"转变为"口口相传",从而为核心价值观的培育和践行奠定群众基础。

其次,政府部门应当积极回应、扶持和引导民间话语,形成良性互动。一是通过政务微博、微信、网站等多渠道平台及时发布政务信息,并且接受民间话语的监督,提高官方话语的权威性和可信度。二是传统的"号召""宣讲"等官方话语表达方式已经不能适应当下受众多元的现代传媒语境,尤其是歌功颂德式的话语方式常常遭受民众质疑。因此,应将官方话语方式转变为以人民为中心的民间叙事方式,以蕴含真实情感和细节体验的鲜活声音,来表达对群众个人感受和个人体验的关切,用自下而上的说话方式开创官民沟通的新模式,不仅能够增进官方话语与民间话语的契合度,更能展示核心价值观话语的"真善美"和"正能量"。

最后,提升传统主流媒体的话语缝合力,引导新媒体平台的有序发展,搭建官民沟通的桥梁。主流媒体凭借人财物方面的传统优势,始终充当着优质信息和积极话语的提供者,未来还要继续促进政务的发布,积极回应民众的现实问题,倾听民众的心声,以便收集民间的价值观话语内容。然而,当下以互联网为核心的新媒体,不仅是信息传递与交换的主要渠道和方式,而且是各国价值观话语抢占的资源平台和战略制高点。在新媒体的价值舆论场中,尤其是在西方话语权的主导下,社会主义核心价值观遭受来自西方"普世价值"的压制、分解甚至面临被篡改、消解的风险。面对这一情况,除了积极搭建、有效利用网络媒体平台,用积极正面的官方话语澄清思想认识上的误区和盲区,还应致力于弥合官方与民间的话语鸿沟,适时采用官民结合的叙事手法来促成整体话语权的提升和价值观话语能量的跃升。

(四)强化核心价值观的话语传播

话语传播是社会主义核心价值观话语体系建构必不可少的环节,也是将核心价值观渗入民众生活和国际社会的关键环节。从传播的范围来看,它包含对内传播和对外传播两个层面。对内传播是指在国家范围内,人与人、人与群体以及群体与群体之间的信息传递和交换过程;对外传播是指借助于传播载体进行跨国界的信息传递和交换,即国际传播,它区别于单向性的对外宣传,重在强调双向性的交流互动。在纷繁复杂的国内国际环境中,话语传播总体呈现出以人际传播、组织传播为基点,以大众传媒为主要传播方式的网状结构。随着现代信息技术的发展,网络、手机、数字电视等新媒体在大众媒介中的地位和作用越来越突出。强化核心价值观的话语传播,就是加强新媒体等现代信息技术的传播,综合运用多种平台和渠道,增强核心价值观在国内和国际的传播力。

在对内传播方面,首先从"我说你听"的单向传播方式转变为平等互动的双向传播方式,避免核心价值观陷入"失语"或"失序"的困境。"我说你听"的官方宣传模式对社会结构相对单一的传统社会容易形成话语控制力,但是面对结构复杂、受众多元的现代语境,这种单向强硬的传播方式逐渐显现出可信度不高、影响力不强的劣势。为此,应着重打造以双向沟通为主的更具灵活性、亲民性和人本性的平等互动模式,以普通民众真实生活写照为中心展开"中国故事"和"中国价值",通过蕴含真情实感的"中国话语"走向鲜活的世界,以使话语所呈现的价值观念外化为事实和情感并与话语对象的价值追求相契合,进一步提高核心价值观话语传播的交互性、开放性和实效性。其次,加强新媒体的传播与运用,将传统媒体与新兴媒体有机结合。新媒体不仅采用文字、图片、音频、影像等多样化话语符号,还利用电脑、手机、数字电视等多种终端和平台进行运作,能够突破时空限制将社会信息及时传递和散播。促进传统媒体与新兴媒体的有机结合,一方面,能够针对核心价值观话语的不同受众采用个性化、定制化的传播内容和方式,只有分类分层、内容明确才能让核心价值观听得懂,才能引起价值观的共鸣。另一方面,将传统媒体的价值导向、核心内容、权威信息向新媒体延伸,可以实现传播内容的一次制作,多重传播。总而言之,在保有传统媒体信息资源和官方宣传优势的基础上,加速发展新兴媒体将成为提升价值观话语传播力的必由之路。

在对外传播方面,面对西方社会利用"普世价值"来宣扬资产阶级价值观的文化霸权和话语霸权行为,提升社会主义核心价值观的国际传播力更具有重要的战略意义。首先,借助于以孔子学院和海外文化中心为主的文化机构和组织来传播中国的文化、价值观话语。"到 2015 年年底,短短十几年间,全球办有孔子学院的国家已有 134 个,建成孔院 500 所,孔子课堂 1000 个。"[1]"自 1988 年中国第一批海外文化中心成立以来,经过 20 多年的发展,我国已建成覆盖五大洲的 16 个中国文化中心。"[2]孔子学院以及中国文化中心已然成为国际社会中传统文化和社会主义核心价值观的代言人。因此,要充分借鉴欧美国家文化机

---

[1] 转引自郭镇之、张小玲《海外中国文化中心发展策略思考——以孔子学院为镜鉴》,《新闻春秋》2016 年第 2 期。
[2] 卫志民、陈璐:《提升海外中国文化中心的传播能力与困境》,《红旗文稿》2015 年第 4 期。

构和组织建设的有益经验,一方面积极拓宽资金的来源渠道,加强基础设施建设,为相关的文化机构和组织提供雄厚的物质保障;另一方面,努力提升文化机构和组织中相关教员以及工作人员的跨文化传播能力,在深入了解所在地区文化特点的基础上,将中华文化、中国价值运用当地人民喜闻乐见的言说方式和传播方式进行传播。其次,积极利用举办或参与国际会议的契机来传播核心价值观。一些重要的国际会议往往能够聚焦全球媒体的目光,成为各国宣扬本国价值观、树立国家形象、加深国际交往的战略平台。"颜色革命"和"阿拉伯之春"的接连失败,已经显现出西方"普世价值"的国际不适用性,那种长期被西方所主导、垄断的国际话语体系正在被打破。面对这样的形势,中国政府要积极利用国际会议的契机,将反映社会主义核心价值观的相关话语,比如"人类命运共同体""共同价值""中国梦"等,从抽象化、理论化的描述转化为具体可行的实践路径和方案,让话语成为阐释中国观点、中国特色、中国担当的"中国最强音",使核心价值观在国际社会声名远播。

(五)构筑"共同价值"话语范式

在由西方发达资本主义国家主导的话语体系当中,中国的和平崛起一度遭受极大歪曲和恶意攻击,在诸多问题上不可避免地与西方国家产生激烈的话语对抗。在这种背景下,只有拥有国际话语权才能参与制定公平的运行机制和评判规则,才能更好地维护国家利益,塑造良好的国际形象。"共同价值"思想集中体现了中国的价值自信、文化自信和制度自信,是中国积极构建对外话语体系,提升社会主义意识形态国际话语权的重要举措。这一思想的提出对于廓清"普世价值"思潮的理论实质、消解话语霸权的现实危害、建构核心价值观话语体系以及提升中国的国际话语权无疑都具有重要的现实价值和历史意义。

构建"人类命运共同体"的基本要求是实现经济利益的共赢共享、政治制度的包容共存与合理借鉴,而最关键的是建立和形成能够维系人类生存与发展的共同精神与价值共识。共同体内成员的"共同精神"越牢固,共同体就越可靠。一旦"价值共识"断裂,"共同精神"也就随之消散,共同体必然解体。由此可见,人类命运共同体的构建必然蕴含着关乎全人类福祉的"共同价值"的出场。"共同价值"的提出超越了"普世价值"的话语范式,反驳了"普世价值"精心营造的话语陷阱,成为消解话语霸权的有力武器。"共同价值"区别于"普世价值"基于抽象人性论的前提假设,以历史的、现实的人的本质为逻辑起点,在尊重不同国家和地区发展水平和模式的特殊性基础上主张求同存异,站在人类社会面临的共同问题和共同利益的高度,从命运共同体的视角出发提出了具有历史性和现实性的科学价值论断。它以人类命运共同体的合作共赢、和平安全和繁荣发展为现实目标,主张通过协商对话、协作共建的实践方式来解决人类面临的共同难题。面对多元文化的价值冲突,"普世价值"企图抹杀其他民族文明特殊性以达到"整齐划一的同一状态"显然是不切实际的,只有在承认和尊重文明多样性的基础上,站在人类整体利益的高度寻求各个文明的"共同价值",才能体现全球文明发展的公平正义,才能在价值视域中产生你中有我、我中有你的共同价值追求。

"共同价值"所蕴含的内容对人类共同体中的所有主体都具有共同的话语效用,他们在共同交往、共同体验和共同分享的基础上,寻求价值诉求与话语导向相统一,形成具有"共识性"的表述。"共同价值"话语摒弃"普世价值"的绝对性和狭隘性,在社会历史发展现实的基础上来注解自由、民主、人权、正义等基本价值,兼顾了人类社会的整体概念和个体意蕴,并将整体和个体的价值要求置于同一语境当中,体现出强大的话语融合能力和对多元话语主体的兼容能力。因此,形成共识的方式并不是要求所有主体都按照某一特定的模式去实现自由、民主、人权,而是全世界人民都享有并恪守平等的话语表达权利和清晰的话语表达边界,他们在自主维护自由、民主和公平等价值的过程中相互理解和相互支持。这也就意味着放弃"普世价值"的排他性、唯一性和狭隘性,转而通过宽容、理解、协商与合作的方式,在话语主体共同参与的过程中形成"共识性"的表达,以此来促进不同价值诉求的兼容共生。当然,"共识性"的话语表述只是"共同价值"话语表达的基础,更为关键的是从价值自信和文化自信的高度,借助于自身的传统文化资源来夯实话语基础,通过宜于表达、易于理解的方式诠释中国故事背后的价值真谛,这样才能充分体现"共同价值"的中国话语特色,才能拂去"普世价值"思潮营造的思想迷雾,进而向全世界人民表明中国是维护人类共同利益和共同价值的重要力量。

第四章　当代中国宪政民主论的幻象解蔽

宪政民主论是当代侵蚀中国主流意识形态的主要错误思潮之一,有着鲜明的政治内涵和指向,其基本主张包括三权分立、多党制、代议制、司法独立及军队国家化,实质上是资本主义国家的治国理念、民主模式和制度设计。宪政民主论还将党的领导与宪法和法律相对立,企图否定中国共产党领导的合法性,进一步取消人民民主,实质是否定中国宪法及其确立的制度和原则,以此动摇党的领导和颠覆国家政权。这是其要害所在。宪政民主绝对不可以成为中国政治体制改革的终极模式,中国绝不能照搬西方政治制度模式。我们要高扬人民民主的旗帜,在中国特色社会主义政治发展道路上坚定不移地走下去。

第一节　宪政民主思潮的西方语境

每一种思想、制度、文化的发展无不遵循着由简入繁、由单薄变丰富的规律。从思想的孕育、萌芽、发展,再到理论的不断丰富,宪政民主思潮的历史沿革与发展脉络清晰可见。追溯宪政民主思潮的理论来源,探析西方宪政民主产生、发展的背景,宪政民主思潮的神秘面纱也将徐徐展开。

一、西方宪政民主思潮的理论溯源

社会学家韦伯把人类合作的扩展秩序的生发和成长的空间和可能归结为现代理性国家的形成,即"公共行政单位的官方企业被委任以在精确的、毫不含糊的、持续且在尽可能快的速度下实施功能"[1]。韦伯语境下的"合理与法治型的国家体制",实际上就是现代宪政民主政制。宪政民主政制最早起源于公元5世纪的威尼斯商人民主政体。此后,1688年,英国发动光荣革命,并于1689年通过了《权利法案》,奠定了宪政基础。1787年,美利坚合众国宪法制定,并于

---

[1] 韦森:《欧洲近现代历史上宪政民主政制的生成、建构与演进》,《制度经济学研究》2011年第1期。

1789年正式实施,现代宪政民主政制逐步形成。史学界普遍认为,英国《大宪章》(Magna Charta)的签署推动了宪政民主的发展,而之后英国宪政民主制度的演化过程,促进了现代宪政民主的发展,推动了现代民主政治的进程。

基督教文化和近代自然法学派的权力政治观是西方宪政民主的主要理论来源,其具体包括四个方面:一是人性幽暗意识,主要诞生于基督教罪感文化,是权力悲观主义和制度设防理念的理论来源;二是基督教二元政治观,嬗变后划分了公共领域与私人领域、国家与社会的界限;三是自然法学说,它的自然权利思想构建了一个正义体系,以供人们评判宪法和国家制度;四是契约论思想,解决了政府来源合法性与国家起源问题,指出权力应当相互制衡。通过理清宪政民主的思想来源,旨在说明西方特殊的政治文化孕育了西方宪政民主。

(一)基督教文化:西方宪政的文化根基

基督教文化被誉为西方立宪主义的政治文化母体。在此研究领域,美国学者J.弗里德里希的研究最具代表性。他指出,宪政民主论"根植于西方基督教的信仰体系及其表述世俗秩序意义的政治思想中","西方的宪政论是基督教文化的一部分"。[1] 弗里德里希认为宪政民主的价值与特点展现了基督教文化的特质。

关于基督教文化与西方宪政民主思潮的深层关联,可以从以下几个方面进行分析理解。

首先,罪感文化对西方政治文化发展的推动,主要在于它的原罪说包含着"幽暗意识"[2]。这与中国传统思想中的"人性本恶论"[3]类似。"幽暗意识"包含两个层面:一是以其为出发点,基督教认为人与生俱来的有限性和堕落性使其不具备至善的可能,这种堕落是无法避免的,是难以克服的,只有依靠神的恩宠和自己的不断努力,人才可能得到赦免,但人永远无法变得完美无缺。二是人与神之间有着无法跨越的鸿沟,人不可能完美无缺,只有神才能完美无缺。也就是说,在基督教语境中,人是绝对不能够被神化的,因而人无完人。这种人性恶的观点对西方政治文化的发展有着极为深远的影响,并促使其在嬗变后演变成一种"权力设防的制约逻辑"[4]。可以说,基督教的原罪说是基督教重要的教

---

[1] [美]卡尔·J.弗里德里希:《超验正义——宪政的宗教之维》,周勇、王丽芝译,生活·读书·新知三联书店1997年版,第1、2页。
[2] 所谓"幽暗意识",就是认为人有与生俱来的罪恶和堕落性。
[3] 在中国思想史中,荀子主张性恶论,提出"人之性恶,其善者伪也"的观点。
[4] 陈德顺:《西方宪政民主理论来源探析》,《政治学研究》2010年第1期。

义,奠定了基督教的思想理论基础。

其次,个人主义和权力悲观主义也建立在"幽暗意识"基础之上,进一步推动了宪政的产生和发展。在神学家艾米尔·布鲁内尔看来,基督教伦理学最初只是一门研究神行为的学科,后来才转为研究人的活动,进而影响到宪政的发展,使得宪政带有浓郁的个人主义情感。在基督教语境下,人们将个人主义视为一种参与社会生活的方式、态度和倾向,运用自身的经验、判断及意志来行使个人权利、衡量和评价事物。人性恶及个人主义在一定程度上是社会矛盾的根源,为此,人们迫切希望通过制约公共权力来保护自身的权利。这种理论展示了权力悲观主义的色彩,而英国史学家阿克顿则将这种色彩渲染到了极致。他指出,权力悲观主义的本质特性在于"权力导致腐败,绝对权力导致绝对腐败"[1]。

再次,受这种悲观主义影响,为防止恶行的产生,基督教国家倾向于利用法律制度,即采用"法治"手段而非"人治"手段来治理国家,从而形成了良好的政治文化传统。因为在基督教语境下,人性是恶的,只有法治才能阻止暴政专制的出现,只有将权力和制度相分离,才能实现权力的制约与平衡。权力悲观主义是美国宪法产生和发展的思想渊源,是美国宪法原理的基本构成来源。被誉为美国"宪法之父"的麦迪逊提出这样一个观点:政府的存在突出了人性的耻辱。因为如果每一个人都完美无缺,这世上就没有政府存在的必要了。他认为避免权力过度集中的最好办法就是建立并巩固"权力分立,相互制衡"的政治制度。正是基于对人性恶的考量,西方国家做出防止恶行扩大的政治制度设计,从而构成了西方宪政的文化根基。

(二)自然法的权利本位论:西方宪政的逻辑起点

作为一种先验的正义观念,自然法推动了西方政治思想的演进过程。通常来说,自然法就是人类全体所维系的权利体系或正义体系。这一定义应当从两个方面进行理解:首先,自然法的本质是一种正义论,或者说是一套价值体系;其次,自然法并非是实证意义上的法律。17、18世纪,近代自然法学说逐渐萌芽,并成为流行于西欧各国的一种学说。它强调运用自然法的观点来剖析当时社会生活中的各种政治现象和政治理想。自然法之于宪政而言,其主要意义在于自然法不受时空和世俗的束缚,不能被更改,因为它认为人世间不存在绝对的权威。自然法"约束着人间的最高权力,它统治着教皇和皇帝,也同样统治着

---

[1] [英]阿克顿:《自由与权力》,侯健、范亚峰译,商务印书馆2001年版,第342页。

统治者和具有主权的人民,事实上,它统治着整个社会"①。在公元 13 世纪,自然法理论曾成为推翻君主绝对权威的有理论据。哲学家圣·托马斯·阿奎那指出,虽然君主制作为一种统治形式,有诸多好处,但统治者不应获得绝对的、没有限制的权力;"自然法是'永恒法'的一部分在人类理性上的体现"②,是君主制的合法性基础。戴维·赫尔德对此评论道:"尽管主要关心的是基督教共同体的发展,但是,他预见到了自由主义民主传统发展的核心———受限制的立宪政府的思想。"③

自然权利或天赋人权理念是自然法对宪政思想的另一个理论贡献。自然法永恒的价值正当性使人权成为人类的最终目标,并由此向现实社会的制度构成体系发出"应该如何"的道德诉求。因此,人权成为人们关注的焦点。近代政治哲学家纷纷探讨人权的重要性及其现实意义,并在此基础上形成了一系列的宪政理论,要求限制政府权力来更好地保障人民权利。

(三) 社会契约论:西方宪政民主的法意诠释

早在古希腊时期,社会契约思想的雏形就已经形成,并在近现代成为推动西方国家资本主义发展的主要理论动力。社会契约论的内涵和体系不断丰富完善,对世界范围内各个国家的政治制度和法律理念也产生了重要影响,可以说是全世界最有影响力的国家学说之一。遵守订立的契约也成为自然法的一部分,因为"在人群中间必然相互限制来建立社会关系,除此之外更无其他方法可以想象得出"④。霍布斯和洛克洞察到契约中符合资本主义诉求的平等、自由、功利和理性等世俗特性,并加以整合、提炼和升华。他们指出,契约具备的这些因素具有资本主义特征,满足了资本主义萌芽和发展的诉求,从而进一步解决了国家起源问题与国家权力合法性问题。

在"性恶论"的前提下,霍布斯提出,"一切人反对一切人"是人类在自然状态下的常态,是一种缺乏权威性权力管理的战争状态,而要彻底改变这种互相争斗的局面、谋求社会共同利益,唯一的方法就是建立令人畏惧、能够正确指挥社会行为的公共权力。结合契约的价值和精神,霍布斯得出建立公共权力的具体方法是订立契约的结论。因为,契约的订立使得所有公民的意志成为领导者

---

① [美]爱德华·S.考文:《美国宪法的"高级法"背景》,张世功译,生活·读书·新知三联书店 1996 年版,第 12 页。
② 陈德顺:《西方宪政民主理论来源探析》,《政治学研究》2010 年第 1 期。
③ [英]戴维·赫尔德:《民主的模式》,燕继荣等译,中央编译出版社 1998 年版,第 49 页。
④ 张学仁:《西方法律思想史资料选编》,北京大学出版社 1983 年版,第 139 页。

的意志,而契约精神使领导者可以更好地行使公共权力。"这一理论中所包含的国家君王应当保护臣民个人自由的理念是近代宪政民主思潮的启蒙理论之一,但其中暗含了专制主义逻辑。"①在此基础上,洛克指出,在自然状态下,有两种关键因素阻碍了人类社会的发展:"缺少作为判断是非的标准和裁判他们之间一切纠纷的共同尺度的法律,缺少一个公正而有权力的裁判者。"②这一社会缺陷的解决方式就是建立国家,只有通过订立契约建立一个政治体才能弥补这种缺陷。

社会契约论契合了社会发展的两个要求:一是人类自我观念的历史要求,契约论承认了契约双方的平等性、独立性和主体性;二是法治的客观要求,因为法治是约束人们行为的契约,与契约观念不可分割。因此,社会契约论在世界范围内不断传播,并推动了近现代民主政治发展进程。

二、西方宪政民主思潮的演进轨迹

宪政民主思潮植根于资产阶级的思想,伴随着资产阶级反封建的斗争而生,与资产阶级的发展有着密不可分的联系。宪政民主思潮最早起源于古希腊、古罗马时期,柏拉图的政治理念奠定了古希腊宪政民主思潮的基石。后受个人主义影响,西方各国陆续爆发资产阶级革命,宪政民主思潮作为资产阶级反对封建专制的工具得到进一步完善。直至 20 世纪 30 年代,经济危机使得社会民主主义宪政登上历史舞台,宪政民主思潮不断发展演进。

(一)"宪政"一词的词源分析

从词源上对"宪政"一词进行语义辨析是探讨欧洲近代宪政民主思潮和政治演变过程的"前置程序"。"constitution",即现代汉语中"宪法"和"宪政",是从"均质欧洲语"③(Standard Average European)转译而来的。美国宪法研究家麦基文认为,按照《牛津词典》,"constitution"的原始英文含义应为"the act of establishing or of ordaining, or ordinance or regulation so established",中文含义即"制订或颁布的法案,或借此确立的法令和法规"。1787 年美国宪法的制定,明确了当代英语中"宪法""宪政""宪制"的含义,阐释了"权力分立与制衡、

---

① 李栗燕、宋红团:《宪政民主论的理论实质与中国裂变》,《探索》2018 年第 1 期。
② 陈德顺:《西方宪政民主理论来源探析》,《政治学研究》2010 年第 1 期。
③ "均质欧洲语"是美国语言学家本杰明·李·沃尔夫(Benjain Lee Whorf)所使用的一个专有名词,用以指英语、法语、德语和欧洲一些其他语言。现代均质欧洲语的共同语源为拉丁语,因而有着相似或者相同的语法。

人权保护、成文宪法和人民主权、高级法的特殊地位和特殊修改程序等"①的宪法观念。

(二) 古希腊、古罗马时期

柏拉图的"理想政体的等级""贤人政治"思想是古希腊宪政民主思潮的奠基之石。柏拉图的治国理念蕴含着宪政治国的因素,他在《理想国》一书中集中阐释了他的治国思想。

在柏拉图看来,一个国家理想政体的等级构成应当具备三种功能:统治、生产和保卫。社会等级也与之匹配地分为三个等级:统治者(哲学王)、生产者(劳动人民)和保卫者(军人)。柏拉图对西方近现代宪政民主思潮的另一大理论贡献在于其提出了内容和体系较为完整的国家政体理论。他将政治体制分为四个类型,分别是荣誉制政体、寡头制政体、平民制政体和僭主制政体,并且提出每种政体在其统治管理的城邦中都应制定宪法作为政治运作的总章。这其实就是现代宪政理念中的"依宪行政"的初级版本。柏拉图还是第一个将国家政体进行划分,并探讨不同政体之间是如何相互转化的哲学家。柏拉图的"哲学家执政"思想是一种完美主义的国家管理模式,如同海市蜃楼一般美好但却虚幻,较现实而言,并不具有实际的、具体的指导意义。他本人在晚年也变相承认了这一事实,并在理论上比较彻底地向现实妥协。柏拉图改变了自己的立场,提出在几乎不可能有完美的"哲学家"的政治现实中,"人人必须遵守神赐的法律,以神的旨意统治的公民灵魂"②。这种理论中前后不一、立场更改的现象,也一直存留在西方宪政民主思潮者之中。

在罗马帝国时期,波里比阿在亚里士多德把政体划分为正宗政体和变态政体的基础上,提出君主政体、暴君政体、贵族政体、寡头政体、民主政体和暴民政体六种政体,并"从动态的角度认为这六种政体形式是按一定顺序转换而循环的"③,其循环呈现"君主政体—暴君政体—贵族政体—寡头政体—民主政体—暴民政体"的周而复始。据此,波里比阿进一步提出混合制政体具有防止政体恶化的稳定性优点,因而是国家实现统治稳定的最佳选择。波里比阿的混合政体概念中的混合与平衡不仅发生于各种社会集团和力量之间,还存在于不同性质的政治权力之间。

---

① 韦森:《欧洲近现代历史上宪政民主政制的生成、建构与演进》,《制度经济学研究》2011年第1期。
② 柏拉图:《法律篇》,张智仁、何勤华译,上海人民出版社2001年版,第411页。
③ 丰连根:《论波里比阿的政体思想》,《铁道警官高等专科学校学报》2007年第17期。

西塞罗则从理论上对罗马共和制度给予分析和总结,并提出"和平政体"①学说。他认为和平政体具有公平性、稳定性,是一种更优的政治体制选择。罗马公法中的宪政制度就是以西塞罗的这一理论为指导而制定的。在罗马帝国,实践、斗争和先例构建了宪法的原则。

(三)近代个人主义宪政民主思潮

个人主义无疑是近代宪政民主政治思想流变的重要推力。其以个人的自由、平等和权利为出发点,支持民主,反对专制,倡导法治,抵制人治。个人主义还指明了构建与运行民主政治的道路,不仅是资产阶级反对封建专制的工具,还是宪政民主的理论基础。

在这一时期,对国家政治和政制进行探索和反思的思想家层出不穷,思想理论的繁荣极大地推动了宪政民主思潮的理论完善和实践检验。首先,通过社会契约理论,个人主义思想家从"自然状态"出发,分析了政府的产生过程。人们通过订立契约成立国家,然后让渡部分权利给政府,政府成为人民意志的代表,行使权力、履行职责。个人主义者关于"自然状态"的理解有所不同,但在否定君权神授学说、开辟民主政治道路上达成共识。个人主义者提出自然权利的主张,洛克首先提出生命、自由和财产是自然法上的人所应具备的基本权利。法国著名思想家潘恩在洛克的基础上加以完善:一是人们生而自由平等;二是人的自由、财产、安全等权利受到保护;三是主权在民,任何人"都不能享有任何非由国民明确授予的权利"②。

作为英国哲学界的代表人物和宪政思想的集大成者,大卫·休谟提出限制政府权力的观点,他提出了"无赖假定"的预设,主张用改良手段扩大个人自由,保护个人权利。随后,法国爆发了资产阶级革命。法国思想家卢梭提出不同观点,他论证了"人民主权"的宪政理性,并在英国宪政思想的基础上提出了社会契约论,"以意志来代替洛克理论中的理性,用公意为纽带来协调个体与整体的关系"③。法国宪政民主思潮的代表人物孟德斯鸠则格外推崇英国的宪政思想。他认为,为了限制公共权力,个人主义者构思了限权的宪政思想,即必须对政府权力加以限制和制约。孟德斯鸠将这一精神融入自己的理论中,并提出宪政民主理论中被奉为经典的"三权分立"学说。这一学说在限制国家权力恶性扩张、

---

① [古罗马]西塞罗:《论共和国·论法律》,王焕生译,中国政法大学出版社1997年版,第219、256—257、259页。
② 何汝壁、伊承哲:《西方政治思想史》,甘肃人民出版社1989年版,第119页。
③ 宋皓:《西方宪政思想的流变以及对中国政治改革的影响》,《法治与社会》2011年第9期。

保护公民私权方面发挥了一定的作用,但其理论来源和西方资本主义国家政治实践中暴露出的本质上的弊端是不容忽视的。关于三权分立学说的这些问题,将在后文进行专门探讨,故而不再赘述。

当资产阶级革命的劲风疾雨席卷欧洲大陆时,隔海相望的美国也在发生变革。杰弗逊派和汉密尔顿派的政治理论确立了人民主权这一宪政民主的基本原则,即使是反对极端民主的联邦党人亦无异议。然而,在绝大多数美国制宪者的眼里,民主是对财产的最大威胁。美国宪法之父麦迪逊对民主可能对财产造成危害这一观点深信不疑且直言不讳。在《联邦党人文集》第十篇中,麦迪逊断定纯粹的民主政体会"成为动乱和争论的图景,同个人安全或财产权是不相容的,往往由于暴亡而夭折。制宪者们制定宪法的目的,实际上跟财富是联系在一起的。宪法的制定者们更关心的是新建立的政府一定要保证当初向私人的借债必须连本带息地足额偿还"[①]。由此不难看出,美国宪法是西方宪政民主思潮与政治实践的优势结合,其立法原初所维护的首要价值是个人财产权益。

伴随着宪政民主的发展,个人主义已不再适应时代的发展,其理论和实践出现了一些矛盾,如美国在倡导和推动民主自由国家的同时并没有将平等的公民待遇同步到黑人身上。

(四) 20世纪以来西方宪政民主思潮的变迁

尽管资本主义进程不断推进,宪政民主逐渐走向成熟,宪政民主思潮却在18、19世纪陷入自由的陷阱,由于其过于强调自由而忽视政府的作用,只重视限制政府权力而忽略了政府有为所必需的权力范围,可能走向个人无政府主义的极端。在此背景下,所谓的自由大部分是"失业的自由、饥饿的自由和被压迫的自由"[②]。1929年经济危机爆发,过度强调自由的弊端开始展露。为了实现经济复苏,人们开始转变宪政观念,社会民主主义宪政思想应运而生。受其影响,福利国家制度被纳入社会权利的保障范畴;保障人权成为人们关注的焦点,人权的种类不断增加;行政权力也不断扩大。1933年罗斯福新政是社会民主主义宪政的重要的标志。较之以前,这种宪政更为积极。罗斯福总统通过政府干预,实现了美国的经济复苏;为了解决就业问题,他大力兴建公共设施;为了扶持金融业,整合银行。社会民主主义宪政使得美国经济得以复苏,由此西方资本主义国家开始由自由式资本发展模式转向管制式资本主义。然而,"看得见的手"

---

① 佟德志:《人民的民主,还是资本的统治?——美国宪政民主理论与实践的一个认识误区》,《政治学研究》2013年第6期。
② 宋皓:《西方宪政思想的流变以及对中国政治改革的影响》,《法治与社会》2011年第9期。

只是一剂强心针,资本主义本质中的劣根性无法被治愈,当这种体制上和政治上的病菌适应了改良措施并对其产生抗药性之后,资本主义经济崩溃的噩梦又将继续上演。20世纪70年代中期,随着第二次世界大战的结束,这种管制模式再度失效,资本主义体制危机再次爆发。西方资本主义国家周期性的金融和经济危机是其新自由主义体制危机的征兆。同样,作为新自由主义在政治上的体现,宪政民主思潮及制度已逐渐成为大财阀大金主借以摆布政府和政治来牟利的工具。

三、西方宪政民主思潮的基本内涵

《不列颠百科全书》对"宪政"的解释主要有两个涵义:君主立宪或者宪制政府。"现代意义上的宪政(constitutional government)或宪政主义(constitutionalism),是'西方政治思想史上一种主张以宪法体系约束国家权力、规定公民权利的学说或理念。'"[1]

《权利法案》《美国宪法》《人权宣言》在西方宪政发展历程中有着特殊的地位。尽管这三份文献制定时间先后不同,相差近百年,而内容也各有侧重,但其精神一脉相承。它们奠定了西方宪政的法理基础,确立了宪政原则,定义了西方宪政的内涵。第一,明晰了私有财产不可侵犯的原则;第二,提出了"议会至上""宪法至上"的原则;第三,强调了"主权在民"及保障人权的原则;第四,实行分权与制衡的原则。

(一)宪政民主的概念解析

宪政民主是宪政与民主的有机结合,它以宪法为指导原则,以保障人权为目的,既限制公共权力,又保障人民权利。

1."宪政"与"民主"

宪政民主思潮是由宪政思想和民主思想结合而来,二者相当于宪政民主的分概念。首先,宪政(constitutionalism),也称立宪主义,来源于拉丁语"constitutio",原意是法规。宪政的内涵主要有以下几个层面:一是宪法,静态的、法律系统之基础的"宪法"。宪政思想的首要配置是具备一部能为社会生活提供原则性理论指导的文件,然后以国家名义赋予该文件以法律效力,我们称之为宪法。宪法规定了国家的政治制度和国家机关的组织运行,明确了公民的基本权利和义务,是国家的根本大法。宪法中蕴含了近代民主理论、法治精神和人权

---

[1] 祝念峰:《认清西方宪政民主的实质——兼论高扬人民民主旗帜》,《思想教育研究》2015年第12期。

思想的精髓。它是人民意志的统一体，集中代表了人民的利益。没有宪法就没有宪政，宪法是宪政的前提，它以其表现的规范和包含的价值指导着宪政实践。二是以宪法为根本法的法律体系。宪政主张将国家权力纳入宪法之内，以实现权力运作的法制化、程序化。完善的法律体系有利于督促公共权力在法律限定的范围内遵循法律程序运作；否则，无法实行对民主的限制。三是"限权"，也是宪政的核心所在。由于公共权力掌握着所有的资源，个人权利相形见绌，如果不对公共权力加以约束，必然会损伤到个人的权利。宪政通过将政府权力置于宪法监督之下，以此来达到保障公民的基本权利的目的，是一种限制公权、保障人权的政治思想。

"民主"一词经过长期演化，发展出了不同的定义。对其定义，人们也无法达成一致。但不管民主的定义如何变化，其中公民权利和平等的原则并没有改变。科恩指出，"民主"是一种公民可以按照一定的规则自由选择统治者，并参与决策的管理体制。

2. "宪政民主"——"宪政"与"民主"的有机结合

宪政民主（Constitutional Democracy）是宪政（constitutionalism）与民主（democracy）的结合。这种结合并非单纯的概念合成，意义相加，而是一种概念融合。因为宪政与民主侧重点不同，前者关注限权问题，讨论的是"怎样统治"；而后者则更为关注权力行使者的问题，讨论的焦点是"谁来统治"。因此，宪政民主是将宪政与民主彼此融汇，从而形成一个新的概念。前者讨论通过限制国家权力来保障人民的权利；后者分析采用人民或人民代表的形式来实现人民的权利。两者相互补充完善，形成了宪政民主思潮，从消极的限制公共权力和积极的人民直接行使权利两个方面保证人民权利。宪政与民主既对立又统一，它们的结合是一个漫长的过程。

关于宪政与民主之间的对立紧张关系，可以从世界宪政民主制度发展史中找到许多示例。例如，在美国制定宪法时，托马斯·杰斐逊和詹姆斯·麦迪逊曾因"先定约束"（pre-commitment）产生分歧，这就是民主与宪政的对立。如卡斯·R.森斯坦所提及的，人们在讨论宪政与民主的关系时，常常会重现杰斐逊与麦迪逊之争，他们质疑"先定约束"的设计是否合理。因为根据自然法则，人是独立的，不受上一代人约束，一部法律并不能永久存在。也就是说，法律只对一代人有约束，因而所有的法律都会自然期满失效（杰斐逊规定的时间是34年），人们必须定期召开制宪会议以制定法律。民主主义者认为，所有时代的人都拥有自由和权利，都有选择政府形式的权利，都应该拥有改造社会的自由。

如今,两百多年已经过去,而美国的宪法仍然有效,这也许超乎制宪者的想象。杰斐逊与麦迪逊之争是民主主义者与立宪主义者之间的一场争论,其起因在于立宪主义者的悲观。在他们看来,如果不约束人民,人民必将沦为"激情的奴隶",从而出现"多数人的暴政"(majoritarian tyranny);而民主主义者则更为积极,他们对人性持乐观的态度,认为人民可以实现自我约束,试图摆脱先定约束来制定和修改宪法。

尽管宪政与民主相互对立,但并非是根本对立,它们之间存在着一定的联系。首先,前者可以代表个人自由(civil liberty),后者则意味着政治自由(political liberty),个人自由是民主自由的前提和基础。因为人必须拥有基本权利和自由,只有这样,人才能成其为人,个人自由是人所享有的最低限度的自由。其次,如果过于重视个人自由,就会导致"过度私人化"(over privatization),换言之,如果人只专注于自己而不愿参与公共生活,放弃参与政治时,其反而享受不到任何权利和自由,因为政治自由是个人自由的保障,放弃政治自由意味着当权力被滥用时将无人限制。因此,民众必须积极参与公共生活、关注国家管理,以实现个人自由。所以,宪政"约束"民主是为了保护民主,民主的正常运转则需要宪政提供"规则"。宪政是民主政治的必要条件,民主为宪政提供合法性支持,经过相互补充、相互完善,最终结合为宪政民主思潮。

经过上述分析,我们可以归纳总结出宪政民主的内涵:宪政民主是一种通过限权以保障人权,由公民自由选择统治者和参与决策的政治思想和政治制度。

(二)宪政民主思潮的核心内容

宪法至上、人民主权、法治、代议制与"多数决"规则是宪政民主思潮的重要组成部分,是实现宪政民主的根本要素。其中,宪法至上是遏制公权力滥用的关键,人民主权是实现民主的基础,法治理念为实现宪政民主提供保障,"代议制"与"多数决"规则是实现宪政民主的手段。

1. 宪法至上的理念

"宪法至上",意味着宪法具有最高的法律效力,没有任何法律法规可以与宪法相抵触,立法机构必须在宪法的框架下制定法律法规;行政职能必须依照宪法原则行使,当其越过宪法原则时,该行政行为无效,已经出现一定法律后果的,政府必须承担相应法律责任;司法机构则必须维护宪法权威,并排除违背宪法原则的法律法规,以确保宪法至上。

"宪法至上"代表着人权至上。每个人都享有自由、平等地生存和发展的权利,人权的实质就是人的生存和发展。没有人权,人就不能称之为人,更谈不上人的生存和发展了。宪法规定了公民的基本权利,以国家最高法的形式来尊重和保障了人权,使公民的基本权利具有了不可侵犯的威信。

"宪法至上"极大地克服了民主制度的弊端。民主政治是按照少数服从多数原则建立起来的,当一项决策的施行符合大多数人的利益时,却也有可能侵害少数人的权益,这时的民主如同一把"双刃剑"。宪法以尊重保障每一个公民的权利作为使命,制定时由全体人民同意。当多数人的暴政出现时,存在于宪法之中的价值原则就需要为权益受到侵害的少数人伸张正义。宪法能以客观不可改变的正义法律条款来提醒、预防和纠正人们的"集体不理性",确立宪法至上的理念,有利于保证实现每一个人的幸福。

"宪法至上"还可以预防和遏制权力的恶性膨胀。宪政民主的政治参与方式是,人民选举出代表以后,代表们即开始发挥主观能动性,依从自己的意志行使公共管理权,再加上自由裁量权的必要享有,掌权者在行使人民赋予他们的职能时难免会为其权力"寻租"。宪法则试图以最高法的形式限制自由裁量权,限制掌权者的权力,减少权力"寻租"空间,防止滥权现象的出现,保护公民权利,减少权力"寻租"的侵害。因此,为了限制公共权力,维护公民的合法权益,必须树立"宪法至上"的权威。

2. 人民主权原则

人民主权原则是民主社会的思想基础,是宪政民主制度的逻辑起点。基本人权、权力制约、法治思想等宪政民主的其他要素建立于人民主权要素之上。围绕人民主权原则这一核心,各种具体的国家制度和机制逐渐诞生。

宪政民主思潮中的人民主权原则为公共权力的行使提供合法性支持。在宪政民主之下,政府建立在"人民主权"基础上,是人民意志的代表,人民赋予了其行使公共管理职权的能力,因此,人民是其合法性基础。如果公共权力没有代表人民意愿,它就是非法的,人民有权将其推翻,并建立新的政府。

保障人权是人民主权原则的目标,人民享有国家的最高权力是其内涵。因此,所有制度必须以保障人权为落脚点。因为人民权利是否得以充分实现,关系到民主政治民主与否,关系到宪政民主思潮的人心向背。

人民主权原则直接或间接影响了"限权理念"的产生和发展。不受限制的公共权力会无限扩展,最终侵犯公民个人的权利。而"人民主权"原则表明,人民才是国家的主人,公共权力仅仅是代表人民进行公共管理的一个符号,如果这个代表符号竟然反过来侵害到"主人"的利益,是民主政治所不允许的。因此,政治家、思想家们提出了制约公共权力防止其滥用的"限权"思想,通过多种机制来对公权力进行约束,以此从另一个方面来切实保障人民的各种权利和利益。

3. 法治理念

法治(Rule of Law 或 Rule by law),即用法律来治理国家。在法治社会中,法律是规范人们行为的主要模式,人们严格奉行"法律支配权力"的原则。法治思想是实现宪政民主的有效保障。只有实现法治,才能保证人民主权,才能实现宪政民主。

"自然法"是法治思想的重要组成部分,为宪法的权威奠定了基础。自然法思想诞生于古希腊、古罗马时期,经由中世纪对"永恒法"的传递,逐步演变为古典自然法理论。自此,"永恒法"和"圣经"退出了历史,宪法这一"高级法"占据最高地位。自然法观念中正义价值观的法治思想,使得人们深信宪法高于一切,"宪法至上"的观念在民主政治中深深根植于人民。

宪政民主的发展归功于法治理念对稳定性的需求。法治的稳定性依赖于法律的稳定性,其运行依赖于稳定法律的执行。现代民主国家的法律制度设计有比较复杂的制定与修改程序,这不仅是为了防止个人意志强加于法律,也为了保持一种民主秩序。因此,法治对稳定性有一种强烈的偏好,而稳定性也正是宪政民主思潮得以实现的原因之一。宪政民主对法治的依赖,使其区别于变幻莫测的"人治"政治;法治对稳定性的追求,也有助于秩序的维持和宪政的延续。

法治是维系宪政民主制正常运行的保障。因为法律不仅是公民权利的保护者,也是公共权力的制约机制。首先,从天赋人权思想来看,人类的一些基本权利是与生俱来、不可剥夺的,但是仅有权利载体而没有保障机制,权利不可能真正得到尊重。法律以国家的名义为权利的自由行使提供了可能,它将人们拥有的各种权利以文字的形式著于纸上,以权利-义务的模式,制定了各项制度,规范约束着人们的行为,使公民能够依法享有各种权利。其次,公共权力的运作被纳入法律规定的程序、范围,权力依赖于法律,受制于法律。法律是公共机构的重要限权机制,只有获得法律的授权,政府各个职能部门才能行使法定权力,未经法律授予的权力属于非法权力,不能行使。由此可见,宪政民主政治需要法律来将其制度化、法律化,"法治"则为实现宪政民主提供了保障。

4. 代议制与"多数决"规则

"代议制"与"多数决"规则是实现宪政民主的主要手段,也是组成宪政民主不可缺少的要素之一。

代议制也称代表制,最早从中世纪末期新兴资产阶级提出的"无代议即不纳税"(No taxation without representation)口号发展而来。作为宪政民主思潮下民主的实现方式,代表制中的代表通过人民选举而产生。这是由人民主权原则所决定的。代表产生的选举方式有两种,即直接选举和间接选举。直接选举制给予人民自己决定每一个能够代表其利益之人的机会,其相信全体人民的判断和理性,认为人们有权委托自己信任的人代其行使权力。间接选举制则主张在由人民选举出初级代表之后,委托这些有较多知识、较广见闻的人再逐级选举出上一层代表。后者认为,由于每个人的成长环境、受教育水平不同,可能出现不完全一致的理性,而且每个人的素养和知识水平也存在高低差异,感性因素将得不到统一有效的控制,再加上受地域与活动行业的限制,人们不能全面了解候选人的情况,因此普选制会导致一些不良后果。作为自由理念与民主思想相嫁接的产物,代议制是由人民选举代表以代替全体人民而进行的间接统治,为行使权力的少数人提供了制度上的防范。代议制既保证了国家权力最终归属民主之理想的实现,又使个人权利和自由免遭权力的非法侵害,从而为宪政民主提供了无限的空间。

所谓多数决,是指根据参与决策中多数人的意愿做出最后的决定。在代议制解决了民主政治中公共决策者的人数范围问题后,多数决规则则确定了做出政治决策的方式。多数决规则可以给每个人提供平等的选举权或者表决权,而在此决策机制下产生的代表或者决策也代表大多数人的利益,最易被社会所接受。由于层级、事务不同,代表的人数和程度也有所区别,因此"多数决定制"规则的条件也不一样,但不论内容有何不同,其本质并未发生改变,都是体现人民主权的思想,代表最广大人民的利益。代表制及"多数决"规则,是宪政民主思潮的重要组成部分,是公共权力的产生方式,为宪政民主的实现提供了保障,可以在最大限度上代表人民的意愿。

(三)宪政民主制度的特征

首先,保障人权是宪政民主的最本质的特征,但与此同时,宪政民主还强调要防范人们滥用私权。宪政民主理论认为,法律应该保护人的基本权利,例如,生存权、自由权、政治权利等等。但由于人性恶的特点,个人为谋取利益可能会做出一些危害他人或公共利益的行为,妨碍到人权的实现,因此,必须建立公共权力来阻止个人的侵害,维护社会秩序。但公共权力是由人行使的,人们在运用权力的过程中,可能会扩大权力的使用范围,或是违法滥用职权,甚至逃避自身职责,损害公民和社会利益。因此,必须对公共权力加以束缚。正如《独立宣言》的起草人杰斐逊所指出的,自由政府和宪法建立在相互猜疑而非信任的基础上。国家只能通过宪法来约束权力。

其次,宪法是宪政民主的基础和保障,其拥有至高无上的权威。第一,在文字上,宪法应包含两方面的内容:"一是规定公民的基本权利和义务;二是设定公共权力的根本规则——提供合法性来源。"[①]宪法将私人权利与公共权力相互隔离,以防止"公权力"跨越界限,损害到个人的"私权利"。从根本上说,宪法是公共权力的产生与束缚的政治决议,即如列宁所说,"是一张写着人民权利的纸"。第二,宪法的使用和贯彻执行基于具体的保障性意义。宪法条文的可操作性,使具体实施细则的制定更为简易,使人民真正成为国家的主人。宪法的约束力和法律效力正是因此而来。

再次,"理性参与"是宪政民主的协商基础,是宪政民主对民众的基本要求。第一,宪政民主是一种积极的参与式的政治思想,要求人民与政府之间平等对话,人民通过各种途径和形式行使国家权力。因此,在实践中具有可操作性。"理性参与"是指宪政民主思潮的价值理念决定了人们必须理性地参与政治生活,不掺加个人情绪,做出公平正义的决策。受限于现实条件,国家不能实行直接民主,公民无法全部直接参与到国家的管理中来。因此,在只能采用间接民主的背景下,为满足民众对参与管理国家和社会事务的追求,必须进一步强调政治参与,通过建立相关制度体系,保障公民的参与权与表达权。只有这样,才能真正实现宪政民主。第二,宪政民主对参与者的要求是"理性",但它不同于公共选择理论中的"理性",因为公共选择理论在完全同意将选择权交由人民执行的同时却显然过于理想化,而宪政民主思潮所要求的理性参与是在承认人类多样性的基础上实行的。理性的思维方式贯串宪政民主政治参与的始终,公意不是简单的爱、憎产物,而是在符合增进人民福利条件下的集体理性结论。

最后,建立法治政府和有限政府是实现宪政民主的重要环节。法治政府即政府在行使公共权力时坚持法治原则,公民在参加政治活动时遵守法律。法律既规范了政府权力的行使又防止权力滥用。从公民角度出发,宪政民主意味着公民有权反抗政府的非法侵害;公民拥有合法政治权利,但不能侵害他人或社会。从政府角度出发,宪政民主要求政府在行使权力时遵循法律;任何权力都要受到法律约束,决不允许以权代法、以权压法;人民通过法律赋予政府公共权

---

① 冯向辉:《宪政民主制度的基本特征》,《学术交流》2002年第2期。

力的行使权,也就是说,人民委托政府代其行使权力,权力必须接受法律的引导和约束。政府只能在法律限定的范围内行使权力;政府不能跨越法律的界限行使职权,否则就会陷入非法的境地,从而损害法律的尊严,侵害公民的合法权益。主要表现为:第一,其宗旨是为人民谋福利;第二,其行为遵循"少数服从多数"的原则,但不能剥夺少数人正当的自由和权利;第三,其权力行使范围受法律限制;第四,其行为公开透明;第五,"政府对其行为后果承担责任,并应及时纠正不法行为,切实保障公民权利的实现"[1]。言外之意,宪政民主是对人治和专制的否定,也是对全能政府和无限政府的质疑。

第二节 宪政民主思潮的中国诉求

2014年10月20日至23日,党的十八届四中全会在北京召开。全会提出坚持"依宪治国"必须要"依宪执政","宪政"一词再度成为学界关注的焦点。一些学者宣言,"依宪执政"就是"宪政",应在中国推行西方宪政制度;而另外一些学者则提出,中国可以实施"社会主义宪政"。这些说法都是对"依宪执政"和"宪政"的根本性误解。

马克思主义学者反对在中国推行宪政。他们认为,宪政归根结底是资产阶级的政治模式,其建立在私有制基础之上,旨在维护资产阶级的权益,而中国是社会主义国家,不能实行宪政。自由主义学者的观点则背道而驰。他们极力美化"宪政",鼓吹"宪政"是民主和自由的象征,而社会主义制度只会导致"极权""专制";为了实现自由、民主,中国必须放弃社会主义制度,转而推行宪政。这些学者的观点各不相同,却在宪政本质上达成共识:宪政是资本主义宪政,与社会主义不能并存。除了上述两种见解外,还有部分学者提出了"社会主义宪政"的主张。其中绝大多数人认可自由主义思潮,只是想要以"和平演变"的方式在中国推行"资本主义宪政";而仅有极少数学者怀抱真诚的心愿,认为中国的宪政是社会主义宪政,是在共产党领导下人民当家做主的宪政。

近年来,学界围绕"什么是宪政、有无必要实行宪政、实行什么样的宪政、怎样实现宪政"四个问题,展开了大讨论。这四个问题即为宪政的内涵、价值、目标、路径。其中,反宪政派与挺宪政派的观点最为鲜明,争论最为激烈。挺宪政派包括社会主义宪政派(社宪派)、自由启蒙宪政派(泛宪派)、儒家宪政派、民国

---

[1] 冯向辉:《宪政民主制度的基本特征》,《学术交流》2002年第2期。

宪政派、国家主义宪政派、公民宪政派等派别。其中,以社宪派和泛宪派为主流,但两者观点也存在着显著差异。

一、宪政民主论与新自由主义的嬗变

作为西方资本主义政治理论的变异体,"宪政民主论"利用资本主义的意识形态和价值观念,企图消解中国社会主义的价值导向,动摇马克思主义意识形态的主导地位。新自由主义属于资本主义理论派别,与在中国形成的新自由主义思潮和"宪政民主论"思潮有着密不可分的内在联系。剖析"宪政民主论"的本源和核心,就不能不先客观分析、科学评价新自由主义和中国新自由主义思潮。

(一)新自由主义的学术嬗变

新自由主义是一种独特的理论体系,是对古典自由主义和凯恩斯主义的批判。20世纪70年代,西方发达资本主义国家经济萧条,特别是美国经济不断下滑,而凯恩斯主义无济于事。在此背景下,新自由主义重回经济学家视野,成为西方经济学主流,并对世界各国经济社会的发展直接或者间接地产生了一些影响。中国"改革开放"新时期经济学领域的所有论争,均与新自由主义具有或明或暗的关系。随后,为满足资本主义政治文化侵略的需要,新自由主义开始嬗变,由学术理论向政治手段发展,成为西方国家推行全球化理论体系的主要组成部分。"华盛顿共识"标志着新自由主义正式沦为西方发达资本主义国家诱导社会主义国家"和平演变"和瓦解摧毁社会主义国家政治建设的重要理论武器。

新自由主义最早产生于经济学领域,泛指市场自由主义思想;随着"华盛顿共识"的提出,新自由主义转变为一种带有政治色彩的社会思潮,主要"表现为'政治化、国家意识形态化',进而成为发达国家'推行全球一体化理论体系的重要组成部分'"[①]。新自由主义的嬗变直接体现在新自由主义思潮在拉丁美洲、苏联以及部分亚洲国家产生的政治体制巨变以及政治动荡带来的一系列社会反应。中国社会科学院课题组曾将新自由主义定义为"在继承资产阶级古典自由主义经济理论的基础上,以反对和抵制凯恩斯主义为主要特征,适应国家垄断资本主义向国际垄断资本主义转变要求的理论思潮、思想体系和政策主张"。可以说,新自由主义已经由学术理论嬗变为国际垄断资本主义的经济范式和政

---

① 高和荣:《揭开新自由主义的意识形态面纱》,《政治学研究》2011年第3期。

治性纲领,是资本主义在思想上消解和同化异己政治思想的武器。

(二)新自由主义思潮与宪政民主论之关联

在中国传播的新自由主义思潮,其实已经脱离单纯的思想范畴,是西方世界企图西化中国的一种政治手段。新自由主义思潮传入中国后极力宣传其在政治层面的诉求,在国家内部政治制度领域特别强调三个"否定":一是否定社会主义;二是否定国家干预;三是否定公有制。在全球政治格局和国家外交等领域,这股思潮则极力鼓吹以美国为首的超级大国主导的全球资本主义化——经济、政治、文化一体化。新自由主义思潮在国家意识形态和政治制度方面极力兜售西方的"议会制""多党制"等作为普适政治思想的资本主义政治理念,并将这些政治理念与中国现阶段出现的社会问题和社会现象强行挂钩,宣称正是"议会制""多党制"等政治制度的缺失导致了中国社会阶层贫富分化、政治领域贪污腐败及司法改革困难重重等问题,其险恶用心可见一斑。除此之外,利用网络无国界、无政府主义和虚拟平等的特点,新自由主义思潮的支持者们还将矛头直指社会主义,或堂而皇之或含沙射影地抨击中国共产党,质疑甚至恶意抹黑中国的政治制度,追问共产党的执政合法性来源,阻碍中国的民主法治建设。这些对中国政治层面的抨击和批判,经过一些所谓法学家的夸大其词,逐渐成为一股独立的、影响力较大的社会思潮——"宪政民主论"。通过对比新自由主义思潮的政治诉求和"宪政民主论"的主要思想,分析二者之间的异同和内在逻辑关系,不难看出"宪政民主论"实质上是新自由主义思潮对中国的政治渗透和文化侵蚀,其目的在于推翻社会主义,动摇马克思主义的指导地位。

互联网的发展改变了传统传媒的信息传播方式,打破了信息传播的单向度性和垄断性,使得各种信息都可以在网络世界传播。宪政民主论企图动摇和摧毁中国社会主义建设事业精神支柱的主观政治意图和互联网网络信息传播自由的客观相结合,恰好满足了其对理论载体的需求,使宪政民主论的传播如虎添翼。宪政民主论者利用互联网平台大力推行新自由主义美化过的西方资本主义政治观念,向民众展示被精心包装过的资本主义民主和法治,让人们可以在虚拟世界中体验到资本主义的生活方式,鼓励民众追求自由,发泄对社会的不满,宣扬无政府主义,反对社会主义制度。宪政民主论者积极活跃在互联网平台上,对中国改革开放和司法体制改革过程中不可避免的部分社会问题进行不实解读和刻意曲解,将一切社会问题的矛头直指中国共产党的领导,发动舆论,企图蒙蔽群众,动摇中国共产党的民众基础和中国政府的公信力。宪政民主论的理论硬核主要可以概括为照搬西方资本主义国家的政治制度,特别是其政党制度,具体表述为推翻中国共产党的领导,实行多党制,实行普选制,提倡军队国家化等。

二、中国宪政民主论的主要政治主张

在国内鼓吹宪政民主论者,虽然其主张的具体表现形式各异,但其主要政治主张的中国诉求有其一致性,其中最为主要的亦是危害最大的有如下几项。

(一)主张政党法人化,实施多党制

以西方国家特别是美国的政治制度模式作为"普世价值",正是宪政民主论者所持的一个重要见解。他们主张在中国实行西方式的多党制,取消宪法中关于中国共产党占领导地位的规定,摒弃中国特色社会主义政治发展道路,反对中国现有的政治体制改革模式。他们提出清理一党专政,向美国的宪政学习,实行多党制等要求,甚至鼓吹俄罗斯或中国台湾的多党制"是大陆政改的楷模"等等。

宪政民主论者还把中国官员腐败问题与坚持中国共产党的领导强行捆绑,认为政治腐败的根源在于没有实行西方式的多党制和轮流执政。这一观点带有明显的倾向性,掩盖了多党制的阶级实质。从表面上看,资本主义国家多党竞选,体现了其民主性,实质上,各政党代表的都是资产阶级的利益,多党制只是资产阶级进行内部利益划分的工具而已。此外,西方多党制还试图"通过多党竞争来协调统治阶级内部的矛盾"[①],但这一制度未有明显成效,反而造成各党派相互推诿,政府效率低下。

(二)主张军队非党化,实施军队国家化

"军队非党化、非政治化""军队国家化"也是宪政民主论者经常用来攻击中国政府和中国共产党的政治口号。在资本主义语境下,"军队国家化"是西方宪政国家为避免党派相争、维持军队独立性的一种制度设计。除此之外,为保持军队中立,避免军队介入政党斗争,西方宪政国家一般对军队实行"文职控制"[②]。

在辨析这些政治诉求之前,首先应当对军队与国家的关系进行基本的梳理。一般而言,军队的产生是与国家密不可分的。军队诞生在国家之后,在此之前,只有武装力量。就本质而言,国家和军队都是维护阶级统治的工具,是镇压反抗者的手段。国家和军队天然具有阶级性,它们两者之间相互影响、不可

---

① 柴尚金:《西方多党民主的三大制度性困境》,《中国社会科学报》2013年5月29日。
② "文职控制"是指军队的最高控制权由文职机关或文职官员掌握。

分离。"如果说国家是统治阶级维护自身统治的机器,那么军队就是这一机器发挥作用的强大工具。"①因此,无产阶级必须组建军队,只有这样,才能赢得与资产阶级的斗争。梳理过国家和军队的特性和二者关系之后再来分析宪政民主论者倡导的军队国家化等观点,会发现其目的还是在于维护资产阶级利益,而不是无产阶级利益。宪政论者通过倡导军队国家化来排除党对军队的领导,从而动摇人民民主专政的基石,削减在中国推行宪政的反对力量。

其次,中国的革命斗争和经济建设历程造就了中国共产党与军队、人民与军队、国家与军队内在一致的关系特征。在1927年8月1日爆发的南昌起义中,中国共产党创建了人民军队,并带领其与帝国主义、封建主义和官僚资本主义展开顽强的战斗,最终赢得胜利,成立了中华人民共和国。人民军队作为一支武装力量,自诞生之日起,几度易名,从最初的"中国工农革命军""中国工农红军",到抗日战争时期的"国民革命军第八路军""国民革命军陆军新编第四军",再到解放战争时期的"人民解放军"。名称在改变,不变的是人民军队的性质和中国共产党的领导地位。在中国,人民军队接受中国共产党的绝对领导是历史的必然选择。

《中国人民解放军内务条令》规定:"中国人民解放军是中国共产党缔造和领导的,用马克思列宁主义、毛泽东思想和包括邓小平理论、'三个代表'重要思想以及科学发展观等重大战略思想在内的中国特色社会主义理论体系武装的人民军队。"全心全意为人民服务,是中国人民解放军的唯一宗旨。军队与党、人民和国家这三者之间的关系是内在统一的,因为它们的阶级属性、根本宗旨是一致的。

中国共产党对军队的绝对领导是中国人民军队的优良传统。实践证明,强国强军伟大事业的实现有赖于中国共产党对军队的绝对领导。历史证明,"军队国家化"的后果是政局动荡、国家陷入战乱。习近平总书记强调,"我军之所以能够战胜各种艰难困苦、不断从胜利走向胜利,最根本的就是坚定不移听党的话、跟党走。这是我军的军魂和命根子,永远不能变,永远不能丢"。听党指挥、对党忠诚、确保党对军队的绝对领导,是军队党建的首要任务和根本要求。宪政民主论者鼓吹"军队国家化",其实质是通过否定党对军队的领导,破坏国家政权。

(三)主张司法独立化,实施三权分立

国内部分宪政民主论者将资本主义特质的民主法治理念置于中国特色社

---

① 李辽宁:《警惕"军队国家化"的错误思潮》,《红旗文稿》2015年第11期。

会主义民主法治建设的大环境下,刻意掩饰和忽略"南橘北枳"的致命理论错误,主张在国内实行西方式的"三权分立"制度,实现"司法独立"。

部分宪政民主论的倡导者认为,民主的根源在于人民选举,人民通过在国家行政管理权掌握和分配事宜上的自愿表达和法律选举来实现其民主权利。当权者在被人民选举成为国家政权掌握的管理者后,手握大权,一旦脱离人民群众的监督和约束,就会演变为"独裁者",利用手中的权力牟取私利,肆意镇压民众,破坏民意,由此衍生出一系列贪污受贿、滥用公权、玩忽职守的违法犯罪行为。基于对当选者的不信任和人性恶的考量,必须建立相应的制约机制来限制政府权力,以民众的共同意志为权力运行规则。由于人民不可能天天开会来制约他们,就有必要设立一个常设机构来实现监督,而理想的模式就是使各职能机构可以相互监督、相互制约,从而避免机构过多导致制约不力。他们认为,目前,三权分立和议会制度是最能实现权力制衡的办法。尽管各国具体做法不同,制度还不完善,但三权分立和议会制度是目前最好的选择。

此外,部分宪政民主论者认为不受制约的权力必然导致腐败,从而提出"三权分立""司法独立"的政治诉求。他们认为,中国虽然分别设立了人大、政协、一府两院等国家机构,但这些国家机构的运作都是在中国共产党的领导之下进行的,这是腐败现象屡禁不绝的根源。因此,他们主张在中国实行分权制,认为只有取消中共的绝对领导,实行多党轮流执政,才能实现权力的制衡。他们提出要仿照西方模式,设计"两院制":一是将中国人民政治协商会议全国委员会变成上议院;二是将全国人民代表大会变为下议院;三是党的书记担任下院主任,不具有最终表决权。而所谓的"司法独立"则剑指中国共产党,要求取消政法委,在中国范围内学习西方"司法改革",提出共产党员不得担任法官,要求党员退党,借以排除党对国家、司法的领导。"这实际上就是否定'党管干部'的基本原则,也是否定党的领导的重要方面。"①

部分宪政民主论者还试图以国内出现的贪污腐败为切入点,刻意歪曲事实误导民众,将党和国家严厉惩治腐败的行为片面解读为"党大过法",从而提出实施三权分立和议会制度。他们片面指责全面从严治党、坚决打击腐败的行为,而刻意回避"三权分立""司法独立"的制度缺陷。

(四)主张代议制,实施普选制

作为宪政民主中民主的实现方式,代议制中的代表是通过人民选举而产生

---

① 刘瑞复:《我国独立公正司法与西方国家"司法独立"的根本区别》,《红旗文稿》2014年第24期。

的,因此从选举的方式这一角度来说最能体现宪政民主政治模式的民主性。国内部分宪政民主论的支持者鼓吹在国内推行普选制,认为在普选制下,每个公民都拥有同等的选举权,有权投票选举,选择代表自己利益的党派,决定国家的管理者。他们认为,普选制是最符合民主内涵的选举方式,这一制度充分满足了人民表达意愿的自由,是反映人民呼声的最有效途径。这部分人还从中国惩治腐败的法治进程引申,无视中国政府和司法机关以"零容忍"态度进行反腐败斗争的事实,发表中国政治领域腐败问题已触目惊心的不实言论,误导普通民众,要求以普选制取代现行选举制度。赞同中国实行直接普选的人认为:在间接选举过程中,人们过于关注选举结果,无从了解选举过程的具体情况,使监督和限制机制的作用很难发挥到位;而不同于间接选举,直接选举可以给予人民最初的主动权,可以通过各种渠道让人民了解候选人的真实面貌,评判他们的才干、素养,再从中进行选择。其实,2016年美国大选早已揭开了西方普选制的面纱,金钱游戏的丑恶面目为全世界所知。而国内的宪政倡导者依旧借着"限政""限权"的噱头,鼓吹普选制,企图动摇中国共产党的领导,阻碍中国的民主政治建设进程,其实质只是一个在中国确立资本主义宪政制度的阴谋。

(五)冠以学术外衣,宣扬意识形态的资产阶级自由化

中华人民共和国宪法规定,中国共产党是执政党,各民主党派是参政党,可以参政议政;宪法还规定言论自由、出版自由、学术自由和结社自由,但这些自由均在社会主义制度范围内。在中国,每个公民都享有自由,但同时也负有维护国家利益的义务。言论自由的价值在于健康、科学的思想表达和理论交流,能够为创造和平安定的社会环境提供理论营养,为国家强盛发展和政治环境净化献言献策;发表的文章也应传播社会主义正能量,减少负能量,批判违反法律和道德的现象。宪政民主论者披着学术的外衣,倡导资产阶级的"普世价值",鼓吹"人性释放"。他们抹杀中国共产党的光辉历史,诋毁中国的传统文化,还公然抨击国家领袖,攻击指导思想——马列主义、毛泽东思想和邓小平理论,将不适宜的内容和思想搬进教育青年一代的大学课堂,向青年灌输虚假的学术自由和糜烂的生活情调,使部分青年学子成了精神空虚、不学无术的无用之人。

"宪政民主论"以"学术自由"为借口,实则为意识形态的资产阶级化,表面上看是在培养学生的独立性和创造性,实质上是瓦解他们的精神世界。宪政民主论者片面过分宣扬资产阶级的人性,鼓吹个性的释放。对于人性中仁、义、礼、智、信、忠、孝、廉、耻、勇等善良的品质,的确应该被尽情释放;而自私、贪婪、懒惰、淫荡、嫉妒、虚荣、偷窃、欺凌等代表着丑恶的人性阴暗面,应该被压制、改

变,而不是恣意展现。宪政民主论者在倡导人性解放的时候,显然忘记或者刻意回避了区分人性善恶的关键问题,不免令人对其思想理论的科学性和吹捧者的政治意图产生怀疑。宪政民主论者在学生之中不加区别地宣传所谓的"普世价值",突破中国发展的道德底线,向他们灌输资产阶级价值观念,宣称人权大于主权。

人类发展的历史证明,人类的一切生产活动都依赖于集体的力量。当今社会已经发展到高度文明的程度,假如有一天,这世上只剩下一个人,尽管他出身高贵,无所不能,拥有全世界的财富,他也无法独自生存。再进一步假设,如果这世上只剩下几万或几十万人,且都分散在世界各地,他们又该如何生存? 社会的重要性可见一斑。人类所有的活动都需要社会提供场所,所有的财富都来自社会,个人的人权也只有依托社会人权才能体现。可见,每个人都要承担各自的义务,人生的意义和价值在于为社会服务、为人民服务,人生的价值无法用财富和地位衡量。

第三节 宪政民主思潮的理论实质与实践困境

无论是激进的宪政派,还是主张实行"社会主义宪政"的社宪派,无论是别有用心的企图者,还是为了平等与国际交流对话、为中国民主法治建设思忖路径的思考者,他们都怀抱推进中国人权发展、贯彻依法治国方略的希望,但定纷止争的前提是我们必须了解西方宪政民主的实质,在思想上追根溯源。这就要求我们必须看清西方宪政民主在实践中的困境,洞悉宪政民主思潮的实质。

一、宪政民主思潮的理论实质

关于西方宪政民主思潮实质的剖析研究,可以从不同的角度切入。我们主要是从西方宪政民主的产生过程、阶级利益代表性、理论基础和价值取向方面进行分析。西方宪政民主建立在私有财产神圣不可侵犯的基础之上,是近代资产阶级革命胜利的成果,是资产阶级巩固统治的工具。

(一) 宪政民主的产生过程:近代资产阶级革命胜利的成果

随着资本主义宪法的确立,西方宪政制度逐步完善。宪政不仅是资产阶级革命的重要成果,还是资产阶级民主的政治形式。17、18世纪,封建统治的地位受到冲击,资产阶级革命爆发。英国最早完成资产阶级革命,开辟了资本主义道路,确立了君主立宪制。此后,随着启蒙运动与经济发展,资产阶级发展壮大，但封建专制阻碍了其发展道路，因此，为掌握国家政权，资产阶级发动革命。18世纪后期，法国、美国及其他国家，纷纷爆发资产阶级革命，并取得成功，建立了共和政体，民主共和成为西方发达国家的主流思想。

以资产阶级革命为动力，宪政民主逐渐发展完善，资产阶级掌握了国家政权。为巩固统治，维护革命成果，资产阶级以法的形式强制确立了资本主义政治制度。在与封建专制统治的斗争中，宪政民主政治展示了当时的先进性与革命性。但是随着历史发展的洪流，这种特质到今天已然不复存在。所以，我们不能倒退回去学习已然落后过时的政治制度。

（二）宪政民主代表的阶级利益：以维护资产阶级根本利益为意志

按照历史唯物主义的观点，在经济上占统治地位的阶级，决定了国家的政治制度。资产阶级是资本主义国家的统治阶层，资本决定了政治机器的运转，宪法和法律服务于资产阶级，是统治无产阶级的工具。西方宪政民主的要义在于巩固和维护资产阶级的统治秩序。

从理论和实践角度分析，"宪政"针对的是资产阶级的政治制度模式，也就是说，宪政民主论者所倡导的宪政制度，只存在于资本主义语境中。他们所提出的宪政实质上是西方自由主义的政治主张和制度安排，一旦脱离其政治语境，就不复存在。国内部分宪政民主论者所赞同和推崇的一系列所谓的"最佳民主制度"，例如多党制、议会民主、三权分立等，表面上看是资产阶级通过宪法和法律维护自由民主的政治运作，其实质是资产阶级统治集团内部进行利益榨取和权力分赃的利益交换。在宪政民主制度之下，劳动者被资产阶级无情榨取，成为资产阶级利益机器的燃料，其政治、经济、思想等各项权利则成为推动资产阶级发展的动力。因此，从阶级利益属性上分析，宪政民主是无产阶级的枷锁，围绕着资产阶级利益不断积累和扩张。

西方宪政民主体制适应了资产阶级发展的需要，宪政民主限制政府权力、保护个人权利的规则，满足了快速发展阶段资产阶级对于资本大量积累的愿望和要求。

（三）宪政民主的理论基础：以私有财产神圣不可侵犯为逻辑基点

历史证明，资产阶级掌握国家政权后，以立宪体现资产阶级的意志，用法律手段来确立其统治地位，实施宪政，并为其他法律的制定提供依据。著名的西方宪法主要有《权利法案》（1689年）、《美国宪法》（1787年）、《人权宣言》（1789年）等等。这些代表性宪法，明确规定了国家政权的阶级属性、政治制度和组织形式，为君主立宪和民主共和的西方宪政制度奠定了基础，推动了西方宪政制度的产生和发展。此后的资本主义国家在制定宪法时,大多以这三部宪法为范本。无论是《权利法案》(第4条),还是《人权宣言》(第2、17条),或是《美国宪法》(1791年宪法修正案第5条),其制定时间、立法精神及侧重内容的不同均未改变其中一个原则,即资产阶级私有财产神圣不可侵犯。

上述事实揭示了西方宪政的本质。西方宪政代表资产阶级的利益,通过近代资产阶级革命产生,以私有财产神圣不可侵犯和个人主义价值观为理论基础。由此可见,西方国家的宪政民主是一种以西方特殊政治文化为基础的政治文明,属于资本主义的范畴。宪政民主致力于推进以私有制为基础的资本主义经济的发展。多党制、三权分立和议会制,实质上不过是资产阶级进行利益交换的内部机制,其后果是造成党派之间的明争暗斗、互相对峙,引发了政局动荡、政府频繁更迭等一系列问题。宪政民主不过是标榜民主自由,我们不能被其虚伪的假象所迷惑。宪政民主发展到今天,已经产生了诸多不可避免的制度困境与社会矛盾。

二、宪政民主思潮的实践困境

在当今时代,随着经济全球化的发展,世界逐渐成为一个整体,全球化影响了民族国家的发展。哈贝马斯把全球化对民族国家的影响归结为两个方面:一是破坏实行民主的必要条件;二是对国家合法性提出挑战,表现为政府效率低下。为此,跨国组织纷纷成立,但"这些国际组织本身也面临严重的民主合法性亏空问题"①。"民主的空洞化"成为20世纪70年代以来西方宪政国家的问题。西方宪政民主制度实践几百年后,弊病丛生,贿选、勾结,权钱交易、权色交易屡禁不止,腐败成为西方宪政国家的痼疾。西方宪政民主制度是资本主义的权力运行体制,是资产阶级剥削与压迫无产阶级的工具,是腐败的根源。

(一)三权分立的误解与悖论

作为西方宪政民主制度的主要特征,三权分立的思想基础来自孟德斯鸠的三权分立学说。孟德斯鸠极为崇尚18世纪英国政制,他的三权分立学说正是受到了英国政制的影响和启发。然而,孟德斯鸠发明的分权学说,却是源自对英国政制理想化的误解。他将18世纪英国并存的三种体制——君主制、贵族制、民主制——理想化地解读成立法权、行政权、司法权的三权分立。孟德斯鸠在混淆了"分权"与"混合君主制"的情况下,从当时混乱、腐朽、分裂的英国政制

---

① [英]J.S.密尔:《代议制政府》,汪瑄译,商务印书馆1984年版,第230页。

体制中，误会地创立了被后世奉为经典的全新学说。英国著名政论家和经济学家白芝浩（W. Bagehot）在其1867年所著的《英国体制》中反驳了孟德斯鸠关于三权分立学说的谬误。第一，英国的政制并不是基于三权分立，而是建立在立法权与执法权的融合之中，两种权力相互包庇、相互妥协，才使得英国的政治运行得如此顺滑。第二，英国的最高主权并非如孟德斯鸠所描述的那样，被君主制、贵族制和民主制三者平分，而是基于一种"尊严与效率"的二元体系，即英国女王的表面特权与英国首相的实际权力。由此可见，支撑西方宪政民主的重要支柱"三权分立制度"，在其产生之初就蕴含着对民主政制的理解不足。

随着孟德斯鸠的三权分立学说的不断发展，据此产生的三权分立制度被广泛地应用于西方资本主义民主政治中。"以权力制止权力"的理论初衷在西方国家的长期实践中渐渐显示出问题。这是因为，三权分立存在原则悖论。在政治实践中，三权分立要么会导致效率低下，要么就是徒有其表，实则由立法机构或者行政机构独揽大权。言外之意，如果彻底分离权力，会导致政府效率低下，权力运行受阻；而名义上分权，则只有分权的幌子，实际上权力高度集中。在现行西方宪政民主制度国家，大多数国家都遭遇到集权的困境。

三权分立要求立法权、司法权、行政权互相制衡，任何权力不得凌驾于其他权力之上，但这只是理想化的设想，在现实中无法实现。德国政论家希勒格尔指出，国家主权无法平等分割，当行政机构权力过多时，政府就会走向集权；而当权力倒向议会时，"议会至上"的局面则会导致政府无能乃至无政府状态。前者就是当今西方宪政民主国家所面临的局面，而后者则被法兰西第四共和国的兴衰所印证。所以，目前西方政治现实中，宪政民主论者推崇的三权分立不过虚有其表，真正行使国家最高权力的是行政权之所在——政府，总统、首相和总理作为政府首脑独揽大权。

具体来看一下实行标准总统制民主的美国。名义上，立法权掌握在国会手中，但是美国总统可以通过行政命令、国情咨文、议案提议以及对国会通过议案的否决权来控制立法。当总统来自国会中占多数席位的党派时，这种权力就近乎独裁；即使国会没有跟总统"一个鼻孔出气"，总统依然可以使用否决权驳回议案，或者干脆将国会通过的议案束之高阁，拖延至国会休会时使之自动无效，这种惯用的政治手段也被称为"口袋否决权"。美国总统的权力甚至可以介入司法领域，因为根据美国三权分立的"民主"制度，联邦最高法院的大法官由总统提名。

西方宪政民主下的政府首脑，实质上是一个由人民普选产生的、有一定任期期限的"国王"或者"皇帝"。依据汉斯·赫尔曼·霍普的理论,民主制与君主制的不同之处不过是改变了世袭垄断权力的所有者,暂时可替换的"总统""首相"取代了"国王"或"皇帝"。国王拥有国家,为了自己的长远利益,他可能会更加温和地剥削人民;而民主制管理人并不拥有国家,他不会考虑下一届管理人和公众的未来,一旦掌握权力,他只会更肆意地剥削人民,最大限度地谋求个人私利。而宪政民主论者所看到的三权分立的民主制度,只是给集权披上了一层美好的外衣。他们在接受西方所谓的"最好的民主制度典范"的时候,殊不知其中存在诸多的"不民主"。

(二)多党制基因中的"反民主"本质

宪政民主论者认为多党制维护和促进了民主政治,与民主相挂钩,他们中的部分人甚至提出一党必然导致专制的观点。可是,从民主的本义上剖析,党派制度其实是一种反民主的存在。卢梭在其《社会契约论》中对此有过解释。他认为,公意是不可分裂的,只有人民整体的意志才能被称之为公意,一部分人民的意志是无法代表全体人民的。正因为如此,卢梭十分反对公民自行组织的协会团体,也就是现在所谓的政党。他指出,党派的"公意"并非真正的公意,而是一部分特殊意见。在他的影响下,法国大革命摧毁了所有传统的行会和民间社团。为此,法国政治学家蓬贝尼发表言论,称现代党派政制是民主之终结。从卢梭的民主思想来看,单纯的一党制更接近他的民主理想,如果这个政党可以真正代表人民意志的话。

多党制虽然在理论上可以更广泛地"代表"人民的意志,但在政治实践中举步维艰,甚至停滞不前。这是由于各政党意见不合,利益集团利益纷争,无益于资产阶级控制社会资源和政治地位。渐渐地,精简的两党制因为其运作简便畅快而逐渐成为西方宪政民主国家政党制度的首选,但其"代表"人民的多元性和广泛性,远远不如多党制。虽然可行性相对较低,但多党制给民众提供了更多的选择,更有利于人民表达其政治诉求;而两党制看似给予了人民充分的选举权,但实际上只给他们提供了"两害相较取其轻"的选择,选民只能在两个均不能代表其利益和意志的阵营中选择一个略微不那么讨厌的。这种"两害相较取其轻"的两党选举,根本没有给予选民选择的空间。例如,英国保守党在最近一次大选中获胜,不是因为保守党如何"得民心"(投票前众多的民意测验都表明民众对保守党不满,工党将获胜),而是人民的一种无可奈何。法国思想家和政治学家雷蒙·阿隆曾指出,竞争组织的好,会导致两党制,使得公民的选择减少,越不民主;竞争组织的差,就会出现法国的情形,其政体在某种意义上倒是一种完善的民主,假如说民主乃在于给最大多数的个人以最大限度的选择的话。"如此无能的政府,如此软弱的政府,怎会长期稳定地存在下去?"[①]这样的政党制度怎能谈得上是对民主制度的维护? 宪政民主论者所推崇的所谓"民主制度"真是自相矛盾。

此外,多党制在一定程度上催生了腐败。在西方政治过程中,利益集团为了集团的利益诉求通过政治献金扶持政党上台,或通过游说向执政党施加压力。政党与利益集团相互勾结,促成了权力与利益的交换,政党腐败滋生。各政党为争取执政权,相互攻讦,互相拆台。为了选举的胜利,党派耗费大量金钱,甚至不惜作弊、贿选,政治深受利益集团操纵。

因此,多党制下的竞选自由看似为每一个人提供了平等的选举权,但实质只是徒有其表,人民根本没有选择的余地。在竞选中,只有资产阶级的利益集团才能赢得选举,掌握政权,可以说,资产阶级独享大权。所谓的竞选自由以及"多党竞选、轮流执政",关键在于有无巨额竞选经费。西方现代"民主",打着卢梭的幌子,实行孟德斯鸠式的英美自由主义。作为西方现代政治价值观中的首要因素,多党制下的自由是虚假的自由。政治多元主义或多党制,只是西方自由主义文化在政治领域的延续和体现,并不能保障民主。一党制与多党制的差别,是多一点和少一点个人主义自由的差别,而不是多一点和少一点民主的差别。因此,宪政民主论者所主张的以多党制改革推动民主政治发展只是刻舟求剑。

(三) 西方代议制的危机

除瑞士以外,现代号称"民主"的国家都可以说是实行"间接民主",也就是代议制。受西方国家误导,国内提倡宪政民主论者将这种西方流行的代议制等同于民主。

"代议制"(representation),就是"代"为"议"政的制度,是指人民委托其"代表"(代理人)"代"为行使主权,是直接民主形式上的山寨品。法国学者吕西安·若姆在《霍布斯与现代代议制国家》一书中指出,代议制民主内含悖论。他认为,既然民主的定义是人民的政权,而代议制是一种以人民的幌子却非人民行使的政权,那代议制民主就不是人民的民主,而只是为人民的政权。

另一个为人们所不解的事,就是西方给代议制打上了"民主"的标签,也就是说,代议制成为民主的标志。然而,纵观整个资本主义发展历史,议会代表制

---

① 罗成翼、刘利乐、黄秋生:《民主的脆弱——论雷蒙·阿隆的民主观》,《学术界》2013年第8期。

长期与"民主"无关：英国早期议会、法国三级会议以及德国俾斯麦时代的"帝国议会"（Reichstag）。在《政治的发明》一书中，政治学家皮特金指出，"议会"在君主统治时期就已经存在，因此与民主观念没有必要联系。代议制并不能代表民主，西方宪政国家强调代议制的民主特质只是为了掩盖其对民主的伤害。代议制下，议会——由人民选举产生却与人民很不同的机构来践行国家意志。

人们向来忽视的一点是，他们认为，议员由人民选举产生，自然是"人民的代表"，但出乎人们意料，议员代表的是国家利益而非人民。不仅如此，一部分官员不但没有代表人民行使权力，也没有代表国家利益，而是代表特定利益集团，从而导致人民的权益受到侵害。这是因为按照西方国家选举制度的规定，公民均享有被选举权，但"选举保证金"制度，将绝大多数普通公民拒之门外。为了赢得选举，大部分候选人不得不寻求财团支持，只有足够的金钱才是参选的必要前提，由此滋生了腐败。马克·汉纳曾说："要赢得选举，需要两个东西，一是金钱，第二个我就记不得了。"竞选说到底就是金钱的竞争。

此外，美国还将政治献金合法化。尽管从1907年开始，美国不断试图修改"联邦选举法"，对政治捐款进行限制，但收效甚微。2010年1月21日，美国联邦法院在"公民联盟诉联盟选举委员会"一案中，裁决竞选捐款属言论自由，受宪法保护，企业可以不受限制投入竞选资金，取消了对政治献金的限制，揭开了资产阶级"选举民主"虚伪的面纱。德国前总理科尔腐败案、法国前总统萨科齐"毕格马利翁假发票"事件、美国总统大选、美国能源巨头安然公司的破产及其政治捐献丑闻，无一不与政治捐款有关。现代政治的选举需要大量的金钱，这使得政治家不得不寻求财阀的支持，获取充足的资金。在实际选举中，利益集团往往利用自己的资源扶持候选人，使其在选举中处于优势地位，变相操纵选举。而一旦选举结束，人民便不再享有权力。上台后的官员为了回报财团资本家的支持，在制定政策时便倾向于维护资本家的利益，同时为获取更多的金钱支持，双方进行利益交换，腐败问题难以避免。

孟德斯鸠在《论法的精神》中对代议制的核心价值作出了明确说明。他认为代表制的最大作用在于他们有能力处理国家事务，而人民则没有能力参与国家管理。也就是说，人民参政仅仅在于选举代表，而没有丝毫参与国家政治运行的机会和权利。代议制民主下，选民只有在选举时才拥有自由的选举权，而等到选举结束，他们就再无权参与国家事务。也就是说，民主和代议制就此各奔东西，从而揭露了代议制自身的局限性——人民并不能当家做"主"，只能成为"主"的"奴隶"。

当宪政民主论者还在天真地认为代议制民主是人类最好的政体时,西方国家的政治实践正见证着代议制民主的危机。1984年1月,法国政治科学协会第二届大会召开,会议的主题就是"代议制的危机"(crise de la representation),与会者的论文汇总形成《代议制》一书。会上,许多西方政治学家质疑代议制的合法性基础,并指出政府没有执行"最高主权属于人民"的原则。

以号称"世界最大民主国家"的美国为例,2016年的美国总统大选就像一记重重的耳光打在宪政民主论者脸上。无论是国际社会还是美国民众,都纷纷抨击总统大选,他们用来评价2016年美国总统大选的词汇多是"低俗""虚伪"。大选中,相互抹黑揭丑取代了政策辩论,政治丑闻如影随形,而政党内部内讧、竞选者相互人身攻击更是屡见不鲜。本该神圣庄严的国家领导人选举,却成为一场让人三观尽毁、突破人们道德底线的"超级真人秀"。民调显示,美国民众普遍感到选举制度沦为一场金钱游戏,或者说是政治闹剧,民众开始丧失对"民主"的信心,担忧美国将何去何从。民意是政治的镜子,美国民众对大选的指责和对国家的迷茫,揭示了美国宪政民主制度的"复合性危机"[①]。这届美国总统大选,可以说是对美国主流政治精英在选举中的种种"内幕"及其虚伪属性的一次彻底揭露:民主党密谋策划压制候选人桑德斯;参选政党与媒体和政治行动组织合谋恶意抹黑竞争对手;民主党总统候选人希拉里"理直气壮"地与华尔街金主操纵大选结果……在金权政治下,美国民主选举被碾压得体无完肤,大选将美国从长久以来自诩的"民主国家"的道德高地上再一次狠狠推倒。在此次大选中,美国的"精英主导"与"大众参与"之间的矛盾逐渐激化。在宪政民主制度的外衣掩饰下,选举深受利益集团与社会精英玩弄操纵。失业率居高不下、社会阶层分化、种族歧视依然严重,美国的各种社会矛盾在大选中暴露无遗。由此可见,以美国为首的西方资本主义代议民主制度有着不可自我修复的原生性弊病。

(四)军队国家化"价值中立"的虚伪面相

"军队国家化"建立在西方资本主义国家多党制的政治基础上,是西方资本主义国家所推行的一种政治制度。在多党制背景下,为了避免政党控制军队,脱离国家管控,国家以立法的方式划清了军队与政党之间的界限,明确军队只服从国家元首的命令。美国1787年宪法规定:"总统为合众国陆海军的总司令,并在各州民团奉召为合众国执行任务时担任统帅。"

---

① 高石:《"美式民主",问题出在哪了?》,《人民日报》2016年10月25日。

细细分析西方多党制国家的"军队去党化""军队国家化"制度,不难发现军队为统治阶级服务的本质并未改变。尽管从法律看来军队在政党政治斗争中保持了"价值中立",不受影响,只效忠于国家,但从其阶层属性来看,这种价值独立不过是一种障眼法。在"军队非党化"的形式下,西方多党制国家的军队本质仍然是为资产阶级服务,而未为广大国民服务。"所谓军队的'中立化、国家化'正是资本主义统治的理想形式"①,"军队中立"不仅保证了军队掌握在资产阶级手中,还有利于保持自由竞争,因为国家政权总在代表不同利益团体的政党之间转来转去。

　　除此以外,宪政民主论者所标榜的所谓"司法独立",正如马克思所揭示的:在资本主义社会,统治阶级——资产阶级决定了法官的推选任命和立场。因此"法官的虚假的独立性被取消,这种独立性只是他们用来掩盖自己向历届政府奴颜谄媚的假面具,而他们对于那些政府是依次宣誓尽忠,然后又依次背叛的"②。

　　因此,"宪政民主"的本质是资本主义统治的工具,是为满足统治需要而确立的资产阶级属性的政治模式和制度设计。马克思认为资产阶级国家政权是"资本对劳动作战的全国性武器"③。而列宁也曾指出:"它始终是而且在资本主义制度下不能不是狭隘的、残缺不全的、虚伪的、骗人的民主,对富人是天堂,对被剥削者、对穷人是陷阱和骗局。"④

第四节　西方宪政民主在中国的不可行性分析

　　政治发展道路关系国家政治、经济命脉以及国家政权的稳固。理想化的制度移植和模式仿效,对于中国社会稳定、经济发展、文化繁荣有弊无利。纵观世界历史,不难发现,错误的政治道路会扰乱社会的正常发展,造成社会动荡,甚至引发国家分裂。"中国是一个发展中大国,坚持正确的政治发展道路更是关系根本、关系全局的重大问题。"⑤

---

① 梅荣政、杨军:《西方自由主义的流变、实质与危害》,《红旗文稿》2014 第 3 期。
② 《马克思恩格斯选集》第 3 卷,人民出版社 2012 年版,第 99 页。
③ 《列宁选集》第 3 卷,人民出版社 2012 年版,第 146 页。
④ 《列宁选集》第 3 卷,人民出版社 2012 年版,第 601 页。
⑤ 《习近平谈治国理政》第 2 卷,外文出版社 2017 年版,第 285 页。

一、宪政民主与社会主义民主法治的本质互斥

中国的民主政治建设有自己独特的经验与教训。在改革开放 40 多年时间里,中国共产党领导人民建设社会主义民主政治,践行民主与法制,取得了辉煌成就。在西方宪政民主思潮涌入中国的当下,深刻理解并厘清西方宪政民主与中国法治建设的关系和异同,对于更好地汲取西方政治理论优点,丰富中国法治建设的理论实践,有着不可忽视的作用。

(一)宪政民主与社会主义民主法治的内涵剖析

在中国对民主法治建设的长期探索过程中,逐渐形成了具有中国特色的民主法治发展理论。"'法治民主'是在肯定民主原则的前提下,主张对民主要有所限制或节制,强调民主与法制的统一,以弥补民主的不足,防止'多数人的暴政'。"①在依法治国的背景下,中国坚持民主集中制原则,以宪法与法律为准绳,推进民主法治进程。法治与民主的结合是中国改革开放以来的重要成果,对中国长期以来的社会稳定快速发展起到了重要的保障和推动作用。

"宪政民主"这一概念来源于西方,根植于西方文化的土壤。在当今时代背景下,在中国提出宪政民主,主要强调实现政府权力与公民权利之间的"平衡",与法治民主比较而言,更为侧重:第一,规范与制约国家权力;第二,保障公民权利;第三,依法执政。其精髓在于通过制约政府权力和保障公民权利来发展社会主义民主政治。

(二)二者的本质区别

"社会主义宪法确立了无产阶级在经济上政治上的统治地位,它从法律上保证无产阶级和广大劳动人民当家作主的权利。"②这一本质特征,决定了社会主义宪法与资本主义宪法截然不同,有着本质上的差别。

在国家权力的配置上,中国实行人民民主专政,人民选举产生代表,通过人民代表大会行使权力,人大是最高权力机关,其他一切机关要对它负责,受它监督。中国不实行"三权分立",人大选举产生行政和司法机构,对人大负责并受其监督。也就是说,人民代表大会是最高权力机关,不与行政、司法机构分权,不受其制约。人大只对人民负责,接受人民监督。不同于"三权分立",中国实

---

① 石文龙:《从"法治民主"到"宪政民主"——当前我国民主与法治的发展道路纲要》,《江汉大学学报》(社会科学版)2013 年第 1 期。
② 汪亭友:《资本主义宪政的实质、内涵及其与社会主义民主的区别》,《思想理论教育导刊》2010 年第 8 期。

行议行合一制度,具有集中力量办大事、办好事的优势。

在政党制度上,中国实行中国共产党领导的多党合作和政治协商制度。中国共产党一党执政,其他民主党派参政议政。中国共产党是领导核心,是唯一的执政党,其他政党都是参政党,但非在野党。这种制度有利于中国特色社会主义民主政治建设,具有多党制所没有的独特优势,是由共产党的性质和宗旨与广大人民的根本利益完全一致所决定的政党制度。

在奋斗目标上,中国特色社会主义民主政治将坚持党的领导、人民当家作主与依法治国统一起来,坚持党的事业至上、人民利益至上、宪法法律至上。中国社会主义法治的本质,与资本主义宪政的本质截然不同。共产党的一党执政并非一党专政,而资本主义国家的多党竞选也并非民主。从表面上看,在资本主义国家,任何政党想要执政或参政都必须根据选举结果,这似乎体现了民主,但政党是阶级利益的集中代表。在任何一个资本主义国家,政治上的统治阶级都在经济上占统治地位,他们通过扶持政党以维护阶级利益。所谓两党制或多党制,不过是资产阶级内部分赃的工具而已。

由此可以看出,社会主义民主根本不同于资本主义的宪政民主。中国的国家性质和国情决定了中国不能照搬西方宪政制度。中国是社会主义国家,中国实行社会主义法治的目标就是要维护最广大人民的根本利益。"我们党提出依法治国,建设社会主义法治国家,指的是党领导人民治理国家,保证人民依法实行民主选举、民主决策、民主管理和民主监督,维护广大人民的根本利益。"[①]资本主义的宪政民主不能替代中国特色的社会主义民主。

二、中国不具备实行"宪政民主"的肯定因素

中国之所以不能走西方"宪政民主"道路,不能实行西方宪政民主思潮那一套政治主张,是有其深刻的历史、民族和时代原因的。中国国情决定了中国不可能效仿西方国家,套用西方宪政模式。

(一)民族历史因素:中国共产党的领导是历史的选择

中国是多民族国家,幅员辽阔,地区差异明显。在华夏几千年历史上,中国就是中央集权制国家,实行专制统治。辛亥革命以后,君主专制制度被推翻,资产阶级却并没有建立起现代中央集权制度。在具体实践中,中华民国忽视国情,执意套用西方宪政民主模式,不仅没有摆脱悲惨境遇,反而陷入更深的泥

---

① 汪亭友:《资本主义宪政的实质、内涵及其与社会主义民主的区别》,《思想理论教育导刊》2010年第8期。

潭,中国由此遭遇了军阀混战的悲惨命运。而在现代,如果中国还要套用西方宪政民主模式,否定党的执政地位,涣散中央集权,国家将一步步成为一盘散沙,最终部分地区很可能被反华势力完全分裂出去。在当今世界,经济全球化趋势越来越明显,中国一旦发生分裂,就不可能谈得上民族复兴,面临的就是彻底退出历史舞台。反思苏联的经历,就是在西方"和平演变"的影响下,被宪政民主理念所诱惑,"从苏联宪法中取消了坚持苏共领导地位的'第六条'"①,从而引发了多米诺效应,整个国家分崩离析,其亡党亡国的历史教训值得我们深思。

(二)国际环境因素:意识形态斗争硝烟弥漫

长期以来,中国备受压制,在政治及经济领域受制于西方发达国家。历史证明,只有依靠共产党领导,坚持人民民主专政,才能抵御诸多领域的外来侵害。我们必须清醒地认识到,中国共产党带领人民推翻"三座大山",建立了新中国,结束了中国半殖民地半封建的悲惨命运。当前,中国在政治、经济、军事等领域仍受西方发达国家封锁,国内还存在各种错误思潮、敌对势力和对抗性矛盾。而在国际上,意识形态领域斗争愈演愈烈,敌我阵营的交锋无处不在,意识形态斗争花样频出。西方发达国家企图通过"宪政改革",在中国搞颜色革命:一是试图利用党政分开,动摇党的领导;二是以加强民主协商的名义推行多党制;三是企图把全国政协改造成与人大并列的"参议院",实行议会制。在当前斗争中,我们必须保持清醒的头脑,坚持人民民主,保持对一切敌对势力的专政。

西方发达国家不仅以学术理论包装宪政,在全球范围内推行,还以推动经济发展的噱头吸引新兴国家,传播新自由主义的资本主义意识形态。然而,新自由主义非但没有促进经济增长,还带来一系列恶果,例如,工厂倒闭、失业率上升、政局动荡等等。不仅如此,新自由主义还导致全球金融危机频发:日本、墨西哥、俄罗斯、阿根廷及美国等国家陆续陷入经济危机。"新自由主义的泛滥与金融危机、经济危机在全球的频繁爆发密切相关"②,而金融危机将西方民主制推下神坛。

(三)国内环境因素:经济基础、社会矛盾、政治体制特点需要中国模式

中国是发展中国家,经济科技水平相对落后,想要快速赶超西方发达国家,只能依靠以公有制为主体的市场经济。为了保护私有制的市场经济,西方国家实行宪政民主制度。所以,"中国为了发展公有制为主体的市场经济,当然必须

---

① 梅荣政:《谈谈宪政问题》,《求是》2014年第5期。
② 李炳炎、王冲:《当前世界经济危机与新自由主义的终结》,《探索》2011年第3期。

实行以保护公权利为主要目标的政治制度"①。与此同时,中国人口众多,而自然资源有限,人均资源相对较少,而且历史上受到过殖民主义的侵略,在如今激烈的国际竞争中,仍处劣势。中国无法像美国、法国等国家一样,通过掠夺其他国家和地区来转移国内矛盾,只能靠国内发展化解矛盾,维护社会公平。我们需要的不是西方宪政国家那种受限的"弱政府"模式,而是集中力量办大事的社会主义"强政府",一个能够带领人民造两弹一星、建青藏铁路、搞登月工程的政府。中国需要建立适合自己的模式,需要社会主义强政府和强市场机制相结合。

中国是一个发展中国家,国力强大,国情复杂。在共产党领导下,目前中国已初步形成有效的监督体系,遏制了市场化过程中的腐败现象,推进了市场化改革进程。实践证明,科学有效的管理和监督机制是控制和解决腐败的关键。和西方发达国家相比较而言,中国不存在所谓合法的"隐形腐败"。然而,如果中国偏离了轨道,硬要实行西方宪政民主制度,搞多党制和三权分立,从印度和俄罗斯的教训看,必然会出现巨大的社会问题,特别是有效监管机制的丧失,进而扰乱社会秩序,出现更严重的腐败问题。因此,中国必须坚持中国共产党的坚强领导,实行民主监督,才能有效预防和控制腐败现象的发生。

三、中国宪政民主论政治诉求背后的价值隐忧

宪政民主论者所主张和宣扬的中国政治体制变革的一系列主张,在其言论自由、学术探讨、政治责任感等价值情怀的背后,却隐藏着干扰和阻碍中国民主法治建设的"致命病毒"。

(一)多党制中隐藏的危机

宪政民主论者所推销的"多党制",也可以称之为政党法人化、多党执政。从政治经济学上来说,任何党执政都要依赖经济实力。实施多党执政,就必然破坏公有制为主体的社会主义制度,这是因为中国共产党在领导中国革命和建设中有着不可替代的关键作用,中国国情决定中国共产党的纲领必须是共产主义。一旦实施宪政民主论者所谓的多党竞选,中国共产党科学、正确的执政纲领和精神引导作用将无法持续有效地指导和带领中国实现伟大复兴的中国梦,而其它任何政党也无法彻底理解和坚持共产主义的纲领和社会主义制度。世界各国政治发展史证明,任何一个政党,包括中国共产党在内,要在多党竞争中

---

① 荆南翔:《为什么中国不能把宪政民主当成改革目标》,《理论界》2013年第11期。

取得执政资格,必须有大量的活动经费保证,而选举活动所需筹集的资金,是党费所无法解决的。从哪里获取资金呢?当今世界各国政党的主要甚至是唯一经费来源就是大财团、大资本家等金主的赞助。仅以美国总统大选为例,2012年,奥巴马、罗姆尼等人的总统选举共花费60亿美元,被称为"史上最烧钱的大选"。仅仅在四年后,这一纪录便被打破,2016年总统选举开支高达68亿美元。而这些开支来自利益集团,来自资本家剥削所得。

这些金主中绝大部分靠着赞助给政党的金钱来达到控制该政党,参与国家政治斗争为自身和其所在的利益群体争得更多的政治和经济利益。美国总统奥巴马在《无畏的希望》一书中承认:"竞选需要电视媒体和广告,这就需要钱,去弄钱的过程就是一个产生腐败的过程,拿了钱,就要照顾钱主的利益。"所以,以权谋私中产生的往往不是利国利民的良性政治环境,而是腐败和阴谋,是党派争斗的失控和社会的动荡,最终受苦的是广大的国民或选民。

宪政民主论者主张在中国推行多党制,不免令人怀疑其真实目的极有可能是希望一些动机黑暗甚至反社会主义性质的组织、外国势力乘虚而入,操纵中国政治环境,瓦解中国共产党的正确领导,削弱中国国力,或是为那些觊觎执政地位的党派投靠大金主和外国势力提供契机。若这些主张真的实行,中国就会沦为金钱游戏的角逐场。为了获取执政地位,各党派必然要以利益集团为核心,"一切为着人民的利益""全心全意为人民服务"的局面将一去不复返。在内外交困的环境下,利益集团的角逐,最终将导致中国的分裂。

(二)三权分立背后的伪命题

宪政民主的支持者主张在中国效仿资本主义国家实行三权分立制度,背后隐藏着"法大还是党大"的伪命题。在中国,个别党员、领导干部法治观念不强、徇私枉法的现象的确存在,但这绝对不是国家政治氛围的主旋律;党和国家在着力整治清除这一违法乱纪现象的案例和成效,被部分宪政民主论者误解或者曲解,将整体健康良好的政治环境中的个别不良因子放大,以偏概全并利用舆论推波助澜,通过互联网等媒体的言论开放性传播"党比法大"论调,误导人民群众。

宪政民主论者所提出的"党大还是法大"其实是一个极具迷惑性的伪命题。无论答案是法大还是党大,都会陷入宪政民主论者的诡辩圈套之中:若回答宪法和法律高于党的领导,宪政民主论者就可以顺势提出党的领导能力不足以引领中国法治建设的未来,继而否定中国法治建设中已经取得的成就;若以党的领导高于宪法和法律的权威为答案,就正中了言论制造者"法治社会、依宪治国、依法治国的虚伪性"的思维误导之中。之所以说"党大还是法大"是一个极具欺骗性的伪命题,是因为这一命题本身就存在逻辑上的谬误:党是领导中国国家建设的政治团体,宪法和法律则是人民意志上升而成的社会行为规则,二者之间的关系并非简单的"1>2"。提出这一命题的人是在制造话语陷阱,将党和法之间的复杂重要关系简单地做比较,本身就是一种误导。

理论与实践结合的事实就是揭示党和法治的关系的最好依据,并能够直接反驳宪政民主论者所提出的"法大还是党大"这一具有理念误导性质的伪命题。党的十八届四中全会提出贯彻落实依宪治国、依法治国方略,行政权力依法受到限制和监督,违反宪法和法律的权力行使均将依法处理。这表明,在中国国家行政权力是依照宪法和法律的规定被授予和行使的,依法受到人民的监督,以保证权力最根本的属性是代表最广大人民的意志。中国国家权力运作全过程均以宪法和法律作为运行守则和边界。在资产阶级宪政民主框架下,是没有民权的,也是没有真正意义上的人权的,其民权和人权具有很大的阶级局限性,也具有极大的社会欺骗性。

四、西方宪政民主思潮全球扩张的恶果与教训

西方宪政民主思潮在不断向外扩张的全球化过程中,以各种形式影响着社会主义国家的政治进程,其中不乏意识形态理论不敌资本主义政治思想继而推行西方宪政民主制度的惨痛教训。"判断历史的功绩,不是根据历史活动家有没有提供现代所要求的东西,而是根据他们比他们的前辈提供了新的东西。"[①]在面对宪政民主论时,不仅要对其内在基因进行理论分析,更要从其实践结果中看到它的教训,反思它的困境。社会主义国家在进行西方宪政民主变革过程中和完成后的经验教训,对中国正确辨析宪政民主论思潮具有重要的借鉴意义。

(一)苏联解体的悲歌

俄罗斯总统普京曾评论说:"苏联的解体,是20世纪最严重的地缘政治灾难,对于俄罗斯人民来讲,它是一场真正的悲剧。"从客观上分析这一剧变的根源,苏联、东欧等国家自身缺陷和错误不可否认:经济体制僵化、片面发展重工业和军工业、忽略人民生活水平的改善、执政党的错误决策等。西方资本主义国家的政治斗争、意识形态蓄意破坏等外部原因也不容忽视。苏联先后两次接

---

① 《列宁全集》第2卷,人民出版社1984年版,第154页。

受了西方新自由主义的"洗礼",均以失败告终;接连两次的政治体制和经济体制"西方化"的恶果共同造成了苏联解体和东欧剧变的悲剧。

以美国为首的西方资本主义国家对社会主义国家实行"和平演变"战略是苏联解体的重要原因。美国以文化传播为载体、以经济全球化为途径,在国家间经济文化交流中,进行意识形态渗透,将西方的自由、民主、人权说成是"普世价值",资本主义宪政民主思潮渗透进苏联,使得苏联在经济上推行"华盛顿共识",在政治上全盘西方化,以资本主义的意识形态、价值观念作为主流。这样推行宪政民主改革的最直接结果就是,接受了西式"普世价值"理念的民众和政客以资本主义国家"包装"后的自由与民主标准评判其国内执政党时,将其认定为必须被彻底瓦解的极权主义势力。由于苏联在指导思想上偏离了社会主义、马克思主义,国家意识形态安全荡然无存。

苏东剧变后,当时的俄罗斯联邦面对无法收拾的政治局面,试图以经济改革来起死回生,美国等西方资本主义国家趁机向其输送以"华盛顿共识"为蓝本的"休克疗法"①。美国经济学家萨克斯所创立的"休克疗法"是一种新自由主义经济政策,曾使得同样面临经济政治经济危机的玻利维亚迅速从危机的阴影中走出,因此俄罗斯联邦等转型国家将其视为重振经济的"锦囊妙计",在政局飘摇、经济凋敝的国内实施激烈的变革,主要内容包括经济完全自由化、放开物价、国有企业全盘私有化等。刚刚经受苏东剧变重创的上述国家不仅没有从"休克"中重生,其想象中富裕、自由和稳定的国家发展景象不仅没有实现,反而呈现物价飞涨、收入下降、失业剧增、犯罪猖獗的衰败局面。

(二)菲律宾选举的血腥屠杀

2010年11月27日,菲律宾马京达瑙省,伊斯麦尔·曼古达达图提交竞选省长的参选材料时,支持者们为他欢呼。他的参选引来竞争家族安帕图安对其亲友的血腥屠杀:数十人被劫持,57人被害。这样的政治惨案在菲律宾选举中并不罕见:2004年因政治选举而死亡的人数超过200人,2007年中期选举中130人因选举暴力死亡。这一系列震惊世界的选举暴力惨案以最惨烈的方式揭示了菲律宾世袭政治家族的形态和这种形态背后的根源。

---

① "休克疗法"本是医学术语,20世纪80年代中期,被美国经济学家萨克斯引入经济领域。当时玻利维亚爆发严重的经济危机,通货膨胀率高达24000%,经济负增长12%,民不聊生,政局动荡。萨克斯临危受聘,向该国献出锦囊妙计:放弃扩张性经济政策,紧缩货币和财政,放开物价,实行自由贸易,加快私有化步伐,充分发挥市场机制的作用。上述做法一反常规,短期内造成经济剧烈震荡,仿佛病人进入休克状态,但随着市场供求恢复平衡,经济运行也回归正常。

菲律宾是"美国在亚洲的民主橱窗"。然而,在西式民主政治的外表下掩藏着世袭家族政治的黑暗。据统计,菲律宾大约有 250 多个世袭政治家族。"2007 年,菲律宾国会 265 名议员中,大约有 160 名议员来自这些家族。"①菲律宾智囊机构人民授权治理中心的报告指出,世袭政治家族控制了菲律宾选举,形成了竞选舞弊文化。这份报告还指控,世袭家族政治"培养出了一代又一代欺骗者、腐败政客、平庸管理者、受贿者"②。政治家族以暴力手段阻止竞争家族参加选举在很大程度上是菲律宾地方世袭家族政治与中央政府西方式民主政治并存的恶果。菲律宾在西方宪政民主思潮的渗透下全盘引进了美国的总统制政治模式,导致政治斗争内耗加剧、政府权力不集中,产生了家族政治的不良后果。

菲律宾在 20 世纪 60—70 年代是亚洲经济领先的国家之一,无论是人均所得、高等教育普及率还是工业化程度,均位列亚洲第二,仅次于日本。亚洲开发银行将其总部设在菲律宾首都马尼拉,可见当时菲律宾的金融业发展水平之高。但是,仅仅 30 余年后的当下,菲律宾已经成为亚洲最不发达的经济体之一,这样的政治改革教训令人痛惜。

(三)乌克兰的民主陷阱

美国著名战略家布热津斯基在《大棋局》里称,乌克兰是欧亚大陆"重要的地缘政治支轴国家"之一。③ 特殊而重要的地理位置使得乌克兰长期以来成为西方资本主义国家推行"颜色革命"④的重点国家。

乌克兰的栗子花革命(橙色革命),是西方资本主义国家最早推助的颜色革命。苏联解体之后的乌克兰进行了彻底的西方"民主化"变革。在西方宪政民主思潮渗透下,乌克兰在政治领域推行多党制选举,从 1997 年到 2004 年涌现出近两百个利益党派。突如其来的多党制改革使得乌克兰国内政治生态违背历史发展规律式突变,乌克兰人民突然之间个人自由得到完全释放,却没有相

---

① 青岩、丁婷婷:《怪胎:当美式民主融入菲律宾基因》,《南方周末》2009 年 12 月 3 日。
② 青岩、丁婷婷:《怪胎:当美式民主融入菲律宾基因》,《南方周末》2009 年 12 月 3 日。
③ 许勇:《用另一种眼光看世界——读〈大棋局——美国的首要地位及其地缘战略〉》,《党政论坛》1999 年第 6 期。
④ "颜色革命(Color revolution)"又称花朵革命,是指 20 世纪末期开始的一系列发生在中亚、东欧、独联体国家的以颜色命名的、以和平和非暴力方式进行的政权变更运动,而且这些运动有向包括中东的一些地区在内的地方蔓延的趋势。参与者们拥护民主与"普世价值",通过非暴力手段来抵制控制着他们国家的现政权。典型代表有格鲁吉亚的玫瑰革命(Rose Revolution)、乌克兰的栗子花革命即橙色革命(Orange Revolution)、伊拉克的紫色革命(Purple Revolution)。

应的思维意识作为行为指引,导致自由放任思潮无序蔓延。政治上的自由放任在经济上反映为经济急速私有化、自由化,部分投机倒把者与政治势力狼狈为奸、相互勾结,官商勾结一时之间成为政治运行的常态,扶植了大量利益集团。这些利益集团一旦在经济上占据统治地位,又会去谋取政治上的优势,利用多党制改革,操控选举结果,谋求私利。

西方资本主义国家助力的"民主化"运动在其国内引发的颜色革命并没有给乌克兰带来真正的自由和富裕,反而激化了乌克兰的民族矛盾,加剧了地区差异和贫富差距,成为政局动荡的新的导火索。政治上,乌克兰的政客和财阀"政商勾结"、权钱交易。例如曾任乌克兰总理的季莫申科就被爆出在2009年乌克兰大流感之时为其所在利益集团大肆敛财的丑闻。经济上,乌克兰普通民众的生活水平不进反退,保障性物质价格成倍增长;企业在动荡、腐败政局中艰难生存,随时面临倒闭破产。2008年世界范围内的金融危机使得原本风雨飘摇的乌克兰经济雪上加霜,严重的经济下滑使得乌克兰债务陡增,乌克兰的外汇储备已急剧下降到不足200亿美元,国家经济濒于破产边缘。宪政民主运动同时带来了民族矛盾和国家分裂的危机。"2014年2月22日,乌克兰议会宣布受东部地区支持的总统亚努科维奇'自动失去权力'……乌克兰南部和东部地区就掀起示威集会,提出用公投的方式,脱离乌克兰加入俄罗斯。"[1]亲俄罗斯的民众与乌克兰安全部队之间的流血冲突频发。

长期的意识形态渗透使得很大一部分乌克兰人将西方的民主模式和生活理念作为追求的目标。"西化之路上的民主迷失无疑是困扰乌克兰最大的转型之殇。"[2]按照西方资本主义国家的宪政民主模式进行的改革最终却演变成社会动荡和国家分裂的悲剧,这样的结局不能不引人深思。

(四)反思与启示

以上各国西方宪政民主变革的惨痛教训,以及中国当下宪政民主论者对主流意识形态的挑战,应当引起我们的重视和反思。

民主政治建设和完善的前提是以本国经济发展实际为准。忽视和违背实际国情盲目接受西方宪政民主制度,并非走向繁荣富强的康庄大道,而是引发政治内乱乃至国家分裂的万丈深渊。前文中,菲律宾和乌克兰均在政治制度和经济制度上全盘西化,也均被西方资本主义国家称为亚洲民主政治的榜样。

---

[1] 高飞:《分裂与动荡:乌克兰难以下咽的"民主化"苦果》,《求是》2014年第11期。

[2] 张树华、赵卫涛:《乌克兰转型之殇:西化道路上的民主迷失》,《人民论坛·学术前沿》2014年第5期。

然而,亚洲国家由于其地域较广、殖民历史较长等原因,大多具有差异巨大的国内政治经济发展格局问题,社会主义国家在谋求自身发展之时应当对这一问题引起重视,选择与自身经济基础、阶级性质以及政治体制相匹配的改革指导思想和具体制度框架。按西方资本主义的政治经济制度照办,不仅无法巩固固有发展建设成果,而且更容易导致顾此失彼的政治分裂,使得政府无力控制局面,国家无稳定,人民无安宁。

政治上实施所谓"民主",反对社会主义政治制度是西方宪政民主思潮的重要内容。在资本主义国家看来,社会主义国家处于生产关系中的领导地位,拥有绝对的权力,必然会导致政治上的集权主义。一些资本主义国家以此抨击、反对社会主义政治制度,宣扬西方宪政民主。事实上,西方发达国家实行宪政民主制度,采用的是政治博弈的规则,不具有普适性,只适应资本主义的发展,而不适用于发展中国家。到目前为止,凡是效仿西方发达国家实行宪政民主制度的非西方国家都出现了严重的社会问题,导致政治瘫痪,社会动荡,不仅没有实现社会的快速发展,反而导致了国家发展的停滞和倒退。因此,宪政民主论者将西方政治制度超历史化、普世化,将西方的主权在民、三权分立、人人平等的政治观念"意识形态化",是对其阶级性、历史性和意识形态性的有意遮掩。

第五节　坚持走中国特色的民主法治建设道路

面对西方宪政民主思潮嬗变而来的宪政民主论的思想侵蚀和意识挑战,中国应当在总结已有民主法治建设经验教训的基础上,总结和完善已有成果,不断完善自身建设以应对全球化过程中的意识形态挑战,高扬中国特色社会主义民主法治旗帜,以自身制度的强大回击宪政民主论,对弈意识形态的政治战场。

一、认清宪政民主论的意识形态实质

作为一种纯粹的学术思想,宪政民主思潮在世界各个国家的政治制度建设发展进程中可以被广泛借鉴和学习,将其精髓与各国实际相结合产生出适合的政治理念。但是,当宪政民主思潮成为西方资本主义国家企图打压和攻击中国的武器时,其理论本质和思想硬核就不再是有营养的学术思想,而是一种用来迷惑、洗脑、煽动国内民众、破坏社会和谐稳定的"思想毒瘤"。因此,我们必须分清楚作为学术思想的宪政民主思潮与作为西方"和平演变"手段的宪政民主论。

所谓的"宪政民主论",是指国内一些学者受到西方资本主义国家"和平演变"战略影响,将宪政民主思潮曲解和扭曲后所倡导的旨在扰乱中国政治环境、颠覆中国国家政权的一系列思想和主张。这一理论把西方的民主体制当做中国政治改革的最终方向,否定中国改革开放的成果,认为中国的政治体制改革严重滞后已经制约着经济的进一步发展等。这些论调大多充满了极端、危言耸听、理想甚至乌托邦色彩,严重偏离中国当前实际情况和发展方向,对中国的社会稳定发展和政治体制建设完善造成了极大的干扰。

无论宪政民主论派别中的哪一派,归根结底,都是接受了西方资本主义国家"和平演变""糖衣炮弹"的侵蚀,将敌对势力用来攻击和摧毁中国的毒性理论当做了西方发达国家政治发展的治世经典并将之神化,利用宪政概念的复杂性和模糊性,把宪政问题作为他们梦想的"政治体制改革"的突破口,矛头直指社会主义制度和中国共产党的领导。因此,在了解和学习西方国家的政治制度和法治观念的时候,必须时刻警惕,仔细辨别其中的真实用意,不再被那些穿着"学术交流"外衣的敌视社会主义和中国共产党的破坏性言论所迷惑和洗脑。

二、遏制互联网领域宪政民主论泛滥

互联网是一把双刃剑,既为社会主义意识形态建设提供了机遇,也带来了严峻的挑战。

(一)网络意识形态安全面临错误思潮的挑战

首先,互联网拓展了人们的认知方式,也重塑着民众的观念意识,多样化的社会思潮涌现活跃,对主流意识形态造成了一定的冲击。网络的开放性、多样性和个体性,良莠不齐的各色思想观点正考验着人们的辨别力和价值观。宪政民主论作为自由主义在政治运作上的观念体现,在互联网上宣扬西方资本主义的多党制、议会制、军队国家化等政治观念,反对任何限制或者有损个人自由的主张,神化西方政治体制,对中国人民民主专政制度进行曲解和反对。这些偏激不实的言论在网络上传播,破坏了健康和谐的网络环境,干扰了正常的社会秩序,影响主流意识形态指导作用的发挥。

其次,网络信息的碎片化和快餐化,消解着主流意识形态的影响力。互联网的优点之一在于快捷便利,各类搜索引擎、微博、即时信息等,使得人们可以在各个生活空隙中获取信息,也方便人们通过短小的信息自由、随性地表达。这就使广大网民关注公众话题的方式产生了改变。特别是对年轻人而言,每日获取公众资讯最多的方式是浏览和转发社交网络中的热门话题。宪政民主论的宣传者正是利用了互联网零碎快捷以及青年人参与社会的热情,将一些带有欺骗性和破坏性的西方国家言论散碎地夹杂在海量的资讯中,四处散布传播,使得当下青年人受到错误的思想干扰,不满情绪被煽动。

另外,国际互联网的发展也给西方国家"和平演变"思想渗透提供了渠道。"人权观察""国际大赦"等政治组织设立"数据自由网络",专门为各国所谓持不同政治理念者提供反对本国政府的论坛。美国之音对华"量身定制"了内容丰富、形式多样、意识形态渗透性极强的新闻与评论。2014年5月6日在北京发布的《中国国家安全研究报告(2014)》提出,当前中国面临意识形态渗透挑战,特别是西方国家的文化侵蚀与网络多元化等威胁到中国意识形态。多年来,以美国为首的西方国家十分重视用其所推崇的政治思想进行政治侵蚀,通过多种途径强行向中国推广资产阶级的意识形态。宪政民主论就是其中之一。一方面,这些国家夸大宪政民主体制的优点,刻意掩饰其弊端,将其包装成最先进、最民主、最优越的政治体制不断向中国倾销,使得不少国内民众,尤其是学者和青年人产生了崇洋媚外的心理。另一方面,影响和改变了中国民众的价值取向,造成部分人对社会主义、共产主义理想信念产生迷茫、动摇,对党的领导和改革开放以来的建设成果产生怀疑,严重干扰了中国意识形态的主导力和辐射力。

最后,主流意识形态在应对互联网冲击时的主动适应性不强。政府信息网络公开在全国推广已有一段时间,各级政府的网站"遍地开花",但是质量参差不齐,运作监管也是不尽如人意。国家部委网站及地市级政府门户网站更新频率较高,内容也比较丰富,而一些县级、区级政府及部门的网站则有相当一部分处于停滞状态:更新缓慢、内容空洞、链接错误,设置的留言信箱和联系方式很多也是无法正常反馈信息和留言。各级政府网站作为宣传中国主流意识形态的重要阵地,如此消极怠慢的情况更给了像宪政民主论者这样的错误思潮宣传者以可乘之机。当民众无法在政府的官方网站上获取正确健康的信息资讯和价值导向时,民众会对政府网站失去关注热情,转而从其他渠道获得各类真假掺杂、煽动不满的信息。宣扬西方资本主义国家反对社会主义制度和党的领导的网站活跃,而政府官方网站却有很大一部分处于"休眠"状态,没有坚持主流意识形态的宣传普及,这背后隐藏着民众对政府公信力的丧失趋势。

(二)筑牢维护网络意识形态安全的屏障

面对互联网时代对主流意识形态的挑战,应当采取必要的手段和合适的方法加以应对。总而言之,就是"阻截错误不实言论,建设主流宣传阵地"。对中国怀有不满的西方政治势力,通过先进的互联网技术,恶意向中国传播不利于社会主义建设发展的新闻和思想,影响和干扰着中国广大民众的舆论和情绪,对中国意识形态安全造成了威胁。网络已经成为西方资产阶级政治理念、价值观念最容易被侵蚀的领域。面对这样的局面,一方面应当进一步加强网络空间安全的技术建设,在技术层面提高中国网络空间的安全系数,培养和打造一批具有较高政治素养和辨析能力的网络技术人才,切实担负起网络监管的责任,有效阻挡西方敌对势力的网络黑客等的攻击。另一方面,也要加强马克思主义理论宣传网络系统,用更加多样更加艺术的方式,保证社会主义核心价值观、道德观占据网络主导地位,增强人们抵御资产阶级腐朽思想侵蚀的能力。习近平同志指出:"宣传思想工作是做人的工作的,人在哪儿重点就应该在哪儿。……年轻人基本不看主流媒体,大部分信息都从网上获取。"[1]中国政府必须加强对网络意识形态的重视力度,掌握主动权,积极迎接挑战。

除此之外,中国还应加快网络法律规范的制定和完善。在网络空间成为维护国家主权、安全和发展利益的战略高地的当下,构建网络秩序,确保网络空间安全,是中国法治建设中应当倍加重视的一部分。中国网信办提出要加强网络法治建设,实现网络健康发展、网络运营有序、网络文化繁荣、网络生态良好、网络空间清朗的目标。2015年4月制定的《互联网新闻信息服务单位约谈工作规定》进一步推进依法治网,敦促互联网新闻信息服务者自觉抵制西方敌对势力的思想侵蚀。

三、增强主流意识形态的话语解释力

我们党向来关注中国政治思想理论体系建设工作。只有发展自身的理论体系,巩固主流意识形态阵地,才能实现对各种社会思潮的有效引领。

(一) 理论自身的科学和完善是对挑战的最好抵御

进入新时期,中国思想理论体系建设工作不断推进,队伍不断壮大,水平不断提升,马克思主义理论研究取得丰硕成果。在马克思主义基础上探索创新的中国特色社会主义思想体系和意识形态,对解决中国发展过程中遇到的重大理论和实践问题,起到了至关重要的作用,在意识领域指导着全国人民建设中国特色社会主义的伟大实践,成就举世瞩目。从长期实践结果来看,历史和时间已经证明,中国共产党在长期执政和领导人民经济建设实践中总结和发展的社

---

[1] 吴军:《网络安全背景下新媒体从业人员统战意义分析》,《黑龙江省社会主义学院学报》2016年第4期。

会主义思想理论体系具有强大的生命力,是符合中国国情和中国最广大人民利益的意识形态文化体系,是应当且必须长期坚定贯彻和不断创新的。

当今世界,全球化格局进一步深化,互联网等技术的发展将世界各国更加密切地联系在一起,不同文化、不同意识形态的思想文化交流愈加频繁和深入。思想理论的相遇和碰撞,既是了解、学习他国之长的机遇,但是也给中国意识形态安全提出了挑战,中国特色思想理论体系建设工作更加繁重。面对意识形态领域的思潮涌动,巩固马克思主义的指导地位,践行社会主义核心价值观,巩固全党全国各族人民团结奋斗的共同思想基础,都需要中国思想理论体系不断建设和坚持贯彻。面对改革进入攻坚期,各种社会矛盾不断涌现的新形势,迫切需要中国特色思想理论体系更好地发挥作用,以提高改革决策水平,推进国家治理体系现代化。面对各种思想文化在世界范围内交流碰撞的新局面,迫切需要中国主流意识形态更好地发挥作用,以增强文化软实力,提高国际地位。面对全面从严治党的新阶段,迫切需要党在思想理论领域和意识形态领域更好地发挥作用,以提高党的领导水平和执政水平,始终坚持党的社会主义事业的领导核心地位。中国的实践成果深刻地证明:为实现中华民族伟大复兴的中国梦,中国必须长期坚持马克思主义的指导地位不动摇,推进中国特色思想理论体系建设。

新形势提出了新要求,中国主流意识形态面临宪政民主论的干扰和挑战,是时候作出应有的反击,当务之急,就是正确看待并及时应对中国在思想理论和意识形态领域出现的危机。当前,中国主流意识形态的发展战略还不十分明确,"学科体系、学术体系、话语体系建设水平总体不高"[①],从实践总结中产生的理论成果的意识和能力还不强;中国主流意识形态的教育和学术评价体系不够科学,管理体制尚待健全;人才素质亟待提高,学风问题有待改善。抵御西方敌对势力不怀好意的思想侵蚀,需要马克思主义学科学者加倍努力,更需要所有社会科学学科工作者的重视和积极参与,巩固主流意识形态在文化领域的主导地位,完善自身思想理论体系建设和内容科学,自身的强大的生命力和科学性是抵御以宪政民主论为代表的资本主义思想侵蚀的最好方法。

(二)避免"话语陷阱",拆穿"美丽外衣"

习近平总书记强调,"意识形态工作是党的一项极端重要的工作","能否做好意识形态工作,事关党的前途命运,事关国家长治久安,事关民族凝聚力和向

---

① 支振锋:《肩负历史使命,坚持问题导向,创新中国理论》,《红旗文稿》2016年第13期。

心力，必须牢牢掌握意识形态工作的领导权、管理权、话语权"。① 当前中国主流意识形态在面临宪政民主论的挑战时，应该增强"应对的意识"。西方国家对社会主义制度的原生性敌意和颠覆意图就一直存在，提高中国主流意识形态的"应对的意识"十分有必要。一方面，坚持发展是硬道理的战略思想，牢牢打实经济硬实力基础，提高人民的生活水平和教育水平，用综合国力的强盛和国民整体素质的提升，为中国主流意识形态的深植创造沃土；另一方面，须清醒地认识到，经济发展不是万能钥匙，在意识形态斗争中，面对资本主义意识形态的挑衅，必须牢牢掌握意识形态的主动权，积极应对挑战，解决冲突。

西方资本主义国家的强权，除了表现在经济、军事、科技领域外，还包括话语权。随着中外学术文化交往的深入，如今中国在实践和学术探讨中广泛运用的政治概念，相当一部分是由西方国家创造和定义的。这就给了不怀好意的西方敌对势力将这些政治概念精心设计成话语权陷阱，坑陷中国主流意识形态。宪政民主论就是这样一种话语陷阱，是西方敌对势力从资本主义政治概念中择选了在中国学术界已被广泛关注和讨论的"民主""宪政"概念，在其中注入了与中国国情不相适应的资本主义价值观，打着"学术探讨""政治改革""与世界接轨"等高大上的口号，侵蚀部分立场不坚定的中国学者和不明真相的群众，将这部分人腐化成资本主义敌对势力瓦解中国共产党正确领导、扰乱中国主流意识形态传播的傀儡，用资产阶级利益的思想对中国发动"和平演变"。这些宪政民主论者在宣扬其思想内涵和政治诉求时，一旦遇到反驳和否定，就立刻甩出"现代政治发展大势""政治文明应有之意"等口号对反对者进行攻击，营造出主流意识形态捍卫者处于"被动辩解""理亏心虚"境地的假象。"求木之长者，必固其根本"，面对宪政民主论的话语陷阱，我们必须立足国情，深刻领会中国独特的历史文化与社会面貌，从实际出发，以习近平新时代中国特色社会主义思想武装头脑，增强道路自信、理论自信、制度自信。在政治概念中牢牢掌握话语权，创新宣传途径，有效地利用不同媒体，与不同群体沟通，理清从国外传入但已"中国本土化"的政治理念和意识形态。除此之外，中国还应当强调和重视打造"中国创造"的新概念、新内涵、新表述，讲好中国故事，传播中国声音。

可见，宪政民主论者和西方敌对势力所宣扬的宪政民主虽贴着"民主"的标签，却是"美丽的谎言"，其目的在于要动摇共产党的执政根基，是对共产党的挑衅，对社会主义制度的抨击。如果听之任之，势必会危害到人民的利益和国家

---

① 尹汉宁：《深刻认识意识形态工作的极端重要性》，《求是》2013年第18期。

的安全。我们必须保持头脑清醒,坚定立场,在大是大非和政治原则问题上毫不动摇,"要借鉴人类文明创造的有益成果,但借鉴的目的是为我所用,不能在国际比较中丢失自己、否定自己"①。与此同时,还要认清西方资本主义价值观的实质,不被"谎言"所迷惑。

四、构建中国特色民主法治话语体系

当今世界,话语权已成为国家权力的必需内容,是国家综合实力的体现,国家软实力的竞争在一定程度上就是话语权之争。长期以来,西方国家依靠其强势的话语权,将其民主理论、思想、概念等源源不断地打入其他国家,垄断着思想市场,其中包含着的为达到政治目的曲解、丑化社会主义的内容,使得中国的国家形象和政府的公信力受损。就此而言,建构和完善专属中国的民主法治话语体系,是关乎未来中国政治健康发展和主流意识形态贯彻落实的重要问题。

(一)避免"温水煮青蛙"式的思想侵蚀

宪政民主思潮理论之所以能被相当一部分中国青年所了解所接受,很大程度上是因为其理论体系传播载体和表现形式较为新潮时尚,符合青年人的生活品位。随着有线电视、互联网、数字智能等信息传播媒介的迅猛发展,西方资本主义国家的思想文化随之涌入,西方宪政民主等政治理念并不是通过相对严肃乏味的课堂教学、教育培训等方式影响青年学生,而是直击青年人紧跟潮流、追求新奇、摆脱束缚的心理特质,将大量的吹捧西方资本主义政治理念、抨击社会主义发展成果的内容,精心包装后,以电影、动漫、网络直播平台、娱乐综艺节目、网络论坛、聊天交流类手机应用等形式,遍布青年人视听生活和网络世界,在休闲放松、富有乐趣的娱乐环境中对国内的受众进行洗脑式灌输。久而久之,理论安全警惕性不高的人在这种"温水煮青蛙"的不间断洗脑中,对中国政治建设发展的成果和指导思想产生了歪曲的解读,被不客观、不真实的理论和信息所蒙蔽。这些人极易在西方资本主义敌对势力的步步诱导和理论迷雾中成为其瓦解中国共产党领导、对抗中国政府、破坏中国特色社会主义建设的内部毒刺,在国内学术界和社会大众中宣扬"宪政民主论",以动摇中国主流意识形态在思想领域的主导地位为目的,不断进行理论攻击,产生了恶劣的社会影响。建构中国特色的社会主义民主法治话语体系已成为关系政治命运的重要问题。

---

① 习近平:《在哲学社会科学工作座谈会上的讲话》,《人民日报》2016年5月19日第2版。

（二）寻求中国民主法治的"开花结果"

从辛亥革命到新中国建立，再到中国特色社会主义政治建设的今天，民主观和法治观像是种子，从单纯的"舶来品"已经逐渐深植于中国几千年的政治文化积淀和中国革命发展实践经验的沃土之中，汲取其中符合中国国情和发展道路的"中式营养"，其内涵和外延都发生了质变飞越。民主法治在中国共产党的领导下，焕发出勃勃生机。在实践形式上，自1978年至今，几乎每隔十年都有具有主导性作用的民主形式通过法律制度的形式确立和实施：选举民主、村民自治、参与式民主、协商民主等。这一变迁昭示了中国共产党在中国政治体制建设和改革中对民主法治的重视以及中国内在的政治民主性。在未来，民众要求国家有能力、权力有边界、权力受约束的"可治理的民主"。

新中国建立以来，在中国共产党的带领下，中国民主法治建设取得了举世瞩目的成就，创造了许多中国式民主法治理论：建设初期，建立了人民民主专政的国家政权，为民主法治的建设奠定了基础，确立了中国特色的基本政治制度，成立了新的国家机构；在"实现四个现代化"新阶段，中国先后制定了1978、1982年两部宪法，还制定了包括刑法典、行政法、诉讼法、民法通则、经济法规、社会法、环境法在内的一系列法律，中国特色的社会主义法律体系基本形成；党的十五大提出了依法治国，建设社会主义法治国家的基本治国方略，中国的民主法治建设逐渐成熟，这一阶段基层群众自治制度被列为中国的基本政治制度之一，有效地保证全体社会成员平等参与、平等发展的权利。在政治民主方面中国逐步创设了多种形式的民主监督制度：领导干部述职述廉、重大事项报告、质询和民主评议、政务公开制度等等。中国在民主法治建设方面脚踏实地、循序渐进，在理论和实践方面都有着极为丰富的创新创造，这些成果的问世并不是历史的偶然，是中国共产党的正确、科学领导的必然。

新形势下，中国主流意识形态面临的问题更加复杂化、差异化，意识形态的安全问题也变得尤为突出。面对社会思想观念和价值取向日趋活跃、主流和非主流同时并存、社会思潮纷纭激荡的新形势，迫切需要人文与社会学科的工作者等共同发挥作用，巩固马克思主义在意识形态领域的指导地位，培育和践行社会主义核心价值观，巩固全党全国各族人民团结奋斗的思想基础。中国在社会主义民主法治等政治理论方面的研究队伍、论文数量、政府投入均位列世界各国前列，但学术思想、学术体系、学术标准上的能力和水平还远不能与中国综合国力和国际地位相匹配。因此，更要认清基本国情，吸取经验教训，把握时代脉搏，倾听民众心声，抓好规划落实，提前布局，构建和完善更符合时代潮流的

"中国味"民主法治理论话语体系,在指导思想、学科体系、学术体系、话语体系等方面充分展现大国风采。

五、完善渐进式政治体制改革的机制

政治体制改革是在社会主义政治总格局和权力结构形式不变的前提下,对政权组织、政治组织的相互关系及其运行机制的调整和完善。对于中国而言,社会主义政治体制改革,是指在现有的社会主义条件下对中国某些领导制度、组织形式和工作方式等政治制度进行渐进式的自我革新和完善。

(一)党的领导与人民当家作主:社会主义民主法治的构成特点

中国政治体制改革的着力点之一就是转移政府的权力,把一部分权力关进笼子,把一部分权力交到人民手中。执政党依法执政与参政党依法参政结合起来是社会主义民主政治建设的特点之一,完善了中国特色的政党政治。中国政治体制改革的终极目的是建立社会主义政治体制,实现社会主义民主政治。而改革必须在宪法和法律的框架内进行。

实行人民民主,充分保障人民当家作主的民主权利,是中国政治体制改革的出发点和落脚点。不同于西方的宪政民主,中国的社会主义民主政治是建立在以公有制为主体、多种所有制共同并存的经济基础上的,要求保证大多数人民的利益,而不是西方宪政民主下的资产阶级的利益。

中国政治体制改革的目标是要兴利除弊,建设高度民主、法制完备、富有效率、充满活力的中国特色社会主义民主政治,使人民更好地行使当家作主的权利,更好地解放和发展生产力。每个国家的宪法都要规定一个国家基本的政治制度,我们国家的宪法规定了国家根本政治制度,确定了一切权力属于人民,规定了人民行使权力的方式。这是中国宪法的最本质特征,与西方宪法有着根本性的区别。此外,中国的政治体制改革包含了多方面的内容,涉及各个阶层的利益,进一步从参与形式上保证了社会主义法治所提倡的公平与公正。

社会主义民主政治是民主和专政的辩证统一,对待人民民主,对待敌人专政,民主是专政的前提,专政又是民主的保障;在人民内部,民主和集中相统一,人民既有充分的民主,又有法律的约束。社会主义民主政治建设的过程,是立足国情,在党的领导下不断推进的过程。

(二)依宪执政:社会主义民主法治的中国逻辑

依法执政与宪政在制度基础、领导力量和权力主体上有着本质差别。依宪执政的实质是共产党依照宪法执政;"'依法执政'中的'法'应当以'宪法'为核心"①,党尊重宪法权威。此处的宪法是社会主义宪法,而非资产阶级宪法,社会主义国家与宪政民主国家的宪法阶级属性不同,权利主体不同,因而维护中国的宪法权威与支持宪政民主不能一概而论。习近平总书记在十九大报告中指出,要加强宪法实施和监督,维护宪法尊严,体现了国家对宪法精神的推崇,是我们党坚定不移走中国民主法治道路的体现。依宪执政,更符合中国国情,更有利于维护宪法尊严和人民群众的利益。

在党的十九大上,习近平总书记还首次提出要推进中国的合宪性审查工作,深化司法体制综合配套改革,全面落实司法责任制,进一步推进了中国法治现代化进程。中国的合宪性审查与宪政民主中的违宪审查在监督模式、审查权归属、机构设置上有着本质的区别。中国实行人民代表大会制度,全国人大及其常委会掌握国家最高权力,因此宪法监督制度的"任何设想与设计,都必须符合而不得违背人民代表大会制度的政治体制"②,只适用立法机关监督模式(或在未来制定一种新的模式),合宪性审查权归立法机关所有,由全国人大及其常委会暂为行使宪法监督权,未来我国拟成立专门机构(可能在全国人大之内),协助人大及其常委会进行合宪性审查。而宪政民主国家实行"三权分立",行政权、司法权与立法权相互制衡,为适应这一政治体制,实施司法机关监督模式,其审查权由司法机关持有,由司法机关——法院负责违宪审查。可见,中国有着中国特色的政治根基与发展道路,没有必要套用西方宪政民主模式。

"宪政民主是西方资本主义前进道路上的政治产物,其实质是为了维护资本主义的经济制度、政治制度以及思想文化制度。中国特色社会主义民主政治与西方宪政民主在其本质、历史发展逻辑以及制度属性等方面均有不同。"③在中国特色社会主义民主政治制度下,宪政决不能成为"中国梦",宪政民主更不能成为中国政治体制改革的目标模式,我们要避开其话语陷阱,走出其理论迷雾,高扬人民民主的旗帜,在中国特色社会主义政治发展道路上坚定不移地走下去。

---

① 黄庆畅:《人民日报问政:"依宪执政"为何不能简称"宪政"》,《人民日报》2014年12月3日第17版。
② 刘松山:《健全宪法监督制度之若干设想》,《法学》2015年第4期。
③ 李栗燕、宋红团:《宪政民主论的理论实质与中国裂变》,《探索》2018年第1期。

第五章　当代中国历史虚无主义评述

"灭人之国,必先去其史"。作为现实存在的根基,历史是一个国家乃至一个民族安身立命的重要基础,更是其得以生生不息的血脉。因此,中国共产党自诞生之日便对历史给予了极高的重视。早在民主革命时期,毛泽东同志便警示我们不能轻视历史,因为"我们这个民族有数千年的历史,有它的特点,有它的许多珍贵品。对于这些,我们还是小学生"①。进入改革开放的历史新时期,邓小平指出:"让我们看看历史吧。国民党搞了二十几年,中国还是半殖民地半封建社会,证明资本主义道路在中国是不能成功的。中国共产党人坚持马克思主义,坚持把马克思主义同中国实际结合起来的毛泽东思想,走自己的道路,也就是农村包围城市的道路,把中国革命搞成功了。"②所以,我们"要懂得些中国历史,这是中国发展的一个精神动力"③。习近平总书记在致第二十二届国际历史科学大会的贺信中更是明确强调:"世界的今天是从世界的昨天发展而来的。今天世界遇到的很多事情可以在历史上找到影子,历史上发生的很多事情也可以作为今天的镜鉴。重视历史、研究历史、借鉴历史,可以给人类带来很多了解昨天、把握今天、开创明天的智慧。""历史是最好的老师,它忠实记录下每一个国家走过的足迹,也给每一个国家未来的发展提供启示。"④

然而,自改革开放以来,一些人以反思历史为名,以"挖掘出新资料"为由,打着还原历史真相的旗号,在社会中形成了一股样态多样、指向明确的社会思潮,即历史虚无主义思潮。当前,历史虚无主义思潮在国内愈演愈烈,已成为具有较大社会影响力的政治思潮之一。人民论坛问卷调查中心曾对 2015 年国内十大思潮的影响力进行过调查,结果显示:历史虚无主义以 9.06 分(10 分制)仅

---

① 《毛泽东选集》第 2 卷,人民出版社 1991 年版,第 533—534 页。
② 《邓小平文选》第 3 卷,人民出版社 1993 年版,第 62—63 页。
③ 《邓小平文选》第 3 卷,人民出版社 1993 年版,第 358 页。
④ 习近平:《出席第三届核安全峰会并访问欧洲四国和联合国教科文组织总部、欧盟总部时的演讲》,人民出版社 2014 年版,第 33 页。

次于民族主义(9.37分)排名第二。这一名次与2014年相比攀升了五位。目前,对历史虚无主义思潮的研究已成显学,但是现有成果多集中于对该思潮的特征、表现以及危害等方面进行宏观描述,关于其西方的理论源头在哪,因何在中国泛起,又源何迅速扩散开来以及自身的理论实质等方面的微观探究,仍有进一步深入的空间与必要。弄清这些问题,既是构筑有效抵制历史虚无主义思潮路径的必然之举,更是维护社会主义主流意识形态安全的应有之义。

第一节 历史虚无主义的产生与发展

一、历史虚无主义的生成机理

宏观上看,所谓历史虚无主义是指对自己国家或民族的文化、历史等采取轻蔑、戏说态度的一种思潮。具体到中国社会发展的语境下,历史虚无主义思潮是一种借否定中国人民以及中国共产党的历史进而对马克思主义指导、党的领导、社会主义发展道路等进行全盘否定的政治思潮。历史虚无主义之所以是一种错误的思潮,根本原因在于其错误的思维方式。就其逻辑方法而言,历史虚无主义思潮对历史发展的事实并没有采取科学的认知态度,而是试图凭借对历史事实的主观臆造或割裂式选择来实现历史过程的重新铸造。毫无疑问,作为主体存在的人类在历史发展的长河中必然具备选择权利,但这种权利并不是无限制的,反而要受到不同客观条件的制约与限制。正如同恩格斯所言:"历史是这样创造的:最终的结果总是从许多单个的意志的相互冲突中产生出来的,而其中每一个意志,又是由于许多特殊的生活条件,才成为它所成为的那样。"[①]可见,脱离了"特殊的生活条件",如社会生产力的发展等,任何在历史发展过程中做出的所谓"选择"都只能是一种"幻想"。而历史虚无主义正是以一种主观上的、理论上的假设对历史的真实发生进行置换与更替。这种思潮总是热衷于"把握"历史长河中的细枝末节,并将此看成是对历史整体的事实把握,从而偏离了历史的真实本质。虽然历史虚无主义总是打着还原历史真相的旗号,但它总是忽略历史事件之间的联系性,仅从碎片化的历史事件中试图还原或判断历史整体。不可置否,整个人类的发展历史必然由繁多的历史事实构成,但如果要对历史事实进行科学的评价或认知,就必须将其置于历史总体的镜像之中。

---

① 《马克思恩格斯选集》第4卷,人民出版社2012年版,第605页。

正如同马克思在谈到"黑人是奴隶"以及"纺纱机是资本"等历史判断时所说:"黑人就是黑人。只有在一定的关系下,他才成为奴隶。纺纱机是纺棉花的机器。只有在一定的关系下,它才成为资本。脱离了这种关系,它也就不是资本了,就像黄金本身并不是货币,砂糖并不是砂糖的价格一样。"①

历史虚无主义忽视历史的整体性,按照自己的思维逻辑任意裁剪、修改甚至编造历史,并以此为根据对历史事实进行臆想,最终只能导致把历史变为"任人打扮的小姑娘"。而这一行为背后的机制却是基于历史本身的存在与认知方式。众所周知,历史是不以人的意志以及社会观念的变化而变化的客观存在,但是这并不等于历史研究的成果依旧是一种纯粹的客观存在。"历史学家是历史的一部分,不仅仅在过去是其现在的过去的一般意义上,而且也在过去的人是同样的人类的一部分的意义上;因此,历史是人'重复'其同样的人类的归属的方式之一;历史是诸意识的联系的一个领域,是由痕迹和文献的方法论阶段划分的一个领域,因而是不同于需要另一个人进行回答的对话的一个领域,而不是完全由整个主体间性划分的一个领域,因为主体间性始终是开放的和在冲突之中。"②这正如黑格尔所言:"在我们德国语言文字里,历史这一名词联合了客观的和主观的两方面,而且意思是指拉丁文所谓'发生的事情'本身,又指那'发生的事情的历史';同时,这一名词固然包括发生的事情,也并没有不包括发生的事情的叙述。"③可见,在黑格尔看来,历史叙述中存在不可避免且难以或缺的主观性。因此,在历史研究的具体过程中,很难有人私心全无或不偏不倚地去进行历史资料的审视与思考。"关于历史最棘手的事情是偏见似乎为历史的一个基本因素——即使在最好的历史中也是如此。实际上,就如人们时常所说,事实并不能'为自己说话',或者说,如果它们能'为自己说话',那也是历史学家在决定着哪类事实可以说话。"④更多的人则是在自身已有的教育背景以及意识形态影响下尽可能地以客观公正的态度对待历史事实。历史虚无主义者正是看中由历史存在的一维性以及研究进程的主体性造成的历史认知中无法去除的主观因素,否定历史的客观性,高呼人人都是历史学家,进而走向历史相对主义。实际上,宏观视角下的各个历史现象以及相互之间的关系虽然不尽相同,却最终都可以归纳为因果关系以及非因果关系,而后者对整个历史发展不

---

① 《马克思恩格斯选集》第1卷,人民出版社2012年版,第340页。
② [法]保罗·利科:《历史与真理》,姜志辉译,上海译文出版社2015年版,第13页。
③ [德]黑格尔:《历史哲学》,王造时译,生活·读书·新知三联书店1957年版,第101页。
④ [英]卡尔:《历史是什么》,陈恒译,商务印书馆2009年版,第1页。

起决定性作用,只是会影响历史现象的生成变化。换而言之,若要正确认知历史现象的本来面貌,对各个历史事件之间的因果关系进行把握便必不可少。而历史虚无主义思潮,或是否定历史事实之间的内在因果关系,或是有意忽视历史事件之间的离散程度,将本来联系并不密切的一些人物事件等历史要素按主观意愿进行组织拼接,真正的历史内容和内含规律便在如此"历史再现"的名义下遭到否定与解构,历史的正义性更是荡然无存。

二、历史虚无主义的西方根源[①]

作为一种社会思潮,历史虚无主义同所有的文化思潮一样有其特定的社会根源。从本质上看,历史虚无主义思潮是价值虚无主义在历史领域的体现。换而言之,对历史人物或历史事件进行价值重写或重估正是历史虚无主义的重要表现。因此,通过梳理虚无主义在西方国家的源起历史可以在一定程度上展现历史虚无主义的发展进路。

"存在着无意义的陈述和行动,但是不存在无意义的历史。"[②]历史虚无主义实则是"有意义"的虚无主义渗透进历史之中,并通过解构或重构历史的既存意义来完成自身的。所以,起底历史虚无主义思潮必须首先追溯其虚无主义的根源。"虚无主义"一词最早源于拉丁文,哲学家雅柯比则第一次使用了该词。而很多中国人则是通过俄国作家屠格涅夫的作品《父与子》初识虚无主义之名。在小说中,主人公巴扎罗夫否定哲学,否定美学,甚至否定爱情,可以说,除了自然科学和技术他否定了一切。也就是说,"在一味地追求西欧现代化,激进地贯彻西方启蒙文化的道路上,巴扎罗夫要把一切俄罗斯传统价值、传统秩序都荡除掉,把艺术、宗教全都否定掉,并由此才被俄国贵族巴威尔斥之为虚无主义者"[③]。既然要把那些无法用自然科学方法处理的东西都视为虚无,那么尊崇那些东西的历史也必然成为被虚无的对象。从这个角度上说,历史虚无主义可以在某种程度上看成是启蒙思想的必然结果。正如恩格斯所言,启蒙思想将理性视为衡量一切的唯一标准,与其相悖的一切客观存在都将被否定,"宗教、自然观、社会、国家制度,一切都受到了最无情的批判;一切都必须在理性的法庭面前为自己的存在作辩护或者放弃存在的权利。思维着的知性成了衡量一切的

[①] 部分内容参见王翼《历史虚无主义思潮透析》,《探索》2018年第2期。
[②] [匈]阿格妮丝·赫勒:《历史理论》,李西祥译,黑龙江大学出版社2015年版,第220页。
[③] 刘森林:《虚无主义的历史流变与当代表现》,《人民论坛》2015年第10期。

唯一尺度"①。但是,过度肯定的另一面将是极度否定的隐患。也就是说,由于理性主义者将理性视为一切,其势必要对过往的宗教、习俗、道德、意义等进行激进的否定。为避免走向极端否定,启蒙思想家采用的方法是让宗教、习俗等都以自然法为依据,同人的自然天性达到和谐统一。因为"'哲学家们'所不得不做的,就是要以启蒙的明灯在这个广阔的世界上下求索'普遍的人'……他们必须认同和列举和描述所有的人都共同具有的种种品质,以便确定他们自己的时代有哪些观念和习俗和制度是与普遍的自然秩序不相调和的"②。所以,为了让抽象理性思维能够走进宗教、道德等领域,"哲学家们"就需要撤出由抽象理性思维占领的高地,以确保人、社会都是永恒的存在,无论是社会还是历史领域都符合理性,并且能够与自然秩序相调和。"为了成功地进行这桩伟业,……抽象的理性之光就必须被经验之光所取而代之。"③由于"历史学之所以称其为历史学,全有待于解释给它以生命。而历史解释由以进行的主要资源首先是历史学家的人文价值理想。科学不能自行给出人文价值理想,科学无法解决人生的价值问题。因为任何人文价值的理想(如人人平等、社会公正、人类进步、对真善美的向往与追求等)都只是一种形而上学的假设,都不可能由经验加以证实和证伪。然而,它们对于历史学却是不可或缺的前提。没有这个前提,就没有历史学家的历史观念和思想,从而也就没有历史学"④。这就需要历史学的"出场"。一般而言,对现实状态的感受会影响一个人看待历史的态度:对现状满意,就会敬意过往;若对现状心存不满,希望得以改善,往往就会产生两种倾向,一种是对过去进行责难与批评,另一种则是认为过去曾经存在一个值得我们去学习效仿的典范,但被后人所抛弃了,应该重新恢复、继承与发扬。在启蒙时代,人们对现状多是抱怨的,多数人认为未来应该越来越好。那时,很多启蒙思想家抱怨编年史的枯燥乏味,认为其中除了迷信、虚伪、无知外毫无真理可言。要想合乎理性且有用的东西重见天日,历史就需要由一直抱有告别过去、重新开始态度的哲学家重新撰写。由于启蒙哲学家们关注的重心在于如何改变现实而非那些暂时的东西,所以历史最多只存在利用价值。而且,历史在不同文化视角下会有不同解读,因此一种文化常会根据一套自我标准塑造出一种系统

---

① 《马克思恩格斯选集》第3卷,人民出版社2012年版,第391页。
② [美]卡尔·贝克尔:《启蒙时代哲学家的天城》,何兆武译,江苏教育出版社2005年版,第75页。
③ [美]卡尔·贝克尔:《启蒙时代哲学家的天城》,何兆武译,江苏教育出版社2005年版,第75页。
④ 王学典:《新史学与新汉学》,上海古籍出版社2013年版,第126页。

化的历史,这一过程必然要求重写历史,引致对原有历史进程中某些内容的蔑视和否定。由于西方启蒙主义总是习惯于将非西方国家视为西方国家曾经经历而现今早已超越的前现代历史阶段上,总是习惯于用"文明-野蛮"的模式来界定西方与非西方国家之间的文明关系,所以当这种以追求普遍知识为价值目标的西方历史学进入国内后,必然将西方视为普遍标准,否定、贬低中国本土的知识、历史和价值。虽然中国有上下五千年的历史记载,但在西方启蒙者眼中,这些历史只有无限的循环却无法实现不断的进步,从而导致强烈的历史虚无主义。总之,力图将传统价值和历史进行虚无化的虚无主义一直就蕴藏在西方启蒙主义的逻辑进程中,伴随启蒙推进的领域、层次以及阶段的不同,被虚化的对象也会不断变更调整,虚无主义便会以不同的形式表现出来,历史虚无主义便是其中一种,而紧随被虚无的内容进入的往往就是来自西方的文化、制度、价值或思想。

当然,除了西方的启蒙运动,了解虚无主义还有一个重要线索,即尼采及其喊出的那句"上帝死了"。在欧洲思想史上,第一个对虚无主义这一概念进行明确而深入哲学探讨的哲学家是尼采,他将被哲学家施蒂纳视为能够否定一切神灵、至高无上的"无"精炼成了现代虚无主义的经典表述,即"上帝死了"。"那么,'上帝死了'意味着什么?尼采认为,一方面,作为西方世界'最高价值'象征的上帝因此丧失了对存在者和对人类规定性的支配权力;另一方面,失去了约束力的存在者本身也就彻底丧失了价值和意义。这个上帝代表着一般'超感性领域'的整体意义,因此,上帝之死势必要导致虚无主义的发生。"[1]尼采之后,关于虚无主义的探讨一直是西方哲学界的焦点,但就理解历史虚无主义这一思潮的本质而言,尼采无疑为我们提供了极其重要的线索,除了因为他将虚无主义置于哲学视域下考察外,还因为"是尼采定义了虚无主义,原因在于,他发现:各种主义都是对虚无的抗拒,唯独虚无主义除外"[2]。这正如海德格尔所言:"'虚无主义'这个名称表示的是一个为尼采所认识的、已经贯穿此前几个世纪并且规定着现在这个世纪的历史性运动。"[3]众所周知,尼采笔下的虚无主义其实就是指西方世界传统价值体系的轰然坍塌,是那些曾被认为庄严、神圣、崇高的东西在世俗化、现代化以及启蒙文化背景下逐渐被发觉根基摇晃,甚至自

---

[1] 唐忠宝:《虚无主义及其克服:尼采、海德格尔和马克思》,《四川师范大学学报(社会科学版)》2011年第6期。
[2] 胡大平:《虚无·主义·Dis-play》,《江海学刊》2012年第3期。
[3] [德]马丁·海德格尔:《林中路》,孙周兴译,上海译文出版社2004年版,第226页。

身真实性都成问题的东西。由于传统价值体系的根基崩溃,尼采提出用"价值重估"来克服由此产生的虚无主义,从而建立一种全新的、真正的、高贵的新价值。值得注意的是,由于"在尼采意义上,虚无主义共同构成了西方历史的本质,因为它共同设定了各种形而上学的基本立场及其关系的法则。但是,形而上学的基本立场乃是被我们认作世界历史,特别是西方历史的东西的基础和领域"①。所以,价值重估必然会对过去的整个历史进行激烈的否定,认为过往的历史只是在追寻虚无的价值,"在这种历史的历史否定逻辑中,历史失去了价值,虚无主义的问题于是就成了如何对待历史的问题:虚无主义之所以为虚无主义,就是在于它对历史表现出来的否定态度"②。从这个意义上说,虚无主义在尼采那里便实现了与历史的对立,虚无主义的本质之中便带有这样一种逻辑预设,即历史的终结,这是虚无主义得以完成的前提,也是其发展成历史虚无主义理论硬核的价值基础。所以,由西方发生的虚无主义实际就是现在历史虚无主义思潮的本体,两者之间是一脉相承、前后相继的关系。

总之,虚无主义在西方历史的流变中一直呈现一种复杂的状态。"启蒙思想家意图以理性代替上帝立法,但是,启蒙理性到19世纪以后却发展出各种各样现世的乌托邦,各种各样全权性的意识形态,理性特别是工具理性反而成了新的压迫性机制。于是从启蒙内部发生的浪漫主义运动发展到尼采,走入反理性一途,到20世纪后半叶,随着后现代大潮席卷思想界,本来替代超越世界的那个客观的、普世化的理性被判定为是虚妄的宏大叙事,理性世界也崩溃了,剩下一个价值相对主义和虚无主义的世界。"③

三、历史虚无主义的中国泛起

作为当下较为活跃的社会思潮,历史虚无主义早在20世纪二三十年代的中国就风靡一时。如今,历史虚无主义伴随中国崛起再次死灰复燃,其背后原因绝非偶然,而是有着深刻的国内外背景。

首先,西方国家在意识形态领域始终坚持"和平演变"战略。自从世界上出现第一个社会主义国家开始,西方国家便从未停止对社会主义制度的攻击与破坏。但在和平发展成为时代主题的今天,互惠共赢已成为新型国际关系准则,单纯地动用武力已为国际关系伦理所不容,而"和平演变"便成了西方国家常用

---

① [德]马丁·海德格尔:《尼采(下)》,孙周兴译,商务印书馆2011年版,第777页。
② 王俊:《于"无"深处的历史渊源》,浙江大学出版社2009年版,第101页。
③ 朱汉民:《儒学的多维视域》,东方出版社2015年版,第160页。

的重要手段之一。当前,全球化趋势不断加强,发展中国家也积极投身其中。然而,国际旧的政治经济秩序并没有得到根本改善,西方国家在文化传播、舆论控制以及经济运作等方面依然居于主导地位。前美国国务卿基辛格曾说,全球化的实质就是美国模式的全球化。伴随世界各国间在各领域的交流合作日益频繁与深入,西方国家在进行产品、企业宣传的同时,借助其在科学技术、媒体舆论以及文化艺术等方面的强势地位,将西方文化、西方价值观等悄悄传播开来。对于"和平演变战略"的存在,西方历届政要从来都不回避这个问题,美国中央情报局甚至公开了如何让中国官员堕落、如何让中国青年不思进取的"十二条戒令"。20世纪80年代以来,西方国家利用社会主义国家改革以及由此产生的各种困难掀起了颂扬改良、攻击革命的浪潮,大面积地通过书籍、文章、电台等途径制造社会主义和马克思主义的"终结论"。而福山的《历史的终结》和布热津斯基的《大失败——二十世纪共产主义的兴亡》便成了这股思想的代表作。这种攻心为上的图谋,曾成功动摇了苏联领导人对自己国家制度、文化以及历史的信心。苏东剧变之后,中国便成了西方国家推销自身社会制度和价值观念的重要场所,而利用五光十色的社会思潮传播西方主流价值观正是"和平演变"战略在当代中国的主要表现形式。正如美国当代著名政治学家萨缪尔·亨廷顿所言:"对一个传统社会的稳定来说,构成主要威胁的,并非来自外国军队的侵略,而是来自外国观念的侵入,印刷品和言论比军队和坦克推进得更快、更深入。"而前美国国务卿沃伦·克里斯托弗更是直截了当地指出:"我们的政策将是设法通过鼓励伟大国家的经济和政治自由化势力,来促进中国从共产主义向民主的和平演变。"

实际上,为了让"和平演变"战略更好更持久地产生作用,西方国家在对象国投入了巨大的人力与物力,可谓是用心良苦。例如,西方国家为了让历史虚无主义思潮获得更好的传播效果,一直不惜余力地在中国为其寻找所谓的确证。杨继绳[1]曾在其著作《墓碑——中国六十年代大饥荒纪实》(下称《墓碑》)撒了个3600万人饿死在三年困难时期这一骇人听闻的弥天大谎。《墓碑》完稿之后,"由中国香港的出版社出版发行,然后由美国曼哈顿研究所授予'哈耶克图书奖'[2],最后由海外媒体联手大肆炒作,铺天盖地地推向国内"。2015年,杨继绳甚至凭借这一作品成为首位获瑞典诺斯德出版社颁发的史迪格·拉森奖的华人;2016年,杨继绳又因在书中"揭露毛时代三年饿死3600万"获颁美国哈佛

---

[1] 中国作家兼记者,曾任《炎黄春秋》杂志社副社长。
[2] "哈耶克图书奖"是以极端仇视、疯狂反对社会主义的新自由主义鼻祖哈耶克的名字命名的。

大学"2016年度刘易斯·李仰士新闻责任与正义奖"(Louis M Lyons Award)。可见,历史虚无主义思潮在中国的泛起与西方势力的鼎力支持是密不可分的。

其次,我国经济社会的发展环境发生剧烈嬗变。任何一种社会思潮的兴起都不会是无缘无故的,都可以从一个国家经济环境的改变分析其成因。在新时期,我们确定了改革开放的战略决策,党的工作中心也转移到经济建设上来,随之出现的便是我国由以政治为主导的社会向以经济为导向的社会的急骤转变。在这一过程中,便出现了一股资产阶级自由化势力,一些持有自由主义传统论的人也开始借机企图实现政治诉求。例如,当党进行拨乱反正和改革开放的时候,社会中便兴起一股反对、怀疑四项基本原则的错误思潮,它们以反思历史为名,故意夸大毛泽东晚年的错误,以制造思想混乱,最终达到全盘西化,引诱中国走资本主义道路的最终目的。20世纪90年代之后,我国经济社会的发展环境更是发生了翻天覆地的变化,这也为历史虚无主义思潮提供了再次发展的契机。

一方面,我国经济成分变得更加多元化、多样化。随着改革开放的深入,我国所有制结构发生了巨大变化,多种所有制共同发展的格局逐渐取代了公有制一统天下的局面,我国也逐渐确立起了以公有制为主体、多种所有制经济共同发展的社会主义初级阶段的基本经济制度。毫无疑问,非公经济获得的巨大发展对推动我国经济发展起到了重要作用,而且可以肯定的是绝大多数的非公经济人士也是信仰马克思主义、拥护党的领导的。但我们也必须注意到,"由于是在改革开放的环境中长大,再加上对我国近现代历史缺乏深刻的了解,接受马克思主义理论教育的机会较少,有的非公有制经济领域人士对马克思主义、社会主义、共产主义等缺少基本的了解,再加上西方错误思潮的影响,导致少数非公有制经济领域人士缺乏对中国共产党的领导和社会主义制度的认同和拥护,缺少对马克思主义的信仰和对社会主义、共产主义的信念,有的甚至认为中国实行资本主义制度会更好"[①]。这"使代表非公经济的各种思潮滋长,给历史虚无主义以生存的土壤"[②]。另一方面,我国经济综合实力显著提高,但也出现一些难以避免的社会问题。当前,我国在社会主义基本经济制度的指导下取得了令全世界瞩目的成就,并一直处于高速发展的关键期。在这一阶段,社会利益关系和利益格局正发生转变,出现多元化特征,有群体利益和个人利益,有公共利益与私人利益,有物质利益与精神利益,特别是在这些利益发生重叠交叉的

---

① 朱继东:《非公有制经济领域意识形态工作问题及对策》,《红旗文稿》2016年第7期。
② 秦正为:《问题与对策:全面透诊历史虚无主义》,《甘肃理论学刊》2016年第1期。

情况下,就会不断压缩社会主义建设的空间。而在狭小的空间内进行高速建设难免会出现一些社会问题,其中较为明显的便是无论是农村还是城市都存在数量较多的因为各种社会资源的缺乏而游离市场体制之外的群众,他们的利益受到不同程度的损害,且缺乏行之有效的利益保障机制,甚至没有真正的利益表达途径。换言之,当前中国发展势头异常迅猛,"但我们之所以要强调一种'包容性的发展',就是因为虽然改革开放取得了举世瞩目的成就,但是发展却呈现一种非平衡状态,城乡之间、地区之间和群体之间的差距不断扩大,特别是贫富差距的扩大已经直接导致了人们对改革成果全民共享信心的减退"[1]。这部分人也因此很难对主流意识形态产生信任感,从而也为西方国家借用各种思潮宣扬西方价值观,诋毁社会主义价值观,与我国主流意识形态争夺群众基础提供了机会。

再次,世界社会主义运动处于低潮时期。回顾历史,自十月革命建立起人类历史上第一个社会主义国家后,社会主义曾经历过凯歌行进的辉煌时期。但20世纪90年代初发生的苏联解体以及东欧剧变等历史事件却标志着世界社会主义运动转入低潮。对于这一令人深思的悲剧事件,学者们从多个角度进行过分析,"但最为直接,最为关键的原因是戈尔巴乔夫推行了一条背离社会主义的错误路线。这条路线最终瓦解了党,同时毁灭了苏联。戈尔巴乔夫推行这条错误路线的表现也是多方面的,从意识形态领域来看,很重要的一点是大搞历史虚无主义……为国外敌对势力西化、分化苏联提供了可乘之机"[2]。2013年1月5日,习近平总书记在新进中央委员会的委员、候补委员学习贯彻党的十八大精神研讨班开班式上更是直截了当地点出:"苏联为什么解体?苏共为什么垮台?一个重要原因就是意识形态领域的斗争十分激烈,全面否定了苏联历史、苏共历史,否定列宁,否定斯大林,搞历史虚无主义,思想搞乱了,各级党组织几乎没任何作用了,军队都不在党的领导之下了。最后,苏联共产党偌大一个党就作鸟兽散了,苏联偌大一个社会主义国家就分崩离析了。这是前车之鉴啊!"而之所以称之为低潮,是因为在这之后的很长一段时间内,资本主义世界并没有出现被统治阶级不愿生活下去,而统治阶级无法统治下去的危机情况,"没有出现波涛汹涌的工农群众运动和大范围的革命发动;有的是反动势力对进步力量的摧残和高压,革命队伍的涣散和解体,群众政治意识的淡漠。特别

---

[1] 王翼:《"包容性发展":全球化语境中的时代命题——兼析"包容性发展"的中国要义》,《世界经济与政治论坛》2012年第4期。

[2] 陈之骅:《苏联解体前夕的历史虚无主义》,《高校理论战线》2005年第8期。

是作为科学社会主义发源地的西欧国家,其共产党在社会政治生活中日益被边缘化,在2008年夏天爆发的极其严重的资本主义金融和经济危机中,资本主义国家的工人运动虽有一定的复苏,但并没有得到大的增强"①。

总之,在苏联解体、东欧剧变之后,国际上便逐渐呈现出西强东弱的总体格局。在这种背景下,一些人试图开始从现实出发进行社会主义运动史的回溯,并认为社会主义道路从一开始便是错误的,社会主义革命与建设以马克思主义作为理论指导是不明智的,因为我们"这个时代已经不是马克思那个烟囱林立,工人阶级苦不堪言的世界,资本主义制度发生了根本的变化,马克思主义作为一种'权宜之计'也完成了历史任务"②。一时间,类似这种"马克思主义过时"论、"社会主义失败"论、"共产主义渺茫"论等论调相继出现,且拥有一定的受众。这足以说明这一历史事件使有些人开始对社会主义制度产生怀疑。"社会主义既是一种实践,也是一种社会理想,是一面旗帜。世界社会主义遭受的重大挫折,使社会主义的比较优势受到损害,从而降低了社会主义的吸引力。一个明显的例证是,当前社会上淡漠政治、不问'主义'的实用主义态度有所发展。一些人在冲击面前,不愿正视问题,不愿认真思考,采取回避问题的态度。还有一些人在物质利益面前迷失了方向,走向拜金主义。政治敏感度下降十分明显。"③实际上,革命从来没有一帆风顺的,社会主义革命出现暂时的困境与挫折也不能改变资本主义的最终命运。必须警惕的是,虽然绝大部分群众对社会主义制度具有坚定的信仰与信心,但当低潮真正出现时,仍不可避免地有一部分人失望悲观,甚至要另寻出路,于是他们抹黑自己,提倡走美国化道路,否定党、国家以及中华民族的一切优秀文化与骄人历史。一言概之,历史虚无主义在新时期甚嚣尘上,与社会主义运动处于低潮这一国际背景是紧密相连的。

最后,也是非常重要的一点,即后现代主义思潮的"推波助澜"。众所周知,社会存在决定社会意识,一种社会思潮的成因一定可以从社会变化中寻得线索,因此我们在探究历史虚无主义在中国再次泛起的原因之前,可以先回顾一下其理论内核,即虚无主义在德国出现的社会背景。众所周知,当现代化在荷兰、英国取得巨大成功之时,德国依旧是一个拥有深厚封建传统的国家。现代化的外在压力迫使德国必须在政治、经济、文化等方面做出积极反应。启蒙文

---

① 聂运麟:《世界社会主义运动在低潮中奋进》,《求是》2013年第21期。
② 《马克思主义过时了吗?》,http://www.qstheory.cn/wh/sxdl/201210/t20121024_188544.htm,访问日期为2017年12月10日。
③ 赵金山:《新情况、新思路、新机制:新时期思想政治工作研究》,红旗出版社2004年版,第8页。

化的传入,现代化进程的日益显著,让传统社会的文化、秩序以及价值等遭受很大冲击与质疑,从而让坚信这些文化、秩序、价值的人陷入无尽的忧虑,虚无主义也就在这样一种背景中诞生。所以,"德国思想传统中一直存在着一种浓浓的虚无主义话语。它不但怀疑西方传入的启蒙、工业化、世俗化运动会消解(即虚无化)本国的传统,而且,启蒙以来的现代本身就孕育着一种无可避免的虚无"①。不难看出,德国之所以出现现代意义上的虚无主义,根本原因还在于其迫切追求现代化的内外压力。当视野回归国内,我们可以发现中国曾和德国有着极为类似的发展情境,作为现代化晚外发的国家,那种落后、战败的境遇让我们产生迫切学习西方现代化的意愿,甚至将学习来的内容视为不可怀疑的东西,最终西方的"上帝死了"变成了中国的"打到孔家店",虚无主义也由最初传入中国时的多重指向实现了向历史虚无主义的变身。

综上所述,当社会出现大变革或大转折时往往会给虚无主义提供生存的土壤。如今的中国正处于实现社会主义现代化过程中的重要转折期,"现代化冲动是当代中国的发展诉求,这种诉求不仅明确地体现在国家发展战略层面,而且体现在绝大部分知识分子的社会发展愿景以及普通老百姓的生活追求中。这为虚无主义在中国这个外生型现代化国家的衍生提供了可能"②。当然,这也仅仅为历史虚无主义的再起提供了某种可能,因为"虚无主义是一种方法或者思维方式,它的特点是虚无,但方法只有应用才能产生效果,思维方式只有作用于对象才能形成结论"③。那么,究竟是什么将虚无主义推向了中国发展的历史领域便成了自然追问。实际上,我们在现代化道路上不可避免地遇到了各种瓶颈,"风险社会"的到来让人们开始对现代化本身进行反思。于是,借助西方后现代主义理论实现自身的后现代转向也成为一种尝试。作为发源西方的一种重要文化思潮,后现代主义最早出现在艺术和建筑领域。到20世纪50年代,后现代主义逐渐影响到其他文化领域,哲学、文学、语言学等各学科都逐渐出现后现代主义的身影,历史学当然也不例外。"后现代思潮的历史观对客观历史事实的'解构'、'拆解'、'摧毁'和'重新定位',以及对历史过程'宏大叙事'的彻底否定,代之以形形色色的甚至是荒诞不经的碎片化,就产生了许多奇谈怪

---

① 刘森林:《为什么要关注虚无主义问题?》,《现代哲学》2013年第1期。
② 杨丽婷:《论虚无主义与当代中国的关系图景》,《广东社会科学》2015年第2期。
③ 马新宇:《虚无主义之类型、体相与思维方式——以西方哲学为语境的考察》,《人文杂志》2016年第8期。

论。"①在这种背景下,史学研究中开始出现历史解构主义。这也成为历史虚无主义思潮在当代重新泛起的重要契机。历史解构主义认为,所有历史都是过去式的,当代人没有办法回到过去;历史一直处于变动之中,因此任何历史的意义都不是固定的,一切历史的相似和联系都是偶然和短暂的。"从后现代主义史学理论出发,历史只不过是那些稍纵即逝的没有内在联系的'事件'的堆积,通过'解构'宏大叙事,'碎化'历史,将日常生活、底层人物、突发事件、妇女、性行为、精神疾病等纳入历史研究的视野。从后现代主义'摧毁'、'解构'和'否定性'等基本理论特征出发,进而从根本上否定历史学的学术功能和社会功能。后现代主义对史学的挑战,主要表现为否定了历史学的科学性、否定历史矛盾运动的连续性和客观性,宣扬历史虚无主义,进而否定人类历史的客观性和客观规律性。"②总之,在后现代主义的影响下,特别是在历史解构主义的"号召"下,追求多元性、碎片化和分离性的声音不绝于耳,反对绝对性、共同性和统一性的声音此起彼伏。在一片"讨伐"理性主义的声音中,历史传统可以被肆意更改,革命领袖能够被贬损讥笑,一切历史与现在的有机联系都只是微不足道的。沿着这样一种路径前行,任何人的结局都只能是落入历史虚无主义的泥潭。

四、历史虚无主义的弥漫因由③

凭借后现代主义的"东风",虚无主义钻进历史领域实现了"卷土重来",而其影响力的日益增大则需要深入到当代中国经济活动的现实运作与内在机理中寻求原因,毕竟经济基础决定了上层建筑,作为意识的一种,历史虚无主义也无法脱离其中。

在马克思主义学者们看来,虚无主义的盛行是由资本逻辑的运行所引起,是其作用于人的精神价值层面的必然结果,也就是说,但凡是资本可能发生作用的地方,就可能引致虚无主义的发生。正如同马克思所言:"自18世纪最后三十多年大工业出现以来,就开始了一个像雪崩一样猛烈的突破一切界限的冲击。习俗和自然、年龄和性别、昼和夜的界限,统统被摧毁了。甚至旧法规中按农民的习惯规定的关于昼夜的简单概念,也变得如此模糊不清……资本则狂欢痛饮来庆祝胜利。"④当前,中国的经济文化发展已无法脱离全球市场秩序,这也

---

① 于沛:《后现代主义历史观和历史虚无主义》,《历史研究》2015年第3期。
② 《史学概论》,高等教育出版社2009年版,第250页。
③ 部分内容参见王翼《历史虚无主义思潮透析》,《探索》2018年第2期。
④ 《马克思恩格斯文集》第5卷,人民出版社2009年版,第320—321页。

就决定了我们目前无法完全拒绝资本,资本逻辑在中国便取得了进一步伸张的空间,从而成为虚无主义全面渗透的载体。

在中国,资本逻辑引发的最显著现象就是个人自身价值的虚无化。在马克思主义理论体系中,资本之所以不同于货币,还在于其自我增殖的能力,而这种能力的获得基于一种特殊的社会关系,即资本主义的生产关系,所以资本逻辑也就是资本主义生产关系的再生产逻辑。"从更深的层次上说,资本逻辑是一种'颠倒的'主体性逻辑。资本逻辑是一种自为存在、自行倍增、自我中心的逻辑,个人甚至整个社会都表现为资本增殖的手段和工具,而资本的自我增殖则表现为个人和社会生活的最高目的。"①在这个过程中,原本个人劳动应该是一种自由自觉的行为活动,人们在劳动中本也应该获取自由以及展现自身的本质,但在资本主义社会生产关系中劳动却被变成一种增殖工具,资本要素的存在取代了劳动过程本身应体现的生命意义的存在,个人自身的价值也就随之被虚无化了。当然,马克思已经指出资本逻辑的运作导致的这种虚无化只有当"资本-劳动"的关系呈现"剥削-对抗"的特征时才会出现,但我们也需要承认,当下"中国社会主义初级阶段还没有超越商品经济和市场经济的社会发展阶段,市场经济所形成的'以物的依赖性为基础的人的独立性'仍然是当代中国人发展的历史性特征……这暴露当代中国社会利益关系矛盾运动的主要动力依然遵循资本追求赢利的利益驱动模式"②。所以,处在社会主义初级阶段的中国要求进一步强调市场在资源配置中的决定性作用,也同时意味着一种场域的生成,即劳动力成为商品和生产资料成为资本。从这个意义上说,"资本-劳动"之间的雇佣关系在当下的中国是存在的,只是"在社会主义市场经济体制下的那种劳动与资本的关系,与马克思当年所研究的劳动与资本的关系有着本质性的区别,马克思所研究的劳动与资本的关系体现的是无产阶级与资产阶级剥削与被剥削的对抗性的阶级关系,而我们今天面临的劳动与资本的关系,更多地体现一种劳动与资本双方利益的诉求,是在社会主义劳动所有权与资本所有权实现过程中所发生的对立与统一的关系"③。

综上所述,当前中国是存在产生虚无主义的经济环境的,资本逻辑凭借其

---

① 郗戈:《现代性的矛盾与超越马克思现代性思想与当代社会发展》,中国人民大学出版社 2014 年版,第 157 页。
② 高云涌:《资本逻辑的中国语境与历史唯物主义的当代使命》,《北京行政学院学报》2016 年第 1 期。
③ 陈学明:《〈资本论〉对当今中国的意义》,《南京政治学院学报》2014 年第 3 期。

强大的运作力量将一些人逼成工具化的存在,成为物的奴役,物质的不断富裕最终压缩了精神生活的生存空间,造成个人价值的虚无。可以说,目前社会上存在的类似享乐拜金、信仰迷茫、价值混乱等现象都是资本逻辑作用于人的精神层面而产生的虚无主义的表征。当然,当资本逻辑阻止了个人自我价值的实现时,也等于虚无了他人的存在价值,人与人之间的正常关系也就被扭曲为物与物的关系,整个社会关系进而处于一种冲突状态。也就是说,当资本逻辑开始影响现代文明时,也激荡着过往一切旧的价值体系,从而让传统价值出现显著的认同危机,而具有现代特征的价值体系也并未落实,所以会出现前所未有的价值真空期,人们的精神生活也容易受到忽视与压抑而出现精神性虚无。如今,中国的虚无主义已发展成一种势头强劲的精神思潮,并在资本逻辑的运作下在多个领域弥漫扩散,历史虚无主义出现也真是这种运作的直接表现。

第二节 历史虚无主义的错论谬论

历史虚无主义在中国由来已久,早在近代中国,它便与全盘西化论同时存在,当时支持"全盘西化派"①的人一般都以虚无主义的态度对待自己的历史,因此当时的历史虚无主义无论是表现手法还是存在样态都较为单一。但如今的历史虚无主义思潮表现形式新奇多样,日益呈现出相互补充、支持的多种样态与症候。通过梳理历史虚无主义思潮在当代中国的复杂存在样态,对拨开历史虚无主义思潮的迷雾具有重要意义。

一、肆意歪曲否定中国革命历史

某种程度上说,"告别革命"是历史虚无主义在现实中最为显著的表现形式。众所周知,近代中国遭受了西方列强的不断欺凌与压迫,中国近代史就是一部中华民族在面临种族灭亡危机下不断接力、反抗以救自身于水深火热之中并努力追求现代化的历史。在这一历史进程中,我们先后经历了旧民主主义革命和新民主主义革命时期,并最终过渡到社会主义革命与建设时期的奋斗历

---

① "全盘西化派",又名"彻底西化派",或"充分世界化派"(经胡适修正),简称"西化派""欧化派""西洋派"或"世界化派"。"统帅"是胡适,"先锋"是陈序经。声援他们的还有"察见中国全部的文化已不及全部西洋文化",预期"中国全盘西化是可能的事"的吕学海,主张"更深刻更广泛地西洋化"的梁秋实,主张"尽量西化"的严既澄等等。参见何爱国《中国现代化思想史论:1912—1949》,世界图书广东出版公司 2014 年版,第 188—189 页。

程。在这样的历史脉络中,前一个历史阶段的实践都成为开启后一个历史阶段的必然,从而也生成了"历史选择了共产党"这一必然结论。这一逻辑进程不仅承载了无数中华儿女的共同愿景,更规范着人们对中国国史、党史和革命史的认知,对这一进程中的任何阶段的随意否定都必定导致党执政合法性在理论上的土崩瓦解。而这恰恰是历史虚无主义的重要攻击目标,为了达到这一根本政治目的,他们"建构起一套新话语,其核心内容是否定近代以来中国革命发生的历史必然性,否定中国选择社会主义道路、选择中国共产党执政的合理性,宣扬中国共产党的历史是'阴谋史'、'权力斗争史',新中国的历史是'苦难史',中国共产党及其领袖'罪恶深重'。按照这些核心理论观点合乎逻辑地推演,必然得出对中国现实政治制度和发展道路的否定性判断"①。具体而言有以下几个方面的体现。

首先,通过否定中国革命史来否定党的执政地位。在大多数人看来,从1840年鸦片战争开始,中国历史的主流与本质就是前仆后继的仁人志士为救中国于危难之中而不惜生命、英勇奋斗的历史,是党带领全国各族人民经过英勇斗争而赢得民族解放与独立的历史,更是党带领全国各族人民经过社会主义革命与改革将一个一穷二白的旧中国逐渐建设成为世界第二大经济体的社会主义新中国的历史。但是这些在历史虚无主义者看来都是虚无的、颠倒的甚至是不合理的,于是他们以资产阶级世界观提出了告别革命、否定革命的观点。"他们不但渲染民族失败主义情绪,而且公开走上称颂帝国主义侵略、称颂殖民统治的道路上去。有人说,鸦片战争是'好事',应当'大恨其晚',如果再早一点,'我们中国就远不是如此了'。有人认为,'从根本意义上来说,是鸦片战争一声炮响,给中国带来了近代文明'。还有人认为,无论是清王朝的抵抗,还是农民自发的三元里抗英斗争和义和团运动,'在形式上都是民族自己的斗争,而在实质上,都是站在维护本民族封建传统的保守立场上,对世界资本主义历史趋势进行本能的反抗,是以落后对先进,保守对进步,封建闭关自守孤立的传统对世界资本主义'自由贸易'经济变革的抗拒'。"②总之,历史虚无主义者认为任何形式的革命都容易使人发狂,引来的只能是百年的叹息而没有任何建设意义,其最终企图就是否定党领导的一切革命运动。

其次,通过歪曲新中国的建设实践来否定党的执政能力。就党执政合法性基础的历史演变来说,"毛泽东等第一代领导人去世后,作为党执政合法性来源

---

① 杨军:《历史虚无主义最新表现形态》,《人民论坛》2015年第9期。
② 梁柱:《历史虚无主义的政治诉求及其危害》,《思想理论教育》2016年第2期。

基础的个人崇拜开始逐渐退出中国的政治舞台,党执政的合法性来源基础面临着重建的任务。1978年12月,党的十一届三中全会作出了把党的工作重点转移到社会主义现代化建设上来和实行改革开放的英明决策。此后,邓小平在党的执政合法性来源方面采取了与过去相比明显不同的策略,主要是通过改革开放建立以执政绩效为主的党执政的合法性基础"①。毫无疑问,经过60多年的不断努力与奋斗,中国共产党带领全国各族人民以马克思主义为指导在重重困难下铸就了国家不断进步与强大的曲折发展史,当代中国在各个领域取得的成就足以证明党卓越的执政能力。但是这些在历史虚无主义者看来都是要被否定的,例如,他们极力渲染党在探索时期的失误,以证明党不懂经济、不会建设;着力夸大新时期社会建设过程中的种种矛盾,以证明党政策失误、能力羸弱;并将其视为可以将改革开放前三十年与后三十年进行相互否定的"确证"。

再次,通过抹黑党的领袖来否定党的执政品格。这一点与当年历史虚无主义思潮在苏联兴起时如出一辙。他们清楚地意识到,同全面否定斯大林执政而引致苏共溃败的道理一样,以毛泽东在党内的威望与地位,只要定了他的"罪",中国共产党"有罪"便顺理成章。于是,这些人"否定或歪曲毛泽东对中国革命和建设的伟大功绩。他们宣称毛泽东过大于功,是'伟大的革命家,失败的建设者'……否定毛泽东领导团结各族人民建立新中国的重大意义,宣称毛泽东所建立的'新中国',只是一个新的政权而已;否定毛泽东领导社会主义建设取得的重大成绩,宣称毛泽东时代是'荒唐、混乱和血腥的年代'"②。

二、恶意编造虚构民族传统文化

历史是现实的根源,是"最好的老师",历史虚无主义却经常通过对历史真实的主观臆想以达到"去史"的本质目的。作为民族自豪感、自信心以及自尊心的重要来源,任何一个国家和政党对自己的历史都十分重视。一般而言,历史认知具有相对性,但人们对于历史的认知依旧具有客观真理性,因为"尽管历史认识由于受到历史的过去性、复杂性以及间接性的影响,从而阻碍和制约认识主体对客体作出合理的解释,而且这种历史认识从过程到结果都是主观的,但人们在认识历史的过程中并不缺乏客观性的合理内核"③。所以,对于史学研究而言,尽可能地还原历史真相应是第一准则。但历史虚无主义反其道而行之,

---

① 熊光清:《如何增强中国共产党执政的合法性基础:历史的审视》,《学术探索》2011年第1期。
② 刘仓:《毛泽东研究中的历史虚无主义思潮评析》,《马克思主义研究》2016年第5期。
③ 卜照晶:《历史认识的客观性问题漫谈》,《光明日报》2007年4月6日第9版。

它高举学术研究的旗号对中国古代史以及近现代史进行了全方位的虚无化,一些著作甚至"以'颠覆历史'、'你所不知道的真相'为噱头,其间包含了对正统史学的质疑,挑战的是历史专业的权威和历史研究的基本准则。在此过程中,一些似是而非甚至错误的历史理论得到了广泛传播"①。例如历史虚无主义对中国古代文明起源的虚无。2004 年,一本研究人类古代文明的著作——《三星堆文化大猜想》开始出现在市面上,作者在前言便直接说道:"三星堆文化绝非内生,它属于外来文明,其来源是'西方'。更具体而言,这个文明的创造者主体为红海沿岸古闪族人,尤以信奉犹太教前的古以色列人为主,以及沿途的伊朗人和印度人。中国的龙、凤崇拜可能来源于这个外来文化,三皇五帝也与其有关。"细读其文,作者通过研究与推测竟然得出很多类似人类文明有一个共同的"文明子宫",就是"地中海东部沿海地区,主要包括北非、巴比伦、犹太人以及希腊人……位于四大文明古国的遥远的中华文明则是人类文明的一个'宫外孕'"②。"假如中国是一块田,则时代不同的中东不同群体来到中国,给中国带来了形态各异的不同文化,截止到今天覆盖中国的主要'土层'有仰韶文化、良渚文化、夏、商、周等"。这样就将中国文化、中国文明的起源归于外来文化或外来人群的令人瞠目结舌的结论。再例如历史虚无主义对近代帝国主义侵华历史的曲解。众所周知,中国近代史就是一部帝国主义为一己私利的侵略史,更是整个中华民族的屈辱史。但有些学者却执意将帝国主义视为为中国送来近代文明的"使者",认为"西方的大炮也是一身而兼二任,它既是在野蛮地侵略中国,又是在强迫中国这个老大帝国走出封闭,走出中世纪,走向近代化……鸦片战争是在执行一种历史的使命,是对中国闭关锁国、因循守旧政策的一种必然回应,它是用侵略手段来达到使中国向世界开放的目的"③。这一观点虽然年代久远,但至今仍受到不少人的追捧,与前文提到的"告别革命论"遥相呼应,这也可以看出历史虚无主义的一些观点是非常有迷惑性的,值得高度关注与警惕。更为关键的是,由于一些文化创造者对待历史态度的不严谨,在不自觉间竟也成为传播错误史实的帮凶。在改革开放 37 年、中国革命胜利 66 年之即,某地方卫视曾播出过一部名为《异镇》的电视剧,该剧主要讲述了 1937 年春天,国民党"军统"将 50 余名特工人员乔装打扮成普通老百姓居住在某镇,打击侵略者,展开抗日活动的故事。显然,这部影视剧的立意与主旨并没有问题,但稍有历

---

① 张焱:《求真乃历史学的本质》,《光明日报》2016 年 1 月 9 日第 2 版。
② 苏三:《三星堆文化大猜想》,中国社会科学出版社 2004 年版,第 106—107 页。
③ 郑焱:《打破束缚,更新观念》,《学术研究》1994 年第 4 期。

史常识的人都知道:1937年之初,军统尚未成立。如果说这只是无关痛痒的小瑕疵,但电视剧中的主线,即国民党军统发动人民群众抗战的剧情,就完全背离历史上只有党领导的抗日民族统一战线能够团结各族人民英勇抗日这一基本史实。中国文艺评论家协会主席仲呈祥在谈到这部作品时曾指出:"《异镇》的大历史是不真实的,这样的片子看完,那些未曾经历过反侵略战争或者没有接受过传统教育的人会如何看待那场战争?现在有一股历史虚无主义思潮很值得我们重视,它正在逐渐改变一代人的历史观。"

三、随意以世俗化态度消费历史

众所周知,一种社会思潮若要充分发挥其影响力,必须拥有足够的话语权,即其所包含的思想内容能够让更多的人相信,而这需要以人们愿意听且能够听的懂为前提。因此,仅仅局限于学术领域内"兴风作浪"已远远不能满足历史虚无主义思潮的政治诉求,为了让自身得到更为广泛和有效的传播,其触角已经伸进人民大众的现实生活,企图以一种潜移默化的方式破坏国家主流意识形态的阶级基础。一言概之,历史虚无主义思潮近年来"吸收了许多时尚元素,出现了世俗化的新趋向,使其影响域从严谨的学术殿堂走向世俗生活,从知识精英群体扩大到普通大众。受历史虚无主义所影响的世俗生活领域,一味地追求娱乐化、扁平化的平庸趋势,越来越追求感官刺激,在颠倒历史、嘲弄高尚、胡编乱造中达到了哗众取宠的效果。"[1]这一点在当前的文学艺术领域有相当突出的表现。回顾历史,历史虚无主义思潮对文艺界的侵袭最早体现在20世纪80年代末的一部电视纪录片——《河殇》,这部纪录片藐视黄土文明,本质上就是"一股歪曲中华民族的历史、否定中华民族的优良传统的民族虚无主义思潮,而且这种民族虚无主义同时又夹杂着'非毛化'的观点,鼓吹'全盘西化'、走'蓝色文明'之路即资本主义道路才是中国的唯一出路"[2]。时至今日,像《河殇》这种直接宣扬虚无主义的艺术作品已很少看到,但出现的一些新现象却值得关注。例如,以碎片化的方式进行历史解构。这种对历史的解构主要体现在以下几个方面。

第一,将个人生活经历等同于社会总体趋势,制造历史叙事的碎片化。毫无疑问,历史的真实性是能够触碰或体现历史本质,而这也是文艺创作的基本

---

[1] 李方祥:《警惕历史虚无主义的"时尚"表现》,《中国社会科学报》2015年4月10日第7版。
[2] 李方祥:《"历史虚无主义"是意识形态领域特定的政治概念》,《思想理论教育导刊》2015年第1期。

要求。当然,艺术的真实性需要通过个人或细节的描述来体现,但这个人或细节一定是要能够代表社会本质或社会倾向的,且个人行为的发生也不是个人欲望或孤立要素使然,而是来自其身处的历史潮流和社会背景,只有这样的个人或细节才能体现出历史的真实性。但是,一段时期以来,一些人开始追捧回忆录或个人的口述史,只用个人在某段时期内的所见所闻替代整个历史时段的掌握,甚至还有人以个人恩怨作为历史评价的标准。第二,用片面的细节对主流历史评价进行解构,制造历史观念的碎片化。如一些文艺创作者在进行战争题材的文艺作品创作时,总是忽略人民性等能够体现战争本质的内容,反而将更多的镜头对准血腥场面或激战场面的描写,最终博取的是观众的眼球,却使熠熠生辉的英雄们黯然失色,也让为国家独立而战的正义性荡然无存。第三,为追求艺术效果而将历史事实传奇化和游戏化。如今,抗战剧、谍战剧深受群众喜爱,这类题材的影视作品几乎占据了地方卫视的半壁江山。但一些剧组为追求过分的艺术效果对该类题材影视剧本应具备的严肃性、真实性等重要属性置若罔闻,"将残酷的战争进行了游戏化的处理,把严肃的抗战史变成了玩闹的把戏……有些抗日剧被拍成了科幻剧,主人公个个身怀绝技,能够以一当百,飞刀敌炮火、徒手撕鬼子,雷人剧情一拨接一拨,令观众大跌眼镜、倒吸凉气。由此,所谓的纪念和反思就被一种游戏狂欢所掩盖,电视剧的历史意义和文化意义就在娱乐中被大大消解了"①。第四,为增加剧情的曲折而过度戏说或肆意篡改历史。艺术创作对"度"的把握十分关键,拿捏好了这个"度",就有可能创作出具有人文关怀,给人带来心灵震撼与审美愉悦的优秀作品;而过了这个度,就可能适得其反。当下,"戏说"为主题的一类影视作品,常常与历史事实相差甚远,这就可能导致一些人,特别是那些世界观、价值观和人生观尚未完全成熟的青少年对历史产生这样的误解:皇帝每天的生活就是与一群浪漫的奇女子谈情说爱;后宫就是女人争权夺势的是非之地,这甚至可以决定王朝兴衰成败的历史走向。

四、刻意拓展网络文化虚无空间

2015年,原北京大学副校长梁柱教授受网络大V的围攻事件②曾一度引起

---

① 朱四倍:《抗战历史岂能笑谈》,《人民日报》2013年2月25日。
② 2015年《红旗文稿》第7期刊发了梁柱老师题为《怎样才能做到真正的历史清醒》的文章。然而,没想到的是这样一篇冷静客观驳斥历史虚无主义的文章,竟然因为个别人想煽动舆论,继而不讲真相的被恶意篡改为《盲目追求真相不讲立场就是历史虚无主义》。结果因为这个完全颠倒是非的标题被人们所误解。

舆论关注与热议。事后，尽管大家一致认为此次事件的根本原因在于再次作恶的标题党，并对不负责任、盲目传谣跟风的网民和大V们进行了谴责，但我们必须注意的是，尽管这一事件表面上看只是以往多次类似事件的重演，但其背后却展现了历史虚无主义思潮在新媒体环境中日益泛滥这一不争事实，这一思潮利用网络传播，挟持民意并攻击、歪曲社会主义主流历史价值观才是梁柱教授陷入尴尬境地的根本原因。因此，对于历史虚无主义思潮在网络空间中的多样表现形态我们也应给予更多的关注与反思。

首先，网络世界的碎片化特征为历史虚无主义歪曲历史提供了便利。麦克卢汉认为，媒介即是讯息，"媒介在不知不觉中改变着人们的思想和生活。换句话说，新的媒介形态改变着我们对于自身和社会的体验，这种影响最终比它所传达的特定讯息的内容更重要……传播媒介最重要的效果在于它影响着我们理解与思考的习惯"[①]。由此可见，传播媒介对传播内容有着较为严格的制约性与规定性，而从某种程度上说，历史知识的碎片化是与网络传播的文本碎片化高度关联的。以往，历史知识的传播主要依靠专著、纪录片或是学术论文，而这类文本所包含的历史叙事框架一般较为完整和系统，所以读者相对也有较为充足的注意力和阅读时间。但伴随微信、微博等新媒介环境的形成，历史知识经常性地被揉碎并用一种新的逻辑进行二次加工，然后以一种新的标题或关键词进行传播，而与此同时读者的阅读时间也被碎片化了。当历史知识的整体性与连贯性被网络碎片化肢解之后，其再次组合的过程就成为历史虚无主义者进行逻辑换构、偷梁换柱的庇护所。一些受历史虚无主义思潮影响的学者正是利用网络碎片化中的阅读容易忽视整体性这一盲点来达到其不可告人的政治目的。其次，历史虚无主义利用文化消费主义实现历史的虚无化。受文化消费主义的影响，新媒体环境下的阅读呈现趣味化、快餐化以及猎奇性等特征，特别是浅阅读的日益盛行深刻体现了文化消费主义在网络文化领域的不断渗透。"作为消费主义在阅读领域的体现，浅阅读是一种直线式阅读，其目的是了解和扫描信息，它遵循着时间的经济学原则，要求文本清晰可解，像分离油和水一样容易分离价值与非价值，以便于读者最直接、最省时省事地取用，迅速享用，迅速获得愉悦，然后迅速抛弃。浅阅读不求深度，只求在最短的时间内最大量地占有信息。"[②]受这种阅读旨趣的影响，人们的阅读焦点很容易就转移到八卦轶事、人物

[①] 宫承波、管璘：《传播学史》，中国广播影视出版社2014年版，第196页。
[②] 吴燕、张彩霞：《浅阅读的时代表征及文化阐释》，《南京大学学报（哲学·人文科学·社会科学）》2008年第5期。

隐私等无关痛痒的内容上,而过往那些较为严肃的历史题材则逐渐受到庸俗化或娱乐化的侵蚀,人们对历史事件或人物的评价也就逐渐不再按照历史唯物主义的要求,这就在某一方面助长了历史虚无主义者用个体叙事替代历史整体的行为,成为历史虚无主义思潮贩卖其错误思想的温床。最后,网络新兴力量的动员是历史虚无主义思潮获取网络话语优势的重要途径。由于传统的报纸、报刊无法成为历史虚无主义思潮传播其价值观的主流阵地,于是它们便将目光转向新媒体环境,企图通过这一新兴环境形成话语优势。这一趋势主要体现在以下两个方面:一方面,包含历史虚无主义的内容以图片、视频、网页等形式粉墨登场,主流历史价值观遭到海量信息的稀释,甚至遭到大量虚假史实的边缘化;另一方面,历史虚无主义喜好通过论坛、微博或微信不断扩大自己的话语范围,特别是某些以舆论领袖自居的人,他们一般拥有较多的粉丝,或是针对某些公共事件制造出舆论热点以压制不同声音,或是不惜使用网络暴力,抹黑、歪曲舆论对手,破坏网络中的理性争鸣。近年来,网络上流传的一些质疑英雄①的事例,无不反映了历史虚无主义思潮企图霸占网络话语阵地,利用网络话语达到其不可告人图谋的险恶用心。

第三节　历史虚无主义的多维透视②

如前文所言,历史虚无主义在多个领域表现出不同的存在样式,它们多打着学术的旗号,但在研究方法上却是十分混乱,甚至根本是错误的。从本质上说,历史虚无主义反对党的领导和国家制度,是一种有着明确意识形态企图的反动政治思潮。因此,全方位、多视角剖析历史虚无主义的理论内核及其理论实质,对进一步揭露其本来面目具有重要意义。

一、唯心史观的哲学基础

作为马克思主义理论体系的重要组成部分,历史唯物主义也是对人类社会

---

① "历史虚无主义"习惯于对我党我军历史上的英雄人物蓄意唱衰抹黑,例如用"粗浅的物理分析方法",怀疑黄继光堵枪眼的真实性;用振振有词的所谓"生理学"说辞,质疑邱少云火中捐躯的可能性,以及董存瑞炸碉堡系虚构、刘胡兰精神有问题、狼牙山五壮士是土匪、雷锋日记造假,甚至在中国人民抗日战争及世界反法西斯战争胜利70周年之际散布中国抗日战争中日军伤亡人数为30余万,死于国军人数约为30多万,而死于共军为851人的弥天大谎。类似种种言论不绝于耳。

② 部分内容参见王翼《历史虚无主义思潮透析》,《探索》2018年第2期。

发展实践客观规律的正确反映。迄今为止，唯物史观一直是指导人类社会开展认知活动的唯一科学的历史观，在准确认知人类历史发展、推翻旧世界、建立新世界，不断推动中国特色社会主义建设事业的进程中扮演着极其重要的角色。"历史学所研究的人类社会的发展过程是有规律可循的。鲜明地揭示这一点，把它置于彻底的唯物主义基础之上，并进而科学地阐明人类社会发展的普遍规律，是马克思、恩格斯的伟大贡献。这也正是马克思主义的历史科学不同于以往的历史学以及后来的各种非马克思主义的史学流派的根本特点。"[1]而历史虚无主义虽然表面上在研究史实，在关注现实与历史的关系，也在探索人类与社会历史发展的规律，但只要将其拉入历史唯物主义的视域进行考察，便不难发现其唯心主义的本质。在历史唯物主义者看来，研究历史要以历史事实作为出发点，历史研究不仅要准确充分地占有资料，还必须以一种客观公正的态度看待自己运用的资料。当然，这些历史事实必须是与研究对象相关的全部事实，而绝非仅仅对支离破碎的个别事实的抽取。但历史虚无主义者并不是这样，它们的研究完全依附于其立场，或漠视近现代以来中华人民的伟大创举，或不顾中华民族上下五千年的优秀文化，或依照他们的现实需要对史实做断章取义的孤立解读。历史虚无主义者一般将他们自己作出的假设视为历史的根基，以假设的判断审视真正发生过的历史，并将其等同于假设出来的历史以寻求所谓的内在联系。从这样的错误逻辑出发，于是中国近现代史上的义和团运动是不应该发生的，为争取民族解放和国家独立的反抗外来侵略者的一切革命运动是不应该发生的，马克思主义中国化过程中的两次飞跃以及由此产生的社会主义发展道路也是不应该发生的。也就是说，只要与他们认为的历史真相不一致的思想观念、发展道路以及历史人物都必然要受到种种指责、攻击和歪曲，其历史唯心主义的历史观一览无遗。

另外，历史唯物主义者认为，历史研究不仅要实现对研究资料的充分占用，还要能从整体上掌握不同材料之间的内在联系，这正如革命导师列宁所说："为了解决社会科学问题，为了真正获得正确处理这个问题的本领而不被一大堆细节或各种争执意见所迷惑，为了用科学眼光观察这个问题，最可靠、最必需、最重要的就是不要忘记基本的历史联系，考察每个问题都要看某种现象在历史上怎样产生，在发展中经过了哪些主要阶段，并根据它的这种发展去考察这一事物现在是怎样的。"[2]但历史虚无主义者在进行所谓的史学研究时并不以现实历

---

[1] 宁可：《史学理论研讨讲义》，鹭江出版社2005版，第414页。
[2] 《列宁选集》第4卷，人民出版社1972年版，第43页。

史为基础,更不以所有史料为出发点,而是以自己制定的研究原则为着眼点,将自己的研究结果反过来强加于现实历史之上。例如,一些历史虚无主义者全盘否定中国传统文化,认为中国历代王朝几乎都抱有政治目的地将前朝虚无化,否定前朝的一切历史。但实际上,即便在历史上被视为暴君的秦始皇,其所建立的制度不仅被后朝继承,也被有识有为的思想家、史学家以及政治家所赞同;即便汉初出现过如此激进的"过秦"思潮也没能改变汉承秦制的历史事实的发生。毫无疑问,对待传统文化的态度是一个重大课题,是任何一个国家和民族在现代化进程中都必须认真面对的问题。在中国历史上,我们承认曾在这一方面做的不够好,至今依然遗留下很多亟待解决的问题。但归根到底这只是一个认知程度的问题,与历史虚无主义那种全盘否定传统文化,割裂不同文化间相互联系的唯心史观是完全不同的。最为重要的一点,历史虚无主义还否定阶级分析的研究方法。"阶级分析方法就是用马克思主义关于阶级和阶级斗争的观点去分析社会历史现象的方法。这种方法是对立统一规律的矛盾分析方法在社会领域中的具体运用,是无产阶级及其政党研究阶级社会历史的根本的科学方法。"[1]在研究历史问题时,坚持阶级分析法是唯物史观的根本研究方法,它要求在研究和评价历史人物时不能脱离他所属的阶级,要看他的阶级究竟处在什么地位。但是历史虚无主义者在研究历史的过程中对阶级分析法"嗤之以鼻",例如他们会仅仅根据蒋介石的传记或日记就得出"可以重写中国近代史"的结论或是指责把蒋介石集团说成"大地主、大买办"是内战思维的结果等等。其实,对任何一个历史人物的评价都必须包括具体、历史的分析,但一定要区分其所有历史活动中的基本或主要的方面,这对于判断历史人物的历史作用是有决定意义的。关于对蒋介石的正确评价,必须看在那个历史条件下他对内对外的政策以及实际行动是否符合社会发展和人民利益的要求,是否有利于推动社会生产力的发展,究竟代表了哪个阶级的利益或诉求,我们"在肯定蒋介石代表的国民党坚持抗战的同时,还应该看到蒋介石集团顽固地代表大地主大资产阶级利益,不断地制造与共产党的摩擦,消极抗战、积极反共(1941年爆发的皖南事变就是最好的例证)"[2]。这才是对历史人物评价的正确方法。总之,"历史虚无主义在我国政治思想领域和学界泛起,虽有诸多表现形式,但有一点却是共同的,那就是都建立在历史唯心主义的理论基础上。正是在这个立场上,历史虚无主义和后现代思潮的历史观有了共同的语言。它们都否定客观存在的物质

---

[1] 董振华:《马克思主义哲学十五讲》,中共中央党校出版社2014年版,第128页。
[2] 龚云:《在批判历史虚无主义中坚持历史唯物主义》,《马克思主义研究》2016年第4期。

世界;否定人类从蒙昧、野蛮不断走向进步的历史进程;否认客观存在的历史真理;否认历史矛盾的客观规律性"①。

二、形而上学的思维方式

一般而言,人们在历史研究过程中采用哪一种方法由其相信什么样的历史观所决定。历史唯物主义者将唯物主义视为研究历史的基础,因此决定了其要求以辩证的思维观察历史。换言之,辩证思维是探寻历史真相的唯一正确途径。"于是,我们对历史的预测就出现了两种情况:其一是正确的预测,即通过辩证法认识到历史向着一个终极目的不断前进;其二则是错误的预测,由于没有认识到辩证法的因素,也就看不到历史的目的,便认为历史在盲目地运动。由此我们看到,辩证法和历史是必然结合在一起的:辩证法需要在历史之中展开,历史需要通过辩证法来认识。"②相反,历史虚无主义背离唯物史观,就必然否定辩证的思维方式从而走向形而上学的漩涡。例如,按照唯物史观的要求,对于历史事件的正确分析离不开特定的历史条件,这是阐明历史发展规律、揭示历史内在联系的重要前提。而历史虚无主义总是热衷于"厚今薄古",用现实改编历史或以现实评判历史,甚至完全忽视具体的历史背景而片面地评价历史是非。所以才会有"西方列强的入侵是为了帮助中国发展","中国要富强,得先被殖民150年"等奇言怪论。再如,在历史唯物主义者看来,历史是丰富多彩的,历史的进程更是错综复杂的,对于历史人物的评价应遵循具体如实且全面多角度的原则,而避免用阶级是非来推定历史中的功与过。但是持有历史虚无主义观点的人总是习惯于割裂思想与行为、阶级分析与道德评价的有机辩证联系,对那些瑕瑜互见、功过参半的历史人物,甚至以篡改历史为代价来夸大错误,从而永远无法如实勾画出历史人物的真实面貌。

总之,宏观上看,目前的历史虚无主义者有着较为鲜明的特征。一方面,他们总是贼喊捉贼,嘴里反对虚无实际却搞虚无。毫无疑问,由于受史料的限制以及人自身认知的局限,马克思主义者有关中国历史的研究,对某些历史事件的描述以及对某些历史人物的评价也必然存在着漏洞、不足与偏颇。而这是非常正常的现象,因为任何一项研究都需要在不断深入中弥补不足和纠正错误。历史研究的常态更是如此,必须通过不断深化地对历史事件或人物进行探究而使认知更加贴近历史的真实过程。但这些却恰恰成为历史虚无主义者给别人,

---

① 于沛:《后现代主义历史观和历史虚无主义》,《历史研究》2015年第3期。
② 李欣、钟锦:《康德辩证法新释》,同济大学出版社2009年版,第295页。

特别是马克思主义学者戴上"虚无"帽子的证据。另一方面,历史虚无主义者对中国历史的虚无总是带有选择性。不难发现,历史虚无主义者并不对所有历史都感兴趣,而是特别热衷扭曲、丑化那些能支撑社会主义道路正义性、中国共产党执政合法性的历史,即"它虚无的是中国革命的历史、中国共产党的领导、马克思列宁主义的指导、社会主义制度和人民民主专政"[①]。可见,历史虚无主义者是以一种非历史的态度对待历史,它的本质是以纯粹的主观思维对历史上的文化遗产进行简单的虚无与否定,一切与自己的期望和诉求不一致的历史事件、历史人物和历史过程都是其虚无的对象。在历史虚无主义者眼中,他们只看见过去与现在的区别,历史人物的诉求与自身诉求的不同,却忽略了当下世界正是由对过往历史的继承以及过去历史的发展而来的这一事实。他们总是以现代人对当下事物的衡量标准来评价历史事物,只不过是因为在他们看来这些事物与他们的政治诉求背道而驰所以要表达否定;他们还拿历史研究中的"批判"当做消磨一切的工具,把历史进程中的断裂作为切割历史联系的手法。如若历史发展当真如此,那一部历史便只能是后来者推翻埋葬先者的血腥战场。由此不难看出,历史虚无主义思潮其实就是在表达主观意见,是主观主义在历史研究进程中的极端体现,是主观主义的形而上学。

三、西方中心论的价值秉承

表面上看,历史虚无主义是最近几十年才产生的,但其与西方中心论可谓是一卵同生,同时出现且相互依存。"西方中心论"是在工业化进程中,伴随西方文明逐渐崛起而东方文明日渐衰落以及西方国家全球殖民化进程不断深入而逐渐成型的一种优等心理,其核心思想在于东方文明低于西方文明,东方文化劣于西方文化,只有西方世界才真正代表了世界文明的前进方向,只有西方国家的传统、信仰、制度等才是全人类实现解放与进步的真正动因,"其实质是大肆宣扬西欧诸民族人种优越,以西欧的历史视为整个人类普遍的历史,用西欧的历史来剪裁世界各地区、各国家、各民族的历史"[②]。因此,为了实现自由与进步,任何一个国家都应该按照西方国家的思想与制度来设计自己的发展道路。当然,历史虚无主义之所以愿意与西方中心论结伴同行,是与西方中心论在史学研究中的价值指向有密切联系的,即西方中心论"最早在18世纪中期由

[①] 李艳艳:《当前历史虚无主义思潮的新特征》,《思想教育研究》2015年第7期。
[②] 于沛:《史学思潮和社会思潮:关于史学社会价值的理论思考》,北京师范大学出版社2007年版,第173页。

德国哥丁根学派史学家提出,后由黑格尔将其完善,兰克则使其系统化,并用于历史研究实践。兰克同时代的法国哲学家、社会学家孔德推波助澜,声称历史研究的对象应以西欧诸民族为主,因为他们是人类的'精华',而中国、印度等东方国家,对世界历史没产生'实际影响',所以不必考虑;美国历史学家海斯等公开宣称,欧洲白种人是世界历史的主角"①。由此我们不难理解,历史虚无主义和西方中心论表面上是"各司其职",即前者认为西方文明是先进的,为人类发展作出了重要贡献,人类所有的文明成果都源自西方,而后者坚持非西方民族是落后,甚至是野蛮的,他们的文明成果在历史前进的过程中只能属于过去式,对今天是毫无意义的,可以忽略不计,但实际上,他们在价值观方面却是高度一致,即:非西方国家、民族的文明发展史只有负面意义,没有任何价值,这样的国家或民族若要有所发展,必须遗弃传统,接受并信仰另一种价值体系或文化传统。总之,历史虚无主义和西方中心论是一个事物的两个方面:历史虚无主义是西方用来针对别人的,西方中心论是他们用来维护自己的。当然,针对别人就是为了维护自己,维护自己也是针对别人,两者共同得出一个结论:西方真善美,非西方假恶丑。

四、虚无马克思主义的本质所指

历史虚无主义思潮在我国泛起已有一段时间,通过对已有定论的一些历史事件、历史人物或者历史结论进行颠覆性评价也已成为该思潮信仰者的主要"研究手法"。但近期一种现象值得关注,即该思潮开始对"历史虚无主义"概念本身进行重新解释与溯源,以宣扬"根本不存在历史虚无主义,如果一定要说有,那么,马克思主义和共产主义就是最大的历史虚无主义,因为它们是脱离实际和无法实现的"的观点,从而达到将马克思主义虚无化这一终极目的。2014年5月,《炎黄春秋》杂志连续刊发了一组有关"历史虚无主义"思潮的文章。表面上看,这组文章或是在重新定义历史虚无主义的概念与内涵,或是在重新梳理历史虚无主义的来龙去脉,但实际上它们的目标却很明确:在为历史虚无主义思潮"翻案"的同时,将马克思主义扣上"历史虚无主义"的帽子。例如一学者在其文中首先指出人们当前对历史虚无主义思潮内涵和危害的认知是有误区的,应该"在源头上弄清什么是虚无主义,从而形成了人们的共识,然后再回过头来分析历史虚无主义的当前表现",然后指出"历史虚无主义在理论上也源远

---

① 于沛:《史学思潮和社会思潮:关于史学社会价值的理论思考》,北京师范大学出版社2007年版,第173页。

流长。自19世纪末以降,一百多年来它以庸俗社会学为理论根基,穿着'革命'的外衣,在理论上以'马克思主义'的面目出现,实际上却是一种小资产阶级左倾幼稚病的根源之一"。最后得出结论:"对某些领袖人物功过和某些历史时期成就的所谓'否定性'评价,尚不足以标识为清算历史虚无主义的主要目标,因为这在很大程度上只是学术界有关历史评价的学术之争。"而另一位学者在文章中认为,目前国内学界对历史虚无主义思潮的批判有点"跑偏",没有抓住重点与关键,因为真正值得人们警惕的是"教条主义历史虚无主义"。那么究竟什么才是"教条主义历史虚无主义"呢?作者在其文章第二部分,即《马克思历史观的遗产》中指出:"马克思把历史终结在未来的共产主义阶段,这样的历史图式就与启蒙分道扬镳而与基督教和儒教的历史图式重合了。"而"儒教与中世纪神学的历史图式的对应,说明传统的历史观都是向后取向和未来取向的,通过美化遥远的过去和想象遥远的未来而否定中间阶段的漫长历史(包括过去和现在)。这种历史图式把整个人类的历史都虚无化了"。由此不难发现,这些文章的出发点不同,逻辑路径不同,但逻辑落脚点竟是惊人的相似:模糊人们对历史虚无主义思潮既有的认定标准,试图通过理论分析证明真正的历史虚无主义其实是马克思主义,否定革命史、党史甚至革命领袖等做法仅仅是学术探讨而非历史虚无主义的真实表现,从而将马克思主义定义成历史虚无主义,企图篡夺历史虚无主义的解释权,扭转打击历史虚无主义的大方向。

总之,目前总是有人"在对历史虚无主义概念的解释上做文章"[①],不断地变换手法对这一思潮进行乔装打扮,以达到混淆视野的最终目的。但"从根本上看,历史虚无主义抱有明确的政治意图,反对党的领导和中国特色社会主义制度,本质上是一种反动的政治思潮"[②]。可以说,当下经常被提及的类似前三十年和后三十年之争,左右之争都是在"中国道路"问题上的对峙体现。而否定党的执政合法性、改变我国现代化建设的社会主义方向则是历史虚无主义的最终政治诉求。因此,历史虚无主义问题的本质投射出的便是中国发展路线和道路之争。

五、资产阶级意识形态的理论内核

马克思主义认为,上层建筑由经济基础决定,任何社会形态中有关某一思想的理论都一定是对该社会经济基础以及由其决定的上层建筑的真实反映。

---

① 田心铭:《识别历史虚无主义要透过现象看本质》,《红旗文稿》2015年第9期。
② 王广:《历史虚无主义是政治思潮》,《求是》2015年第22期。

这就表明,只要一个社会尚存阶级或阶层之分,不同表现形式的社会思潮归结于一点便只能是对一定阶级意志,特别是阶级利益的直接反映。换而言之,不同的阶级和阶层有着各自的利益诉求,因此他们对那些具有普遍性的社会问题或社会事件有着不同的观点和态度,由此便构成了不同社会思潮的主体,后者更成了阶级意愿或利益的反映。这正如马克思所言:"每一个企图取代旧统治阶级的新阶级,为了达到自己的目的不得不把自己的利益说成是社会全体成员的共同利益,就是说,这在观念上的表达就是:赋予自己的思想以普遍性的形式,把它们描绘成唯一合乎理性的、有普遍意义的思想。"①由此不难理解,任何一种社会思潮的本质属性都是阶级性,就如同马克思主义自诞生之日起就站在无产阶级的立场"展臂高呼",始终为争取无产阶级利益而"出谋划策",是为无产阶级服务的无产阶级意识形态;而历史虚无主义则是为适应资产阶级世界体系的形成而产生的一种社会思潮。

众所周知,西方国家在世界范围内建立起来的霸权靠的是让其他国家人民饱受痛苦的殖民战争,这种历史显然无法直书,更无法令自身在以和平发展为时代主题的世界体系中获得话语权,因此必须寻求一种意识形态的说辞为资产阶级统治的合法性进行诠释和辩护。这就要求其能够对人类文明史进行虚构,特别是对社会主义国家的历史进行价值抽象与虚无化,历史虚无主义便由此应运而生。另外,为了掩饰虚无马克思主义的资产阶级意识形态本质,历史虚无主义常以历史研究的学术姿态出现。但我们必须注意到,历史研究本身实际上便承担着向公众叙述、解释历史的功能,与政权取得、存在的历史正当性和合理性密切相关,因此自身必然带有强烈的政治属性。所以,无论是推翻一个政权还是维护一个政权,革命阶级与反革命阶级都要争取历史的解释权和叙述权。唯一的区别在于前者能够正视历史、尊重历史,对于历史的叙述也更加贴近事实;而后者往往歪曲掩盖历史,逆历史潮流而动。历史虚无主义者为何总是乐此不疲地丑化抹黑毛泽东?邓小平同志的一句话一针见血地回答了这个问题。他指出:"对毛泽东同志的评价,对毛泽东思想的阐述,不是仅仅涉及毛泽东同志个人的问题,这同我们党、我们国家的整个历史是分不开的。"可见,历史虚无主义的主要功能是为资产阶级服务,是为削弱、抵制敌对阶级意识形态而存在,是构建西方资产阶级意识形态的重要组成部分。总之,和活跃在中国的大多数社会思潮一样,历史虚无主义思潮出现的年代较为久远,且在不同领域都有所

---

① 《马克思恩格斯选集》第1卷,人民出版社2012年版,第180页。

体现。表面上看,它似乎远离现实生活与社会,对政治的影响也并不如新自由主义、民主社会主义那么直接,甚至可以以某种看似中立、客观、公正的姿态出现在公众面前而具有一定的迷惑性。但从本质上说,它们都属于资产阶级意识形态的范畴,有着极为明确的政治目的,即"历史虚无主义,虚无的是马克思主义、社会主义和共产党的历史,实化的是资产阶级意识形态和资本主义制度"。①

第四节　中国历史虚无主义的现实危害

就目前而言,历史虚无主义在众多社会思潮中可谓"一枝独秀",引起国内学界的一片热议,但就其地位而言,其依然只是中国意识形态领域内的一个支流。可是即便如此,历史虚无主义的破坏力却不容小觑。"从学术研究的角度看,这些观点并没有什么学术价值可言,因为他们从根本上违背了历史事实;但从政治上看,作为一种错误思潮,它的流传和泛滥,会造成人们思想的混乱,甚至导致严重后果。"②因此,对于其所持的错误观点带给中国特色社会主义建设的潜在危险和严重危害,我们依然要保持高度的警觉和清醒的认知。

一、弱化人们对主流意识形态的认同

和军队、警察或监狱等国家机器一样,意识形态已成为国家安全体系中不可或缺的重要一环。同时,它具有多重功能,既能在维系社会制度、维护国家利益、建立政治秩序等方面扮演重要角色,又是统领人民思想、整合社会力量的利器。所以,无论社会制度属性如何,意识形态对任何一个国家的稳定与安全都具有重要意义。毫无疑问,马克思主义意识形态理论是马克思主义政治理论体系中的重要组成部分,但马克思却并没有仅仅从政治这一单一维度去构建这一理论。"政治观上的意识形态理论实际上是在谈论在个人观念表述意义上的意识形态语境中,哪种意识形态是占统治地位的,为什么偏偏是这种意识形态占统治地位,为什么这种占统治地位的意识形态偏偏又是统治阶级的意识形态等等……马克思在思考这些问题的时候,决没有仅仅站在政治学的层面上来展开其解读路径,而是始终以历史观维度上的意识形态理论为方法论指导,从唯物史观的角度来推进对这种意识形态观的理解。"③由此不难理解,从历史观的维

---

① 何怀远:《再评历史虚无主义思潮》,《中国社会科学报》2015年2月11日A24版。
② 梁柱:《历史虚无主义思潮的泛起、特点及其危害》,《中共福建省委党校学报》2009年第4期。
③ 唐正东:《马克思意识形态理论的双重维度:政治的及历史观的》,《哲学研究》2015年第8期。

度对意识形态进行考量是构建社会主义意识形态理论的重要视角,因为"正确的科学的历史观,可以极大地增强社会主义意识形态的吸引力和凝聚力,推进社会主义事业。端正历史观,具有重大的现实作用和深远的历史意义"[①]。

回顾中国历史我们可以得知,农民阶级和资产阶级轮番登上历史舞台,试图挽救中国于水深火热之中,但无一例外都以失败告终;而马克思主义指导俄国无产阶级建立了世界历史上首个社会主义国家;马克思主义传入中国,不仅为中国共产党的诞生奠定基础,还立刻成为中国共产党的指导思想和行动指南;特别是其与中国革命实践不断紧密结合的过程中,我们推翻了压在身上的三座大山,走上独立自主的发展道路;新时期,马克思主义更是成为中国共产党带领全国各族人民攻克重重难关,实现民族飞跃的重要思想基础。这些历史事实,既是马克思主义无限魅力的有力证据,更是历史虚无主义重点虚无的对象。对于这一点,苏联的教训犹在眼前,即"戈尔巴乔夫推行了一条背离社会主义的错误路线。这条路线最终瓦解了党,同时毁灭了苏联。戈尔巴乔夫推行这条错误路线的表现也是多方面的。从意识形态领域来看,很重要的一点是大搞历史虚无主义,以'重新评价'历史为名,歪曲、否定苏共领导下的社会主义革命与建设的历史,进而否定苏联的社会主义制度,从而造成了党内外的思想混乱,同时为国外敌对势力西化、分化苏联提供了可乘之机"[②]。所以,对意识形态安全的维护十分重要。目前,我国意识形态生存环境十分复杂,意识形态安全也面临着巨大挑战。从国际环境来看,伴随全球化趋势不断深入,世界各国成为彼此关联的结点,而西方国家凭借强大的经济、科技以及文化优势,更是使我们完全摆脱西方价值观和话语体系的努力变得日益困难,特别是当社会主义运动处于低潮,"颜色革命"屡试不爽的情况下,一些西方资本主义国家更是时刻没有放弃对中国意识形态领域的渗透与颠覆;从国内来看,伴随改革开放的持续深入,我国已进入改革的攻坚期和发展的关键期,同时也面临日益凸显与增多的社会矛盾,"与此相关联,一些人出现了一种矛盾心态,一方面对国家快速发展和生活不断改善感到振奋、满意,另一方面对社会上的许多现象和问题感到困惑、纠结。众多个体的矛盾心态汇聚在一起,构成了整个社会的矛盾期心态"[③]。于是,一些别具用心的人抓住我们在这一特殊时期出现的无法避免且通过合理措

[①] 林春贵:《端正历史观增强社会主义意识形态吸引力和凝聚力》,《福建省社会主义学院学报》2013年第4期。

[②] 陈之骅:《苏联解体前夕的历史虚无主义》,《高校理论战线》2005年第8期。

[③] 郑剑:《现阶段问题只能通过改革开放解决》,《人民日报》2012年10月22日。

施完全可以妥善解决的社会问题大做文章,以蛊惑人民群众否定社会主义发展道路,质疑马克思主义。总之,复杂的国内国际环境为历史虚无主义提供了生存的土壤,历史虚无主义者借此对中国传统文化与国家发展历史进行全方位的否定与扭曲,并进而鼓吹资本主义民主、自由、人权等所谓的"普世价值",其最终目的是要造成人民群众的思想涣散,破坏我国意识形态安全,动摇马克思主义在国家意识形态领域内的指导地位。

二、加深意识形态领域的复杂化程度

当前,全球化进程不断加深,这一趋势使得人与人、国家与国家之间能够翻越种族与地域的界限进行畅通无阻的交流与沟通。"由于不合理的国际经济旧秩序的存在,目前的全球化还处在西方发达国家主导之下,是西方国际垄断资本主导并为国际垄断资本谋取高额利润的全球化,是西方利用其强势的经济、军事、文化等势力推销西方价值观、为西方霸权服务的人为全球化。"[①]因此,在这一过程中,我们既接触到了西方国家的先进技术,也不得不面对西方价值观念与思想体系的影响。就我们自身而言,在经历了几十年的改革开放之后,中国社会经历了经济结构的调整、生产方式的转变,尤其以出现了社会阶层的快速分化为重要特征的社会结构转型最为引人注目。由于各阶层成员在社会地位、社会分工、利益得失等方面都存在不同,因此不同的社会阶层成员在价值观念的取向上也总是存在差异。

作为社会意识的一部分,价值观念由社会存在决定和制约,它反映处于一定社会关系特别是经济关系中的人们的利益和需求。在计划经济条件下,简单的社会结构决定了国家和集体是最高的利益主体。而伴随社会阶层分化,利益主体也逐渐多元化,不同的利益阶层和群体开始显现。随着个人利益追求意识的觉醒,不同阶层群众会根据自身的利益诉求做出不同的价值选择与判断,由此也导致人们的价值取向呈现多层次、多样化的特征。为了更好地倾听民意,党以社会主义协商民主制度为制度基础,千方百计地设计出各种途径以满足不同阶层群众说出自身利益诉求的愿望。这样一种宽松的"说话"氛围使得意识形态领域开始出现不同声音,特别是给历史虚无主义者提供了制造混乱的可乘之机,他们打着学术的旗号,表面进行学术交流与探讨,实际却是在攻击社会主义制度的合理性,否定社会主义革命的正义性,质疑中国共产党执政的合法性。

---

① 郭国祥:《马克思主义意识形态理论中国化、时代化、大众化研究》,上海三联书店 2014 年版,第 163 页。

"历史虚无主义这种否定革命、否定进步的性质,受到一切反社会主义思潮的青睐,使它成为多种错误思潮的一种思想基础。因为任何一种错误思潮要立自己的主张,必定要破此前的历史。"所以,历史虚无主义思潮的种种属性,正是其他西方社会思潮发挥其价值影响力所需要的重要助力,它的存在毫无疑问地加剧了当前意识形态领域斗争的长期性与复杂性,再加之其背后有国际资本的"鼎力支持",因此我们不要指望其会轻易退出历史舞台,必须做好与这股思潮进行持久战、攻坚战的准备。

三、动摇中共治国理政的合法性基础

对任何一个政党而言,其执政地位的稳固性离不开坚实的合法性基础。"任何一种政治系统,如果它不抓合法性,那么,它就不可能永久地保持住群众(对它所持有的)忠诚心,这也就是说,就无法永久地保持住它的成员们紧紧地跟它前进。"①可见,一个政党若要实现长期执政,决不能仅仅依靠公共权力所实现的强制性服从,还需要实现社会群众的多数自愿服从。因此,如何打牢执政合法性的根基便显得尤为重要。"在历史的不同时期,由于社会环境不同、所要解决的历史任务不同,总有一种资源处于执政合法性的主导或中心地位,执政党拥有中心执政资源,社会就能稳定发展,否则政党执政就面临危机。"②不难看出,中国共产党正是在不断发展的历史进程中才逐渐获得各种执政资源并不断巩固自身政权合法性的。当然,这一过程是非常漫长的,从宏观上看可以分为两个阶段。在建国之前,中国共产党的执政合法性主要来源于其经历的革命斗争历史。"中国革命历史造就了中国共产党的唯一执政党地位,其执政的初始合法性主要来源于革命战争的胜利。"③可以说,中国革命从两个方面加强了人民群众对中国共产党的支持与认同:一方面,它解决了民族危机这一近代中国所面临的最重要问题,保障了国家主权和领土的完整;另一方面,经过历次战争,尤其是抗日战争的洗礼,形成了强烈的民族认同感。这些都是历届政党不曾做到的,也是人民群众选择中国共产党的直接原因。当然,中国共产党在社会和经济领域的一些变革也使其执政合法性得以增强。例如,作为当时解放社会生产力的一项举措,土地革命更是一场社会生产关系的重要变革,它是中国

---

① 杨海蛟:《新中国成立以来共产党执政建设历程》,世界知识出版社2012年版,第267页。
② 李霞:《中国共产党执政合法性资源的历史考察》,《中国特色社会主义研究》2012年第5期。
③ 罗中枢、黄金辉:《党内民主与党的执政能力建设研究:以现代国家建设为视角》,四川人民出版社2015年版,第111页。

共产党在任何历史时期都能够吸引群众加入革命队伍,获得群众信任与好感的主要推力。而在建国以后,中国共产党执政合法性的来源伴随其自身执政任务的改变也发生转变。"执政党取得执政地位后,要使自己得到公众的认同和支持,就必须建立一套既能保证党的执政地位又能使民意得到顺畅表达的科学制度。制度资源,是政党执掌政权并提高其执政效能的体制上的积极因素。"① 因此,中国共产党在继续恢复、发展国民经济的同时,将重心逐渐放在制度资源的开发上面,如建立了以人民代表大会制度等为核心的一系列社会主义基本政治制度;建立了以公有制为主体,多种所有制经济共同发展的社会主义初级阶段的基本经济制度,等等,从而为权力的获取和行使奠定了制度保障,为自身执政提供了丰厚资源。当然,中国共产党执政合法性的巩固也离不开执政政绩的支撑。"对于一个执政党来说,显著的执政政绩是其取得和维护执政合法性的重要来源(这里的'绩效'最核心的内容是指经济绩效)。"② 所以,中国共产党在新时期带领全国各族人民在经济、政治、文化、社会等各个领域取得的重大突破与傲人成绩都将成为党加强执政合法性的可取资源。综上所述,中共治国理政的合法性来源蕴藏在历史发展的进程中,既有革命成功与失败的历史经历,也有现代化建设中的努力探索与伟大成就。但是这一切都是历史虚无主义重点"关照"的领域,例如他们否定革命,"把革命看作是因嫉妒贪婪而引发的产物,是对统治阶级这一精英集团的不公。以土地革命为例,这一观点认为,同样是人,别人能做到家大业大成为地主,而你贫民却无立锥之地,不正说明人家能干,而你能力不行吗?为什么要剥夺人家辛辛苦苦积攒下来的土地?"③ 总之,正如学者总结的那样,它"抓住中共历史上曾经'左'的错误和失误,有意将其与马克思主义理论体系相混淆,抹杀取得的巨大成就,试图借此否定中国探索社会主义建设事业的道路,这是历史虚无主义者惯用的手法"④。由此不难看出,历史虚无主义对中国革命的正义性与合理性进行质疑与扭曲,对中国共产党取得的社会主义建设成绩进行否定,其最终目的就是要破坏党执政的合法性,进而让人民群众对党长期执政产生怀疑,以达到其不可告人的险恶目的。

四、消融中华民族赖以复兴的中国精神

所谓中国精神,是指一个民族赖以生存发展的精神支柱。中国精神伴随民

---

① 刘宗洪:《中国共产党执政资源新论》,江西人民出版社2012年版,第115页。
② 温敬元:《中国共产党的执政基础建设研究》,社会科学文献出版社2009年版,第230页。
③ 杨德霞:《历史虚无主义的理论谬误》,《红旗文稿》2015年第10期。
④ 陈叶军:《历史虚无主义者的真正诉求》,《中国社会科学报》2014年10月22日A04版。

族的历史发展而形成,对中华民族的不断进步与壮大起着不可估量的作用。习近平总书记曾明确指出:"为什么中华民族能够在几千年的历史长河中顽强生存和不断发展呢？很重要的一个原因是我们民族有一脉相承的精神追求、精神特质、精神脉络。"可以说,中华民族在漫长的历史进程中形成了很多可歌可泣的中国精神,如革命年代的延安精神、长征精神、井冈山精神等等,建设时期的航天精神、奥运精神、社会主义核心价值观等等。这些中国精神,既在革命年代鼓舞我们在苦难中渡过重重难关,也在和平年代见证着我们一步一步走向辉煌,并且在今后实现中华民族伟大复兴的中国梦的道路上仍旧会发挥民族团结、鼓舞人心、聚集力量的关键作用。对此,习近平总书记说道:"实现中国梦必须弘扬中国精神。这就是以爱国主义为核心的民族精神,以改革创新为核心的时代精神。这种精神是凝心聚力的兴国之魂、强国之魄。"

但是,中国精神的历史传承不可自发实现,需要依赖一个个具体的领袖人物和英雄人物作为重要载体。在中国历史上,曾涌现过一批又一批值得歌颂的人物,如毛泽东、邱少云、刘胡兰、雷锋、孔繁森等等。这些人物都是中华民族优秀民族品质的集中体现,更是民族脊梁和民族精神的真实写照,他们在中国进步与崛起的过程中都曾扮演过重要角色,起过积极作用,并激励着一代又一代的中华儿女为实现中国繁荣富强的民族目标而努力奋斗。这些事迹和篇章便构成了各族人民共同的历史记忆和民族情感。也正是借着这共同的历史记忆和民族情感,不忘屈辱、奋发图强才能够成为激励各族人民不断前进的内在动因。因此,对民族共同历史记忆的否定,最直接的负面后果便是对共同民族情感的否定。然而,正是这些能够集中体现中国精神的杰出人物和英雄事迹,却也是历史虚无主义集中污蔑的重要领域。例如,2005年,一本名叫《毛泽东:鲜为人知的故事》的著作在境外以多种文字"横空出世",这本书在谈到毛泽东为什么会成为中国共产党乃至整个中国的领导人时,完全忽视毛泽东个人艰苦奋斗、视死如归的精神,完全撇开毛泽东已经具备一个革命领袖应该具备的魅力、影响、经验、威信等客观现实,而将其归纳为玩弄权术、搞阴谋活动的结果,即"毛泽东之所以能够成为中共领袖领导中国革命取得胜利,是因为毛泽东个人的不道德和他对付其他同志及中国人民的恐怖手段"[①]。历史虚无主义者正是通过这种对英雄和杰出人物的不断诋毁与质疑,企图动摇他们在人民群众心中的崇高地位,最终消融他们身上蕴含的中国精神。毫无疑问,中华民族的英

---

① 韦磊:《海外毛泽东研究中的历史虚无主义》,《马克思主义研究》2014年第6期。

雄、精神和脊梁是我们弥足珍贵的财富,更是我们在未来社会主义发展道路上不断前行的精神动力,对此我们必须精心呵护,倍感珍惜,决不能让历史虚无主义破坏了这一精神高地。近期,维护"狼牙山五壮士"名誉权案一审胜诉,法院在审理过程中就认为"狼牙山五壮士"及其事迹所凝聚的民族感情和历史记忆以及所展现的民族精神,是当代中国社会主义核心价值观的重要来源和组成部分,具有巨大的精神价值,也是我国作为一个民族国家所不可或缺的精神内核。对"狼牙山五壮士"名誉的损害,也是对中华民族的精神价值的损害。①

第五节　中国历史虚无主义的应对之道②

古往今来,无数历史经验清晰表明,对待历史态度的正确与否是事关民族兴亡、国家兴衰的大事,一个国家和民族的历史一旦遭到篡改、抹杀或否定,就难以获得长期存在的根基。历史虚无主义的存在,扰乱了人们的视野与思维,妨碍了人民群众对党和国家历史的正确感知,对主流意识形态的权威性造成了极其恶劣的影响。对此习近平总书记在主持中共中央政治局第七次集体学习时明确指出:"历史虚无主义的要害,是从根本上否定马克思主义指导地位和中国走向社会主义的历史必然性,否定中国共产党的领导。要警惕和抵制历史虚无主义的影响,坚决抵制、反对党史问题上存在的错误观点和错误倾向。"为此,我们要从以下几个方面构筑抵制中国历史虚无主义思潮的牢固防线。

一、尊重历史文化是应对中国历史虚无主义的首要前提

历史是一个国家和民族存在发展的根基。习近平总书记说:"历史是现实的根源,任何一个国家的今天都来自昨天。只有了解一个国家从哪里来,才能弄懂这个国家今天怎么会是这样而不是那样,也才能搞清楚这个国家未来会往哪里去和不会往哪里去。"③可见,如果以错误的态度对待曾经发生的往事,就很可能让一个民族衰败,让一个国家灭亡。历史虚无主义之所以对编造、扭曲历

---

① 《"狼牙山五壮士"侵害名誉案宣判》,http://www.sohu.com/a/86557982_149146,访问日期2017年12月20日。
② 部分内容可参见王翼《历史虚无主义思潮透析》,《探索》2018年第2期。
③ 习近平:《出席第三届核安全峰会并访问欧洲四国和联合国教科文组织总部、欧盟总部时的演讲》,人民出版社2014年版,第41页。

史感兴趣,就是为了破坏这个国家或民族存在的历史根据。事实早已证明,历史不能肆意虚无,更不能随意选择,任何国家的壮大和民族的兴盛都必须以尊重历史文化遗产为基础。

要做到尊重历史文化,一方面要正确地认识历史。历史可以真实地记录下国家和民族的发展印记,其中必然包含了反面的教训、警示和正面的经验、智慧,也正因如此,历史才是"最好的教科书",才是发展中国特色社会主义的"必修课"。而"中国革命、建设、改革开放事业之所以伟大,在于经历了世所罕见的艰难而不断取得成功。历史的经验值得注意,历史的教训更应引以为戒。从成功中吸取经验,从失败中吸取教训,不断开辟走向胜利的道路,这就是共产党人的历史进程"[1]。因此,反对历史虚无主义首先就要对中华民族的上下五千年历史和近现代中国发展史有一个系统的认知。可以说,中华民族在上下五千年的历史长河中不断经历着来自外部的威胁挑战和发自内部的冲突矛盾,在这一过程中我们发掘了丰富的思想文化遗产和优秀文化传统,沉淀了自强不息的民族精神和高尚的精神追求,它们成为国家的基因,根植在每一个炎黄子孙的内心,潜移默化地影响着一代又一代中国人的行为模式和思维方式。这些都是我们国家和民族能够在苦难中浴火重生并一步步走上富强道路的"捷径"。本着认真吸取教训,积极借鉴经验的态度来学习这些蕴含在历史长河中的治国智慧,对提高民族凝聚力、民族自信心和国家治理能力必然有着极大的益处。同样,由于污蔑走社会主义道路的合理性是历史虚无主义险恶用心的重要体现,因此加强近代中国发展历史的学习有助于认清、推翻他们的不合理论断。众所周知,世界社会主义五百年的历史真实再现了社会主义从空想理论到具体实践的历程,全面再现了世界无产阶级革命与社会主义建设的经验规律,对于准确认知和全面把握人类社会的发展规律起到非常重要的作用。特别是鸦片战争爆发后,近代中国的历史深刻记载着中华民族所遭受的一切苦难,全面记录了中国人民是如何在反复对比中才选择用马克思主义来指导自己的革命实践并最终走上社会主义道路的。掌握这些基本史料,历史虚无主义的一切伎俩便能一眼识破。

另一方面,也是非常重要的一点,我们对历史应抱有敬畏和尊重的态度。"有什么样的价值理念就会有什么样的职业操守,有怎样的心态就会衍生出怎

---

[1] 刘荣刚:《历史是人类最好的老师》,《中共党史研究》2016年第4期。

样的情怀,你看待问题的方式就能彰显你衡量事物的价值。"①习近平总书记也曾说过:"开展党史国史学习,不断增强历史意识,努力学会历史思维,自觉培养历史眼光,是加强党的思想理论建设、提高全党思想政治素质的重要任务和途径。只有学好党史国史,增强历史意识,掌握历史思维,具备历史眼光,才能坚定对党的历史和新中国社会主义历史的自信。"可见,历史虽然发生在过去,但绝不是任人打扮的小姑娘,能否以尊重的态度对待历史直接关系到国家和政党的生死存亡。要做到尊重历史,首先要以客观的态度对待历史发展过程中的曲折与失误。纵观世界上任何一个国家或民族的发展历史,都不是一帆风顺,发展的道路上都必然充满了荆棘坎坷。中国特色社会主义发展历史也是如此,由于没有更多的现成经验可以借鉴,因此在探索道路中就难免有曲折与错误。对于这些失误,我们需要理性对待,应该着重分析问题产生的历史、社会或思想的根源以防止重蹈覆辙,而决不能用某段历史来否定整段历史。正如上文提到的改革开放前后两个三十年的历史关系,在历史虚无主义看来,它们之间可以相互否定,而实际上这两个历史时期本质上都是我们党领导人民进行社会主义建设的实践探索。

二、"四个自信"是应对中国历史虚无主义的思想根基

作为主体对客体的一种态度,自信是对历史实践的确认及肯定,它是以实践主体对实践客体的正确评价与认知为基础,是民族振兴、社会发展以及国家富强的核心精神力量,更是一个民族或国家在逆境和困境中实现奇迹的重要保障。但是,国家或民族的自信并非天然形成,天生具备,而是在漫长历史进程中通过不断积累的国家硬实力和软实力才得以缓慢建立的。从这层意义上说,历史既是人类对昨天的总结,又是明天道路的向导。习近平总书记曾在《领导干部要学点历史》的讲话中说道:"重视对历史的学习和对历史经验的总结与运用,善于从不断认识和把握历史规律中找到前进的正确方向和正确道路,是我们党之所以能够领导中国革命、建设、改革不断取得胜利的一个重要原因。"实际上,正是因为历史在某种程度上可以深刻影响一个民族和国家在未来的发展走向,历史虚无主义才那么煞费苦心地虚无中华民族的历史文化,试图通过对历史的全方位虚无达到其摧毁民族自信心、国家自豪感的目的。

---

① 魏成:《网络大 V 必须坚守言论的"底线"》,http://dangjian.gmw.cn/2015-09/02/content_16907236.htm,访问日期 2017 年 12 月 25 日。

可见,"对待历史虚无主义,不仅要破,而且还要立。要树立一种对历史的自觉和自信,才可以更有效地抵制历史虚无主义……关键是用马克思主义的唯物史观特别是群众史观来客观地理解和展示历史,理直气壮地对中华民族的辉煌历史,对中国共产党领导的新民主主义革命、社会主义革命和建设、改革开放和社会主义现代化建设的巨大成就,进行积极正面的总结和实事求是的传播教育"①。可见,只有自觉自信地对待自己的历史,才能形成对历史虚无主义的有效抵制。坚定自信,关键是要求我们对社会主义道路的选择、马克思主义理论的指导作用以及社会主义各项制度的合理性坚信不疑,核心是要做到以下四个方面的自信。

首先,要保持道路自信。党的十八大政治报告指出,"道路关乎党的命脉,关乎国家的前途、民族命运、人民幸福"。总之,无论是社会主义革命、现代化建设还是攻关克坚的社会改革,最根本的问题就是道路问题。自1840年,中国各阶层就开启了救亡图存的探索道路,但不同阶级的各种尝试都以失败告终,可以说,从中国社会发展道路的历史沿革来看,社会主义是中国共产党领导中国人民的历史性选择的必然结果,是近代中国社会发展的必然产物,体现了历史发展规律和历史发展主体积极创造活动的有机统一。所以,走上社会主义道路对于中华儿女来说是来之不易的,具有深厚的现实基础和广泛的历史渊源。中国也用无数令世界惊叹的成就证明了社会主义道路是符合中国特点与国情的道路,是中国走向世界强国之林的必由之路。当然,当我们遇到发展瓶颈时,也会遇到诸如腐败、贫富分化等诸多社会问题,但这些都不能成为我们走封闭僵化的老路的理由,更不能成为我们走改旗易帜的邪路的借口。历史早已反复证明,"没有正确的道路,再美好的愿景再伟大的梦想都不能实现。只有中国特色社会主义道路,才能发展中国、稳定中国,这是一条通往复兴梦想的人间正道"。

其次,要坚持理论自信。作为行动的指南,理论与国家发展和政治性质密切相关。坚持理论自信,即坚持中国特色社会主义理论体系。这一中国理论形成于国家崛起与民族复兴的伟大历史征程中,是马克思主义与中国具体革命、建设实践相结合的优秀理论成果。同时,这一理论与中国历史长河中形成的许多思想一脉相承。"中国理论的思想传承可上溯170年甚至500年。社会主义的价值诉求,马克思主义的立场、观点、方法,科学社会主义的基本原则,贯穿中国理论始终。像共产主义理想、工人阶级政党领导、以公有制和按劳分配为主的经

---

① 高奇琦、段钢:《对历史的自觉自信是抵制历史虚无主义的基石》,《求是》2013年第1期。

济制度、人民是历史的创造者及实现人的全面发展等,这些中国理论的核心思想都是从老祖宗那里继承下来的。"①另外,中国特色社会主义理论体系是一个与时俱进的开放体系,它能够随着时代的进步与实践的深化而不断除旧布新、自我升级,以彰显时代精神、反映实践诉求。所以,一些历史虚无主义的崇拜者企图用历史过程中支离破碎的某些片段或我们改革过程中出现的暂时性困难来质疑和责难中国理论的合理性与适应性是非常荒诞的。一言概之,中国理论源自国家制度的独特优势,源于中国道路的独特贡献,明确回应了国家发展过程中的一系列重大问题,是党长期执政和实现中国伟大复兴梦的重要指南。再次,要坚持制度自信。制度问题是事关党与国家前进方向的重要问题。"制度自信是国家得以成长和巩固的精神基础与政治基础,决定着国家的内聚力与竞争力,进而决定着国家的兴衰命运。"②但历史虚无主义者经常借改革瓶颈期出现的某些社会矛盾对我国各种社会制度进行抨击和质疑,企图瓦解中国特色社会主义制度的群众基础。为此我们必须提升制度信心,牢记制度自信在中国历史发展中的重要作用,相信中国各项社会制度都是根植于改革开放以来社会主义建设的生动实践之中,并且能够在国家发展的历史进程中得以不断完善。最后,要坚持文化自信。文化自信是历史自信的重要前提,历史自信则是文化自信的重要基石。众所周知,文化自信是更深厚、更广泛的自信,是一个国家、民族和政党对自身禀赋以及文化价值的积极践行,更是我们进行社会主义建设的重要精神动力。正如习近平总书记强调的那样:"文化自信是一个国家、一个民族发展中更基本、更深沉、更持久的力量。"也正因如此,中华民族的传统优秀文化也成为历史虚无主义的重灾区,它们企图通过解构文化传统、颠覆民族历史、歪曲历史正确走向等手段来制造现代与传统的对立,从而为自身的广泛传播打下基础。从这个角度出发,树立坚定的文化自信态度也是抵制历史虚无主义的重要途径之一。

三、善用媒体舆论是应对中国历史虚无主义的重要举措

在社会思潮的传播过程中,媒体常扮演着非常重要的角色,同时在新兴社会,媒体还作为现代国家治理环节中的神经枢纽,是提升执政党治理能力、维护国家安全的重要手段。未来学家阿尔温·托夫勒在其名著《第三次浪潮》中就曾说:"明天的一些最主要的战斗将发生在舆论宣传的战场上。"所以,良好的国

---

① 辛鸣:《中国理论何以自信》,《人民日报》2015年3月20日。
② 林尚立:《制度与发展:中国制度自信的政治逻辑》,《中共中央党校学报》2016年第2期。

家安全环境与良好的新闻舆论环境有关,国家安全能力与新闻舆论引导能力有关,国家安全水平与新闻舆论治理水平有关。当前,新闻舆论权已经成为我们维护国家安全利益、阻止他国侵害国家利益的战略支点。从这个意义上说,为更好地应对历史虚无主义思潮产生的危害,我们需要充分利用我国媒体舆论的优势在全社会范围内从多个途径加强人民群众的历史观教育。

一方面,要加强爱国主义的教育与宣传。从历史虚无主义体现出的一系列特征来看,无论是否定中国革命,还是否定党的领导,其主要目标就是想破坏爱国主义的历史基础。为此,我们要善于运用媒体宣传,破除人民对西方国家的过分崇拜与盲目跟风。如前所述,西方中心论是历史虚无主义思潮的前身,而西方中心论之所以得以广泛传播,与人们过多地接触西方国家的发达面却对其不为人知的方面了解甚少这一现象有关。实际上,西方国家并不总是像其对外宣称的那样"完美无瑕",我们应利用好主流媒体这一阵地,让人民群众了解一些西方国家的真相,比如他们表面上喊着捍卫人权,实则却在监听民众通信,甚至警察对黑人进行暴力执法的事件也常有发生;他们将自己冠以"世界警察"的美誉,实则却为扩充自己的国家利益对其他国家进行非正义的战争;他们常指责发展中国家应对类似全球变暖、雾霾等全球性问题负有责任,却从未反思自身在发展过程中对环境的破坏,等等。总之,利用媒体对西方国家的方方面面进行全方位报道,有助于人民群众对其形成正确、客观的认知,有利于消除盲目跟风与崇拜。除此之外,我们还要利用媒体加强党史国史的宣传教育。习近平总书记曾说:"学习党史、国史,是坚持和发展中国特色社会主义、把党和国家各项事业继续推向前进的必修课。这门功课不仅必修,而且必须修好。"可见党史国史的学习对于党和国家的发展具有重要意义,也正因如此,党史与国史也成为历史虚无主义的重点关注领域。当前,大部分人的观念活跃,思想开放,对信息的敏感度和感知力较以往也有了较大幅度的提高,因此党史国史的宣传手法也必须进行改变,要充分利用新媒体打破空间和时间的隔阂,不断拓宽教育渠道,使其实现由平面化教育向立体化教育的转变。党的十九大报告要求"提高新闻舆论传播力、引导力、影响力、公信力",因此我们要充分利用新媒体以实现传播手段建设和创新,加强党史国史宣传教育的有效性,这就要求我们应注意利用新媒体实现教育手段的多元化,利用文字、图像、视频以及音频等多种载体强化党史国史宣传教育的冲击力。总之,"在社会传播方式多样化快速发展的新形势下,应当……有效地利用影视、多媒体、互联网、微博、微信等新兴传播方式,积极适应各种新兴媒体的传播特点和规律,牢牢把握党史、国史宣传与传播的主导权"①。

另一方面,媒体工作者应坚持正确的政治方向与工作导向。新闻舆论是事关国家稳定的重要环节,习近平总书记曾强调:"党的新闻舆论工作是党的一项重要工作,是治国理政、定国安邦的大事,要适应国内外形势发展,从党的工作全局出发把握定位。"当前,我国舆论宣传环境较为复杂,特别是历史虚无主义者经常利用不同媒介发表宣传一些不实的言论,对党和国家造成了一定的负面舆论导向,甚至还误导了一些人,从而影响人们对党和国家的正确认知与评价。为解决这一问题,我们首先要健全相关法律法规,用法律实现对媒体舆论工作的监管。当前,尽管我国有许多相关规章制度,但建立比较完善的网络管理依旧任重道远。例如,对于网络信息的监管,政府职能部门往往就会因为现有法律并未明确规定什么信息不能发或不让发而在执法过程中陷入窘境。这就要求我们要加大立法力度,针对不同细节、各个环节进行调查研究,并充分考虑信息传播过程中可能出现的不同情况,依据新媒体运营特点制定出比较完善的法律法规。同时也需要加大相关法规的普及与宣传,以使新媒体的发展更加制度化和规范化。另外,媒体工作者的党性修养仍需进一步加强。当前,年轻化是媒体工作者的一个重要特征,他们虽然都在一定程度上接受过马克思主义新闻观的学习,但在实际工作中仍然可能会犯丢失新闻工作原则的错误。为此,新闻工作者必须不断加强党性的自我修养,把导向意识与新闻舆论工作紧密结合起来,不断增强看齐意识,自觉维护党和国家的权威与形象,坚持党性与人民性的有机统一。这就要求新闻工作者能够恪守职业操守,坚持正确舆论导向,准确反映群众诉求和党的主张,明辨是非,绝不因任何原因进行失实报道、片面报道,从而杜绝任何谣言与炒作的温床。当然,利用新媒介环境为学界营造规范的学术讨论氛围也是扼制历史虚无主义的重要途径,因为"揭露历史虚无主义错误之'本'的根本办法就是'以其人之道,还治其人之身',即以宽松的学术氛围与环境和严格的学术规范与标准,开展充分的学术讨论与争鸣,才能使真理越辩越明,谬误越辩越虚,最后才能让关注和参与讨论争鸣的各方心悦诚服。而政治上的大批判方式或法治上的专政手段,虽可在短期内达到震慑对方的目的或效果,但难以从长远和根本上有效遏制住历史虚无主义"②。

---

① 张星星:《努力构建党史、国史话语权》,《党的文献》2016年第4期。
② 郭文亮:《运用学术思维遏制历史虚无主义——与迟方旭先生商榷》,《学术界》2016年第8期。

四、凝聚广泛社会共识是应对中国历史虚无主义的有效路径

作为价值体系的一种,任何一种社会思潮必须拥有足够多的受众才能在社会现实中发挥其理论影响力。而历史虚无主义之所以能够在社会中产生一定的负面影响,根本原因也正是由于部分群众甚至党员干部因对其本质认知不清而误入歧途成为其信仰者。因此,培养党员干部和人民群众自觉抵制错误思潮的认识和能力是应对历史虚无主义思潮的根本途径。

为此,我们首先应加强党员队伍建设和管理。经济建设是党的中心工作,意识形态工作是党的一项极端重要的工作。"强化意识形态领导权,必须把主导权、管理权、话语权牢牢掌握在手中,绝不能游离于党的领导之外。"①中国共产党以马克思主义为指导思想,是抵制历史虚无主义思潮的核心力量。由于各种原因的影响,党在新形势下面临着贪污腐败、滥用职权、脱离群众等众多问题的挑战。而这些也是历史虚无主义者关注的对象,他们将这些问题进行扩大化后对人民群众进行所谓先进思想的渗透和宣传,否定、诋毁党的先进性,扰乱人们的思想,企图瓦解党执政合法性的历史基础。对此,我们必须认识到从严治党的紧迫性和重要性,提高党自身抗御风险和拒腐防变的能力。值得注意的是,党中央印发的《中国共产党纪律处分条例》,明确将"歪曲党史、军史"以及"诬蔑党和国家领导人"等行为视为违反党纪的行为。这一重要变化体现了新一届党的领导班子从严治党、严明党纪的战略部署,试图通过党纪党规等刚性约束层面实现对历史虚无主义思潮的有力抵制。一言概之,对于历史虚无主义思潮的抵制,需要从加强党的政治纪律着手,用严厉的党规党纪维护党的历史和加强党员队伍的建设,使广大党员和各级党组织在政治言论、政治立场以及政治行为等方面与党中央保持一致,从而形成弘扬正气,反对任何形式丑化党史国史行为的优秀作风。

其次,应充分挖掘和发挥高校在抵制错误思潮方面的重要作用。由于"大学教育存在和发展的一个重要前提,是为其社会的核心价值观服务,这是世界各国大学教育的通则……中国的大学是社会主义性质的大学,社会主义办学方向是其必然要坚持的方向,社会主义国家的利益是其必然要捍卫的利益,社会主义核心价值观是其必然要提倡和遵循的核心价值观"②。因此,我们要充分利用好高校这一平台来抵制历史虚无主义思潮的渗透与侵袭,做到这一点的关键

---

① 罗仲尤:《强化意识形态领导权的路径》,《光明日报》2015年8月23日第7版。
② 孙家学:《深刻认识高校意识形态工作的重大意义》,《光明日报》2015年4月11日第8版。

是要努力提高高校"两课"的教学质量。高校"两课"课堂是提高社会主义主流意识形态的吸引力和凝聚力的重要阵地。这就要求高校必须能够提升"两课"的课堂效果,让"两课"能够从单纯的理论宣传和说教深入进学生的日常生活,从而让学生切实感受到马克思主义理论在指导生活实践时的巨大魅力。"从这个角度说,如果大学生意识形态教育仅仅停留在理论传授与宣传,而与客观社会的现实脱离,无法解释解决大学生在现实中的问题与疑惑,这种教育的效果可想而知,意识形态也很难有吸引力。"①针对历史虚无主义的负面影响,我们要全方面提高"两课"教师的综合素质,特别是要加强教师对中国历史的学习。一般而言,教师在授课过程中起到重要的引导作用,如果自身对中国历史知识不甚了解而受到历史虚无主义思潮的影响,就很容易在课堂上说出不当言论而影响学生对国家和党的正确认知。由于历史虚无主义主要通过以偏概全、以点概面等手法来虚化中国历史,这就要求我们所有的"两课"教师都能够全面详细地了解中国革命的历史,了解中国共产党的发展历程,在"两课"课堂上能够结合课程的内容与特点熟练运用不同史料向学生展示全面真实的中国历史,让学生从不同角度全面了解国家和党的历史,"注重强化对学生正确党史观宣传教育,针对学生人生经历和心理特点,以学生喜闻乐见言语和实践方式增强教学效果,提高党史观教育艺术性,强调以情感人,对其进行持之以恒的长期培育"②。从而增强学生自身对历史虚无主义错误观点的甄别能力,培养其自觉抵制历史虚无主义思潮的免疫力。

再次,广大文艺工作者应树立起尊重历史文化的态度,在文艺作品的创作过程中做到主体客体相统一。习近平总书记曾指出:"我们比历史上任何时期都更接近中华民族伟大复兴的目标,比历史上任何时期都更有信心、有能力实现这个目标。而实现这个目标,必须高度重视和充分发挥文艺和文艺工作者的重要作用。"文艺创作的本质是一种复杂的精神劳动,任何一件作品的产生都离不开主观能动性的发挥。因此,作为文艺创作的主体,文艺工作者与创造者必须能够自觉抵制资本逻辑的侵袭,拒绝迎合市场的低俗创作,注重从中国传统文化中挖掘艺术题材与养分,既要反对守旧主义,更要斥责虚无主义,真正做到十九大要求的那样,即"坚持以人民为中心的创作导向,在深入生活、扎根人民中进行无愧于时代的文艺创造",从而实现文艺创作从"高原"向"高峰"的质变。

最后,要坚定人民大众的马克思主义信仰,让历史虚无主义丧失生存空间。

---

① 齐宁:《意识形态视阈下的当代大学生教育问题探析》,《思想政治教育研究》2014年第1期。
② 冯兵:《近年来国内历史虚无主义研究现状与前瞻》,《南京政治学院学报》2016年第4期。

由改革开放以来社会结构变迁引致的社会意识形态领域的复杂变化,以及建设社会主义现代化进程中出现的一系列亟待解决的问题,让部分人民群众在对党和国家的认知上出现矛盾和困惑,从而一定程度上为历史虚无主义在我国的生长提供了土壤。面对社会主义建设进程中的种种问题与矛盾,我们需要不断更新发展观念,转变发展思路,最大限度地促进公平正义在全社会的实现,让改革发展成果惠及最广大人民群众,从而让人民群众坚定对社会主义事业的信心以及对马克思主义的信仰,夯实社会主义主流意识形态的阶级基础,让历史虚无主义丧失成长空间,不攻自破。

五、重视网络意识形态是应对中国历史虚无主义的应有之义

伴随世界信息化的加速和一体化的加深,网络空间已为各个国家所重视,甚至网络空间的安全性已成为国家安全的重要组成部分。而"网络政治安全的核心是意识形态安全。网络空间是意识形态交锋的新领域,网络空间意识形态领域斗争的隐蔽性强、扩散速度快、影响面广,能否使国家主流意识形态占领网络空间,能否赢得网络空间意识形态渗透和反渗透斗争的胜利,在很大程度上决定着政权安全和国家未来"[1]。当前,某些西方国家已经把中国当做网络意识形态攻击与渗透的重点对象,历史虚无主义思潮也借助这一"东风"在我国互联网领域"兴风作浪",对此习近平总书记曾深刻指出:"互联网已经成为今天意识形态斗争的主战场。西方反华势力妄图以这个'最大变量'来'扳倒中国',我们在这个战场上能否顶得住、打得赢,直接关系我国意识形态安全和政权安全。这个阵地,我们不去占领,人家就会去占领。现在看来,必须要把网上斗争作为意识形态领域斗争的重中之重和当务之急,高度重视起来,抓紧干起来,讲究战略战术,坚持下去,久久为功。"可见,建设网络强国,保障网络意识形态安全显得极其重要,这也是我们抵制历史虚无主义思潮的任务所需。

首先,要将互联网领域提升至国家战略的高度加以管控。当前,网络已成为国家的主权空间之一,新的国家安全法更是第一次明确了"网络空间主权"这一概念。北非、中东等地区上演的"颜色革命"以及一些国家间爆发的"网络战",都清晰地展现了网络对于国家安全和社会稳定的重要影响力。可见,如今的互联网已成为国家战略资源不可或缺的有机构成。为此,我们需要从国家战略高度来考虑互联网建设,顺应国际趋势积极组建网络部队,不断完善网络意

---

[1] 《论习近平的网络空间治理新理念新思想新战略》,http://news.xinhuanet.com/politics/2016-09/27/c_129301058_4.htm,访问日期 2017 年 12 月 28 日。

识形态的工作方案。同时,要积极促成互联网新兴媒体企业与国有资本的有机结合,培养对大数据、数据新闻等新技术、新行业的前瞻意识,并争取最大范围内的抢占市场空间和网络用户,实现对互联网舆论的强有力引导。

其次,要重视对网络舆论主动权的把握。如今的互联网已成为各种思想、观念、思潮的聚集地,可谓鱼龙混杂、真假难辨。"应该说,观念或意识形态的斗争和冲突并不是新形式,从人类社会诞生尤其是国家产生以来,就伴随着整个人类历史的发展而展开,但是,随着互联网的出现与快速发展,这种观念或意识形态的斗争与冲突在网络空间里形式更加隐蔽,但内容更加丰富与多元,有愈演愈烈的趋势,互联网中的'文明冲突'已经成为国家安全的重要威胁之一。"①为了维护网络意识形态的安全,我们必须能够在以多、杂为明显表征的"文明冲突"中牢牢把握网络舆论的主导权。为此,我们需要重视网络文化队伍的组建,在制定出适当的网络文化管理目标的前提下形成强有力的管理队伍、技术研发队伍以及舆论引导队伍。此外,还需要加大对爱国民间网站的扶持力度。由于一些网络意见领袖拥有更高的话语权及影响力,尤其是在社会公共事件传播中,网络意见领袖的话语行动总能掀起一波又一波的舆论浪潮,于众声喧哗中影响舆论格局的变化,所以我们既要培植一批正直的意见领袖,更要培养有深远影响力的专家型网络意见领袖。总之,为了将类似历史虚无主义等西方社会思潮在网络中的负面影响降到最低,我们必须将网络爱国统一战线建筑的更加广泛与稳固,让网络爱国力量在面对反党、反国家以及反社会主义的一些网络言论时能够主动发声,让不实言论无人喝彩,没有市场。

再次,网络意识形态的安全离不开大众话语、学术话语与政治话语的有机统一。一般而言,网络话语体系由大众话语、学术话语以及政治话语等三大话语体系构成,其中大众话语最接地气,具有通俗易懂等特征。学术语言最严谨准确,而政治话语最强调价值立场。鉴于此,宣传思想工作只有充分考虑到三种话语体系的不同特征才能得到受众体的广泛支持与理解。同时,由于一些话语体系自身具有双重属性,网络舆论中的政治话语和学术话语又常常被混淆,这些都会造成网络舆情的复杂性,给主流意识形态的生存环境造成潜在威胁。例如,在与"民主"相关的网络意识形态之争中,一些别具用心的人便常借这些抽象的普世概念大做文章,以期误导中国网民对西方民主的理解以及对中国民主的认知,从而达到其背后不可告人的最终目的。

---

① 李慎明:《世界格局与我国安全战略》,社会科学文献出版社2014年版,第228页。

最后,维护网络意识形态安全需要主动出击而非被动应对。当前,网络上存在一种现象,即一提热爱社会主义、拥护党的领导便被嘲讽为"左",被讥讽为"文革复辟""阶级斗争重现"等,而这种现象使得"在网络意识形态论争之中,这种把左与'左'倾错误路线相互等同的观点,成为阻碍一些同志对于诋毁党和社会主义的错误思潮不敢积极作为、主动亮剑的重要原因"①。这种"让说话""老好人"现象的出现无意中就助长一些错误思潮的嚣张气焰,也使主流意识形态在无形中丢失了一些阵地。为此,我们要高度重视网络意识形态的斗争,在网络意识形态的阵地中也需要敢于"亮剑",不做"开明绅士",特别是要求广大党员对于错误观点与思潮要敢于发声和表态,提高自身积极参与网络意识形态工作的信心与热情。

六、构建特色话语体系是应对中国历史虚无主义的必然之举

"从本质上说,意识形态领域的较量归根结底还是话语权的较量……谁掌控了意识形态领域的话语权,谁就实现了意识形态的主导权,进而便能在维护意识形态安全的进程中掌握主动。"②由此不难理解,历史虚无主义等不同社会思潮的涌现,其实就是中西方意识形态话语权激烈争夺的体现。如今,中国的崛起以及中国发展道路已彰显出世界意义,我们不管是走中国特色社会主义发展道路,还是解决一系列重大现实问题,都离不开从历史的视角进行审视,如果不能对历史进行客观全面的阐释,对未来发展就无法科学合理地认知。而历史虚无主义常以中国近代革命为切入点,矛头却直指中国共产党领导的社会主义发展道路,对中国革命、建设以及改革的历史道路和成就进行肆意歪曲,一定程度上抢夺了我们的话语权。为了避免西方话语对中国发展道路和实践成果的恶意建构,我们必须构建起具有中国特色的话语体系,说出中国好故事,唱出中国最强音,用"中国智慧"与"中国方案"对抗历史虚无主义话语的强势介入。

首先,发展道路话语体系的建设必须打牢马克思主义唯物史观这一基石。中国发展道路的话语生成与发展不是无缘之木,必然依赖于中国人民的社会实践,扎根于中国崛起的物质实践进程。虚无、破坏中国发展的历史根源,让中国道路丧失历史养分恰恰是历史虚无主义的重要目的之一。这就要求我们要以唯物史观为视角,对中国发展道路的历史过程进行整体把握,客观地构筑起叙

---

① 李艳艳:《如何看待当前网络意识形态安全的形势》,《红旗文稿》2015年第14期。
② 王岩、王翼:《论我国意识形态安全对话平台的建设及其重要意义》,《马克思主义研究》2016年第5期。

述中国发展道路的表达方式与话语形式,从中国人民对生存、发展、公正、幸福以及国家长治久安等孜孜不倦的追求进程中来探寻中国气派与中国风格的话语体系。其次,发展道路话语体系的建设必须对话语内容进行立体打造。鉴于历史虚无主义虚无对象的全面性,我们的话语体系内容也必须展现立体性。一方面,我们要聚焦中国共产党在革命、建设乃至改革开放时期逐渐成型的话语内容,尤其是要传承革命时期良好的话语风格与传统,在此基础之上不断探寻其与社会主义建设时期以及改革开放以来话语内容的内在联系与规律,形成完整的中国发展的话语脉络。另一方面,要不断将一些时尚、亲民的话语元素补充进话语体系之中。受社会转型的深刻影响,一些传统的话语模式和话语内容在现代化进程中显得缺乏吸引性、可读性,这也给历史虚无主义的话语掠夺提供了可乘之机。因此我们要意识到中国社会的深刻转型带给话语资源的深刻影响,特别是伴随社会异质性的增强,话语内容也必然产生的重大变化,提炼、吸收其中的有益成分将是构建中国发展道路话语内容的必要支撑。再次,发展道路话语体系的建设还必须注重话语表达方式的革新。毫无疑问,社会的不断变迁必然要求话语形式的与时俱进,墨守成规只会让别有用心的西方话语占得先机。某种意义上说,传统的话语叙述方式已暴露出僵化、固化甚至脱离人民群众的现实生活等隐患。"主流意识形态话语表达形式过于高大上,没有充分考虑人民群众现有的思维习惯和语言习惯,与老百姓的日常表达相去甚远,未能采取人民群众喜闻乐见的日常话语表达方式,未能将深邃的理论转化为通俗易懂的语言,一味'官腔官调',话语表述僵硬。"[①]这样很难满足人民群众的需要与期盼,造成言之无物、无法让群众信服的尴尬局面。而现代话语权的获得既要求能"讲",还要能够讲的"受听",因此行之有效的言说方式或表达方式也是话语权的重要组成部分,这也决定了我们的话语体系建设必须高度重视话语形式的革新。而中国发展道路的话语表述方式创新,归根结底就是要做到"从群众中来,到群众中去",采用贴近人民群众日常生活的说话方式,只要能受到人民群众的认同和信仰,就是行之有效的话语叙述方式。

---

① 张振、郝凤:《新媒体时代中国共产党强化意识形态话语权的多维路径》,《江苏社会科学》2016年第5期。

第六章　当代中国"公民社会"思潮批判

当代中国"公民社会"思潮在西方公民社会理论的基础上,伴随着社会主义市场经济体制的逐步确立以及政治改革的推进而逐渐萌芽并日趋炽盛。在传统国家与社会关系模式剧烈变动的时代环境中,当代中国"公民社会"思潮映射了国内学界对国家与社会关系格局的普遍关注以及对公民社会构设的理论探讨。虽然,当代中国"公民社会"思潮在一定程度上反映了国内部分学人推进中国实现社会转型的政治抱负,但是其在本质上仍然是资产阶级的意识形态,是新自由主义在社会建设领域的理论呈现。与此同时,当代中国"公民社会"思潮被西方反华势力包装为政治工具,国内一些别有用心之人与之呼应,以敏感度低于社会主义市场经济、民主政治的社会领域为突破口,假借宣扬公民社会进行政治颠覆,煽动公民与国家、政府形成政治对抗力量,从而解构中央权威、瓦解中国共产党执政的社会基础。因此,有必要对当代中国"公民社会"思潮的泛起缘由、嬗变历程、价值硬核和实践样态进行整体把握与科学分析,深入剖析其理论误区和实践危害,从而揭开当代中国"公民社会"思潮的神秘面纱,祛魅西方"公民社会"的政治神话,进而对其进行科学的批判。

第一节　"公民社会"思潮的理论溯源及价值硬核

"公民社会"思潮是在西方公民社会理论的基础上演变而来的,研究"公民社会"思潮不能脱离其理论基础。尽管"公民社会"思潮在发展的过程中,其具体内容由于时代不同而产生诸多改变,但是"公民社会"思潮的核心主张和价值诉求并未发生改变。

一、"公民社会"思潮的理论溯源

(一)公民社会理论的古典含义

公民社会理论的源头可追溯至古希腊和古罗马时期,但其正式形成并广泛流传是在17、18世纪。当时霍布斯、洛克和卢梭等自由主义者为了反对君权神授思想，提出了社会契约、三权分立和人民主权等理论。

以亚里士多德、西塞罗等为代表的古典社会理论家认为，城邦是一种政治共同体，是人类进入文明社会的首要标志。市民社会是人们依据法律自愿结成的，拥有政府、法律等政治文明因素的政治共同体。它以自由、平等、正义、理性和法治为价值原则，通过划分等级，从政治和经济两个方面限定公民权利，从而打破贵族对政治权利的垄断，使人们过上"优良的生活"。社会契约论重新构建了国家权力体系，强调了作为政治国家根源的公民权利在政治社会中居于主导和支配地位。社会契约论者认为，人们为了保护自己的合法权益而订立契约，将个人的部分自然权利让渡给国家，国家作为主权者充分保护社会成员的自由、平等和私有财产权免受侵害。国家虽然至高无上，但如果它违背了自己的信用，社会就可以恢复其行动的自由。孟德斯鸠则在《论法的精神》中将国家权力划分为立法权、行政权和司法权，并通过法律规定将这三种权力分别交给三个不同的国家机关管辖，国家与社会在立法、执法、行政权力中各司其职、相互监督。这种权力制衡机制既明确了各自的权限，又可以有效地"节制"或防范某些人的"野心"和"贪欲"，从而更好地维护国家公共权力。"公民社会"论者还认为，国家是人民契约的产物，国家权力源于人民授予，国家主权应当属于人民。人民通过契约建立国家从而成为国家的主人，"政府只不过是主权者的执行人"，"行政权力的受任者绝不是人民的主人，而只是人民的官吏，只要人民愿意就可以委任他们，也可以撤换他们。对于这些官吏来说，绝不是什么订约的问题，而只是服从的问题；而且在承担国家所赋予他们的职务时，他们只不过是在履行自己的公民义务，而并没有以任何方式来争论条件的权利"。①

（二）公民社会理论的现代蕴含

公民社会理论研究在18世纪末19世纪初取得实质性进展，以黑格尔和马克思为代表的欧洲学者开创了以经济特性研究公民社会的传统，认为市场经济的内在规定性决定着公民社会的本质。

（1）黑格尔的市民社会理论。黑格尔的市民社会理论开创了现代意义的公民社会观，首次透彻论述了公民社会的经济本性。一方面，市民社会是需要的体系。黑格尔认为，市民社会以商品经济为基础，由需要的体系、法律和司法制度以及警察和同行业工会组成。其中，市民社会的主要构成要素是"需要的体

---

① [英]卢梭：《社会契约论》，何兆武译，商务印书馆1980年版，第172页。

系","法律和司法制度"扮演着保障市民社会所有权的角色。与此同时,在市民社会中,每个成员相互独立,以自我为中心,只顾追求个人利益,市民个人的意志不受限制、过度张扬。这正是市民社会自身难以克服的缺点。另一方面,国家决定市民社会。黑格尔认为,伦理精神发展的最高阶段——国家,不仅克服了公民社会存在的弊端,而且还纠正了公民社会道德上的不足,并且同时化解了公民社会存在的普遍利益和特殊利益的矛盾,使家庭和公民社会在国家中得到了统一。毋庸置疑,黑格尔的公民社会理论首次将公民社会与政治国家做了区分,开启了现代公民社会观。但是,他在分析公民社会与国家的关系时,却把政治国家看做是决定公民社会的东西,颠倒了二者之间的辩证关系,陷入历史唯心主义的窠臼。

(2) 马克思的市民社会理论。马克思的市民社会理论实现了对以往市民社会理论的批判与超越。首先,马克思纠正了市民社会与政治国家的关系,提出"市民社会决定政治国家",确立了从市民社会本身解释社会历史的原则。其次,马克思论述了市民社会与政治国家相分离的重大政治意义。社会与国家的分离导致了整个社会制度的根本变革,促使社会等级制变为代议制,使权力分离成为必要,确立了人权与公民权的原则,从而使代议制民主制度得以产生。再次,马克思阐述了"市民社会"的三重涵义。第一重涵义是作为"全部历史的真正发源地和舞台",并贯穿整个人类社会的市民社会,也就是"在一切时代都构成国家的基础以及任何其他的观念的上层建筑的基础"①。第二重涵义是指伴随着私人所有制出现的、以私人所有为基础的商品经济社会,是直接从生产和交往中发展起来的社会组织。第三重涵义是指雇佣劳动和资本关系占主导地位的资产阶级社会。再次,马克思揭示了市民社会的发展演进规律。毫无疑问,市民社会的产生是社会生产力长期发展的结果,是人类社会的物质基础,但其自身存在着难以克服的缺点——异化劳动和财产私有,因此,市民社会在本质上是异化的社会。要克服市民社会的异化,就需要从政治解放走向人类解放,而只有在共产主义条件下,在自由人的联合体中才能实现人类解放,才能真正克服市民社会的异化。

(三) 公民社会理论的当代内涵

20 世纪以来,公民社会的内涵发生变化,由从经济领域规定公民社会转为从文化领域批判公共理性,从生成公共伦理的社会自主空间界定公民社会。最

---

① 《马克思恩格斯文集》第 1 卷,人民出版社 2009 年版,第 583 页。

具代表性的理论当属葛兰西的文化领导权理论、哈贝马斯的公共领域理论以及柯亨和阿拉托的公民社会理论。

(1) 葛兰西的文化领导权理论。葛兰西阐述了新的国家观,论述了文化领导权理论的实践样态,从而强调了市民社会在意识形态领域中的文化领导地位。在葛兰西看来,国家的实质就是"独裁＋霸权"①。新的国家由市民社会和政治社会两个要素构成,市民社会地位优于政治社会地位,它为政治社会的统治提供了思想文化基础和意识形态基因。葛兰西十分注重市民社会的意识形态功能,他将市民社会的关系视为一种权力关系——文化领导权。掌握文化领导权的阶级将市民社会作为取得社会舆论支持和价值取向认同的重要途径,从而使自己的统治和领导具有合法性和正当性。在具体实践中,掌握文化领导权的阶级通过有机知识分子和政党运用阵地战的形式,诸如各级学校和教会、报纸、杂志、书籍出版和私人教育机构等,在意识形态领域开展斗争。

(2) 哈贝马斯的公共领域理论。哈贝马斯将市民社会分为"私人领域"和"公共领域"。其中,"私人领域"是指经济领域,它以资本主义私有制为基础,主要包括劳动力市场、资本市场和商品市场及其控制机制。"公共领域"是指社会文化生活领域,它由非国家和非经济组织组成,主要包括"教会、文化团体和学会,还包括了独立的传媒、运动和娱乐协会、辩论俱乐部、市民论坛和市民协会,此外,还包括职业团体、政治党派、工会和其他组织等"②。在市民社会中,公共领域是以经济领域为基础并独立于国家和市场的一种存在样态,它构成了整个市民社会的核心内容,同时维护着经济领域和整个市民社会的权利。在公共领域中,市民通过公共参与在一定程度上进入国家公共权力机关,围绕公共权力的商业政策进行讨论和批判,因此,公共领域当仁不让地成为市民社会与政治国家直接发生关系的部分。作为完全独立于"经济系统""政治系统"的"文化系统",作为一种"生活世界",公共领域的交往理性被政治和经济系统的工具理性严重摧残。由此,产生了"生活世界的殖民化",从而使国家失去了公共理性的支撑,国家合法性的基础从根本上被动摇。哈贝马斯主张通过重建生活世界,即恢复交往理性在生活世界的地位来克服合法性危机,从而维护和巩固资本主义国家的长治久安。

---

① [意]安东尼奥·葛兰西:《狱中札记》,曹雷雨、姜丽、张跣译,中国社会科学出版社2000年版,第195页。
② [德]哈贝马斯:《公共领域的结构转型——论资产阶级社会的类型》,曹卫东、王顾珏、刘北城等译,学林出版社1990年版,第29页。

(3) 柯亨和阿拉托的公民社会理论。柯亨和阿拉托强调公民社会保障公民权利的功能和捍卫民主的效力。他们二人都从"生活世界"出发来界定公民社会,认为公民社会是"通过基本权利实现稳定的现代生活世界的制度性框架,这一框架将把公域和私域都包括在其范围中"①。柯亨和阿拉托以市民社会制度化为研究焦点,分出三种权利综合体:"① 涉及文化繁衍的权利综合体,包括思想自由、出版自由、言论自由和沟通自由;② 保障社会整合的权利综合体,包括结社和集会自由;③ 保证社会化的权利综合体,诸如保护隐私、私人关系以及人身不受侵犯。另外还有两个权利综合体,一个位于市民社会与市场经济之间,一个位于市民社会与现代科层制国家之间。前者主要包括财产权利、契约权利和劳动权利,后者主要包括公民的政治权利和当事人的福利权利。这些权利综合体的内在关系决定着制度化了的市民社会的类型。"②柯亨和阿拉托主张通过公民的基本权利来制约公民社会,认为公民社会是由主体权利所制约的,为捍卫民主制度和民主生活而存在。作为一种政治制度的民主,其正当性恰恰源于公民社会的自由沟通,而公民社会是建立民主集体认同的场域。

二、"公民社会"思潮的概念解读

"公民社会"思潮是在公民社会理论基础上生成的,要界定"公民社会"思潮的概念则需要先界定"公民社会"的概念。

(一)"公民社会"概念

作为西方政治哲学概念,"公民社会"是反映社会与国家关系的历史范畴。西方学术界主要从以下四大方面界定"公民社会"概念:第一,公民社会是与自然状态相对应的政治社会、文明社会;第二,公民社会是相对独立于国家而存在,同时又受到法律保护的社会生活领域以及一系列相关的社会价值或原则;第三,公民社会是由非政府的、非经济的公民组织形成的社会领域;第四,公民社会被用来同时指社会的一个部分以及拥有该部分的社会整体。相比于西方,国内学界对"公民社会"概念的使用往往与"市民社会"概念混淆,在最近几年的概念应用中更多偏重于"公民社会"。学者们分别在国家与社会"二分法"或者国家、市场、社会"三分法"的基础上界定"公民社会"概念。例如,邓正来认为:

---

① [美]J.C.亚历山大:《国家与市民社会:一种社会理论的研究路径》,邓正来译,中央编译出版社1999年版,第202页。
② [美]J.C.亚历山大:《国家与市民社会:一种社会理论的研究路径》,邓正来译,中央编译出版社1999年版,第203页。

"中国的市民社会乃是指社会成员按照社会契约性规则，以自愿为前提和以自治为基础进行经济活动、社会活动的私域，以及进行议政、参政活动的非官方公域。"①俞可平将公民社会视为区别于官方政治领域和市场经济领域而独立存在的民间公共领域，即介于政府和企业之间的"第三部门"(the third sector)。其中，各种非政府组织和非企业的公民组织，包括公民的维权组织、各种行业协会、民间的公益组织、社区组织、利益团体、同人团体、互助组织、兴趣组织和公民的某种自发组合等等是公民社会的主要构成要素。②

（二）"公民社会"思潮概念

所谓社会思潮，就是指"在一定社会历史环境中，以人们的社会心理为基础，以某种思想理论为支撑，以动态形式反映一定阶级、阶层或不同社会群体的理想、愿望、利益、要求并在传播中产生较大影响的思想潮流"③。其形成需要具备社会心理层面的社会愿望、知识层面的思想理论以及背景层面的特定历史条件。"公民社会"思潮是以西方公民社会理论为理论支撑，将所谓"公民社会"作为国内以及发展中国家民主政治实现的必要途径，通过理论主张与实践诉求，试图对国家和政府决策产生重大影响，在世界范围内推行西式民主观、传承新自由主义意识形态基因的政治思潮。在中国，"'公民社会'思潮是以西方公民社会理论为支撑，以西方公民社会为参照，以个人主义、多元主义和利己主义为指导原则来建构中国'公民社会'进而力促政治民主化的一股政治思潮"④。实际上，当代中国"公民社会"思潮扭曲了西方公民社会理论的价值诉求，甚至成为别有用心之人试图以社会领域为突破口来颠覆中国特色社会主义民主政治、推翻中国共产党执政的社会基础的政治工具。

三、"公民社会"思潮的价值硬核

"公民社会"思潮在流变的过程中，其主要内容发生了部分变化，但是其核心主张始终未变。国家与社会的关系问题始终是"公民社会"思潮关注的核心问题，通过公民社会追求西式民主政治是该思潮的最终目的，以公民社会为载体宣扬资产阶级价值原则是该思潮的出发点和落脚点。

（一）国家与社会之间的关系是"公民社会"思潮的核心议题

"公民社会"论者认为，公民社会与国家之间的理想关系模式有以下五种：

---

① 邓正来：《市民社会理论的研究》，中国政法大学出版社2002年版，第7页。
② 俞可平：《中国公民社会：概念、分类与制度环境》，《中国社会科学》2006年第1期。
③ 吴仁华：《社会思潮十讲——青年教师读本》，福建教育出版社2015年版，第3页。
④ 祖密密：《"公民社会"思潮及其理论和实践误区》，《探索》2018年第2期。

"对抗说""制衡说""共存说""参与说""互补说"。"对抗说"命题由托马斯·潘恩提出,他认为,公民社会与国家是一种此起彼落的存在状态。相对而言,公民社会自身越完善,其对国家的需求就会越少,最低限度的国家才是最理想的国家。"制衡说"由现代自由主义所秉持,在现代自由主义看来,国家是"必要的邪恶",公民社会是限制国家权利无限扩张的制衡力量,公民社会与国家之间互相监督。所谓的"共存说",就是指强国家和强社会共存,这也是民主体制唯一配置良好的权力设置。在"共存说"所描绘的格局中,不仅国家拥有足够的能力有效工作,而且公民会具备强大的实力防止国家权力过度扩张。只有当公民社会与国家处于势均力敌的状态时,二者的功能才能得到最好的发挥。西方"公民社会"论者极力推崇"参与说",即市民社会中的各种社团组织通过多元主义和社团主义两种模式参与政策制定等国家事务。也有一部分"公民社会"论者信奉"互补说",他们认为公民社会、国家、商业领域三者之间理应是一种彼此互助、协作配合的互补关系,从而打破"政府失效""市场失效""第三部门失效"同时存在的局面。

(二)追求西式民主政治是"公民社会"思潮的最终目的

西方公民社会理论主张,公民社会通过培养公民参与公共事务的能力,为公民搭建自治平台以及创造公民与国家间的交流空间和沟通机制来有效监督和制约国家权力,进而推动西式民主政治的实现。其中,公民社会的结构性要素包括私人领域、公民社会组织、公共领域和社会运动。"私人领域(主要指家庭)乃是个人自我发展和道德选择的领域,个人享有不受干扰的独处和保持隐私的权利。"[①]公民社会组织是核心组成部分,以志愿性团体为主要代表。公共领域则是介于私人领域和公共权威之间的、供公众聚会并对公共权威及其政策作出理性评判的场域。在此基础上形成的公共舆论作用会对政府公共政策的制定提供导向,同时对政府形成强大的舆论监督。社会运动则是社会中的全体或一部分人为达到某一目的或解决某一问题而组织起来进行的集体行动,其存在的目的是确保经济系统以及国家不能侵犯私人领域和公共领域合法的自主发展权利。

(三)宣扬资产阶级价值理念是"公民社会"思潮的出发点和落脚点

在自由市场经济基础上建构起来的公民社会,可以保障公民个人自由和维护基本权利,培育多元利益集团及其自身的自主性品格,孕育公民群体的主体、

---

① 何增科:《公民社会与民主治理》,中央编译出版社2007年版,第51页。

自由和法治意识。这样的公民社会能够通过表达其政治利益诉求来实现民主政治。因而,公民社会蕴含着人本主义、多元主义、公开性、开放性、参与性、法治、社会自治等价值原则。与此同时,公民社会是一个以主体人格独立为原则的社会,是凸显公民权利与自由的民主社会,它尊重公民资格、保障公民权利和尊重公民自由意志,民主制度和国家的存在就是为了保障公民的权利与自由。因此,该理论的核心价值是实现公民的"个人权利与自由至上",国家存在的根本意义是维护公民的个人权利与自由。

第二节 "公民社会"思潮的中国流变及实践样态

作为对全球"公民社会"泛起的回应,对社会组织寻求独立发展诉求的迎合,对各领域频发矛盾的反映,对公民寻求政治权利需要的满足,当代中国"公民社会"思潮在20世纪90年代萌芽,历经萌芽蔓延和急速拓展两个阶段,对我国社会逐渐产生重大影响。在其发展演变的过程中,当代中国"公民社会"思潮论者不遗余力地在具体实践中践行其理论主张。

一、"公民社会"思潮的中国缘起

探究"公民社会"思潮在中国的泛起原因,应从历时态和共时态两大维度着手,统筹考虑国内外主要的历史和现实因素。

(一)全球"公民社会"思潮兴起的东方回应

西方资本主义国家通过开拓海外市场获取财富,并将获得的财富用于改善和提升国内工人阶级的生活状况,以及凭借市场竞争中的压力机制所占领的科技革命的先机,成功缓和了国内阶级矛盾。市场体制可以通过按能力分配生产条件的方式推动资源配置的不断优化,始终使强者拥有资源支配权。因而,资本主义固有的矛盾——生产社会化与生产资料私人占有之间的矛盾并不会因为科学技术的发展而被克服,反而会加剧。在20世纪90年代强劲的市场化和民主化浪潮中,以美国为首的西方发达国家在全球范围内宣扬公民社会理念及其蕴含的"个人权利与自由至上"的价值理念,从而为资本全球化扩张奠定意识形态和政治体制基础。苏东剧变被一些"公民社会"论者视为代表"社会"的力量对于代表"国家"的力量的胜利,为回应国家主义,人民诉诸市民社会,试图对国家与社会间的极度紧张做出批判和调整,以对市民社会的捍卫和建构来重塑国家与社会间的良性关系。由此,公民社会研究开始由西方和苏东学术圈扩展至世界其他地区。在当下中国的政治话语中,将"公民社会"与自由民主政治诉求紧密相连,与西方国家借助公民社会组织在中国的推动有关,而这些机构的操控,促成了东欧及前苏联各国国内的"颜色革命"。由于该行动具有一定的理论依据,在国内也得到别有用心之人的呼应,两者互为作用,构成了一股强大的社会思潮。

(二)公民社会寻求独立发展的迫切诉求

从社会发展的现实来看,社会主义市场经济为公民社会的产生和发展提供了经济基础。随着社会主义市场经济体制的建立与完善,中央政府通过向地方政府放权、国家通过向企业放权,调整权力格局,调整国家与社会、个人之间的关系。因而,政府职能不断转变,国家与社会关系得以调整。但是,政府职能的转变和转移无法落地,公共权力和社会权力之间的关系再造无法实现。承接这些职能,不仅需要市场上的企业和基层政府,而且更不能缺少社会组织参与。当代中国公民社会的发展历史尚短,无论在其生存的政治和经济环境还是其内部的结构和职能等方面都存在着不少问题。民间组织的登记注册门槛高,手续繁杂,致使我国民间组织人均拥有量严重不足。大多数民间组织存在自身定位困境、行政化倾向严重、官办色彩强烈等问题。还有一些社会组织营利化、商业化倾向严重。诸多民间组织工资少,待遇低,人力资源不足,加之资金严重不足,所以民间组织的发展前景不明朗。绝大多数的民间组织和政府之间存在信任危机,由于自律机制的缺乏民间组织社会公信度低,一些政府部门和地方性的党组织对民间组织也存在较强的提防和限制心理。由于民间组织对主管部门存在很强的依附性,所以民间组织的建议很少被主管部门采用,存在参与困境。政府对民间组织的监管重心是"入口"管理,业务主管部门、民政部门双重监管,极易导致监管缺位,税赋部门、司法部门在其中发挥的作用则是微乎其微。这些瓶颈的制约导致公民社会寻求自身独立发展的愿望得不到满足。因此,长期得不到有效疏导的诉求就在社会群体心理中表露,掀起"公民社会"思潮。

(三)各领域矛盾激荡频发的社会反映

以经济改革作为节点,在此之前,政府既满足公民的所有经济利益,又承担公民的所有社会责任;在此之后,政府虽然不再满足公民的诸多经济利益,但是却要承担公民的所有社会责任。这种经济利益与社会责任不平衡的矛盾造成各种社会矛盾频发。在政治方面,由于民主制度不健全,权力在社会各领域中的作用过大且不当,行政效率较低,致使人民的合理诉求在一定程度上得不到及时、公正的反映。公民政治参与热情高涨、参与需求增长与通畅的合法参与途径缺乏之间的矛盾,导致公民在政治参与中与政府发生冲突,因而基层群众无法有效进行政治参与,进而无法有效享受经济发展成果,最终致使社会收入差距拉大。由于政治体制不健全,部分社会成员通过非法途径致富,损害公共利益,从而加剧社会矛盾。总之,阶层分化甚至固化、利益多元化的格局已经成为我国社会的最大现实,由此衍生出政治、经济、文化、社会、生态以及党建领域的一系列新问题,尤其是两极分化加剧、权力腐败严重和各种民生问题频发,这成为当代中国"公民社会"思潮兴起的重要缘由。

二、"公民社会"思潮的中国流变

在党和政府社会改革政策调整、完善的过程中,当代中国"公民社会"思潮紧紧依附政策主张不断发生变化,具有很强的政策依附性和蛊惑隐蔽性。其言论散现于学者们的相关研究著作之中,见之于《中国社会科学季刊》《战略与管理》等期刊中,公法评论网、爱思想网、中国改革网等网站以及相关学者的微博中。以中国特色社会主义实践历程,党和政府关于中国特色社会主义政治、经济、文化、社会以及党的建设等方面政策的出台为依据,可以将该思潮在中国的发展划分为两个阶段,分别是萌芽蔓延阶段(1992—2002年)、急速拓展阶段(2003年至今)。

第一,萌芽蔓延阶段(1992—2002年)。党的十一届三中全会召开后,中国改革开放开始起步,农村实行家庭联产承包责任制,城市进行经济体制改革,采取多种方法处理国家与企业的利润分配关系,实行党委领导下的厂长负责制,对企业扩权让利。党的十二届三中全会通过的《关于经济体制改革的决定》突破了把计划经济和商品经济对立起来的观点,指出社会主义经济是公有制基础上的有计划的商品经济,确立了基本经济制度和分配制度,对农村进行产业结构调整,乡镇企业异军突起,各种利益群体开始分化。1989年的国内政治风波以及后来的苏东剧变,在全世界范围内引发了关于社会主义命运、民主政治的思考。国内学界开始掀起"公民社会"思潮,试图为国家发展找到一条通往现代化的康庄大道;国外反华势力也将"公民社会"思潮作为颠覆中国的政治工具,变本加厉地在中国推行"和平演变"策略。当时的"公民社会"思潮正处于萌芽蔓延阶段,在中国的影响并不大,主要关注中国公民社会的建设问题和社会与国家的关系问题,主张实现国家与社会的相互形塑和合作互补,声称通过公民社会建设来推动中国民主政治进程。

第二,急速拓展阶段(2003年至今)。2001年中国加入世界贸易组织,逐渐融入全球化的进程中,诸多跨国公司和国际公民社会组织进驻中国。党的十六大以后,党和国家开始高度重视利益协调问题,《关于加强党的执政能力建设的决定》指出要引导群众以理性合法的方式表达利益需求,建立健全社会利益协调机制。党的十六届六中全会提出的《关于构建社会主义和谐社会的若干重大问题的决定》明确提出"公民表达权的概念"。党的十七大以来,党和政府提出要构建社会主义和谐社会、加强社会治理的现实命题。这一时期,是当代中国"公民社会"思潮在中国急速拓展的时期。他们的言论更加隐匿,更具有蛊惑性,主张将公民社会作为实现宪政民主的手段和工具,修改现行宪法;充分利用各类社会矛盾并依托政府政策,推进政府政治体制改革,实现"善治";推行抗衡对立的国家观,弱化党和政府对企业、宗教和媒体舆论的监督和领导,从而影响政府政策的制定和执行。

三、"公民社会"思潮的中国实践

当代中国"公民社会"思潮拓展势头强劲,已经将其理论主张付诸实践活动,比如介入基层民主选举,操纵各类群体性事件,培养基层反对势力。与此同时,境外非政府组织的渗透工作力度也不断加大,形形色色的各种非政府组织在中国的政治触角日益见长,开展颠覆活动。

第一,介入基层民主选举。当代中国"公民社会"思潮倡导者主张在基层推进民主政治,对基层群体开展思想性工作,帮助基层群众建立各种各样的组织。近年来,中国"公民社会"思潮主张者深入并观察农村基层选举,着手推行新市民运动,提倡市民自治,由市民(包括新市民)选举市长和市议会。居民委员会行政化,市辖区政府虚化或取消,在街道一级设坊政府,由"选民直接选举产生坊政府和坊议会",由"新市民直接选举市长和市议会",实行城市社区自治化。西方公民社会组织逐步向中国的基层渗透,如国际非政府组织"卡特中心"和美国全国民主研究院等。这些社会组织观察我国的基层选举,提供法律和程序修改意见,提供和参与培训项目,邀请我国学者和官员到国外考察以及资助和培养所谓的"独立候选人"。中西方"公民社会"思潮在实践中均是以推进民主为名,传播西方的选举制度、选举方法和竞选方法等,向普通民众推销西方的民主价值观念。

第二,操纵各类群体性事件。近年来,随着我国经济转轨和社会转型,由人民内部矛盾引发的各类群体性事件增多。这些非对抗性的人民内部矛盾却被国内某些人操纵,鼓吹公民维权运动,以"维权"之名插手群体性事件。这些人还借助媒体大造舆论,故意在群众中进行歪曲、煽动、蛊惑,通过网络媒体扭曲事实真相,恶意炒作,挑唆、组织甚至操纵群众进行地区性的大串联、大规模上访甚至跳楼自焚,蓄意将群众的不满情绪或经济诉求引向对党和政府以及国家制度的不满和攻击,促使矛盾激化、转化,趁机掀起街头政治运动。

第三,培养基层反动势力。当代中国"公民社会"思潮主张将现有的社会组织打造成"思想库""智囊团""民意调查中心",以此制定"基本纲领"和"全盘政策",灵活开展活动。同时,注重发展具有政治指向的民间社团,建立宪政促进会、地方自治研究会等,尤其注重大力发展家庭教会,在农村支持基督教迅猛发展,试图等待时机成熟,进行社会动员。此外,"竭力寻找并会见民主运动的活动家,竭力寻找要求人权的人们"一直是非政府组织在他国寻求代理人的重要政治企图。例如,美国福特基金会,就把援助在华建立公民社会作为主要目的。一些资金严重短缺、生存能力较弱的公民社会组织甚至成了滋生宗教极端力量、少数民族分裂势力的温床。国内外"公民社会"思潮都在中国国内通过各种途径培养基层反动势力。这些具有不良政治目的的公民社会组织并非是孤立的个体,而是具有密切联系的团体,并且势力在逐渐壮大。

第三节 当代中国"公民社会"思潮的理论主张

毫无疑问,当代中国"公民社会"思潮既然承袭了西方公民社会理论,也必然会继承其价值硬核。由于当代中国"公民社会"思潮在理论主张上存在难以克服的缺陷,加之我国主流意识形态建设的加强和国家治理体系和治理能力现代化的提升,该思潮在未来的发展中不会无限扩张,其主张会在强有力的现实面前失去"存在空间"。

一、当代中国"公民社会"思潮的主要内容

当代中国"公民社会"思潮推崇限制政府权力,强调公民社会完全独立运行,从而重构国家与社会之间的关系。该思潮的核心议题是国家与社会的关系问题,尤其强调公民社会与国家之间的对立抗衡,并将公民社会作为实现民主宪政的重要动力,从而实现民主政治。

第一,限制政府权力,制衡国家决策。当代中国"公民社会"思潮倡导严格划分公域和私域,以社会权力制衡党和政府权力,将限制政府的治理范围和方式视为未来中国宪政第一要务,进而将公民社会作为实现宪政民主体制的重要动力。他们认为,公民社会组织是影响政府决策的重要因素、监督政府行为的重要力量和推动政府改革的强大动力。公民社会在参与政府决策制定和行政管理的过程中,能够有效监督权力的实施和决策的执行,因此,唯有公民社会发展才能对国家权力进行有效监督与制衡。公民社团和独立的社会中间组织是对国家进行监督的主体,能够推动对国家进行有效制衡的社会机制的形成。公民个人形成的公共意见影响政府公共决策的形成并对政府行为进行监督,从而实现对公共权力的有效制约,达到以社会权力制约、限制国家权力的目的。另外,当代中国"公民社会"思潮还主张在公民社会与执政党之间建立党社协商关系,实现双向赋权,为公民社会争取更多政治空间和社会资源,给予公民社会更多政治权利;同时要求重新调整党、国家、社会之间的关系,使党退出社会、退出国家,成为国家的一部分,以此有效限制执政党权力。

第二,完全独立自治,实现自主发展。当代中国"公民社会"思潮过度强调要实现公民社会自身发展的独立自主、社会管理的独立自治、经济来源的独立自筹和公共舆论的独立自由,以此制约国家权力的扩张。当代中国"公民社会"思潮认为要发挥公民社会的独立自治功能,首先应该废除社会团体的"双重行政管理制度",在公民社会与政府以及公民社会内部建立平等的契约关系。也就是说,公民社会组织存在于政府和市场经济之间,在外部与政府建立起平等的契约关系,在内部也同样以平等自由的契约关系规则来调节内部组织系统。公民在一定时限内将权力赋予政府,由政府为公民提供优质的公共服务,但是当政府的承诺无法兑现时,契约就会被解除,政府将面临下台的政治风险。其次,当代中国"公民社会"思潮认为,公民社会能够建立有序的公民生活,引导公民自己管理、约束和教育自己。此外,公民社会主要依靠基金会拨款、公司馈赠、个人捐助以及部分海外捐助等方式自筹组织发展经费,从而在经济上独立于政府。最后,当代中国"公民社会"思潮强调,独立自由的公共舆论是公民社会成熟的重要标志,公民社会理应拥有高度自由的公共舆论,进而从社会和政治权力外部对政治权力的运行及其结果进行监督。社会大众通过自由讨论或传媒作用所形成的包含利益要求、思想观念、价值取向在内的公共舆论,会通过一定的管道输入社会决策系统,或者不输入决策系统而流传于决策系统之外,成为一种决策压力。

第三,重构国家与社会关系,推崇国家、社会对立抗衡。当代中国"公民社会"思潮主张通过法团主义或者合作主义的路径,以"小政府、大社会"为政府职能转变的目标模式,来"重构"国家与社会之间的关系。"法团主义论通过类似于法团主义的路径,大力地把现有的国家管控的社团组织发育成具有自主性的中间组织,从而避免国家与个人的直接对峙与摩擦。而这种社会协商机制也是走向健康的民主社会的社会建制。"①所谓的"小政府、大社会"模式,就是指重新规范国家权力,使国家权力从微观转向宏观、从直接控制转向间接管理,并强化社会权力与自治能力的一种权力划分格局。政府不包揽社会组织的权力,只是通过政策、法律的权力对社会政策发挥必要的、有限的影响;广大公民和社会群体、社会组织都是独立的社会主体,在法律允许的范围内实行自主管理和社会自治;政府不能直接参与和管理经济活动,政府只管那些公共性或必须管的为数很少的重要事情。"政府职能转变与中国特色社会主义市民社会自治制度的理想目标模式就是'小政府、大社会',以强化社会权利和自治能力。"②此外,当代中国"公民社会"思潮还主张建立"大而强"社会和"小而强"政府。实际上,这种模式的最终目的仍然是要限制国家权力,在本质上依然是"小政府、大社会"模式。

二、当代中国"公民社会"思潮的基本特点

近年来,当代中国"公民社会"思潮逐渐兴盛。从该思潮的泛起缘由、发展过程和现状来看,该思潮具有极强的政治渗透性、较大的思想蛊惑性,在实践方式上隐匿性强,难以辨别;在理论上,奉行教条主义,僵硬地套搬西方公民社会理论,打着马克思主义的旗号进行社会动员。因而,有必要准确把握该思潮所呈现的特点。

第一,以"参与管理"为由向基层政治渗透。当代中国"公民社会"思潮主张参与政府管理,监督政府决策的制定与执行,依据中央政策的不同而发出不同言论。显而易见,"社会管理"转为"社会治理",体现出党中央治理理念的升华。但是,当代中国"公民社会"思潮依据党中央政策主张的变化"应时而动",提出更加"时髦"的主张。党的中央全会文件第一次出现"社会治理"是在党的十四届三中全会通过的《关于建立社会主义市场经济体制若干问题的决定》之中,首次使用"社会治理"概念是在党的十八届三中全会通过的《中共中央关于全面深化改革若干重大问题的决定》中。而当代中国"公民社会"思潮则主张发展新市民社会运动,让新市民参与社会管理,实行社区自治和社团自治。实际上,该主

---

① 萧功秦:《选择法团主义,发展中国公民社会》,《绿叶》2009年第7期。
② 张乃和:《现代公民社会的起源》,黑龙江人民出版社2007年版,第222—224页。

张混淆了基层民主自治与公民社会,鼓吹公民直接参与各项社会管理,试图改变中国现行的基层民主选举制度,渗透其直接参与社会管理的思想。此外,美国的当权者和智囊团人士将各种非政府组织在中国的活动视为演变中国和渗透其思想观念的一条有效途径,他们已然侵入我国的基层政治生活,成为向我国输出西方价值观、弱化我党执政基础的武器。

第二,以社会组织为载体进行社会动员。当代中国"公民社会"思潮试图通过其蛊惑性、煽动性和欺骗性的言论,以社会领域为主攻方向,以社会组织为载体,依托互联网,进行社会力量动员,倒逼中国实行政治改革。该思潮注重加强对各种非政府组织等社会组织的培育,通过维权声明、上访、集会、游行示威甚至抗议性自焚等形式以及帮助建设各种各样的非政府组织和具有政治指向的民间社团,从而借助这些组织煽动"民主"运动,进行群众动员,积蓄社会运动力量。通过"从社会建设到国家建设,从社会立宪到国家立宪的过程"路线,煽动民权运动,不断整合"体制内与体制外、国内与国外、城市和乡村、东部和中西部",从而建设一个"仁爱与正义的中道社会"。当代中国"公民社会"思潮注重发挥互联网以及媒体的重要舆论导向和监督作用,培育带有政治指向的虚拟社团,发挥群众的围观作用,推动网络空间政治化趋势的发展,从而"依靠不断成长的公民社会来改造合法性不足的政权",力促"形成民权进一分、官权缩一分的渐进格局",最终形成大规模的组织化集体行动。

第三,以模糊的言论进行政治面目的伪装。当代中国"公民社会"思潮通过运用低敏感度的词汇和具有蛊惑性、欺骗性的言论来美化"公民社会",向广大人民散播"党民对立"的思想,宣扬其改旗易帜的主张。在进行宣传的过程中,当代中国"公民社会"思潮刻意使用含蓄模糊、貌似中立的语言,以降低政治敏感性,加强自我保护和扩大社会影响力。当代中国"公民社会"思潮认为,解严修宪和政治妥协的模式是一种更为理想的政治转型方式,公民社会恰好是实现和平宪政改制的有效途径。他们将中国改革的希望寄托在"民间压力的持续性和叠加累积"、"民间结构的调整",将着力点放在公民社会的建设上;打着人权的幌子,强调人权的优先性,强调私域与公域的划分,以促进资本自由;打着自治和民主的旗帜,强调社团、社区和地方自治的作用,让"风能入,雨能入,国王不能入"成为公民常识,从而否定党的领导,以所谓的"公民社会"取代共产党领导建立的新中国。由此可见,当代中国"公民社会"思潮具有明确的政治目的。

第四,以第三发展空间限制政府权力。当代中国"公民社会"思潮试图在公域和私域之间寻求第三发展空间,在国家和市场之间培养第三种发展力量,从而与国家和市场形成"三足鼎立"的权力划分格局,以此限制政府的治理范围和方式。当代中国"公民社会"思潮主张通过公民社会来限制政府的治理范围和方式,追求社会生活领域的自治与维护公民个人的正当权利和自由。在政府与民间组织对抗的关系格局中,政府作用的强化与扩大必然导致民间组织活动空间的弱化与萎缩;反之,要拓展民间组织的发展空间,势必要限制政府的权力范围。只有公民社会才是推动中国社会建设的第三种发展力量。就此而言,当代中国"公民社会"思潮所要实现的社会独立,无非是要通过培育第三发展空间来限制政府权力。

三、当代中国"公民社会"思潮的未来走向

当代中国"公民社会"思潮在某种程度上会为社会自治提供有益的资源借鉴。但是,当代中国"公民社会"思潮吹捧的"公民社会"以西方公民社会为参照,甚至是某些别有用心之人颠覆中国政权、进行政治演化的工具。伴随着社会主义主流意识形态建设的加强以及党的社会治理能力的提升,当代中国"公民社会"思潮的幻想会破灭,其言论也会不攻自破。

(1) 当代中国"公民社会"思潮会长期存在。当代中国"公民社会"思潮的产生是社会变革的结果,也是当前社会矛盾的必然体现。"随着每一次社会秩序的巨大历史变革,人们的观点和观念也会发生变革。"[①]在国内,随着社会主义市场经济的发展和社会改革的深入,社会利益主体多元化趋势日渐明显,这些利益主体迫切需要一个代表自身利益的、传达自身诉求的、强有力的发声器,为自己争得更多利益。当代中国"公民社会"思潮借此时机,以社会治理为突破口,使其主张影响国家决策的制定和实施。在国外,西方反华势力长期存在,他们变本加厉地实施颠覆社会主义政权的各种策略。其中一种惯用的、屡试不爽的伎俩就是借助国际社会组织,在中国培育大量具有政治背景的NGO,以此为载体传输西方的价值观和美化西方民主制度,进行社会力量动员。这就表明,我国具有促进当代中国"公民社会"思潮萌芽、发展的现实土壤。

(2) 当代中国"公民社会"思潮试图以各种主张影响国家政策走向。党的十八大以来,当代中国"公民社会"思潮继续以趋于温和化、隐匿化的方式来表达他们的政治诉求和价值取向。加之党的十八届三中全会首次使用"社会治理"概念,国内学界关于"公民社会"又出现一个研究高峰。当代中国"公民社会"思

---

① 《马克思恩格斯全集》第10卷,人民出版社1998年版,第253页。

潮多是通过互联网平台发表主张，推动网络公民社会的形成与发展；或借助学术讨论以及交流会，传播异于主流意识形态的声音。当代中国"公民社会"思潮以社会问题尤其是民生问题为切入口，以广大老百姓关心的现实问题如土地私有化、农民工问题、弱势群体问题、公民维权问题为工具，通过关注底层人民的利益，激发群众的共鸣来宣扬自己的观点。此外，当代中国"公民社会"思潮论者还积极通过各类社会实践来传播其理念，成立公民社会组织，参与志愿活动，参与和观察基层民主选举，尤其是自然村庄的民主选举过程，彰显公民社会圣洁、关爱、平等、互助的美好形象，从而在实践中宣扬其价值主张，渗透西方民主政治制度。

（3）当代中国"公民社会"思潮并不会无限扩张。毫无疑问，我国主流意识形态建设在加强，其包容性、发展性和引领性在不断提升，传播手段更加现代化，宣传的内容更接地气，社会主义核心价值体系和核心价值观的凝聚作用不断提升。作为西方公民社会理论的变种，当代中国"公民社会"思潮教条地用西方公民社会理论来分析中国社会现状，这并不符合我国实际情况。西方国家大力推行公民社会具有"和平演变"的战略考量，即通过扶植一大批亲西方的非政府组织，来对付与西方走不同道路的国家，鼓励民间与政府对立，公开扶植亲西方政权。另外，公民社会不等于民主，公民社会更不一定会导致民主。公民社会只是软弱的独立，在经济上仍然受制于"金主"，为"金主"谋取利益，其运行仍然依赖于政治国家，其功能仍然被政治国家所赋予。公民社会也会与国家之间进行政治交易，二者之间存在暧昧的双边利益关系。所以，基于理论与实践的缺陷，当代中国"公民社会"思潮不会无限制扩张。

第四节　当代中国"公民社会"思潮的价值诉求

当代中国"公民社会"思潮源于西方公民社会理论，但是在中国传播和发展的过程中，部分学者关于公民社会的理念发生了错位。当代中国"公民社会"思潮"追求绝对至上的权力观、政府退出的经济观、宪政模式的民主观、完全独立的社会观以及多元异质的价值观，这在根本上扭曲了公民社会理论的价值诉求"[①]。因此，应该深入剖析并全面揭露当代中国"公民社会"思潮的价值诉求和理论裂变，从而认清隐藏在当代中国"公民社会"思潮背后的真实意图。

---

① 祖密密、赵玲：《公民社会思潮应对理路研究》，《思想教育研究》2017年第11期。

一、推崇绝对至上的权利观

当代中国"公民社会"思潮认为，完全尊重公民个人的自由以及自主意志，确保公民拥有平等机会与基本权利，是整个人类社会一切规范的基础。所以该思潮主张，将维护公民的个人权利与自由作为国家存在的根本目的，并赋予公民社会促进公民权利的功能。因为，在当代中国"公民社会"思潮论者看来，保障公民个人的权利与自由恰恰是民主的要义，反之，如若公民个人的权利与自由缺乏保障，民主也只是一种"伪民主"。正如"公民社会"论者所指出的，公民权的核心是既参与又抗衡国家权力的政治干预权和政治防卫权，其实质是公民可以要求做什么。[1] 因此，该思潮倡导公民个人凭借政治参与权影响政府决策，从而力促政治民主目标的实现，进而有效反对国家权力对个人自由和权利的侵犯，"公民不但拥有不受国家干预的负面自由而且还能享受参与国家政治事务的正面自由"[2]。全体公民享有宪法、法律和政策的制定权，以此确保国家的宪法、法律、法规、方针和政策充分体现社会公意。"国家必须赋予每个公民以平等的机会和基本权利，充分地尊重和实现每一位公民的权益、要求、意愿等，这是实现国家宪法、法律、公共政策正义性的必要条件。任何宪法、法律、政策的制定权都要掌握在全体公民手中，不允许掌握在部分公民或某些公民团体手中。每个公民都有平等的发言权和表决权；每个公民都有权参与国家宪法法律政策的讨论；有权亲身参与或委托自己信任的代表去制定或修改；每个公民都是以自我之是非为是非参与讨论和表决，国家不得强行要求统一意志和全体人民的团结一致，更不允许把少数派、反对者、异议者予以打倒、消灭或开除出局来实现国家和社会的团结。"[3]从而实现以公民权利限制国家权力，"使得国家权力对公民权利关系的干预只能是'宽容、适度、妥当'的干预"[4]，"公民只要不违反法律，便可以不受国家的干预"[5]。

事实上，国家既要保护公民个人的权利与自由，又要对公民权利进行严格限定，这是现代国家文明程度的重要体现。而当代中国"公民社会"思潮却忽视

---

[1] 郭道晖：《公民权与公民社会》，《法学研究》2006年第1期。
[2] 王红艳：《走出"公民社会"的四个认识误区》，http://www.cssn.cn/zzx/xsdj_zzx/hy/201612/t20161219_3351779.shtml，访问日期2017年12月15日。
[3] 杜导斌：《我们怎么建构公民社会？》，http://www.aisixiang.com/data/41607.html，访问日期2017年12月16日。
[4] 张乃和：《现代公民社会的起源》，黑龙江人民出版社2007年版，第224页。
[5] 李景鹏：《中国公民社会成长中的若干问题》，《社会科学》2012年第1期。

了这一重要原则,其极力美化的"个人"仅仅是形式上的、抽象的"个人",其吹捧的"个人权利与自由"难逃资本自由的窠臼,在实质上依然是"资本的权利与自由至上"。这与马克思主义唯物史观所认为的个人在本质上是一切社会关系的总和背道而驰。在文明国家发展的现代化进程中,国家权力与公民权利是一种动态平衡的关系,国家权力的良性运行以对公民权利的有效维护和限制为前提。否则,国家将会陷入无政府主义状态。

二、信奉政府退出的经济观

公民社会理论认为,与市场化进程相伴而生的公民社会是市场经济发展的强大动力,现代公民社会的逐渐成熟是市场经济成熟的集中体现。由此,当代中国"公民社会"思潮主张通过限制政府权力来发挥公民权利与自由的经济功能,使得国家权力在社会经济生活领域大范围向后退缩,并由公民权利与自由填补空白,推动市场经济发展,以期在政府、市场和社会三者之间形成"三足鼎立"的格局,促成现行经济体制向完全市场化转轨。因此,要"放松政府对民间组织的过度管制,收缩政府的权力,并将这部分权力让渡于民,让市场、社会和个人的作用得到充分发挥,并在各自的边界内承担起责任,做自己的'主人'"①。在当代中国"公民社会"思潮所勾勒的完全市场化愿景中,自由竞争的市场经济扮演推动经济复苏与长远发展的重要角色,政府发挥着预防经济下滑的救急作用,社会投资承担着创造新经济增长点的拉动功能。"作为可以同时弥补政府失灵和市场失灵的一股力量,公民社会能够充分开发市场经济主体的个人潜能,通过自我调节机制保障市场机制良性有序和理性运转,并以个体本位的价值观和宽容、合作、权利等品质弥补市场机制的伦理缺陷,从而维护市场经济秩序,推动市场经济的健全和发展。"②"公民社会成员经济行为的自主性和经济地位的独立性以及公民社会与政治国家两者之间的适度制衡为市场经济提供了富有活力的制度安排和创造了良好的市场环境。"③与此同时,市场经济所具备的内在协调运行机制,能够确保其分娩出各类社会组织,同时由这些组织承担协调社会生活、管理非政治性事务的职能。因此,应该"建立各类市场法规,加强市场管理,维护市场秩序,保护合法经营和公平竞争。削弱、抑制和防范以行

---

① 邓律文:《中国公民社会的成长及 NGO 的作用》,《中国与世界观察》2009 年第 3 期。
② 祖密密:《"公民社会"思潮及其理论和实践误区》,《探索》2018 年第 2 期。
③ 伍俊斌:《论市场经济与公民社会》,《湖北社会科学》2009 年第 9 期。

政权力为基础的地方和部门保护主义,严禁行政权力进入市场"①。也就是说,"政府应该由包揽一切经济和社会事务的全能主义政府,转变为扮演经济事务的宏观调控者与公共物品、公共安全、公共福利的有效提供者角色的'有限政府'"②。

显然,当代中国"公民社会"思潮这种过度推崇市场运行机制的非调控化而忽视政府职能建设的主张,会导致政府公信力的下降和国家能力的弱化。现代国家经济建设的经验与实践表明,政府调控与引导作用的缺失,只会使市场经济处于自发状态,继而产生经济垄断,引发经济动荡甚至造成经济危机,最终破坏社会生产力,毁灭社会财富,诱发社会不稳定。

三、迷思宪政模式的民主观

当代中国"公民社会"思潮认为,公民社会为宪政中的妥协与协商机制提供了丰厚的社会土壤,驱动着协商民主的形成,所以,公民社会是通往宪政民主的可靠支点。以此为据,当代中国"公民社会"思潮鼓吹,经由协商民主发展而成的宪政体制才是中国公民社会发展的唯一理想目标。只有实现宪政民主的政治突破,才能够打碎束缚公民社会发展的桎梏,从而确保公民社会健康发展。对此,有学者就指出:"民主宪政制度是国家整体的基本制度架构,是政府存在的前提和基础。宪政的精髓在于限制国家或政府的权力,保障人民的自由和权利。作为政治文明的重要成果,宪政是迄今为止政治权力得以运行的最符合时代精神的最为坚实的基础。只有在宪政制度的平台上,国家权力运行才会得到人民的认可,政治权力才会具有合法性。政治权力的实施必须有宪政的保障,任何政党、组织、个人都不能自外于宪法、凌驾于宪法,对政治权力的合法运行进行政治干预。缺乏宪政的保障,政治权力就没有权威,政治权力的良好运行就无从谈起。"③

在当代中国"公民社会"思潮理想化的构想中,经由全面铺开的基层协商民主可以自主实现宪政民主。然而,我国基层协商民主的发展实践证明,并非只有公民社会组织才是推动基层民主发展的主体,党、公民个人、自治组织、各类民间组织和法人团体都是基层民主政治的相关者。在推动基层民主发展的过程中,党(政府)是主导,群众是主体。与此同时,忽视条件的基层协商民主将会

---

① 袁祖社:《权力与自由》,中国社会科学出版社2003年版,第229页。
② 张勤:《中国公民社会组织发展研究》,人民出版社2008年版,第85页。
③ 张勤:《中国公民社会组织发展研究》,人民出版社2008年版,第172页。

成为虚幻的泡影。只有协商主体具备相当的理性、政治知识和协商能力,协商条件变得平等,协商民主的推行范围逐渐扩大,协商民主的结果才会变得更加民主和科学。此外,公民社会还存在着难以克服的、固定的、弱势群体持续不平等的社会条件,所以,公民社会未必会是协商民主的推动力量,协商民主也未必会是全民的平等民主,它极有可能蜕变为西方的宪政民主。在马克思主义的解释范畴中,"政治自由""公民权利""宪政""民主"等并非是超阶级、超党派的抽象存在,宪政民主并不能与民主政治完全画等号,它同样具有阶级性。实际上,西方宪政民主制度是西方资产阶级的政权形式,是以私有制为基础,实现和保障资产阶级利益、为特定利益集团服务的制度形式,是西方国家向外输出宪政民主制度的政治工具。[①]

四、吹捧完全独立的社会观

当代中国"公民社会"思潮强调社会优位,排斥国家优位,认为公民社会是团体主义的社会,具有高度自治性。换言之,正是因为"社会先于国家""社会优于政府",政府理应还权于社会,从而实现权力社会化。因此,有学者就指出:"国家是为了维护自身安全和利益而建立的政治组织,它只是实现社会福祉的工具。对于社会来说,它是一种'必要的恶'。因此国家的干预越少越好,政府规模越小越好。"[②]社会是经济活动的主体,市场经济条件下,社会占有和经营生产资料。因此,为推动市场经济的发展,国家应该扩大社会自治领域,缩减自身的干预范围,同时又要重新界定自身职能,仅扮演公民社会保护者、监督者和协调者的角色。由此可见,当代中国"公民社会"思潮以西方话语解读中国的国家与社会关系,并将其定义为博弈抗衡关系,从而将"小政府、大社会"作为社会自治的理想愿景。对此,有人指出:"公众和社会组织之间直接参与社会执法、参与执法决策和监督执法,公众和非政府组织实际上扮演协助政府维护和实施法律的执法者的角色。"[③]

实际上,公民社会的力量被当代中国"公民社会"思潮所粉饰和夸大,公民社会是独立自治的神话、德行完美的神话、同质圣洁的神话。公民社会无法实现自身的绝对独立,无论是财务还是自身作用的发挥,公民社会的发展与政府和营利性组织之间存在各种各样的联系,难以摆脱国家和企业的控制。"公民

[①] 祖密密、赵玲:《公民社会思潮应对理路探究》,《思想教育研究》2017年第11期。
[②] 邓正来:《国家与社会》,北京大学出版社2008年版,第11页。
[③] 郭道晖:《政府治理与公民社会参与》,《河北法学》2006年第1期。

社会的经济来源主要有三种,一类是会费、收费和商业活动收入,一类是政府资助,还有一类是私人捐款。其中会费、收费和商业活动是其收入的主要来源。不幸的是,公民社会组织自给自足这一普遍深入人心的说法,只是一个神话,它根本没有事实基础……平均而言,在社团组织的收入总额中,只有10.5%是来自私人慈善捐款(这其中主要是个人捐款,基金会和公司捐款相比很少)。收入来源主要来自其他:几乎一半(48.2%)是来自产品销售和服务费,另外41.3%则来自政府。"[1]由此可见,公民社会是独立自治的神话。与此同时,公民社会组织并非是帮助人们自我实现、自我帮助、参与互助愿望的工具。有的民间组织从事不正当的谋利活动,独占本应由穷人获得的募集资源,存在"少数剥削多数"的现象。公民社会组织内部也不是开明的自上而下的管理机制,能够参与管理的是具有相当经济地位和社会地位的人,管理方式日趋市场化,管理人员日趋职业化,组织发展日趋营利性和市场化。此外,公民社会还是同质圣洁的神话。各社会组织之间同样存在阶级差别,并非都是充满关爱、奉献、公益、正义和公平的,并非是社会变革的急先锋。与其说公民社会的价值取向是民主不如说是自由,因为既得利益集团出于维护自身利益的考虑,社会组织之间形成的利益竞争者关系,使得民主改革成为获取更多利益的工具。"现实中的公民社会绝不是一个同质的实体,它也绝不是个牧歌乐园。恰恰相反,公民社会中有贫民窟与花园别墅,有血与泪,有剑与火。"[2]鉴于此,当代中国"公民社会"思潮所推崇的完全独立的社会治理模式,只能是虚幻的泡影。

五、提倡多元异质的价值观

当代中国"公民社会"思潮认为公民社会在本质上是一个相对于国家而独立存在的、多元化的、差异性的整体,其政治、经济、需求乃至观念,都是一种多元化的存在样态。由此可见,当代中国"公民社会"思潮倡导多元主义的价值理念。加之该思潮推崇个人主义、人本主义的价值观,因而,有学者就主张建立一种多样化的思想文化体系。当代中国"公民社会"思潮认为,理想的公民社会能够切实维护公民的权利与自由,尊重公民个人的价值观念,满足公民多样化的个人需求。由于公民社会在本质上是一种文化机制,其文化发展是一种"从身份到契约"的运动,因而,当代中国"公民社会"思潮倡导一种新型文化模式,并

---

[1] 王绍光:《金钱与自主——市民社会面临的两难境地》,《开放时代》2002年第3期。
[2] 王绍光:《"公民社会"VS"人民社会""公民社会":新自由主义编造的粗糙神话》,《人民论坛》2013年第8期。

将公民社会的契约模式作为其核心。以此为据,当代中国"公民社会"思潮以"公民社会"为社会发展的主流价值,并大力倡导契约基础上的自由、平等、法治、民主等现代价值理念以及宽容、妥协和志愿精神,从而构建一种以公益为核心的价值体系,实现向人类最基本价值层面的回归。正如有学者所倡导的,要"回归常识,回到人类基本价值层面,开放理论资源,才是社会共同体认同的依托"①。最终,形成一种公开、开放的思想文化体系,实现国家意识形态对公民价值观念的影响"由直接控制转变为间接渗透",最终达到国家"思想界的开放","不能让一种思想去主宰其他人的思想"。②

当代中国"公民社会"思潮倡导一种功利主义的价值观。市场经济在本质上是一种自由竞争、优胜劣汰的经济运行机制,贯彻效率优先的原则,其自身蕴含的竞争机制、物质利益驱动、能力本位、金钱尺度等因素致使其衍生出一种经济功利的文化意识形态。作为市场经济发展的产物,公民社会当仁不让地继承了这种工具理性、泛功利主义的价值观。毋庸置疑,合理范围内的经济功利主义会推动经济发展、创造更多物质财富。但是,任由其自由发展甚至泛滥成灾,就会严重腐蚀社会理性、扰乱公共秩序、侵犯生命的尊严与价值。与此同时,"在公民社会中,契约基础上的志愿、慈善、妥协与宽容精神存在明显的价值悖论,妥协与宽容是基于个人财富雄厚、社会地位尊贵的裁量,现实志愿实践中存在着'少数人剥削多数人'的现象,慈善活动实际上也是对社会阶层差异的承认与维持"③。由此可见,多样化、开放性的价值信仰并不代表要排斥、否定主流价值观,更不是开放意识形态领域、开放价值观,就会使得各类腐朽落后的思想再次沉渣泛起。

第五节 当代中国"公民社会"思潮之现实危害

当代中国"公民社会"思潮以西方公民社会为参照,试图通过西方公民社会理论来分析、指导中国公民社会建构的实践,进而推动政治民主化的实现。但是,这样的理论主张忽视了中国的具体国情,甚至会致使"公民社会"沦为别有用心之人弱化和否定中国共产党执政权力合法性的工具,进而攻击中国特色社会主义政治架构。在具体实践中,当代中国"公民社会"思潮的主张影响到了社

---

① 贾西津:《转型成功依赖公民社会的成长》,《炎黄春秋》2013年第6期。
② 夏业良:《用思想多元推进中国公民社会建设》,《绿叶》2008年第3期。
③ 祖密密:《"公民社会"思潮及其理论和实践误区》,《探索》2018年第2期。

会之外的诸多领域,并造成不可忽视的现实危害。

一、偏离全面建成小康社会的战略目标

全面建成小康社会承载着传统文化中对"小康"的美好愿景和人民群众的殷切期盼,是实现"中国梦"的坚实基础。全面建成小康社会,需要正确处理好政府与市场的关系,将"看得见的手"和"看不见的手"有效结合起来,确保市场在资源配置中发挥决定性作用和政府更好地发挥作用。然而,当代中国"公民社会"思潮却主张公民社会代替政府,进而依靠公民社会的力量推动市场经济健康发展。诚如学者所指:"公民社会成员经济地位的独立性和经济行为的自主性,内在地规定了公民社会是一个高度自治的自组织社会,它能够为市场经济提供最有活力的制度安排,创造良好的市场契约环境,并培育公民社会成员的自治能力,使经济主体能自觉地按契约性法规进行自我管理,并培育公民社会成员的自治能力,使经济主体能自觉地按契约性法规进行自我管理,履行自己应尽的经济义务。"①

实际上,社会主义市场经济的健康发展离不开政府主导作用的发挥。一是市场经济自身难以克服的自发性、盲目性和滞后性缺陷导致市场主体过度追求个人利益而损害他人利益,不了解具体情况而使自身利益受损,甚至是破坏生产资料,阻碍经济可持续发展。虽然市场经济的发展能够实现社会生产效率的快速提升和生产力的迅猛发展,但是市场经济却难以同时兼顾公平与效率,并不会自动带来社会分配的效率与公正。二是公民社会虽然能够弥补政府和市场在协调中的某些不足,发挥缓冲作用,但公民社会本身就是一个存在阶级不平等和利益分化甚至冲突的社会,公民社会既不能取代政府而享有合法权力,又不能取代市场对绝大多数社会资源进行有效配置,它只能是对政府和市场力量的一种补充。此外,公民社会中还存在显著的"理性悖论",导致"少数人剥削多数人";存在支配作用强大的小集团,产生"无行动能力的多数人"现象;甚至还有可能产生分利集团化、垄断化。为有效解决这些难题,需要引入政治国家的及时干预。三是政府宏观调控作用的缺位会导致财富分配悬殊进而导致两极分化加剧,无法实现公平正义,继而诱发社会不稳定。最终难以实现共同富裕的价值目标,无法完成全面建成小康社会的时代重任。

---

① 张勤:《中国公民社会组织发展研究》,人民出版社 2008 年版,第 126 页。

二、混淆"两制"民主之间的社会基础

公民社会有益论者赋予公民社会强烈的政治意义,突出公民社会与国家的对立关系,主张通过公民社会实现宪政民主,进而推动政治民主化。"从消极的意义上说,市民社会是制衡国家的力量,亦即市民社会在维护其独立性自主性时力争并捍卫自由,使自己免受国家的超常干预和侵犯;从积极意义上讲,市民社会的发育培育了多元利益集团,这些社团发展到一定阶段,便会以各种不同的方式要求在政治上表达它们的利益,在这一意义上,市民社会为民主政治奠定了坚实的社会基础。"①实际上,当代中国"公民社会"思潮的主张完全异于社会主义民主政治建设的内在机理。

西方的民主政治制度强调国家与社会对立,认为国家与社会之间是一种零和博弈关系,国家职能的发展势必会侵犯社会领域;预设存在所谓的社会不信任与防范政府的立场与态度;实行权力分设,建设以权力制约权力的制度环境,以防止政府权力的过度膨胀,从而推行宪政民主体制。社会主义国家的政权由人民掌握并且只是为人民谋求利益,中国特色社会主义民主政治是由中国的经济基础决定并为其服务的。人民当家作主是马克思主义民主的本质和根本特征,也是中国特色社会主义的本质特征,只有实行无产阶级的民主,公民才有权利直接参与国家政治、经济、社会以及文化事务,从而最终实现国家的普遍性与社会的特殊性相统一。然而,当代中国"公民社会"思潮企图抹杀西方民主的资产阶级性质,通过建设所谓的"公民社会"来实现宪政民主。老一辈的无产阶级革命家早已明确指出西方国家推行宪政民主理论的政治目的,西方宪政民主"从一开始就不是理论问题,而是个政治主张。它从西方的话语体系出发,与中国政治理论的一些词汇强行对接,得出否定中国现行政治制度的结论。'宪政'实际上是绕了一个弯,用新说法提出中国接受西方政治制度的老要求"②。要知道,西方民主制度是"资本对劳动作战的全国性武器"③、"对被剥削者、对穷人是陷阱和骗局"④,"像现在的英、法、美等国,所谓宪政,所谓民主政治,实际上都是吃人政治"⑤。

---

① 邓正来:《国家与社会——中国市民社会研究的研究》,《中国社会科学季刊》1996 年第 15 期。
② 《"宪政"是兜圈子否定中国发展之路》,《环球时报》2013 年 5 月 22 日。
③ 《列宁选集》第 3 卷,人民出版社 2012 年版,第 146 页。
④ 《列宁选集》第 3 卷,人民出版社 2012 年版,第 601 页。
⑤ 《毛泽东选集》第 2 卷,人民出版社 1991 年版,第 736 页。

三、瓦解我国基层民主自治的制度基石

当代中国"公民社会"思潮用西方理念和标准评判中国事务，否认中国共产党在推动基层民主进程中的积极作用，否决村民自治和城市居民自治取得的显著成效，用公民社会理论来任意裁剪我国村民自治。该思潮认为，村民自治是农民自发产生的、具有相对独立性的社会自治领域；村民委员会是相对独立自治的非营利性组织，具有自愿性、自主性、民间性等公民社会的特征。把乡村自治鼓吹成公民社会，把村民选举村委会描绘成公民社会，均是在偷换概念。实际上，基层民主自治是政治文明不可或缺的组成部分，是人民当家作主的重要体现。"八二宪法"确定了城乡基层群众自治组织的地位，这为基层民主建设提供了宪法依据。其中，村民自治和城市居民自治是我国基层社会组织中广泛实行的自治制度。

《村民委员会组织法》和各地《村民委员会组织实施办法》等法律法规为村民自治实践活动提供了法律依据和保障，广大人民群众通过民主选举、民主决策、民主管理和民主监督四个环节开展村民自治。在第一个环节，村民依据民主选举的法定程序，直接选举出村民委员会、村民小组长和村民代表，实现真正意义上的民主选举。在第二个环节，村民通过设立的村民会议或村民代表会议来研究决定村中重大事项以及广泛涉及村民自身利益的重要事项，依据少数服从多数的原则进行民主决策。在第三个环节，广大村民共同管理村内事务和维护村内秩序，这是村民直接对本村的经济和社会各项事务进行管理和实现民主权利的形式。在第四个环节，广大村民依法通过相关方式和途径对本村重大事项、村委会工作以及村干部行为进行民主监督。

事实上，我国的村民自治与当代中国"公民社会"思潮所倡导的社会自治完全不同。这突出表现在以下三个方面：首先，村民自治的实质是确保广大农民群众当家作主，其内容高度统一。民主选举、民主决策、民主管理和民主监督分别是村民自治的基础、核心、关键和保障。这四个方面相辅相成，构成一个统一的整体。其次，村民自治是在政府主导下进行的，双方利益统一，并不存在社会与政府对立与制衡的问题。第三，村民自治不是社会自治领域。村长选举不可能与国家和政治分离、独立于党政权力系统。村委会并不具备公民社会的自愿性成分，参与村委会选举的权利是所有达到法定年龄者及相关条件者的权利。

四、弱化我们党长期执政的政治合法性

在国家、政府和公民个人之间，确实需要各式各样的社会组织和中介机构

来承担一些协调职能。但是,中国并不存在国家与社会对立的经济基础,国家整体利益与广大人民群众的根本利益是一致的。当代中国"公民社会"思潮夸大社会组织的重要性,试图使基层社会发展脱离党组织的领导,分化党执政的社会基础,弱化党的利益整合功能,从而威胁中国共产党的执政地位和安全。

第一,弱化党的执政基础。当代中国"公民社会"思潮从基层党组织入手,支持村委会脱离党的领导而自行开展一切活动,即"在大城市下面的基层政权实行地方自治","政府组织自治化""城市社区自治化",推动基层社会脱离基层党组织的领导和管理。但是,我国的相关法律法规已经明确规定,基层群众自治必须坚持基层党组织的领导。当代中国"公民社会"思潮大肆鼓吹基层群众自治脱离基层党组织的领导,从而弱化中国共产党的执政基础,进而动摇中国共产党的执政根基。

第二,破坏党和人民群众的血肉联系。中国共产党自成立之日起,就为"实现人类解放"、建立"自由人联合体"而奋斗。正如习近平总书记所指出的:"密切党群、干群关系,保持同人民群众的血肉联系,始终是我们党立于不败之地的根基。"①众多具有国际政治背景的公民社会组织,利用人民群众对中国共产党的失望情绪,通过网络化、扁平化的管理和运作模式直接、充分地吸引民众,部分地取代了中国共产党代表、反映和表达民意的政治功能,这实际上是在破坏党和人民群众的血肉联系。

第三,架空党和政府的权力。当代中国"公民社会"思潮主张建立"三元架构"的公民社会,要求"党和政府只要管好你们自己的那块利益就行了",将公民社会组织逐步政党化,为今后轮替制、多党竞争制打下基础;探索执政党的"三大转变问题"②,实际是建设全民党,抹掉党的阶级属性、篡改党的性质。这种政治势力利用公民社会组织从事政治斗争,利用并无限放大国内社会转型期的各类矛盾,将正常的社会问题上升到国体和政体高度,上升到国家性质的高度,从而削弱党对社会和公众的控制力,有力牵制中国共产党。

五、降低了基层社会治理能力的有效性

随着中国进入全面深化改革的深水期和攻坚期,人民群众内部矛盾引发的各类群体性事件逐渐增多。当代中国"公民社会"思潮将此归结为社会组织没

---

① 《习近平谈治国理政》第1卷,外文出版社2018年版,第15页。
② "三大转变问题"就是:从革命党转变为执政党,从代表先进阶级的政党转变为代表全体公民的政党,从阶级斗争的政党转变为和谐社会的政党。

有发挥应有的协商作用,并将公民社会视为解决一切社会问题的灵丹妙药。如同相关学者所指出的:"公民社会可以发展出非暴力的有序结构来进行利益表达,使各种利益要求有条不紊地进入社会系统,满足各种社会利益群体进行广泛社会参与的要求。"① 实际上,公民社会并非是"善治"的神话,同样存在治理失灵的问题。"如果这样的社团过于紧密地追随造成不和的政治团体形式的话,那么,它们很可能会加剧社会分裂并在实际上逐渐破坏有效治理的能力。"②

在具体实践中,当代中国"公民社会"思潮主张介入并操纵群体性事件,利用弱势群体情绪的失控来激化社会矛盾。该思潮还主张利用互联网掀起网络公民社会运动。"互联网对于自由主义的理论扩展、政治运作、经济积累、人才培养、社团整合等都已形成强大的促进作用","互联网已经成为自由主义新民权运动的基地"。③ 民众常被网络上的语言暴力和极端民族主义情绪感染而失去理智,理性的声音在情感面前显得微不足道。在社会矛盾积聚的阶段,极端的语言和情绪不仅容易引发舆论的径流失去方向,还可能直接导致现实社会的暴力行为和骚乱,产生网络流氓和网络暴力。而非法分子有可能利用互联网与公民社会日常生活的密切联系来诱导民众以非理性形式进行政治参与,从而加剧政治稳定维护的难度。此外,一些别有用心之人,在各类网络上散发具有攻击性和鼓动性的言论,将各类不法主张充斥于网络,通过其隐匿性和混淆性来误导群众思想。事实上,公民社会是一个利益多元的社会组织,不同类型的组织在对待民主政治、现实和前景的态度上会有很大的差异,不是任何公民社会组织都会必然促进民主,除非人们进一步去考察这一组织的社会力量的确切内容。④ 公民社会并非一块净土,也并非是一个牢不可破的整体,不同团体的价值取向和政治主张不尽相同甚至截然相反,民主与反民主的社会团体同在。有的反民主的公民社会组织受制于外国反华势力,接受西方援助,在经济、政治以及言论上为西方大国服务,成为亲西方的代理人。不法分子运用极具蛊惑性和煽动性的言语,借助媒体大造舆论之势,挑唆和组织群众进行跨地区串联以及大规模上访,蓄意将群众的不满情绪引向对党和政府以及国家政治制度的不满和攻击,激化并转化矛盾,趁机掀起街头政治运动。显然,这会加剧基层社会治理

---

① 周直、王世谊:《公民社会与社会创新》,南京出版社2008年版,第336页。
② 何增科:《公民社会与第三部门》,社会科学文献出版社2000年版,第206页。
③ 范亚峰:《公民维权与社会整合——民权论之二十八》,http://www.aisixiang.com/data/5791.html,访问日期2017年12月18日。
④ 何增科:《公民社会与第三部门》,社会科学文献出版社2000版,第65—69页。

的难度,诱发和谐社会的不稳定性因素。

六、消解主流意识形态建设的理论根基

当代中国"公民社会"思潮强调公民社会具有全民性、超阶级性、无意识形态性特征。国内部分学者主张以马克思市民社会理论为指导,构建一个以私有制为基础、价值上高扬个人主义、政治上对抗现有国家关系的社会。然而,公民社会同样不可能是超阶级的存在。西方公民社会主要由资产阶级政治上的积极分子、垄断资本建立的各种非政府组织和社会组织掌控,辅助和参与资本主义国家的政治统治和社会管理,既承担了部分国家职能,又发展出了有利于资产阶级进行政治统治和社会管理的多种隐蔽功能,其目的是更好地维护资产阶级的利益。

国内学界、媒体舆论对公民社会概念的理解和使用与当代西方的概念含义和价值理念并无区别,"一些学者在研究讨论中的核心概念则把'公民社会'和普世价值说相对接,承接其制衡和对抗国家的诉求,把这一概念与特殊社会群体利益保护、司法体系独立、民主化进程、建立社会组织和社团的自由、媒体和舆论自由联系在一起"[①]。这种普遍主义的公民社会观实际上是以西方公民社会为参照模式来建设中国的公民社会。马克思主义语境中的市民社会是指已经确定了的资本主义生产方式的资本主义社会。马克思市民社会思想贯穿着新的历史观,具有特殊的背景和明确的目标指向——"扬弃私有制"与实现"人类的解放",市民社会发展的最终目标是"自由人的联合体"。但是在一些研究中,马克思市民社会思想有时被用来论证培育和发展中国的公民社会。有学者总结道:"马克思的公民社会(市民社会)理论的研究从不被接受到广为接受并从而成为一种重要的善治理念,成为中国社会主义政治文明的一个重要的组成部分。"[②]类似主张还引用马克思对市民社会的论述,认为构建社会主义市民社会有利于回归并还原马克思市民社会思想,这种论断并没有看到马克思市民社会的实质所指。当代中国"公民社会"思潮所宣扬的普遍主义的公民社会观及其蕴含其中的多元主义、个人主义、公开性和开放性、参与性、法治原则、社会自治、"普世价值"等价值理念改变不了西方垄断资本对国家法制和社会规则的控制,也动摇不了西方资产阶级意识形态在多元化的社会思想文化生活中的统治地位,其实质是西方资产阶级为维护和巩固其统治地位在社会领域进行的资产

---

① 王炳权:《当代中国政治思潮研究》,中国社会科学出版社2014年版,第126页。
② 俞可平:《民主与陀螺》,北京大学出版社2006年版,第126页。

阶级意识形态灌输。

第六节　当代中国"公民社会"思潮的引领策略

当代中国"公民社会"思潮的产生源于一定的经济、政治和思想文化等社会历史条件,同时又产生于特定的环境中,具有历史必要性和现实必然性。对于当代中国"公民社会"思潮而言,在反思其兴起缘由、挖掘其理论主张、洞察其价值错位和现实危害的基础上,要看到其合理的部分,对其进行科学引领。

一、创造健康氛围,理顺政府与市场之间的关系

当代中国"公民社会"思潮试图在社会领域为市场经济绝对独立自由发展打开缺口,将"公民社会"作为架空党和政府权力的工具。毋庸置疑,市场经济是公民社会发展的强大动力,而政府与市场的关系问题又是事关社会主义市场经济健康发展的核心问题。基于公有制主体地位的支撑,在政府与市场经济的关系中,政府在根本上处于主导地位,这就是社会主义公有制条件下市场与政府关系的根本格局。这样的格局就自然地防止滑向过分夸大市场作用并将政府削弱为市场的附属和补充的谬误。因此,正确处理好政府与市场之间的关系,更好地发挥公民社会在社会主义现代化建设进程中的积极作用,不仅是凸显社会主义市场经济优势的现实需要,更是有力抵制当代中国"公民社会"思潮的客观要求。

（一）平衡政府与市场之间的张力

中国特色社会主义市场经济的显著特色和独特优势是政府发挥主导作用。实行社会主义经济体制就是要发挥党和政府的积极作用,这是因为社会主义制度是在马克思主义理论指导下并在其政党领导下自觉地建立和发展的。因此,马克思主义政党和人民政权的领导和组织就成为社会主义制度形成的决定性因素,这同时决定了在社会主义经济发展和社会建设中,党和人民政权自觉组织工作的重要性。如何更好地发挥政府在市场经济发展中的作用,是一个首要的、关键的问题。

第一,准确履行政府职能。准确履行政府职能,并非是要否定市场经济在资源配置方面的决定性作用,相反,这是为了充分发挥市场在资源配置中的决定性作用。这也是社会主义制度在根本上区别于资本主义制度的显著特征。这是因为,"我国实行的是社会主义市场经济体制,我们仍然要坚持发挥我国社

会主义制度的优越性、发挥党和政府的积极作用。市场在资源配置中起决定性作用,并不是起全部作用"①。在社会主义市场经济体制中,政府不仅扮演弥补市场缺陷的角色,更重要的是发挥对整体资源配置的引导作用。也就是说,社会主义国家的政府不仅是通过维护市场秩序,加强市场监管,促进公平竞争,优化公共服务来保持宏观经济稳定,而且要对国民经济的发展目标发挥引导作用,对市场主体的自主决策发挥导向作用。"社会主义政府的最重要作用是把市场的决定性作用引导到党和政府制定的发展战略和长远目标的实现上,切实提高政府驾驭市场经济的能力。"②因此,政府应该从以下几方面来准确履行职能。一是减少对市场的直接干预,最大限度减少政府对微观经济事务的干预,取消审批市场能够自主调节的经济活动和行业组织能够自律管理的事务。二是放手让市场发挥作用,政府向市场科学放权、适当放权,如进一步放宽市场准入门槛、降低公司注册资本登记门槛、全面放开贷款利率管制和下放行政审批权。"加大政府职能转变力度,既积极主动放掉该放的权,又认真负责管好该管的事,从'越位点'退出,把'缺位点'补上。"③三是充分发挥央、地政府职能,将经济调节与市场监管相结合,将加强顶层设计与加强社会管理和公共服务相结合,将部署、督行行政管理体制改革与改革的贯彻落实相结合,从而充分发挥中央政府的主导和推动作用,并合理划分央地职能,进行权力下放,充分发挥地方政府的职能。

第二,促进三方协同发力。平衡政府与市场之间的张力,要注重发挥政府、市场和社会三方的力量,促进三者之间的合作互补,而不是通过扩大市场、社会的权力,使政府权力边缘化。虽然,市场经济具有计划经济无法比拟的优势,能够快速地增加物质财富总量,但是同时也存在自身难以克服的痼疾。一方面,它涵盖了商品生产、流通和经营等领域,但它又存在自身难以克服的痼疾并由此引发诸多严重后果,如投机滋扰、价格垄断、过度竞争、通货膨胀、经济危机、两极分化、浪费资源等等。另一方面,市场还有自身不能涵盖的领域,市场自身并不能建立科学规范的市场规则和完善的市场体系。解决这两大方面的问题就需要发挥政府的主导作用。与此同时,要发挥社会组织对政府和市场的监督作用,通过公民社会培育具有主体意识、平等意识、自由意识、自主意识以及竞

---

① 《习近平谈治国理政》第1卷,外文出版社2018年版,第77页。
② 陶钰:《更好发挥政府作用是社会主义市场经济的独特优势》,《马克思主义研究》2014年第7期。
③ 《习近平关于全面深化改革论述摘编》,中央文献出版社2014年版,第55页。

争意识的市场经济主体,积极参与市场经济活动并维护市场准则和相关的法律法规,将追求经济效益和肩负社会责任相统一。公民社会要切实依法监督政府和市场行为,促进二者之间的合作互补。也就是说,要发挥市民勤劳之手,发挥社会作用,从而使"政府、市场和社会"这"三手"形成合力。"城市发展要善于调动各方面的积极性、主动性、创造性,集聚促进城市发展正能量。要坚持协调协同,尽最大可能推动政府、社会、市民同心同向行动,使政府有形之手、市场无形之手、市民勤劳之手同向发力。"①

第三,加强法治建设力度。要使政府、市场和社会同时发力,需要依靠法律有效规范各方行为、维护各方利益,促进三方关系和谐发展。首先,要建设法治政府。政府要通过依法行政、依法执政来依法调控和治理经济。进一步强化对权力的制约和监督,坚决消除权力设租寻租空间。"行政机关要坚持法定职责必须为、法无授权不可为。行政机关不得法外设定权力,没有法律法规依据不得作出减损公民、法人和其他社会组织合法权益或者增加其义务的决定。"②其次,要建设法治经济。把握规律并尊重规律是法治经济的本质,而市场经济在本质上就是法治经济。因此,相关领导干部要在深入掌握经济、社会和自然规律的基础上,更加有效地领导经济工作。"领导干部尤其要带头依法办事,自觉运用法治思维和法治方式来深化改革、推动发展、化解矛盾、维护稳定。"③建设法治经济,就要加强对市场秩序的规范,市场经济主体要增强法律意识,在法律允许的范围内运行,从市场经济内部减少违法犯罪行为的产生。再者,要建设法治社会。加强法治社会建设的重点是要加强基层社会治理,促进公共资源向基层延伸、向农村覆盖、向弱势群体倾斜,将社会治理的重心落到城乡社区,从而创新社会治理体制,维护社会和谐稳定。由此可见,唯有法治政府、法治社会和法治经济的建成,才能更好地将市场机制所形成的"自由竞争、优胜劣汰"的生产力和政府作用所形成的"全面协调、促劣变优"的生产关系有机结合,从而使"市场在资源配置中起决定性作用"和"政府更好地发挥作用",进而在这对科学的政府和市场关系"胎胞"中孕育、生长人民美好生活水平的不断提高和具有社会主义特征的生产关系的生产和再生产。

(二)协调公有制与非公有制经济二者的关系

"以公有制为主体,多种所有制经济共同发展"是我国的基本经济制度,但

---

① 《中央城市工作会议》,《人民日报》2015年12月23日第1版。
② 《十八大以来重要文献选编(中)》,中央文献出版社2016年版,第165页。
③ 《习近平关于全面建成小康社会论述摘编》,中央文献出版社2016年版,第194页。

是在具体实践中,公有制经济与非公有制经济存在一定程度的矛盾。借此,当代中国"公民社会"思潮开始在经济领域抹黑国有企业,主张"国退民进"。该思潮认为绝大多数国有企业经营效率低下,腐败行为多发,其扩张势必会阻碍、威胁民营企业发展。但是社会主义市场经济的健康发展并非是单方面地促进非公有制经济发展或者是单方面地促进公有制经济发展,而是需要处理好公有制经济和非公有制经济之间的关系。以公有制为主体,这是坚守社会主义公民社会和市场经济社会主义性质的坚实基础。坚持社会主义经济体制需要首先处理的关系就是"正确坚持公有制为主体和促进非公有制经济发展的关系",这是一个全局性和战略性的问题。因而,要在根本上协调公有制与非公有制之间的关系,为公民社会建设提供最根本的经济制度保障。

第一,积极创造良好环境。国家要通过打造公平的竞争环境和创造良好的舆论环境为协调公有制和非公有制经济之间的关系、促进二者协同发展创造条件。一方面,打造公平竞争环境。建立现代市场经济体制,遵循市场决定资源配置的一般规律。实行统一的市场准入制度,打破歧视,各类经济主体在负面清单之外的领域平等进入、公平竞争。改革市场监管体系,实行统一的市场监管,清理和废除妨碍全国统一市场和公平竞争的各种规定和做法,严禁和惩处各类违法实行优惠政策的行为,反对地方保护,反对垄断和不正当竞争。另一方面,创造良好的舆论环境。积极进行政策鼓励,通过政策支持为非公有制经济的发展提供坚强后盾,保证其顺利发展。从学理上论证科学性、合理性和可行性以及具体的路径,为国企和民企协同发展提供理论支持。通过学术论争探讨国企、民企关系的合理性,依靠学界的间接作用影响全社会对国企民企协同发展的支持和信任。不断宣传国企民企协同发展的典型案例,通过科学程序树立令人信服的榜样,积极推进有益措施,带动更多国企民企协同发展。

第二,大力支持非公有制经济健康发展。党的十八届三中全会提出:"公有制经济和非公有制经济都是社会主义市场经济的重要组成部分,都是我国经济社会发展的重要基础","非公有制经济在支撑增长、促进创新、扩大就业、增加税收等方面具有重要作用"。因此,要采取合理措施,推动非公有制经济发展。一是废除对非公有制经济各种形式的不合理规定,以制度为突破口,加快清除地方存在的阻碍非公有制经济发展的歧视性政策和不合理规定。二是消除非公有制经济健康发展的各种隐性壁垒。近年来,非公有制经济发展的政策环境显著改善,但在具体实践中,仍然存在着诸多隐性壁垒。因此,需要在操作层面消除"玻璃门""弹簧门""旋转门"等障碍来焕发非公有制经济的生机与活力。

三是制定非公有制企业进入特许经营领域的具体办法。当前我国特许经营领域主要集中在供水、供气、供热、垃圾污水处理及公共交通等直接关系到社会民生和涉及公共资源配置的市政公共行业。虽然国家颁布了引导非公有资本进入特许经营领域的政策,实际上进入特许经营领域的非公有制企业比较少。所以,要制定非公有制企业进入特许经营领域的具体办法和提升具体操作性,不断增强特许经营领域透明度和规范度,从而拓展非公有制经济发展的领域。

第三,加快推进公有制经济与非公有制经济协同发展。坚持公有制经济与非公有制经济协同发展并非是否定公有制经济的主体地位,相反,促进二者协同发展的前提恰恰是毫不动摇巩固支持和发展公有制经济。一是以促进公有制与市场经济相结合为前提。正如习近平总书记所指出的:"必须毫不动摇巩固和发展公有制经济,坚持公有制主体地位,发挥国有经济主导作用,不断增强国有经济活力、控制力、影响力。"[①]国有企业是促进公有制与市场经济结合的组织载体,国有企业改革最为根本的制度使命就是促进二者的结合。国有企业应该在生产要素、法人治理结构以及经济运行三个方面,促进公有制经济与市场经济相结合,从而在激烈的市场竞争中探寻发展壮大国有企业的有效途径,在增强国有经济控制力、影响力和带动力上下功夫,进而壮大国有经济和公有制经济。二是以推动公有资本与非公有资本协作融合为重要基础,解决国有企业治理结构问题和经营效率问题。发展混合所有制经济,大力引进民间资本,推动投资主体多元化。通过国有资本与民间资本协作融合推动股权多元化,促进政企分离、政资分离,使企业真正成为自主经营、自负盈亏的市场主体。三是以建立现代产权制度为保障。建立现代企业制度,把确认和保护企业法人财产权利不受侵犯作为改革的核心。健全国企、民企统一的企业制度体系和法人治理结构,促进所有权和经营权的分离。确认企业法人财产权,切实使企业成为独立进入市场的竞争主体。四是以健全和完善资本市场和多层次资本市场体系为出发点和落脚点。公有制经济与非公有制经济、国有企业与民营企业协同发展,需要通过产权的自由转让或受让,实现国有资本和民间资本的融合互动,进而实现社会资源优化配置。通过完善资本市场,为非公有制企业参与资本市场创造平等的条件和机会,拓宽民间资本进入资本市场的渠道,发挥资本市场的资源配置功能。

(三)明确政府与市场经济发展的共同愿景

马克思主义认为,在未来理想社会中,"社会生产力的发展将如此迅速,以

---

① 《习近平谈治国理政》第1卷,外文出版社2018年版,第78页。

致尽管生产将以所有的人富裕为目的,所有的人的可以自由支配的时间还是会增加"①。社会主义的本质是解放生产力、发展生产力,消灭剥削,消除两极分化,最终达到共同富裕。在中国特色社会主义具体实践中,实现共同富裕是我们党推动改革与发展,提高治国理政能力和水平的出发点和落脚点,因而实现共同富裕也是政府与市场经济发展的共同愿景。

第一,全面建成小康社会是共同富裕的初步实现。作为一个客观的历史发展过程,中国特色社会主义的建设需要经过贫穷、温饱、小康,还要经过全面小康和共同富裕等具体过程。全面建成小康社会是共同富裕的必要准备,共同富裕是全面建成小康社会的必然趋势。正如党的十九大报告指出的,要"决胜全面建成小康社会,开启全面建设社会主义现代化国家新征程","从全面建成小康社会到基本实现现代化,再到全面建成社会主义现代化强国,是新时代中国特色社会主义发展的战略安排"。② 因此,构建共同富裕理想,更能体现时代精神,更能反映中国最广大人民的根本利益,更加符合人类社会发展的客观规律。全面建设小康社会正是这一历史进程中的一个极其重要的、不可逾越的阶段。而社会主义市场经济本质上是社会主义的一种生产方式,其价值追求就是实现国家富强、民族复兴和人民幸福,进而实现共同富裕,让更多人共享改革开放的成果。

第二,共同富裕是解决社会问题的金钥匙。在我国经济总量高速增长、综合国力不断增强、人民生活水平普遍提高的背后,是贫富差距的进一步扩大,各种利益矛盾和冲突日渐凸显,这种严重的贫富不均导致各类社会问题频发。面对社会财富差距鸿沟的扩大,部分先富者存在"为富不仁""恃强凌弱"的现象,社会底层民众尤其贫困民众心生不满,居民心理失衡。贫富两极分化现象加剧,民意表达渠道不畅通、机制不完善,公民社会组织尚未健康发展,引发了报复社会的恶性案件连发、突发性事件多发、群体性事件不断等诸多社会问题。两极分化与社会主义本质极不相容,社会主义与资本主义的一个根本区别,就是共同富裕与少数人富裕的区别,而共同富裕是解决两极分化等诸多社会问题的一把金钥匙。要发挥政府宏观调控作用,引导社会资源向弱势群体、贫困地区流动。通过共同富裕为每一个人的自由全面发展奠定社会条件,明确宣布"让一部分人先富起来"的任务已经完成,今后要把这一政策转变为逐步"实现

---

① 《马克思恩格斯选集》第 2 卷,人民出版社 2012 年版,第 786—787 页。
② 习近平:《决胜全面建成小康社会 夺取新时代中国特色社会主义伟大胜利——在中国共产党第十九次全国代表大会上的报告》,人民出版社 2017 年版,第 29 页。

共同富裕",完成"先富"向"后富"的过渡。

第三,共同富裕体现社会主义本质的优越性。共同富裕体现了社会主义在制度、现实和任务三个方面的优越性。首先,共同富裕体现了社会主义制度的优越性。社会主义基本经济制度和基本分配制度能够确保社会主义公平最大化、剥削等不公平因素最小化。这样的制度安排同样也在约束社会主义市场经济要始终坚持"促劣变优、共同富裕",政府要实现最大限度的社会公平与正义。其次,共同富裕体现了社会主义现实的优越性。在生产力发展的每一水平上,社会主义要自觉地、尽可能地做到同一生产力水平上其他的社会制度做不到的,或者被迫暂时去做的最大限度的公平,这是社会主义的现实优越性所在。共同富裕就是一个逐步富裕,最终实现全体成员共同富裕并不断提高共同富裕水平的过程。再次,共同富裕体现了社会主义价值的优越性。社会主义的价值目标是消灭阶级,而不是建立所谓两头小、中间大的橄榄型社会。因此,社会公平的主要内容是防止两极分化,而不是培育中产阶级。这就要求把关注和解决困难群众的生产生活问题放在突出的位置,把防止既得利益集团和新的阶级分化作为另一重点。

二、注重实践革新,坚持社会主义民主政治道路

当代中国"公民社会"思潮将公民社会视为通往宪政民主的可靠途径,用西方的民主政治制度来任意解读、评判中国民主政治制度。但是,中国特色社会主义民主政治制度是具有自身鲜明特点,并体现着社会主义制度优势的民主政治制度。在促进民主政治发展这个问题上,我们不能照搬照抄西方的民主政治制度,而应该坚持社会主义民主道路,切实保障人民当家作主,这是引领当代中国"公民社会"思潮的制度保障。

(一)厘清中西民主的本质区别,不照抄照搬西方民主政治

我国以公有制为主体的所有制结构和全国人民根本利益的一致性,与资本主义国家的经济基础、阶级关系、党派利益等各方面都存在着本质区别。西式民主强调唯一性,原因就在于它建立在私有制基础之上,为资本主义私有制服务。社会主义中国的民主比西式民主内涵更丰富、形式更多样,这是因为中国的民主以公有制为基础,通过人民代表大会制度的政体、人民民主专政的国体以及社会主义市场经济中的集体主义原则来实现。当代中国"公民社会"思潮鼓吹的西式民主是已经变质的民主,是资本的民主、垄断集团的民主、少数人专制的民主。这样的民主是由公民用选票选举出其代理人,代理人在自由、宪政

划定的有限空间内进行决策的政体组织形式。在这种选举中,拥有大量资源的知识精英和经济精英通过拼金钱、拼演技和拼手段,获取大量选票。

邓小平指出:"我们的制度是人民代表大会制度,共产党领导下的人民民主制度,不能搞西方那一套。"①"什么是中国人民今天所需要的民主呢?中国人民今天所需要的民主,只能是社会主义民主或称人民民主,而不是资产阶级的个人主义的民主。"②通过半个多世纪的努力,尤其是改革开放40多年的探索,我国已经形成了一系列独具特色的基本政治制度,正是在这些基本政治制度的基础上,国家政权得以不断巩固,人民权利得以不断实现,建设事业得以不断推进。"人民当家作主是社会主义民主政治的本质和核心","在中国社会主义制度下,有事好商量,众人的事情由众人商量,找到全社会意愿和要求的最大公约数,是人民民主的真谛"。③ 在中国,选举民主与协商民主并重,直接民主与间接民主统一,在最大限度上实现了民意的广泛性和民主形式的丰富性。因此,中国特色社会主义民主政治在本质上、形式上都超越了西方民主政治。正如习近平所指出的:"我们讲究的民主未必仅仅体现在'一人一票'直选上。我们在追求民意方面,不仅不比西方国家少,甚至还要更多……西方某个政党往往是某个阶层或某个方面的代表,而我们必须代表全体人民。"④因此,在发展社会主义民主政治时应该坚定不移地走中国特色社会主义民主政治发展道路,坚决反对抛弃社会主义、走"西化"道路的错误主张。

(二)健全制度体系,保障人民当家作主

在制度上保障人民管理国家事务,管理经济和文化事业,管理社会事务,在实践中开辟各种途径保障人民行使权利是人民代表大会制度以及中国共产党领导的多党合作和政治协商制度在社会主义政治文明发展过程中的重要制度保障。这二者集选举民主与协商民主于一体,既拓展了民主实现的范围,又丰富了民主实现的形式。因此,应该进一步发挥这两项制度的作用,保障人民当家作主。

坚持和完善以选举民主为主要标志的人民代表大会制度。马克思主义经典作家对人类社会民主政治制度发展的科学总结,特别是对无产阶级取得政权后民主政治制度建设的探索,为我国提出、建立、发展和完善人民代表大会制度

---

① 《邓小平文选》第3卷,人民出版社1993年版,第240页。
② 《邓小平文选》第2卷,人民出版社1994年版,第175页。
③ 《习近平谈治国理政》第2卷,外文出版社2017年版,第292页。
④ 《京华时报》2014年11月15日第1版。

提供了理论基础。人民代表大会制度继承与发展了马克思主义民主理论中"议行合一""普选制"思想,充分体现了该理论的本质要求。我国的国情决定不可能完全实现直接民主,只能将间接民主作为管理国家的主要形式,人民代表大会制度恰恰是这种间接民主的最好形式。"人民代表大会制度是坚持党的领导、人民当家作主、依法治国有机统一的根本政治制度安排,必须长期坚持、不断完善。"①事实证明,人民代表大会制度充分利用和体现了现代民主政治的主要形式——选举和投票,有效地保障全体人民统一行使国家权力,充分调动人民群众当家作主的积极性和主动性,是中国特色选举民主的根本体现。当然,人民代表大会制度在当前实践中也存在诸多不足,需要在改革中进一步完善。

一方面,完善沟通交流机制,充分代表民众意愿。完善全体选民对人大代表的监督机制,让人大代表处在选民的监督之下,更好地为选民服务。建立联系沟通制度,如建立见面例会制度,促进人大代表与选民进行定期的沟通和交流。各级人大应当向选民公布相应地区人大代表的联系方式和地点,并建立健全代表公示制度等相关制度,量化代表与选民和选举单位之间的联系。进而使人大代表倾听民众心声,表达民众愿望,克服与选民之间存在的沟通交流障碍,充分行使参政议政权利。另一方面,实现公平竞争选举,扩大选举范围。实践证明,公平和竞争是民主选举的内在要求。要实现公平和竞争,就要在选举的各个环节做到公开、透明,实现人民群众充分参与。通过改变提名环节的当前模式,来扩大选民权限,减少组织内定、上级选派的候选人名额,以充分体现人民群众的意见。遵循多位候选人选举模式,实行差额选举,从而增强候选人的竞争性,为选民提供更多选举空间。还要适度进行竞选,通过对候选代表的介绍、宣传,让选民充分了解候选人,从而选出更加符合民意的人大代表。

(三)彰显中国特色,坚持社会主义基层民主建设道路

具有明确政治属性的村民选举和乡村自治,并不是单纯的社会性事务。而当代中国"公民社会"思潮却用西方公民社会来裁剪村民选举委员会和村民自治等基层民主自治实践,藏匿在这种惯用伎俩背后的目的是否定基层群众自治组织的社会主义性质,进而动摇基层政权的根基。实际上,基层民主自治将代表制民主直接民主相结合,充分发挥了两种民主形式各自的功能和整体合力,从而形成了中国特色社会主义民主政治的独特优势。以直接民主为主要标志的基层群众自治制度是中国特色基层民主建设的制度保障,是马克思主义民主

---

① 习近平:《决胜全面建成小康社会 夺取新时代中国特色社会主义伟大胜利——在中国共产党第十九次全国代表大会上的报告》,人民出版社2017年版,第37页。

自治理论与我国城乡实际相结合的产物,是马克思主义民主理论在我国基层社会生活中的重要体现。因此,应该从坚持政府主导、加强制度建设、保障自治权力三个方面入手,扩大基层民众有序政治参与,加强基层民主制度建设。

第一,坚持政府主导,实现有序推进。基层自治的核心是实行直接民主,由基层群众依法管理自己的事务。其中,村民委员会和城市居民委员会是群众实施基层自治的工具。广大人民群众是基层自治的主体,而政府是推进基层自治活动至关重要的角色。政府通过制定一系列地方法规、政策和操作细则,规范和支持村民自治活动,引导民众积极参与,使村民自治真正付诸实践。第二,夯实制度基石,坚持社会主义公有制。改革开放后,我国逐渐实行以公有制为主体、多种所有制经济共同发展的基本经济制度。社会主义生产资料公有制保证了社会主义民主是绝大多数人的民主,维护了最广大人民群众的根本利益。推进社会主义基层民主的实践进程,要以社会主义公有制为基础。在推进基层民主发展的进程中,党和政府始终以社会主义公有制为基础,以最广大人民群众的要求为出发点和落脚点,民主建设的诸多环节紧紧围绕人民群众最关心、最直接和最现实的利益问题来开展,巩固和维护人民当家作主,保障广大人民群众享有更多更切实的民主权利。第三,绽放法治魅力,坚持依法治国方略。基层民主政治实践的制度化、规范化和机制化,是民主政治建设的内在需要。只有通过法治保障基层群众的民主活动,推进权力授予由政府行为转化为群众自己的行为,才能使基层群众自治从形式民主最终走向实质民主。为适应我国经济社会的快速发展和民主进程不断推进的形势,弥补原有法律不健全、不配套的缺陷,解决基层群众自治在某些环节有法难依甚至无法可依的尴尬局面,要完善现有的相关法律并同时制定新的法律法规,调整选举行为,减少无序冲突。合理划分政府政务与基层自治组织村务的责任范围和权力边界,并大力支持和扶持基层群众自治组织的发展,从制度上确保群众权益不受侵犯。

(四)锻造领导核心,建设强有力的基层党组织

在党的领导下有序推进基层群众自治,并处理好党组织与群众自治团体之间的关系,是有效避免基层自治组织失去自我管理、自我服务的空间和基层自治组织与党组织相互对立、陷入无政府状态的两种极端情况发生的重要保障。

第一,加强思想建设。思想建设是党的先进性建设的最根本环节。一方面,要加强理论学习。唯有理论上的清醒才有政治上的坚定。通过理论学习,不断自我净化、自我完善、自我革新和自我提高,建设学习型、创新型和服务型马克思主义政党。另一方面,要加强理想信念教育。广大基层党员要坚定社会

主义和共产主义的理想信念,提升广大基层党员的党性修养。"我们共产党人的根本就是对马克思主义的信仰、对共产主义和社会主义的信念、对党和人民的忠诚,立根固本就是坚定这份信仰、坚定这份信念、坚定这份忠诚,只有在立根固本上下足了功夫,才会有强大的抵抗能力和免疫力。"①第二,加强组织建设。组织建设是进行思想建设、制度建设和反腐倡廉建设的基础,为推进基层民主提供组织保证。当前基层党组织建设过程中存在软弱涣散、不规范等问题,加强基层党组织建设就是要加强组织性和纪律性建设,严守政治纪律和政治规矩。要知道,"铁的纪律是无产阶级政党发展、壮大的保障,是维护党的纯洁性的保证"。培养和选拔一批德才兼备的基层党员干部,完善基层党员干部的选拔、任用、管理、考核标准和机制,更好地发挥基层党组织的战斗堡垒作用。第三,加强作风建设。作风建设是思想建设、组织建设和制度建设的现实体现。"打铁还需自身硬;党的作风建设关系党的形象,关系人心向背,关系党的生死存亡。"在社会主义革命、建设和改革进程中,我们党形成了一系列优良传统作风,这些优良传统和作风是党的先进性和纯洁性的保证,是我们党保持同人民群众血肉联系的政治优势。基层党组织是向广大人民群众直观展现党优良传统作风的一面镜子,基层党组织继承、弘扬党的优良传统,能够密切党同人民群众的联系,因此,要提升党的公信力和保证党的先进性建设。第四,加强制度建设。全面依法治国的关键是依法治党,因此,应该建设法治型基层党组织,把制度建设规范化,提高制度的针对性、指导性和操作性。促进制度落实,实行制度硬约束,严格维护和遵守既已形成的制度。加强基层党组织的制度建设,确保基层党组织充分认识和把握权力的本质,以权力保障公民的权利,增强用制度约束权力的自觉性,提高基层党组织的依法办事能力,用法治来维护人民群众的合法权利。第五,加强反腐倡廉建设。在当前腐败问题多发的现实背景下,必须要加强党的反腐倡廉建设,从而保证党的纯洁性。然而,当代中国"公民社会"思潮认为党和政府腐败丛生,公民社会是纯洁的。实际上,党和政府存在腐败并不是大力建设公民社会、用公民社会制衡国家、与党和政府对立的根本缘由。有权力存在的地方,就有可能存在腐败。党和政府加大反腐倡廉力度,率先从基层党组织做起,让基层党组织成为反腐倡廉的前沿阵地。做好反腐倡廉的教育工作,大力推进基层党组织反腐倡廉文化建设,增强反腐倡廉工作的针对性。完善基层党组织反腐倡廉制度体系、监督体系和惩治体系的建设,解决

---

① 《时时铭记事事坚持处处上心 以严和实的精神做好各项工作》,《人民日报》2015 年 9 月 13 日第 1 版。

基层党员干部腐败严重的问题,在基层树立党组织的清正廉洁形象。

三、铸造社会基础,提升国家治理能力的现代化

当代中国"公民社会"思潮从社会领域入手扭曲国家与社会之间的关系,以便架空党和政府的领导,进而弱化党执政的社会基础。为此,应该加强社会建设,在提高国家能力的同时建设强大的社会,从而锻造社会基础。这是引领当代中国"公民社会"思潮的关键所在。

(一)加强社会主义社会治理,巩固共产党执政的社会基础

党的十九大报告提出"形成有效的社会治理、良好的社会秩序","打造共建共治共享的社会治理格局","加强社会治理制度建设"。这就意味着,加快社会主义和谐社会建设、提高国家社会治理能力势在必行。

1. 明确社会建设目标,构建和谐社会。社会和谐是社会建设的一个重要目标。构建和谐社会既是国家立场,又是民众期盼;既是理想愿景,又是阶段实践。和谐社会建设把改善民生作为重点内容,实现好、维护好最广大人民的根本利益,确保人民安居乐业、社会安定有序。和谐社会建设要以"共同富裕、以人为本、公平正义"为价值取向。共同富裕是社会主义社会的本质特征,也是社会主义市场经济的显著特点之一。共同富裕其实是一个动态过程,是一部分人先富起来,先富带动后富,实现共同富裕的过程。我国原来推行的各种精准扶贫举措,就是通过行政力量,对社会资源进行再分配,克服市场经济的弊端,解决两极分化的问题。以人为本是社会治理的价值基础和价值依归,以人为本体现了我们党的执政宗旨,把人民的利益作为我党一切工作的出发点和落脚点;以人为本就是充分激发人民群众的创造精神,实现发展的成果由人民共享,让人民群众享受改革开放的红利;以人为本就是把促进经济发展与促进人的全面发展统一起来,提高人民群众的综合素养。第三,公平正义是社会主义社会的显著标志,也是社会建设的目标所在。正如习近平总书记所强调的,我们推进改革开放的目的是要让国家变得更加富强、让社会变得更加公平正义、让人民生活得更加美好。通过合理的制度安排,让广大人民群众拥有平等的机会和平等的权利,对社会资源进行合理的分配和占有,从而在主观上增强人民群众对社会公平的认同与认可,最终实现以劳动者为尺度的价值平等。

2. 把握社会建设关键,加强社会治理。在社会主义现代化过程中,社会组织发生重大变化,社会结构发生深刻变化。因此,应该坚持全面深化改革,从社会管理转向社会治理。第一,坚持系统治理。社会发展是一个有机整体,其治

理也需要各主体共同协作。如同党的十九大报告所倡导的,要"加强社会治理制度建设,完善党委领导、政府负责、社会协同、公众参与、法治保障的社会治理体制,提高社会治理社会化、法治化、智能化、专业化水平"①。首先要加强党委领导。加强基层党组织建设,切实提高其直接服务群众、服务社会、组织社会以及治理社会的能力。其次,提升政府工作效率。划清政府与市场、公民社会三者的权力界限,将不该政府管的事交给社会,提高政府购买服务的能力。再次,鼓励社会各方参与。在各社会组织之间建立良好的合作关系,引导社会组织积极参加社会管理,承担社会责任。畅通和拓展公众有序参与渠道,健全公众参与机制,把群众动员起来,形成人人共治的局面。第二,坚持依法治理。法律是加强社会治理的有效保障。因此,各级政府应该牢固树立依法治理理念,善于运用法治思维和法治方式加强社会治理,规范各方行为,使一切治理都要有法可依、有法必依,从而实现由人治到法治的转变。公正司法,精细执法,规范社会组织行为,协调社会关系,保护公共权利,维护公民合法权益,从而维护社会公平正义。第三,坚持综合治理。加强社会治理要综合运用各种方法,多管齐下。作为法治的价值基础,道德对法治发挥着价值引导作用,滋养立法、执法、司法和守法等各环节,同时有效弥补法律自身无法克服的缺陷性与滞后性。通过道德的示范与引导来规范社会行为,并形成共同的行为准则,营造既维护公共权益又尊重个人合法利益的社会环境。善于运用教育、对话、协商、谈判以及公平有效的利益协调机制来解决各社会群体之间的利益冲突,化解社会矛盾,从而更好地协调利益关系。第四,坚持源头治理。建立人民群众利益保障、均衡和表达机制,切实保障广大人民的合法利益。由于分配不公也是加剧社会治理难度不可忽视的重要问题,因此,要缩小收入分配差距,将差距控制在合理的范围内。初次分配和再分配都要兼顾效率和公平,再分配要建立群众利益表达机制,把握群众诉求点,协调利益关系。坚持标本兼治,重在治本,建立预警监督机制,防患于未然,从事后救急转向源头治理。

(二)充分发挥党和政府优势与核心作用,加强对公民社会的引导与管理

1. 转变管理理念,实现由统治理念向治理理念的转变。党和政府在全局上把握公民社会发展方向,建设具有中国特色的公民社会。第一,树立治理理念,正确认识公民社会在促进党和政府治理理念形成过程中所发挥的前提性作用,顺应发展趋势,大力培育和推动社会组织参与社会治理。第二,建设具有中国

---

① 习近平:《决胜全面建成小康社会 夺取新时代中国特色社会主义伟大胜利——在中国共产党第十九次全国代表大会上的报告》,人民出版社2017年版,第49页。

特色的公民社会,更好地实现政治与社会的相互促进,既要优化中国共产党的执政理念与执政方式,又要使公民社会的建设得到更多来自国家、政府的肯定与支持。要清楚地认识到,中国公民社会不可能走与国家抗衡的发展路径,中国公民社会的健康发展必须依赖外部条件,尤其依赖政府的促进和导向作用。第三,正确认识国家与公民社会之间的相互关系,把握互动的节奏、深度与广度。公民社会绝对不是一个可以自我完善、自我提升的完美系统,其在产生和发展的过程中,必须与国家进行合作,接受国家法律的监管。公民社会与国家和政府之间不是对立、抗衡、制约的关系,而是一种嵌入式关系,即公民社会与国家互相嵌入,与国家既保持相对的独立又互相依存、相互合作。在实践中公民社会组织必须发挥国家的作用,在国家法律允许的范围内行事,不能把公民社会"相对独立于国家存在"理解为完全不受国家法律的监督。这是因为,脱离国家法律监管的社会组织,只会扰乱社会正常的发展路径,甚至造成社会的不稳定,导致社会发展的倒退。同时,国家不能一味地对公民社会的发展采取简单的抑制态度。国家应该恰当、客观地看待公民社会的发展需要,实现相关权力的转移,加强对公民社会的维护。

2. 实现转型升级,促进政府由全能政府向有效政府的转型。当代中国"公民社会"思潮倡导建立有限政府,限制政府的职能与权力,减少行政权力对公民社会的侵犯,推动公民社会发展。事实证明,要推动公民社会发展的关键是建立有效政府。一个有能力并且有效率的政府是公民社会发展必不可少的因素。首先,将有效作为一种价值取向。依据有效政府的价值观,建构政府的基本原则和运行机制,要求在政府运行的一切主要方面和主要环节都必须遵循有效性的要求,形成以效益为主导的政府模式。其次,将有效贯穿于运行全过程。在有效推动公共事务和公共管理的过程中,明晰政府角色,确保权力运作的有效性。也就是说,政府要厘清自己与社会的职能边界,适度且规范地对社会组织简政放权和授予自由裁量权,推动国家职能逐步社会化。"国家应保持适度的政府规模,做到既不缺位,又不越位;应当根据社会发展阶段、目标和任务的不同,即时调整国家与社会的关系,一切以经济和社会发展需要为转移。"①因此,在转型升级的过程中,政府要通过制定一系列法规、政策进行权力下放,将融于行政权中的管理权、产权等下放给社会组织,从而更好地实施社会动员和贯彻自己的内在意志,以期实现自身的管理目标和增强自身能力。

---

① 白平则:《强社会与强国家——中国国家与社会关系的重构》,知识产权出版社2013年版,第185页。

3. 培育适宜的政治机制和制度环境,实现由消极抑制到积极引导的转变。要推动社会组织发展,关键是提升国家能力。政府在对待社会组织时,不应采取限制的态度,而应采取"松绑扶助,规范引导"的方针,为公民社会发展提供相应的政治机制和宽松的制度环境,从而加强政府对社会组织的扶植监管力度。

第一,引导公民社会组织独立发展。21世纪的中国公民社会组织应该做出正确的发展战略选择,抓住全球化的重要发展机遇,将自身塑造成推动经济全球化和实现民主化的参与主体。坚持以人民为中心的价值原则,以改善民生为重点来加强自身建设,凸显其民间性、公共性、非营利性的特点,创立良好的公共服务形象,切实承担起协调利益、反映诉求、提供服务和规范行为的社会责任。公民社会组织自身要有明确定位,摒弃"官本位"的价值理念,实现自身的成功转型。对于政府主导型的公民社会组织而言,当下最重要的是厘清职能和工作轨道;对于挂靠政府型的公民社会组织而言,首要任务是隔断其与政府和其它企事业单位的"脐带"关系;对于多部门管理型的公民社会组织而言,政府应明确其性质和归属,各管理机构要协调好相应的职责和权限。此外,政府要加大对农村专业合作经济组织的政策支持力度,建立农村合作金融体系,在财政、税收和信贷方面支持其发展。与此同时,在组织结构、规章制度和凝聚力方面加强农村专业合作经济组织自身建设。

第二,提供社会组织参与治理的保障条件。首先,完善法律制度体系建设。对现行的行政法规要作进一步的修改与完善,从而促进公民社会的发展;对与公民社会发展不相适应的法律条款要提请修改,从而顺应公民社会发展趋势;对过时的部门规章要及时废除,从而提升规章制度的科学性和可行性。积极打造社会组织参与治理的制度空间,制定分类发展和监管的专项法律法规,推动法律法规的落实与执行力度,从而推动社会组织有效参与社会治理。其次,以满足基层社会治理需要为目标,以扶植发展为前提,以委托服务为重点,以提交税收为约束,制定相关政策、法规和制度,从而推动社会组织发展。再次,加强舆论引导,营造良好舆论氛围,有效扩大发展空间,进而全面提高社会组织参与社会治理的能力。政府要加强和完善结社立法,降低公民社会组织成立的门槛,使公民结社自由权利、自由表达权利获得充分保障。

第三,依法监督管理社会组织。一是明确职责划分。制定相关法律法规,以规范各个监督主体间的职责划分,尤其对业务主管单位和登记管理机关的职责进行科学区分,从而开拓多元化、制度化的监督渠道,构建全方位、多层次的问责机制。二是加强组织管理。完善信息披露、年度检查、法人管理、资金管理等相关制度,重点加强对公民社会的财务监督,防止浪费和财务混乱等行为,杜绝贪污腐败、卷款潜逃等恶性事件的发生。推行分类评估制度,制定社会组织参加活动、合作互助的分类规范,实现分类评估。三是规范引导涉外活动。随着经济全球化的加速,社会组织也应该走出国门,走向世界。对于相关的国际合作交流、境外公益活动以及接受境外捐赠等,国家应该给予社会组织大力支持、规范引导。四是严格管理对华境外非政府组织。针对境外非政府组织的人员、项目、资金、准入领域等制定相关管理制度,加强登记管理,从而有效引导境外非政府组织在我国经济、文化、教育、科技、卫生、体育、慈善、环保领域依法开展活动。境外非政府组织在华开展合作项目,不得附加政治、宗教条件或者违反我国的宪法和法律。

(三) 不断提升公民社会自主治理能力,推动其积极参与社会治理

1. 加强自身能力建设。公民社会应该在自身发展与国家治理体系和治理能力现代化总目标相契合的前提下,进一步提高自主治理水平,依法保持自身相对于国家和政府的独立性和自主性。公民社会组织要以提供社会服务为主,有效承接政府转移的职能;要以发挥政治价值为辅,发挥其参政议政功能、维权功能、监督功能和反腐功能。一方面,政府为公民社会自主治理营造有利的外部环境。毫无疑问,公民社会理应接受政府的监督,但是公民社会也应该拥有相对于国家和政府的独立性,因而,政府不得干预公民社会的具体业务活动。与此同时,政府也应该帮助公民社会提高自主治理水平,如通过制定公开公正、透明廉洁的外部问责机制为公民社会的发展消除不良因素的影响和控制。另一方面,公民社会应转变自身发展观念,尤其是扭转依附思维,明确自身角色和功能。不能过分依赖政府,转变将社会组织定位成"第二政府"的错误理念与行为。公民社会应切实代表公民利益,维护公民合法权益,而非一味取悦政府,更不能在政府的保护伞下以赚取巨额经济利益、占有过多社会资源为目的而开展活动。

2. 增强自身筹款能力。公民社会应当增强自身筹款能力,确保经济独立,从而减少对资金提供者的过度依赖。第一,与资助者保持良好的合作关系,争取更多资助。公民社会对自身的发展理念、公益目标以及服务宗旨等要进行科学的宣传,加深资助者对公民社会的了解与认同,从而获得更多的支持;同时,要做好财务开支预算与结算,向投资者说明资金使用途径及效果。第二,与政府形成良好关系,获得认可与信任。公民社会组织应该保持相对于政府的独立性,但不是要求政府做到完全"松绑",更不是与政府形成对立抗衡的关系。公

民社会的发展,离不政府的支持与引导,政府凭借强大的财政和行政系统,可以为公民社会发展提供政策与经费支持,进而引导、推动人们的公益观念和行动。第三,做好财务规划。公民社会自身要建立一套科学的资金管理制度,规范资金使用情况,提高财务透明度,杜绝公款私用、携款潜逃等恶性事件,从而提高公民社会自身的信誉。

3. 提高公民社会组织人员素质。首先要提高待遇,吸引更多高层次人才。做好员工职业生涯发展规划,为员工个人能力的发挥提供更广阔的平台。其次,要加强对从业人员的培训以及专业人才的培养,提高其业务能力和改革创新能力。再次,加强人力资源开发,改善公民社会服务人员的年龄结构、学历层次,完善人才使用制度和人才发展梯队,促进人才合理流动。建立一支高素质的领导队伍,协调公民社会内部和外部关系,为公民社会的存在和发展创造良好环境。最后,加强对从业人员的法制教育和职业道德教育,提高从业人员的法治意识,规范从业人员个人行为。这就要求建立一整套道德行为规范,完善自律与他律相结合的道德机制,切实纠正行业不规范行为。

四、坚持正本清源,发挥马克思主义的指导作用

作为党的指导思想,马克思主义历经实践检验散发着真理光芒,指导着我国的革命和社会主义建设事业。马克思主义理论博大精深,是颠扑不破的真理。但是,当代中国"公民社会"思潮打着马克思市民社会理论的幌子建构西方公民社会,这必然会扭曲党的指导思想,使党的性质发生改变,使党在放弃理论领导权的同时丧失政权。这就需要通过正本清源来坚持马克思主义在意识形态领域的指导地位。

(一)认清必要性

坚持正本清源,坚持马克思主义的指导地位是由意识形态工作特殊性和重要性决定的。当前,我国改革已经进入深水区和攻坚期,剩下的都是难啃的硬骨头,改革触碰了利益固化的藩篱,各类社会矛盾频发。"我们在推进改革开放和社会主义现代化建设中所肩负任务的艰巨性和繁重性世所罕见,我们在改革发展稳定中所面临矛盾和问题的规模和复杂性世所罕见,我们在前进中所面对的困难和风险也世所罕见。"[1]国内外环境复杂多变,社会建设矛盾重重,社会思想多元活跃,加剧了对党的执政地位合法性的冲击和对马克思主义主流意识形

---

[1] 《胡锦涛文选》第3卷,人民出版社2016年版,第170页。

态的冲击。当代中国"公民社会"思潮将比民主政治和市场经济敏感度低的社会领域作为突破口,具有政治面目的伪装性。它以市民社会理论为挡箭牌,扭曲马克思主义的指导思想,企图逐步改变中国共产党的性质。改革开放以来,邓小平同志就曾明确强调资产阶级自由化"在苗头出现时不注意,就会出事"①。习近平同志在全国宣传思想工作会议上指出,"意识形态工作是党的一项极端重要的工作","只有物质文明建设和精神文明建设都搞好,国家物质力量和精神力量都增强,全国各族人民物质生活和精神生活都改善,中国特色社会主义事业才能顺利向前推进"②。在提升社会治理能力的关键时期,要切实保证马克思主义在意识形态领域的指导地位,最大限度降低当代中国"公民社会"思潮对主流意识形态的冲击。

(二)探赜科学路径

第一,自觉坚持马克思主义立场。一是认清本质。坚持历史唯物主义和辩证唯物主义,把握当代中国"公民社会"思潮的特点,这个特点既有它与其他社会思潮共性的特点,也包括其个性特点。全面了解当代中国"公民社会"思潮的学理支撑,从理论支撑中分析人们的思想倾向和心理需求。虽然当代中国"公民社会"思潮信奉个人权利与自由,但是并未将自由落实到现实的社会生活中。"公民社会"只是在形式上被描绘成完整圣洁,充满爱与正义,其本质依然是资产阶级维护自身统治的工具。二是善于将批判与自我批判相结合,理性批判与经验批判相结合,历史批判与现实批判相结合。在实事求是的基础上,既要发现当代中国"公民社会"思潮的不足,同时检讨主流意识形态自身的缺失,不仅要把握该思潮兴起的社会心理因素和思想因素,还要通过经验批判增强理论号召力。当代中国"公民社会"思潮的特点之一就是抓住人们关注的社会问题,尤其是抓住社会不公、贪污腐败等问题来阐述其空想式的理论主张,运用所谓贴近群众和贴近生活的案例来传播其错误的价值主张,并以迎合群体心理需求的方式来进行社会动员。因而,在对其进行批判的时候要善于用事实说话,通过经验批判让人们感同身受,增强批判的感召力。彻底批判当代中国"公民社会"思潮,需要从其产生、形成、发展的根源中获得科学认识,通过对现实生活的揭示和分析,指出其理论缺失和现实不足。三是积极扬弃。将马克思主义与当代中国"公民社会"思潮进行比较,批判当代中国"公民社会"思潮中消极不合理的因素,汲取当代中国"公民社会"思潮中积极有益的成分,从而丰富和完善马克

---

① 《邓小平文选》第3卷,人民出版社1993年版,第379页。
② 《习近平谈治国理政》第1卷,外文出版社2018年版,第153页。

思主义的理论体系,以充分应对来自各方面的挑战,增强主流意识形态的系统性、科学性,提高其引导力和说服力。"批判性赋予了主流意识形态不断发展的特性,主流意识形态以完整的理论体系,应对来自各方面的挑战,因此会赢得自身全面、综合发展的机会,增强主流意识形态的系统性和科学性。"①

第二,充分发挥理论研究的指导作用。一是重点加强对马克思主义经典著作的学习,坚持马克思主义的指导地位。通过阅读经典来加深对马克思主义基本原理及马克思主义中国化理论成果的认识,高扬理想信念风帆,提高理论思维水平,从而提高抵御当代中国"公民社会"思潮的能力。坚持马克思主义的科学性,"理论只要说服人,就能掌握群众,而理论只要彻底,就能说服人。所谓彻底,就是抓住事物的根本"。要用彻底的马克思主义理论与实际相结合,展示理论魅力。在用马克思主义解决实际问题的过程中,彰显马克思主义的生命力。二是系统研究各类思潮,把握相互关系。当代中国各社会思潮之间并不是完全割裂的,而是互相联系、纵横交错的。这就需要在熟悉马克思主义原著原理的基础上广泛并深入研究各类社会思潮的兴起缘由、主要内容、现实危害等,理性批判各类社会思潮。唯有如此,才能更好地把握当代中国"公民社会"思潮与新自由主义"支流与本源"的关系,更好地认识当代中国"公民社会"思潮将社会领域作为其重点领域的原因,科学地把握其意识形态本质,才能更加彻底地批判和坚决抵制当代中国"公民社会"思潮。三是造就一支高素质的理论队伍,勇担知识分子的历史使命。素质过硬、理论水平强、政治觉悟高的专业队伍是马克思主义引领当代中国"公民社会"思潮最有力的人才支撑。以马克思主义引领当代中国"公民社会"思潮,提升广大人民群众对"公民社会"思潮的辨识力,关键在于理论工作者们能否深入批判当代中国"公民社会"思潮,能否拥有更好的理论宣讲平台,能否实现理论工作方式的创新。这支理论研究队伍要有深厚的马克思主义理论基础,透彻批判各类社会思潮,尤其是当代中国"公民社会"思潮。这支队伍要有坚定的马克思主义立场,能够熟练运用马克思主义方法,将理论学习、理论研究和理论宣传紧密结合,要担负起知识分子的历史使命,"勇立潮头、引领创新;天下为公、担当道义"。

第三,努力提高大众化的实际效果。马克思主义大众化是坚定马克思主义指导地位、抵御当代中国"公民社会"思潮的有力武器。"必须推进马克思主义中国化时代化大众化,建设具有强大凝聚力和引领力的社会主义意识形态,使

---

① 张峰:《坚持马克思主义批判性,提升主流意识形态对社会思潮的引领》,《思想教育研究》2016年第6期。

全体人民在理想信念、价值理念、道德观念上紧紧团结在一起。"①

首先,要以人为本、实现价值引领。切实解决好相关的社会矛盾,解决好农民问题,关心和帮助弱势群体,畅通人民群众的利益表达和维护渠道,切实解决人民群众的现实利益问题,解决人民群众所思、所盼、所忧的问题。"生命活动平等也就是自由竞争平等,生命本身平等就是每个人的自由发展。"②在人类社会形态中,社会主义社会所追求的恰恰是每个人的自由发展,所进行的实践也是为广大人民群众创造大量物质财富,最终实现共同富裕。而当代中国"公民社会"思潮只是在维护特定利益群体的利益,并不是在维护广大人民群众的利益。因此,要不断满足人民日益增长的美好生活需要,让更多的人共享改革发展成果,从而有效应对当代中国"公民社会"思潮。其次,抓好两个阵地、发挥保障作用。社会组织是公民社会最主要的组成部分,也是当代中国"公民社会"思潮传播其价值主张的有效载体;互联网阵地是当代中国网络公民社会的重要载体。加强公民社会组织和互联网阵地建设,在关注高校、NGO、志愿者团体等社会组织的思想动态和利益需求的基础上,"坚持形式的多样性和原则的规范性,以社团和利益群体中广大群众喜闻乐见的宣传形式,加强文化宣传,同时注重与各种有益的社会思潮进行相应的多元交流,不断丰富人们的文化生活和精神生活"③。同时优化传播环境,创新传播内容,丰富传播载体,建立网络治理综合体系,营造清朗的网络空间,使马克思主义入心入脑。再次,实现层层关怀,提升针对性。在党的思想政治工作史上,历来都是针对不同的群体、抓住不同群体的特点和利益需求,进行更加符合群体心理特征、知识背景和生存环境的思想政治教育。准确把握精英阶层、民营企业家以及作为当代中国"公民社会"思潮动员目标的弱势群体、农民群体的特点,制定不同的教育和衡量标准,层层推进,分层和分类教育,增强目标分解的针对性,有效抵制当代中国"公民社会"思潮。

五、明确价值指引,涵养理性而平和的现代公民

作为资产阶级的意识形态,当代中国"公民社会"思潮在发展过程中出现了价值错位,扭曲了公民社会理论的价值取向;在其传播的过程中,也给我国的知

---

① 习近平:《决胜全面建成小康社会 夺取新时代中国特色社会主义伟大胜利——在中国共产党第十九次全国代表大会上的报告》,人民出版社2017年版,第41页。
② 余金成:《生命自由理想、个人平等目标、集体主义原则——论社会主义核心价值观的三个基本规定》,《当代世界与社会主义》2013年第1期。
③ 赵金光、王俊杰:《加强马克思主义对多元化社会思潮的引领》,《河北学刊》2013年第5期。

识界、政府官员以及普通民众带来诸多价值困惑,大大冲击了社会主义核心价值观的引领作用。另外,社会主义现代化建设确实需要公民积极有序的政治参与,需要公民拥有较高的德行修养。因此,应该以社会主义核心价值观来培育以理性平和著称的现代公民精神。

(一)涵养现代公民精神的意义重大

1. 树立文化自信,抵御错误思潮。中国特色社会主义呈现给人类的是在整合中西文化基础上形成的一种崭新的文化样态,因此应该坚定文化自信,切实增强文化自信。"西方文化的理念是'权益竞争基础上的个体图强';中华文化属于以人口生产关系为主导的类型,核心理念是'差别有序基础上的整体协作'。"[①]众所周知,中国特色社会主义的核心命题和显著特色是社会主义市场经济,在此基础上,中国特色社会主义既整合个人主义与集体主义的价值取向,又整合中西文化的发展动力。因而,中国特色社会主义促进了马克思主义从原创理论向现代形态的转变,直面并解决了市场经济自身难以克服的问题,促进了人类文化的新发展。所以说,要充分看到中国特色社会主义呈现出的文化自信。社会主义核心价值观作为社会主义文化的价值硬核,继承了优秀传统文化的精髓,如"和谐"继承了中国的"和合思想""大同社会"思想,"平等"继承了照顾弱者的生存平等观念,与此同时呼应了马克思所倡导的"各尽所能、按需分配"思想。由此可见,社会主义核心价值观具有文化自信的深厚资源。要树立中国特色社会主义文化自信,最关键的是树立价值自信。"我们的价值观自信来自于马克思主义的正确指引,来自于中华优秀传统文化的丰厚滋养,来自于中国特色社会主义的成功实践,来自于对人类文明优秀成果的吸收借鉴。"[②]公民精神是公民文化的显著标志,社会主义核心价值观是公民文化发展的精神导向和理论基础。以社会主义核心价值观来引领公民精神,能够增强公民的文化认同,引导公民有效辨别和自觉远离资产阶级文化,抵御资本主义意识形态,坚定文化自信。

2. 提高德行修养,助力现代化建设。作为社会主义市场经济的参与主体,公民个人应该具备基本的参与精神、规则精神、理性精神、守法精神、监督意识等。与此同时,社会主义市场经济的目标是实现共同富裕,这要求市场经济的参与主体不仅仅要具备市场经济要求的公民精神,同时还应该具备应有的社会

---

① 余金成:《中国特色社会主义的文化解读》,《科学社会主义》2009年第2期。
② 刘云山:《价值观自信是保持民族精神独立性的重要支撑》,http://politics.people.com.cn/n/2014/0913/c70731—25655328.html,访问日期2018年1月13日。

责任感和国家使命感。这就要求用社会主义核心价值观为公民素质的提升提供价值指导。公民是社会主义民主政治的参与者,基层民主政治制度的完善与落实,需要公民具备相当水平的政治素养,具备一定的参与意识、政治素养。越来越多的公民提升自己的政治素质,就会推动基层民主政治制度的实施,推动我国民主政治的发展。社会主义公民社会的发展与壮大,需要参与其中的公民具备相当的公民素养,如契约精神、奉献精神、宽容精神、维权意识等,公民素质的提高,主体意识的觉醒,会推动公民积极有序参与到公民社会的建设与发展中。同时,以社会主义核心价值观为主导,引领公民社会的价值取向,为公民做出价值选择提供判断标杆。公民精神的提升,有助于公民以更加积极的姿态和更神圣的责任感、使命感投入到现代化建设中,依法行使权利和履行义务,推动国家正确处理好与市场和社会之间的关系。

3. 增进价值认同,凝聚精神动力。以人民为中心和公平正义是中国特色社会主义的价值取向,社会主义核心价值观是其集中体现。以人民为中心是马克思主义唯物史观的基本思想,马克思和恩格斯在《共产党宣言》以及《哥达纲领批判》中均指出在共产主义的联合体中,社会成员是全面自由发展的,共产主义的奋斗目标是实现无产阶级进而实现全人类的解放。中国共产党自诞生之日起就坚持全心全意为人民服务的宗旨,坚持以人民为中心。作为一种价值追求,公平正义体现了人们对美好社会制度的向往和期待。马克思主义经典作家认为,只有消灭阶级、推翻资产阶级统治才能实现"各尽所能、按需分配",真正实现以劳动者为尺度的平等。在我国,党和政府制定和完善各类制度和法律法规,依法维护公民权利平等、机会平等、规则平等。社会主义核心价值观引领公民精神的养成,引导公民在积极参与社会建设的过程中实现对中国特色社会主义的价值认同,凝聚中国特色社会主义发展的精神动力。

(二)明确现代公民精神的主要构成要素

公民精神是推动公民社会健康发展的主体因素,在公民社会建设过程中涵养公民精神应该兼顾社会主义市场经济和民主政治尤其是基层民主政治的需求。因此,公民应该具有最基本的主体精神、责任精神、理性精神、契约精神、参与精神、奉献精神。但是这些公民精神在公民意识要素中的作用并不能等量齐观、一概而论,应该有所区分,以便更有针对性地培养公民精神。按照这些公民精神发挥作用的不同,将这些构成要素划分为三个层次,分别是核心层、中间层和外显层。核心层由主体精神构成,中间层由责任精神构成,外显层由理性精神、参与精神、契约精神和奉献精神构成。

第六章 当代中国"公民社会"思潮批判

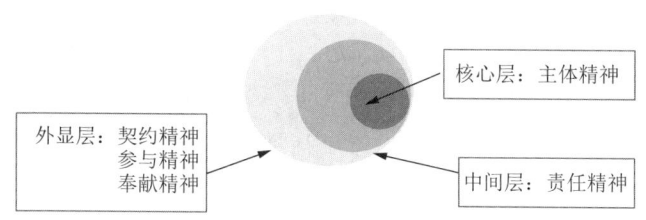

1. 核心层：主体精神

主体精神贯穿于公民精神发展的全过程，深刻揭示了公民精神的本质，是公民精神的基础和前提。社会主义公民社会的发展要求具有主体意识的公民积极参与其中。公民主体精神主要包括独立精神、自主精神和创造精神。公民拥有主体精神，是由无我顺从的"臣民"向独立、自我的"公民"转变的主要动力。公民主体意识的觉醒使公民真正意识到自己是国家的主人。公民以一种独立的、不受外界过多因素干扰的姿态，发挥其创造性，独立思考，主动参与到社会主义市场经济、基层民主政治以及和谐社会建设之中，为国家发展建言献策，推动社会进步。"公民主体意识的养成，有助于公民以一种平等的、有尊严的权利主体的姿态去认知宪法所赋予的公民权利，从而自由地、积极地创造生活；有助于公民以国家主人翁的角色定位去介入、影响、参与国家事务的管理，将自己的正当利益大胆而自信地表达出来；有助于公民以主权者的身份去思考、反省权力的归属及正确走向，自觉地对国家权力机关进行制约和监督。"①

2. 中间层：责任精神

公民所享有的权利、义务、自由与责任是统一的、对等的，公民的责任精神是权利意识和义务意识的集中体现。没有相应的责任，公民的权利与义务就会成为虚幻的存在。公民的责任精神是内生的，是自觉意识到并成为内在需求的义务。责任精神引导公民正确行使权利，履行相应义务，做到权利与义务的统一。权利意识是指公民对平等的法律地位上的个体权利和自由的认知、理解。具有权利意识的公民对所拥有的权利有充分的认识，应该懂得维护自身的合法权利，充分享有宪法与法律赋予的权利。公民应该具备正确的权利意识，不能毫无节制地享受权利。作为公民，必然要承担相应的责任，这是对人的本质属性的反映。"作为确定的人，现实的人，你就有规定，就有使命，就有任务，至于你是否意识到这一点，那都是无所谓的。这个任务是由于你的需要及其与现存

---

① 王岩、孙波：《社会主义市场经济条件下我国公民意识的建构》，《毛泽东邓小平理论研究》2011年第9期。

世界的联系而产生的。"①因此,公民不能过分强调权利而忽视个人应尽的义务和应该肩负的责任。公民身份并不仅仅由公民享有的政治权利规定,还取决于对国家应尽义务与责任的程度。

3. 外显层:契约精神、参与精神、奉献精神

第一,契约精神。作为公民社会的自然法,契约精神是公民社会中的行为规范和价值准则。社会主义市场经济的实质就是契约经济,公民个体在自由和平等基础上订立和履行契约,不仅影响着市场配置资源功能的实际发挥,还影响着公民之间权利和义务的具体分配。

社会主义市场经济在本质上是一种生产方式,这种生产方式推动着社会生活私密性与公共性的同步发展,为现代公共精神提供了现实环境与栖身之地。众所周知,市场经济是契约经济、法制经济,是契约精神不断走向日常生活化的经济形态,契约及契约精神是构筑良序和谐、成熟备至的市场化生活的最基本、最重要的保障。因此,公民个人理应具备契约精神并同时拥有守法意识。当代中国"公民社会"思潮过度强调公民的权利与自由,轻视守法意识的作用。公民需要依法有序参与国家政治生活、经济建设。要加强公民法治观教育,提高公民守法意识,这是公民享有权利的基本前提。

第二,参与精神。公民社会是民主政治建设的推动力量,具备良好参与力量的公民是形成公民社会的关键性因素。在民主政治建设的具体实践中,政治参与是民主政治的核心问题之一,"所有民主的价值和意义,只有通过公民参与才能真正实现"②。在公共治理实践中,积极广泛的公民参与可以使政府制定的公共政策更加反映民意,使政府获得更高的支持率。反过来,公民在政策推行的过程中会表现出良好的合作态度,积极配合政策执行,能够有效减少政策推行过程中的阻碍,分散政府改革的压力。公民积极参与能够更加有效地整合社会力量,"用宪法和法律赋予公民的各项权利对国家权力进行监督和制约,用社会的内生机制对腐败形成有效制约,进而有效防止权力的异化,达到遏制腐败的目的"。③

第三,奉献精神。奉献精神是一种将主动的和不求回报的付出视为快乐的精神,是一种牺牲精神。它表达了个体对国家、民族、社会及他人的责任和义

---

① 《马克思恩格斯全集》第3卷,人民出版社1960年版,第329页。
② 俞可平:《公民参与民主政治的意义》,《学习时报》2007年1月1日。
③ 张晓琴:《论宪法上的公民权利与国家权力》,《武汉大学学报(哲学社会科学版)》2006年第3期。

务,是正确处理个人与社会关系的价值引领,体现着社会对个人的关怀和重视,彰显着个人对社会的责任与贡献。在遵循等价交易的社会主义市场经济条件下,人们追求利益最大化,社会变得冷漠,社会不公平现象与日俱增,这更加需要奉献精神。在国家深化改革的过程中,奉献精神就是"既得利益的让渡"。我国当前主要任务之一就是深化各领域的体制、机制改革,改革的实质就是利益的重新调整和分配。既得利益集团不愿意放弃自己所得的利益,这就需要既得利益者弘扬奉献精神,支持国家改革,推动更加合理、更加公平的资源分配。弘扬奉献精神是培育和践行社会主义核心价值观的题中之义。社会主义核心价值观处处体现和蕴含着奉献精神,没有奉献精神,国家富强、民族复兴难以实现;没有奉献精神,公正的社会难以建成;没有奉献精神,友善的环境难以营造。恰恰是在不断的奉献中,公民更加明确国家赋予的权利,更加积极地承担社会责任,更加自觉地遵守社会公德,更加民主地参与公共管理,更加热情地参加社会公益活动。

(三)涵养理性平和现代公民的基本理路

涵养现代公民精神,一方面需要国家、社会、学校、家庭和公民个人全员参与,形成教育合力;另一方面,需要以社会主义核心价值观为引领,正确处理核心价值观与公民个人价值观之间的关系,把握二者的契合点。

一方面,全程全员育人,加强公民精神教育。全程育人,顾名思义,就是在公民成长的每个阶段,都要接受公民精神教育。家庭、学校和社会在这个过程中各司其职,发挥不同的作用。全员育人,狭义上是指学校内部的全员性,广义上是指学校、社会、家庭以及公民自己的因素所组成的全方位的大育人格局。公民精神不是自发形成的,而是公民在接受教育的过程中形成的,换句话说,成熟的公民精神是持续教育的结果,也是衡量教育质量的重要标准之一。家庭是社会的细胞,家庭教育是公民精神培养的第一所学校,对公民精神的形成影响深远。家风是建立在家规家教基础之上所有家庭成员共同尊崇的生活习惯、思维方式和言行表现的总和,它对一个人的影响是全方位的、持久性的、难以磨灭的。良好的家风是一种"生活化的"家庭美德,通过良好的家风培育公民精神,能够起到事半功倍的效果。学校是加强公民精神教育的重要场域,学校开展的德育教育实践就是要加强公民教育。多主体育人,管理岗教师、教学岗教师以及学校的后勤人员都应该纳入全员育人的体系中,学校的校风、学风要体现现代公民精神的内核,加强政治教育、道德教育、法制教育等。社会要营造良好的舆论氛围,崇尚积极健康的公民精神,创新公民教育的方法,搭建公民精神养成的实践平台。尤其是公民社会组织要承担起培育现代公民精神的责任,通过组织活动、加强教育以及建立相关的保障机制来培育公民精神。政府应正确处理好与市场和社会之间的关系,丰富公民政治参与途径,鼓励公民积极参与民主政治决策。政府要加强舆论监督和引导,加强对网络公民社会的管理,净化网络空间。公民个人要加强自我教育,通过自我学习,将理论知识内化为个人精神,外化为具体行动。从而打造家庭、学校、社会以及公民个人四位一体的公民精神培育格局,通过理论教育、实践锻炼、自我教育、榜样教育等方法,使公民精神教育贴近实际、贴近群众、贴近生活。

另一方面,分层划分内容,把握二者契合之处。从国家、社会与个人三个层面入手,准确把握社会主义核心价值观与公民精神的契合点,寻求更有针对性的涵养路径。在国家层面,寻求国家与公民在价值目标上的契合点,正确处理好核心价值观与公民个人价值观之间的关系,处理好公民个人利益、公共利益、国家利益三者之间的关系,培育新型集体主义。在社会主义市场经济条件下,新型集体主义是对传统集体主义以及西方个人主义的整合与超越。社会主义市场经济不仅要具备市场经济的一般价值特点,更应该看重义利统一和公平竞争,兼顾效率与公平,把自律、互利、公正、奉献作为基本价值取向,把个人与社会的统一看作内在要求。新型集体主义追求"义""利"协调统一,要求人们在目的与手段、权利与义务、享受与奉献、自由与纪律的高度统一中寻求个人利益与社会利益的有机融合与双向统一。在社会价值取向层面,应该正确处理好马克思主义价值观与新自由主义等西方资产阶级意识形态之间的关系,处理好继承优秀传统文化与涵养现代公民精神之间的关系。在对待社会层面的"自由、平等、公正、法治"价值观时,要明确其与新自由主义的"自由、平等、博爱"等基本价值理念的本质差别。人类社会发展的历史进程表明,任何民族的文明发展均会继承本民族传统文化的基因。因而,培育和践行社会主义核心价值观应该从优秀传统文化中汲取营养,提升公民的民族归属感,实现传统美德与人们行为准则的有机统一。在个人层面,要处理好个人价值观与集体价值观的关系。实际上,这二者之间是相互影响、相辅相成的关系,一般与特殊的关系,集体价值观是个体价值观最本质的内容。统观现实社会,个体价值取向呈现出多样化、个性化特点,随之而来的享乐主义、功利主义以及拜金主义沉渣泛起,致使主流价值观说服力、吸引力和凝聚力不断下降,个体价值观与集体价值观之间出现了矛盾。因此,需要正确处理好、协调好个体价值观与集体价值观之间的关系,促进二者之间和谐发展。

第七章 当代西方新闻自由思潮批驳

改革开放以来,西方自由主义思想以市场经济为依托,乘势迅速而深刻地冲击着中国社会的政治经济思想文化等诸多领域。在这急剧转型的 40 多年,知识界对中国社会的巨大变化进行了不同视角的描述、分析和预判,以期对息息相关的生活作出可信的解释。然而,这些在知识群体内部激起的几次较大的思想文化争论,诸如新左派与自由主义的争论,似乎过于曲高和寡而不能直接呈现社会变化,进而为大众所熟知。相比于其他自由主义思潮,新闻自由思潮仿佛只是大潮中的微澜,看似既不能直接影响政治体制变迁,也不能影响经济发展进程。但是,任何一种思潮的传播、变迁与作用的发挥从来没有离开过新闻媒体的作用,新闻传播行为本身也不断被赋予新的意义而具有意识形态色彩。当下,新闻自由理念裹挟着自由主义各种思潮观点游走在社会之中,自由主义的争论也伴随着新闻自由的争论持续发酵升温。2016 年 2 月,习近平总书记在新闻舆论工作座谈会上指出,"做好党的新闻舆论工作,营造良好舆论环境,是治国理政、定国安邦的大事"①。2017 年 10 月,党的十九大报告强调:"落实意识形态工作责任制,加强阵地建设和管理,注意区分政治原则问题、思想认识问题、学术观点问题,旗帜鲜明反对和抵制各种错误观点。"②因此,在意识形态安全的视域下破除西方新闻自由思潮的假象,树立马克思主义新闻观,维护我国意识形态安全成为新时代维护意识形态安全必须予以回应的重大问题。

第一节 新闻自由理念的多维诠释及其理论内涵

西方对新闻自由的英文表述为 Freedom of the Press,最初 the press 是作为一系列出版物的代名词,尤其指一种印刷出版的小册子,而非具体的报纸、杂

---

① 《习近平关于全面建成小康社会论述摘编》,中央文献出版社 2016 年版,第 124 页。
② 习近平:《决胜全面建成小康社会 夺取新时代中国特色社会主义伟大胜利——在中国共产党第十九次全国代表大会上的报告》,人民出版社 2017 年版,第 42 页。

志和书籍。在我国1980年以前的文献中,普遍译为"出版自由",1980年后修正为"新闻出版自由",有时也称"新闻自由"。新闻自由理念最早是在资产阶级反对书报检查制度的斗争中提出并逐渐得到论证的政治口号,严格来说,直到西方大众化报刊时期主张"意见"和"事实"的分离才标志着现代意义上新闻自由理念的出现。随着现代报纸的出现,以及后来互联网应用平台的推广,如今的新闻自由概念较之以往有了很大的拓展和改变,虽然在表述上仍沿用了Freedom of the Press,但实质和外延都有所调整。

一、新闻自由的多维诠释

新闻自由是西方的舶来品,自诞生之初就与经济、政治和文化产生了水乳交融的关系,是一个面向多维、意蕴丰富的词语。从公民层面来看,新闻自由本质上是一种"公民的自然性权利";从国家层面来看,新闻自由从"消极自由"向"积极自由"的转变过程缓解了对政府天然的敌对态度;从国际层面来看,时下所流行的新闻自由理念的背后则带有浓厚的意识形态色彩。

(一)新闻自由的本质内涵辨析

新闻自由作为一项基本人权的传统观念在世界范围内被奉为圭臬。但是,新闻自由到底是一种"权力"(power),还是一种"权利"(right)?新闻自由到底是一种"公民的自然性权利",还是一种"媒体的制度性权利"?人们在对这些基本问题的理解上依然存在一定的混乱和分歧。

首先,新闻自由"权力观"和"权利观"的分歧主要源于语意扭曲。早在1804年,被认为是"第四权力"理论奠基人的杰斐逊便提出自由的报刊应是对行政、立法、司法三权起制衡作用的第四种权力。1928年,英国政治家爱德蒙特·巴克(Edmund Burke)称"议会中有三个阶级(贵族、僧侣、资产者),但是记者席上坐着一个第四阶级,他比那三个阶级都重要"[1]。1974年,美国联邦最高法院Potter Stewart大法官在看到新闻媒体在现代社会中所承担的重要角色和社会功能之后,从法理学角度提出"第四权理论"(the fourth estate theory)。后来,该理论经由台湾法学界林子仪援引和阐释正式在中国台湾和大陆兴起。"第四权理论"认为:"宪法所以保障新闻自由的目的就在保障一个有组织的新闻传播媒体,使其能成为政府三权之外的一种第四权,以监督政府,防止政府滥权,发挥制度性的功能。"[2]由此,新闻自由的"第四权力论"甚嚣尘上。西方资本主义

---

[1] 陈建云:《马克思主义新闻观与西方新闻理念的根本区别》,《社会主义研究》2011年第3期。
[2] 林子仪:《新闻自由的意义及其理论基础》,《台大法学论丛》1999年第1期。

国家认为"第四权力"的合法性来源于法律的制度性保障,"第四权力"从总体上构成了与立法、司法和行政之间的并列关系,作为"第四部门"以一种监督权的形式出现。值得注意的是,按照资本主义国家的逻辑,他们一边强调新闻媒体是作为一种制衡力量,独立于政府之外起监督制衡作用,另一边又将其作为"第四部门"纳入政府机构,这显然是自相矛盾的。但是,新闻媒体在影响政府政策中确实起到了不可忽视的作用,这又该如何解释呢?马克思早年在《摩泽尔记者的辩护》一文中也提起过"第三个因素"和"第三个权力"的观点:"当报刊匿名发表文章的时候,它是广泛的无名的社会舆论的工具;它是国家中的第三种权力。"[①]尽管这里都提到了"权力",但是权力的内涵显然大异其趣。马克思所说的"报刊是社会舆论流通的货币",通过"理智的力量"起作用,它是一种精神力量,而非政治力量。也就是说,尽管新闻媒体对国家传统权力有着强而有效的制约监督作用,但它并不满足"权力"的所有因素,新闻自由本质上仍然是一种基本人权。就新闻自由理念的提出和发展历程来看,新闻自由是作为一项基本人权在反对封建势力和宗教势力的书报检查制度中提出并得到论证的。弥尔顿认为一个有罪的灵魂来到人间尚不需要受到阴暗的审判,却存在一个荒唐的书报检查制度来事先检查心灵子嗣(书籍)的出生,这显然是不合理的。密尔逻辑严密地论述了任何试图压制言论的努力都有可能暗杀真理的可能性,进而反对任何形式的对思想言论自由的限制。洛克为新闻自由提供了动人的依据——"天赋人权",认为言论自由是人与生俱来的、不可剥夺的权利,不应当受到外界的干预。马克思在论证出版自由的时候,也正是从个人所具有的神圣不可剥夺的权利角度来论证无产阶级新闻自由的普遍性和真实性的。他指出:"发表意见的自由是一切自由中最神圣的,因为它是一切的基础。"[②]新闻自由作为一项基本人权,是通过社会舆论实现"私权利"对"公权力"的制约作用。尤其是在自媒体时代,新闻媒体的社会性和公共性,包括强大的信息承载能力、高效传播能力和广泛的读者群,为这种制约提供了可能,从而具有"准权力"的色彩。

其次,新闻自由作为一种"媒体的制度性权利"有赖于新闻媒体在现代社会中角色功能的转变。新闻自由与言论自由在理论上确实有着复杂的同源关系,但在具体实践过程中又分别有着不同的指向和值域,属于不同范畴,对言论自由和新闻自由语义上的分割产生了"公民的自然性权利"和"媒体的制度性权利"的区分。一般来说,随着思维意识附着的媒介形式越来越具化,自由的空间

---

① 《马克思恩格斯选集》第1卷,人民出版社2012年版,第544页。
② 《马克思恩格斯全集》第11卷,人民出版社1995年版,第573页。

就越狭小。在此意义上,思想言论自由较之新闻自由有着更大的外延和值域。从权利、义务关系来看,思想言论自由有着较高的主观性、倾向性和容错性,在不触及法律层面时,更多是一种赋有道德义务的权利;而新闻自由更多受制于新闻客观性和真实性需要,不存在较多尝试和试错的可能,是一种刚性的赋有法律义务的权利。从新闻媒体的角色功能来看,传统观点认为:"新闻媒体被认为是一场球赛的播报员,但现在其已下场参加球赛,并成为有能力左右球赛输赢的球员之一。"①新闻媒体及其相关工作人员不仅在监督政府方面发挥了巨大的作用,新闻工作者显然也享有一般人基于言论自由所无法享有的特权。正是由此,林子仪提出应当赋予新闻自由以独立于言论自由的意义,认为言论自由是一种基于个人的自然权利,是"宪法保障个人的自我表现或自我实现,及尊重表达人自我决断的自主性所规定的一种基本权利"②。新闻自由是一项媒体的制度性权利,"是宪法为了保障新闻媒体作为现代社会一个重要的制度,而给新闻媒体一种基本权利的保障,以便新闻媒体能够发挥其应有的制度功能"③。然而,这种语意分割实际上给许多大型的或拥有一定权力的媒体公司提供了便利,他们试图偷换概念将新闻自由直接理解为传媒机构的言论和出版自由,绑架宪法来维护自己利益集团的私利。正如欧文·费斯所观察到的:"为什么言论自由权应扩展到许多机构和组织,例如 CBS、全国有色人种协进会、美国公民自由联盟、波士顿第一国家银行、太平洋煤气和电力公司、CNN,以及海外战役退伍军人协会。这些机构与组织处于第一修正案的常规性保护之下,但事实上它们并不直接代表自我表达中的个人利益。"④

最后,新闻自由的本质是一种"公民的自然性权利",继承并沿袭了思想自由和言论自由的理论内涵。尽管随着新闻出版业的发展,公民个体的思想言论自由在形式上逐渐转换为传媒机构的言论出版自由,实现了新闻自由从公民权利向职业权利转变,从自然性权利向制度性权利转变。但这种转变并不能机械割裂新闻自由对言论自由的继承性关系,更不能借此否定新闻自由是"公民自然权利"的本质。必须指出的是,新闻自由从思想言论自由发展而来,不论是从论证还是实践过程来看,新闻自由都表现出了继承性的特点。早在斯多葛学派那里,对个人内在的思索以及自由意志的追求,便彰显出人的主体性诉求。然

---

① 林子仪:《新闻自由的意义及其理论基础》,《台大法学论丛》,1999 年第 1 期。
② 林子仪:《新闻自由的意义及其理论基础》,《台大法学论丛》,1999 年第 1 期。
③ 林子仪:《新闻自由的意义及其理论基础》,《台大法学论丛》,1999 年第 1 期。
④ [美]费斯:《言论自由的反讽》,刘擎、殷莹译,新星出版社 2005 年版,第 3—4 页。

而这种自由的意志和内在求索并没有获得发展的外在环境。直到中世纪末期，教会和世俗领域的分离为新闻自由的发展提供了狭窄的生存空间；以人为中心的主体性诉求终于在文艺复兴的大潮下成为一种基本信念。后来，随着洛克明确提出"天赋人权"这一简洁响亮的口号，新闻自由作为一项基本人权正式获得了合法性依据。"早在美国第一修正案之前，言论自由和新闻自由基本是同义词"[1]，美国人权法案保护的应当是作为公民的个人权利。1789年法国《人权宣言》第十一条规定："无拘束地交流思想和意见是人类最宝贵的权利之一，每个公民都有言论、著述和出版的自由，只要他对滥用法律规定情况下的这种自由负责。"[2]《中华人民共和国宪法》第三十五条也明确规定："中华人民共和国公民有言论、出版、集会、结社、游行、示威的自由。"[3]由此观之，新闻自由的主体很明显是"公民"，媒体机构发表言论的自由只是个人思想言论自由在新闻领域的延伸和拓展。所以，主流观点认为新闻自由归根结底是一种"公民的自然性权利"，强调新闻自由的权利主体是公民个人，与思想言论自由一脉相承，关注民主程序和自我实现。"媒体的制度性权利"始终是"公民自然性权利"在新闻领域的延伸和扩展，并且从属于自然权利。保障公民个人的新闻自由并不等于新闻界的自由，更不等于实质上为私人所有的、用以维护私人利益集团的媒体机构的自由。那种片面强调新闻自由是新闻媒体的权利，是媒体有权自由地决定报道什么和不报道什么的自由，甚至是媒体从业人员的某种"特权"的观点都是不对的。

（二）新闻自由与政府关系辨析

西方新闻自由立论于传统自由主义理论。传统"自由主义报刊理论"属于消极自由范畴，它深深植根于古典自由主义理论，以"天赋人权"为立论基础，强调个人自由的重要性以及个人判断的优越性。自由是一种与生俱来的权利，任何人都不可以侵犯和剥夺包括思想言论自由和新闻自由在内的一切权利。"自由是其余一切权利的基础，离开思想、意愿、意志谈自由是无意义的。"[4]在这种权利优先论视域下，个人作为独立的、有自主意识的理性有机体，对于周围的事物有自足的判断能力和选择权利。他们相信即使作为具体的个人而言存在理智上的缺陷，但从人类长远的历史发展来看依然能够做出正确的选择和判断。

---

[1] 张千帆：《西方宪政体系》（上册·美国宪法），中国政法大学出版社2004年版，第63页。
[2] 王德禄、蒋世和：《人权宣言》，求是出版社1989年版，第15页。
[3] 《中华人民共和国法律法规全书》，中国法制出版社2015年版，第6页。
[4] 杨保军：《新闻理论教程》，中国人民大学出版社2014年版，第206页。

因此,即便别人的观点是错误的,我们也不能剥夺和干预他们的思想言论自由以及新闻自由,因为这是他们神圣不可侵犯的权利。伏尔泰有一句名言,"我不同意你说的每一个字,但我誓死捍卫你说话的权利",便是对这一理念最经典的诠释。正是从"天赋人权"理论出发,传统的思想言论自由和新闻自由才得以写入宪法和法案中,成为一项具体的权利,得到普遍的尊重和认可。也正是由此,这一人权在面对政府干预时拥有免于干预的自由。不论是出于对封建皇权和宗教神权的心有余悸,还是出于对政府这个"利维坦"的天然不信任态度,传统自由主义报刊理论始终强调的是一种免于政府控制的消极新闻自由,对政府抱有不信任的态度,主张政府的消极退守和不干预原则,即政府干预的越少,新闻自由的程度就越高。

近代以来,以"天赋人权"为代表的自然权利学说越来越受到来自实证主义、自然主义、历史主义以及社群主义等方面的挑战。这些观点认为权力合法性源于实用性,而非"上帝"或者"自然","那种无代价的、无条件的、为造物主所赐予的与生俱来的权利概念,乃是一个反对专制政府的不平凡的战斗原则,并且也有它的历史使命。但是在已经实现了政治自由时,显然就有加以限制的必要"①。特别是随着新闻传媒领域垄断趋势的加强,互联网时代的新闻传媒面临着深层危机,一些新闻媒体改革家开始主张"社会责任论"的修正理论,试图以新闻自由的"道德主义"范式实现对传统新闻自由理论的补充。1947年,新闻自由委员会编著的《自由而负责的新闻界》一书被视为"社会责任论"的开山之作,对"传统消极自由赋予公民以新闻自由却没有提供新闻工具"这一事实予以承认和反思之后,把政府经济干预看成是促进新闻自由的必要条件,提出了以政府为后手的积极自由理念。该观点转变了传统报刊理论对政府和媒体二元对立的观念,认为政府是促进积极自由的有效实体,是实现人类整体目标的最好工具,政府对新闻市场混乱的不作为反倒是对积极自由的一种损害。由此观之,西方的新闻自由理念早已走出了片面强调新闻自由和政府对立的层面,资本主义国家对社会生活的干预思想全面增强,西方国家的媒体改革已经开始具有明显的社会主义色彩,政府与新闻自由之间的关系得到了重新审视。

值得注意的是,尽管西方传统的新闻自由理论受到"社会责任论"的冲击,但是西方骨子里的自由主义传统依然根深蒂固。"社会责任论"确实带来了报

---

① [美]韦尔伯·斯拉姆等著:《报刊的四种理论》,新华出版社1980年版,第116页。

刊领域职业精神的发展,相当一部分有原则和有责任感的媒体人开始意识到报刊的社会责任和职业精神。只是,这种局限于新闻媒体行业的职业自律以及少数有良知的媒体人的内心自律的新闻理念,终究难以具有普遍性。"社会责任论既不是一个真正的社群主义,也未对媒体的阶级和公司控制构成严重的威胁,相反,它实际上通过树立行业表现的标准来认可现状,使垄断媒体看起来像是人民的喉舌,即便媒体在使人民保持沉默。"[①]单纯强调的媒体的职业精神和社会责任是一个无伤大雅的烟幕弹,用一种全凭自发、毫无保障的责任来粉饰媒体的垄断行为,除了唤起部分有良知的媒体人的些许自责,并平息愤愤不平的公众之外,并不能起到改变现状的作用。尽管"社会责任论"以政府管制作为后手,但是从新闻自由斗争的历史来看,西方新闻界绝不会愿意重新回到政府的管制中去。"社会责任论"与其说是西方新闻自由发展历程中的有益调适,倒不如说是在公众批评和政府管制威胁下提出的权宜之计,试图用一个源于内心而无任何强制力和约束力的道德责任口号来消解新闻界出现的种种不良现象。这一理论的实质是资本主义新闻界用以粉饰太平的工具,是用以缓解社会矛盾和避免政府过多管制的一举两得。所以说,西方新闻界虽然已经基本接受了"社会责任论"的思想,但在实践中依然无力解决新闻媒体垄断的问题,始终无力克服资本主义新闻自由理念中与生俱来的消极因素。

(三)新闻自由的意识形态属性

学术界对新闻自由的分析一直没有跳脱出"消极自由"和"积极自由"的范畴,对新闻自由性质的界定很大程度上也是为了厘清新闻自由和政府的关系。全球视域下,新闻自由的概念早已超越了民族国家的限制,它所表现的不仅仅是新闻媒体和政府之间的关系,也包括西方国家和非西方国家之间意识形态的对立。世界范围内,随着新闻领域寡头资本家在全球的资本扩张,新闻的发布越来越依赖于几个少数报业巨头的垄断控制。原本属于民族国家范围内的工人阶级分工逐渐由发达国家向广大发展中国家转移;原本局限于民族国家内的新闻自由争论,已然演变成了全球范围内新闻传媒帝国和非西方国家之间紧张的意识形态问题;原本民族国家范围内报刊垄断资本主义对新闻自由的压榨,越来越演变成为世界格局中新闻信息的单向传播和新闻霸权。约翰·格雷对主流自由主义提出了严厉的批判。他指出,主流自由主义已经背离了古典自由主义的"宽容"精神而试图达到"理性共识"形态,其实质只是"戴着宽容面具的、

---

① [美]尼罗等著:《最后的权力:重议〈报刊的四种理论〉》,汕头大学出版社2008年版,第110页。

暗地里却一直在施压的原教旨主义的霸权"①。可以说，约翰·格雷为自由主义的分析提供了新的坐标谱系，同样也为认知当下新闻自由思潮提供了新的思路。时下所流行的新闻自由理念被赋予了超越民族国家、政治经济和历史文化的普适性意义，作为一种"普世价值"投射到全世界，试图将其他不同的新闻理念都纳入西方的自由主义新闻话语体系之下。与这一理念相伴生的是一套以自由、民主和法治为基础的政治制度，而这种政治制度只有在一种市场经济体制中才能实现。在新闻自由领域宣扬新闻自由具有"超阶级"和"超党派"的政治中立性，主张新闻媒体具有自由批评政府的权利，鼓吹私人创办媒体的"媒体独立"观点等等，这一系列的主张都表明，基于"理性共识"下的新闻自由理念骨子里运行的则是资本逻辑，而与之相匹配的政治制度和经济体制也适应了资本主义发展的需要，其本质上是一种带有浓厚资产阶级意识形态色彩的新闻理念。

当前，西方新闻自由理念作为一种基本人权得到了普遍的尊重和认可，不过人们反对将西方的新闻自由理念作为一种"普世价值"，连带着其政治制度和经济体制进行推销的行为。可以说，有新闻实践的地方就有一定程度的新闻自由。但是，同一国家的不同历史时期，同一时期的不同地区之间，在对新闻自由的理论内涵的理解和实践方式上存在一定的差异。没有哪一种价值理念对人类来说是普世的，没有哪一种理念可以超脱其所赖以存在的政治经济基础。我们不应该笼统地把客观事物的公共性当作普适性，不应该把某一阶级的价值观念上升为全人类的价值共识，也不应该把一些基本的道德伦理误认为普世价值。

二、欠缺共识的新闻自由

尽管国内外的专家学者都曾试图给新闻自由以明确的定义，但至今未能就新闻自由的定义达成共识。究其原因，新闻自由的定义不仅涉及语言翻译造成的语义混乱，还包括学科领域的对话障碍、相关概念的复杂混用、国际范围内意识形态对立等问题。

其一，不同领域的学术自觉所导致的对话障碍。

就目前学术领域而言，对新闻自由的理解主要表现为以下两个层面：一种是从政治学角度理解的"新闻的自由"，强调新闻自由是一项基本的政治权

---

① 佘江涛：《自由主义两张面孔的素描》，《博览群书》2002年第5期。

利。"新闻的自由"作为一个偏正短语,是从属于"自由"的一个种概念,属于政治学领域的词汇,表达的是一种基本人权观。由此出发,包括思想自由、言论自由、出版自由以及新闻自由在内的多个表述不同的概念,在一定程度上都作为基本的人权概念等同混用,不做区分。另一种是从新闻学角度理解的"自由的新闻",认为"新闻"是核心词,而"自由的"则是作为修饰限定成分,强调在遵循新闻自身运作规律的基础上,新闻的运作方式和状态是自由的。新闻学语境下的新闻自由,受制于新闻的客观性约束,作为新闻学的核心概念之一,新闻自由应当是在遵循新闻客观规律的基础上享有采集、传播、出版和批评的自由。因此,在理论上新闻自由既属于政治学范畴,又属于新闻学范畴;在实践中新闻自由与司法实务也有着密不可分的关系。不同领域的学者都试图用本学科的话语体系对新闻自由进行界定,然而,"这种学术自觉可能背离新闻自由的基本含义,进而导致学界在新闻自由问题上的对话障碍"[①]。这些看似相近却又迥然不同的相关概念,无疑加大了对新闻自由概念和性质进行界定的难度和复杂性。

其二,新闻自由理解在西方社会内部缺乏共识。

西方社会内部对新闻自由观念的转变,很大程度上取决于对新闻媒体社会角色和社会功能认知的转变。古典自由主义和新自由主义的理论分野致使西方新闻自由理念的内涵和外延也发生了显著的变化。传统的自由主义报刊思想继承了古典自由主义的理论内核,表现出了对政府天然的不信任和敌对态度,将新闻自由定义为免受政府控制的自由,试图摆脱国家和政府的控制,依赖"观念的自由市场"。20世纪中期,美国新闻学界提出的"社会责任论"逐渐修正了传统新闻自由对政府的敌视态度,并将政府这个曾经的"敌人"纳入维护新闻自由的必要因素之中。可以说,"社会责任论"的提出带来了新闻自由内涵与外延的紧张和不适应——拥护传统自由主义报刊理念的人对"社会责任论"嗤之以鼻,认为它背叛了古典自由主义的精神;拥护"社会责任论"者也对传统自由主义报刊理念表现出了深深的担忧,认为不受控制的言论市场已然扼杀了多元化。尽管"社会责任论"未能从根本上对新闻自由产生实质性的影响,但是从传统的自由主义报刊理论到"社会责任论"的转变表明,新闻自由在西方社会内部未能达成共识。

其三,新闻自由定义涉及国际社会意识形态对立。

---

① 唐海江:《西方自由主义新闻思潮新论》,湖南大学出版社2006年版,第1页。

"新闻自由这个抽象概念意义是不固定的也不通用的,它受到传统文化、历史经验和政治价值影响。"[①]国际范围内关于新闻自由概念的"傲慢和偏见",本质上是不同意识形态对立的产物。西方新闻自由发轫于人文主义精神和宗教教义,立论于天赋人权的政治理论,落实于资本主义内在发展需求,是西方经济、政治和文化相互交融的产物。正是在此意义上,新闻自由并不能作为一个普世价值投射到全世界范围内,利用西方国家社会历史的产物来定义具有不同历史国情和发展阶段的国家不具有合理性。现实是,国际范围内少数资本家控制整个言论市场,新闻话语权多是掌握在少数国家手中,新闻自由单向流动和霸权主义深深威胁着广大发展中国家。鉴于此,如何改变自身在世界新闻传播格局中的弱势地位成了广大发展中国家关心的课题。西方新闻界提出的"社会责任论"在资本主义内部并没有引起实质性的影响,以道德为依托并不具有强制力,以政府为后手也深受古典自由主义者诟病,何以"社会责任论"在国际范围内有如此大的影响力?美国新闻界一提出"社会责任论"便得到广大"非西方国家的扩大阐释"[②],成为广大发展中国家和社会主义国家反对西方传统自由主义新闻观的利器。在此意义上,"社会责任论"是处于传播劣势的非西方国家对西方新闻单向传播和新闻霸权的一种反抗,这种反抗的背后是西方国家的强势和霸权主义。

其四,信息社会发展对新闻自由的认知提出挑战。

一般认为,新闻自由与思想言论自由有着复杂的同源关系,近代新闻自由理念正是沿用了思想言论自由的哲学内涵进行逻辑论证和理论建构的。随着时代的发展,抽象的思维意识从具化为语言文字再到附着于纸质媒介,思想自由、言论自由和出版自由的内涵、外延和值域都发生了显著的变化。尤其是18世纪下半叶,新闻媒体逐渐成为一个强大的行业,新闻自由和思想言论自由理论上的一脉相承关系在实践过程中遭到了挑战。一是理论上的公民思想言论自由转化为实际上少数有能力创办媒体的人的新闻自由;二是自由本身暗含的个体与社会的对立,显化为新闻媒体与政府的对立。一些私人媒体机构试图割裂新闻自由对思想言论自由的理论传承,借以维护传媒机构的自由和本利益集团的利益。然而,随着自媒体时代的到来,个人在网络上随时发表观点成为可能,新闻自由在对传统思想言论自由短暂的背离之后,似乎又有了回归的态势。媒体能否代表公民发表观点?新闻媒体的言论自由与公民的思想言论自由的

---

① 向芬:《野火之后:台湾地区媒体市场、政府管控与新闻自由》,《现代传播》2016年第6期。
② 赖祥蔚:《新闻自由的临摹与反思》,《新闻学研究》2006年第87期。

界限在哪里？新闻媒体能否像以往所标榜的那样"安分守己"，做到"不党不私、不偏不倚"？这些问题都深深地影响着人们对新闻自由的当代认知。

三、新闻自由的理论内涵

（一）新闻自由的一般界定

尽管新闻自由的定义众说纷纭，国内外的专家学者并没有放弃对新闻自由面相的描述。弥尔顿认为以任何理由对出版自由进行事前检查的制度都是荒谬的，无产阶级的革命导师马克思和恩格斯则把新闻自由视为人类解放的重要标志。恩格斯指出："每个人都可以不受阻挠地和不经国家事先许可而发表自己的意见，这就是新闻出版自由。"①何梓华认为："新闻自由是公民言论自由、出版自由权利在新闻活动中的具体体现和运用，是公民政治权利的一个重要组成部分。"②林枫认为："新闻自由是指在宪法、法律规定的范围内，新闻活动的自由度。具体指的是，公民依法具有获得新闻、传播新闻、评论新闻的自由，以及创办新闻机构的自由。"③郑保卫则认为："新闻自由指的是媒体和公民在新闻传播活动领域所享有的自由权利。新闻自由属于一种民主权利，是新闻传播活动得以实现的必要保证。"④1946年，联合国大会宣布新闻自由为基本人权之一，且属于联合国致力维护的一切自由之关键。目前国际通用的新闻自由标准，一个是"国际新闻学会"提出的"采访自由""传递自由""出版自由""表达自由"四项衡量标准；另一个是"记者无国界"提出的"新闻自由测量指标"，为新闻自由的测定提出了几十项评分标准。尽管这些标准只是对新闻自由作了笼统宽泛、言简意赅的说明，却为新闻自由的具体实践提供了依据。

总体观之，主流观点对新闻自由的立论、阐释和定义始终聚焦于"权利观"这一核心命题，不同时期、不同国别的思想家和政治家对新闻自由几乎有着相似的论断。因此，我们认为新闻自由归根结底是一种人权，是媒体和公民在新闻传播活动领域所享有的自由权利，其本质上是公民个人表达权在新闻领域的延伸和拓展，在根源上与思想自由、言论自由、出版自由一脉相承。新闻自由理念内容丰富多彩、价值诉求多元，在政治话语中是一种政治自由权利，在新闻学话语中构成了新闻学的哲学基础和价值观念。新闻自由本身的内涵不论是在

---

① 《马克思恩格斯全集》第3卷，人民出版社2002年版，第575页。
② 何梓华:《新闻理论教程》，高等教育出版社1999年版，第105页。
③ 林枫:《马克思主义新闻观:中国视角的系统阐释》，新华出版社2005年版，第307页。
④ 郑保卫:《新闻理论新编》第2版，中国人民大学出版社2014年版，第138页。

西方社会内部还是国家社会之间都并非和谐一致、高度统一的。在此意义上，作为一种社会思潮在中国兴起的西方新闻自由思潮带有明显的资产阶级意识形态色彩，其目的是企图用西方资产阶级的价值理念来影响当代中国社会的体制构建、政策取向以及公民的日常生活方式。

(二) 新闻自由的基本特性

新闻自由的政治性。新闻自由作为一项基本人权，表明它是一种政治性的权利。"新闻自由政治性的深层含义在于新闻自由与政治制度的统一性。"① 也就是说，有什么样的政治制度，就有什么样的新闻自由。资产阶级新闻自由适应了资产阶级上升初期反对封建皇权和宗教神权的政治诉求，代表了资产阶级的利益和阶级立场；无产阶级在反对资产阶级压迫的过程中同样提出了这一口号，代表的是无产阶级的阶级利益。正是在此意义上，新闻自由的政治性实际上是一种阶级性，掌握国家政权的阶级不同，新闻自由的形式也就不同。对资本主义国家来说，新闻媒体属于私人所有，尤其是随着报刊垄断主义的发展，新闻媒体越来越集中于少数资本家手中。由少数资本主义新闻巨头所操控的新闻媒体，其本质是服务于资产阶级，服务于少数财团的利益。对社会主义国家来说，新闻事业属于全体人民所有，新闻媒体反映的是人民的利益和呼声。社会主义新闻自由是代表最广大人民利益的最普遍的新闻自由。世界上不存在超越阶级和政治形态的新闻自由，任何新闻自由都有一定的阶级立场和阶级利益。因此，"新闻自由的政治性表明新闻自由实质上只能是统治阶级的新闻自由，被统治阶级不可能享受到与统治阶级相同的自由"②。

新闻自由的相对性。新闻自由的相对性表明自由与义务是相伴而生的，在个人权利行使的过程中，不得干预他人对权利的同等享有；既然在社会中享有不受干预的自由，自然也要承担为社会谋福利的义务；在社会中逾越了法律边界也必须受到法律制裁。在此意义上，新闻自由从来都是相对的、有条件的自由，不是想说什么就说什么的自由。新闻自由的相对性主要表现在两个层面：从法律层面来看，法律对新闻自由的保障和限制不可分割；从道德层面来看，新闻自由的权利和义务同样不可分割。早在资产阶级上升时期，孟德斯鸠就曾明确指出："自由是做法律许可的一切事情的权利，如果一个公民能够做法律所禁止的事情，他就不再有自由了，因为其他的人也同样会有这个权利。"③ 法国《人

---

① 杨保军：《新闻理论教程》第3版，中国人民大学出版社2014年版，第217页。
② 杨保军：《新闻理论教程》第3版，中国人民大学出版社2014年版，第218页。
③ [法]孟德斯鸠：《论法的精神》(上)，张雁深译，商务印书馆1961年版，第154页。

权宣言》规定,"公民在享有言论出版自由的同时,必须在法律的限制内承担滥用自由的责任"①。就连自诩新闻自由程度较高的西方国家在辱骂、诽谤、有伤风化、煽动犯罪和危害国家安全等问题的规定上也有法律为据。

新闻自由的具体性。新闻自由是有限度的、相对的和有条件的,世界上没有超阶级超党派的新闻自由,没有绝对的新闻自由,也没有抽象空洞的新闻自由。学者李瞻认为:"新闻自由是在社会演进过程中民主政治的衍生品,它的意义是变动的,随时间、空间而各不相同。"②具体而言,新闻自由作为人类历史实践的产物,总要落实到具体的时空环境中去。新闻自由是动态发展而非永恒不变的,在不同的社会形态和历史条件下,新闻自由的内涵和外延都有着明显的区别,其实现程度与实质水平也大有不同。新闻自由作为一种政治权利,最终要落实到新闻传播的具体实践中去。新闻自由是在人与人的关系中发展出来的自由,同一种新闻自由落实到不同的人和事件中去也会有所区别。实践证明,各国的新闻自由实践都会受到国家利益、阶级立场和集团利益的约束;作为社会的人,新闻自由权利的行使必然关涉到他人的物质利益和精神利益。在此意义上,要具体地、历史地、社会地看待新闻自由,不能空洞、笼统而抽象地谈论新闻自由。

(三)新闻自由的价值意蕴

列宁明确指出:"'出版自由'这个口号,从中世纪末直到19世纪,在全世界成了伟大的口号。为什么呢? 因为它反映了资产阶级的进步性,及反映了资产阶级反对僧侣、国王、封建主和地主的斗争。"③无产阶级在发展壮大的过程中也提出了这一口号。可见,新闻自由绝不仅仅是资产阶级的专利,其所具有的价值意蕴是符合全人类争取社会进步的内在需求。

其一,彰显个人的主体性。新闻自由正如其他自由理念一样,在承认新闻自由神圣不可侵犯的同时,彰显的是对个人主体性的一种认可和尊重。早在亚里士多德那里,就有了"人有意志自由"的观点。14世纪中叶,文艺复兴所提出的以人性对抗神性、以人权对抗神权的个人主体性意识逐渐深入人心。正是源于这种个人自我意识的觉醒以及对于超越阶级和社会形态的个体的尊重,资产阶级和无产阶级思想家们才会一致提出"出版自由"这一口号。17世纪英国哲

---

① 彭菊华:《新闻学原理》,中国传媒大学出版社2014年版,第216页。
② 李瞻:《新闻学——新闻原理与制度之批判研究》,三民书局1973年版,第33页。
③ 《列宁全集》第32卷,人民出版社1958年版,第492页。

学家弥尔顿指出言论和出版自由"是一切自由中最重要的自由"[1]。19世纪密尔继承并发展了这一理念。洛克认为,任何人都有表达自己思想的自由。这种自由是与生俱来的,具有神圣不可侵犯性。任何政治权威或者正当的理由都不能侵犯这一个体权利。马克思认为自由是人的本质,出版自由是保障和实现其他自由的基础。尽管时代发生变化,但是新闻自由这一理论内核始终没有变化,在彰显个人主体性这一层面上,新闻自由的价值得到了普遍的认可。允许个人观点的表达是承认"人"是有独立意识的表现,是个人主体性的觉醒与舒张,是对个人的主体性的充分尊重;承认不同观点的价值是尊重个人意志和主体选择性的表现,是对个人能力的信任。新闻自由要求个人在权利范围内享有不受干预的表达自由的同时,也需要对自己的言论负责,进一步说明个人应当是独立的主体,有能力也有责任对自己的行为后果负责。

其二,获取知识的真理性。甘惜分教授曾在《新闻理论基础》中说道:"资产阶级新闻事业和无产阶级新闻事业在观点上分歧很多,惟独在新闻报道必须真实这一主张上有着惊人的一致。"[2]西方的价值文化认为真理就像一泓泉水,如果不能够经常更新流动,就会逐渐干涸成为一个传统、腐朽与形式的泥淖。早期的西方思想家普遍把新闻自由的价值诉诸追求知识的真理之上,因此形成了"观念的公开市场"和"自我修正过程"理论。他们指出要保证知识的真理性,就必须允许不同的观点表达,就必须保障新闻自由权利的实现。马克思则把新闻对世界的反映看作"是一个过程,是一个连续、有机的运动过程"[3],他试图通过不同视角的多次连续反映来趋于整个事实,形成了"报刊的有机运动理论"。虽然真实性不等同于真理性,但是真理一定是从无数个真实的事实中总结出来的最普遍最一般的规律。正是不同阶级和不同社会形态对新闻真实性的追逐有着一致性,才使得新闻自由在趋向知识真理性的道路上有着无数志同道合的追随者。

其三,健全国家民主程序。早期的西方新闻自由理念是在资产阶级反对书报检查制度中提出来的,带有强烈的反封建统治的政治诉求,为资本主义民主政治的建立奠定了基础。马克思在反对普鲁士政府专制制度时,也同样运用了新闻自由这一理念,认为这是一种与民众政治权益相关且具有社会化功能的社会存在。新闻自由并不必然等于民主,但是民主政治的实现有赖于新闻自由提

---

[1] [英]弥尔顿:《论出版自由》,吴之椿译,商务印书馆1989年版,第44页。
[2] 童兵:《比较新闻传播学》,中国人民大学出版社2002年版,第89页。
[3] 刘建明:《马克思主义新闻观理论基础》,清华大学出版社2010年版,第85页。

供广泛的公众基础,民主政治的实现程度正是以一个国家范围内人民参与政治的广度和深度为衡量依据的。就公民参与的广度而言,任何一种代议制民主也不及直接民主更具代表性。在现实不允许直接民主形式大规模实施的情况下,保障每个公民最起码的表达权和知情权是新闻自由的应有之义。就公民参与的深度而言,新闻自由不仅为民主政治提供了广泛的公众基础,还通过公众的广泛参与实现新闻自由对国家权力的监督和约束,最大限度保障了民主政治的实践。尤其是对当代中国来说,社会经济迅猛发展所产生的多元利益诉求需要得到健康释放,如何通过新闻自由渠道建立起顶层设计与普通民众之间的良性互动机制显得尤为重要。这不仅是民主的基本要求,更是国家长治久安的内在诉求。

第二节　西方新闻自由思潮的历史嬗演及其扩张

新闻自由从来就不是可以超脱具体时空背景和政治经济约束的天外来客。新闻自由的产生与发展会受到一国政治制度、经济基础、社会环境、文化水平、科学技术、受众意识等多重因素影响,有什么样的政治制度,就有什么样的新闻自由。因此,仅仅停留在相关概念和理论模型的梳理上远不足以展现西方新闻自由的全貌,只有将"对新闻自由的概念界定转化为对其历史思潮的纵深分析"[①],才有可能形成对西方新闻自由思潮本质内涵的动态性、整体性和全局性的把握。

一、西方新闻自由思潮的嬗演历程

西方新闻自由发展初期是在宗教神学的视域下得到论证的。随着西方新闻自由的发展,自然权利的观念将新闻自由的理解从宗教神学视域拉到了人间,大众化报刊的发展又将新闻自由聚焦到人类的切身利益之上。随着报刊垄断主义的发展,在面对新闻自由领域普遍出现的道德缺失危机之下,又提出了"社会责任论"(甚至是后来的公共新闻学理论)来挽救岌岌可危的新闻自由。

(一)报刊发展初期

新闻自由最早可以追溯到古希腊城邦时期。苏格拉底"因言获罪"被认为是对西方自由主义新闻思潮最初的违背。整个16世纪的报刊基本上处于报刊

---

① 唐海江:《西方自由主义新闻思潮新论》,湖南大学出版社2006年版,第2页。

特许和官方独占的状态。17世纪初期，资本主义在欧洲有了初步的发展，出版自由理念开始萌芽，出现了以弥尔顿为代表的"宗教神学"范式的新闻自由。到了17世纪，定期出版刊物的条件成熟，产生了近代意义上的报纸。与此同时，许多欧洲国家先后开始了资产阶级革命，新兴资产阶级与以王公贵族和教会为代表的封建势力的斗争日趋尖锐。包括德国、法国、英国、瑞士、荷兰、西班牙等在内众多欧洲国家相继出版了一批短期刊物和定期新闻出版物，利用定期出版刊物对封建势力进行言论讨伐成了新兴资产阶级有力的武器。为了维护教会和封建势力的统治地位，报纸自诞生之日起就受到了封建势力和教会的严厉打击和残酷镇压。1559—1948年间，欧洲天主教会共发布900多道禁书令，各地普遍实行书报检查制度，严格控制言论和出版自由。16世纪，英国更是建立了严格的出版制度：一是出版许可证制度，凡出版必须由皇家特许出版公司授予特权；二是事先检查制度，出版物的内容必须由书报检查官予以审查；三是禁止书报批评国王和政府。这一时期，市面上流行的报刊主要以代表政府和教会意愿的官方报刊为主，在严厉而残酷的书报检查制度之下，少量获得政府批准的民间报刊谨小慎微、安分守己地活着。正如赫尔曼·麦恩所说的："争取新闻出版自由的斗争长期以来是摆脱书报检查制度的斗争。约翰·古登堡发明印刷术后不久，教会和国家就发布了各种规定，书报事先未经批准不得印刷和传播。"①

在此背景下，弥尔顿从宗教神学的角度论证了思想自由和言论自由的合理性，强力地抨击了封建统治的暴虐、武断和专横，愤怒谴责了封建集权主义下出版审查制度的荒唐理论和野蛮行径。1644年，约翰·弥尔顿在英国下院发表演说来批判书报审查制度，也就是后来的《论出版自由》。弥尔顿将书籍比作人心灵的子嗣，认为一个有罪的灵魂来到人世间尚不需要受到阴暗的审判，却存在一个荒唐的书报检查制度对书籍进行事先检查，这是不合理的。他主张在多元信息中认识真理、抒发己见和自由讨论。这一思想也就是被后人们进一步完善而提出来的新闻自由观念的两大理论——"观念的自由市场"和"自我修正过程"理论。他认为："限制言论出版自由就是妨碍真理的发展；真理战胜谬误邪说的惟一良途就是使每个人必须有言论出版的自由。"②"让我自由来认识、抒发己见，并根据良心作自由的讨论，这才是一切自由中最重要的自由。"③但是这

---

① 童兵：《比较新闻传播学》，中国人民大学出版社2002年版，第28页。
② 张育仁：《自由的历险》，云南人民出版社2002年版，第25页。
③ [英]约翰·弥尔顿：《论出版自由》，吴之椿译，商务印书馆1958年版，第45页。

本小册子在当时并没有引起多大反响,直到1788年,借助法国大革命前夕的氛围得到广泛传播,成为新闻自由史上的奠基之作。

(二)政党报刊时期

17、18世纪,随着资本主义制度日趋成熟,报纸不仅作为新兴资产阶级向封建王公贵族争夺平等话语权的平台,也成为不同政党和利益集团之间充分而自由地表达本利益集团利益诉求和政治主张的平台。17世纪末期,英国著名思想家洛克为新闻自由找到了"天赋人权"的动人依据,这一人权思想最终被写入《独立宣言》和《人权宣言》之中,成为保障新闻自由最有力的武器,奠定了新闻自由"自然权利"范式的基础。在杰斐逊的坚持和促使下,"从1788—1791年美国进行了有关人权的一系列争论,并于1791年一气通过了十个宪法修正案,因这十个法案都涉及人权问题,因而统称为'人权法案'。其中第一条修正案就规定了:信仰自由、言论与出版自由、集会与请愿自由、诉愿自由"[①]。最终落实的"人权法案"成为保障美国新闻自由最权威的法律而载入史册。1789年,法国《人权宣言》第一次确立了新闻自由的各项重大原则,成为19世纪全世界的新闻工作者普遍追求的目标。遗憾的是,《人权宣言》颁布后的近一个世纪中,包括新闻自由在内的人权并没有成为现实。法国大革命期间,政局多变、党派林立、政权三起三落,报纸一直充当革命运动的喉舌。直到19世纪末期,政党报纸一直是法国报业的主体。

此时,报纸不再是单纯的商业信息载体,而是新兴资产阶级讨伐封建王公贵族,以及不同政党之间攻讦谩骂的有效阵地。由此,新兴资产阶级开始极力主张平等的不受限制的新闻自由,西方各国纷纷进入以传播观点和意见为主的政党报刊时期。新闻自由成为新兴资产阶级反对封建统治者的话语霸权以及对不同言论的压制的一个工具,不可避免地带有政治倾向。这一时期的报刊表现出以下几个特点:其一,经济上依赖于政党、政府的津贴。资本主义工商业不够发达,无法为报业提供得以实现经济独立的广告收入,因此政府和政党通过征收印花税、津贴、订立叛国罪等方式轻易地控制了报纸。其二,教育尚未普及,再加上报价昂贵,报刊读者主要以政客和上层资产阶级分子为主。其三,新闻内容重意见而轻事实,以评论性的政治新闻为主。报纸被当作政治武器,新闻报道充满了政治偏见。尤其是美国独立战争之后,资产阶级政治家因不同的政治观点而组成了不同的政党,报刊则成了各党派舆论争夺的阵地,公开地为

[①] 陈力丹:《新闻理论十讲》,复旦大学出版社2008年版,第165页。

政治服务,完全沦为党派斗争的工具。弗兰克·卢瑟·莫特把这一时期称作"政党报业的黑暗时代"。乔治·华盛顿感慨道:"很惋惜的是,联邦政府的各种编辑们,除了把谩骂和胡说八道的攻击塞满他们的报纸外,根本没有更全面、更准确地发表国会里有关国家重大问题的讨论。"①

(三)大众报刊时期

19世纪的报刊业有两个显著的特点:一是19世纪20年代出现了同资产阶级对立的无产阶级的报纸。1842年马克思写了《评普鲁士最近的书报检查制度》和《第六届莱茵省议会的辩论》两篇文章,极其详细地批评了书报检查制度的各种内在矛盾。二是19世纪30年代廉价纸张以及高效印刷术的发明,促使真正具有大众传媒性质的廉价报纸问世,报刊业开始进入"大众化报刊"时代。19世纪,资本主义制度在欧洲最终确立,生产力获得了空前的发展。商品经济的迅速发展也为报刊提供了经济独立所赖以生存的广告收入,随之而来的产业革命也为报刊业奠定了物质基础。启蒙运动在世界新闻史上最了不起的功绩在于将挣脱一切外在观念束缚的观念贯彻到了报刊事业,个人主体意识深入人心,为大众化报刊时代的到来奠定了思想基础。随着各国先后废除各项书报检查制度,西方各国纷纷建立了新闻自由的普遍形式,西方新闻业开始进入大众化报刊时期。1855年,英国废除了印花税;随着1861年最后一项限制新闻自由的法律——"纸张税"的废除,英国基本实现了新闻自由。1881年,法国议会通过了《新闻自由法》,最终废除了特许制和保证金制度,近百年前通过的《人权宣言》被具体化了。这时的新闻界主要呈现出以下特点:一是政治上标榜"超党派"的独立报纸,主张"不党不私,不偏不倚",宣称新闻报纸独立于任何党派,具有独立的品格和意志,办代表全体公民意识的独立报纸。二是业务上主张"事实"和"意见"的分离,报纸从"观点纸"向"新闻纸"转变。新闻报道推崇"客观性原则",重事实轻评论,少有或者几乎没有大块的政治评论的文章。三是报纸售价低廉,发行量大,多以街头零售为主,并大量刊登本地新闻。四是报纸商业化,主张加强报纸的经营管理。商品经济的繁荣带来了报刊的经济独立,报刊从政党的手中落入了实际上的资本家的手中。五是大众化报纸很快产生了分化,产生了高级报纸和通俗报纸的分化。

随着各种限制新闻出版法律的废除,整个报刊业开始进入大众化报刊时代。在新闻领域,原本少数人压制多数人观点表达的专制状态结束了,却出现

---

① 徐培汀、裘正义:《中国新闻传播学说史》,重庆出版社1994年版,第107页。

了多数人利用自己人数上的优势来压制少数人意见表达的问题。密尔率先发现了这个被普遍忽视的问题,1859年他在《论自由》里提到:"这种对自由的威胁不是来自政府,而是社会上多数人不能容忍非传统的见解,以人数上的优势压制和整肃少数人。"[1]密尔认为不仅少数人对多数人进行言论压制具有不合理性,大众化报刊时代多数人对少数人意见的压制也是不对的。每个人作为积极理性的逐利个体,可以根据自己的利益诉求做出最佳判断和选择。本着"最大多数人的最大幸福"原则,为了实现人类的福祉,个体应当拥有绝对的思想自由和言论自由。

在新闻自由的这种"功利主义"范式下,大众化报纸产生了分化。在美国的大众化报纸中,并不是所有的报纸都能够做到坚守原则底线和道德操守,相当一部分报纸丢失自由主义的品质和个性而走向堕落,沦落为街头巷尾供底层社会民众娱乐消遣的"通俗报纸";只有少部分信守了底线的报刊,走向了"高级报纸"(或者"严肃报纸")。"这种报纸不仅面向各个阶层的公众提供丰富详实的政治、经济和文化新闻,而且,其言论关注社会民生,维护公众民权,尤讲事实、讲道理,具有很强的感染力和劝服力,尽管发行量不是很大,但他们对社会的积极影响,特别是对中上层人士的影响,却是任何一张黄色报纸所不能望其项背的。"[2]其中比较著名的有英国的《泰晤士报》,而这些集中体现了自由主义精髓的著名报纸也成为近代"中国自由主义报人景从追效的典型"[3]。与之相反的,那些通俗报纸主要是通过刊登一些日常、奇趣怪诞的内容来吸引读者,以扩大报刊销量,获得盈利。为了不断满足读者的猎奇心理,这些报纸开始报道一些煽惑性、刺激性的新闻;后来报面上逐渐充斥着色情暴力等内容,不可避免地蜕变为"黄色报纸"。其典型代表是报业巨头普利策接办的《纽约世界报》和赫斯特拥有的《纽约新闻报》。"两家报刊为了争夺读者,不惜降低报纸格调,竞相刊登暴力、犯罪、色情新闻和举办各种新奇的社会活动,力图扩大发行。这两家报纸均辟有庸俗的漫画专栏,一身穿黄色长袍的幼童为中心人物。因此,人们把这些报纸的报道称为黄色新闻。"[4]

(四) 垄断报刊时期

20世纪,报业出现了大量兼并、集中等现象,开始进入垄断主义报刊时期。

---

[1] 陈力丹:《新闻理论十讲》,复旦大学出版社2008年版,第176页。
[2] 张育仁:《自由的历险》,云南人民出版社2002年版,第37页。
[3] 张育仁:《自由的历险》,云南人民出版社2002年版,第38页。
[4] 童兵:《比较新闻传播学》,中国人民大学出版社2002年版,第34页。

虽然人口总量急剧增加，报刊发行总量呈直线上升趋势，但报刊总数却呈整体下降态势。原本一城多家报纸竞争的局面逐渐被"一城一报"所代替。两三家大型广播电视网控制了全国的广播电视节目。此时，越来越多的新闻报纸、电视网和广播控制在少数人手中，西方的报刊早已不再像弥尔顿和杰斐逊所设想的那样容易成为一个"观念的自由市场"。"1900年，美国有8个报系，共拥有27家报纸，占报纸发行总量的10%。到20年代，报系增加到约60个，共控制300多家报纸，占总发行量三分之一强。1930，美国人口超过10万但仅有一家报纸的城市有8个；至1940年，这样的城市增加到20个。"①20世纪初，英国一城一报的现象也逐渐增加，"1921年全国只有一家报社的城市有32个，1927年有37个，1937年达49个，明显地说明报业兼并的剧烈"②。英国出现了北岩、比维布鲁克、罗瑟米尔三家大的报团。的确，这些报业巨头大部分并不是政治上的统治者，并且他们也极力地保护着报刊的言论出版自由，反对政府权力的干预。但少数巨贾控制报刊这件事实本身告诉我们，脱离了政党控制的报刊很快又跌入了资本的怀抱，并且还"乐在其中"。随着20世纪资本主义开始进入垄断阶段，新闻自由作为资产阶级发展过程中争取政治地位的工具的作用逐渐消退，转而成为少数垄断资本家牟取暴利的工具，资产阶级也开始暴露其在新闻自由上的虚伪性。

20世纪中期提出的"社会责任"论开始对传统的自由主义理论进行补充和完善，开启了西方新闻自由的道德主义范式。该理论认为自由与义务是相伴而生的，新闻在社会中享有不受干预的自由，自然要承担起为社会公众谋福利的义务。如果在此范围内，新闻界承认并且切实履行这种责任，那自由主义新闻理论在此意义上得到补充和完善；而在此范围内，若新闻界未能有效担负其责任的领域，则必须由其他机构来确保实现。传统的报刊自由主义是一种"消极自由"，只告诉你有新闻自由的权利，有自由创办媒体的权利，但是忽略了随着资本主义的发展，过度的自由竞争会导致通讯工具等资源掌握在少数人手中的事实。大多数人只是拥有形式上的新闻自由，只拥有一个空洞而难以实现的权利。它允许你创办新闻媒体，你却没有经济实力和资源去维系；它告诉你有新闻自由的权利，你却不知道从哪里去实现它。"社会责任论"吸纳了"积极自由"的成分，认为不仅在形式上拥有新闻自由的权利，更要积极地、自由地去实现这一权利，并为之提供适当的途径和手段。在此意义上，"社会责任论"承认政府

---

① 童兵：《比较新闻传播学》，中国人民大学出版社2002年版，第35页。
② 童兵：《比较新闻传播学》，中国人民大学出版社2002年版，第37页。

不是影响新闻自由的唯一因素,政府不只是限制新闻自由,也可以积极促进新闻自由。当新闻界未能按照严格的社会责任和职业精神来自我约束时,政府就有必要采取干预措施。但政府必须是在特别紧要的关头和利害交关的时刻才能出手,并且要谨慎从事,不能以消灭新闻自由为目的。

二、西方新闻自由思潮的中国传播

19世纪以来,伴随着中西方两股思想的强势碰撞和交锋,西方新闻自由思潮在中国强势登陆。随着中国国内形势的风云变化,西方新闻自由思潮也表现出潮起潮落的特征。西方新闻自由思潮凭借其先在的概念、模式和理论体系在中国社会时时涌动,梳理西方新闻自由思潮在中国的演变历程,廓清新闻自由思潮的原始风貌,在历史演进的脉络中把握新闻自由思潮于中国实践的冲突和启示有着重要的理论和实践意义。

(一)西方新闻自由思潮传入中国

西方新闻自由思潮在中国发轫于19世纪中后期。中国虽然有着较早的报刊实践,但总体停留在官方报刊的水平之上,与近代意义上的新闻自由理念大异其趣。早在1807年,英国基督教传教士罗伯特·马礼逊已经开始在中国传教布道,试图用基督教和西方文明拯救落后的中国。1815年,马礼逊和米怜就在马六甲创办了中国报刊史上第一份中文近代报刊《察世俗每月统计传》。这是一份宗教性质浓厚的刊物,在阐扬宗教的同时,也注重灌输知识、砥砺道德,尤其注重传播西方科学知识。1833年,普鲁士传教士郭士立在《新闻纸略论》一文中,首次以中文明确地提出了"新闻自由"的概念。之后,马礼逊开始在《印刷自由论》中向中国人介绍西方的出版自由观念和"天赋人权"思想。遗憾的是,西方传教士早期的努力并没有起到实质性的作用,在高傲自大而又盲目排外的清王朝面前,西方自由主义新闻理念遭到了强烈的排斥和抵触。1840年鸦片战争之后,国人救亡图存的内在诉求和资本主义海外扩张的外在驱使为报刊的兴起提供了生存条件。外国人取得了在华办报特权,一批以传播宗教义理、商业讯息和西方文明的外媒报刊开始出现。"1840年以前,外国传教士在华开办的报刊仅十多家,到1840年已突至32家,1890年一下增至76家。"[①]可以说近代中国的新闻自由理念是在近代报纸的诞生过程中逐渐明晰起来的,早期传教士的报刊实践为国人自主办报提供了经验借鉴,中国早期的新闻自由也主要体现

---

① 张育仁:《自由的历险》,云南人民出版社2002年版,第48页。

在对西方自由主义报刊的模仿上,还没有提出明确的新闻自由概念。

西方自由主义新闻思潮和中国救亡图存的爱国主义情怀的冲撞交锋催生了一批致力于从报刊业中寻找治国良方的先驱者。1859年,洪仁玕在《资政新篇》的"新闻篇"中提出了创办自由主义报刊的设想,对于报纸的上下通情、监督官吏、收集民意和传播商讯等功能作了较为全面而系统的阐述。王韬被认为是"近代中国第一个提出报刊言论自由思想的人",开创了"文人论政"的先河。他敢于冲破封建专制思想的桎梏,要求清朝统治者放宽"言禁",认为政府应当倾听民众的声音,让民众讲话,民间可以自由办报。1874年创办的《循环日报》是王韬新闻自由思想的集中体现,也是近代国人真正有意识开始新闻自由尝试并卓有成效的报刊。梁启超对新闻自由有着深刻的认识,他在分析西方文明迅速发展的原因时说道:"无他,思想自由、言论自由、出版自由,此三大自由者,实惟一切文明之母,而近世世界种种现象皆其子孙也。"[①]他同康有为一样,主张通过言论自由和出版自由来实现思想启蒙的作用,"改造国民性",实现国家富强。由于深受西方政党报刊的影响,康有为还提出了"党报思想",开始强调报刊的宣教使命。谭嗣同明确提出了"民口"和"民史"的思想,主张新闻应当是民众自由意志的表达。严复首次将约翰·密尔的《群己权界论》(《论自由》)一书翻译成中文传到国内,为中国新闻自由理念的深入研究奠定了基础。资产阶级革命领袖孙中山在提出党报理论的同时,也主张要让人民经常而且充分地享有发表意见的自由。1912年,南京临时政府颁布《中华民国临时约法》,明确规定:"人民有言论、著作、刊行及集会、结社之自由。"[②]总而言之,不同派别的代表人物在宣传政治主张的过程中都意识到了报刊在开启民智、撄动人心、上传下达以及政治组织上的重要作用,纷纷在西方新闻自由思想的基础上提出了自己的观点和见解,为西方新闻自由思潮在中国的传播奠定了基础。然而,承载着国人殷切希望的西方新闻自由理念虽然起到了开启民智、撄动人心的作用,却并没有能够在半殖民地半封建的中国获得蓬勃发展的土壤。超前的西方新闻自由理念始终处于曲高和寡的地位,得到了广大知识分子的强烈认同和追捧,却没有与中国下层民众产生水乳交融的关系,也未能借以实现中国救亡图存的革命任务。

[①] 梁启超:《本馆第一百册祝辞并论报馆之责任及本馆之经历》,http://www.docin.com/p-284496858.html,访问日期2017年10月10日。
[②] 许正林:《中国新闻史》,上海交通大学出版社2008年版,第290页。

(二)西方新闻自由思潮初期发展

20世纪20年代,五四运动掀起了人本主义的大潮,带来思想启蒙的同时真正拉开了西方新闻自由思潮的帷幕。早期的新闻自由实践更多是器物层面的模仿,着眼于西方自由主义报刊的形式,却忽视了其"个体本位"的逻辑起点。五四运动之后,国人第一次发现了个人和个体的价值,开始用西方的自由主义理念进行"价值重估",产生了一批主张"独立之精神,自由之思想"的知识分子。胡适受过西方系统而严格的自由主义训练,是西方新闻自由思潮中标杆式的人物。他极力提倡思想自由和言论自由,自由的报刊应当敢于直面和揭露社会丑陋,不畏惧权势的凌压而继续表达对现实的反抗和鞭挞;他希望报刊是传播新思想新知识、引导新青年的启蒙读物,办报关键在于"养成一种自由的空气,布下新思想的种子"。1920年,胡适、李大钊等人曾在《晨报》上发表了著名的《争自由宣言》,公开谴责北洋军阀政府的"治安警察条例",要求废止这个限制国民言论、出版、集会和结社自由的条例,保障公民的合法权益。他反对专制主义者禁锢言论、扼杀自由,鼓励平民化的、独立自由的理想人格,认为"思想自由是出版自由、信仰自由和教授自由三位之一体,也是自由最核心的部分"[①]。陈独秀也极其推崇言论自由,在《旧党恶罪》中,他大声疾呼"言论思想自由是文明时代的第一重要条件"[②]。正是在以胡适为首的自由主义知识分子的推动下,西方新闻自由思潮在中国第一次走向高潮。在以徐宝璜为首的新闻学者的带领下,中国开始有近代意义上新闻观念的产生。1919年,徐宝璜出版了《新闻学》,系统而全面地阐述了其自由主义新闻思想,开宗明义地阐述了报纸的独立地位和公共化属性。1922年任白涛的《应用新闻学》、1924年邵飘萍的《新闻学总论》、1927年戈公振的《中国报学史》都是中国新闻史上的奠基之作。可以说,五四时期形成的西方自由主义新闻思潮奠定了当代中国新闻自由思潮的基调,早期的新闻学者以西方自由主义新闻思想为基础为中国新闻自由的发展设立了理想新闻业的标准。然而这一阶段新闻自由理念更多停留在观念上,未能真正付诸实践。除此之外,在五四运动将西方自由主义理念推向高潮的同时,《新青年》阵营也发生了分化——以陈独秀、李大钊为代表的共产党创始人已经开始从资本主义新闻自由理念转向马克思主义新闻自由理念。自此,中国新闻自由的发展同时受到西方自由主义新闻思潮和马克思主义新闻观的双重影响。

---

① 张育仁:《自由的历险》,云南人民出版社2002年版,第244页。
② 张育仁:《自由的历险》,云南人民出版社2002年版,第214页。

（三）西方新闻自由思潮蓬勃发展

20世纪40年代，随着抗战进入尾声以及世界范围内新闻自由运动的蓬勃发展，中国新闻界出现了短暂的繁荣时期，在抗战时期几乎消寂的西方新闻自由思潮在中国再次展现出一定的蓬勃之势。可以说，这一情况的出现是特殊时期国内外复杂形势双重作用的结果。就国际背景而言，二战之后对于基本人权问题的重视带动着世界范围内新闻自由的蓬勃发展，客观上促进了中国新闻自由的发展。1944年2月，美国成立了新闻自由委员会。同年4月，"美国报纸主笔协会"召开大会，就推广新闻自由运动进行研讨和商议。正是在此背景下，1945年3月，美国代表团来到中国鼓动新闻自由。这在一定程度上对当时国民党的新闻检查制度提出了巨大的挑战，也为无产阶级的抗争提供了有力的武器。就国内情况来看，国民党政府严格的新闻检查制度促使了新闻自由呼声的日益高涨。1931年秋，国民党政府颁布《出版法施行细则二十五条》，宣布对报刊和图书实行原稿检查。1938年7月，国民党政府又颁布《战时图书杂志原稿审查办法》，规定报刊书籍原稿必须经由"图书杂志审查委员会"检查通过后方能发排付印。1939年，国民党中央成立军委会战时新闻检查局，采取严厉的出版审查制度，对新闻报道进行全面审查，当时的新闻报刊普遍毫无生气。

正是在这种国内外复杂的政治形势下，新闻自由作为一项政治武器得到了普遍的应用。随着抗战即将胜利，关于撤销新闻检查制度的呼声日益高涨，国统区掀起了一次又一次争取新闻自由的浪潮。1940年2月，毛泽东在《向国民党的十点要求》中批判国民党"言论不自由，党禁未开放"，指出"政府宜即开放党禁，扶植舆论"。① 1943年，以生活书店、新知书店和读书出版社为核心的20多家书店和出版社在《新华日报》上发出了争取新闻出版自由的紧急呼吁。1945年4月，毛泽东在七大政治报告中提出："要求取消一切镇压人民的言论、出版、集会、结社、思想、信仰和身体等项自由的反动法令，使人民获得充分的自由权利。"② 1945年8月展开了声势浩大的拒检运动，以《延安归来》一书打头阵，在重庆的杂志界和新出版业立刻起而响应。面对如此轰轰烈烈的"拒检运动"，国民党政府手足无措。迫于形势的压力，于1945年9月30日，在《中央日报》发布了《出版检查明日废除》的消息。1945年10月，蒋介石签订了《国共双方会谈纪要》。其中，纪要规定："政府应保证人民享有一切民主国家人民在平

---

① 《毛泽东选集》第2卷，人民出版社1991年版，第723页。
② 《毛泽东选集》第3卷，人民出版社1991年版，第1063页。

时应享受身体、信仰、言论、出版、集会、结社之自由。"①至此,这场全国范围内声势浩大的新闻自由运动成为中国新闻自由发展史上不可忽视的一页,具有非常重要的启示和借鉴意义。

(四)西方新闻自由思潮曲折发展

建国初期,新闻自由虽作为一项基本人权被写入相关法案和宪法,但没有得到相应的保护。1949年9月,中国人民政治协商会议通过了具有临时宪法性质的《共同纲领》,其中第四十九条规定:"保护报道真实新闻的自由。禁止利用新闻进行诽谤,破坏国家人民的利益和煽动世界战争。"②"五四宪法"第八十七条规定:"中华人民共和国公民有言论、出版、集会、结社、游行、示威的自由。国家供给必需的物质上的便利,以保证公民享有这些自由。"③之后的历届宪法都对公民的言论自由和新闻自由作了明确规定。然而,由于建国初期的政治形势不明朗,随着政治运动的扩大化,新闻自由的发展受到了极大的限制,西方新闻自由思潮几近消歇。新闻界和文艺界的学术活动纷纷卷入一系列意识形态肃整运动之中,中国知识分子在新闻自由与政治运动之间陷入了进退维谷的境地。特别是1958年的"大跃进"和"人民公社化"运动时期,新闻工作恶性膨胀,完全忽视新闻规律和生产规律,虚假新闻报道配合政治运动宣传现象屡见不鲜,一味地浮夸、吹捧、加码、睁着眼睛说瞎话,时间长、范围广、影响深远,使全国上下笼罩在虚假的浮夸风之下。在"文革"中,新闻媒体的渲染和鼓动把个人崇拜和权威迷信思想推向顶峰。可以说,中国新闻自由的理论和实践在这段时期遭到了彻底的质疑和戕害,西方自由主义新闻思潮销声匿迹,马克思主义新闻观也毫无体现。这一时期在对"新闻""新闻自由"与"政治"的关系认识上模糊不清,概而视之,新闻媒体在政治运动中扮演了极大的推波助澜的作用。新闻具有政治性,但是新闻不等于政治本身,其在作用对象上具有一致性,在实际的运作效果和运行规律上存在鲜明的差别。尤其是信息流通相对闭塞的时代,政治借着新闻媒体过度发酵,极有可能把政治事件的范围和影响扩大化,这是特殊时代背景下新闻政治性发展到极致的一种体现。

(五)改革开放后新闻自由的复苏

改革开放以来,对新闻的实质、性质、功能以及新闻规律等多方面进行了一系列大讨论和反思,在对"文革"时期新闻领域的错误实践进行反思和批判的基

---

① 丁淦林:《中国新闻事业史》,高等教育出版社2002年版,第356页。
② 童兵:《"新闻自由"的表述与践行》,《南京社会科学》2011年第7期。
③ 韩大元:《1954年宪法与中国宪政》,武汉大学出版社2008年版,第474页。

础上,对新闻自由理念进行正本清源,逐渐廓清了对新闻自由实质内涵的认识。在马克思主义新闻观的指导下,形成了以党报思想为核心的多类型、多层次、多样式的报业结构和新闻机构。新闻传媒的格局由原来的单一化向多元化转变,新闻传播的功能由原来注重宣传向注重传播知识、休闲娱乐、信息传播、商业营销、舆论导向等多种功能转变,新闻自由从传统的单一工具性逐渐向价值层面回归,新闻报道开始注重受众与新闻传播机构的双向互动,新闻事业开始由"阶级斗争的工具论"向"经济建设为中心转变"。但是,中国新闻事业的发展远没有想象中那么顺畅。改革开放以后,西方自由主义思想以市场经济为依托,乘势迅速而深刻地冲击着中国社会的政治经济思想文化等诸多领域,在新闻领域对西方传统的自由主义新闻理念的追捧越发热烈。尤其是随着西方意识形态战略的渗透,西方新闻自由观念作为西方"和平演变"策略的工具,打着"普世价值"的旗号开始登堂入室,历史上曾经出现过的错误的新闻自由观念有了复苏的迹象,借着自媒体时代便捷的网络平台,各种负面、消极甚至反动的言论甚嚣尘上。他们借着中国在新闻自由实践过程中的重大错误和曲折实践,否定社会主义新闻事业,否定党对社会主义新闻事业的领导,否定新闻自由的阶级性、党性、人民性等传统论断,在经济领域主张媒体私人所有的"媒体独立"论,在社会领域主张媒体作为公共信息平台的"社会公器"论,在政治领域主张媒体批评监督政府的"第四权力"论,其实质是在西方"个人主义"价值观主导下的自由主义新闻观,带有明显的意识形态战略色彩。西方新闻自由思潮大有故态复萌之势。

三、西方新闻自由思潮演变的现实启示

对西方新闻自由理念的嬗演历程进行梳理可以发现,新闻自由的发展与一国的政治、经济、文化有着密不可分的关系,作为一种思潮在中国传播的新闻自由表现出了明显的时代性、流动性和社会性的特点。西方新闻自由适应了资本主义发展不同阶段的内在诉求,其理论本身也并非无懈可击。西方新闻自由思潮传入中国以后几经流变,始终与中国革命、建设和改革表现出"水土不服"的状态。尽管我们否认将这种"水土不服"的状态作为彻底否定西方新自由合理性的依据,但是西方新闻自由理论与中国革命、建设和改革过程中的紧张和不适应同样值得关注。

(一)西方新闻自由思潮的扩张与现实困境

纵观西方新闻自由思潮在中西方的嬗演历程,可以发现西方新闻自由理念

与资本主义政治、经济和文化制度具有相互依存的关系,在其制度范围内起到了维护资产阶级政治统治和经济发展的重要作用。尽管西方新闻自由观在资本主义发展的不同阶段表现出不同的存在样态和理论范式,其本质上始终没有背离资产阶级的利益诉求。20世纪以来,随着新自由主义话语的崛起,社会主义运动的低迷态势,以及经济全球化的深入发展,西方新闻自由思潮进一步服务其经济全球化的诉求而呈现出全球扩张的态势。全球范围内,以美国为首的西方国家凭借其先在的概念、模式和理论体系在世界范围内输出其新闻自由理念。西方新闻自由被包装成一种客观公正的,超越民族国家、社会结构和现实国情的价值载体。

客观来说,当代西方新闻自由观的传播对于公民意识的提升、个人权利的表达以及公共领域的拓展具有重要的借鉴和启示意义。在资本主义发展初期,西方新闻自由理念确实起到了冲破封建桎梏、表达资产阶级利益诉求、彰显公共精神层面的重要作用。但是,随着资本主义的发展和成熟,西方新闻媒体进入垄断主义报刊时期,越来越多的新闻报纸、电视网和广播控制在少数人手中,西方的报刊早已不再像弥尔顿和杰斐逊所设想的那样容易成为一个"观念的自由市场"。西方新闻自由并没有沿着早期先贤们预设的道路发展,理论和实践本身有着巨大的差异,利润至上的报刊运行规则使先贤们的理论设想化为虚影,西方新闻界产生一系列的困境:(1)言论自由的"沉寂化效应"。费斯教授在《言论自由的反讽》一书中一针见血地指出西方新闻自由"以自由始,以压制终"[①]的尴尬境地。他认为一味地放任每一个人自由地表达自己,并不能带来社会成员获得平等表达自己的机会,一些弱势群体(包括有色人种、妇女、穷人等)往往没有能力或者机会发出自己的声音。(2)民主困境。互联网时代下,"网民"被简单地等同于"人民",网上的"舆论"也被抽象为"民意"。西方新闻自由观支配下所谓的民主意愿的表达不过是网上叫嚣声音最大,使得问题能够进入政府议程的那部分声音。在技术操纵下,网络舆论常常表现出惊人的舆论一律,西方国家在批判别国政府操控言论时,却对自己网络舆论一边倒的情况视而不见。(3)道德困境。新闻自由在良心层面以道德为限,在实践层面以法律为限。在利润至上的理念主导下,西方新闻报道无理地侵犯私人生活领域,文娱材料内容消极、趣味低俗,新闻报道质量下降并且不断挑战着社会的道德底线。为了取悦读者,大量以猎奇为目的的、煽情的、虚假的、黄色的、暴力的新闻

---

① [美]费斯:《言论自由的反讽》,刘擎、殷莹译,新星出版社2005年版,第3页。

层出不穷,新闻自由的道德品格消失殆尽。(4)文化庸俗困境。新闻自由道德缺失,影响的不仅是新闻领域,而是整个文化生态环境。新闻内容大多限于满足读者低级趣味和猎奇审丑心理,包括书籍、杂志、报纸、广播、影视在内的所有传播媒体都将陷入文化庸俗的困境。

西方新闻自由思潮不可能超脱其政治、经济和文化制度的约束,也无法规避其内在的理论缺陷。在此意义上,原本局限于西方国家内部的新闻传媒失范问题越来越演变成一种全球问题。如果说在民族国家范围内,以政府作为新闻传媒界自律的后手,说明民族国家范围内新闻媒体仍然是处于可控范畴,那么,随着全球性跨国传媒机构的出现,由于缺乏与之相抗衡的力量,那些缺乏约束机制的巨型传媒机构成为话语权的绝对拥有者,广大发展中国家在世界新闻传播格局中很容易处于失语的状态。

(二)西方新闻自由思潮在中国的传播特点

西方新闻自由思潮在中国的传播与发展实际上顺应了资本主义全球扩张的利益诉求。西方新闻自由适应了资本主义发展不同阶段的内在诉求,与资本主义政治、经济和文化存在着密切的相互依存关系,并且在其理论与现实之间也存在一定的差距。因此,在中国传播的新闻自由思潮始终表现出一种"水土不服"的症状。

其一,在理论上带有浪漫主义情怀。西方新闻自由思潮主张一种既独立于政治,又不受经济干预的新闻自由观,赋予新闻自由以超越民族国家、社会结构、政治经济的"普世价值"。但是,超越国家和民族范畴的新闻自由何以可能?超越资本和权力的新闻自由又何以可能?新闻自由作为人类历史实践的产物,总要落实到具体的时空环境中去。从中西方新闻自由思潮的嬗演历程来看,世界上从来就没有完全独立的新闻媒体,媒体既不能独立于政治而存在,也不能独立于资本而存在。西方新闻观所呈现的新闻自由更多是一个口号,其理论本身充满了浪漫主义色彩。西方新闻自由思潮传入中国以来,近代中国自由主义知识分子受西方新闻自由价值理念的影响,致力于追求西方自由主义新闻观的精神旗帜和文化品格,试图将传统的儒生情怀和自由主义的绅士品格融为一体。"他们认为,在肮脏不堪的官方政治之外以高迈情清洁之身去自由批评政治,既有西方的绅士风度,又有东方的儒道精神。所以,当'无冕之王'和独立于官方之外的学者,就不能不成为他们新的政治和人格选择。"[①]正是因此,以知识

---

① 张育仁:《自由的历险》,云南人民出版社2002年版,第13页。

分子为代表的观念人物,要么居于高高的象牙塔内开始了与新闻学教育的因缘际会,致力于培养具有独立意志和自由人格的新青年;要么热衷于创办独立自主的新闻报刊,试图以"文人论政"的方式臧否乾坤。然而,不论是哪一种方式,纯粹的观念人物都可以在抽象的思维世界中信马由缰,却无视在十字街头踽踽独行、举步维艰的困惑;虽然承担着瞭望者的角色,但长时间沉浸在理论研究中,常常会脱离生产、脱离实际和基层民众。这一定程度上导致了西方新闻自由观在中国具有浓厚的理想化色彩和超前的浪漫主义色彩,知识分子过于强调理想状态下的新闻自由理论标准,为中国新闻自由的发展构建了理想的蓝图,却忽视了中国的实际问题和历史社会实践,导致新闻自由理念与现实的严重对抗。

其二,在实践中带有工具理性色彩。资本主义发展初期,新闻自由以一种理性批判的精神在拓展公共领域、形成公共舆论、促进民主政治生活过程中发挥着重要的作用,新闻自由的价值理性也因此而彰显。然而,随着西方新闻媒体进入垄断主义报刊时期,新闻传媒领域出现了大量兼并、集中等现象,公民的政治利益不断被置换为某些利益集团或社会势力的政治诉求;所谓的新闻自由,不过是政党、财阀或利益集团制造出来的具有掩饰性的少数人的自由;所谓理性的、具有批判精神的公共新闻逐渐被转化成一种受政党和利益集团操纵的政治议题,它不再具有凝聚民意的功能,而蜕变成了一种劝服诉求和被迫认同,政党、政治人物与公众之间的沟通也逐渐转变成为一种惯用的公关手法和政治表演。特别是随着资本主义的全球扩张,西方新闻自由在维护资产阶级利益的过程中逐渐从一种价值理性衍变成一种工具理性。晚清时期,在中国广泛传播的新闻自由思潮只是作为一种工具和武器被引入中国政治运动过程。中国知识分子救亡图存的任务和资本主义开拓市场的任务有着形式上的重叠,救亡图存的内在诉求和资本扩张的外在需求为西方新闻自由思潮的传播和兴起提供了广阔的前景。但是,西方在输入新闻自由观念的时候并不是从西方社会的人权观念等新闻自由的理论基础角度来传播的,而是着眼于新闻自由的工具性价值。在传播西方科学文化知识以及文明的同时注意比附中国传统文化,试图在中国传统文化中找到类似的理念和词句来阐释西方思想,强调报刊在谏言、增益知识、开启民智和富国强民等方面的实用性作用,新闻自由理念自中国诞生之日起就深深地打上了工具理性的烙印。在复杂的中国近代历史背景下,新闻自由发展过程中所具有的这组紧张的关系,非但没有随着时代的发展逐渐缓解,反而在革命实践中不断得到印证和强化。从王韬的"文人论政",到魏源、郑观应等经世家的"夷情备采",谭嗣同的"上下通情",再到康、梁的"有益于国事"以及孙中山的"党报思想",中国知识分子对新闻自由的理解始终没有走出工具理性的窠臼。中国的新闻自由理念一开始就承载了"改造国民性"、救亡图存和富国强民的沉重使命,时代局限性注定了早期思想家们不能也不愿意将个体以及报刊完全独立出来,既不附庸任何神圣的目的,也不存在任何充分合理的先决条件。即使以胡适、陈独秀、李大钊为代表的新文化运动领袖试图将新闻自由从工具理性中剥离出来,但是面对民族危亡大任时,谁也不能真正地摒弃现实而空谈价值理性。

其三,在内容上带有激进批判色彩。近代中国的西方新闻自由思潮是从外部植入的,作为一种批判性和启蒙性的工具被广泛运用。与西方的宗教文明和理性精神下的新闻自由思想所不同的是,中国所流行的新闻自由思潮发轫于抵御外侮的政治诉求,着力于批判旧制度、凝聚力量和发动变革,言论取向"重破轻立"[①],带有明显而激进的批判色彩。一方面,由于当时中国中产阶级力量微弱,这种具有批判色彩的西方新闻自由思潮成了自由主义知识分子超前而孤寂的呐喊,只反映了少数政治参与者改造国民性和改造社会的政治诉愿;另一方面,"这种具有批判性质和激进色彩的言说性格往往因过分专注于批判改造社会的工具性价值而缺乏对自身价值合理性的建构,现实中还易屈从于其他价值合理性"[②]。也就是说,这种张扬的批判个性与中国岌岌可危的政治形势产生了格格不入的矛盾,"破而难立"的新闻自由理论难以为中国社会困境提供行之有效的解决方案,尽管在知识分子层面产生了强烈的痛楚与悸动交织的心路历程,却不能为底层民众改变生存状况提供建设性的方法。屈从于资产阶级价值理念下的新闻自由对当时的政治形势和社会环境提出了挑战,西方新闻自由思潮不得不中途停息。

(三)西方新闻自由思潮演变的当代启示

在半殖民地半封建社会形态下孕育出来的中国新闻自由理念,始终嫁接在传教士传教布道的工具化阐释、西方资本主义开拓市场的资本诉求和中国知识分子救亡图存的殷切希望之上。承载着国人殷切希望的西方新闻自由理念虽然起到了开启民智、撄动人心的作用,却并没有能够在半殖民地半封建的中国获得蓬勃发展的土壤。一直以来,以自由主义知识分子为代表的学者在看待新闻自由思潮的过程中,始终带有悲观的"宿命论"基调,认为是中国政治扼杀了

---

① 唐海江:《论新闻自由言说的当代转向》,《新闻与传播研究》2000年第1期。
② 唐海江:《论新闻自由言说的当代转向》,《新闻与传播研究》2000年第1期。

新闻自由,忽视了西方新闻自由理论自身的缺陷以及这种思潮背后的真正意图。《十字街头与塔》和《自由的历险》这两本书都反复提及一个问题:在整个20世纪,西方自由主义报刊思想传入中国后始终处于曲高和寡的尴尬地位,虽然在知识分子阶层收到了热烈的追捧,却始终未能与底层民众产生水乳交融的关系。这段话深刻地阐释了新闻自由总是与一定的经济政治形势紧密相连,不同的历史发展阶段和不同的国家地区,新闻自由的具体内涵和表现形态不尽相同。

西方报刊诞生之初就带有鲜明的商业色彩。随着资产阶级队伍的壮大,资产阶级利益诉求逐渐增强,为了从教会和封建势力手中夺取政权,资产阶级开始利用报刊对封建势力进行言论讨伐,要求享有完全的"出版自由",极力反对封建统治者利用权力对出版自由进行无理粗暴的干涉,这时的新闻报刊就不可避免地带有了政治性。党派报刊时期,新闻的政治性色彩可谓发挥的淋漓尽致。在报刊完成了革命任务之后,出现了所谓的新闻独立观念,强调新闻"不党不私、不偏不倚",主张发挥新闻的社会性功能。商业性也好、政治性也好,社会性也好,从来就没有纯粹独立的新闻自由,脱离阶级的新闻自由是不存在的,摆脱倾向性的新闻独立也是不存在的。就我国而言,近代中国新闻自由的发展始终屈从于救亡图存的民族大任,新闻自由带有明显的政治色彩,建国后一段时期出现的一系列不合理现象也都是新闻自由的政治性发展到极致的一种表现。所以说,西方新闻自由的系统理论和操作模式终究是按照西方的经济基础、政治发展模式和价值理念设计出来的,忽视了中国的具体国情、社会条件和民族文化特点,因此并没有在中国获得生存的土壤和长久的生命力。

进入新世纪以来,对新闻自由的理解逐渐突破"二元阶级划分"的界限,西方新闻自由思潮又以一种"普世价值"的样态再度兴起。可以说,当前社会对西方新闻自由的理解普遍是脱节的、错位的和孤立的,往往陷入一种似是而非、模糊不清和非此即彼的误区。一方面,盲目崇拜西方新闻自由观,片面追求新闻自由的普遍形式而忽略其所赖以存在的政治经济基础。另一方面,对新闻自由理解的极端化倾向,集中表现出当前新闻领域的泛自由化。在西方国家的新闻理论已经开始走出早期片面强调"新闻自由"的阶段,国内的许多人对新闻自由的理解仍然停留在消极的新闻自由理念阶段。所以说,普通民众没有理解新闻自由的实质内涵,没有理解西方新闻自由所产生的具体历史背景,也没有理解当代西方新闻自由思潮背后的真实意图,因而产生了一些错误的观点、论调和行为。

第三节　当代西方新闻自由思潮的意识形态特质①

新时代,对西方新闻自由思潮的理解要有基本的时代背景认识、政治大国博弈常识和意识形态危机意识。在当今国际舞台上,大众传媒早已不只是传播意识形态的物质载体,新闻自由也绝不是价值中立的新闻理念,新闻自由思潮背后是资产阶级凭借其理论优势、经济优势、技术优势在全世界范围内推行的带有强烈的资产阶级意识形态属性的思想潮流。以美国为首的西方反华反共势力步步紧逼,新闻自由成为西方意识形态渗透的重要突破口。

一、当代西方新闻自由思潮兴起的背景

社会思潮是人们思想观念和社会矛盾在意识形态领域的显现。当代西方新闻自由思潮在中国的兴起并非形成于旦夕之间,而是有着深刻的经济基础、历史根源、心理基础和社会条件,它是一定时期人们关于新闻自由价值理念的集中表达。

(一)经济优势

经济的全球化发展为西方新闻自由观的传播提供了坚实的基础,而西方新闻自由观的广泛传播也为其经济进一步扩张鸣金开道。随着经济全球化的不断推进,文化产品竞争越来越成为大国经济利益较量的一股新生力量,新闻产品作为文化产品的重要组成部分,在国际竞争中具有不可替代的作用。就新闻传播领域而言,随着新闻领域寡头资本家全球范围内的资本扩张,原本属于民族国家范围内的工人阶级分工已经逐渐由发达国家转移到广大发展中国家,并在发达的资本主义国家中制造了无产阶级已经逐渐消亡的假象;原本局限于民族国家内的资本对新闻业的控制问题依然演变成一个全球性的垄断问题。世界范围内新闻的发布,越来越依赖于几个少数的报业巨头的垄断控制。就美国来说,康卡斯特、迪士尼、新闻集团、时代华纳、维亚康姆和 CBS 集团这 6 家跨国公司掌握了美国超过 90% 的新闻媒体。我们所熟悉的 CNN、福克斯、哥伦比亚广播公司、美国广播公司、纽约时报、华盛顿邮报等都不过是这些新闻传媒巨头的分公司而已。世界格局中的新闻信息呈现出一种信息单向传播和新闻霸权主义的态势,包括新闻编辑和记者在内的新闻工作者也越来越沦为报业资本家

---

① 本节部分内容已发表,参见《太原理工大学学报》2017 年第 1 期《西方新闻自由思潮批判与我国意识形态安全》一文。

盘剥的对象,剥削的方式也逐渐从原本直接的体力劳动剥削转变为脑力劳动的压榨。广大的发展中国家由于经济上的弱势地位,在新闻要素流动的过程中处于被动接受的地位,在新闻传播的过程中也就失去了话语权而始终处于被动接受的境地。

(二) 政治因素

进入新世纪以来,随着新自由主义话语的崛起以及社会主义运动的低迷态势,西方国家开始凭借其发展优势、文明优越感以及意识形态偏见,以一种居高临下的姿态向发展中国家的"价值观洼地"输入其价值理念。早在20世纪中期,以美国为首的西方国家在倡导新闻自由的同时带有明显的政治性目的,即为了其全球化战略的考虑,在积极推行新闻自由的背后是要求政治经济文化不相同的国家都按照西方自由主义逻辑思维模式发展。在此意义上,新闻自由运动本质上只是美国构建战后世界秩序的一种政治手段。西方学者借着国际社会主义运动曲折发展提供的所谓"现实基础"和"事实证明",大肆鼓吹"社会主义失败论"。从尼克松的"不战而胜论"、布热津斯基的"社会主义失败论",到福山的"历史终结论",再到亨廷顿的"文明冲突论"等一系列的言论,都强势地带有西方中心主义的色彩。[①] 他们试图以西方文明发展过程定义发展中国家的发展路径,对处于边缘的、非中心的、处于发展弱势的国家和民族进行资产阶级价值理念灌输和意识形态渗透,极力推行资本主义的价值理念和运行逻辑。在此背景下,借助新闻传媒所实施的意识形态斗争日趋明显,新闻自由成为东西方意识形态斗争领域的一种策略思想和斗争利器。时下所流行的西方新闻自由思潮实际上只是西方国家凭借其政治和文明优势对广大发展中国家的价值输出过程,西方新闻自由理念因此被赋予了超越国家和民族范围的意义。

(三) 心理基础

梅荣政认为,社会思潮是"以一定的社会心理为基础,以相应的社会意识形态为理论核心,在一定历史时期具有相当影响的社会意识的活动形态"[②]。因此,特定的社会心理在新闻自由思潮传播的过程中具有不可忽视的地位。就我国而言,一方面,中国社会正处于深度变革的复杂情形中,面对中国社会层出不穷的问题和矛盾,在如何准确地阐释当下的社会现象、解决社会矛盾、预测社会走向等问题上就产生了一种社会期待心理。专家学者们试图对中国社会的巨

---

① 王岩、施向峰:《批判与启示:西方近代政治哲学流派研究》,中国社会科学出版社2011年版,第476—481页。

② 梅荣政、王炳权:《论社会思潮总体性研究中的几个问题》,《思想理论教育》2005年第19期。

大变化进行不同视角的描述、分析和预判,以期对息息相关的生活作出可信的解释。但是一些理论功底不扎实的青年学者,不能用马克思主义新闻观的基本立场、观点和方法分析问题、解决问题,总是以西方的自由主义新闻理念来诊断中国问题、解决中国弊病、指明中国未来走向,这就在客观上为西方新闻自由理念的传播提供了心理基础。另一方面,近代中国自由主义知识分子在学习西方文明的过程中,普遍存在"格式塔心理"。所谓"格式塔心理",指的是"将认知对象视为有机的整体,对象中的各个组成部分无法分割"[①]。面对西方国家富强的事实,相对落后的发展中国家在学习西方的过程中普遍存在这种心理,包括日本、印度、土耳其等许多非西方国家,在学习西方的过程中都普遍存在全方面仿效西方的过程。也正是基于这种认知,维新变法之后,中国对西方的学习从"师夷长技以制夷"的器物学习诉求转为学术、思想、文化的全盘吸纳。在新闻自由领域亦是如此,在发现单纯地模仿西方创办报刊的实践解决不了中国的实际问题之后,开始诉求于创办具有"自由主义"精神的报刊。在当代新闻自由的发展过程中,不管他们承认与否,自由主义知识分子普遍认为:西方文明是一个相互联系的整体,各部分之间具有内在的关联,要实现新闻自由必须具有西方资产阶级的一整套价值体系的系统移植,包括新闻媒体的所有制形式、新闻媒体的价值使命乃至新闻自由的一切标准都要以西方的标准为标准。诚然,没有一种机制体制是孤立存在的,但这些思想却由于历史、文化、习俗以及基本国情等因素无法简单地移植。

(四) 技术条件

自媒体时代,网络的开放性、消息的及时性以及网民的复杂性都为西方新闻自由思潮的深入发展提供了良好的生存环境。西方资本主义国家通过自媒体平台操纵别国普通民众反对本国政府的意识形态战略条件日趋成熟。以美国为首的西方资本主义国家掌握了世界上绝大多数的新闻媒体生产资料,拥有强大的经济实力、科技水平以及绝对的话语权。一方面,西方国家不断加大网络科研经费的投入,加强网络基础设施建设,巩固网络国防,对可能危及国家安全的行为采取监视、监听并施以网络制裁,这些手段表明利用网络手段巩固国家安全早已提上日程。另一方面,以美国为首的西方国家凭借着经济和科技实力,几乎影响着全球范围内的新闻生产、发布和传播。它们不仅以西方的新闻话语体系来影响世界范围内的新闻传播活动,还以西方中心主义的价值观来操

---

① 胡伟希等:《十字街头与塔》,人民出版社1991年版,第14页。

纵世界政治、经济、文化的话题。资料显示,早在20世纪,美国就可以"用六十种语言的涉外广播,仅'美国之音'一家就使用38种广播,每周累计2000小时,它有强大的技术设备,国内外有133个转播站,构成了全球范围的广播网。国际信息发布量的80%控制在美国等西方国家掌握的媒体手中"[①]。"美国人口虽然只占世界人口的5%,但是目前传播于世界大部分地区80%—90%的新闻,都由美国等通讯社垄断。"[②]可见,美国等西方国家借助自媒体平台将其意识形态战略的重点放在新闻自由,借助新闻自由向其他国家大肆推行其价值观;妖言惑众,制造社会舆论策反当地民众反对本国政府;甚至利用异化的新闻自由理念迷惑大众,为颠覆的反动言论提供生存土壤。在新闻自由领域进行的意识形态渗透,是一场不折不扣的攻心战。凭借其强势的话语霸权,西方国家试图让"颜色革命"重返亚太地区,通过意识形态斗争等一系列"和平演变"策略制造社会动荡,策反当地普通民众反对本国政府,颠覆社会主义国家政权。

二、当代西方新闻自由思潮的理论实质

当代西方新闻自由思潮在中国所呈现出的不同理论样态,其实质上都统驭于西方"个人主义"的核心价值之下。西方新闻自由理念是"个人主义"坚定的捍卫者,"个人主义"为其新闻自由所表达,正是通过新闻自由,其"个人主义"内涵才得以广泛传播。在其现实性上,新闻自由思潮的"个人主义"内核产生并始终服务于资产阶级政治经济制度和利益诉求。

(一)当代西方新闻自由思潮的核心命题

作为一种强调个人内在求索的意志自由,西方新闻自由思潮起源于斯多葛学派对人的主体性的关注。然而,这种个人主体性的意识始终拘囿于意识层面而未获得外在生存的土壤。中世纪末期,强大的王权削弱了神权统治的根基,王权和神权关系的紧张、教会和世俗领域的分野为新闻自由的发展提供了狭窄的生存空间。西方文艺复兴和宗教改革将人从封建神学的束缚中解放出来,唤起了对人自身价值的关注,奠定了新闻自由的思想基础;资产阶级的迅速崛起和科技革命的推动为新闻自由的传播提供了物质资源;资产阶级上升期时期,新闻自由作为一种政治口号在反对僧侣、国王、封建主以及地主压迫的过程中被正式提出。在资本主义发展的不同阶段,西方新闻自由思潮也表现出了不同

---

① 郁炳隆:《对西方"新闻自由"观的再认识》,《新闻通讯》1999年第7期。
② 刘昀献:《当前我国主流意识形态面临的风险和对策研究》,《中国浦东干部学院学报》2015年第1期。

的理论范式和表现形态。从理论先贤们提出的"天赋人权"和"观念市场"理论,到作为修正理论的"社会责任"论,再到尚未定型的"公共新闻学"理论,尽管不同时期的新闻自由呈现出不同的理论样态,但是这些看似不同的表现样态,其实质上都统驭于理性"个人主义"的核心价值之下,是为了维护资产阶级利益和资产阶级的政治经济制度而在新闻自由的外延上所做的补充和调适。

所以说,当代西方新闻自由思潮的核心命题是一种"个人主义"。这种"个人主义"承认个人具有至高无上的价值、尊严和权利,把个人作为分析问题的基本单元和逻辑起点,它主张个人本位,看重个人利益,推崇个性解放,关注个人尊严,强调个人价值。评判新闻自由的价值尺度最终也将回归到个人身上,一切命题都只能够在个人这里得到存在价值和最终解释。正是在此意义上,个人在新闻材料的选择、收集和报道的过程中获得了极大的自主选择性;在对是非、善恶、美丑、真伪的评判标准上具有相对的自我优先性。西方新闻事业因"个人主义"原则而偏重私有制;西方新闻理念因"个人主义"而始终将政府视为威胁个人自由最大的"恶"。所以说,西方新闻自由理念是"个人主义"坚定的捍卫者,"个人主义"为其新闻自由所表达,正是通过新闻自由,其"个人主义"内涵才得以广泛传播。

(二)当代西方新闻自由思潮的基本特性

综而观之,当代西方新闻自由实际上是在西方自由主义思想指导下的新闻理念。作为一种观念形态,它是为适应西方社会各个阶段政治经济需要而产生并发展起来的,并且始终服务于资产阶级政治制度和经济诉求。具体来说,它表现为以下几个基本特性。

第一,张扬的"个人主义"。西方新闻自由理念不仅仅强调这种人权具有本体论意义上的基础性,更强调其具有发生学意义上的优先性,也就是在对于"权利"和"善"这一问题的终极选择上主张"权利优先于善"的论断。这种片面强调"权利优先论"的观点实际上颠覆了传统"善优先于权利"的哲学基础,将人的主体选择先验地优先于对所有是非善恶的道德判断,客观上造成了"权利优先论的去道德化要求与新闻传媒所应承担的道德和社会责任之间的冲突和矛盾"[①]。看似是以宽容的姿态对所有善恶、美丑、对错、真伪、是非予以包容,避免社会以某种特殊的"善"或者"道德"对个人进行施压,实际上是抽空了新闻自由的道德框架。尽管"个人主义"不同于"利己主义",个人利益与集体利益、公共利益并

---

① 施勇:《新闻自由的反思与想象:对自由主义权利优先论视域下的新闻自由观的解构》,《东南传播》2009年第12期。

非完全互斥，但是"权利优先论"视域下，个人乃至新闻媒体对"善"（公共利益或集体利益）的追求不再是第一性的，而是具有某种偶然性，并且这种偶然性的"善"只有在社会利益和私人媒体利益相一致的时候才有机会表现出来。新形势下，对新闻自由的探讨决不只是抽象人权问题的老生常谈，更提醒我们去重新检视现实的国家主权和国家安全问题。过度地重申抽象人权的重要性，不过是希望以人权来削弱国家主权，并借以否定国家干预的合法性基础，进而削弱我国在国际社会的影响力。在价值判断上消解国家、政府这些政治实体的存在意义和价值基础；在价值选择上使得个人在面对国家利益和个人利益这种大是大非问题的选择上，以个人利益为先。在当代中国社会，这种"个人主义"甚至演变成了一种极端的个人主义，其价值合理性上愈加薄弱。

第二，对资产阶级政权的维护性。新闻自由作为人类历史实践的产物，总要落实到具体的时空环境中去。西方新闻自由作为一种政治口号，同民主、人权一样都是在反对封建势力和宗教神权的过程中提出来的。这些理论和口号在历史上曾起到过重要的作用，并且至今仍然有着深远的影响。列宁指出："'出版自由'这个口号，从中世纪末直到19世纪，在全世界成了伟大的口号。为什么呢？因为它反映了资产阶级的进步性，及反映了资产阶级反对僧侣、国王、封建主和地主的斗争。"[①]他既肯定了资产阶级新闻自由的历史功绩和进步性，也指出了资产阶级新闻自由的局限性和阶级性。资产阶级新闻自由适应了资产阶级上升初期反对封建皇权和宗教神权的政治诉求，代表了资产阶级的利益和阶级立场。在资本主义发展的不同阶段，西方新闻自由思潮也呈现出不同的存在样态，但其实质仍然是服务于资产阶级的政治经济诉求。全球范围内，西方新闻自由思潮依托于新自由主义话语的崛起以及社会主义运动的低迷态势，凭借着经济全球化的趋势摇身一变，成了可以绕过发展中国家政治经济约束和政府控制的公共利益代言人，其背后的意图可见一斑。

第三，对私有制经济的依附性。西方的新闻自由理念实际上植根于"两个市场理论"，一个是有形的财货市场，另一个是无形的观念市场。就其存在形态来说，新闻传媒所付诸的物质载体属于私人物品，具有私有性，遵循经济市场的自由运作规律，表现为有形的财货市场；就其承载内容而言，新闻产品的本质是一种意识形态，属于上层建筑范畴，遵循观念的自由市场运作规律，表现为无形的观念市场。他们按照自由经济原则，在财产私有和市场经济的基础上，鼓励

---

① 《列宁全集》第32卷，人民出版社1958年版，第492页。

新闻活动参与市场自由竞争,新闻内容的是非对错和真理抉择均取决于观念碰撞和公众的自行选择。这与西方自由主义历来看重经济自由的内在逻辑相一致。正是因此,新闻传媒机构的生存和发展多依赖于广告收入和财团的支持,新闻产品以营利为目的。随着资本主义的全球扩张,西方新闻自由观也以一种"普世价值"的样态试图实现其全球扩张,进一步服务于资本主义的全球扩张需要。尽管西方新闻传播领域也提出了新闻的"社会责任论"和"公共新闻学"等理论范式作为修正,但并未触及西方新闻自由理念的根本,也没有从本质上改变对私有制经济以及竞争逻辑的依赖性。

(三)当代西方新闻自由思潮的理论样态

这种抽象的"个人主义"原则实际上构成了新闻自由的政治学话语,体现的是新闻自由的本质。新闻自由所内含的"个人主义"不仅作为一种道德观存在,而且是建立在私有财产制度基础上,包括伦理、社会、经济和政治在内的一系列价值体系。当代西方新闻自由在中国的多种理论形态本质上都是"个人主义"内在逻辑外化的产物。从"个人主义"的核心命题出发,在新闻领域衍生出了"价值共识"论、"社会公器"论、"媒体独立"论和"第四权力论"四种理论形态。

首先,在观念层面主张"价值共识"论。约翰·格雷在《自由主义的两张面孔》一书中认为,自由主义思想历来有两种互不相容的哲学形态:一种是以洛克、康德、罗尔斯、哈耶克为代表的"理性共识"[①]形态,试图以一种价值理念取代价值多元论;另一种是以霍布斯、休谟和柏林为代表的"和平共存"形态,主张多种价值理念共存。从这一坐标谱系来看,传统新闻自由理念因"个人主义"原则而内含"宽容精神",只有在个体之间互相尊重和宽容的基础上才可以获得最大限度的自由。但是随着自由主义的全球扩张,传统新闻自由的宽容精神日渐式微,时下所流行的新闻自由思潮打着"宽容"精神和"普世价值"的旗号而试图达到"理性共识"形态,其实质只是戴着面具的暗地施压的新闻霸权,企图用一种新闻观取代另一种新闻观。当下有一种观点认为,关于新闻自由的最好的理论范式和价值观念已经被找到,那就是在西方正统自由主义驱动下的新闻自由理念。这种新闻自由理念要求对包括所有不好的、错误的、片面的、私人的观点予以宽容和接纳,相信通过"观点的自由市场"中不同的观点之间的相互碰撞和斗争可以实现"自我修正过程",无需任何外在力量的强制干预。"价值共识"论者认为,西方的新闻自由理念是完善的,是迄今为止发现的最好的价值理念和践

---

① 佘江涛:《自由主义两张面孔的素描》,《博览群书》2002年第5期。

行方式。除此之外的其他新闻形态都不能被称之为新闻自由,其他的新闻自由理念都是愚昧或者较低级的,都应当顺从并同化于西方新闻自由理念这一"理性共识"之下。从"价值共识"进一步推导出的是一套以自由、民主和法制为基础的政治制度,而这种政治制度只有在一种市场经济体制中才能实现。也就是说,要实现新闻自由,必须对西方资产阶级的一整套价值体系进行系统移植,必须达成一种基本的"理性共识"或者"价值共识"。客观来说,西方确实有着较早的新闻自由理论和实践,但是新闻自由作为一种历史的、社会的、实践的产物,绝不仅仅是一种抽象的"普世价值"观而凌驾于所有社会形态之上。西方新闻自由虽然主张"普世价值"和"价值中立",但在其现实表达中始终摆脱不了资产阶级财产私有和市场逻辑的纠缠,因而带有浓厚的资产阶级意识形态色彩。

其次,在社会层面主张"社会公器"论。"社会公器"论认为新闻媒体只是作为一种价值中立的"社会信息载体"以及"公共信息平台",其首要功能是把观测到的事实直接反馈给社会公众。它主张不对所有新闻报道进行价值预设和是非判断,包括所有不好的、片面的、私人的观点都可以自由表达;大谈新闻自由的客观性、独立性和公正性,推崇所谓的"观念自由市场"和"自我修正理论";反对党和政府作为"把关人"对社会主义新闻事业的领导和干预。这些观点听起来超然公正,具有相当的诱惑力和感染力,也有一定的道理,但是,这种论调对新闻自由的阶级性、党性和人民性避而不谈,认为包括新闻的阶级性、意识形态性、资本积累和剩余价值等都不存在。对个人理性寄予厚望,在抽象人性的基础上宽泛、笼统而绝对地谈论新闻自由,将"网民的意见"简单等同于"民意",将网络表达权的行使简单等同于新闻自由,将新闻媒体人设想为不食人间烟火的天外来客,实际上带有浓厚的理想主义和浪漫主义色彩。尤其是在自媒体时代,包括互联网在内的新闻传播载体都被当成是价值无涉的技术手段,在虚拟的互联网领域,现实的国家安全边界、社会政治秩序以及人的基本道德理念和价值观都轻而易举地被颠覆。理论上,不论是西方的新闻自由理念,还是哈贝马斯所论述的资产阶级公共领域理论,原则上是面向所有公众开放,参与进来的公众都可以就大家感兴趣的公共事务和公共利益进行讨论和辨析。然而,在事实上,能够参与讨论的往往是拥有一定财产、权力并且受过教育的那部分人。显然,不同阶层、阶级参与公共领域的机会和话语权是不对等的。在现实世界中不存在超越阶级、阶层而为全民共享的公共领域,西方话语体系下的公共性在现实生活中是部分的、有损耗的乃至失真的公共性。非常遗憾的是,即使是这部分有损耗的、不完全的公共性,在实践过程中也未能得到真正的体现。在自媒体时代,所谓的社会共识和公共舆论往往只是意见领袖引导下的结果,是受传媒操纵和精心策划的而非公共讨论的结果。面对错综复杂的社会现象和瞬息万变的国际形势,新闻媒体不可能做到不偏不倚。在当代中国,这种带有明显的浪漫主义情怀和理想色彩的"社会公器"论实际上演变成了一种绝对自由主义的新闻观,它把新闻自由当成一种极端放任的个人权利,认为新闻自由就是想说什么就说什么的自由,是不受约束和没有责任的自由。

再者,在经济层面主张"媒体独立"论。"媒体独立"是西方新闻自由在经济政策取向上的具体结论,因其"个人主义"传统而偏重私有制,在资本主义私有制经济基础上,把新闻自由的实现途径定义为"公民个体创办新闻媒体的自由"[①],这也与西方自由主义历来看重经济自由的内在逻辑相一致。"媒体独立"论以新闻生产资料私有制来否定马克思主义新闻观的经济基础,主张财产私有和市场逻辑,竭力批判和否定社会主义新闻事业。该观点认为新闻媒体应当是不受政府干预的独立企业,私人或私人传媒公司直接拥有新闻工具是实现新闻自由的唯一形式,其他出于任何利益权衡和政治考量的"国有媒体"都不是新闻自由。他们按照自由经济原则,在财产私有和市场经济的基础上,鼓励新闻活动参与市场自由竞争,其兴衰成败取决于社会和公众自行选择。具体来说表现为新闻媒体私有化、媒介产品商品化和新闻领域市场化,其最终必然导致传媒帝国的霸权垄断。西方新闻自由理念虽然在形式上规定了"办报自由"的权利,但是私人创办媒体的自由在技术操作上不具有普遍性,在公共利益诉求的表达上也难以令人满意。一是新闻自由的权利主体的偷换问题。个体本位逻辑下"公民的言论自由"常常被简单地等同于"由公民个体创办的媒体言论自由",这无疑置换了新闻自由的主体——即将新闻媒体作为新闻自由的主体,而非公民个人。事实上,作为媒体机构的新闻自由是公民言论和新闻自由在社会生活中的延伸,其他任何形式的新闻自由都是延伸性的和从属性的。二是理念的高度排他性问题。媒体私有实际上暗含了"有能力拥有新闻工具"这一前提,这就忽视了没有能力创办私人媒体的人的新闻自由。显然,世界上有能力创办媒体的人是少数,没有能力创办媒体的人是大多数。尤其是随着新闻业资金、技术、设备等门槛的提高,大多数人更是被排斥在外,真正掌握新闻媒体的不是初衷意义上的普通大众,而是极少数拥有雄厚实力的家族企业和财团。三是新闻领域

---

① 赵月枝:《被劫持的"新闻自由"与文化领导权》,《经济导刊》2014年第7期。

商品化问题。新闻是物质产品和精神产品的统一,从其价值形态和生产流通机制上看不同于一般的商品。当下新闻媒体领域良莠不齐,对新闻产品认识不清,只看到了新闻的商品性,却忽视其作为精神产品的特殊性,最终落入"商品化"的误区。媒介产品过度"商品化"必然导致媒介市场道德缺失,责任意识淡化,新闻产品走向低俗化、庸俗化和媚俗化。

最后,在政治层面主张"第四权力"论。"第四权力"是对新闻媒体社会地位的一种形象比喻,其主要内涵是"新闻传播媒体总体上构成了与立法、行政、司法并立的一种社会力量,对这三种政治权力起制衡作用"[①]。该论调认为新闻媒体能否自由批评政府是新闻是否自由的试金石;新闻记者是"无冕之王",其最重要的职能在于自由批评时政、批评政府政策、批评官员,发挥舆论监督的作用。"第四权力"论致力于批判和否定中国革命、建设和改革时期所取得的伟大成就和辉煌业绩,恶意抹黑和诋毁党和政府,对社会事件进行别有用心的歪曲和炒作,以达到颠覆社会主义国家政权的目的。反观当前中国社会出现的一系列网络舆论乱象,只能以恶意抹黑论之,而绝非理性批判。其一,一批网络红人热衷于与官方较劲,他们以批评政府为噱头博取公众认同、哗众取宠。凡是政府所弘扬的正面事件,都会被挖掘出不为人知的阴暗面;凡是政府所批判的事物,总会被各种论调正当化、合理化;过度放大社会管理过程中的矛盾冲突,与政府唱反调,加大施政难度;对政府政策进行逆向解读,狭隘地以一己之见,断章取义地曲解政府意图,以满足社会普遍的猎奇和审丑心理。其二,一批外资军团对国际事件进行简单类比,影射我国政治文化;炒作社会热点新闻和话题,丑化国人形象,打击民众对国家和民族的自信心;利用中国的社会矛盾刺激网民情绪,将矛头指向中国政治制度,消解民众对社会主义的政治认同。其三,一批社会公知热衷于肆意抨击政府,在我国"战略机遇期"和"矛盾凸显期"重叠的历史条件下,利用一些特殊场合的突发事件以及历史事件的时间节点,利用舆论炮制热点,散布消极反动言论。其四,一些专家学者试图重新解读历史和评价历史人物,挖掘所谓的历史事件背后的真相,对所有的历史定论进行价值重构,丑化中国领导人,诋毁中国共产党,抹黑中国形象,贬低建国以来所取得的成就,为反动言论提供所谓的史实支撑。这种热衷于以诟病政府或批判现有制度为主要表现形式的所谓新闻自由,很容易陷入一种解构历史和社会的历史虚无主义误区;对政府意图进行碎片化的解读也容易陷入狭隘的极端主义误区。

---

① 陈力丹:《"第四权力"》,《新闻传播》2003年第3期。

监督批评政府既是一项新闻媒体不断争取的权利,更是新闻媒体应当有意识肩负起来的历史使命。不过,监督批评必须以实事求是为基础,以法律法规为准则,以职业公德和社会美德为底线。那些固执地宣扬一己之见而对任何大政方针都嗤之以鼻的人,其本身就是缺乏包容精神的,这种行为已然背离了他们口中宣言的所谓的"自由"之精神。

三、当代西方新闻自由思潮的价值渗透

当代西方新闻自由思潮的四种理论形态实际上构成了资产阶级价值渗透的"组合拳"。如果说"价值共识"论和"社会公器"论在意识形态问题上仍然是犹抱琵琶半遮面的话,那么"媒体独立"论和"第四权力"论便是直逼我国意识形态安全的两把利器。从价值观念到实践形式,从理论武器到技术手段,从专家学者到"乌合之众",西方国家可谓是环环相扣,步步紧逼,既巧妙地掩饰了自己的意识形态立场,又把新闻自由打扮成"非意识形态"的面目小姑娘,并冠以"普世价值"的美名,最终以不战而屈人之兵的方式达到颠覆社会主义国家政权的终极目的。

其一,新闻自由是大国博弈中意识形态战略的重要突破口。意识形态斗争是存在于人们头脑中的价值观之战,是由信息和心理行为所主导的没有硝烟的战争。我们所接触到的新闻报道都或多或少地经过了复杂的意识形态编码过程,大众传播媒介正是凭借它对社会现象的语言文字重现而树立起话语霸权。在新闻理念、新闻信息、传播手段中植入某一阶级的意识观念,再通过潜移默化、耳濡目染的作用,新闻媒体就可以实现对特定阶层的社会成员进行意识重构,使人们在集体无意识中就范。真实的世界和人们脑海中的世界是不完全重合的,一方面是由于人们认知能力的有限性;另一方面,掌握了新闻话语霸权的人们,可以利用手中的新闻工具,按照自己的利益重塑人们的意识形态认知,对社会真实情景进行掩饰、扭曲或者重塑。新闻报道所产生的信息,尽管不能立刻改变人们的认知,但一定会在人们的脑海深处留下印象,相关的信息存储的多了,就会形成知识存储起来,固化为一种习惯,在关键的时候指导人们的行动。正是通过持续性反复强化的过程,新闻媒体达到了重构社会认知的目的。在席勒看来,美国实施意识形态战略的重要突破口就是提倡和捍卫思想自由、言论自由和新闻自由。"如果说自由贸易是强大经济国家借以渗透、统治经济弱国的机制,那么信息自由流通是借以将美国的生活方式和价值观念强加给贫

穷、羸弱的社会的渠道。"①尤其是随着"人人都有麦克风"时代的到来,网络从高端的技术领域逐渐趋于平民化和世俗化。"西方的价值观和意识形态渗透已不再局限于知识分子的学术议题或政治精英的政治议题,而是逐渐成为广大普通网民的生活议题。"②所以说,"在大众传播媒介日益渗透我们平常生活,媒介的实践已经成为我们生活实践的一个重要部分的今天,任何一种霸权的形式都不可能不借助媒介的力量,媒介提供可借助的力量不是身不由己,而是乐此不疲。"③

其二,"价值共识"论是西方意识形态战略实施的逻辑先导。"价值共识"论不仅仅关涉到价值观,更关涉到体制建构和政策取向以及一种生活愿景的描绘。近代中国自由主义知识分子在反思新闻自由"价值理性"和"工具理性"矛盾的过程中,试图呼唤对新闻自由"价值理性"的回归,变相地为西方价值理念的渗透提供了"虚位以待"的空间。随着西方价值理念的回填,"价值共识"论实际上构成西方新闻自由思潮在中国传播的立论基础。西方新闻自由理念凭借其先在的价值立场、概念模式、理论体系树立起新闻领域的话语霸权,构成了西方意识形态的单方面入侵,进而消解我国主流价值观,否定我国新闻实践,重塑中国社会认知。"价值共识"论触及的是最基本的价值理念和思维方式,主要作用于学术领域和理论层面,专家学者一旦在这一层面达成共识,那么所产生的学术著作都将沦为西方资产阶级理论的注脚。从这一角度来讲,宣扬西方新闻自由的根本目的在于打着"普世价值"的旗号,以资产阶级"个人主义"价值观颠覆中国传统以来"集体主义"的价值观念,进而在一系列政治、经济、社会乃至伦理道德等问题上与西方达成"理性共识",通过在中国建立起自己的话语体系和新闻霸权实现其意识形态渗透目的,其实质是一种兵不血刃的思想文化征服。

具体来说,一方面,西方新闻自由理念的传播为其意识形态战略提供了合法性依据。西方新闻自由讲究言论市场的开放性,认为所有不好的、片面的、错误的、私人的观点都有同等表达的自由,这就为西方敌对势力的虚假言论乃至颠覆性的言论提供了生存空间。"西方新闻自由说到底就是西方国家为实施意识形态输出战略排除障碍而定制的概念,其目的决不是促进各国新闻自由平等

---

① 贺建平:《"媒介帝国主义"与传播霸权》,《贵州民族学院学报(哲学社会科学版)》2003年第4期。
② 张卫良、何秋娟:《应对西方"网络自由"必须维护我国意识形态安全》,《红旗文稿》2016年第9期。
③ 雷跃捷:《媒介批评》,北京大学出版社2007年版,第51页。

发展,而是为西方意识形态战略在新闻传播领域的推行提供合法性的依据。"①另一方面,只要能够确立西方的新闻自由理念,资产阶级的一系列新闻规则、文化符号以及价值标准都会系统性地输入发展中国家,从而产生广泛而深刻的影响。受西方价值观念的影响,中国学者和普通网民在阐释中国社会现象、分析社会问题、提出应对策略时就会难以避免地陷入西方的思维模式,强制套用西方的价值理念和逻辑体系来阐释中国问题。这种强制阐释的运作逻辑无非是强行套用西方的价值观念和逻辑体系来验证中国的历史实践,从而挖掘出中国发展过程中出现的问题、不足和严重失误,在经过一系列理论推演和逻辑论证之后,按照西方的价值理念开出药方。这一套理论阐释虽然在理论上展现出圆融自洽的假象,却往往严重背离实际,不仅无益于解决中国实际问题,甚至将中国推向政权颠覆和社会动荡的危险境地。更可怕的是,这种带有意识形态色彩的新闻自由一旦植入发展中国家,就会对阶级制度具有繁衍的效果,从内部消解发展中国家的主流意识形态,甚至颠覆国家政权。资产阶级新闻自由正是通过在全球范围内创建并维系新闻信息单向传播体系,形成了以发达国家为中心的支配性传播结构,所有的发展中国家只能作为被动的新闻信息收受者和附庸者,在潜移默化的过程中不断被驯服和教化。

其三,"社会公器"论实为西方意识形态渗透的"特洛伊木马"。"社会公器"论在抽象人性的基础上宽泛、笼统而绝对地谈论新闻自由,将"网民的意见"简单等同于"民意",将网络表达权的行使简单等同于新闻自由,将新闻媒体人设想为"不食人间烟火的天外来客"②。在抽象的人性基础上宣扬人权高于主权,在虚拟的网络空间不断突破我国的网络安全防线,以绝对客观公正的新闻自由自我标榜,却在理论和实践上对外奉行"双重标准",其实质不过是西方包藏祸心的政治战略。同"价值共识"论一样,"社会公器"论也表现出了极大的掩饰性、虚伪性和欺骗性。它的目的是以抽象的新闻自由质疑党对社会主义新闻事业的领导,消解我国主流意识形态,削弱民众的爱国主义精神和民族精神。

事实上,西方新闻自由同时受到资本和政治的双重控制,新闻自由牢牢掌握在资产阶级的手中。从资本角度来说,新闻生产资料多掌握在极少数跨国公司和家族企业手中。这些家族企业和跨国公司最直接的目的就是实现利润最大化,资本的趋利性注定了新闻自由无法摆脱资本和利益集团的束缚与控制。

---

① 张卫良、何秋娟:《应对西方"网络自由"必须维护我国意识形态安全》,《红旗文稿》2016年第9期。
② 雷启立:《传媒的幻象:当代生活与媒体文化分析》,上海书店出版社2008年版,第90页。

从政治角度来说，政府与新闻媒体之间一直保持着暧昧的关系，当权者需要新闻媒体予以支持和配合，新闻媒体也需要政府给予恰到好处的政策支持。每年总统大选就是一场典型的新闻媒体与政府的同台演出，政府与新闻媒体的合谋可见一斑。除此之外，西方新闻媒体长期以来习惯于吹嘘自己、挞伐别人，在理论和实践上奉行"双重标准"。西方国家极力标榜的所谓新闻自由不过是公开的谎言，每一次亢奋或失声都有其内在逻辑。西方的新闻自由就像"皇帝的新装"——人们沉浸在主观臆想的华丽美好，而罔顾现实的丑陋与赤裸。一方面浸淫在自己拥有绝对、客观、公正和中立的新闻自由的主观臆想中不能自拔，对其他国家的新闻自由实践横加干涉，指责他国毫无新闻自由；另一方面，自己在新闻报道的过程中存在大量歪曲事实、片面失实、充满偏见的新闻报道。新闻报道的选择完全是基于自身利益考量，对自己有利的就大肆宣传、浓墨重彩；对自己不利的就避重就轻、避实就虚，进行选择性报道；对于与自己价值观不符的他国事务，往往进行妖魔化处理。其所标榜的人人都享有的新闻自由，其实是一个不痛不痒、表面热闹而又颇具体面的烟幕弹。在形式上看似保证了所有人的权利，其实质只是少数利益集团的新闻自由，充满了虚伪性和欺骗性。它更多是一种形式上的许诺，是空洞的自我标榜，并没有实现新闻自由的实质。这种"只许州官放火不许百姓点灯"的双重标准背后的新闻霸权主义企图暴露无遗。在国家范围内，它是少数人对多数人新闻自由的戕害，是少数资本家的新闻霸权；在全球范围内，它是发达国家对发展中国家的意识形态的渗透，是资本主义国家的新闻霸权。从来就不存在绝对客观公正的新闻自由，不存在独立的、超党派的、超阶级的新闻自由，西方新闻媒体涉华报道"双重标准"的背后，是基于西方文明中心论的意识形态偏见，"社会公器"论本质上沦为意识形态渗透的"特洛伊木马"。

其四，"媒体独立"论试图打开中国思想文化市场的准入机制。"媒体独立"论是西方新闻自由打开中国传媒市场的关键一环。一方面，私有传媒的逐利倾向与新闻传媒的公共品格有着天然的矛盾，建立在市场逻辑和竞争机制基础上的新闻理念并不能保证公共精神的实现。受资本和利益驱动新闻媒体往往忽略公共利益，追逐个人私利，偏离社会功能，罔顾社会责任，鲜有职业道德。与物质商品不同的是，虚假伪劣产品出现问题可以及时召回；而新闻产品作为典型的精神文化产品，因涉及民众的公共性态度、公共性认知、公共性情感和公共性价值观的形成必须慎重对待。正是在这种新闻自由理念的影响下，"社会价值取向和标准趋于功利化、世俗化、多元化。在给社会带来活力的同时，又诱发出对核心价值和公共道德'合理性'和'必要性'的怀疑,造成一定程度上共识、秩序和意义的缺失,产生出诸如拜金、享乐、利己、冷漠、虚无等消极现象。"①当下虚假新闻盛行,低俗新闻蔓延,新闻娱乐化、低俗化成为一种趋势,而一些政治性、公益性的新闻报道却被边缘化,都极大地印证了上述论断。另一方面,正是通过媒体私有的形式,资产阶级的新闻理念和意识形态才可以系统地建立起来。"媒体独立"论强调新闻媒体应当在财政、经费和所有权上独立于政府和政党,拥有自主决定编辑和报道内容而不受政党的影响和控制,其实质是美国等西方发达国家借助自身资金、技术和话语权优势,通过意识形态渗透的方式影响并操控目标国朝有利于西方政治经济的道路发展;是直接以资产阶级媒体私有制剑指我国媒体公有制,以"媒体独立"论否定马克思主义新闻观的经济基础,削弱民众对社会主义公有制经济的认同。

同经济市场一样,"观念的自由市场"也不是万能的,一旦中国新闻媒体事业被私有化,西方资本便打开了中国思想文化市场的准入机制,为其价值观的输入鸣金开道。"纵观西方新闻史,从党派媒体到市场开放下'自由'媒体的转型过程,并不是一个简单的经济问题,而是一个重大的政治问题和意识形态斗争的过程。"②英国资产阶级在巩固意识形态统治的过程中,为了打压正在崛起的工人阶级的报纸,采取了开放媒体市场的做法。詹姆斯·卡伦在《媒体与权力》中提到,20世纪60年代,拥有474万下层劳工读者的激进报纸《每日导报》,正是由于无法得到足够的广告收入而被迫关闭。与西方资本主义国家不同,开放媒体市场是顺应西方国家维护资本主义制度的内在需求的"阳谋";但是在社会主义国家鼓吹开放媒体市场和媒体独立,就是试图颠覆社会主义国家政权的"阴谋"。一旦将新闻媒体市场化和商业化,新闻媒体的运作就会自然步入资本化运作的轨道中去,资产阶级的话语权也就体制性地建立起来了。在资产阶级的话语霸权、意识形态控制和强势的经济门槛面前,工人阶级将彻底失去话语权,社会主义国家政权也将受到挑战。正是因此,20世纪80年代末,在世界民主化改革浪潮下,以美国为代表的西方国家在亚非拉国家开始实施民主救援项目,将促进亚非拉地区媒体独立作为民主与治理援助的重要组成部分。美国通过资金扶持或者以赠款、购买服务等方式控制亚非拉国家的新闻媒体,将符合美国价值观念的意识形态不断地传播到目标国,动摇当地民众传统的文化根基

---

① 杨永志、吴佩芬:《互联网条件下维护我国意识形态安全研究》,南开大学出版社2015年版,第98页。
② 赵月枝:《被劫持的"新闻自由"与文化领导权》,《经济导刊》2014年第7期。

和意识形态,改变国家政治文化模式,培植西方民主自由文化理念,引导中亚国家构建符合美式民主价值观的意识形态。可见,"媒体独立"论绝不仅仅是一个单纯的经济问题,其背后涉及政治、经济、文化的方方面面。

其五,"第四权力"论最终揭示西方意识形态渗透的真实目的。"第四权力"论者高举监督批评政府的良善大旗,恶意抹黑、诋毁党和政府,以批判和否定中国革命、建设和改革时期所取得的伟大成就和辉煌业绩为目的,直接揭示了西方意识形态渗透的真实面目。

事实上,"第四权力"论长久以来受到各界的质疑和批判。恩格斯曾质疑道:"难道议会不是在不断践踏人民的意志吗?社会舆论在一般问题上能对政府产生一点影响吗?社会舆论的权力不就是只限于个别场合并且只限于对司法和行政的监督吗?"①现实生活中,媒体越位、用媒体审判质疑司法审判、用道德绑架质疑司法公正的现象层出不穷。随着市场经济的深入发展,"第四权力"原本所具有的公共精神日渐式微,取而代之的是市场机制趋势下的逐利倾向。自由竞争的市场经济下,新闻媒体对政府问题的披露和对政府的攻讦谩骂,其实质是不同利益集团之间的利益冲突以及利益集团对政府施压和讨价还价在新闻媒体上的表现。何梓华将资产阶级批评政府归结为"小骂大帮忙""狗咬狗的斗争""换马斗争"②三种情况,非常形象而深刻地揭示了资产阶级批评自由的假象。

相比之下,不论是马克思、恩格斯,还是中国近代思想家和中国共产党早期先贤们,从来都没有忽视过新闻媒体在监督批评政府和政党方面的重要作用,批评自由从来就不是独立媒体所特有的权利。恩格斯表示:"(党的)刊物可以在纲领和既定策略的范围内自由地反对党所采取的某些步骤,并在不违反党的道德的范围内自由批评纲领和策略。"③对于党的态度,恩格斯也不无调侃式地说道:"不要那么器量狭小,在行动上少来点普鲁士作风,岂不更好?"④毛泽东认为:"只有让人民来监督政府,政府才不敢松懈。只有人人起来负责,才不会人亡政息。"⑤但是,批评自由并不是西方媒体笔下没有原则和底线的诋毁和谩骂,对政府的批评也不是颠覆性的言论。对此,要认真区分"批评"与"抹黑",直指

---

① 《马克思恩格斯全集》第 3 卷,人民出版社 2002 年版,第 408 页。
② 《新闻自由论集》,文汇出版社 1988 年版,第 149—150 页。
③ 孙旭培:《新闻自由在中国》,大世界出版公司 2013 年版,第 43 页。
④ 孙旭培:《新闻自由在中国》,大世界出版公司 2013 年版,第 44 页。
⑤ 《新闻自由论集》,文汇出版社 1988 年版,第 81 页。

问题的关键——"激烈的批评中可能出现情绪化的东西,但仍然属于批评;对一些不良现象的抨击,也不应该简单归为抹黑。抹黑绝不是批评,因为它不是意见,而是以谩骂对党和社会丑化。"[①]时下所流行的新闻自由"第四权力"论热衷于编造事实、歪曲历史、丑化党和政府,扰乱思想政治秩序,颠覆传统价值理念,黑化马克思主义意识形态和价值观,充斥着诋毁、谩骂和情绪宣泄,而少有理性思辨的建议和建设性的言论。所以说,新闻自由"第四权力"论是对我国国家政权最直接和赤裸裸的攻击,利用媒体发动群众,这样做既可以掩饰自己真实的战略意图,避免引起目标国的警觉和敌视,又可以利用新闻媒体制造舆论、炮制热点,达到颠覆社会主义国家政权的真实目的。

第四节 以马克思主义新闻观批判新闻自由思潮

对当代中国新闻自由思潮的理性辨析和批判,与马克思主义新闻观的建构和弘扬是一体两面的过程。马克思主义新闻观是中国新闻事业发展的指导思想,是从事新闻自由实践活动和学术研究的框架前提,为当下中国新闻领域正本清源提供了强大思想武器。当下,以马克思主义新闻观为为指针,对强势涌入中国的西方新闻自由思潮作理性思辨和批判,对于认清西方新闻自由的实质,破除西方新闻自由的假象、幻象具有至关重要的战略指导性和现实针对性。

一、把握马克思主义新闻自由观的基本内涵

马克思主义新闻自由观以辩证唯物主义和历史唯物主义为哲学基础,遵循新闻发展的客观规律,是在报刊有机运动规律的指导下的科学理论体系。马克思主义新闻自由与西方新闻自由关键的区别,不在于要不要新闻自由,而在于要什么样的新闻自由;不仅仅要树立新闻自由的形式,更要在实质上保障新闻自由。马克思主义新闻思想体系在"先破后立"的基础上,率先对西方新闻自由的内在矛盾进行了深刻的揭示,并在此基础上建设性地提出了社会主义新闻自由理念。

其一,揭示西方资本主义新闻自由的内在矛盾。马克思主义的新闻自由理念继承了西方自由主义新闻思想,在深刻认识资产阶级新闻自由理念的不彻底性、虚伪性和欺骗性的基础上,从根本上修正了新闻自由的理念、体系及其实现

---

① 陈先达:《批评、抹黑及其他》,《光明日报》2014年12月3日第13版。

路径,并在此基础上对社会主义新闻自由进行了科学论证。马克思认为:"资产阶级为了达到它的目的,就必然要取得自由讨论自身利益、观点以及政府行为的可能。它把这叫做'出版自由权'……这是自由竞争的必然结果。"①然而,资本驱使下的新闻自由所遵循的是市场竞争逻辑,其最终产生的不是最广大公民的普遍心声,而是最后优胜者的声音,不是普遍的新闻自由,而是在言论自由市场中拥有话语权的少数人的声音,所谓的新闻自由成了空洞的诺言和虚假的标榜。在此意义上,马克思认为资本主义的内在矛盾在资本主义制度范围内是无法调节的,只有消灭私有制,消灭剥削,消除两极分化,从根本上对新闻自由的实现路径进行修正,才会实现真正的新闻自由。正是在深刻认识资产阶级新闻自由的本质之后,马克思提出了比资产阶级新闻自由更彻底、更科学、更真实的"普遍新闻自由"的理念。列宁也在揭露资产阶级新闻自由思想的虚伪性基础上展开了对社会主义新闻自由的理论构想。他认为资产阶级拥有新闻自由的形式,却没有其实质,大多数工人、农民并不能实现这样的新闻自由。"资产阶级民主在形式上把集会、结社、出版权等政治权利和政治自由扩大到全体公民,但实际上,行政上的实践主要是劳动者经济上的从属地位,总是使劳动者在资产阶级民主下即使享有一点点权利和自由也不可能是广泛使用。"②因此,资产阶级的新闻自由不过是一种伪善,从来就没有绝对的自由和纯粹的民主,资本主义所标榜的新闻自由不过是富人所拥有的出版自由,其结果是报刊成了被资本收买的报刊。无产阶级的报刊要摆脱资本的控制,要让人民享有使用相当数量的纸张和印刷劳动的同等权利,要在政治上和物质上保障工农群众享有出版自由,只有在工农政府领导下的出版自由,才是真正平等的出版自由。列宁所设想的是"不仅摆脱了警察的压迫,而且摆脱了资本,摆脱了名位主义,甚至也摆脱了资产阶级无政府主义的个人主义"③的出版自由。他清楚地认识到:"人民的自由,只有在国家的全部政权完全地和真正地属于人民的时候,才能完全地和真正地得到保障。"④只有这样的新闻自由才是全体人民的自由,是普遍的自由,是享有实质的自由。

其二,阶级性是新闻自由无法回避的理论前提。新闻自由这个口号是资产阶级上升时期在反封建斗争中提出来的,代表的是资产阶级的利益诉求。马克

---

① 《马克思恩格斯全集》第6卷,人民出版社1961年版,第121页。
② 刘建明:《马克思主义新闻观理论基础》,清华大学出版社2010年版,第18页。
③ 杨保军:《新闻理论教程》第3版,中国人民大学出版社2014年版,第215页。
④ 《列宁全集》第13卷,人民出版社1987年版,第67页。

思在组织世界无产阶级联合起来的过程中,也提出了新闻自由这一口号,代表的是无产阶级的利益诉求。马克思正是运用阶级分析的方法指出了资产阶级新闻自由的虚伪性和两面性。但是随着经济发展和社会结构的变化,一些否定阶级概念并主张抛弃阶级分析方法的论调甚嚣尘上,认为全球范围内,国家范围内的无产阶级斗争已经失去了时代意义;社会经济的快速发展,导致社会分层多元化以及中产阶级的兴起,原本资产阶级和无产阶级二元对立的局面已经被打破;后现代社会倡导差异性、多样性和无中心性的结构思想,逐渐瓦解了以阶级为基础的社会认同和归属感。这些观念与新闻自由的"普世价值"理念相结合,就产生了对新闻自由阶级性普遍否定的观点。在纷繁的社会事实和复杂的社会表象背后,人们并不必然认识到自己的阶级属性,但是在新闻传播过程中,由不同阶层中的人发表出来的观点就不可避免地带有阶级的意识形态色彩,带有维护本阶级利益的价值倾向。全球视域下,新闻自由阶级性产生的条件和构成要素都发生了变化。随着新闻领域寡头资本家全球范围内的资本扩张,原本局限于民族国家内的新闻自由阶级性问题,已然演变成了全球范围内新闻垄断资本家与雇佣劳动的关系;原本属于民族国家范围内的工人阶级分工已经逐渐由发达国家转移到广大发展中国家,并在发达的资本主义国家中制造了无产阶级已经逐渐消亡的假象。事实上,世界范围内新闻的发布,越来越依赖于几个少数的报业巨头的垄断控制,包括新闻编辑和记者在内的新闻工作者越来越沦为报业资本家盘剥的对象,剥削的方式也逐渐从原本直接的体力劳动剥削转变为脑力劳动的压榨。认清了资本主义新闻自由的实质,才敢大声说社会主义新闻自由,社会主义新闻自由从不讳言新闻自由的党性和阶级性问题,而是要明确地表明社会主义新闻自由是普遍的、站在最广大人民群众立场上的新闻自由。

其三,人民性是马克思主义新闻自由的立论基石。坚持人民立场是马克思主义新闻自由理念的根本选择。1842年马克思担任《莱茵报》主编,他在抨击普鲁士专制制度和反对书报检查制度的过程中提出了"自由报刊"和"人民报刊"的命题。他认为最好的报刊应当是"自由报刊"和"人民报刊",这种自由报刊应当是一种普遍的自由和普遍的权利,是每一个人的自由,是"人类精神的特权",而不是"个别人物的特权",其任务是把国家、世界和人民联系起来。马克思在论述"人民报刊"这一理念时,提到了"自由出版物的人民性"问题,认为"自由报刊的人民性(大家知道,就连艺术家也是不用水彩来画巨大的历史画卷的),以及它所具有的那种使它成为体现它那独特的人民精神的独特报刊的历史个性——这一切对诸侯等级的辩论人说来都是不合心意的"①。在此意义上,马克思所理解的"自由出版刊物的人民性"应当有两个维度——"整体性"维度和"个体性"维度。就"整体性"维度而言,新闻自由应当是普遍而彻底的新闻自由,是最广大人民群众的新闻自由,是反映人民的生活、解决人民的难题、传达人民的心声的新闻报道的自由,"人民性"作为一个整体的政治概念用以表达新闻自由的人民立场和态度。就"个体性"维度而言,新闻自由固然是最广大人民的新闻自由,但是如果这个自由只能是抽象的、整体的新闻自由,会让人产生不真实感。"每个人的自由发展是一切人自由发展的条件",讲新闻自由的人民性不能一味强调政治范畴的整体性的人民性,也应当具有最一般意义上的个体的人性和社会性。因此,马克思所主张的新闻自由是建立在"自由人的联合体"上的最广泛而平等的自由,其最终目的是实现"人"的彻底解放。这种"个体性"视阈下的人民,既不同于西方意义上从宗教神学的束缚中解放出来的"个人主义",也不同于中国传统意义上的整体的"人民"概念。马克思主义者所提倡的是新闻自由的人民性和历史个性的统一,既强调从广大人民群众的立场出发,表现他们的利益、情感和诉求,又讲究把新闻自由的表达方式聚焦到个人的喜好、价值、尊严、权利等问题上,强调人性的觉醒、个性的张扬和本能的释放。在此意义上,新闻自由的人民性是普遍性与特殊性的统一、整体与个体的统一、历史与现实的统一以及理论和实践的统一。

其四,真实性是马克思主义新闻自由的活的灵魂。报刊只有在报道真实和人民信任的基础上才能发挥积极的作用,办人民的报刊关键就是以实事求是的原则,真实全面地反映人民群众的利益和诉求。"而民众的承认是报刊赖以生存的条件,没有这种条件,报刊就会无可挽救地陷入绝境。"②但要获得民众的认可,关键在于保证新闻的真实性。唯物论者认为,新闻应当是对新近发生事件的真实报道,新闻应当反映的是"是其所是"的客观事实,而不是"是其所应是"的主观臆想。只有坚持了实事求是的原则,以辩证唯物主义为理论基础,新闻自由才不会滑入主观杜撰的泥潭,才不会陷入唯心主义的误区,才不会出现大量向壁虚构的虚假新闻。当然,由于时代的局限性、事实的模糊性、形式的隐蔽性,以及记者个人主观上不可避免的缺陷,人们往往很难对某一事实进行一次性的正确反映,而是需要多次多样的反映才能趋于比较完整的事实。客观来说,资产阶级新闻和无产阶级新闻都讲真实性,但是对真实性的界定有所区别。

---

① 《马克思恩格斯全集》第1卷,人民出版社1995年版,第153页。
② 《马克思恩格斯全集》第1卷,人民出版社1995年版,第381页。

事实固然是新闻的本质,但并非所有业已发生的事实都可以成为新闻,新闻也绝非对事实的单纯再现,只有反映了事实本质的新闻报道才算是真实的新闻。资产阶级新闻对事实的描写往往局限于一次性的描写,注重不加渲染的事实和细节真实的材料,容易陷入报道单纯事实而忽视新闻总体和本质的真实,进而陷入结构化、碎片化和零散化的新闻报道中去。其所讲的真实性是一次性的、静止的、片面的和孤立的,片面追求新闻报道形式真实和局部真实。马克思主义新闻自由理念对真实性的要求有两个层次:一个是真实地反映客观事实,即"根据事实来描述事实",而不是"根据希望来描写事实"[①];另一个是,要求从事实的总体上、从事实的内在联系中把握事实,做到透过现象看本质。"马克思把新闻对世界的反映看作是一个过程,是一个连续、有机的运动过程。"[②]也就是说,马克思主义新闻观所讲的真实性不只是数字和细节的真实,而是本质和整体的真实。马克思主义新闻观通过报刊有机运动规律的多次、连续、多角度的新闻报道,在波浪式前进和螺旋式上升的新闻报道过程中实现了新闻的整体真实和实质真实。

二、坚持马克思主义新闻自由观的一般原则

在新的历史阶段,正确认识马克思主义新闻观的时代内涵,就要做到历史和逻辑的统一,理论和现实的统一。具体而言,表现为以下几点原则。

首先,坚持新闻工作党性和人民性的统一。2016年8月19日,习近平总书记在全国宣传思想工作会议上指出:"党性和人民性从来都是一致的、统一的。坚持党性,核心就是坚持正确政治方向,……坚持人民性,就是要把实现好、维护好、发展好最广大人民根本利益作为出发点和落脚点,坚持以民为本、以人为本。"[③]这是对马克思主义新闻观的继承和发展,是新时代关于新闻自由理论的重大论断,为今后的新闻工作指明了方向。学术界就新闻的党性和人民性问题先后进行了多次重大讨论,也有过几种不同的观点。一种观点认为党性高于人民性,认为党代表了人民的根本利益,党性也就代表了人民的根本利益,因此,不需要讲人民性了。还有一种观点认为人民性高于党性,提出"党性来自人民性","人民性高于党性","党会犯错误,人民永远正确"等论断,出现了抬高人民性原则,怀疑、曲解、贬低党性原则的倾向,这在某种程度上破坏了新闻事业同

---

① 《毛泽东文集》第3卷,人民出版社1996年版,第138页。
② 李建明:《马克思主义新闻观理论基础》,清华大学出版社2010年版,第85页。
③ 《习近平谈治国理政》第1卷,外文出版社2018年版,第154页。

党和政府的正常关系。上述两种观点都强行把党性和人民性割裂开来,把新闻的党性和人民性对立起来,似乎坚持新闻的党性,就不可能有新闻的人民性。然而,任何把党性和人民性割裂开来、对立化和碎片化的行为都是错误的,并且在实践中是有害的。中国共产党奉行全心全意为人民服务的宗旨,我国新闻的人民性和党性具有共同的契合点,其在为人民服务的本质上是一致的。一方面,人民性原则的实现是坚持党性原则的必然结果。中国共产党是无产阶级联合组成的政党,代表的是中国最广大人民的根本利益,代表了中国前进发展的方向,与资产阶级政党有着本质的区别。中国共产党以全心全意为人民服务为宗旨,树立以人民为中心的新闻工作导向,以满足人民需求,反映人民根本利益,传播最广大人民群众的利益和呼声。因此,实现好、维护好、发展好最广大人民的根本利益是社会主义新闻事业的出发点和落脚点。另一方面,人民性原则的实现有利于强化党性。人民是党的生命之根、力量之源和胜利之本,坚持新闻的人民性可以扩充党的先进性和广泛性。新闻报道只有做到了站在人民的立场上关心人、爱护人、尊重人,在新闻报道中多一些贴近人民群众生活实际的报道,反映人民的利益和呼声,尊重读者的需求和偏好,在宣传方式上避免一味的说教和灌输式的宣传,把新闻报道宣传和尊重个人主体性结合起来,才能赢得广大人民群众的支持和信赖。尤为重要的是,作为世界上最大的社会主义国家,长期面对以美国为首的西方反华反共势力的挑衅和威胁,面对西方的一系列"和平演变"策略和意识形态渗透,在新闻传播领域坚持人民性原则就是坚持了正确的政治立场,坚持党性原则就是坚持了正确的价值取向。因此,坚持新闻党性和人民性的统一,是应对西方势力的分化、西化的政治图谋的必然选择,是坚定思想、团结一致对外的有力武器。只有站在全党和全体人民的高度上,才能准确把握好党性和人民性的有机统一。不能简单地等同于某个党组织或者某个党员,也不能简单地等同于某个具体的人民群众,当前社会中有些人借个人或某些党组织的不恰当行为来否定全党的性质和历史实践的做法显然是不正确的。

其次,坚持舆论导向和新闻真实性的统一。习近平总书记在座谈会上多次强调"导向"问题,指出新闻舆论工作各个方面都要坚持正确导向,包括各级媒体、党报党刊、都市类报刊、新媒体都要讲导向问题。新闻是社会公众行为决策的信息基础,舆论是社会公众观察外界的重要窗口。新闻不仅可以反映舆论、引导舆论还可以制造舆论,正确的舆论导向对人们的思想行为产生积极的、正确的影响,对政治运行、社会进步、文明传承带来正面效应也是新闻重要的价值之一。在当代社会中,舆论具有重大影响,新闻的舆论导向功能不容忽视。一是坚持舆论导向就是要求新闻媒体有态度、有观点、有立场。新闻的价值有正负之分,正面价值的新闻可以促进社会和谐进步,而负面新闻则会带来社会动荡。坚持正确的舆论导向有利于团结稳定鼓劲,坚持正面宣传、发挥正能量、弘扬主旋律是确保新闻自由健康发展的应有之义。因此,在新闻选择的过程中,新闻工作者的阶级立场和价值取向非常重要。新闻报道、新闻媒体都要讲究导向性问题,方向正确才不会南辕北辙。就现阶段而言,行使新闻自由权利的过程中,必须心怀使命,把握好新闻自由"向"和"度"的问题。中国共产党在现阶段的政治任务,是带领全国人民实现社会主义新闻自由,防止意识形态斗争颠覆社会主义新闻自由发展的进程。在新闻报道的过程中要把握好新闻自由"度"的问题,不能为了言语宣泄的一时快感而口无遮拦,更不能为了私人利益和哗众取宠,向壁虚构,颠倒是非黑白。二是新闻的舆论导向必须建立在真实性的基础上。新闻舆论导向的作用是通过真实的新闻和正确的舆论实现的,是将事实的真相披露出来,通过给人以精神启迪和理性指导起作用的。新闻是主观见之于客观的活动,是客观内容与主观形式的统一。新闻报道的主观立场和价值取向无可避免,但必须建立在真实性的基础上。实践证明,违背了真实性的新闻就会产生错误的舆论导向,对社会遗祸无穷。无产阶级新闻观和资产阶级新闻观都讲新闻真实性,但是在真实性的具体认知上存在差别。西方新闻所强调的真实性是孤立的、片面的、静止的真实,是单个新闻报道形式和数据的真实。马克思主义新闻观所强调的是总体的、本质的真实。任何新闻报道都不可能实现一次性正确的真实报道,但是在坚持了正确的价值取向下,多层次、多方面的新闻报道就可以趋近于事实的真相。因此,新闻既要讲真实客观,又要讲立场倾向,看似矛盾,其内在是统一的。对于同一件新闻报道,处于不同观点立场的人会产生截然不同的新闻报道,只有坚持了正确的观点立场和价值取向,才能产生有价值的新闻报道,才能最真实反映新闻报道的全貌;只有坚持了正确的立场和导向,才能发表出正确的、具有建设性的言论。新闻媒体尤其应该直面政治社会生活中存在的问题和丑恶现象,客观分析、激浊扬清、针砭时弊,在事实准确的基础上发表具有建设性的批评言论。在此意义上,马克思主义公开地、旗帜鲜明地谈论阶级性、党性和人民性,不讳言新闻自由的导向性。三是坚持舆论导向不等于"舆论一律"。新闻舆论是通过对读者的启发、鼓舞、警醒、导向等方式发挥作用的,旨在营造健康良好的舆论氛围,而不是只允许有一种声音、一个调子和随声附和,更不是颠倒黑白,无中生有。因此,新闻表达上要避免使用行政命令的口吻,避免一味的单向度说教和填鸭式的灌输,应该多使用商讨、建议、号召等缓和的态度和口吻,增强舆论导向的上下互动机制,加强语言的感染力、形式的艺术性和表达的技巧性。尤其是对于一些善意的批评指责、舆论监督,要正确认识和理性对待,不仅要欢迎鼓励,更要认真研究和吸纳。

再者,坚持新闻自由和社会责任的统一。新闻自由始终伴随着权利与义务、自由与责任、手段和目的等一体两面的有机统一。新闻自由的政治权利强调的是对人主体价值的认可和尊重,新闻自由的社会责任强调一种社会感情和团体利益。不能单纯地脱离社会责任谈自由,那样就会陷入自私自利的误区;也不能脱离新闻自由谈责任,没有个人自由作为支撑,纯粹的奉献只是一种浪漫式的幻想而缺乏动力机制。一方面,作为一种政治权利,新闻自由强调人权的神圣不可侵犯,不仅意指对外在力量强制干预的消极否定,还内含了对于新闻自由中一些主观性成分的认可和保护。马克思认为:"没有出版自由,其他一切自由都是泡影。"[①]从这一意义上去理解,新闻自由具有价值自足性,其本身就是人类社会追求的价值目标之一,是衡量人类文明发展以及国家政治民主程度的重要尺度。对新闻自由权利的剥夺就意味着对人类自由生存和发展权利的剥夺和否定。但是,片面强调新闻自由的"权利优先论","媒体相应的道德义务和社会责任并不成为新闻自由权利观得以证成的必要条件和构成性因素,而只成为媒体行使新闻自由权时的一种选择"[②]。这种"个人主义"异化了新闻自由的公共性品格,夸大了个人的主观愿望,以解构化、碎片化的个人意志和诉求取代群体意志,实际上是以个人的"权利优先论"抽空了新闻自由的道德基础,造成了当前新闻领域道德的普遍缺失。市场经济条件下,以追求个人利益为出发点的新闻自由,过分专注于个体所存在的诸多差别,新闻报道完全以个人利益和诉求为动机,这样就会陷入利己主义的误区,人性的弱点在阶级社会中也暴露无遗。在阶级社会中,尤其是以掌握了权力和财富的少数人的意志取代群体的意志,掩盖了社会最广大人民群众的真正需求。这种个人意志下形成的新闻自由不是真正普遍、平等的新闻自由,而是具有剥削性质的新闻自由。另一方面,人在行使新闻自由权利的同时,必然会对其他人或利益团体产生影响,不可能孤立地行使新闻自由权利。因此,不讲社会责任的新闻自由不过是自私、虚伪和空洞的自由。社会主义新闻自由是绝大多数人的自由,是符合社会最广大

[①] 《马克思恩格斯全集》第1卷,人民出版社1956年版,第94页。
[②] 施勇:《新闻自由的反思与想象:对自由主义权利优先论视域下的新闻自由观的解构》,《东南传播》2009年第12期。

人民利益的新闻自由,与社会责任在本质上是统一的。新时代下,践行社会主义新闻自由必须为其注入道德内涵,新闻自由权利的行使要首先考虑国家利益和全民族利益,考虑人民群众的根本利益,以大局为重,任何情况下都不能借口新闻自由损害国家和民族的利益。习近平总书记指出:"在新的时代条件下,党的新闻舆论工作的职责和使命是:高举旗帜、引领导向、围绕中心、服务大局,团结人民、鼓舞士气、成风化人、凝心聚力、澄清谬误、明辨是非、联接中外、沟通世界。"①社会主义讲新闻自由,但新闻自由必须具有社会责任;社会主义新闻自由也讲经济效益,但是经济效益必须服务于社会效益。要正确认识社会主义新闻自由所依赖的政治、经济和文化基础,把维护国家安全和社会责任作为不可逾越的政治和道德底线。所以,新闻工作者既要有知识分子的济世情怀,也要有职业新闻人的道德操守,坚持新闻自由与社会责任的统一。

三、践行新闻领域意识形态安全的有效路径

面对当下严酷的意识形态安全问题,必须坚守新闻舆论阵地,抵御西方新闻自由思潮,维护国家意识形态安全。

第一,创新发展马克思主义新闻自由观,重塑意识形态领域的中国话语权。对西方新闻自由思潮的理性辨析和批判,与马克思主义新闻观的建构和弘扬是一体两面的过程。意识形态不会处于真空状态,往往自以为摆脱了一种意识形态的控制,却又在无意识中跌入了另一种意识形态阵营。面对西方意识形态对当下中国社会主流意识形态的冲击,意识形态领域的话语权决不能让步。尤其是面对西方媒体以"新闻自由"之名所施加的意识形态压力,以及网络舆论空间的话语权的挑战,必须旗帜鲜明地宣扬马克思主义新闻自由理念,敢于理直气壮地谈社会主义新闻自由,把遵循社会主义核心价值观作为不可逾越的政治底线。首先,以马克思主义新闻观为为指针,对强势涌入中国的新闻自由思潮作理性思辨和批判,认清西方新闻自由的实质,破除西方新闻自由的假象,为当代中国新闻自由思潮正本清源。其次,在坚持马克思主义新闻自由理念的同时,立足我国新闻传播实践和理论所面临的重大现实问题,把社会主义新闻自由的基本原理与中国国情和时代特征相结合,在注重本土新闻自由实践经验积累和理论总结的同时,借鉴吸纳国际新闻实践的经验和教训,增强理论创新的自觉和自信,做到以社会主义新闻自由理念研究新情况、解决新问题、引导新思路,

---

① 《习近平谈治国理政》第2卷,外文出版社2017年版,第332页。

重塑中国新闻话语权。最后,新形势下,不仅要促进社会主义新闻自由理念传播手段、方式、方法的创新,还要注意新兴媒体发展规律以及互联网传播理念、运行机制和模式的变更,推动以互联网为核心的新型新闻传播话语体系建设。2015年12月,习近平总书记在视察解放军报社时指出:"现在,媒体格局、舆论生态、受众对象、传播技术都在发生深刻变化,特别是互联网正在媒体领域催发一场前所未有的变革。读者在哪里,受众在哪里,宣传报道的触角就要伸向哪里,宣传思想工作的着力点和落脚点就要放在哪里。"[1]可以说,在短短的十几年时间里,以互联网为基础的新兴媒体的蓬勃发展,客观上颠覆了传统媒体的认知形态和生产模式,在以互联网为阵地的意识形态渗透战略中,重塑新闻理论框架和话语体系是新一轮媒体革命的大势所趋,也是促进新闻事业发展的应有之义。

第二,加强党对社会主义新闻事业的领导,坚定意识形态安全的领导核心。建立国际新闻传播新秩序,抵制西方国家借助新闻自由进行思想渗透和文化侵略。要使得新闻事业有利于国家发展,必须要从本国实际出发,走自己的路。面对当下意识形态领域丑化、分化、西化和弱化的严峻态势,如果不能占领社会舆论制高点,不仅在新闻话语权上处于被动挨打境地,也将无法避免社会政治经济动荡的命运。纵观当前新闻领域出现的舆论乱象,打好意识形态领域的攻坚战,掌握国际国内新闻话语权,必须发挥党的意识形态统领、观念整合和力量凝聚的作用,坚持党对社会主义新闻事业的引领,牢牢坚持"党管媒体"和"党媒姓党"的原则,最终将社会成员的思想观念和利益诉求统一到中国特色社会主义大旗下,落实到党的方针、政策和路线中去。一是要加强党的先进性和执政能力建设。中国共产党是中国特色社会主义建设的坚强领导核心,党的意识形态和国家意识形态根本上是一致的,执行社会主义政治理念和维护国家意识形态安全是党无可推卸的责任。党的先进性与否直接关涉国家的发展方向以及民众对社会主义事业以及马克思主义理念的认同程度。在新形势下,必须加强党的执政能力建设,提高应对国内国际复杂形势的能力,巩固党的执政基础和地位;加强对党员的管理和教育,保持党员队伍的先进性和纯洁性,确保"党媒姓党"的自觉性;及时了解民众的思想动态和社会心理,把握各社会阶层和集团的主观愿望和利益诉求,切准时代脉搏和社会舆论的性质、走向和强度,对各种社会问题及其背后深层内容作出灵敏的反应。二是提高并确保"党媒姓党"的

---

[1] 《习近平的新闻舆论观》,《人民日报》2016年2月25日第5版。

自觉性。中国的新闻事业属于全体人民所有,但新闻事业并不是人民的私有财产,而是党的事业的有机组成组分。与资产阶级新闻媒体不同的是,社会主义新闻媒体不能沦为市场的婢女和金钱的奴隶。当下中国许多主流媒体和新闻从业人员政治信念不坚定,基础理论不扎实,受西方意识形态荼毒深远,在理论上讳言新闻自由的党性、阶级性,在实践中背离党的方针路线,试图脱离党的领导。党和政府主办的媒体是党和人民的喉舌,是舆论宣传的阵地和抵御意识形态渗透的堡垒。这就要求我们必须从党媒内部提高对党的认可和支持,提高并确保"党媒姓党"的自觉性。三是加强主流媒体的传播力、公信力和引导力。当前主流媒体公信力缺失、传播力不足、传播手段单一等问题大大削弱了党的舆论引导能力。主流媒体不仅要理直气壮地坚持社会主义新闻自由,主动站在第一线捍卫意识形态安全,更要在传播能力和舆论引导能力上有实质性突破,成为中坚力量和思想屏障。在促进主流媒体传播手段和方式方法创新,增强主流媒体的传播能力的同时,注意发挥主流媒体对商业网络媒体形成示范效应,引导商业网络媒体端正经济效益和社会效益之间的关系,摒弃唯点击率、唯收视率为尊的做法,避免新闻媒体沦为资本的奴隶。

第三,建设社会主义新闻自由的法治路径,构建意识形态安全的法律体系。加强新闻自由法治建设是巩固我国新闻传播领域防线、抵御各种错误思潮入侵的强制性保障措施。宪法和法律在保证新闻自由权利的同时,也规定了新闻自由的边界,在法律限度范围内,必须承担起滥用新闻自由的法律责任。然而,我国的新闻立法相对滞后,至今没有专门的新闻法,也没有专门保障社会主义新闻自由的法律。我国宪法虽然规定公民具有言论、出版以及批评的权利,却因过于宽泛在解决实际问题中难以起到应有的效果。目前用以调整新闻关系的依据大都是行政法规、规章以及实施细则和条例,不仅对新闻自由权利的享有和义务的履行缺乏明确的规定,在处理新闻自由和个人隐私权、名誉权、国家安全等问题相冲突时也显得力不从心。如何发挥法律至高无上的权威,以法律的形式铸就新闻自由的底线是加强意识形态安全的必然选择。首先,通过明确的法律条文进一步规范新闻自由主体的权利和义务,将新闻自由产生的问题纳入法律框架予以解决,不仅可以避免激烈的社会矛盾,还可以提高党执政的合法性。对屡屡在意识形态问题上触犯规定、挑战底线者,要做出硬性处理。其次,提高立法的针对性和可操作性,既要加强原则性的法律法规建设,又要加强各级、各层次规章制度的协同性建设等。当前社会舆论领域涌现的许多新兴矛盾缺乏解决机制,在新闻自由与国家安全、新闻自由与个人隐私、新闻自由与其他自由之间的冲突问题上,尤其需要增强原则性和实践性的协同建设。最后,在建立和完善社会主义新闻自由相关法律的同时,要提高新闻自由法律的灵活性和适应性。"只有形成健全完善、操作性强、适应性好、不断与时俱进的网络法律体系,不断推进网络建设的法制化进程,才能用法律维护我国网络安全,打击各种颠覆社会主义制度的意识形态的恶性入侵。"①

第四,增强自媒体时代的心防和技术防御,构筑意识形态安全网络防线。互联网是意识形态渗透的前沿阵地,谁掌握了互联网领域的话语权,谁就将在意识形态斗争中处于优势地位。西方意识形态的外部入侵主要还是通过国内的商业网络媒体以及持极端化倾向的新闻媒体和自媒体来发挥作用的,我国网络防线的裂口是在外部腐蚀性的意识形态攻击和内部缺乏主权意识的网络媒体的双重作用之下才撕开的。抵制西方意识形态战略攻势,既要牢筑思想防线强化"心防"力量,又要加强技术防卫力量。首先,要提高网民的基本素质和社会责任感,增强对错误思潮的"免疫力"。自媒体时代,普通网民淡薄的社会责任意识和差强人意的道德素质大大稀释了新闻报道的质量,网民国家安全意识淡薄为西方意识形态渗透提供了可乘之机,客观上造成了中国新闻自由领域的混乱和危机。因此,提高网民的思想道德素质和社会责任感,既有利于提高网民自觉抵制错误思想和不良言论侵害的能力,还有利于深化网民对社会主义制度和党的领导的内在认同,将广大民众培育成捍卫我国主流意识形态安全的一支常备力量。其次,要提高新闻工作者的职业道德和社会责任。习近平总书记在2016年2月召开的党的新闻舆论工作座谈会上指出:"要深入开展马克思主义新闻观教育,把马克思主义新闻观作为党舆论工作的'定星盘',引导广大新闻舆论工作者做党的政策主张的传播者、时代风云的记录者、社会进步的推动者、公平正义的守望者。"②面对当下网络舆论乱象和意识形态渗透,新闻工作者要当之无愧地冲在前线。恪守职业道德,牢记社会责任,本着为人民服务的态度和实事求是的精神,为广大网民营造一个风清气正、主旋律高昂的舆论生态环境是新闻工作人员不可回避的责任。最后,加快构建信息基础设施安全保障体系,提高网络信息技术对意识形态的抵御和控制能力。实践证明,网络技术发达的国家对网络技术相对落后的国家所进行的文化侵略和意识形态渗透战略,已经深刻影响到了欠发达国家的网络国家主权和新闻话语权。面对我国网

---

① 张卫良、何秋娟:《应对西方"网络自由"必须维护我国意识形态安全》,《红旗文稿》2016年第9期。
② 《习近平总书记重要讲话文章选编》,中央文献出版社2016年版,第422页。

民数量众多、网络空间广大、网络发展复杂性、网络技术相对落后的现实状况,加快提升网络技术发展水平以抗衡美国等西方网络强国的入侵迫在眉睫。因此,我们必须巩固我国现有的网络基础设施建设,加强网络核心技术的研发,增强网络安全防御能力和威慑能力,用技术手段筑牢我国的网络防火墙,将各种有害言论、错误思潮拦截在我国网络疆域之外,维护我国主流意识形态安全。

第八章　当代中国民粹主义辩驳

自19世纪以来，民粹主义便成为全球范围内经久不衰的话题，它如幽灵一般，在世界范围内游荡。近来在英国脱欧公投中民粹主义一度表现活跃，而美国大选中特朗普的获胜使得民粹主义话题再次被推上风口浪尖。与此同时，随着我国市场经济改革的持续深入，社会阶层利益分化加剧，而依托互联网提供的技术支撑，民粹主义趁机抬头。2015年人民论坛最值得关注的十大思潮调查报告显示，民粹主义位居第四，尤其网络民粹主义最为活跃。[①] 随着民粹主义的兴起，其相关理论研究已成为国内外学界普遍关注的重要课题。究其实质，民粹主义打着维护社会公平正义的旗号，秉承直接民主的政治信念、结果公平的经济诉求，并以草根群体的主体构成、非理性的组织方式、依附性的存在形式为依托，实则建构了一种"多数人暴政"。它不仅可能会威胁我国的主流意识形态安全，甚至会在一定程度上影响我国经济社会的发展。基于此，廓清民粹主义在当前中国的存在样态，揭露其真实面目与理论实质，厘清其应对策略，便成为当下一项紧迫任务。

第一节　民粹主义及其理论形态

作为一个难以捉摸的概念，民粹主义内涵极其复杂多变。这就决定了对之研究必须结合深厚的理论认知与特定的社会情境。从理论逻辑与历史逻辑对其加以阐释，将有助于我们深刻认识不同情境中的民粹主义。

一、民、民粹及民粹主义

19世纪中后期，民粹主义几乎同时在俄国与美国酿发，而后作为"舶来品"传入中国。因此，要考究其学理内涵，既要从其产生语境中追溯原义，又要立足

---

① 潘丽莉、周素丽：《2015值得关注的十大思潮调查报告》，《人民论坛》2016年第3期。

本土化形式分析其词义,还要对相关概念予以辨析以明确其外延。

(一)民、民粹

考察"民粹"的原义,必须从其产生的俄国语境与美国语境中进行分析,深入厘清其基本内涵。

1861年的俄国农奴制改革是一次很不彻底的资产阶级改革,农民虽然有了人身自由,但他们承受的压迫却有增无减,大批农民遭受着封建农奴制残余与资本主义的双重压迫。在此背景下,19世纪70年代,一大批代表农民利益的青年知识分子登上俄国历史舞台,掀起了轰轰烈烈的"到民间去"(народный)运动,力图通过动员农民推翻沙皇政府的统治,以此建立社会主义社会。俄国民粹派由此而来。

几乎同时,19世纪90年代美国人民党的盛行标志着民粹主义在美国的出现。19世纪中后期,工业繁荣与农业衰微在美国形成鲜明对比。伴随工业化进程的一方面是农产品价格持续下跌,另一方面是铁路垄断迫使农场主支付高额的交通运输费用,农场主的处境艰难。由此,美国南部、中西部的农场主纷纷组织起来,联合起来成立了人民党。可以说,民粹主义集中表达了美国乡村中占主导地位的独立农场主的要求,反映了他们对银行、铁路公司和大的土地投机商等机构的怀疑。无疑,"这是一场真正民粹主义意义上的自下而上的社会运动,它冠以'人民'的名义并席卷美国南部、西部……这是西方解释框架下的民粹主义的起点"①。

"原生民粹主义虽在俄国与美国语境中的主体构成、政治理念、组织形式与存在方式等方面大相径庭,却蕴含同样的本质规定性:一是'民'泛指占人口绝大多数的人民,他们在理念上被视为具有真理性与优越性的同质性"共同体",然而在现实社会中却身处社会下层,承受重压且被剥夺感强烈。这一强烈反差使人民口号具有动员意味;二是崇民、信民,并且拒斥精英,具有浓厚的反精英色彩,体现了'民粹'的深刻内涵;三是具有'拜民教'倾向,将'人民'作为所有价值评判的出发点,甚至无视少数人基本权利或社会发展客观规律。"②

确切地讲,"民"究竟有何涵义?一方面,它突出的是纯粹的数量概念,亦即大多数人,人口数量上的极大优势凸显了民粹主义的合法性。另一方面,它强调的是同质性。人民内部可分为多个阶层,而不同的社会阶层(如工人、农民、私营业主等)所展现的思想观念、生活方式迥然相异。同质性强调了民粹主

---

① 林红:《民粹主义——概念、理论与实证》,中央编译出版社2007年版,第220页。
② 袁婷婷:《民粹主义的中国境遇》,《探索》2018年第1期。

的两大价值指向:一是排他性,纯粹意义上的人民,暗含了对其他阶层成分的排斥;二是整体性,人民由于在诸多方面存在一致性,因而是一个集体概念。从构词角度看,"民""民粹"蕴含了民粹主义的平民性、排他性与整体性特征,这也是界定民粹主义的重要标准。

(二) 民粹主义

民粹主义发端于 19 世纪末的俄国与美国,至 20 世纪中期,民粹主义"幽灵"逐渐扩散至拉丁美洲、东南亚、欧洲等其他区域。由于各国历史与文化规定性不同,民粹主义愈发多变。与之相对应,民粹主义概念的外延因为其对象的增多变得愈加宽泛,其内涵也变得越发模糊。

20 世纪 60 年代后,西方政治学领域开始关注民粹主义相关议题研究。1967 年,关于民粹主义的国际专题会议在伦敦经济学院召开。这次会议立意宏大,试图得出关于民粹主义的一般化理论。但会议的论文集并没有形成一个关于民粹主义的共同的核心思想。其中,一个值得关注的研究者是欧内斯特·拉克劳。拉克劳认为,民粹主义为精英阶层的思想意识,"当统治阶级中的一部分人企图建立霸权地位但又做不到时,就会直接求助于广大民众"①。在拉克劳的分析框架中,民粹主义更多的是以政治策略的形式而存在。

近年随着研究的深入,西方学者们更倾向于把民粹主义解读为一种意识形态。在齐泽克看来,民粹主义为某种斗争提供了中立的、超验的发源地,它包含了基本的、意识形态的神秘化形式。② 穆德(Cas Mudde)通过审视精英与大众的视角界定民粹主义,认为民粹主义是一种意识形态,总是有意识地把社会分裂为两个对立集团——纯粹的大众与贪腐的精英,并强调政治生活是人民意志的集中反映,其反义词是精英主义和多元主义。③

英国学者塔格特为我们提供了一个全面审视民粹主义的框架。他认为:"民粹主义者敌视代议制政治;民粹主义者把他们所偏爱的群体作为理想化的中心地区并以此作为辨识自身的依据;民粹主义作为一种思想意识缺乏核心价值;民粹主义是对严重危机的强烈反应;民粹主义因自身的矛盾性而具有自我局限性;民粹主义作为像变色龙一样的东西,能够随环境的变化而变化。"④虽然这一框架不能符合任何形式的民粹主义,但它却有助于我们在概念特征上认识

---

① 转引自[英]保罗·塔格特《民粹主义》,袁明旭译,吉林人民出版社 2005 年版,第 23 页。
② [斯洛文尼亚]齐泽克:《抵御民粹主义诱惑(上)》,查日新译,《国外理论动态》2007 年第 9 期。
③ Mudde C. The populist zeitgeist. Government and opposition, 2004.
④ [英]保罗·塔格特:《民粹主义》,袁明旭译,吉林人民出版社 2005 年版,第 3 页。

这种世界性的社会政治现象。

近年来,国内学界关于民粹主义的研究也愈发活跃,而涉及何为民粹主义这一重大基础课题,学者们立足于不同视角对于民粹主义的内涵予以解读。

有学者立足于构词角度,解析了"民""民粹"的内涵。"民"不仅代表着占绝大多数的人民,更意味着"组成大多数或群众的个人在欲望、生活方式等方面的一致"①,换言之,"民"在本质上具有同质性。"因此,其内涵为团结的人民(整体性)、我们的人民(排他性)与平凡的人民(平民性)。"②"民粹"有两个分析路向,一是"以民为粹",其"表现的是反精英的大众主义或平民主义"③,是"底层的主义";二是"民之精粹",意为一种将民众充当工具的精英主义,它是"一种政治策略或统治工具"④。

有学者通过考察其表现样态指出,民粹主义是社会思潮、社会运动和政治策略的复杂体。作为一种社会思潮,它极端强调平民群众的价值和理想,并把平民化和大众化作为所有政治运动和政治制度合法性的最终来源;作为一种政治运动,它主张依靠平民大众对社会进行激进改革,并把普通群众当做政治改革的唯一决定性力量,而从根本上否定政治精英在社会政治变迁中的重要作用;而作为一种政治策略,它指的是动员平民大众参与政治进程的方式。⑤

有学者强调从意识形态角度界定民粹主义,对此,学界有三种不同的观点。吴维旭否认民粹主义是一种意识形态⑥,在黄军甫、陈龙等学者看来,民粹主义不是一种独立的意识形态⑦,而陈兆旺则指出,民粹主义是一个"万能"的意识形态,可以与其他任何意识形态相结合。⑧我们认为:"判断某种思想理念是否为意识形态,其根本所在是衡量自身是否反映'特殊利益'与'普遍利益'之间的矛盾。民粹主义声称为民谋福,但却建构了另类专制形式,甚至不惜诋毁攻击精英群体的名誉、社会声望等,这则是特殊利益与普遍利益产生冲突的鲜明体现。

---

① 林红:《民粹主义——概念、理论与实证》,中央编译出版社2007年版,第33页。
② 袁婷婷:《近年来学界关于当代中国民粹主义研究述评》,《社会主义研究》2017年第4期。
③ 林红:《民粹主义——概念、理论与实证》,中央编译出版社2007年版,第39页。
④ 林红:《民粹主义——概念、理论与实证》,中央编译出版社2007年版,第40页。
⑤ 俞可平:《现代化进程中的民粹主义》,《战略与管理》1997年第1期。
⑥ 吴维旭:《浅析民粹主义成因中的民主矛盾性因素》,《福建论坛(人文社会科学版)》2010年S1期。
⑦ 黄军甫:《当代中国民粹主义言说:涵义·样态·成因》,《探索与争鸣》2016年第4期。
⑧ 陈兆旺:《民粹主义的多张面孔及其在中国的流变》,http://www.aisixiang.com/data/57476.html,访问日期2017年12月10日。

从这一角度来看,民粹主义是一种意识形态。"①

总的来看,学者们大致围绕以上三种理路解读民粹主义,亦即从词义语义出发具象定义,从综合表现出发归纳定义,从抽象演绎出发探讨定义。参照既有研究成果,笔者尝试廓清民粹主义的内涵。"西方语境中,民粹主义与精英主义相对立,与平民主义同义,在代议制的环境中,民粹主义通常沦为政党或政客们争取政治认同的意识形态工具。在我国当前语境中,民粹主义把社会分裂为精英与大众两个对立集团,亦即纯粹的大众与腐朽的精英,作为一种社会思潮,它秉承平民中心论,并把平民大众视为权力合法性的唯一来源。"②

(三)相关概念辨析

毋庸讳言,民粹主义作为一个"空心化"概念,要明确界定它的内涵,除了要探究它"是什么",还需澄明它"不是什么"。因此,我们急需对以下几对范畴进行学理辨析,以期深化民粹主义的学理内涵。

1. 民粹主义与民主主义③

民粹主义的真实面相往往隐藏在民主主义的外表下,这使得个体无法对民粹主义和民主主义做出合理区分。因此,要对民粹主义与民主主义进行细致的对比研究,为识别民粹主义提供有利的理论指导。

民粹主义往往产生于民主主义实践中。在民主改革过程中,与民主转型相伴而生的是社会经济、政治、文化等领域的波动,人民对体制的认同在短期内呈现波谷状态,甚至公开表达对现有体制的不满。而在健康的公民文化尚未形成的前提下,人民对于民主的曲解与误读在所难免,人民参与政治等理念很容易酿发民粹主义。在民主体制确立后,选举被公认为现代民主主义的一个重要特征。沿着这一思路,亨廷顿指出,"民主政治的核心程序是被统治的人民通过竞争性的选举来挑选领袖"④。而在竞争性选举中,民粹主义成为最大限度获取选票的捷径之一,换言之,竞争性选举很容易导致民主主义向民粹主义堕落。

虽然二者具有以上关联,但民粹主义与民主主义仍然存在显著区别,主要

---

① 袁婷婷:《近年来学界关于当代中国民粹主义研究述评》,《社会主义研究》2017年第4期。
② 袁婷婷:《近年来学界关于当代中国民粹主义研究述评》,《社会主义研究》2017年第4期。
③ 就民主主义而言,古典民主主义(古希腊雅典城邦的直接民主)与现代民主主义(以自由主义为根基,以代议制为主要参与形式的思想和制度)在内容、形式等方面均存在较大差异,本文无力对所有的民主主义进行对比分析。而现代语境中的民主主义通常是现代民主主义,因此,这里分析的民主主义主要是指现代民主主义。
④ [美]亨廷顿:《第三波——20世纪后期民主化浪潮》,欧阳景根译,中国人民大学出版社2013版,第4页。

表现在以下几个方面。首先,民粹主义中的人民是占有人口多数、同质性的共同体,精英被剔除在外,而民主主义中的人民则是平等、自由、兼容的全体公民。与民粹主义不同,强调个体权利的维护是民主主义的价值旨归。虽然民主主义秉承少数服从多数的原则,但其在尊重多数决定意见的同时仍然尊重少数人的权利。其次,民粹主义秉承反精英主义,民主主义却不拒斥精英主义。民粹主义对精英的社会价值予以否认,而民主理论家却认为,民主程序意味着政治精英"通过争取人民的选票而取得作出决定的权力"[①],民主主义虽然强调主权在民,却认可人民赋权精英处理国家事务,它并不拒绝精英主义。最后,民粹主义倡导朴素的直接民主,而民主主义则推崇调和的间接民主。原生形态的美国民粹主义不仅排斥精英,还强调大众直接参与政治决策以突显人民主体性。由间接民主到直接民主再到民粹主义,从左至右激进色彩愈发浓厚,民主主义论调逐渐降低,这是民主主义至民粹主义的异化理路。而作为民主主义的异化形态,民粹主义通常滑入"多数人暴政"或"精英统治"的泥潭。

2. 民粹主义与民族主义

民粹主义具有"内向性",这使得"民粹主义常常与种族民族主义和外交政策上的孤立主义联系在一起"[②]。在经济全球化背景下,民粹主义与民族主义合流趋势明显,似乎只要民族主义一有苗头,民粹主义就"在场"。为此,必须在理论层面对民粹主义和民族主义加以辨别,阻止对二者模糊化认知的蔓延。总的来看,二者有以下不同:一是两者的核心价值理念不同。前者侧重同质化的"人民",精英群体被排除在外,而后者则倾向于强调国家或族群意义上的人民共同体。"民"涵盖的对象不同,直接决定了两者迥异的核心价值,亦即平民主义与爱国主义。二是两者的基本特性不同。民粹主义立足于对"人民"的无上推崇,在行为方式上具有明显的非理性,俄国民粹主义的暗杀活动与美国大规模的人民党运动亦是如此。而原初性的西方民族主义则是在18世纪启蒙运动基础上一定地域范围内公民理性的联合,其强调的是公民的理性觉醒。可见,从原初意义上看,二者的基本特性截然不同。

上述对比为我们甄别二者提供了有利的理论参照。与此同时,民粹主义与民族主义存在诸多共同点。这些共同点的存在使得民粹主义与民族主义的界限越发模糊,为二者合流制造了烟幕弹。因此,有必要探究二者之间的共同点,摸清民粹主义与民族主义合流的理论源头。

---

① [美]熊彼特:《资本主义、社会主义与民主》,吴良健译,商务印书馆1999年版,第395—396页。
② [英]保罗·塔格特:《民粹主义》,袁明旭译,吉林人民出版社2005年版,第130页。

总的来看,民粹主义与民族主义的确存在显著共同点,亦即设定中心区概念、并对"他者"表示抗拒。比起确定谁是人民,民粹主义更容易确立谁不是人民。正如塔格特所言:"对社会集团的妖魔化,特别是对精英的憎恶使民粹主义者树立了政敌……他们通常站在自己所排斥、厌恶的社会集团的对立面上来描述自身。"① 同样,民族主义坚持本民族利益至上,具有显著的内护性。如果说内护性代表着防守型的民族主义,"那么民族主义的排外性则应是具有明显的进攻性"②。不可否认的是,二者在中心区都有一个想象中至尊至善的共同体,而非中心区的一切客体都是至卑至恶的。在对待非中心区的客体亦即他者(others)的态度上,二者的态度是批判的、排斥的。这一逻辑关联使得两者具备合流的可能性,但并不代表两者具有共生性。民粹主义强调人民利益,当这一价值遭遇外敌威胁时,人民上升至国家、"人民中心区"扩展至"本民族中心区"从而触发民族主义。就此而言,是否面临外敌威胁或以为遭受威胁是两者能否合流的关键条件。

3. 民粹主义与后现代主义

20世纪下半叶,后现代主义作为一种文化思潮在西方流行起来,并在建筑设计、语言学、影视等领域产生广泛影响。20世纪末期以来,民粹主义与后现代主义呈现出合流趋向。然而学界关于二者的对比研究相对有限。因此,有必要针对二者进行深入辨析,以明确民粹主义与后现代主义的界限。

第一,民粹主义建构主客二元论,后现代主义则批判主客二元论。在民粹主义语境中,民粹主义隐含着大众与精英的二元对立结构即主客二元论。其中,大众处于绝对主体地位,而精英则处于被支配地位。后现代主义对现代性的主客体二元论展开了批判,即自然被社会过度攫取、社会被主体理性规制、他人被主体无端漠视,其批判的出发点在于强调平等主义价值,这与民粹主义建构的大众与精英二元对立的取向存在显著不同。第二,民粹主义主张整体本位,崇尚同质性,后现代主义则强调非同一性,推崇差异性。正如上文所述,在民粹主义语境中,人民是一个整体性概念,既具有量的规定性即多数人,又具有质的规定性即同质性。在人民群体中,个体的"异质性被同质性所吞没"③,群体的同质性被强烈凸显出来。而后现代主义则强调差异性,后现代性主义强烈批判"同一性压倒个体性"的状态,推崇价值虚无与主体个性解放。就此而言,后

---

① [英]保罗·塔格特:《民粹主义》,袁明旭译,吉林人民出版社2005年版,第127页。
② 汪树民:《论民族主义的两面性》,《云南社会科学》2010年第5期。
③ [法]勒庞:《乌合之众》,冯克利译,中央编译出版社2014年版,第8页。

现代主义蕴含了个人主义理念,这与民粹主义截然不同。

总的来看,民粹主义与后现代主义之所以能够实现合流,是由多方面因素共同导致的。其一,后现代主义具有平民化倾向,这是二者合流的主体条件。哈桑、费德勒、詹明信等后现代主义思想家一致认为,后现代主义的主要表现形式为大众文化。"大众文化的花招很简单——就是尽一切办法让大伙高兴。"①这里,"大伙"自然不是高雅文化的创造者,而是简单随性地创作涂鸦、rap 等艺术形式的社会底层,他们人数众多。而这种平民化倾向与民粹主义不谋而合。其二,后现代主义对现代性极力批判,这是二者合流的价值条件。后现代主义的灵魂是批判性,它主要表现在对现代性人与自然、人与社会、人与人的关系被异化的痛斥。而民粹主义的诉求则是建立在批判社会不公与政治体制的前提下建立起来的。可以说,批判是二者的鲜明特性,而解构、颠覆、戏谑、娱乐等方式都被惯用,这使得二者在一定条件下志趣相投、相互融合。其三,互联网技术的普及为二者合流提供了媒介条件。在互联网时代,网络被视为最具后现代主义特征的媒介。由于网络具有无中心性、匿名性等特点,网络文化极易演变为网民或对精英群体的嬉笑怒骂,或推崇网络红人的"广场式狂欢"。在注意力不易集中的网络空间,后现代主义成为赚取眼球的重要方式。基于此,民粹主义很容易运用后现代主义方式强化其网络狂欢的效果。

二、民粹主义的历史沿革

19 世纪末期,俄国、美国出现了第一代民粹主义,在世界现代化持续推进的过程中,民粹主义的旋风风靡全球。

(一)民粹主义之于西方演进

早期俄国与美国的原生民粹主义被学界公认为第一代民粹主义;20 世纪 30 年代到 80 年代,拉丁美洲的民粹主义成为第二代民粹主义的象征;而 20 世纪 90 年代至今,活跃在欧美资本主义国家的民粹主义则被称之为新民粹主义。

进入 21 世纪以来,民粹主义在欧美地区势头活跃,尤其是 2008 年金融危机和 2014 年欧洲难民危机后,民粹主义表现得更加猖獗。2014 年,欧盟内部的右翼政党在欧洲议会选举中取得了近五分之一的议席,而在成员国内部,奥地利自由党、荷兰自由党、德国选择党发展迅猛,成为影响国内政治的重要力量。大多数右翼政党因打着反移民、反全球化等旗号而被冠以民粹主义头衔。这足

---

① [美]丹尼尔·贝尔:《资本主义文化矛盾》,赵一凡、蒲隆、任晓晋译,生活·读书·新知三联书店 1989 年版,第 91 页。

以说明民粹主义在欧洲的泛滥程度。令人惊愕的是，2016年英国脱欧公投成功，特朗普在美国大选中爆冷当选为总统，这些热点事件几乎被中外专家和媒体公认为民粹主义的"杰作"。有学者甚至断言，右翼民粹主义正在进入西方政治主流。①

值得注意的是，从共时态来看，在拉美民粹主义、欧洲民粹主义等为代表的20世纪民粹主义案例中，边缘化的广大弱势群体与魅力型领袖两种力量的结合，形成颠覆现存体制和利益格局的合力。在此意义上，平民大众与魅力型领袖成了理解民粹主义的关键。从历时态而言，由点到片，由片到面，民粹主义的蔓延和各个国家的现代化进程存在一定的契合。现代化进程所引发的不确定因素很容易诱发民粹主义，而民粹主义反过来又在一定程度上推动着现代化进程。

（二）民粹主义之于中国流变

民粹主义由俄国传入中国，至于其如何从俄国传入中国并转译成中文，并无过多史料可供考察。值得反思的是，为何俄国民粹主义会在中国传播开来？20世纪的民粹主义在中国经历了怎样的演化过程从而演变为当下意义中的民粹主义？要解开上述谜题，还要对中国所处的相应社会背景予以研究。

在中国，民粹主义这一概念来自列宁的许多文章。1912年列宁就孙中山的辞职演讲发表文章——《中国的民主主义和民粹主义》，首次把民粹主义与中国联系起来，然而这一概念在1927年4月才被译成中文并在我国公开发表。但是，当时该文章题目的译文是"中国的德谟克拉西与民权主义"，在白色恐怖的笼罩下，这篇文章当然谈不上什么影响。20世纪30年代后期，莫斯科出版的列宁中文翻译版文章开始被共产国际输送到延安，其中包括列宁在19世纪末与民粹派论战时所写的理论著作。在这一阶段，民粹主义一词才正式被中国知识分子所熟知。

早期俄国民粹主义随着马克思列宁主义传入中国，也就是说，我们党在汲取马克思列宁主义精神养分的同时在一定程度上也对民粹主义有所接触。然而，接触并不意味我们党接受民粹主义，党与民粹主义的关系说到底则是党领导的革命实践与民粹主义的关联。而针对这一问题，学界争议颇大。20世纪末，学界引发了一场关于毛泽东是否沾染民粹主义的热烈争论，争论的实质为社会主义革命时期提前并迅速完成社会主义改造进入共产主义是否能够称之

---

① 周穗明：《21世纪民粹主义的崛起与威胁》，《国外理论动态》2016年第10期。

为民粹主义。争论的焦点是"文化大革命"是否属于民粹主义这一话题。我们认为,民粹主义在"文化大革命"中起到了一定的推波助澜效果。一方面,为响应"割资本主义尾巴"的口号,农村取消自留地、城市消灭残存工商业等类似极左行径在全国普遍展开。可以说,在生产力不发达的前提下,这种主张全部公有、绝对平均主义的政策与早期俄国民粹主义的诉求颇为相似。另一方面,无产阶级在'文革'中占据强势,"资产阶级"成为贬斥对象。在对待学术精英方面,"打倒学术权威"、知识青年上山下乡、"红卫兵"接管大中小学等运动广泛开展;而在对待政治精英方面,打倒当权派、走资派等口号与运动使部分政治精英沦为被打击的对象。似乎只要是精英群体,无论事实上是否有资产阶级意识,都会成为革命的靶子。可以说,这种逻辑蕴含了大众与精英二元对立的民粹主义思维方式,助长了对学术、政治精英的无端打击。而随着"文革"的结束,民粹主义声势也逐渐平息。

随着我国社会转型期的到来,民粹主义在我国再度泛滥,且其内涵较之20世纪的民粹主义发生巨大变化。为何会出现这一转变?其中,最根本的原因是,当前的社会现实较之20世纪的中国已大为不同,社会主义市场经济的确立使得以"跨越论"为基调的民粹主义没有存在的社会土壤。随着改革进入攻坚期与深水区,我国的社会贫富差距拉大,社会中的弱势群体被剥夺感强烈,在此条件下,反精英成为民粹主义的主要诉求。

(三) 中西方民粹主义沿革之启示

毋庸置疑,民粹主义在世界各国的演进历程表明,民粹主义极易滑入自我堕落的泥潭。而通过考察民粹主义在欧洲、拉美、亚洲等地的历史轨迹,可以发现,民粹主义的消极性主要表现出两重面相。

一方面,民粹主义很容易建构"另类"精英统治。在民主化改革的过程中,人民而非宗教、神学成为政治权力的合法性来源。于是,打着人民的旗号,部分政党和政客们运用意识形态迷雾把民众裹挟其中。在他们的操纵下,人民表象上为最高存在,然而实际上却只是被赋予集体身份的沉默无名氏。从这一角度看,民粹主义沦为精英专制的意识形态工具。另一方面,民粹主义容易演变为"多数人暴政"。在民主政治的发展过程中,民粹主义与民主主义如影相随,二者共享主权在民等价值理念,但在人民如何行使主权这一问题上二者却分道扬镳。在民粹主义的理念中,人民是政治权力合法性的唯一来源,应拥有直接参与政治事务的权利,其实质上推崇的是直接民主。可以说,这种形式的民主有其形却无其本,是一种劣质民主,影响民主政治的良性发展。

总的来看，民粹主义虽然在一定程度上能够反映民意，但其所表达的民意却裹挟着偏狭等负面因素，其消极影响远大于积极影响，对此我们应加以防范。

三、民粹主义及其一般特征

为进一步明确民粹主义的本质规定性，我们急需从中西方民粹主义的历史演进和现实延展中厘清其普遍性特征。

（一）平民中心论是民粹主义的理论内核

作为舶来品，民粹主义亦被部分学者译为平民主义。无论是早期俄国和美国民粹主义对农民利益的申诉，还是拉美庇隆主义对工人的关照政策，抑或是欧美新民粹主义采用的迎合大众口号，都彰显出其对平民主体性地位的推崇。正是意识到这一点，塔格特指出："民粹主义之中有一个暗示性的中心地区的构想，人民位居于中心地区，民粹主义者赋予了人民以创造性和依靠性的作用。"[①] 确切地讲，人民指的是特定群体，而根据各国的民粹主义案例可以看出，所谓的人民即是平民。有学者沿着这一思考进路把民粹主义理解为"以民为粹"和"民之精粹"两个路向，分别对应于自下而上型革命暴力的民粹主义和自上而下型选举操纵的民粹主义。如上所述，倘若把各国的民粹主义案例加以区分，那么非代议制体制下的民粹主义则为革命暴力的民粹主义，譬如中国；而代议制体制中的民粹主义可以说是选举操纵的民粹主义，譬如英国、美国、法国等。在这两种表现理路中，平民被视为至高原则，在政治上其是政治权力的合法性的唯一来源，在经济上其站在平民立场上批判社会贫富差距现状，在道德上其处于道德制高点。就此而言，民粹主义的理论内核为平民中心论，它是民粹主义的本质特征。

（二）批判与解构是民粹主义回应非中心区的惯有方式

民粹主义总是将社会"分裂成两个内部同质但相对敌对的群体——'纯粹的人民'对'贪腐的精英'"[②]。人民位于民粹主义的中心区域，邪恶、贪腐的精英必然处于与之相对的非中心地区。为了强化推崇大众、批判精英的效果，民粹主义通常运用各种形式包括不正当途径批判精英并解构权威，对精英的批判更能衬托出人民的伟大与崇高。与之相对应，在民粹主义语境中，纯粹高尚的人民往往在现实生活中深受重压，而腐化的精英却享受无比优越的资源。在此形

[①] [英]保罗·塔格特：《民粹主义》，袁明旭译，吉林人民出版社2005年版，第4页。
[②] Gas Mudde. Populist Radical Right Partiesin Europe.New York：Cambridge University Press，2007.

势下,"人民"一出场便具有强烈的动员效果,具有鲜明的反精英指向。以批判精英为导向,民粹主义对精英极尽诋毁,并将批判的矛头指向一切占据知识、权力、财富的中心力量,将他们解读为压迫、邪恶的存在。早期俄国民粹主义中,民粹派就表达了对精英的质疑态度。早期美国民粹主义中,银行、铁路等垄断资本家被视为道德败坏的卑劣者,而20世纪欧洲等地的民粹主义则对主要政党持否定态度。在这些民粹主义案例中,精英被冠之于专权者、道德败坏的代表者等各种负面标签。随着互联网时代的到来,民粹主义扩散至网络空间。在无中心、无主体的网络空间中,民粹主义则通过戏谑嘲讽、离经叛道的话语狂欢解构颠覆精英,极具渲染力的批判方式使得民粹主义的动员效果更加强烈。

(三)群体非理性是民粹主义难以克服的弊病

勒庞认为,群体心理很容易表现出冲动等消极特性。在群体中,无意识心理占据上风,个体的异质性被同质性所吞没,任何具有煽动性的话语或行为都能引起群体的关注和强烈反应。在民粹主义语境中,但凡涉及批判精英、推崇平民的鼓动性"表演",都能够吸引平民群体的注意,从而煽动民众的反精英情绪,甚至诱发系列暴力活动。19世纪70年代,早期俄国民粹主义最终成为一场衷于暗杀的恐怖活动,20世纪30年代民粹主义与民族主义的结合更衍生出纳粹主义的怪胎,从这些历史事实中足以看出民粹主义潜藏的暴力性。总的来看,受这些消极心理影响,民粹主义很容易走向非理性路向,从而影响民主政治的健康发展。

第二节 民粹主义的中国境遇及存在样态

改革开放拉开了当代中国全面建设现代化的帷幕,为中国经济社会发展带来巨大飞跃。然而,随着市场经济的持续深入,个体价值取向呈现多元化态势,民粹主义暗流涌动。它或是在现实社会中张牙舞爪,或是在网络虚拟空间恣意高歌。总而言之,民粹主义以其变化多端的存在样态影响着现代化进程中的中国。

一、当代中国民粹主义的演进路向

改革开放以来,日益纵深的改革深刻影响着社会结构的变化。社会学家孙立平形象地把20世纪90年代以来的中国改革过程看作是"一场马拉松赛","每跑一段,都会有人掉队,即被甩到了社会结构之外。被甩出去的人,甚至已经不再是社会结构中的底层,而是处于社会结构之外"。① 这种社会结构的断裂渐渐让社会阶层趋于分化,跟改革开放之前的平均主义相比,逐渐出现进而拉大的贫富差距使得民粹主义情绪在部分弱势群体中滋生。英国学者以赛亚·伯林把民粹主义视为一种"灰姑娘情结","后妈"的不公给她带来不幸、痛苦与悲愤,而在民粹主义者看来,社会中地位高高在上的"知、官、富"都可能是"后妈"。对于这些个"后妈",一个灰姑娘有可能会忍受,千百个灰姑娘就可能会发作。正因如此,"无官不贪""无商不奸"等俗语在社会中大量传播,民粹主义情绪在弱势群体中逐渐蔓延。在此意义上,20 世纪 90 年代末我国社会主义市场经济体制的确立标志着民粹主义的复起。

进入 21 世纪,随着互联网应用的普及与推广,互联网愈发成为舆论斗争的关键场域。诸多社会思想、观点逐渐在网络空间传播,民粹主义也逐渐以新面具——网络民粹主义的形式得以出现。"作为互联网与民粹主义的结合体,网络民粹主义的'民粹'本质并未发生根本性的变化"②,只是其表现形式与作用机制在一定程度上发生了变化。网络民粹主义最初引发关注起因于 2001 年网民对赵薇军旗装事件的强烈批判。此后,网络技术的成熟和网民规模的扩大为网络民粹主义的蔓延提供了更为有利的条件,由此而导致网络民粹主义的温度越发灼人。2008 年以来,反家乐福事件、杭州飙车案、邓玉娇案、躲猫猫事件、药家鑫事件等网络热点事件的频发,使网络民粹主义掀起一波又一波的舆论狂潮。从这一角度看,网络民粹主义已经成为当代中国民粹主义的主要表现形式。

二、当代中国民粹主义的表现样态③

当代中国的民粹主义,既蕴含民粹主义的本质规定性,又因时代与地域因素显示出不同特性。在这一时期,我国民粹主义融入了关乎弱势群体的切身利益诉求,而互联网时代的到来更是让这一诉求以"互联网+"的形式表现出来。与此同时,横跨社会主义革命与社会主义建设的历史路向又恰恰是中国民粹主义不同于西方民粹主义的独特之处。这一历程使我国的民粹主义理论研究无法找到现有的理论指导与实践参照。因此,我们有必要在当代中国的考察视角中厘清民粹主义的各种存在样态,廓清民粹主义的阶段性特征与真实面貌。

---

① 孙立平:《断裂——20 世纪 90 年代以来的中国社会》,社会科学文献出版社 2003 年版,第 1 页。
② 袁婷婷、王岩:《论网络民粹主义的三重维度——基于网络生态建设的视角》,《电子政务》2016 年第 11 期。
③ 该部分主要内容已以《民粹主义的中国境遇》为题发表在《探索》2018 年第 1 期,特此说明。

(一) 政治民粹主义

随着我国社会改革逐渐迈入攻坚期与深水期,部分原子化个体被剥夺感强烈,愤懑情绪淤积,以强调人民大众权利为主题的民粹主义在政治领域表现活跃,被称之为政治民粹主义。就内涵而言,政治民粹主义把人民大众作为权力的唯一合法性来源,极力强调人民权利,而对精英政治内涵予以虚化。当前我国政治民粹主义具有联动性,它不仅通过网络话语符号宣泄崇民仇精英情绪,还聚集网络民意运用道德审判从而建构网络广场政治,甚至助推网络广场政治走向街头政治引发集体行动,从左至右网民之间、网上与网下之间联动程度逐渐加深、范围逐渐扩大。

民粹主义通过崇民拜民的网络狂欢式话语景观,生成了"另类"话语符号。巴赫金曾指出:"狂欢广场式的自由自在的生活……充满了对一切神圣物的亵渎和歪曲,充满了不敬和猥亵。"[①]随着互联网时代的到来,扁平性、匿名性、聚集性的互联网成了狂欢的绝佳场域,并产出大量"另类"的狂欢话语景观。一方面,这些话语并不只是单一、孤立的一句话,而是彼此联系、交互的话语流,通常出现在论坛、微博等地,被塑造成生动立体的话语景观;另一方面,逢官必骂、逢富必唾、逢知必讽是这些狂欢话语的主旨,其不仅否定并仇视精英群体,并对精英群体的固有权威予以颠覆。而解构精英及其权威的意图,则是建立新的权威亦即人民大众权威。比如近年我国网络论坛兴起的富人原罪论调、以"砖家叫兽"为代表讽刺知识精英的系列言论等等。这些话语景观具有狂欢性、崇民性、反精英性,是民粹主义的深刻表现。然而,民粹主义构筑的崇民话语景观却单纯以身份标签为评价标准,并不实事求是地生产话语,建构了一种机械、以偏概全的话语景观。

民粹主义借助网络集体行为聚集网络民意,建构了乱序的网络广场政治。在网络场域中,个体相对平等自由并且可以直接参与网络活动。在这里,最引人关注的现象之一是聚集民意审判精英的集体行为。这种集体行为的生发过程如下:一旦涉及大众或精英的新闻事件,相关直指精英的谣言绯闻或刻意美化人民大众的言论便会在官方声明出现之前爆出,继而在微博贴吧等地被大量点赞、转发与评论,激起人声鼎沸的舆论狂潮,最终聚集成强大的舆论泥石流,其以人民的名义或是对精英进行道德绑架,或是对精英予以舆论审判,在对精英的抗拒中更突显了崇尚人民大众的价值理念,譬如"邓玉娇案""药家鑫案"。

[①] [俄]巴赫金:《陀思妥耶夫斯基诗学问题》,白春仁、顾亚铃译,生活·读书·新知三联书店1988年版,第184页。

这种网络集体行为体现了鲜明的民粹主义色彩,是民粹主义在政治领域的典型表现。不仅如此,随着民粹主义在网络场域中持续发酵,受高涨情绪驱使的大众容易引发街头政治,促使网络集体行为转向社会集体行动。比如"邓玉娇案"中由大众发起为邓玉娇请命的社会运动。然而,这种形式的民粹主义"更加关注具体议题而缺乏宏观政治规划,在风格上倾向于平淡、平凡的生活政治,而不具有崇高、雄伟的现实政治意蕴"①。然而,由于以数量上的多数人意见代替少数人理性决策、以人民大众的名义侵犯个体权利,民粹主义显然与宽容理性的民主理念相悖。确切地说,它很容易使政治生活滑入"多数人的暴政"的泥潭。

(二) 文化民粹主义

英国学者麦克盖根曾对文化民粹主义作出以下界定,文化民粹主义"认为普通百姓的符号式经验与活动比大写的'文化'更富有政治内涵"②。也就是说,文化民粹主义更突出普通大众的文化审美,并对高雅、精英文化表示不屑。确切来看,作为民粹主义在文化领域的具体样态,文化民粹主义既具有民粹主义的本质规定性,又显示出其文化内涵,一方面它把平民大众视为文化合法性的唯一来源,另一方面它肯定平民文化存在的合理性,在价值倾向上强调推崇平民大众的文化审美与趣味,并对"中心"文化表达抗拒。

较之我国传统民粹主义,文化民粹主义以全新姿态不断酿发并逐渐形成一定规模。改革开放以来,我国文化生产逐渐与市场机制接轨,受市场利益驱使,部分文化生产将目标转向人数众多的平民大众。总的来看,追逐受众的文化生产为消费主义提供了物质供给,而信奉消费主义的受众则为这种文化生产确立了目标群体。在此意义上,二者在生产与消费的统一中实现高度契合,使民粹主义与消费主义在媒介文化产出中形成合流并以文化民粹主义样态呈现出来。与此同时,互联网上所建构的后现代文化景观也助推着平民文化的产出。互联网媒介具有无中心、无主体等特性,这在一定程度上与解构、去中心、平面化的后现代主义不谋而合。因而,互联网成为后现代主义"大放异彩"的绝佳场域,并塑造了一系列后现代文化景观。就价值立场而言,后现代主义对精英予以排斥,并倡导无深度与平面化,其渗透在一定程度上为网络平民文化的生产提供了价值合法性来源。从这一角度看,后现代主义与民粹主义相互依附并助推文化民粹主义的生成。

如果说消费主义与民粹主义的结合产生了文化消费意义上的文化民粹主

---

① 刘小龙:《网络民粹主义的内涵、张力与特征》,《探索》2016年第5期。
② [英]吉姆·麦克盖根:《文化民粹主义》,桂万先译,南京大学出版社2002年版,第4页。

义,那么,后现代主义与民粹主义的结合则催生了文化生产层面上的文化民粹主义。与现实社会相比,我国的文化民粹主义主要在网络空间中形成一定规模。沿着两种不同路向,它分别表现为以下存在样态。

其一,娱乐化的网络传媒内容。它主要表现为低俗、庸俗与媚俗的网络视频、网络歌曲等传媒节目。就生产者来说,网络传媒的生产者主要是传媒经营者,而非网民个体。就生产目的来说,网络传媒生产的主要目的是商业利润的最大化。就生产内容来说,感性化的快感文化,最容易寻找到最多的受众,激发受众文化消费的快感"力比多",从而实现市场的最大化,因此,网络传媒内容通常呈现出肤浅/无深度、出位/泛娱乐(短、平、快)状态。在此意义上,部分网络传媒生产者成为民粹主义与消费主义的支持者,并构建了推崇平民大众文化审美趣味的文化民粹主义。确切来看,"文化民粹主义与新媒体技术的结合,使满足民众文化需求成为一种诉求,具有了合法性。在'人民的文化'、'大众的文化'旗帜下,自定规则生产出的文化,体现了非精英的底层文化特性:满足感官需求,娱乐至死"[1]。

其二,网民生产的草根文化及其典型:"网络红人"。草根文化是由网民直接参与所生产的新文化形式,具有草根性、平民化特征。从产生机制来看,草根文化在一定程度上是民粹主义与后现代主义结合的产物,它由网民出于放纵心态自发参与所产生的,并不涉及在消费中实现自我的商业行为。具体而言,草根文化的典型样态是其所生产的大批诸如犀利哥、凤姐之类的"网络红人"。例如,2010年犀利哥另类的乞丐形象迅速受到网民关注而走红网络,并被网友冠之以"极品乞丐""乞丐王子"等称号。而在犀利哥等"网络红人"生产的背后,潜藏的是去中心、平面化的后现代价值倾向与集体生产的众人狂欢。一方面,"网络红人"生产是网民解构中心、无深度的情感表达过程。另一方面,"网络红人"生产意味着众人狂欢。网络红人的生产者既不是其原型本身,也不是网络推手,而主要是普通网民。参与建构的主体意识与自我放纵的快感使得"你、我、他,共同组成一个虚拟的网络集体生产者,狂欢式地参与到网络红人的生产中"[2]。在此意义上,作为草根文化的代表,"网络红人"生产蕴含了民粹主义的本质属性。

---

[1] 陈龙:《文化民粹主义"祛魅"与媒介文化体系建设的"三重门"》,《社会科学战线》2016年第5期。
[2] 余霞:《网络红人:后现代主义文化视野下的"草根偶像"》,《华中师范大学学报(人文社会科学版)》2010年第4期。

(三) 民族民粹主义

民族民粹主义是指与极端民族主义合流的民粹主义。在价值诉求上,民族民粹主义打着爱人民、爱国家的旗号,以维护民族、国家利益为招牌,而对国外力量表示抵制。在影响规模上,民族民粹主义表现强势,一方面在"爱国主义"噱头的渲染下,大众认同容易转变为民族认同而在本民族中扩散开来;另一方面,由于涉及本民族与域外国家,因而它通常也会对国外力量产生相关影响。

"中心区"概念的设定与对"他者"排斥的共性使得民粹主义与民族主义具备了合流的可能性。民粹主义强调的是人民中心区亦即平民大众的整体性,民族主义所关注的则是民族中心区即本民族利益,当遭遇外敌威胁或以为受到外敌威胁时,群体本位至上理念便容易转变为极端民族主义。从这一角度看,民粹主义内在地潜藏了一种民族关怀,而平民大众利益与民族利益的捆绑则使二者具有了合流的现实性。在民族民粹主义语境中,大众认同转变为民族认同,其批判的重心也由精英群体切换至"国外敌人"。在这里,"'人民的-反人民的'思维逻辑转变为'国内-国外的'逻辑"①。与政治、文化民粹主义中明显的民粹主义表象不同,民族民粹主义中的民粹主义较为隐蔽。当前一些西方发达国家出现了民粹主义与极端民族主义合流的趋势。"如英国公投'脱欧',法国极右翼政党国民阵线借欧洲难民问题发表反穆斯林移民的言论等。它们都有一个鲜明的特征:以民族主义的面目出现。"②可以说,对于民族民粹主义而言,民族主义有外向性,民粹主义具有内向性,在极端民族主义的外套下遮蔽的是民粹主义真实面相。

就表现形式而言,民族民粹主义通常打着"爱国家、爱人民"的旗号把平民大众裹挟其中,在互联网时代背景下,其主要策略是在网上造势、网下借势,一方面掀起一波波网络舆论狂潮,另一方面在网上舆论氛围烘托中诱导相关网下抵制国外力量的热潮。确切来看,网上与网下活动在一定程度上互相回应、彼此烘托,从而使民族民粹主义的表现更为强势。譬如,在2008年反家乐福事件中,由于奥运圣火在法国传递过程中遭遇骚乱,诸如奥运火炬在法国传递期间遭到干扰,其大股东路易威登公司曾多次资助达赖集团等消息在网络中被大肆转发,引发了网民抵制法国家乐福热潮。"五一当天为抵制法货日""拒用高档法国化妆品"等类似口号铺天盖地在MSN、网络论坛中传播开来。受此影响,多地家乐福卖场冷清、生意惨淡。后来,"萨德"在韩国的部署又把"韩国乐

---

① 俞可平:《现代化进程中的民粹主义》,《战略与管理》1997年第1期。
② 欧阳辉:《警惕民粹主义与极端民族主义合流》,《人民日报》2016年12月18日第5版。

天事件"推上风口浪尖。乐天集团与"萨德"系统部署用地正式协议的签署引发了中国民众的一致抗议,随着乐天集团相关丑闻在网络上披露,广大网民纷纷在论坛、贴吧中对韩国及其乐天集团进行口诛笔伐,"乐天滚出中国市场"等声音在网络中迅速传播并受到追捧。受此影响,民众甚至对韩国及乐天产品予以抵制,拒绝范围从化妆品、韩国肥皂剧、韩国明星、韩国游到乐天玛特应有尽有。

确切地说,民族民粹主义首先是伴随着民族主义情绪出现的。在民族主义酿发过程中,外敌信息的失真、夸大与误导给民粹主义提供了温床,主客体二元论的价值倾向就此出现。在这一价值立场下,上述事例中的家乐福、乐天等对立面角色得以树立。沿着这一思考理路,民族主义走向极端民族主义路向。正是在此意义上,"家乐福事件""韩国乐天事件"等能被称之为民族民粹主义。可以说,民族民粹主义打着爱国的旗号实则建构了一种极端民族主义,其误导性既对我国主流意识形态造成了冲击,也影响了我国社会经济的健康发展。

三、当代中国民粹主义的价值诉求

总的来看,当代中国民粹主义的价值诉求主要表现为以下几个方面。

(一)政治理念上的极端民主

当代我国民粹主义主要秉承极端民主的政治理念,而极端民主理念在蕴含了权利平等与大众政治参与理念的同时,却强调对精英的极力排斥。更确切地说,民粹主义"信任人民而怀疑甚至反对精英分子,强调大众参与而反对代表制,要求平等而反对一切等级关系,以及对外来者的排斥态度等。所以,问题并不在于信任人民、强调大众参与、要求平等(其实对民主来说,这些本是题中之义),而在于对精英的排斥"①。当前我国民粹主义语境中,少数精英承受着大众的唾骂和道德审判,高雅文化领地被草根文化霸占,理性爱国声音湮没在集体狂欢之中。在这里,占有人口多数的大众具有不可辩驳的权利正当性、文化合理性与爱国正义性,多数人合理原则成为民粹主义的深刻体现。其具体表现是:民粹主义以人民的名义,或是在网上对精英无端谩骂,或是聚集民意针对精英人物进行舆论审判,或是通过极端言行宣泄极端民族主义。

虽然民粹主义的多数人权力不具有强制性,但却将众意凌驾于少数精英意见之上行使无限权力,建构了另类专制形式。在此意义上,民粹主义的"多数人合理原则"实质上是"多数人暴政"。即是说,民粹主义单纯强调多数人的重要

---

① 肖雪慧:《何为"民粹主义思潮"?》,《书屋》2008年第1期。

性,而将多数人是否是真正合理的问题抛之脑后,甚至无视公共理性、德性与法治精神以至于侵犯少数人的基本权利。就此而言,所谓的民主、人民对于民粹主义来说只是一纸空谈。民粹主义运用多数人暴政的激进民主取代科学民主,将越来越多的原子化个体裹挟其中,并在经济、政治与文化等领域把大众视为最高原则从而建构另类专制,侵犯了公民的基本权利,制造了社会理性认同危机。必须强调的是,我国民粹主义以批判、解构精英为导向,对社会各个领域的发展走向却缺乏整体规划与理性设计。更多时候,由于民粹主义具有间歇性、突发性、不可控性,其激进民主的政治理念虽然并没有形成较为宏观的政治活动,但却很容易爆发升级为社会集体行动。

(二)经济诉求上的绝对平均

追溯缘起,原生民粹主义虽然在俄国与美国的出场境遇不同,但在经济诉求上都聚焦于对社会不公的批判。在民粹主义语境中,"人民"在理念上被视为真理性、优越性与崇高性的存在,而在现实社会中却承受利益受损的现实,这一强烈反差使得"人民"一出场便天然地携带批判不公与渴望公平的基因。中国改革开放政策的实施打破了原有计划经济体制下的平均分配模式。在利益格局的深刻变动中,巨大的贫富差距、沉重的生活压力、相对的利益受损,使广大民众被剥夺感强烈,很容易诱发民粹主义。面对精英与大众社会资源占有的失衡,民粹主义痛斥社会精英及其对社会资源的操纵与占有,并表达出绝对平均的利益诉求。

我国民粹主义语境中的绝对平均具有双重内涵:广义上指的是底层大众与社会精英在社会威权与享有资源等方面的绝对平等,狭义上特指底层大众与社会精英在经济资源占有方面的绝对平均。学者马立诚曾指出:"民粹主义主张'均贫富',要求结果均等。'同样是人,有人富甲天下,有人一贫如洗,这太不公平了!'民粹主义注重的不是起点平等即机会平等,而是结果均等,因此不惜以无偿没收、抢劫等暴力手段实现均富。"[1]如 2004 年网络空间中引人关注的"富人原罪论",各种网络论坛竞相揭露私营企业主的原罪,如强制拆迁的恶霸、黑白通吃的企业主、非法走私起家的巨富等,从而引发网民热烈讨论并掀起网友抵制富人的舆论热潮。其中,许多网民运用各种方式表达对富人的深恶痛绝,甚至主张清查富人资产并进行再次分配。总的来看,民粹主义总是希望通过情绪化手段而非周全理性的审慎决策、疾风暴雨的变革而非有条不紊的稳步发展

---

[1] 马立诚:《当代中国八种社会思潮》,社会科学文献出版社 2012 年版,第 165 页。

来调整社会资源,把占有多的拉下来,补齐占有少的收入短板,"结果是导致社会生产力的破坏和社会的贫困化"。①

(三) 文化取向上的拒绝高雅

在特定情境中,具有相似诉求的个体在网络空间很容易聚集一起表达关注底层与拒斥精英的民粹主义情绪,并寻求某种形式的文化表达。在社会思想的深刻变动中,社会价值取向逐渐多元,大众文化日渐兴起,文化取向中低俗与高雅、世俗与神圣、商业与艺术之间的界限也愈发模糊。而民粹主义的文化表达,则在一定程度上将大众文化推向与高雅文化对立的极致。具体而言,这一文化表达方式无限抬高大众文化,因为在民粹主义语境中,大众具有真理性、优越性,大众的文化自然具有无可比拟的崇高性与先进性。与此同时,以抗拒精英为导向,它孤立精英文化并解构以精英文化为代表的高雅文化。

拒绝高雅的文化取向深刻体现在当前我国民粹主义的多种存在样态中。无论是针对社会精英戏谑恶搞、嬉笑怒骂的网络话语景观,还是网络传媒生产者为刻意迎合消费大众所生产的娱乐化产品与低俗、庸俗、恶俗的传媒内容,抑或是广大网民所生成的"出位"草根文化,大众运用各种手段与方式建构一种感官刺激强烈、娱乐效果出众的"眼球文化"。它不关注高雅的审美趣味、丰富的文化内涵,而以"短、平、快"的方式在短期内迅速吸引网民关注,并使网民在其中享受参与建构的主体意识和自我放纵的愉悦,广大网民"获得文化参与的乐趣与自我表现的快感,并通过这种'快乐'的参与,进一步获取社会、经济和文化的优势状态。"②也就是说,在此逻辑中,一切与大众及其趣味不符的审美方式都是必须拒斥的对象。然而,这种"眼球文化"通常只是招摇过市并且转瞬即散的"文化快餐"符号,它主要代表了大众的世俗趣味与低级欲望,缺乏陶冶情操的精神境界与高雅追求。在此意义上,民粹主义在文化取向上坚持拒绝高雅文化的同时,却生成了一种内涵虚无的低质文化。

(四) 主体构成上的草根性

与其他社会思潮相比,当代我国民粹主义没有公开宣称坚持民粹主义的代表人物,没有专属的理论阵地。确切地说,当代我国民粹主义缺乏坚定的发言人与忠实的追随者,其主体具有相当程度的不确定性与随机性,在特定情境中

---

① 吴若增:《社会主义与民粹主义》,http://www.aisixiang.com/data/88110.html,访问日期2017年12月16日。
② 陈龙、陈伟球:《民粹化的媒介文化:从大众崇拜到"大众"文化崇拜》,《山西大学学报(哲学社会科学版)》2013年第6期。

由于相同的立场、价值骤然集聚并出场,而在喧嚣之后却往往突然消散,隐匿在普罗大众之中。具体而言,少数"精英"和大众"草根"的互动推动着民粹主义的滋生。

其一,少数"精英"将民粹主义视为牟利策略,在民粹主义生成中推波助澜。在这里,"精英"将自身刻画为心系底层、反对精英与关注草根的代言人,以此赢得相当数量网民的认同与追随。施展民粹主义策略的"精英"大致分为两类:一是别有用心的网络意见领袖,通过心系底层、抨击精英的民粹主义策略而出名博位,煽动民粹主义情绪。如 2016 年的雷洋案中,网络写手"山羊月"发表评论《刚为人父的人大硕士,为何一小时内离奇死亡?》,声援雷洋及其家属并对涉案民警予以抨击,迅速引发网民聚集围观。受舆论导向影响,网民迅速集合形成一个为底层说话、对精英抨击的群体,从而催生民粹主义。二是觊觎商业利润的文化生产者,为实现消费市场的最大化追逐商业利润,从而刻意借助民粹主义策略制造"眼球经济"。如一些低俗媚俗的网络歌曲、网络视频产出者,以一些博位的网络文艺内容获取大量网民关注,导致民粹主义酿发。

其二,占据数量多数的大众草根成为民粹主义的重要主体构成。更多时候,大众草根并没有具体圈定范围而只是一种特定情境中的身份建构。基于利益受损的不满、相对剥夺感的强化、沉重的生活压力,社会中的原子化个体逐渐滋生不满情绪。在特定情境中,原子化个体的不满情绪受到刺激并强化,导致具有"抗拒性认同"的个体聚集起来并成为民粹主义者。在人声鼎沸、众声喧哗的网络空间中,这种"抗拒性认同"的发声者主要来自相当数量的匿名网民,而难以具体还原至真实的社会身份中。更确切地讲,民粹主义的主要构成主体是一个基于不确定的时间和空间场域所形成的临时群体,而在其他情境中,又可能成为其他社会思潮的追随者,甚至抗拒或反对民粹主义。

(五)存在形式上的碎片化与依附性

缺乏坚定的代言人,没有专门的理论阵地,也没有完备的行动纲领,使得民粹主义的生成与蔓延过程无组织、无规律,从而零星地延展至政治、文化等领域之中。大致看来,在政治领域,民粹主义主要呈现为心系底层与反抗精英的话语符号或社会行动。从演进过程来看,民粹主义包括情绪、思潮、行动三个阶段。在常态上,民粹主义情绪主要遮蔽在新闻评论、恶搞话语、热点争论等部分网民的话语、观点或主张之中。这种零星分散的社会情绪不断酝酿发酵,彼此聚拢交互,从而在特定情境中容易突发性地集合宣泄为喧嚣的舆论浪潮。而在个别特殊事件中,持续发酵的网络舆论又可能会延展至现实社会中,促使网络舆论浪潮转向社会集体行动。而在文化领域，民粹主义主要以迎合大众文化趣味的牟利策略或推崇草根拒斥高雅的网络文艺形式出现。可以说，沿着"美化草根"与"抗拒精英"的基本路向，民粹主义星罗棋布、七零八落地藏匿于网络空间中，并间歇性、突发性地浮现而出，这使得其难以像其他社会思潮一样被轻而易举地察觉，从而以暗流的姿态悄悄生长蔓延。

值得注意的是，由于缺乏独立的形态，民粹主义往往与其他社会思潮相互渗透。可以说，民粹主义自身内容的空洞无物一方面意味着它可以与任意价值理念相结合，另一方面也要求它必须与其他价值理念结合以做填充。立足当前，与我国各种社会矛盾相伴而生的新自由主义、新左派、民族主义、后现代主义等思潮纷纷登场，竞相追逐并交相呼应。在此意义上，多元社会思潮的存在恰恰为民粹主义与之合流奠定了现实基础。在特定的时间与空间场域中，当前我国民粹主义与新左派、民族主义、后现代主义等社会思潮走向合流。比如经济上追求绝对平均的相似诉求，使民粹主义打着绝对公平的旗帜招揽了一批新左派追随者，从而使民粹主义与新左派走向结合。而在合流趋向中，民粹主义的"人民"至上理念借助于其他社会思潮展现出来，而其他社会思潮则依托民粹主义把更多的民众裹挟其中从而扩大其受众基础。基于此，民粹主义影响的深度被强化、广度被拓宽，其他社会思潮也走向极端与激进路向。从这一角度看，民粹主义与其他社会思潮的合流对主流意识形态安全构成了严重威胁。

第三节　当代中国民粹主义产生的根源

倘若说依附性与草根性使得民粹主义影响范围广、受众人数多，那么非理性则意味着民粹主义有着不可忽视的负面影响。因此，我们有必要厘清当代中国民粹主义产生的缘由，及时遏制并切断民粹主义进一步酝酿的可能。我们力图通过以下几个方面分析民粹主义的生成因素，期寄于深化对民粹主义的有关讨论。

一、收入分配差距拉大是其经济诱因

与改革开放之前的计划经济相比，市场经济的出现为中国社会带来了各种变化。平均主义的分配模式被打破，个体生产与经营的自主性和积极性大大提高，国家GDP更是连年保持稳定增长。然而，《中国民生发展报告2015》显示，目前中国的贫富分化状况正在日趋恶化。在市场经济背景下，中国居民收入基

尼系数从20世纪80年代初的0.3左右上升到现在的0.45以上。CFPS2012年资料估算表明,中国家庭财产基尼系数从1995年的0.45扩大到2012年的0.73。顶端1%的家庭占有全国约三分之一的财产,低端25%的家庭拥有的财产总量仅在1%左右。[①] 巨大的贫富差距让"平均主义"回归到大众视线中,"左"倾思想再度抬头,所谓公平、公正成了他们振臂高呼的口号。

随着市场经济的持续推进,不但结果平均的目标渐行渐远,就连过程平均、机会平均等在一定程度上也难以保证。在市场经济机制尚未形成前,中国的阶层划分主要是一种制度性划分。在经济身份上,划分为农民、城市居民;在政治身份上,划分为干部和工人(群众)。在1992年邓小平视察南方并发表重要讲话后,市场经济在中国确立,"下海、经商"等热潮出现,大量民营企业等开始发展壮大,既有的工人、农民、知识分子等群体在此过程中不断分化并组合,逐渐形成了新的阶层。在杨继绳看来,以财富为基础,同时参照权力、声望等因素,当代中国社会阶层可划分为上、中上、中、中下、下五个阶层。其中,上等阶层包括政府、国有大型企事业单位领导成员,大中型私有企业主等,占全国经济活动人口总数的1.5%;中上等阶层包括高级知识分子、中高层干部等,占全国经济活动人口总数的3.2%;中等阶层包括专业技术人员、党政机关公务员、公有垄断企业普通职工等,占全国经济活动人口总数的13.3%;中下等阶层包括农民、工人等,约占全国经济活动人口总数的68%;下等阶层以城乡贫困人口为主,占全国经济活动人数的14%。[②] 通过直观对比,不难发现,中国的社会阶层大致呈"金字塔"模型。而根据以上的基尼系数可知,社会财富占有状况却呈"倒金字塔"模型。倘若一个社会阶层流动状况良好,这种不平衡现状可以通过阶层的流动有所改善。然而,我国社会阶层却出现一定程度的固化现象。社会阶层与社会收入息息相关,换言之,巨大的收入差距难以在短期内得到改善。在此形势下,底层人员的不满情绪便很容易爆发出来,演变为民粹主义"仇富、仇官"等心理或行为。在此意义上,社会收入差距的拉大是民粹主义形成的经济根源。

二、利益诉求渠道不畅是其政治前提

从现代民主的形成过程来看,民主化改革是一个循序渐进的过程。西方社会最初的民主只局限在贵族阶层中,而后富裕的平民被纳入民主化之中,其次

[①] 《中国民生发展报告2015:1%家庭占全国1/3财产》,http://www.china.com.cn/cppcc/2016-01/20/content_37621220.htm,访问日期2017年10月28日。

[②] 杨继绳:《中国当代社会阶层分析》,江西高校出版社2011年版,第347—350页。

是有财产、有纳税能力的普通平民,接着是全体的成年男人,最后是少数种族和妇女。确切地说,西方民主化是由精英民主到大众民主循序发展的过程,这一过程不仅是精英完善民主规则的过程,也是公民接受训练的过程。其结果是,每一批民众进入民主体制时,其力量都不足以颠覆原有的民主框架,而只能被其同化。然而,对于我国而言,从封建专制制度的结束到社会主义国家的建立,历时不到半个世纪,换言之,要想让对选举、协商毫无概念的民众正常参与到社会主义的选举、协商之中,其难度是巨大的。在民主政治建设的过程中,并非民主政治本身而是民主政治建设的跨度让我们不得不面临这样一个困境:公民意识虽然有所觉醒但并不成熟。在民主政治的探索与建设过程中,没有接受训练的公民很容易携带封建社会的"造反"传统,致使极端政治参与状况的发生。

公民意识不成熟并不意味所有的政治参与都是极端的。只有在特定的情形中,各种因素交织存在积攒到一定程度,才会导致民粹主义的爆发。在我国现实生活中,当前的民意表达仍具有一定的局限性。其一,话语权不均,社会中弱势群体(如农民工)与强势群体(如知、官、富群体)在各自收入、表达利益诉求的能力上存在差距,导致强势群体在决策参与过程中具有较强的话语优势;其二,渠道不畅,现实政治生活中制度化的民意表达渠道较少,民众不得不诉诸暴力等另类表达方式;其三,效率不高,当问题涉及多个部门的时候,容易存在相互推诿扯皮的现象,以至于许多小苗头恶化为大问题。受这些因素影响,部分不成熟的公民在有维权动机时往往诉诸极端途径。这些因素交相综合,从而为民粹主义爆发埋下诱因。而在网络空间中,显然不存在意见表达受限问题,任何人都掌握"麦克风",可以在网络中发表言论。从这一角度看,较之现实政治生活,部分民意表达更容易宣泄至网络空间。然而,民意上网是否意味民意得到回应?不然。网络民粹主义之所以能在网络空间中由"小争议"引发为"大问题",就是由于相关民意在网络空间中得不到有效回应与疏导。这些言论会对部分网民的言行产生重要的影响,激起网民的民粹情绪。概言之,无论是现实政治生活,抑或是网络政治参与,受制于不通畅的民意表达渠道,不成熟的公民很容易走向极端,引发民粹主义滥觞。

三、价值取向多元多样是其观念因素

社会主义市场经济的深刻发展、全球化进程的持续推进,使社会价值取向日益多元化、多样化。传统集体主义的价值观念在一定程度上受到冲击,个人主义、享乐主义、功利主义等"负能量"逐步滋生,深刻影响着人们的思想境界。

其中,个人主义所渗透的极端自我严重妨碍了社会宽容与包容心态的培育,享乐主义的娱乐至死冲蚀着社会责任意识,功利主义的利益至上使个体急功近利,甚至不惜一切方式追逐实效……这种社会"负能量"的传播使人们迷失信仰,导致精神家园失落,从而容易陷入迷茫、恐惧与迷失之中。毋庸讳言,对主流意识形态认同的迷失正好为其他社会思想的滋生提供了机会与可能。在这种思想境况中,富有煽动性的言论往往具有蛊惑性,尤其是以"人民"的名义打着民意旗帜的民粹主义容易把大批民众裹挟其中,导致民粹主义抬头。

一方面,部分西方国家打着"民主"旗号对我国进行意识形态渗透,他们通过扶植"网络公共知识分子""意见领袖"的手段操纵网络民意,这便是典型的民粹主义策略。另一方面,多种社会思潮的存在为民粹主义的生成提供了可能。倘若没有其他社会思潮的存在,那么"空心化"的民粹主义由于自身的空洞无物势必是短命的。然而,在个体价值取向多元的背景下,多种社会思潮竞相滋生,如新自由主义、民族主义、新左派思潮等等。民粹主义在诸多社会思潮之中积极寻求寄托,在民族主义等思潮的遮蔽下呈现出不同面貌。可以说,多种社会思潮的存在为民粹主义寻求潜在依托并伺机而出提供了现实可能。正是在此意义上,多元价值取向所导致的精神迷失是民粹主义诱发的深层价值观因素。

四、社会矛盾问题凸显是其社会土壤

近年,随着我国改革逐渐迈入攻坚期与深水区,各种深层次社会矛盾问题日益凸显,教育、就业、医疗、住房、食品安全等领域矛盾增多。据有关资料,自20世纪90年代以来,中国群体性事件逐年增多,"1993年发生8700起,1999年发生32000起,2000年发生5万起,2003年发生58000起,2004年骤升至74000起,2005年86000起,2006年达到90000起,2008年超过10万起"[①]。值得注意的是,这些群体性事件等所映射出来的社会矛盾大多指向社会公平与公正问题。

当下中国民粹主义的社会基础主要包括这些阶层:下岗工人、农民工、失业大学生等。在改革过程中,部分工人下岗失业、享有相对有限的社会保障,与计划经济、平均主义的时代相比,他们有着强烈的被剥夺感,很多人基于此产生左倾情绪,呼吁结果公平。与此同时,改革也催生出中国较为独特的群体——农民工,他们通常承受着城市中最辛劳的工作,然而却面临一系列的生存问题,如

---

① 杨继绳:《中国当代社会阶层分析》,江西高校出版社2011年版,第387页。

户口问题、下一代教育问题、住房问题等等,这些窘况的存在很容易让部分农民工产生愤懑情绪。可以说,这些阶层的出现主要是由改革所导致的,但是,随着改革的持续深入,他们的生存境况相比其他群体并没有得到很大的改善。假如再从深层次透视改革中存在的问题,在中国现代化建设的过程中,改革所带来的利益分配不公问题客观存在着。部分投机性行为能使人一夜暴富,如彩票、股票、炒房等等,而埋头苦干的人却要承受买房、医疗等压力,这使得部分人开始滋生不满、仇富等心理。由利益分配不公引发的社会矛盾也由此而来。

如上述所言,改革开放以来,在我国社会利益格局的深刻调整中,利益群体、社会阶层出现分化并重组。改革开放初期的"改革潮"为我国带来了巨大社会效益的同时也推动了群体分化,衍生出特殊受益群体(私营企业主、企业承包人、干部、明星)、普通受益群体(农民、工人、干部、知识分子)、相对被剥夺者群体(失业职工、下岗工人)、绝对被剥夺者群体(贫困线以下群体)。其中,特殊受益群体与被剥夺者群体的群体利益开始趋向分化。20世纪90年代以来,不同群体的利益分化在进一步突出,社会贫富差距持续扩大。其中,少数精英群体占有大量社会财富,而位于金字塔底座的弱势群体却掌握较为有限的经济资源。据CFPS2012年资料估算,中国家庭财产基尼系数从1995年的0.45扩大到2012年的0.73。顶端1%的家庭占有全国约三分之一的财产,低端25%的家庭拥有的财产总量仅在1%左右。① 在收入差距扩大的进程中,阶层利益的断裂与对立逐渐强化,以干群、劳资、劳知为代表的精英阶层与大众阶层的关系日趋紧张。面对显著的收入差距、沉重的生活压力、严重的贪污腐败,弱势群体的被剥夺感心理愈发强烈,促使他们滋生对精英群体的敌视情绪。在特定情境中,一些具有相似利益诉求的人容易积聚成群,运用各种方式来表达反精英倾向及其具体诉求。总而言之,在深化改革的背景下,各种深层次社会矛盾的凸显是民粹主义泛滥的重要诱因。

五、网络技术革新应用是其媒介条件

第41次《中国互联网络发展状况统计报告》显示,截至2017年12月,中国网民规模达7.72亿,互联网普及率为55.8%。②当前,亿万网民在互联网平台获

---

① 《中国民生发展报告2015:1%家庭占全国1/3财产》,http://www.china.com.cn/cppcc/2016-01/20/content_37621220.htm,访问日期2017年10月20日。
② 《中国互联网络发展状况统计报告》,http://www.cnnic.net.cn/hlwfzyj/hlwxbg/hlwtjbg/201803/t20180305_70249.htm,访问日期2018年3月7日。

取交流信息,诸多新思想、新观点、新看法在网络中不断涌现,各种非主流社会思想逐渐在网络空间滋生蔓延。现实社会中仍存在着民意表达不畅等诸多问题,"相比之下,在网络空间中,网民主体相对是平等的,网络渠道是通畅的,网络对话是即时的,因而民意更容易宣泄至网络空间"[1],这在一定程度上使得民粹主义由网下延展至网上。确切地讲,互联网的普及为民粹主义的滋生埋下诱因。具体而言,其主要表现为以下方面。

其一,互联网的去中心化与匿名性使得网络容易成为各种民情民意的宣泄场域。在传统媒介中,政府官员、专家学者、企业家等社会精英具有较为明显的话语权优势。然而,在网络场域中,这一状况被打破。一方面,互联网的去中心化意味着每个个体即为主体。在现实社会中,社会威权牢牢掌握着话语权。然而,互联网技术的应用却标志着信息开始由中心向外围辐射方式转向去中心化的信息传递方式,在这里,人人都具有话语权。因此,淤堵的民意极易在此宣泄。另一方面,互联网的虚拟性使得个体成为难以被追究责任的"无名氏"。现实社会中的各种标签,如权力、财富、声望等,造成了个体之间无形的隔阂。而在网络空间中,这些身份标签在一定程度上被网名标签所取代,个体成为"无名氏"。在此条件下,社会中仇富、仇官情绪宣泄的典型表现则是各种诋毁社会精英的低俗、庸俗与媚俗的网络话语。可以说,在网络空间中,现实社会中无处宣泄的民意更容易释放到网络空间中,从而助长网络民粹主义浪潮。

其二,互联网的聚集性容易诱发广场式狂欢。与传统媒介不同的是,互联网具有交互性,这一特性使得个体之间的跨时空交流成为可能。不仅如此,许多不实信息等依托个体交互一传十十传百从而形成网络舆论场。如网络"公共知识分子""网络大 V"发布一些反政府言论,不少网民大量转发、点评,导致相关言论在网络中影响程度和范围加深,激发网民的情感共鸣,掀起民粹主义热潮。确切地说,这一交互性为部分网络大 V 提供了思想动员的可能。而思想动员的后果是网民在虚拟空间集聚,互联网成了网民广场式狂欢的主要场域。在勒庞看来,狂欢中的群体心理往往处于无意识状况,"群体所接受的判断,仅仅是强加给它们的判断,而绝不是经过讨论后得到采纳的判断"[2]。在网络大 V 的极力煽动下,网民的广场式狂欢成了他们导演的一场民粹主义闹剧。从这一角度看,网络的集聚使得广场式狂欢成为可能。

---

[1] 袁婷婷、王岩:《论网络民粹主义的三重维度——基于网络生态建设的视角》,《电子政务》2016 年第 11 期。

[2] [法]勒庞:《乌合之众》,冯克利译,中央编译出版社 2014 年版,第 40 页。

其三,互联网信息的及时性与海量性使得网民容易被民粹主义裹挟其中。互联网信息更具及时性、快捷性。任何消息一经互联网发布、传播,便能引起网民的广泛关注。尤其是论坛、微博、微信等自媒体的出现与发展,使互联网成为网民直接跟踪、参与相关事件的主要场域。可以说,及时快捷的信息使互联网场域能够迅速吸引网民的关注从而自发地参与其中。譬如,邓玉娇案、厦门 PX 事件等热点事件的每一次网络推送,都会在短期内吸引大批网民围观。正是在此意义上,民粹主义在网络空间的轰动效应更为强烈。与此同时,互联网是一个海量信息的储存场域,各种信息良莠不齐、真假难辨。而对于网民而言,他们无法对各种互联网信息进行有效的甄别、鉴定与剔除。因此,网民容易受到网络信息的诱导。倘若劳资、劳知、官民矛盾在网络空间中爆发,在部分网络公知和网络大 V 的极力渲染下,弱势群体被视为无辜的受害者,精英群体则被描述为霸凌者,围观者在海量信息中容易被"虚假"声音所感染、所煽动,从而在民粹主义的传播中扮演着重要角色。

第四节　当代中国民粹主义的意识形态批判

以人民、民主口号为遮蔽,以互联网为扩散平台,民粹主义对我国主流意识形态安全构成了威胁。鉴于此,我们亟须拿起马克思主义的理论武器对民粹主义进行深刻批判,呈现其理论实质,充分揭露其真面目。

一、当代中国民粹主义的理论实质

(一) 唯心主义的历史观

当代中国民粹主义的历史观是唯心主义的。通过对民粹主义存在样态的梳理,可以看出,民粹主义有以下惯用手段:一是戏谑恶搞、解构权威。当前随着民粹主义在网络空间中的不断酝发与日益活跃,有关针对社会精英戏谑恶搞、无厘头嘲讽的网络文化现象先后出现,甚至社会精英的历史价值与现实存在都被颠覆和解构。而民粹主义解构精英的背后所蕴含的逻辑是,其把平民群体视为社会历史发展的决定性力量,而贬低甚至刻意抹去精英群体的历史价值。可以说,精英群体的历史意义在民粹主义语境中被彻底虚化。在此意义上,民粹主义的历史观是片面的、唯心的。二是利益诉控、意志至上。当代我国民粹主义有着具体的利益诉求,在经济领域其呼吁结果公平,在政治领域其要求直接民主。然而,就当前我国历史阶段性而言,经济与社会发展现状决定着我国无法达到绝对平均主义与直接民主要求。可以说，民粹主义的相关诉求忽视了历史发展的客观规律。三是偷换概念、模糊视听。在民粹主义语境中，人民是一个整体性概念，在此意义上，平民、人民、群众经常被交叉使用。确切地说，这是在偷换概念。群众、人民成为平民的同义词，而以人民为中心、民生、民本等理念则被等同于平民至上理念。马克思主义认为，民生、民本思想的实质是维护最广大人民群众的根本利益，但对于民粹主义而言，平民至上理念所代表的真实意图则是部分群体利益的最大化。就此看来，二者存在本质不同。然而，民粹主义却无视客观事实，用主观臆想把二者等同起来。从这一角度看，民粹主义具有显著的唯意志倾向，它片面强调平民意志，甚至用平民意志取代历史发展客观规律。在此意义上，民粹主义在历史观上带有虚幻的唯意志论色彩。

（二）形而上学的方法论

毋庸置疑，当代我国民粹主义在方法论上是形而上学的。从理论内核来看，民粹主义构建了平民与精英对立的主客体二元论。倘若当前西方活跃的是自上而下的选举民粹主义，那么在我国更迭不停的则是自下而上的革命民粹主义。强烈的被剥夺感和不畅通的民意表达渠道等因素，使得民粹情绪在我国平民阶层中不断酝酿，各种针对精英阶层的愤懑和戾气在特定条件下适时宣泄而出。从这一角度而言，平民与精英二元对立的理念在我国民粹主义中尤为鲜明。在民粹主义语境中，平民是一切权力的合法性来源，只要是知、官、富群体，不分善恶好坏，民粹主义皆将其视为恶。可以说，在对待平民与精英的价值立场上，民粹主义的思维方式是非好即坏、非善即恶、非此即彼。这一以偏概全的理念在本质上陷入了形而上学泥潭。从表现样态来看，民粹主义对我国当前的政治和经济体制不满，对未来发展前景丧失信心，它脱离历史的连续性而着眼于追求当前经济和政治领域中的绝对完美状态。通过分析民粹主义各类表现样态，可以看出，它在经济与政治领域分别追求结果公平与直接民主。不过，目前我国尚处于社会主义初级阶段，在此条件下绝对的结果公平显然不符合客观发展规律。而对于民粹主义而言，被剥夺感强烈的平民群体对社会倾力批判甚至失去耐心与信心，它在经济领域忽视国情、民情等客观因素而要求分配中的结果公平。也就是说，在经济方面民粹主义否定了我国的市场经济。在此意义上，民粹主义一方面狭隘地忽视历史客观规律，另一方面片面地要求自身利益最大化。这种静止孤立的思维方式显然早已陷入形而上学桎梏。

（三）反马克思主义的人民观

透过现象剖析本质，可以发现民粹主义在哲学方法论上秉承唯心主义历史观和形而上学方法论。它一方面以唯心主义的平民史观取代群众史观,主观割裂人民、片面夸大人民、假意蛊惑人民,另一方面又以形而上学的思维方式否认大众与精英的辩证统一性,炮制朴素激进的大众-精英二元对立论。无论是唯心主义的历史观,抑或是形而上学的方法论,都亮明了民粹主义反马克思主义的基本立场。这一基本立场亦深刻彰显了我国民粹主义的本质,即反马克思主义的人民观。民粹主义以人民名义遮蔽其真实面目,打着"人民、大众、国家"的口号蛊惑大众,使越来越多的个体深陷其中。但是,形而上学的哲学方法论基础决定了民粹主义必然无法真正为人民谋福祉,甚至损害最广大人民的根本利益。在何为"人民"的问题上,民粹主义将"人民"狭隘地等同于大众,并将社会精英剔除在人民范畴之外,甚至无视社会精英的正当权益,无法体现人民主体的广泛性与平等性。在如何为民问题上,民粹主义在政治领域强调极端民主,在经济领域主张绝对平均,实则无视社会客观实际构想了一种乌托邦色彩浓厚的理想社会。这一乌托邦社会不符合我国当前生产力发展要求,无法彰显满足最广大人民根本利益的价值理念,相反恰恰反映了对最广大人民根本利益的无视。总的来看,在民粹主义语境中,其经常打着人民群众的旗号蛊惑大众,将其裹挟其中,扰乱我国社会思想领域的正常秩序。正是在此意义上,民粹主义以人民之名行反人民之实,实则构建了一种反马克思主义的人民观。

(四)以"多数人暴政"取代科学民主的政治策略

民粹主义背后所蕴含的真实策略是以"多数人暴政"取代科学民主。所谓"多数人暴政",即以多数人的名义行使无限权力。20世纪30年代,民族主义与民粹主义合流催生出纳粹主义,其中希特勒巧妙地迎合人民意愿,打着民主旗号执行一系列监禁迫害犹太人的政策,大批犹太人惨遭屠杀,这成为民粹主义语境中多数人暴政最鲜活的例证。而对于当前我国民粹主义而言,自身特性意味着其必然走向"多数人暴政"路向。具体看来,一方面,主体构成的草根性明确了民粹主义语境中占据数量优势的平民主体地位。对于孤立、分散的社会精英而言,民粹主义的构成主体是联结起来的草根群体,可以说,数量优势为民粹主义打着多数人的名义去贬斥精英提供了前提。另一方面,行为方式的非理性使得民粹主义挣脱权利正当与合理的伦理枷锁。如上所述,群体的消极心理特性是民粹主义难以摆脱的弊病,而无意识、焦躁、易怒等消极心理,通常使民粹主义恣意唯意志行使权力,而全然不顾司法的约束力。基于此,草根性与非理性的民粹主义通常表现为群起而攻、道德绑架等方式。在网络空间中,网民受民粹主义蛊惑一致把矛头指向精英人物,对其进行群起而攻,亦即戏谑嘲讽、无厘头恶搞、口诛笔伐等各类颠覆精英的演绎方式,大多精英人物承受着不同程度的语言暴力。与此同时,一旦涉及突发性事件,民粹主义甚至掀起声援平民与丑化精英的舆论狂潮。譬如药家鑫事件发生后,民粹主义立即在网络空间中延展并诱导着舆论走向,当平民与精英对立的话语框架确立后,大量咒骂、讨伐药家鑫的网络舆论席卷而来。而在案件审判阶段,大多数网民强烈呼吁药家鑫必须判处死刑,这给司法审判机关带来了强大的舆论压力。可以说,这种道德审判的方式,影响了我国的法治权威。可以看出,民粹主义打着人民与民主的旗号演绎着"多数人暴政",其中个体权利受到侵犯、社会治理走向无序……在此意义上,民粹主义滑入虚假民主的深渊。

(五) 小资产阶级意识形态的真实面相

早在对民粹主义的空想社会主义性质进行批判时,列宁深刻揭示了民粹主义的小资产阶级阶级属性,指出"这个理论是小资产阶级反动'社会主义者'的理论"[①]。民粹主义及其内涵在我国经历了复杂的演变历程。对于当代中国而言,民粹主义的内涵由俄国语境中的狭义民粹主义泛化为广义民粹主义,即推崇大众并批判精英的价值理念,但其以"民"为上的核心理念始终未变,其小资产阶级的阶级属性也保持不变。在我国民粹主义语境中,被视为真理性与崇高性的大众往往成为社会苦难的承受者,而卑劣腐化的精英却被刻画为一幅享受优越的形象。正是在强烈的反差中,推崇大众与贬斥精英的理念呼之欲出。正如前文所述,作为我国民粹主义的拥护者,他们一方面表现出对社会弱者的同情,希望"扶弱惩强"并表达了对公平、民主社会的无限渴望,另一方面却缺乏睿智、无私的斗争品格,往往陷入"以我为中心"的狭隘立场无法自拔,从而将相关诉求推向极端与空想的泥潭。比如在政治层面,民粹主义宣泄民意,并追求人人直接参与的民主,然而这种民主形式却很容易生成"多数人暴政",以至于损害其他少数精英的合法权利;在经济层面,民粹主义控诉社会不公,并强调绝对平均,但根据目前我国生产力实际,绝对平均只能是一种空想。假使一意孤行实施绝对平均政策,很容易导致社会生产力停滞不前,从而损害广大人民的根本利益。在这里,民粹主义并非站在无产阶级立场上维护最广大人民的根本利益,也不是立足于资产阶级立场剥削成性唯利是图,而是既怀有构建社会主义乌托邦的幻想,又体现出以我为中心的自私立场,并在两者之间暧昧不清、左右摇摆,深刻体现出小资产阶级的极端狭隘倾向。在当前我国意识形态斗争的复

---

① 《列宁选集》第2卷,人民出版社2012年版,第293页。

杂形势下，民粹主义以人民、民主等口号为遮蔽诱导大众，实则以小资产阶级意识形态与我国主流意识形态抢占阵地。对此，我们必须保持清醒认知。

二、中国民粹主义的意识形态危害

近年我国民粹主义的活跃与猖獗构成了对主流意识形态的渗透与挑战，威胁了我国的主流意识形态安全。

（一）威胁马克思主义指导思想地位

塔格特指出，"现代的许多'伟大'思想——自由主义、保守主义、女权主义，似乎都需要一些修饰成分来依附于它们"[1]。的确，就当代中国而言，民族主义、新左派思潮等思想与民粹主义互相攀附。在这些非主流社会思潮的遮蔽之下，民粹主义暗流涌动。诚然，当内向性的民粹主义与外向性的其他非主流社会思潮耦合时，所造成的负面影响在范围和程度上都会更恶劣。这些非主流思想的传播极大地扰乱了民众的思想观念。

另一方面，民粹主义在一定程度上是对马克思主义群众观的误读与挑战。民粹主义是一种"平民至上"的群众观，它维护的是平民弱势群体的利益，其意指的群众只涵盖平民弱势群体，精英群体不属于群众范畴。究其实质，"平民至上"的群众观是打着维护平民利益的旗号，却将社会割裂为两个相互对立的阶层。马克思曾深刻阐释道："过去的一切运动都是少数人的，或者为少数人谋利益的运动。无产阶级的运动是绝大多数人的，为绝大多数人谋利益的独立的运动。"[2]可见，马克思主义群众观所强调的是关照最广大人民的根本利益。"然而，民粹主义却基于此误读曲解了马克思主义群众观。不仅如此，它还以所谓的群众观蛊惑受众，以维护弱势群体利益为幌子对党的基本理论、方针、政策予以质疑。总之，这种错误的思想倾向企图通过其强势的话语权扩散渗透，挑战我国马克思主义指导思想在"线下"和"线上"的主导力、影响力、凝聚力"[3]。

（二）破坏道德秩序

正如弗里霍夫所指："制度的真正生命力依然来自于内部，是良心造就了我们所有的公民。"[4]确切地讲，道德秩序所内蕴的道德价值、道德规范、道德行为

---

[1] ［英］保罗·塔格特：《民粹主义》，袁明旭译，吉林人民出版社2005年版，第5页。
[2] 《马克思恩格斯选集》第1卷，人民出版社2012年版，第411页。
[3] 袁婷婷、王岩：《论网络民粹主义的三重维度——基于网络生态建设的视角》，《电子政务》2016年第11期。
[4] 谢岳、程竹汝：《法治与德治——现代化国家的治理逻辑》，江西人民出版社2003年版，第20页。

共同构筑了社会秩序的良性运行。在一定区域内,道德秩序好坏可以说直接关乎意识形态安全与否,它是意识形态安全至关重要的一环。随着市场经济的持续深入,"反智""反精英"等社会现象引发各界关注,在现实社会生活中,无论是仇官、仇富心理等所引发的相关言论,还是群体性事件,都跟中国传统的"乐善好施""以和为贵"等伦理道德背道而驰。比如在对待草根群体与精英群体时,民粹主义以平民为中心的道德准则显然与主流意识形态所倡导的人人平等差异甚大。在此意义上,民粹主义的泛滥必然在一定程度上破坏社会的道德秩序。

而随着 WEB2.0 时代的全面到来,类似现象在网络中此起彼伏,极大地扰乱了社会道德秩序。大体看来,这主要表现在以下两个方面:一是它影响了网民的道德判断能力。通过网络民粹主义叙事结构和作用机制,受众被裹挟到群体之中,他们"有意识的人格消失得无影无踪,意志和辨别力也不复存在"[①]。网民在某种意义上丧失道德判断能力,以至于不自觉地为破坏网络道德秩序推波助澜。二是它降低了网络道德秩序的外在约束力。社会心理学研究表明,网民在网络匿名状态下容易摆脱角色关系的束缚。他们宣泄情绪、表达观点的方式更容易趋向弗洛伊德所谓的"本我"。这个"本我"包含非理性、无意识、本能、冲动、欲望等心理要素。在此过程中,受众"群体是个无名氏,因此也不必承担责任"[②]。因而,他们很容易冲破网络道德秩序的约束,恣意发表反精英言论甚至蓄意中伤他人。近年来,民粹主义所导致的道德失序现象更有在网络空间与现实社会中合流之势。比如在邓玉娇事件中,在网络引发的民粹主义狂潮中,涉事官员被网民集体声讨攻击,在案件审判过程中,更有网民自发前往邓玉娇家乡声援邓玉娇,持续对审判机关施压。可以看出,线上与线下的合流会使得民粹主义对道德秩序的破坏力在范围和程度上都更恶劣,通过对道德秩序的消极影响,其又往往对法律秩序、市场秩序、政治秩序等方面造成较大的冲击。

(三)削弱政治认同

只有得到社会成员认同的执政党,才能真正巩固其执政的合法性基础,从而强化其意识形态的主导地位。在长期革命、建设与改革过程中,我们党建立了深厚而广泛的政治认同基础。然而,随着市场经济的持续深入,受多元化思想的影响,这种政治认同在一定程度上受到了消解。其中,民粹主义所带来的影响不可小觑。首先,民粹主义对意识形态的渗透,很容易弱化受众对于我们

---

① [法]勒庞:《乌合之众》,冯克利译,中央编译出版社 2014 年版,第 5 页。
② [法]勒庞:《乌合之众》,冯克利译,中央编译出版社 2014 年版,第 5 页。

党的政治认同意识。民粹主义是以维护平民利益之名实则行暴政之实。确切地说,它是打着民主幌子的反精英政治。而借助于互联网,民粹主义在网络空间中散布大量抹黑我们党与政府的言论,公开散布反精英理念,弱化民众对于我们党的政治认同。除此之外,部分西方势力更企图借助于意识形态工具达到分化中国的目的,他们通过培植网络代理人手段煽动民粹主义热潮,趁机鼓吹其所谓的"人权""平等"等"普世价值",以此扰乱民众的价值判断。其次,民粹主义借助一些经济和现实问题夸大社会矛盾,试图以此抹黑我们党的伟大执政功绩。马克思曾指出:"'思想'一旦离开'利益',就一定会使自己出丑"[1]。可见,执政党政治认同的一个重要关键在于能否满足社会各阶层成员的利益诉求。针对当前我国社会转型中出现的一些利益分配不均与社会矛盾冲突等现实问题,民粹主义不仅把所有问题归结到党与政府中,还蓄意渲染、夸大党和国家机关中存在的某些负面情况,并进一步质疑我们党的执政能力与执政绩效。受此影响,部分民众对我们党的政治认同感逐渐降低,以至于"一叶障目不见泰山",忽视党带领人民取得的社会主义事业建设的丰硕成果。概言之,民粹主义一定程度上弱化了民众对我们党的政治认同。政治认同的削弱就意味着主流意识形态受众群体的缩小,在此意义上,民粹主义挑战了我国主流意识形态的主导地位。

(四)背离民族精神

民族精神是一个国家意识形态安全的重要防线。正是在民族精神的引领下,中华民族走向了铸造中国梦的复兴之路。但是近年来,民粹主义大有与民族主义合流之势。一般而言,民族精神通常是和民族主义联系在一起的。倘若民族精神是民族文化的升华,那么民族主义则是一种集民族情感、思想于一体的社会思潮。可以说,民族主义中渗透着民族精神。然而,作为一种群体思想或意识,民族主义却是一把双刃剑,它除了具有凝聚合力、奋发向上的积极的一面,还具有破坏性的一面。

随着时代的变化,现代技术尤其是信息技术成了当前民族精神的一个重要"变量"。其中,在"互联网+"与民粹主义的影响下,这种单纯的、自发的爱国情怀和民族精神,很有可能演变为一种极端主义。20世纪初期,民粹主义与民族主义在欧洲合流衍生了"民族主义"的怪胎——纳粹主义。这种极端的民族复仇主义摧毁了德意志民族务实理性的民族精神,使德国走向军国主义道路。正

---

[1] 《马克思恩格斯文集》第1卷,人民出版社2009年版,第286页。

基于此,齐泽克强调民粹主义蕴含着"原始法西斯主义倾向(protofascist tendency)"①。2008年的"家乐福事件",以"爱国主义"为噱头,暴露出群体性、非理性与极端性的一面。可以说,它完全违背了爱国主义的初衷,在实质上造成了与民族精神相悖。与此同时,民粹主义意在强调一种对立分裂意识,即割裂弱势群体与精英群体的统一性,并制造两者的对立冲突。这种倾向与中华民族重和的精神要义严重相悖,不仅如此,它更加容易激化社会阶层之间的矛盾与冲突。倘若对这种对立意识不加以控制,一旦被民族分裂势力或者西方分化势力利用,势必会进一步扩大这种对立意识的影响范围,加深其影响程度。总的来看,民粹主义通过与极端民族主义附和,一定程度上肢解着我国的民族精神,构成了对我国意识形态安全的挑战。

三、当代中国民粹主义的负面影响

在历史唯物主义看来,社会意识对于社会存在具有能动的反作用。作为价值理念的民粹主义,由于渗透到政治、经济和文化领域,不仅造成了对我国主流意识形态安全的威胁,还对我国经济社会的发展造成了一定的负面影响。

(一)片面追求结果公平,影响社会主义市场经济的健康发展

对于民粹主义而言,其对公平、平等的追求极尽极致,却全然不顾社会经济发展的客观实际。早在1875年,恩格斯在《给倍倍尔的信》中就强调了这一公平理念的弊端,他指出:"用'消除一切社会的政治的不平等'来代替'消灭一切阶级差别',这也很成问题。……把社会主义看成平等的王国,这是以'自由、平等、博爱'这一旧口号为根据的片面的法国人的看法,这种看法作为当时当地一定的历史发展阶段的东西曾经是正确的,但是像以前的各个社会主义学派的一切片面性一样,它现在也应当被克服,因为它只能引起思想混乱,而且因为有了阐述这一问题的更精确的方法。"②所谓"更精确的方法"就是历史唯物主义的方法。按照历史唯物主义的原则,分配问题的根源在于生产关系,不能脱离生产关系空谈分配问题,因此,应该把公平问题与生产关系联系起来。然而,在民粹主义语境中,公平不仅与生产力无关,而且与生产关系互相脱离。在这一方面,历史曾给予我们深刻的教训。20世纪50年代,农村人民公社风潮刮遍全国,"结果公平"得到落实,这在一定程度上影响了生产积极性,离开生产力发展客

---

① Slavoj Zizek,Against the Populist Temptation,Critical Inquiry,2006.
② 《马克思恩格斯选集》第3卷,人民出版社2012年版,第349页。

观实际而单纯强调"结果公平"实则不利于生产力的长远发展。

民粹主义在经济发展理念上片面追求结果公平,其设计的生产关系超前于我国当前生产力发展的客观现实,这种矛盾影响了我国社会主义市场经济的健康运行。一方面,民粹主义通过结果公平诉求传递消极价值理念,影响市场经济的有序运行。在经济领域,我国民粹主义以贫富分化现象为着力点,蓄意夸大这一现实,甚至鼓吹精英原罪论。在民粹主义价值理念中,卑微的精英不应该享有社会物质财富,而平民应处于社会物质财富金字塔尖。在此意义上,在结果公平的利益诉求背后,隐藏的是不劳而获、坐享其成的投机主义。这些价值理念消极、萎靡、落后,受此影响,个体的进取心与竞争意识大打折扣,从而影响我国社会主义市场经济的发展。另一方面,民粹主义的经济意图是取消社会主义市场经济。立足于我国民情、国情等现实状况,我国选择了社会主义市场经济发展道路。然而,民粹主义却忽视经济发展的客观实际,用"结果公平"取代按劳分配为主的分配方式。可以说,这实际上是取消社会主义市场经济,这一立场影响了我国社会主义市场经济发展的向心力与凝聚力。

(二) 以民主之名行暴政之实,制约我国民主政治发展进程

在民粹主义看来,民众应直接参与政治事务。然而,在古希腊,苏格拉底之死早已向我们证成了"直接民主"的局限性。直接民主虽然可以最广泛地动员人民群众的政治参与,然而,决策精英意见的缺失却在一定程度上意味着决策的科学性无法得到保障。不仅如此,直接民主还经常走向"多数人暴政"的极端路向,使民主沦为一种形式或旗号。在此意义上,民粹主义打着民主的旗号实则走向了民主的异化形态。通过分析民粹主义的表现样态,可以看出,民粹主义不仅具有非理性的一面,甚至在一定程度上踩踏法律底线。确切地说,民粹主义缺乏程序正义。在当前全面依法治国的社会背景下,缺失程序正义的民粹主义势必对我国民主政治建设造成极大影响。

无论是政治理念,抑或是具体行为,民粹主义都与我国社会主义民主政治存在诸多冲突。确切地讲,人民当家做主的主体是全体人民,而非仅仅草根群体,这决定了民粹主义与我国社会主义民主政治的本质不同。更多时候,民粹主义是以"多数人合理原则"的简单方式参与我国政治决策环节,甚至以暴力方式施压,在一定程度上影响着我国民主政治的良性发展。这具体表现为以下几个方面。一是倒逼政府改革。群众路线历来是我党的政治路线,沿着这一路线,政府在决策制定等环节会将民意作为重要参考。因此,我国的民主政治被许多学者称之为民意政治。而民粹主义的"多数人暴政"则打着民意的口号对

政府施压，影响政府的科学决策。比如一段时间在各地兴起的"PX事件"，民众受"PX是剧毒"等网络词条影响，制造强大的舆论压力强硬要求政府取消"PX"项目，强大的民意压力导致不少地方政府中途叫停项目，造成巨大经济损失。可以说，这种民意倒逼改革的行为大大影响了我国的政治权威。二是舆论绑架司法。在民粹主义看来，平民与精英分别代表了善与恶，无论平民及其行为是否正义，民粹主义都将其视为善。不仅如此，民粹主义还打着维护平民利益的幌子为自身做合理性与合法性辩护，舆论狂潮一旦形成，甚至会影响司法审判，从而对我国民主政治建设造成了极大的负面影响。

（三）加剧阶层对立，分化我国社会发展的阶级基础

改革开放以来，随着国企改革等政策的持续深入，下岗、失业群体不断涌现，与此同时，部分人在市场浪潮中风生水起，贫富差距逐渐凸显。部分人在此过程中滋生仇富、仇官等民粹心理。这一心理表现在行动意义上则是对精英群体的群起而攻，并在一定程度上加剧了社会草根阶层与精英阶层之间的对立。

古今中外，凡是阶级对立到一定程度，都会引发社会的急剧变革。在中国封建社会官民对立的态势下，农民起义直接导致了战争，造成了封建社会不稳定的动荡局面。然而，出于狭隘的阶层对立立场，这些农民起义却并未从根本上改变中国封建专制的政治制度。相比较而言，当社会各阶层团结一致时，则会最大限度凝聚合力，推动社会向前发展。近代中国，在我们党的正确领导下，各阶层形成反帝、反封建统一战线，最终赢得了中华民族的独立和繁荣。由此可见，阶层关系的调和对于一个国家的长治久安至关重要。而民粹主义通过人为制造草根群体与精英群体之间的对立，增加了社会中的利益矛盾冲突，影响了社会的稳定发展。

确切地说，民粹主义不仅导致了阶层之间的矛盾，而且还造成了阶层内部的分化。如上所述，民粹主义具有草根性，其主体构成大多为社会中下等阶层。受民粹主义蛊惑，不少农民、工人等弱势阶层被裹挟其中。然而，并非全部农民、工人都成为民粹主义的受众，部分弱势群体依然是我国主流意识形态的追随者。在此意义上，我国中下等阶层内部在一定程度上出现分化现象。在全面深化改革的社会背景下，倘若阶层内部出现严重分化，则难以形成统一的利益诉求，由此而导致这一阶层的利益诉求在改革的进程中无法被有效兼顾，从而恶性循环，继续引发阶层内部与阶层之间的对立冲突。正是在此意义上，民粹主义加剧了阶层对立，从而分化了我国主流意识形态的群众基础。

第五节　当代中国民粹主义的引领路径

较之其他社会思潮，我国民粹主义的人民口号更具迷惑性，很容易助长我国政治浮躁、文化堕落与民族精神萎缩的不良风气。但也必须看到，当前民粹主义从侧面反映了民众主体意识的觉醒，集中呈现了部分群体的利益诉求。作为社会的"晴雨表"，民粹主义的间歇性迸发，深刻折射出我国当前改革攻坚期与深水区中主流意识形态建设与价值迷失、既得利益者与利益受损者、政治转型与公民意识不成熟等各种错综复杂的深层次社会矛盾。我们应遵循马克思主义的研究立场与方法，实事求是地看待民粹主义，既不能为消解民粹主义从而将其"妖魔化"，也不能打着民意的旗帜"神化"民粹主义。对待民粹主义，需要从以下几个方面进行多轮驱动式疏导。

一、以主流意识形态为统领夯实引领民粹主义的思想根基

在"人民、国家"等口号的遮蔽下，民粹主义具有较强的诱惑性，很容易将大众裹挟其中，进而引导受众对以人民为中心的发展思想、共享发展理念等主流意识形态产生误读，甚至对我国主流意识形态构成挑战。为避免广大人民群众被民粹主义诱导，我们必须充分发扬我们党"思想掌握群众"的优良传统，发挥其关键作用，通过以下途径着力巩固主流意识形态阵地，从而为疏导民粹主义奠定思想基础。

其一，强化主流意识形态理论供给，及时澄明民粹主义的文字陷阱。

当前，我国民粹主义运用各种形式打着主流意识形态的旗号蛊惑大众，以主流意识形态之名行反主流意识形态之实，对主流意识形态构成歪曲与误解。具体而言，民粹主义以"人民、公平、国家"为遮蔽，实则建构了盲崇大众权利、审美取向与爱国情怀的反马克思主义人民观，并引导受众对以人民为中心的发展思想、共享发展理念、先进文化、中国精神等主流意识形态产生误读。其中，民粹主义打着人民的旗号营造以人为中心的假象，实则渗透了一种大众与精英二元对立论；民粹主义的公平口号与共享发展理念貌合神离，实则宣扬了绝对平均、不劳而获的价值理念；民粹主义以人民的名义推崇大众文化，实则生产了一种与先进文化格格不入的低俗、庸俗与媚俗文化趣味；民粹主义以爱人民、爱国为噱头却建构了一种极端民族主义，实则背离了中国精神的真谛。倘若我国主流意识形态无法进行理论创新，及时明辨澄清民粹主义的文字陷阱，越来越多

的受众将蒙蔽其中而不自知。只有强化主流意识形态的理论供给能力,及时针对民粹主义的多变面目做出充分解释与理论批判,才能使广大人民群众避免被民粹主义的"文字"游戏所诱导。值得注意的是,当前我国主流意识形态针对民粹主义的批判性与阐释性成果十分有限,很多理论内容尚待挖掘与呈现。基于此,面对民粹主义的歪曲,我们党必须强化主流意识形态的理论供给能力,切实提高主流意识形态对民粹主义的解释力与批判力。

针对当代中国民粹主义批判而言,强化主流意识形态的理论供给能力则需从以下两个方面着手。一方面,从主体上看,提升广大党员的马克思主义理论修养,为强化主流意识形态的理论供给能力提供主体保障。面对质疑或歪曲,马克思主义的基本态度不是回避问题,而是直面矛盾。马克思主义经典作家对民粹主义的批判,集中呈现了马克思主义对民粹主义深刻的解释力与批判力。作为主流意识形态的建设主体,我们党不仅要原原本本地学习马克思主义经典著作,深入领悟马克思主义经典作家批判民粹主义的立场、观点与方法,掌握马克思主义应对民粹主义的基本态度,为主流意识形态批判民粹主义提供价值导向,还要重点培养一批既真学、真懂、真用马克思主义又研究民粹主义的理论研究队伍,能够拿起马克思主义理论武器理性批判当代中国民粹主义。另一方面,从内容上看,针对民粹主义的"文字"误区明理辨析,及时形成主流意识形态批判民粹主义的理论成果,为强化主流意识形态的理论供给能力提供内容依托。虽然我国主流意识形态与民粹主义共享"人民、公平、国家"等口号,但它却与民粹主义存在本质不同。这深刻表现在:以人民为中心的发展思想并不把精英群体刨除在外,它以全体人民福祉为关照,又不止于口头概念,而是具体落实在经济社会发展各个环节;共享发展理念所提倡的是机会共享而非结果平均,所体现的是使全体人民在共建共享中实现共富的积极价值,而非平均享有、不劳而获的倦怠心态;社会主义先进文化所代表的是向上向善的文化内容,而非内涵虚无的大众文化;中国精神所凝练的是爱国进取的民族精神,而非盲目排外的极端民族主义。当前,这些明辨性思想并未体现在我国主流意识形态的理论成果中。对此,我们要组织一批专家、学者,针对批判民粹主义形成明理辨析文章,努力针对民粹主义的渗透与歪曲不断进行理论创新研究,从理论层面剖析民粹主义的文字陷阱,从而为主流意识形态批判民粹主义提供体系化的学理支撑。

其二,推进主流意识形态整合扬弃,充分发挥其对民粹主义的价值引领作用。

当前我们党处理意识形态工作的基本原则是一元主导与多元并存,即坚持主流意识形态一元主导与多元社会思想兼容并存。以此为根据,我国主流意识形态在批判民粹主义时既要凸显主流意识形态的主导地位,又要认可兼容民粹主义的合理因素而不能对其全盘否定。作为非主流意识形态,当前我国民粹主义通过富有煽动性的"人民、国家"口号,歪曲我国主流意识形态,一定程度上威胁主流意识形态的主导地位。面对民粹主义的挑战,我国主流意识形态运用各种方式实现了对民粹主义的批判,批判的过程就是抛弃其不合理因素的过程。与此同时,也应该看到,民粹主义集中反映了被剥夺感强化的群体的利益表达,它映射了民众主体意识的觉醒,并使人们积极参与到社会治理或国家治理中。基于此,我们要积极推进主流意识形态对民粹主义的整合扬弃。这为主流意识形态引领民粹主义提出了客观要求。

民粹主义是一个多维复杂的现象,推进主流意识形态对民粹主义的整合扬弃,充分发挥主流意识形态对民粹主义的价值引领,必然要对民粹主义有区别、分层次地进行价值引导。在"8·19"讲话中习近平总书记强调,我国意识形态领域可以划分为"三个地带",分别是由"正能量"和主流媒体构成的"红色地带"、由一些负面声音组成的"黑色地带"与在两者之间游离的"灰色地带"。这三个地带生动地说明了民粹主义的存在图谱。要实现主流意识形态对民粹主义的价值引领,则要在对民粹主义整合扬弃的基础上,妥善处理民粹主义的"三个地带"。

一方面,要大力宣扬主流意识形态,切实巩固"红色地带",并积极促使"灰色地带"向"红色地带"转化。主流意识形态不会自发进入人们脑中,而必须通过"教化"的形式被人们所接受。主流意识形态也不是抽象空洞的理论,而必须以丰富多样的文化形式得以呈现。由于民粹主义的主要存在场域是网络空间,我们必须重点着眼于网络空间,培育向上向善的先进文化,既积极推动优秀传统文化的网络传播,促进优秀传统文化与时代文化的融合,推出内容充实、价值崇高的文化作品,又注重培育一批网络文化作品创作的骨干队伍,不断创作格调健康、品格优良的先进作品,打造"主旋律"高昂的正能量空间。与此同时,我们还要通过先进文化彰显主流意识形态的感召力,以文育人、以文化人,吸引更多民众成为主流意识形态的拥护者。值得注意的是,宣扬主流意识形态的根本导向并非意识形态领域只存在主流意识形态一种声音,而是通过彰显主流意识形态的感召力达到引领民粹主义的效果。另一方面,要坚决抨击民粹主义的不合理因素,压缩"黑色地带"。秉承平等、民主等理念,民粹主义往往将这些理念推向极致,比如打着平等的旗号抵抗精英并生成低俗恶俗的反精英话语,以民主的名义建构"多数人暴政"。对于低俗、庸俗、恶俗的民粹主义言论和反党反精英的论调,我们要坚决"亮剑",及时将这些"黑色力量"清除。

二、以社会共建共享为核心奠定引领民粹主义的现实基础

在党的十八届五中全会上,习近平总书记提出并阐述了以"创新、协调、绿色、开放、共享"为主要内容的新发展理念。其中,共享发展集中体现了共产党的宗旨和社会主义的本质,指明了发展的价值取向。以共享发展理念为遵循和引领,保障发展成果由人民共享,提升全体人民的获得感,对实现更高质量的发展提出了目标要求。社会发展成果由全体人民共享,契合了全体人民共同利益诉求。如前所述,随着改革进入攻坚期与深水区,一些深层次社会矛盾开始凸显,诸多"民生短板"逐渐引发社会关注。比如城市房价迅猛上涨、食品安全存在隐患、公共卫生健康问题多多,群众在就业、教育、医疗、居住、养老等方面面临不少难题。作为关乎社会成员生存与发展的重要问题,这些"民生短板"的存在使部分社会成员难以产生对社会的积极认同,相反,在特定条件下甚至会滋生抗拒或仇恨心理,从而导致社会矛盾的外爆引发民粹主义。"民生问题长期得不到应有的改善……不仅会使民粹主义长期存在,而且有可能使某种类型的民粹主义形成一定的组织、一定的纲领,进而形成影响更为深远的群体性的'争斗'意识和'争斗'文化。"①改善民生水平,有助于社会成员形成对社会的积极认同,从源头上降低社会矛盾外爆的概率,减弱社会矛盾外爆的强度与烈度,减小民粹主义滋生的可能。鉴于此,我们必须在共享中改善民生水平。

从动力上看,加强中国特色社会主义经济建设,为保障和改善民生水平提供物质基础与强大动力。保障和改善民生水平必然建立在社会经济健康发展的基础上,倘若社会经济建设停滞不前或经济领域爆发"经济危机",民生事业建设缺乏坚实稳固的财力支撑,民生水平的改善也只是一纸空谈。当前我国处于社会主义初级阶段,经济发展不平衡不充分问题凸显,发展质量和效益还不高,创新能力不够强,实体经济水平有待提高,因而,我们要坚持以经济建设为中心,不断提高社会创新能力,为经济建设注入活力,着力实现社会主义现代化目标,为改善民生奠定物质基础。

从内容上看,完善社会保障体系和公共服务体系。按照国际惯例,民生内

---

① 吴忠民:《改善民生对转型期社会安全至关重要》,《中国特色社会主义研究》2015年第6期。

容通常指的是"3+2",覆盖社会保障、就业保障、住房保障加公共卫生、义务教育五个方面。在社会保障体系建设上,我国已初步建立社会保障体系,但仍然存在覆盖面不全、制度机制不完善等诸多短板,导致部分社会弱势群体获得感不强,难以产生对社会的积极认同。为改善弱势群体的生存与发展境况,按照兜底线、织密网、建机制的要求,我们要全面建成覆盖全民、城乡统筹、权责清晰、保障适度、可持续的多层次社会保障体系。在公共服务体系建设上,我国已形成公共服务体系,但也有部分责任主体在公共服务建设中为"面子工程""形象工程",只注重"豪华楼堂"的打造,而不考虑人民群众的真实需求。对此,我们要积极完善并改进公共服务机制,坚决杜绝耗资巨大、有表无里的公共服务建设。

从主体上看,促使政府政绩评价体系由"GDP 增长"指标转向"GDP 发展"指标。当前我国"民生短板"的凸显诱因复杂,但其中一个不可忽视的原因是政府执政绩效考核的"GDP"化。这种 GDP 绩效考核标准,一定程度助长了部分政府官员单纯追求 GDP 的数字增长,执迷于劳民伤财与不谋实利的"政绩工程",而不顾及盲目发展所付出的沉重代价,也不考虑民众能否真正从中获得多少实惠。这一状况使部分国家发展政策无法真正落实而流于形式口号,对于改善民生毫无裨益。鉴于此,我们不仅要在考核政府绩效时关照"GDP 增长"(数字)指标,更要重点关注"GDP 发展"(质量)指标,将有关民生发展的考核指标如社会公共服务满意度、住房满意度、教育满意度等纳入政府绩效考核体系。通过激励引导政府行为,促使政府从片面关注 GDP 增长转变为注重如何改善民生上。

三、以规范政治参与为保障优化引领民粹主义的政治环境

社会主义民主政治制度保障了公民权利,使得公民拥有充分的政治表达权。而这一权利的实现,则离不开通畅的表达渠道的建立。倘若公共权力部门的政治决策脱离群众,从根本上与民意背离,那么,其在一定程度上就会丧失政治合法性,从而给民粹主义制造可乘之机。相反,如果在政治生活中有通畅的民意表达渠道,民众甚至弱势群体都能借助这一渠道行使其合理的政治表达权,就可以有效减少由民意淤堵形成的民粹主义式"堰塞湖"的形成。正是在此意义上,建立制度化的政治参与机制,畅通民意表达渠道,是遏制民粹主义形成的制度依托。

倘若畅通民意表达渠道是一种"自下而上"的政治方式,那么,走群众路线

则是另一种"自上而下"的政治渠道。通过这两种方式的结合,双管齐下,充分体现社会主义民主政治的要义。在历史唯物主义看来,"人民,只有人民,才是创造世界历史的动力"①。作为党的传家宝,群众路线是我党根本的政治路线。通过走群众路线,可以增进群众与广大领导干部之间的交流,倾听百姓心声并回应百姓诉求。随着互联网时代的到来,互联网日益成为集聚民意的舆论场。较之现实政治生活,网络空间虽然不存在民意表达受限这一问题,但是,它却存在另一弊端,网络是一个广场式狂欢的第三世界,网民意见容易形成舆论风暴,这一风暴在网络空间中得不到有效疏导与回应,从而导致民粹主义抬头。因此,为顺应发展潮流和现实要求,我们党有必要运用"互联网+"思维创新群众路线的理念与方式,通过网络走群众路线,畅通网络民意表达渠道,保证网民"发出声音"。"通过网络走群众路线,广大机关和领导干部能够及时了解到网民之所思、所想与所愿,使民意得以有效回应。"②在此基础上,进一步认真听取网民的建设性意见,宣介网民不了解的情况,纠正网民的认知偏差,及时公布网络舆情的新进展,从而有效疏导民意。

通过线上线下并行的方式,畅通民意表达渠道、走群众路线使得广大领导干部能够直接听取并回应民意。值得注意的是,线上与线下的方式需要同时推进,二者相得益彰、相辅相成。只有在回应民意、疏导民意的前提下,才能及时扑灭民粹主义苗头,有效抵制民粹主义的泛滥;也只有及时回应民意、疏导民意,才能增强民众对执政党的认同与支持,夯实我们党执政的意识形态基础。可以说,通过由民众"发出声音"到我们党"回应声音",确保在发扬社会主义民主的同时预防、疏导民粹主义,从而为维护我国意识形态安全提供切实的政治保证。

确切地说,在现实社会与网络空间中,民粹主义的政治诱发因素有所不同。在现实社会中,自下而上的民意表达渠道不畅是民粹主义的直接政治诱因,而互联网却为"自下而上"的民意表达提供了技术支持。民粹主义之所以在网络空间中泛滥,一个重要原因是缺乏"自上而下"的民意回应。在此意义上,我们要因地制宜,制定出分别针对线下与线上的具体对策。在现实社会中,要从以下方面着手,建立制度化的参与机制,畅通民意表达渠道。一是增设弱势群体诉求表达渠道。在现实政治生活中,存在着弱势群体与精英群体话语权不均问

---

① 《毛泽东选集》第3卷,人民出版社1991年版,第1031页。
② 袁婷婷、王岩:《论网络民粹主义的三重维度——基于网络生态建设的视角》,《电子政务》2016年第11期。

题。这一问题之所以存在，其关键是弱势群体缺乏民意表达的空间。因而，我们要针对农村失地农民、城市农民工及下岗工人等为代表的弱势群体增设民意表达通道，以便他们的意见和建议能够及时表达出来。二是简化诉求表达程序。为避免出现由民意表达牵扯到多个部门而引发的相互扯皮、效率低下等问题，我们必须要致力于简化诉求表达程序，减少民意诉求的环节和层次，缩短诉求周期，使得民意表达能够高效、快捷。三是建立完善信访机制。借助于新媒体等平台，开通"网上信访""专线电话""手机短信"等，搭建"信、访、电"三位一体的沟通平台，方便群众快捷有效地反映诉求、表达意见。在网络空间中，对于领导干部而言，通过网络走好群众路线，必须要打好其工作基本功：其一，"主动看"。树立多上网看看的执政意识，只有通过网上"着陆""潜水"主动看，才能全面搜集"和风细雨"与忠言逆耳式的网络民意。其二"善于问"。网络听政必须要与网络问政结合才能做到实事求是，善于问是领导干部网络问政的关键所在。通过聊天、发声等方式多问多说，领导干部才有可能释疑解惑并回应民意。其三，"积极学"。缺乏新媒体使用技术，通过网络走群众路线也只能是一纸空谈。只有学先进的新媒体使用技术，领导干部才能真正做到密切联系网民。其四，"正向讲"。领导干部要提高网络舆论引导能力，通过正面宣传和舆论引导，弘扬主旋律，提高网民对执政党的政治认同感。

四、以培育公民意识为抓手提升引领民粹主义的主体能力

在我国民主化过程中，民众虽然具有政治参与意识，但大多数人尚未形成民主的政治人格，即公民意识。对于民粹主义而言，其善于打着反对威权政治的旗帜为"民主"振臂高呼。然而，在"民主"的遮蔽下，民粹主义却构建了另类精英统治，亦即多数人暴政。具体而言，他们要求政治民主与平等，但其本人却未履行民主的要义；他们反对现实社会中的精英群体，但其却呼唤新的政治精英；他们要求直接参与一切事务，但其参与能力却十分有限；他们呼吁消除差距、实现平等，但取而代之的却是针对精英群体的不平等。可以看出，权利意识、法治意识、责任与义务意识在民粹主义的"应然"王国中荡然无存。

所谓公民意识是指在现代法治环境下形成的民众意识，它表现为人民对"公民"作为国家政治、经济等活动主体的一种心理认同与理性自觉，又表现为保障公民权利、合理配置国家权力资源的各种理论思想。具体看来，其应包括公民的主体意识、公民的权利意识、公民的责任与义务意识、公民的法治意识等。毋庸置疑，成熟的公民意识意味着其政治参与不仅仅是权利，还要承担责

任,它在一定程度上左右着公民的政治参与行为,其责任、理性、包容的内在精神也能够有效约束与调节公民的政治参与行为。可以说,公民意识是我国社会主义民主政治建设的基础条件。公民意识的培育可以避免个体政治参与走向以民为粹、非理性的民粹主义歧途。

具体看来,公民意识的培育需要从以下几个方面着手。其一,加强公民教育。公民意识的培育离不开教育的引导和社会环境的熏陶。许多西方发达国家十分重视公民意识的教育与培养,通过在学校开设专门的公民教育课程进行针对性的灌输,以此引导公民理性的政治参与。作为一个后发型现代化国家,我国传统的"三纲五常"等封建政治文化对现代公民意识的塑造产生了不良影响。为了祛除观念桎梏,摆脱传统教育重奉献轻权利的弊端,我们应充分发挥学校教育的主导作用,开设专门的公民教育课程,并且营造权利与义务观念相统一的校园文化。其二,为民众提供更多制度化的政治参与机会,使民众在民主参与的实践中锤炼公民品格。虽然我国已经建立了人民代表大会制度、基层民主自治制度、信访制度等,但是,在现代化建设的进程中,随着利益诉求的多元化,现有的制度表达渠道已无法满足各种利益表达。这也是公民意识教育脱离实践的重要原因。为此,政府有必要提供更多的制度化政治参与机会,创造民众行使自身权利的条件与机会,让民众在政治参与的实践中充分理解个体与集体的关系,感受公民角色的政治主体地位,强化公民自身的权利与责任意识,在此过程中,使得民众养成相对成熟的公民意识。其三,发挥新媒体作用,创新公民意识培育途径。在 WEB2.0 的时代背景下,新媒体已经成为民众获取信息、交流信息的主要渠道。不仅如此,它也越来越成为民众政治参与的重要平台。新媒体给诸多民众提供了对社会公共事业发表意见、献言献策的便捷可能,民众从被动地听到主动地发表意见,其政治主体意识被唤醒,其自我价值和社会意识也通过献言献策等行为得以凸显。在这一过程中,民众的政治参与意识与能力可以得到有效提高。总的看来,着力培育公民意识有利于夯实主流意识形态引领民粹主义的群众基础。

五、以网络舆论引导为重点健全引领民粹主义的媒介机制

当前我国民粹主义的主要存在场域是网络空间。较之传统媒体,互联网具有主体匿名性、信息海量性和传播及时性的特点,很容易引发"广场式狂欢",由此生成的负面话语与舆论不间断地煽动着网络民粹主义。所以,必须看到,互联网成为意识形态斗争主要场域已经成为不争的事实。为了有效疏导民粹主

义进而维护我国主流意识形态安全,我们必须重点增强互联网治理力度,以心系网民为前提通过网络走群众路线,以网络队伍为依托烘托网络正能量导向,以网络法治为手段规范网络行为,努力打造风清气正的网络生态。

随着互联网应用的普及,互联网日益影响着人们的生活。但是,就国内而言,网络生态污染等问题愈发凸显,加之民粹主义的影响,这些因素极大干扰了网络良好生态的构建。从国际环境来看,某些敌对和分化势力不断利用互联网对我国进行价值观渗透,他们所培植的"网络代理人"伺机煽动反精英主义,影响网络意识形态环境。对此,习近平总书记着重强调,"网络空间不是'法外之地'"[①]。在全面推进依法治国战略背景下,提高网络空间治理的法治化水平也理应成为应然之义。与此同时,在现实社会中,民众的言论、行为也需要进一步得到规范。因而,我们要兼顾网上与网下治理,切实提高社会的法治化水平。

网络空间治理法治化水平的提高,需要从以下两点着手。其一,完善网络空间治理的法治体系。法治体系是发挥网络空间法治引领与规范能力的前提与基础,我们必须要加快形成完备的网络法律规范体系、高效的网络法治实施体系、严密的网络法治监督体系、有力的网络法治保障体系。比如在《互联网信息服务管理办法》《互联网出版管理暂行规定》《互联网文化管理暂行规定》《互联网新闻信息服务管理规定》等法律规范基础上进一步整合,制定分别针对互联网个体用户、企业用户、政府门户的互联网法律规范,规范不同用户群体的网络交往行为,从而明确网民何以可为与何以不可为,并严密预防、控制与惩治部分网络大V的不法行为。其二,增强网络空间治理的法治能力。良法是前提,善治是关键。要提高网络空间治理的法治能力,应科学立法、严格执法。既保障网络民意表达的权利,又要惩治煽动网民的不法行为,坚决打击扩散消极言论的网络"大V""公知"。为此,司法机关要树立互联网思维,维护网络司法公正,坚决杜绝网络民粹主义的"舆论绑架",着力提高网民对法律的认同感。总而言之,齐心协力促使网民懂法、守法、用法,从而为网络清朗空间的营造提供有效的法律保障,避免司法机关、审判机关等被所谓的网络民意裹挟,陷入民粹陷阱。

---

① 《习近平谈治国理政》第2卷,外文出版社2017年版,第534页。

第九章 当代中国极端民族主义思潮检视

第一节 民族主义及其发展脉络

一、民族主义的概念界说

早期的"民族主义"与大学生团体联系在一起,主要是指来自同一个民族的学生结成同盟来捍卫他们的权益。到18世纪末,德语语境中的民族主义具有了民族热情、民族报复以及对其他民族的偏见的意思。1798年,阿伯特·吕埃尔神父在法语语境中首次使用"民族主义"一词,主要是指被夸大的对本民族的奉献,并与排外和仇外的情绪联系在一起。19世纪末,英语语境中的"民族主义"才开始慢慢为人们使用。在现代词典里,"民族主义"被定义为一种声称具有民族忠诚、民族情感、民族意识的民族追求本民族独立或自治的学说。由于"民族主义"所包含的内容十分广泛,几乎囊括了其不同侧面的内容,对其全面而准确的界定非常困难。这就导致了国内外政界和学界对民族主义定义众说纷纭。科恩·汉斯认为,"民族主义是一种思想状态,它认为个人的最高忠诚被认为要奉献于民族-国家……这种思想状态鼓舞一个民族的大多数成员,并声称鼓舞所有的民族成员。它宣称,民族-国家是理想的和唯一具有合法性的政治组织形式,民族是全部文化创造力和经济福利的源泉"[1]。埃里·凯杜里认为,"民族主义是19世纪初产生于欧洲的一种学说。它自称要适当的人口单位做出独立地享有一个自己的政府的决定、为在国家中合法地行使权力、为国际社会中的权利组织等提供一个标准。简而言之,该学说认为,人类自然地分成不同的民族,这些民族由于某些可以证实的特性而能被人认识,政府的唯一合法形式是民族自治政府"[2]。斯特·盖尔纳则提出,"民族主义首先是一条政治

---

[1] Nationalism-Its Meaning and History,pp.9-10。
[2] [英]埃里·凯杜里:《民族主义》,中央编译出版社2002年版,第1页。

原则,它认为政治的和民族的单位应该是一致的。它作为一种情绪或者运动,可以用这个原则作最恰当的界定实现这一原则带来的满足感。民族主义运动,是被这种情绪驱动起来的一场运动……简而言之,民族主义是一种关于政治合法性的理论,这种理论要求民族的疆界不应跨越政治的疆界,尤其是在某一个既定的国家中,民族的疆界不应把掌权者与其余的人分割开来"[1]。汉斯·摩根索将"民族主义"的内涵从传统和当代两个维度进行区分,并把这二者的相同之处归结为"都把国家作为政治效忠和政治行动的基准";这二者的不同则在于传统的"民族主义"把国家作为实现目标的终点,而当代的"民族主义"把国家作为实现目标的起点,"它是一种世俗化的宗教,它对人的本性和命运的解释以及它拯救全人类的救世主式的誓言都是普遍适用的"[2]。安东尼·史密斯从通过民族自治、统一、认同促进和实现民族利益的层面,提出民族主义是"一种为某一群体争取和维护自治、统一和认同的意识形态运动,该群体的部分成员认为有必要组成一个事实上的或潜在的'民族'"[3]。安东尼·吉登斯则认为,民种族主义是"指一种心理学的现象,即个人在心理上从属于那些强调政治秩序中人们的共同性的符号和信仰"[4]。彼得·阿尔特提出,"民族主义,正如自美国和法国革命以来所呈现的那样,将被理解为既是一种意识形态,又是一种社会运动。它认为民族和民族主权国家是最关键的内在价值,并致力于动员人民或一个全体的大部分人的政治意志。因此,民族主义被当作一种能够产生希望、情感和行动的动力原则,它是一种为了实现共同目标而激励人类并在群体成员中间创造政治团结感的工具"[5]。

  总的来讲,海斯和科恩的民族主义定义强调了民族主义感情的因素,但却忽略了每一个民族的政治诉求。盖尔纳和·凯杜里关于民族主义的定义阐述了维护民族统一的内容,但却忽略了民族国家追求国际权利、地位与尊严的重要内容。斯密斯和阿尔特的民族主义的定义则没有包含民族主义情感的因素。摩根索仅仅区别了传统民族主义与现代民族主义。他们都无法涵盖民族主义的全部内容,也就无法界定民族主义的边界。即是说,民族主义的概念是因时、

---

[1] Geller, Ernest, Nations and Nationalism, Oxford:1983, P.1.
[2] [美]汉斯·摩根索:《国家间政治》,中国人民公安大学出版社1990年版,第411页。
[3] [英]安东尼·史密斯:《民族主义:理论,意识形态,历史》,上海人民出版社2006年版,第10页。
[4] [英]安东尼·吉登斯:《民族——国家与暴力》,胡宗泽等译,生活·读书·新知三联书店1997年版,第141页。
[5] Peter Alter. Nationalism, London:1989:7。

因国、因人而异的,作为一种社会思潮的民族主义同样在不断地发展演变。

相比于西方学界,国内学界对于民族主义的研究也是百花齐放,仅对民族主义概念的界定就多达200余种。其中有从积极层面来界定民族主义,亦有狭隘的民族主义定义。狭隘的民族主义定义多是强调本民族的优越性,抑或认为本民族利益高于其他一切民族的利益。如郑师渠认为,"民族主义是以共同文化为背景,要求在政治与文化合一的基础上实现民族认同与发展的一种心理状态与行为取向。其信仰的核心是本民族的优越性及缘此而生的忠诚与挚爱"[1]。这种优越性与中国倡导和坚持的国际主义背道而驰,其发展也存在一定的危险性。也有学者从近代民族主义产生的西方源头出发来定义民族主义,忽视民族主义在中国存在的特质,把当代中国的民族主义看作是西方民族主义的流传和扩展。王晓明认为,"民族主义是一种与源发于西欧的'民族-国家'体制共生的、随着所谓"现代化"的扩展而从西欧向世界其他地区流传的观念和情绪"[2]。从积极层面来定义民族主义的学者把民族主义看成是具有强有力民族凝聚力、富有情感力量的意识形态。萧功秦认为,"在人类历史上,民族主义是迄今为止世界上最强烈的、也最富于情感力量的意识形态","只要人类还存在着各个不同的民族,相对于其他意识形态的时效性而言,民族主义可以说是一种时效性最为长远的意识形态"[3]。牟钟鉴则认为,"所谓民族主义,是指民族成员对本民族怀有的深沉的爱和高度的责任感,是民族凝聚力的精神体现,它是民族生存和发展的动力,当然它也会由于偏激而走向反面"[4]。胡涤非定义民族主义是近代以来民族在其生存与发展过程中产生的,基于对本民族历史和文化的强烈认同、归属、忠诚的情感与意识之上的,旨在维护本民族权益、实现本民族和民族国家的发展要求的思想观念或意识形态,而这种思想观念和意识形态往往会演化为民族主义运动。[5]

二、西方民族主义的发展

海斯在《现代民族主义演进史》中对欧洲过去两个世纪所产生的各种主要的民族主义进行了深入研究。在海斯看来,"人道民族主义是最早的民族主义,

---

[1] 郑师渠:《近代中国的文化民族主义》,《历史研究》1995年第5期。
[2] 王晓明:《现代中国的民族主义》,《学术月刊》2002年第11期。
[3] 萧功秦:《民族主义与中国转型时期的意识形态》,《战略与管理》1994年第4期。
[4] 牟钟鉴:《民族观和民族主义的反思》,《中央民族大学学报(哲学社会科学版)》2003年第4期。
[5] 胡涤非:《民族主义的概念及起源》,《山西师大学报(社会科学版)》2005年第1期。

在某时期中也是唯一的正式民族主义"①,它是以自然律为根据,是人类发展不可缺少的适当步骤,其目的是绝对的人道主义的。人道民族主义对全人类的幸福抱有极大的关切,尊重其他民族的权利,并且谴责和排斥侵略主义和不容异教的观念。代表人物有柏林布鲁克和卢梭。柏林布鲁克的人道民族主义主要体现在他的《一个爱国君王的观念》《论爱国的精神》《英国史评论》《政党论》四部著作中。柏林布鲁克认为,各民族的根本任务是增进民族的利益,而真正的民族利益需要一种和平的外交政策,与一种对其他民族的主权与利益的合理尊重。柏林布鲁克视民族主义为增进民族合法利益最自然合理的工具,而且也是达到最崇高的国际主义,获得最佳的人道主义结果时,最自然合理的工具。卢梭提出,只要人们把握住民族主义就能摆脱他们的束缚,"以自由人的身份,使全世界看见各民族中和各民族间的友爱"②。为把握住民族主义,卢梭提出了几种增进民族感情的方法:"以特殊荣誉褒奖有功勋的爱国志士复兴民族的风俗;举行民族竞技运动;出演民族的戏剧;遵守那些应有'爱国空气'的假日。但在一切方法之中,教育是使人民得到'一个民族形式'的最重要的方法"③。海斯认为人道民族主义发展形成了"雅各宾"民族主义、"传统"民族主义和"自由"民族主义以及后来的完整民族主义。

其中,"雅各宾"民族主义者崇拜"人民",尤其是"平民",信奉"民众主权"和"自然律",尊崇的是民主政治民族主义。他们大都是共和主义的虔诚使徒也是君主政治的坚定敌人,是古代意义上的纯粹爱国主义者。他们相信斯巴达小城市国的制度与习惯完全适用于法兰西大民族。他们煽动民众怨恨他们的敌人,猜疑他们的领袖,狂热地崇奉理智的宗教和恐怖时代的规律。他们猜疑国内的异派,"努力摧残破坏一切不忠于法国的党派,因为它们不但不忠于一般观念中的法兰西,也不忠于雅各宾梦想中的特殊法兰西"④。为实现其目的,雅各宾民族主义者依赖武力和军国主义,用威胁和暴力手段对付国内的"反动者",他们发明了断头台,不仅杀死了"反动者",而且也杀死了他们的同派"吉伦特主义者""丹东主义者""赫伯特主义者""罗伯斯庇尔主义者"。他们还用新军国精神和机械的一切力量对抗敌人,将使国家的房屋变成兵营,公共场所变成制造所,地窖变成火药工厂,最终导致"一切乘用的马匹将被征发参加骑兵队,一切马车

---

① [美]海斯:《现代民族主义演进史》,帕米尔等译,华东师范大学出版社2005年版,第13页。
② [美]海斯:《现代民族主义演进史》,帕米尔等译,华东师范大学出版社2005年版,第21页。
③ [美]海斯:《现代民族主义演进史》,帕米尔等译,华东师范大学出版社2005年版,第20页。
④ [美]海斯:《现代民族主义演进史》,帕米尔等译,华东师范大学出版社2005年版,第41页。

的马匹将被征发参加炮兵对"。与此同时,雅各宾民族主义具有强烈的宗教色彩。雅各宾民族主义者的信仰不仅是外表的信仰,而且占据了他们的内心。他们不相信超自然的宗教,他们内心的真诚感情都集中于一个思想上,即要怎样才能成为对祖国有用之人。其他一切的东西,比如衣、食、事业的进展,在他们看来都是琐碎的小节。虽然雅各宾民族主义自称是人道民族主义的继承者,但它给世界各民族带来了一把利剑,而非人道民族主义者向往的人类和平。

传统民族主义者自称是人道主义的继承人,尊崇贵族政治民族主义。英国民族理论家柏克把"不列颠宪法"视为英吉利民族的"天才"和历史经验的最高具体表现,并且把皇室、地主贵族或国教视为尊严宪法最有用的装饰品。柏克主张忠顺心理,认为各种忠顺心理在其范围内是"唯我独尊"的,而且一切都是"自然的",因为一切都是"传统的"。传统民族主义者庞纳特歌颂法兰西的传统制度,无论是社会的、政治的或教育的传统制度,把歌颂法兰西民族的传统文化视为其伟大使命。在他看来,法语是"最完美的现代语也是一切语言中最完美的语言,……它最吻合一切东西的自然次序及它们的关系,最接近我们思想的目的;它是最有真理的思想的最忠实的表现"。不仅如此,庞纳特还把法兰西人称为"欧洲最开明最合理的民族"。传统民族主义者施莱格尔把日耳曼民族过去的历史、神话学传统、旧诗歌与旧美德放在显著重要的地位。施莱格尔认为,这些都是由最久远的时代开始不断地和日耳曼人共同生活着,且是他们生命血液的一部分,没有一个民族像日耳曼民族一样拥有它们,体现它们的特殊价值。传统民族主义与雅各宾民族主义存在很大的不同。前者以历史权利为基础,后者以自认权利为根据;前者是一种进化,后者是一种革命;前者视主权为复数的东西,企图把民族国家的忠顺心理与阶级或区域的忠顺心理相协调,后者则是注重国家的绝对主权,并以此为中心,试图构建一种至高无上且通俗的民族主义宗教。

自由民族主义忽略历史权利和自然权利,赞美民主主义,但具有中等阶级的倾向。自由民族主义者着重民族国家的绝对主权的同时,又着重民族国家中的个人自由以及各民族国家建立维护国际和平的责任。他们希望世界的政治地图能重新划定,各帝国的领土须依民族的界限而分解开来,同一民族各部统一起来建立自己的独立国家,个人具有言论自由、信仰自由、集会结社自由以及择业自由、贸易自由。自由民族主义者相信,自由贸易的实现可以避免战争、实现和平,而这需要一切国家都进行民族主义化和自由主义化。边沁是自由民族主义的发起者,他认为民族是国家和政府的正当性基础,自由民族主义是新式的国际主义,一个民族向其他民族做那些其他民族向该民族做的事情。世界政治地图应该根据民族重新划定,新兴的民族国家之间相互竞争,一起做有利于全人类的事业,但避免战争。边沁在其著作《国际法原理》中指出了爆发战争的原因:民族的自尊心、商业的竞争、疆界的争论、征服的野心、领土的争端、宗教的仇恨等等。为此,他提出了预防战争的措施:理智的运用、自由贸易制度的建立、国家法的完美化、各民族形成相互防卫的联盟、国际仲裁和军备限制等等。这是一个以自由民族主义为根据的新国际主义。但当他们越来越信仰自身的利益,越来越热望去实现利益诉求的时候,这种信仰和热望进一步激发了他们的政治野心。为实现世界政治地图重新划分,建立良好的国际秩序,他们又再次依赖暴力或战争手段。自由民族主义的逻辑和善良目的无法保证其胜利,拿起刀剑去屠杀敌人又成为人道民族主义之后民族主义行动的主要表现形式。

19世纪,自由民族主义在"被压迫"或"受支配"的民族发展得轰轰烈烈,然而在20世纪,完整民族主义在欧美已经获得政治统一和独立的民族中蠢蠢欲动。莫拉斯对完整民族主义的定义是:"民族政策的单一施行,民族完整的绝对保持和民族权力的逐渐增加——因为当一个民族丧失武力时,它便日渐衰弱了。"[1]完整民族主义是一种"神圣的利己主义",是一种粗浅、极端的爱国主义,兼具扩张性、暴力性、自私性和宗教性。从个人主义和爱国主义盛行的自由民主民族主义转变为态度偏执狂热的极端爱国主义,有其历史原因。海斯认为这可以归结为三个主要因素:一是自由主义者解放及团结"被压迫"民族的战争所产生的军国精神;二是成功所产生的成就感,认为"先进"的民族可以统治"落后"的民族;三是雅各宾和自由民族主义者创制运用的一些宣传工具在统一的民族国家中实际运用。[2] 在完整民族主义发展过程中,孔德、泰纳、巴雷斯和莫拉斯对其教理的发展起到了重要作用。孔德的实验主义观念,排斥抽象人道主义,宣扬物质的力量,为狂热的民族主义者制造了有力的思想武器。泰纳认为种族、环境、时代是决定民族性和民族文化的力量,他提出"艺术根本上是民族的、艺术家必须由民族主义的理想得到灵感"的论断[3],正是这种充满宿命论的民族主义使其成为完整民族主义先驱之一。巴雷斯的完整民族主义学说以心理决定论和祖先的崇奉观念为基础,认为人类没有思想的自由,一个人的心理

---

[1] [美]海斯:《现代民族主义演进史》,帕米尔等译,华东师范大学出版社2005年版,第129页。
[2] [美]海斯:《现代民族主义演进史》,帕米尔等译,华东师范大学出版社2005年版,第179—181页。
[3] [美]海斯:《现代民族主义演进史》,帕米尔等译,华东师范大学出版社2005年版,第143页。

历程是受那种属于某族和某家的偶然事实所支配,同时他强烈地推崇故土崇奉观念,主张"一个真民族主义的政府一定会使地方的自由意识成为它整个行政制度的基石"①。莫拉斯是狂热的完整民族主义者,他认为:"真正的民族主义者把他的国家置于一切东西之上;因此他在思虑、处置、决定一切未解决的问题时,必注意它们和民族利益的关系如何。"在完整民族主义理论的影响下,意大利和德国出现法西斯主义,自由成为工具,武力成为手段,而扩张成为目的。

三、中国的近代民族主义

关于中国民族主义兴起于何时,西方学者有不同的看法。梅谷把洪仁玕视为"中国最早的近代民族主义者之一",柯保安则认为王韬是早期中国民族主义发起者。他们二者共同点在于都认为中国民族主义兴起于19世纪中叶。然而,杜威则把五四学生运动作为民族主义在中国的出现的标志。② 国内学者对于中国民族主义起源也存在分歧。严复把中国的宗法社会传统看成中国的民族主义。孙中山则提出,"盖民族主义,实吾先民所遗留,初无待于外铄者也。余之民族主义,特就先民所遗留者,发挥而光大之;且改良其缺点,对于满洲,不以复仇为事"③。朱学勤则把中国文化民族主义追溯到孔子的"微管仲,吾其披发左衽矣","但在今天讨论文化民族主义,较好的切入口也许是明末清初顾、黄、王三大儒痛定思痛的那场文化反思"④。冯天瑜则指出传统的"华夷之辨"的传统民族观是近代民族主义的主要思想来源⑤。尽管诸多学者在中国民族主义起源上存在不同意见,但基本都认同中国民族主义起源于中国的传统文化和民族观,近现代民族主义亦是中国传统文化和古典民族观的继承与发展。国内学者也基本认为,中国近现代民族主义形成于19世纪末20世纪初,视梁启超为西方民族主义观念的引进者,而"中国近代民族主义理论的缔造者是孙中山先生"⑥。

戊戌变法之后,梁启超东渡日本,为寻求救亡图存之法,开始研读大量西方书籍,积极向国内引进西方民族主义的思想。在梁启超看来,一部欧洲发展史就是一部民族主义发展历史。16世纪以来的欧洲发展,主要归因于"由民族主

---

① [美]海斯:《现代民族主义演进史》,帕米尔等译,华东师范大学出版社2005年版,第153页。
② 罗厚立:《从思想史视角看近代中国民族主义》,《战略与管理》1998年第1期。
③ 《孙中山全集》第7卷,中华书局1985年版,第60页。
④ 朱学勤:《从明儒困境看文化民族主义的内在矛盾》,《书屋》2000年第8期。
⑤ 冯天瑜:《中国近世民族主义的历史渊源》,《湖北大学学报(哲学社会科学版)》1994年第4期。
⑥ 牟钟鉴:《民族观和民族主义的反思》,《中央民族大学学报(哲学社会科学版)》2003年第4期。

义所磅礴冲激而成"①,"凡百年来种种之壮剧,岂有他哉,亦由民族主义磅礴冲激于人人之胸中……今日欧洲之世界,一草一石,何莫非食民族主义之赐……民族主义者,世界最光明正大公平之主义也"②。梁启超将民族主义理解为"各地同种族、同言语、同宗教、同习俗之人,相视如同胞,务独立自治,组织完备之政府,以谋公益而御他族是也"③,"凡国未经过民族主义之阶段者,不得谓之国"④。梁启超的民族主义观念具有狭隘性,他认为,"由民族主义而变为民族帝国主义,皆迫于事理之不得不然。非一二人之力所能为,亦非一二人之力所能抗者也"。在梁启超看来帝国主义的侵略扩张是无法避免的。他把这种扩张归结为,"其原动力乃起于国民之争自存,以天演家物竞天择优胜劣败之公例推之,盖有欲已而不能已者焉"⑤,并得出"今日欲救中国,无他术焉,亦先建设一民族主义之国家而已"⑥的结论。虽然梁启超有为帝国主义列强侵略辩护的嫌疑,但他所得出的"以民族主义为本"的结论,为中国同盟会的民族主义纲领奠定了基础。同时,他的"大统一观"和御外自强的"大民族主义"观,为中国近现代民族主义的发展奠定了基础。

民族主义作为三民主义的基石,从提出到孙中山先生逝世,经历了从"排满"到"五族共和",到中国民族解放和各民族一律平等,再到"联合世界平等待我之民族"等三次嬗变。1894年,兴中会成立,提出了"驱除鞑虏,恢复中国,创立联合政府"的口号。"驱除鞑虏"具有明显的反对满人统治的思想,并且孙中山先生曾多次指出,革命"志在驱逐满洲人","将满洲鞑子从我们的国土上驱逐出去"⑦。孙中山之所以提出"排满"的思想,是由于当时腐败无能的清政府俨然成了西方列强侵华的工具,而且清政府沿袭了历代王朝的民族歧视和压迫政策,造成了民众的反清情绪和民族仇视心理。1905年,中国同盟会成立,孙中山先生将革命口号由"驱除鞑虏,恢复中国"改为"驱除鞑虏,恢复中华"。由"中国"到"中华"仅一字的改变,却显示了民族思想的进步发展,其蕴藏着"对于满洲不以复仇为事","唯是兄弟曾听见人说,民族革命是要尽灭满洲民族,这话大错。民族革命的原故,是不甘心满洲人灭我们的国,主我们的政,是要扑灭他的

---

① 梁启超:《饮冰室合集——专辑之四》,中华书局1972年版,第3—4页。
② 梁启超:《饮冰室合集——专辑之六》,中华书局1972年版,第20页。
③ 梁启超:《饮冰室合集——专辑之四》,中华书局1972年版,第4页。
④ 梁启超:《饮冰室合集——专辑之六》,中华书局1972年版,第22页。
⑤ 梁启超:《饮冰室合集——专辑之四》,中华书局1972年版,第59页。
⑥ 梁启超:《饮冰室合集——专辑之十》,中华书局1972年版,第35页。
⑦ 《孙中山全集》第2卷,中华书局1982年版,第438—439。

政府,光复我们民族的国家。这样看来,我们并不是恨满洲人,是恨害汉人的满洲人。假如我们实行革命时候,那满洲人不来阻害我们,决无寻仇之理"①。他还指出,"满洲政府腐败,我辈所以革命。即令满人同情于我,亦可许入党"②。这些主张表明孙中山的民族主义思想不再是反对所有满族人,而是反对满族统治者,实现了由"排满"到"反清"的转变。南京临时政府成立后,孙中山先生在中华民国临时政府大总统的就职演说中提出:"国家之本,在于人民。合汉、满、蒙、回、藏诸地为一国,即合汉、满、蒙、回、藏诸族为一人。是曰民族之统一","今者五族一家,立于平等地位"。③ 后来,《中华民国临时约法》明确规定:"中华民国人民一律平等,无种族、阶级、宗教之区别。"这是孙中山第一次提出国内各民族一律平等,也是孙中山民族主义思想发展史上的重要里程碑。中国共产党成立后,孙中山先生接受了中共反帝反封建的革命纲领,改组了国民党,实现国共两党第一次合作,提出了"联俄、联共、扶助农工"的政策,并在国民党一大上对新民族主义进行了阐释:"国民党之民族主义,有两方面之意义:一则中国民族自求解放。二则中国境内各民族一律平等。"前者"在使中国民族得自由独立于世界",后者实现"国内诸民族宜可得平等之结合"。④ 这样,孙中山把反帝与反封建的革命任务结合起来,将民族主义发展到最高阶段——新民族主义,也就是中国近代民族主义。

四、马克思主义民族理论

马克思和恩格斯对民族和民族问题进行了大量研究和论述,形成了具有普遍原理意义的马克思主义民族理论。马克思在其著作《论犹太人问题》中,首次明确了民族问题与社会革命的关系,并把解决民族问题与无产阶级革命联系起来。不久,马克思和恩格斯在《神圣家族:或对批判的批判所做的批判》中提出了"民族平等"的思想——"古往今来每个民族都在某些方面优于其他民族"⑤,在《德意志意识形态》中指出"现存的所有制度关系是造成一些民族剥削另一些民族的原因"⑥。换言之,民族关系是由经济基础决定的。之后,随着《共产党宣

---

① 《孙中山全集》第1卷,中华书局1982年版,第324—325页。
② 冯自由:《中华民国开国前革命史》(上),1928年版,第195页。
③ 《孙中山全集》第2卷,中华书局1982年版,第2、438—439页。
④ 转引自李克建《孙中山民族主义思想述论》,《西南民族学院学报(哲学社会科学)》,2001年第2期。
⑤ 《马克思恩格斯全集》第2卷,人民出版社1957年版,第194页。
⑥ 《马克思恩格斯全集》第4卷,人民出版社1958年版,第409页。

言》《路易斯·亨·莫尔根〈古代社会〉一书摘要》《家庭、私有制和国家的起源》的问世,马克思、恩格斯分析了人类从部落发展到民族,形成民族国家的历史,并指出:"人对人的剥削一消灭,民族对民族的剥削就会随之消灭。民族内部的阶级对立一消失,民族之间的敌对关系就会随之消失。"①基于此,马克思和恩格斯在《论波兰问题》《民族的泛斯拉夫主义》《德国革命和反革命》《不列颠在印度统治的未来结果》中均有对民族问题进行深入研究,建构起马克思主义民族理论体系。

马克思主义民族理论遵循历史唯物主义基本立场,肯定各民族在推动人类社会发展过程中的作用,坚持各民族一律平等的原则,并将民族平等和民族团结作为理论的核心。在马克思和恩格斯看来:"平等应当不仅仅是表面的,不仅仅在国家的领域中实行,它还应当是实际的,还应当在社会的、经济的领域中实行。"②也就是说,这种民族平等不仅仅是原则上或者形式上的,它更应该是事实上的平等或者实质上的平等。在马克思看来,能够实现这种实质上平等的,只有无产阶级。这是因为,"所有的无产者生来就没有民族的偏见,……只有无产者才能够消灭各民族的隔离状态,只有觉醒的无产阶级才能够建立各民族的兄弟友爱"③,才能实现实质上的平等,才能形成民族团结的局面。马克思恩格斯还从无产阶级革命事业出发,提出无产阶级革命的胜利需要民族平等和民族团结。只有各民族实现了实质上的平等和团结,才能有力量完成共同的革命事业。马克思和恩格斯还深入研究了实现民族平等的过程。在他们看来,"一个大民族,只要还没有民族独立,历史地看,就甚至不能比较严肃地讨论任何内政问题"④,而且"要保障国际和平,首先就要必须消除一切可以避免的民族摩擦,每个民族都必须获得独立,在自己的家里当家作主"⑤,大民族的独立是国内各民族实现民族平等的前提和实现方式。也就是说,大民族独立对于国内小民族而言,是平等地享有共同发展、共同管理国家内部事务和共享主权权利的前提。

民族发展是马克思主义民族理论的主题。民族是一个历史范畴,在人类历史发展的长河中产生、发展,也必然走向消亡,而这一切只能在唯物历史观视野下才能得到合理的解释。在马克思和恩格斯看来,社会大分工为民族的产生创

---

① 《马克思恩格斯选集》第1卷,人民出版社2012年版,第419页。
② 《马克思恩格斯全集》第3卷,人民出版社2012年版,第484页。
③ 《马克思恩格斯全集》第2卷,人民出版社1957年版,第666页。
④ 《马克思恩格斯文集》第10卷,人民出版社2009年版,第471页。
⑤ 《马克思恩格斯全集》第21卷,人民出版社1965年版,第463页。

造了条件,"劳动本身经过一代又一代变得更加不同、更加完善和更加多方面了。除打猎和畜牧外,又有了农业,农业之后又有了纺纱、织布、冶金、制陶和航海。伴随着商业和手工业,最后出现了艺术和科学;从部落发展成了民族和国家"①。而"各民族之间的相互关系取决于每一个民族的生产力、分工和内部交往的发展程度。这个原理是公认的。然而不仅一个民族与其他民族的关系,而且这个民族本身的整个内部结构也取决于自己的生产以及自己内部和外部的交往的发展程度"②。随着社会的发展,各民族之间的交往越来越密切,特别是"随着资产阶级的发展,随着贸易自由的实现和世界市场的建立,随着工业生产以及与之相适应的生活条件的趋于一致,各国人民之间的民族分隔和对立日益消失"③。马克思认为,"按照公有制原则结合起来的各个民族,由于这种结合而必然融合在一起,从而也就自行消失,正如各种不同的等级差别和阶级差别由于废除了它们的基础——私有制——而消失一样"④。可见,在马克思看来,民族问题产生的根源在于阶级,民族压迫的实质就是阶级压迫,所以民族问题往往与阶级问题交织在一起,然而民族也会跟阶级一样必然会走向消亡。

人类的解放是马克思主义民族理论追求的终极价值。马克思主义民族理论作为马克思主义理论体系的重要组成部分,其追求的终极价值也必然是人类的解放,即消灭人对人的剥削,"把人的世界和人的关系还给人自己"⑤。"人对人的剥削一消灭,民族对民族的剥削就会随之消灭。民族内部的阶级对立一消失,民族之间的敌对关系就会随之消失。"⑥这也就意味着,在资本主义社会里,民族解放是无产阶级实现自身解放的先决条件。因此,"被压迫民族解放斗争的胜利是压迫民族的无产阶级革命取得成功的先决条件"⑦。而"无产阶级对资产阶级的胜利同时就是一切被压迫民族获得解放的信号"⑧。民族解放需要民族团结,而"要使各国真正联合起来,它们就必须有一致的利益。要使它们利益一致,就必须消灭现存的所有制关系,因为现存的所有制关系是一些国家剥削另一些国家的条件;消灭现存的所有制关系只符合工人阶级的利益。也只有工

---

① 《马克思恩格斯全集》第26卷,人民出版社2014年版,第766页。
② 《马克思恩格斯选集》第1卷,人民出版社2012年版,第147页。
③ 《马克思恩格斯全集》第1卷,人民出版社2012年版,第419页。
④ 《马克思恩格斯全集》第42卷,人民出版社1979年版,第380页。
⑤ 《马克思恩格斯全集》第10卷,人民出版社1962年版,第13页。
⑥ 《马克思恩格斯选集》第1卷,人民出版社2012年版,第419页。
⑦ 王沪宁:《政治的逻辑——马克思主义政治学原理》,上海人民出版社2004年版,第328页。
⑧ 《马克思恩格斯选集》第1卷,人民出版社2012年版,第314页。

人阶级有办法做到这一点"①。

诚然,马克思主义民族理论也经历了一个中国化的过程。马克思主义民族理论不是僵死的理论,而是随着经济基础以及由此产生的社会结构的发展而发展的,并且具有很强的实践性。在马克思主义中国化的过程中,马克思主义民族理论也在与中国国情和时代要求的契合中不断发展,形成了中国化的民族理论——毛泽东民族理论、邓小平民族理论、"三个代表"重要思想民族理论、科学发展观民族理论和以习近平同志为核心的党中央提出的民族观。

毛泽东同志在中国革命发展实践中,以马克思主义民族理论审视具有多民族(小民族)的中国,提出了"中华民族"和"统一的国家"的思想。在毛泽东看来,"中国是一个由多数民族结合而成的拥有广大人口的国家"②,中华民族是国内各(小)民族的统称,各民族应共同建立独立的统一国家。新中国成立后,毛泽东否定了苏联联邦制建国的模式,以民族自治的形式充分落实民族自决权,"承认中国境内各少数民族有平等自治的权利"③。在将马克思主义民族理论同中国实际相结合中,确立了"民族平等、民族团结、民族区域自治、各民族共同繁荣"的基本原则和基本政策,从而开辟了具有中国特色的解决民族问题的正确道路。

改革开放以来,邓小平同志继承了经典作家和毛泽东民族理论,在洞察和平与发展时代主题的基础上,提出了"稳定压倒一切"和"发展才是硬道理",对我国各民族之间的关系进行了明确的论述。"我国各兄弟民族经过民主改革和社会主义改造,早已陆续走上社会主义道路,结成了社会主义的团结友爱、互助合作的新型民族关系。"④"要使各少数民族聚居的地方真正实行民族区域自治"⑤,以"民族区域自治"法律制度赋予各民族民族自决权。与此同时,注重少数民族地区经济发展。"实行民族区域自治,不把经济搞好,那个自治就是空的。"⑥他还认为,在社会主义初级阶段,民族问题实质上属于人民内部矛盾,在民族区域自治法的制定和实施中,将民族工作的重心转移到经济建设上来,推进民族地区的现代化建设。

冷战结束后,江泽民同志系统分析了我国民族问题,明确反对霸权主义和

---

① 《马克思恩格斯选集》第1卷,人民出版社2012年版,第313页。
② 《毛泽东选集》第2卷,人民出版社1991年版,第622页。
③ 《毛泽东选集》第4卷,人民出版社1991年版,第1238页。
④ 《邓小平文选》第2卷,人民出版社1994年版,第186页。
⑤ 《邓小平文选》第2卷,人民出版社1994年版,第339页。
⑥ 《邓小平文选》第1卷,人民出版社1994年版,第167页。

强权主义,强调维护国家统一和民族团结是国家的最高利益所在。据此,提出"三个离不开"的原则——"汉族离不开少数民族,少数民族离不开汉族,少数民族之间也相互离不开"[①],"各民族之间同呼吸、共命运、心连心"[②]。先后实施沿边开放战略、科教兴国战略、可持续发展战略和西部大开发战略,这四大发展战略都与少数民族地区的发展息息相关。在丰富和发展马克思主义民族理论的同时制定有效的民族工作政策,进一步加快少数民族和地区的发展,从而增强中华民族的凝聚力和向心力。

进入新世纪,胡锦涛同志继承和发展了前几代领导集体关于民族问题和民族工作的理论成果,提出了科学发展观民族理论,指出要"加快少数民族和民族地区经济社会发展,关键要坚持以科学发展观统领经济社会发展全局"[③]。以胡锦涛同志为总书记的党中央,提出各民族共同团结奋斗、共同繁荣发展是新世纪民族工作的主题,坚持发展是解决民族问题的根本所在,坚持以科学发展观统领民族工作,推动民族团结和民族发展,着力构建社会主义和谐社会。

进入新时代,以习近平同志为核心的党中央继续继承和发展马克思主义民族理论。在国务院第六次全国民族团结进步表彰大会上,习近平总书记指出,"我们的民族工作也面临着一些新的阶段性特征",指明了现阶段我国民族工作所处的历史方位。习近平同志结合当下国情,提出了"做好民族工作关键在党、关键在人"的论断。"只要我们牢牢坚持中国共产党的领导,就没有任何人任何政治势力可以挑拨我们的民族关系,我们的民族团结统一在政治上就是有充分保障的。"开展好民族工作的关键在于坚持正确的方向。在全国政协十二届二次会议上,习近平同志指出:"坚持中国特色社会主义道路,是新形势下做好民族工作必须牢牢把握的正确政治方向。""坚定不移走中国特色解决民族问题的正确道路,就是要旗帜鲜明地坚持和完善党和国家关于民族问题的基本理论、基本政策、基本法律、基本制度以及体制机制,就是要使每个民族、每个公民团结在中国特色社会主义这面旗帜下,为实现中华民族伟大复兴的中国梦而奋斗。"习近平同志集中回答了事关民族工作全局最核心、最根本的道路问题,是对我们党民族工作经验的丰富和发展。

---

① 《江泽民文选》第 2 卷,人民出版社 2006 年版,第 160 页。
② 《江泽民文选》第 1 卷,人民出版社 2006 年版,第 193 页。
③ 《胡锦涛文选》第 2 卷,人民出版社 2016 年版,第 316—317 页。

第二节 极端民族主义的理论解读

一、极端民族主义的基本内涵

极端民族主义是民族主义体系中的斜枝偏权，是民族主义发展过程中出现的一种畸形。极端民族主义信奉"我族重心主义"，对内族裔纯净化，对外敌视与排斥。这样的民族主义对族际政治生态和多民族国家政治格局具有非常大的搅动效应。

学者们从族群与国家关系出发，把民族主义分为公民民族主义和族裔民族主义。公民民族主义认为，国家是按照全民意志由全体公民的自决组成的，因此一个国家可以由多个不同的民族组成。族裔民族主义则强调血统和文化传统，主张以不同群体身份定义民族，国家边界应和血统文化相吻合。族裔民族主义对政治的诉求分为自治和自决两种，具体表现为民族分立、民族分离、民族分裂。民族分立的诉求是实现区域性的民族自治，而民族分离和民族分裂则以实现本民族单一民族国家为奋斗目标。极端民族主义不仅主张民族分离、民族分裂，而且具有唯我独尊的民族优越感和排它意识。概括而言，"极端民族主义是对民族主义偏激情绪和极端表现的一种约定俗成的概括"[①]。极端民族主义提出："本民族的便是最好的便是原则，便是值得尊重和爱护的，再没有其他判别是非善恶的标准。……至于这种样式究竟对此民族及其邻邦的生活带来的是福祉还是灾难，则无关紧要。"[②]极端民族主义把原本公民民族主义意义上的"民族"狭隘地解读为血统和文化共同体意义上的"民族"，并主张："每个民族都被要求因此也有权利组成一个国家。人分为无数的民族，因此，世界也应当由如此多的国家组成。每个民族都是一个国家，每个国家也是一个民族。"[③]这实质是把本民族的利益置于其他民族的利益之上。极端民族主义者对本民族的"热爱"使他们失去了理性，无视或诋毁其他民族，为了本民族的利益不惜牺牲其他民族的利益。极端民族主义者经常鼓吹其他民族对本民族的威胁，煽动敌对情绪，为达到民族分裂的目的，不惜制造民族大屠杀甚至挑起战争。

---

① 郝时远:《极端民族主义与法西斯主义》，《世界民族》1995 年第 1 期。
② 转引自陈黎阳《俄罗斯对于极端民族主义的调控》，《世界经济与政治论坛》2009 年第 6 期。
③ Hagen Schulze，1995，Staat und Nation in der europ? Ischen Geschichte. P225. C. H. Beck. München.

二、极端民族主义的衍生原因

东欧剧变、苏联解体和世界两极格局的终结,为极端民族主义思潮的产生提供了外部条件。一些民族"精英"开始从本民族历史发展和传统文化中寻找符合本民族发展利益的"意识形态"。于是,民族主义逐渐成为许多国家本土化意识形态,成为民族对内对外的思想指导和活动的原则。在经济全球化、政治多极化等浪潮中,国家间的关系呈现出不一样的特征,国家之间的竞争重点转向人才、科技、经济领域的竞争,并以获取本国家或地区利益最大化为目标。在国家利己主义的驱使下,极端民族主义的"本民族利益高于一切"的思想开始抬头。另外,在全球化和多极化的过程中,以往形成的国际秩序的影响力、约束力和控制力逐步下降,一些国家利用民族主义为本国政治经济利益服务,但却忽视了滋生极端民族主义的可能。尤其是对民族主义发展过程中出现的问题不够重视,管控不力,为极端民族主义发展提供了前所未有的发展空间。

经济全球化浪潮产生的负面效应诱发和助长了极端民族主义思潮的发展。经济全球化浪潮带动了西方国家经济的复苏和发展中国家的经济的发展,但与此同时,经济全球化也给一些经济问题严重的发达国家和发展中国家带来了冲击。一方面,社会、政治、经济面临深层次改革;另一方面,国内民族企业倒闭或存在倒闭危险,民众失业人数增加,民众不满情绪上升。于是,一些狭隘的民族主义者开始以复兴民族文化为由,开始敌视和排斥经济全球化。信息技术的快速发展又为狭隘民族主义进行宣传提供途径。狭隘民族主义利用网络大众媒体和自媒体,不断向民众宣传和灌输民族危机意识和复兴民族的责任,扩大其社会影响力。同时,网络的开放性使得跨国狭隘民族主义突破了现有国界,在一定程度上蚕食国家的凝聚力,削减甚至是破坏国家政府的控制力。经济全球化和网络信息技术的整合冲击传统国家原有的框架体系,不仅带来了经济的竞争,而且产生了文化的直接冲突。各国政府出于各国利益的考虑,不断实施增强本国民族文化传统和价值观念影响力的政策。这也在一定程度上助长了狭隘民族主义的发展。各国保守主义势力担心本国民族文化被"吞噬",刻意夸大本国民族文化价值与外来文化价值的差异,以及本国民族文化对本国民族存在的发展的重要意义,极力主张"抵抗政策",起到了为极端民族主义的发展"辩护"的作用。

机会主义在极端民族主义产生的过程中起到推波助澜的作用。现有国家的稳定是机会主义头上的紧箍咒,它让机会主义者只有丢掉幻想、无计可施。

为实现个人或集团利益,机会主义者捕风捉影,用虚假的或空洞的激情附和极端民族主义,以期待极端民族主义发展能够为其个人或集团利益的实现带来可能。另外,机会主义者的目的是寻求个人或集团的利益,但他们却从来不会为了"目标(利益)"而自我牺牲。于是,机会主义者就把极端民族主义推到舞台前面,为其掩盖虚伪和自私的真相,甚至把极端民族主义作为其实现利益的牺牲品。等到机会主义控制国家民族后,为了维持和维护他们的权力或利益,他们反过来就会残酷压制一切民族主义,极端民族主义首当其冲。就中国而言,企图弱化和分裂中华民族的外国势力是机会主义的重要成员。中国特色社会主义经过几十年的发展,在政治、经济、文化、军事等方面都取得了举世瞩目的成就。以美国为首的西方资本主义国家清醒地看到,无论经济手段还是军事手段都无法全身而退地击败中国。于是,他们多方面扶持极端主义,特别是极端民族主义,企图推翻中国政府,打破中国现有的良好发展秩序。

西方发达国家的强权政治、经济霸权和文化霸权不断激化民族主义情绪,使得发展中国家极端民族主义不断升温。在政治上,以美国为首的西方大国抹杀人类社会政治生活多样化、社会政治制度多元化的现实,并且罔顾其他国家选择本国政治发展道路的权利和自由,总是以本国的政治制度和价值观作为标准来衡量他国的政治实践,企图充当世界的领袖。为了推行霸权主义和强权政治,他们经常打着维护"人权"旗号和防止"人道主义灾难"的名义,干涉别国内政。1989年,美国发动"正义事业行动",用武力维护其在巴拿马运河的既得利益,在巴拿马扶植亲美政权,建立符合美国利益的"民主"制度;1994年,美国对海地发动大规模的空降作战行动,解除海地当时的军事政权,并扶植亲美的总统上台;美国为了维护在中东的利益,不顾联合国的反对,出兵侵占伊拉克,推翻萨达姆政权。在经济上,美国利用其强大的经济优势在与别国的经贸往来中设置不平等条件,动辄对别国进行经济制裁。在美国主导的国际政治经济秩序下,西方发达国家凭借自身在军事、经济、技术和综合国力上的优势,通过各种手段打压、侵占、掠夺发展中国家的利益与财富。这就使得发展中国家极端民族主义仇视情绪激化,某些过激势力不惜一切极端手段对付外来压力。"9·11"事件就是一种典型的极端民族主义表现形式。

三、极端民族主义的扩张逻辑

东欧剧变、苏联解体让东欧极端民族主义分子看到了"希望",为了分裂国家,他们滥用"民族自决",刻意臆造或放大原本长期生活在多民族国家的少数民族或"弱小"民族的危机和压迫,激化这些民族与其他民族或国家的矛盾甚至仇恨,企图分裂国家。"极端民族主义的政治化、政权化,必然表现为极权主义、沙文主义、军国主义、扩张主义和种族主义等基本政治取向。"[①]这就使得原本统一稳定的主权国家的社会秩序受到严重冲击。法国国内有科西嘉、布塔尼亚和巴斯克等极端民族主义分裂分子。以位于法国东南部的科西嘉岛为例,自1769年归入法国之后,岛上的分裂主义分子始终没有停止活动。据统计,仅2014年,岛上就发生了50起恐怖袭击。另外,在英国、加拿大等众多欧美国家,极端民族主义分子的主要活动也比较频繁。在我国境内,"疆独""藏独""蒙独"等极端民族主义势力也开始抬头。分裂与反分裂斗争在国际政治以及各国的政治中逐渐出现普遍化和重心化的趋势。

极端民族主义利用宗教和泛民族情绪大肆叫嚣建立"宗教国家"或"大民族国家"。冷战结束后,非洲、巴尔干地区和中东地区原先被两强争夺所掩盖的民族、宗教、政治、经济、社会等固有矛盾暴露无遗。高加索、南亚、中亚、东南亚等地区狭隘民族主义情绪与极端民族主义相互作用,极端主义倾向严重。泛突厥主义、泛斯拉夫主义、泛哈萨克主义和泛蒙古主义等跨国极端民族主义思想也"因势而生"。于是,极端民族主义者把民族问题与宗教信仰混为一谈,大力推崇"共同的民族渊源、共同的宗教信仰、共同的语言文化",从而谋求建立纯粹或政教合一的国家。为达到这一目的,他们不惜利用极端恐怖主义手段挑战现有秩序和现代文明。

西方发达国家民族优越情绪的膨胀,激发了其国内和受其压迫民族的极端民族主义思想。冷战结束后,以美国为首的西方国家在全球化过程中明显占据优势,并以"世界警察"的角色试图主导世界。近些年,美国民族优越情绪在国际关系中展现的淋漓尽致。美国将这种民族优越感上升为国家意志,在国际关系中把美国利益放在第一位,置其他国家或民族利益于不顾,不遵守国际法,进行单边制裁,甚至是发动战争,给主权国家和无辜平民带来巨大伤害。欧洲一些国家的极端民族主义则把国内出现的问题归结于外来移民,打着维护本国民族利益的幌子,大肆宣传排外思想,并不断泛起排外的恶潮。从20世纪90年代以来,日本极端民族主义思潮又开始活跃。尤其是到了新世纪,右倾保守主义倾向在日本的政治中表现突出。他们公然违反国际公约,否认其侵略的历史。曾任日本首相的小泉纯一郎在其任内多次参拜靖国神社;部分极右翼势力

---

① 郝时远:《极端民族主义与法西斯主义》,《世界民族》1995年第1期。

主张修宪,"行使集体自卫权"。"在极端民族主义支配的精神氛围下,最大的得益者是机会主义。机会主义者可以轻而易举地利用民众的情绪,转移人们对经济改革与社会问题的注意力。"① 这些极端民族主义严重影响着地区和国际社会的稳定,有些甚至严重威胁到中华民族的安全,值得我们严重关切。

第三节 极端民族主义的实践风险

一、诱使法西斯主义

法西斯主义是20世纪上半期极端民族主义恶性发展的产物。19世纪下半叶,受社会达尔文主义的影响,民族主义开始走向极端,以社会达尔文主义和种族主义为基础的极端民族主义逐步产生,并最终导致和激发了法西斯主义。在第二次世界大战中,法西斯主义对人性的摧残,对不同民族的暴行,造成60多个国家、80%的人被卷入,6000余万人失去了宝贵的生命。

法西斯主义最先出现在意大利。原因既有处于西方资本主义列强的末端,产生了谋求意大利强大的社会心理,又有国内经济危机和革命浪潮产生的对社会不满情绪,最为重要的原因是第一次世界大战"分赃不均"引起的极端民族主义情绪。在第一次世界大战中,意大利在战后利益的"诱惑"下,从德、奥、意同盟中转移到了协约国一边参加战争。但战争结束后,英、法、俄在巴黎和会上毅然决然地把意大利排除在胜利国之外,拒绝履行战前承诺,这在意大利国内引起了巨大轰动和不满,导致以知识分子为主体的民族主义势力迅速在意大利蔓延。他们要求"无能政府"下台,呼吁"强权精英"带领意大利民族恢复罗马帝国的辉煌。也就是在此时,墨索里尼重建了"战斗的意大利法西斯主义"组织,并于1921年更名为"国家法西斯党"。"国家法西斯党"宣称自己"要热情捍卫和宣传民族的传统、民族的感情和民族的意志,……实现自己历史上的和地理上的完全统一,恢复民族国家的声誉。"② 对法西斯主义来说,帝国的倾向,即各民族扩展的倾向,是一种生命力的表现;而其反面,或守在家里,则是一种没落的标志。新兴或复兴的民族是帝国主义者,正在死亡的民族是放弃自己利益的民族。"③ 这种法西斯极端民族主义"斥责和平主义、民主主义、人道主义、社会主义

---

① 萧功秦:《民族主义与世纪之交的思想分化》,《战略与管理》1999年第4期。
② 转引自朱庭光《法西斯新论》,重庆出版社1991年版,第32页。
③ [美]爱·麦·伯恩斯:《当代世界政治理论》,商务印书馆1990年版,第437页。

和自由主义。他们宣扬'暴行的美和必要'及意大利血液的无穷活力。他们高唱战争赞美诗,歌颂战争是'世界上仅有的卫生术、高贵的英雄主义浴场'"[①]。

德国法西斯主义也是由第一次世界大战的"战果"激起的极端民族主义发展而来的。《巴黎和约》和"凡尔赛体系"对战败德国的严厉制裁和限制让自认"优越"的日耳曼民族主义倍感"屈辱",产生了复仇的极端民族主义情绪。他们要求魏玛共和国政府下台,希望政治精英带领日耳曼民族实现复仇,从而改变"屈辱"的现状。1920年,希特勒把"德国工人党"更名为"民族社会主义工人党"即"纳粹党",并且对民族社会主义进行了解释。"任何人只要准备以民族事业为己任,再没有高出民族利益之上的理想;任何人只要了解我国伟大的国歌《德意志高于一切》的意思是在自己心目中世界上再没有东西高于德国、德国人民和德国土地,这样的人就是社会主义者"[②]。这种极端民族主义把德意志的民族利益置于至高无上的地位,成为德国法西斯建构集权体制的基础。纳粹党随着这种极端民族主义的膨胀不断发展壮大,并形成了自己的纲领。纲领要求废除一战"不平等和约",要求德意志人在民族自决的基础上建立大德意志帝国、强大的中央集权体制和绝对权威;要求非德意志人必须立刻离开德国,只有具有日耳曼血统的人才能成为德意志的公民,德意志领土只能供养国内或外迁的德意志人。其中最为极端的是,他们要求发扬反对犹太人的唯物主义精神。这样一来,纳粹党把日耳曼民族至上和对外争取"生存空间"扩张野心的极端民族主义推向了登峰造极的地步。德国法西斯主义吸收了"白人至上"的种族优越说,宣扬"物竞天择、适者生存"的社会达尔文主义等反动的资产阶级理论,提出"世界由纯种的雅利安人统治,而日耳曼人又是雅利安人中最优秀民族"。这种强烈的种族主义突显出纳粹意识形态的极端民族主义倾向。

日本法西斯主义是日本"尊王攘夷"民族主义情绪和西方民族主义的产物。19世纪中期,日本在西方国家威胁下打开了国门。西方列强的侵略激起了日本民间尤其是日本传统武士精神影响下的日本民众强烈的民族主义情绪。1919年,"犹存社"成立,这是日本第一个民间法西斯主义社团。这一社团号称以"改造日本,解放亚洲"为己任,极力主张实行以天皇为首的军事独裁统治,以具有"对外开展之积极权力"改变日本"国家无产者"的地位,通过民间、军队、军部法西斯化,实现了以极端民族主义为基础的法西斯主义军部掌控日本政坛。之后,"侵略战争和排外狂热的极端民族主义情绪,不仅把群众的视线转向国外,

---

[①] 转引自朱庭光《法西斯新论》,重庆出版社1991年版,第91页。
[②] 转引自朱庭光《法西斯新论》,重庆出版社1991年版,第107页。

而且成了国家法西斯化的最初起动力"①。在日本对朝鲜、中国及远东地区的侵略扩张中,日本军民对天皇的愚忠和对武士道精神的推崇以及对其他民族侵略中充满的野兽般的疯狂和残暴,给亚洲人民带来了极大的伤害和痛苦。"对日本来说,危险不在于模仿西方的外表,而在于以西方民族主义的动力作为它自己的动力"②。"……它的社会理想正败于政治手下。我能看到它的取自科学的格言——'适者生存'几个大字写在它的现代历史的大门上。"③

从以上可以看出,极端民族主义是孕育法西斯主义的土壤。在极端民族主义的基础上,法西斯主义者或不断强调其民族的辉煌历史,或宣称本民族是"天神之子",实质是想通过煽动民众的排外情绪,利用民族主义情绪和民族仇视观念,控制国家政权,建立高度集权的政治体系,进而实现政治图谋。极端民族主义"虽然仅使某几个国家陷了进去,但是却在其他许多国家留下了烙印"④。二战结束,法西斯主义轴心国战败,世界人民取得了反法西斯战争的伟大胜利。但法西斯主义并没有就此被彻底消灭。就日本而言,"眼下日本把军国主义视为已熄的光。他们将拭目以待,看它在世界上的其他国家中是否已熄灭。倘若没有,日本恐怕会重新燃起其好战的热情,并表明日本将能够大显身手。假如它在其他国家也已熄灭,日本将证明它深切地记取了帝国主义侵略企图绝不是走向荣耀之路的教训"⑤。法西斯主义的土壤——极端民族主义在全世界范围内仍然存在,并有蔓延之势。尤其是东欧剧变苏联解体后,民族主义思潮再次兴起,民族仇杀、侵略战争、国内经济衰退、难民等等问题再次激起了民族主义排外情绪,民族分裂、国家分立的极端民族主义大有再起之势,法西斯主义势力则有"回潮"之意。二战时期的法西斯主义乌斯塔沙运动的"U"形标志再现,纳粹党标志再次被戴在肩上,臭名昭著的铁卫军又在罗马尼亚复活,日本相继出现了"保卫国家青年部队""蓝色冲锋队""大日本爱国党和太阳旗社"等新法西斯组织。由此可见,法西斯主义不仅没有消失,反而在一些国家和地区点起了星星之火,开始借助于营造极端民族主义的氛围而卷土重来,这足以引起我们的高度重视。

---

① 转引自朱庭光《法西斯新论》,重庆出版社1991年版,第411页。
② [印]泰戈尔:《民族主义》,谭仁侠译,商务印书馆1986年版,第8页。
③ [印]泰戈尔:《民族主义》,谭仁侠译,商务印书馆1986年版,第42页。
④ [美]汉斯·J.摩根索:《国家间的政治》,商务印书馆1993年版,第216页。
⑤ [美]本尼迪克特:《菊花与刀》,孙志民等译,浙江人民出版社1987年版,第265页。

二、滋生国际恐怖主义

目前,恐怖主义已经成为全球不安定的重要因素之一。20 世纪 60 年代末以来,在全世界范围内产生了众多有组织的恐怖主义。"行为者对非战斗目标(特定的公私机构、设施、交通工具、非战斗人员尤其是无辜平民)采用暴力或暴力威胁的极端手段,进行破坏、报复和讹诈,把一定的对象(有关政府、机构、民族、教派或其他团体等)置于恐怖之中,以达到某种政治或社会目的。"[①]恐怖袭击是极端分子人为制造的不符合国际道义的攻击行为,通常针对的是平民及民用设施。2016 年,在伊拉克首都巴格达发生的两起汽车炸弹袭击事件,造成至少 126 人死亡;2015 年,法国巴黎发生的多起恐怖袭击事件中,至少 129 人丧生;2014 年,昆明火车站广场发生暴徒砍人事件,造成 29 人死亡、130 余人受伤;2004 年,马德里发生的系列爆炸案导致 190 人丧生,受伤人数超过 1500 人;2001 年,"9·11"事件造成超过 3000 人死亡。这一个个数字着实令人触目惊心。当前,国际恐怖主义势力日益猖獗,"恐怖分子出于民族仇恨或宗教狂热的动机,变得日益无所忌惮,日益倾向于制造大规模的不分青红皂白的杀伤"[②]。

由极端民族主义者组成的恐怖组织约占当今世界恐怖主义组织的三分之一,也正是从这个层面上来看,极端民族主义是恐怖主义最重要的根源之一。东欧剧变苏联解体,世界第三波民族主义浪潮兴起。在这次民族主义兴起的过程中,民族主义在提高民族自信自强、加快民族经济文化发展方面起到了正面积极作用。同时,民族主义产生了向狭隘民族主义、极端民族主义的变异,出现了狂热于建立单一民族国家的极端性和排外性的民族歧视。因此,极端民族主义逐渐成为恐怖主义的动因,而民族问题也逐渐成为引发社会动荡的世界性难题。极端民族主义排外性引起的恐怖主义出现于 20 世纪 80 年代。当时,在西欧、东欧、北美等地区新法西斯主义组织沉渣泛起。这些新法西斯主义组织,虽然形色各异,但其政治主张大同小异。他们倡导极权主义和排外主义,推崇民族优劣理论,与之前的法西斯主义如出一辙。这些新法西斯主义组织中,一些组织煽动民众民族主义情绪,利用合法的政治手段参与国家内部选举;另一新法西斯主义组织通过纵火、爆炸、屠杀等极端活动恫吓民众,这些恐怖活动对象较为明确,具有明显的排外性。德国在两德统一之后也出现了"国民阵线""光头党"等一大批具有纳粹性质的组织,其成员达 5 万之众。这些组织以"复兴德

---

① 余建华:《恐怖主义与民族、宗教问题论析》,《国际问题研究》2003 年第 3 期。
② [美]伊恩·莱塞:《反新恐怖主义》,新华出版社 2002 年版,第 7 页。

意志民族"为目标,极力推崇极权暴力和反犹太排外思想。仅1990年,德国就出现恐怖事件200多起。1992年恐怖事件惊人地上升到3400多起。全世界由极端民族主义的排外性引起的恐怖暴力事件,其发生频率之多,危害程度之大令世界人民为之震惊。

极端民族主义中的民族分裂主义亦是恐怖主义的源头所在。民族分裂主义是指某一个民族以"民族自决权至上"和"一族一国"为理论依据,企图脱离所属国家政治体系而建立自己民族独立国家的思潮及其运动。这些倡导民族分裂的极端民族主义者和机会主义者,为实现民族分裂,制造掌控政权的机会,煽动极端民族主义分裂情绪,不惜使用砍杀、爆炸、屠杀等暴力恐怖手段展现其实力、表达其意愿,并通过制造越来越多的恐慌和混乱引起国家社会的关注,给现有国家政权制造压力。西班牙的"埃塔"激进组织、俄罗斯的车臣分裂主义武装、中国的"东突""疆独"组织、法国的"科西嘉民族解放阵线"、南斯拉夫的"科索沃解放军"等是这一类型的典型代表。以西班牙的"埃塔"激进组织为例,1958年,西班牙巴斯克人激进组织"埃塔"成立,经过几十年的发展,现在已经发展成为一个具有严密组织体系和专业化分工的恐怖组织。"埃塔"组织通过制造"行动—镇压—再行动"的螺旋升级式的恐怖活动,激化民族矛盾,引起社会动乱,营造"民族革命"的态势,使得现任政府陷入分裂危机,以达到独立建国的目的。据不完全统计,20世纪70年代以来,由"埃塔"策划和实施的恐怖事件多达3000余起,屠杀1000余人,致伤2000余人,酿成的直接经济损失高达15亿美元[①]。另外,极端民族主义还与宗教极端主义相互纠合,为恐怖主义提供"动力"。

从极端民族主义引发的恐怖主义环境分析,我们可以发现:国际层面,经济全球化进程的加深和不合理的国际经济秩序凸显出各国民族经济文化发展的极不公平和不平衡,民族、国家间发展差距和贫富鸿沟不断扩大,激起处于贫困的弱势群体的狭隘民族主义情绪。同时,西方发达国家主宰经济全球化,对外实施经济文化霸权,对于其"不喜欢"的国家横加指责,动辄经济制裁,甚至军事威胁和武装侵略,这种霸权主义进一步刺激了极端民族主义情绪,加剧了恐怖主义活动。国内层面,由极端民族主义引发恐怖主义有着特定的历史背景、社会经济因素、文化因素和政治因素。尤其是长期存在的区域经济发展不平衡,贫富分化严重,民族政策不合理以及一些历史遗留的民族问题,推动了民族分

---

① 《全球民族问题聚焦》,时事出版社2001年版,第259页。

裂主义思潮的产生和发展。而与宗教信仰的分歧、风俗习惯的差异和道德伦理失范等原因杂糅在一起，进一步激化了极端民族主义情绪，从而成为恐怖主义滋生的动因。

三、影响世界和平进程

和平与发展是当今世界的两大主题。在经济全球化的过程中，民族问题长期存在并日益凸显，极端民族主义产生的土壤依旧存在，西方列强对资源掠夺在极端民族主义产生过程中的催化剂作用依然在加剧，导致极端民族主义将长期影响世界和平与发展的进程。

极端民族主义及其运动对国家领土完整统一及国家主权具有极大的破坏性。二战以来，西方殖民体系已经瓦解，世界各国民族解放的历史使命也已经基本完成。特别是冷战以后，民族问题已经不再体现在殖民地宗主国与广大殖民地和半殖民地之间的矛盾，而是体现在世界各地独立主权国家之间或已经获得国际社会认同的多民族的主权国家内部的民族矛盾。极端民族主义势力对他们获得的政治空间非常不满，他们刻意曲解"民族自决"原则，打着成立"单一民族国家"的大旗，对原本具有领土主权的母国提出领土和主权要求，图谋分裂母国，谋求非法利益。这违背了国际法关于国家主权原则的基本规定，也为国外势力介入别国内政，实现分裂弱化他国提供了借口和机会。以美国为首的西方国家，出于经济利益和其价值判断的考虑，打着"人权高于主权""平等""民主"等口号，趁着他国内乱的时机，以经济制裁和武力干涉为手段，干预别国内政，图谋推翻与西方"为敌"或不符合西方价值标准的政府。但事实证明，通过这种方式，以美国为首的西方的确获得了短暂的利益，但却给其他国家带来了深重的灾难。常年战乱的伊拉克、阿富汗、叙利亚等就是最为典型的例子。不仅如此，这种做法动摇了近代以来形成的国际普遍认同的国家主权和领土完整的原则，"鼓励"了他国的极端民族主义运动，同时激起了其他民族对美国进行极端报复，"9·11"事件亦是如此。

极端民族主义对社会的稳定、国家安全和经济发展提出了严峻挑战。近年来，一些极端民族主义运动企图通过暴力恐怖手段给本国政府施压，并企图引起或获得国外势力的关注与支持，以证其强大的力量和"正义性"。通过分析世界各地的极端民族主义运动，我们可以发现，这些极端民族主义运动与宗教极端主义、国际恐怖组织等相勾结，成了危害母国和国家社会安全稳定的主要因素。极端民族主义盲目狂热地追求其所谓民族利益，酿成了民族仇杀、民族屠杀的惨剧，导致地区和母国安全稳定、所在地区与国家人民的正当利益受到威胁。另外，极端民族主义运动对地区和母国的经济发展造成极大破坏。极端民族主义运动使得各民族竞相实施经济封锁和制裁，破坏地区和母国经济发展的整体性。与此同时，常年的动乱甚至是流血冲突，势必影响到国民经济发展的连续性，造成大量的难民以及失业者，给国家和地区经济造成重大损失。政治、经济、社会的动荡局势势必影响投资者的信心，造成大量资本外流，给国民经济发展带来毁灭性打击。

极端民族主义不仅对某一国家的政治、经济、文化、社会等产生不可低估的危险，同时对国际政治经济的影响也十分巨大。由于现代国家之间关系日益紧密，极端民族主义运动发展到一定阶段后，势必会蔓延到周边其他国家，引起整个地区的社会动荡。20世纪90年代以来，极端民族主义以狂热的民族主义为旗号，提出十分不合理的要求，为"捍卫"其所谓的权利，不惜进行暴力恐怖活动，引起了许多民族冲突和宗教纷争，制造了地区紧张局势。当今世界正从两极向多极化发展，新的世界政治格局尚未形成，国家之间的竞争正从军事较量转向以经济和科技为主的竞争，各国均抢抓机遇发展本国经济和科技。极端民族主义运动的兴起势必使得这些国家调整发展战略，这些国家政府势必为维护国家安全稳定而投入重要"精力"，以至于在世界发展中不能抢占先机，使得这些国家发展处于不利地位，甚至有被边缘化的危险，也损害了这些国家（包括其民族）的长远利益。

极端民族主义运动激化的民族问题与民族矛盾、领土争端交织在一起，导致相关地区及其周边国际关系紧张。由于历史原因同一民族分布在不同国家，民族与国家这样的组合形式，使得民族问题超出了国界，成为影响国家间关系的重要因素。以东欧为例，由于历史、战争等诸多因素，一个民族成为不同国家的一部分，当处于其他国家之中的这一部分感受到其所在民族政策的"不公"，直至发生流血冲突时，另一部分所在国的民族就会主张民族权利，施压"说服"所在国政府干预这种"不公"待遇，这就势必引起国家间关系的紧张，可能发生小规模冲突甚至是大规模战争。过去保加利亚对国内土耳其人的"强迫"同化政策，遭到保加利亚国内土耳其人的强烈不满，大量保加利亚国内的土耳其人逃往土耳其，也导致了保加利亚和土耳其两国陷入紧张状态中。极端民族主义与极端宗教主义相结合，使得极端民族主义中的民族分裂主义运动具有了强烈的宗教性。就像乌兹别克斯坦总统卡里莫夫说的那样，在相互依存的当今世界，个别国家的矛盾和冲突不会长期局限于一国之内，由于诸多原因的交织，这种矛盾和冲突很快会突破一国范围而呈现扩散甚至是失控的局面,也因此会威胁周边地区的稳定与发展。

极端民族主义运动还为霸权主义强行干预别国内政提供了可乘之机。特别是以美国为首的西方国家,为实现其"普世价值",在看到极端民族主义运动这一"良机"之时,大力鼓吹"人权高于主权""人道主义干涉无国界"等"新干涉主义",以人道主义为名,"帮助"和利用别国极端民族主义势力,干涉别国内政,企图推翻"敌对"政府,建立符合美国价值观念的"民主政府"。这使得不同地区、不同文化、不同宗教、不同民族间的分歧加大,使得原本就尖锐复杂的民族问题变得更加严峻,也使得各国政府和一些旨在维持世界和平现有秩序的国际组织缓和或解决民族问题变得更加艰难。例如,北约公然违背联合国宪章和国际关系准则,以人道主义为名,军事打击具有主权国家的南联盟,破坏了巴尔干地区的安全稳定,开启了"以人道主义干预"为名干涉别国内政的"潘多拉魔盒",为世界和平发展埋下了隐患。

第四节 极端民族主义的中国样态

一、作为极端民族主义的民族分裂主义

民族分裂主义是极端民族主义发展到一定阶段的产物,是20世纪以来世界范围内出现的民族问题中影响最为严重的现象之一,正在成为全球性的安全隐患[①]。在世界范围内,虽然殖民主义已经终结,但以"世界警察"自喻的一些西方国家,为了一己之私,通过经济殖民主义、霸权主义粗暴干预别国内政,煽动他国内部民族矛盾。同时,机会主义者为实现政治图谋,大肆鼓动民众,挑拨国内民族矛盾,导致民族主义[②]。极端民族主义再次在诸多国家复燃,并逐步发展成为民族分裂主义。作为民族分裂主义的外在表现形式,民族分裂活动是"在一个主权独立、领土完整的国家内部,由于民族问题在内外因的作用下激化造

[①] "Settlement of Ethnic-Separatist Conflicts: European experience and its potential application in the Nagorno-Karabakh Settlement," October 19, 2011, karabakh, org, http://karabakh.org/confict/settlement-of-ethnic-separatist-conflicts-european-esperience-and-its-peotential-application-in-the-nagornokarabakh-settlement.

[②] 从不同的角度看,民族主义可以分为不同的类型。国内外学者根据民族主义的内容,将民族主义分为政治民族主义、经济民族主义、文化民族主义等。海斯和柏林还就政治民族主义和经济民族主义的关系进行了阐述。

成,通常表现为非主体民族或少数民族中某些极端势力要求建立独立国家的政治诉求、暴力活动,甚至军事对抗行动"①。民族分裂主义在片面理解和使用"民族自决权"的基础上,打出"一族一国"旗号,并配以"人权高于主权"的论调,谋求合法的政治地位和西方国家的关注与支持,以实现分裂母国,建立独立国家的政治目的。从世界范围来看,由于各国之间的差异性以及各民族历史、政治、经济、文化等背景不同,民主分裂主义表现为不同的外在形式,具有不同的特征。但总的来讲,世界范围内的民族分裂主义都具有存在普遍、目标明确、原因复杂、认同牢固的特征。

存在普遍是民族分裂主义的基本特征。民族分裂主义与主权国家体系相生相随,并不时扰乱国家或地区的政治格局。苏联、捷克斯洛伐克、苏丹、埃塞俄比亚、南斯拉夫、塞尔维亚等国的分裂即为民族分裂主义所为。民族分裂主义不仅在发展中国家存在,在发达国家也同样存在。据统计,全世界从多民族统一国家分离出去或具有分离倾向的群体就达 3000 余个②。

目标明确是民族分裂主义的鲜明特征。在全世界范围内,无论是哪一国的民族分裂主义都依据"民族自决权",提出"一族一国"诉求,破坏原有国家主权、改变原有国家领土和人口组成,企图实现单独建国的政治目标。由于民主分裂主义的普遍存在,某些国家的民族分裂主义甚至与他国民族分裂主义联合,成立"共命运"(非正式国家人民代表组织 UNPO,又称为"小联合国"),以期在各自的建国中相互支持。这种支持既有公开发表言论表示支援和同情,也有资金、武器、人员培训、派遣顾问等支持,甚至是直接武装干涉。由于民族分裂主义在所在国的势力相对于现有政权处于弱势,而且他们的建国要求触及了主权国家的红线,主权国家往往采取"零容忍"政策进行严厉打击。为了实现其政治目的,民族分裂主义一般同恐怖主义相勾连(除爱沙尼亚和魁北克分离运动采取和平方式外),进而发生激烈的民族冲突。

原因复杂是民族分裂主义的主要特征。导致民族分裂主义产生的因素众多,而且各因素在不同环境中产生的作用也大有不同,各种不确定的因素交织在一起,导致在分析民族分裂主义时,没有太多规律性的东西可以寻觅。有学者总结各国民族分裂主义后,从规范性与实证性两个方面探寻民族分裂主义的根源,认为"民族自决理论和补救权论是民族分裂主义的规范性理论,而霍尔维

---

① 郝时远:《民族分裂主义与恐怖主义》,《民族研究》2002 年第 1 期。
② 宋全成:《族群分裂与宗教冲突:当代西方国家的民族分离主义》,《当代世界社会主义问题》2013 年第 1 期。

兹的民族区域理论、巴特克斯的理论、现代化理论、内部殖民理论、政治经济学理论和社会心理学理论则是民族分裂主义的实证性理论"①。无论是规范性理论，还是实证性理论，都有可能诱发民族分裂主义和民族分裂主义运动，而且在更多情况下，民族分裂主义是各种理论的综合反映，因而很难分析出哪一理论是核心或主要的。

认同牢固是民族分裂主义的典型特征。民族认同与宗教认同一样是最为牢固的认同形式之一。在民族产生之后，"无论一种族认同是何时被铸造的，也无论它是怎样被铸造的，一旦形成了，它就很难被根除"②。在和平年代或国内民族大团结时期，这种民族认同蛰伏在更广义的民族文化之中。当本民族感受到外民族欺侮或威胁时，民族认同就会被唤醒，成为凝聚民族成员力量的精神纽带，使得内部成员在认知和行动上达成一致，抛开个人恩怨，空前团结，共同对敌。民族分裂主义者正是利用这一点，他们刻意制造民族摩擦，把其扩大上升到民族矛盾的层面，并用民族认同这一"廉价成本"的"动员法宝"③，不断强化其所代表民族的民族认同。

二、当代中国民族分裂主义的存在形式

首先，中国民族分裂主义的存在形式之"疆独"。"疆独"是典型的民族分裂主义。长期以来，"疆独"势力在中国制造了无数的恐怖事件，造成无数新疆人失去了生命，严重影响了当地的安全稳定，也给中国及新疆周边各国家的安全稳定造成了不同程度的威胁。"疆独"的政治目标是明确的，旨在把新疆从中国分裂出去，建立所谓的"东突厥斯坦"或"维吾尔斯坦"。"疆独"势力为达到目的，大肆渲染和挑起民族问题，为了实现其政治图谋不顾新疆人民安危，制造恐怖事件，以换取政治地位和西方国家的支持。

"疆独"的产生有其复杂的历史根源。列强的侵略为"疆独"的产生埋下了祸根。在中国的发展历史长河中，中央王朝对新疆的管辖时有强弱，新疆与内地的关系也时有近疏。但新疆始终是中国不可分割的组成部分。清政府后期，由于国力衰弱，加之西方列强侵略，新疆成为俄国和英国的殖民地，两国背着清

---

① 胡润忠：《多民族国家民族分离主义治理战略研究》，《学术探索》2012年第2期。
② Anthony Smith, "A Europe of Nations of Nation of Europe?" Journal of Peace Research, Vol. 30, NO. 2 (Mya 1993), p. 131.
③ 严庆：《族性与族性政治动员——族类政治行为发生的内在机理管窥》，《黑龙江民族丛刊》2013年第6期。

政府瓜分了中国的萨雷阔勒岭以东的帕米尔地区,并把新疆作为他们的缓冲地带。列强的入侵不仅加剧了新疆周边地区的政治环境恶化,而且为"泛伊斯兰主义"①和"泛突厥主义"②的渗透提供了可乘之机。"泛伊斯兰主义"和"泛突厥主义"传入新疆之后,很快被"疆独"势力接受并奉为圭臬,成为"疆独"势力的理论依据和精神支柱。"疆独"势力为了划清新疆与国内其他民族的界限,强化"新疆"民族"民族自决权"(这里的民族自决权是"疆独"势力滥用"民族自决权"的表现)意识,在新疆各地开设学校、医院等公益机构,大肆宣扬"泛伊斯兰主义"或"泛突厥主义"。早年留学土耳其的"疆独"头子麦斯武德在1915年返回新疆后,在伊利开设了8所学校,用于宣传"泛突厥主义",狂妄地宣称"我们的祖先是突厥,我们的祖国是土耳其"。不仅如此,1917年"查有土耳其人,由汉口及内地各处发寄信函,即土文印刷品,分寄新疆维吾尔族及阿洪头目既各军队,屡经查获,不一而足"③。尽管当时新疆地方政府采取了一些措施,但"泛伊斯兰主义或"泛突厥主义"仍然在新疆地区蔓延,这就为"疆独"势力发展提供了理论"支撑"。

新中国成立后,新疆和平解放,"疆独"势力或藏身国内,或出境逃窜。但他们不甘失败,勾结境外反华势力,在新疆大肆鼓噪"泛伊斯兰主义"或"泛突厥主义",并制造大量骚乱和恐怖事件,威胁恫吓新疆人民,对新疆人民人身安全和地区安全稳定产生威胁。20世纪50—80年代期间,不甘失败的"疆独"分子通过私办经文学校、出版图书报刊和音像制品、张贴大字报等方式大肆宣扬民族分裂思想。据相关统计,"1989年,全疆私办经文学校938所,学员已超过万人"④。在1951年的伊宁座谈会上,有干部"站在'泛突厥主义'、'泛伊斯兰主义'立场上,打着学术研究的旗号,以歪曲、杜撰和篡改历史的手法,散布了诸多破坏祖国统一、损害民族团结的错误观点"⑤。亦有少数人员直接提出"成立新

---

① "泛伊斯兰主义(Pan-Islamism)"又称大伊斯兰主义,产生于19世纪上半叶,首创者为哲马鲁丁·阿富汗尼(Say yid Jamal al-Din Afghani),主张世界所有信仰伊斯兰教的穆斯林联合起来,建立统一的伊斯兰教国家,以回击西方殖民主义的侵略扩张。
② "泛突厥主义(Pan-Turkism)"产生于19世纪下半叶,最早出现于匈牙利,但真正作为一种政治运动则始于沙皇俄国统治下的鞑靼人地区,是一种主张将土耳其、俄罗斯、伊朗、阿富汗、中国及中亚诸国等国境内所有操突厥语的民族联合为一体,建立"大突厥斯坦"的跨国民族主义思潮和势力。
③ 李琪:《打击"东突"恐怖势力是国际反恐斗争的组成部分》,《新疆社会科学》2002年第2期。
④ 高永久、李丹:《"东突"恐怖势力的"思想体系"研究》,《西北师大学报(社会科学版)》2006年第4期。
⑤ 厉声:《中国新疆历史与现状》,新疆人民出版社2003年版,第326页。

疆维吾尔斯坦自治共和国"的要求,企图排斥解放军和汉族干部。更有甚者提出将新疆"并入苏联"的分裂主张。① 中苏关系恶化之后,"疆独"分子与当时苏联开展了合作。据统计,"自1963年至1982年的20年间,设在阿拉木图、塔什干的电台,每天以四至六小时交替使用维吾尔、哈萨克语,集中对新疆开展宣传攻势。广播文章、讲话、谈话等各类文章约2万余篇,3000万字之巨……露骨地鼓吹'维吾尔的祖国是东突厥斯坦',应该给维吾尔人民'民族自决权'"②。苏联和国内"疆独"分子一唱一和、遥相呼应,一个"很明显,苏联还抱有将新疆变成蒙古那样的缓冲国的企图"③,另一个则急需抱大腿,希望得到苏联的支持。"疆独"分子不仅在意识形态领域不断鼓噪民族分裂主义,而且还多次制造骚乱,胁迫民众发动叛乱,如1980年阿克苏"4·9"事件、1981年叶城"1·13"事件、1985年乌鲁木齐"12·12"事件、1988年乌鲁木齐"6·15"事件、1989年乌鲁木齐"5·19"事件。

20世纪90年代,随着东欧剧变、苏联解体,"泛突厥主义""泛伊斯兰主义"有借势而起的架势,民族分裂主义也大有兴起之势。境外"疆独"分子纷纷在国外成立各种组织,在1992年至1993年间,在土耳其举行了两次"东突厥斯坦"国际会议,发表了独立宣言,并成立"流亡政府","任命"热轧彼肯为"政府首脑"。同时,"疆独"分子认识到仅凭自身的力量难以实现政治图谋,"要实现独立,没有国际支持不行,没有西方的支持也不行,仅有少数国家的支持也不行。要打'国际牌',使新疆问题国际化"④。"疆独"势力开始想尽一切办法利用国际反华势力向中国施压。与此同时,"疆独"分子还与恐怖分子本·拉登领导的"基地"组织相勾结,参与"基地"组织的恐怖主义训练。据统计,"曾先后有来自10个'东突'组织的1000多人前往'基地'组织设在阿富汗坎大哈、马扎里沙立夫、霍斯特、呼苏提等地的恐怖主义训练营中'去过经',受过诸如爆炸、暗杀、投毒等系统培训,成为'基地'恐怖势力的重要力量"⑤。他们还通过电台、书刊、影像制品、互联网等大肆宣传分裂思想,"20世纪90年代后期,几年间全疆共收缴煽动分裂的印刷品上百万册"⑥。不仅如此,"疆独"势力还通过各种手段号召在

---

① 厉声:《中国新疆历史与现状》,新疆人民出版社2003年版,第309页。
② 潘志平、王鸣野、石岚:《"东突"的历史与现状》,民族出版社2008年版,第140页。
③ 杨廷冰:《"东突"恐怖主义与中国国家安全》,陕西师范大学,2006年。
④ 钟民和:《一个真实的新疆》,人民出版社2009年版,第156页。
⑤ 刘汉太、都幸福:《为了至高利益——中国打击"东突"报告》,新疆人民出版社2003年版,第33页。
⑥ 钟民和:《一个真实的新疆》,人民出版社2009年版,第156页。

中国境内的"疆独"分子制造爆炸、暗杀、纵火、投毒、袭击等恐怖暴力事件。根据国务院新闻办公室的相关统计,"自1990年至2001年,境内外'东突'恐怖势力在中国新疆境内制造了200余起恐怖暴力事件,造成各民族群众、基层干部、宗教人士等162人丧生,440多人受伤"①。

"9·11"事件以后,国际社会加大了反恐合作,联合国、美国、欧盟、哈萨克斯坦、吉尔吉斯、阿富汗等国的政府先后公开宣布,把代表"疆独"的"东突厥斯坦伊斯兰运动"(East Turkestan Islamic Movement,简称ETIM,"东伊运")定为恐怖组织,"疆独"势力的活动空间受到压缩但这并不代表"疆独"势力的消失或"疆独"势力放弃了分裂的野心。为了"洗白","疆独"势力极力洗脱暴力恐怖主义的罪责,转而举起了"民主""人权"的大旗,企图得到国际反华势力的支持,使得"疆独"问题国际化。"疆独"的这一做法获得了一些反华势力的支持。"目前,新疆周边由'美国之音'、'BBC'、'自由亚洲电台'等8个主要电台,以128个频率,用维吾尔、汉、乌兹别克等语种对新疆广播,其撰稿人大部分是民族分裂主义分子……新疆周边由分裂势力建立的四十多个网站,无时无刻不在进行传播和渗透"②。不仅如此,2001年9月18日,"东突信息中心"在德国公告世界,"北京如果有诚意解决新疆问题,唯一的办法就是通过政治解决,在欧洲议会监视下进行,让新疆维吾尔人可以全民公决,由他们决定自己的命运,是留在新疆还是选择独立建国"③。2001年10月19日,欧洲议会支持"疆独"分子在议会大厦举行会议;2004年9月,在美国政客的支持下,"疆独"分子成立"东突流亡政府";2006年9月,瑞士议会议员公开提名"疆独"头目热比娅·卡德尔为"诺贝尔和平奖"候选人。与此同时,"疆独"势力积极策划恐怖袭击。2016年以来,"疆独"分子在中国境内策划暴力恐怖事件200余起,死伤民众上千人,给国家稳定和人民的正常生活造成威胁。

其次,中国民族分裂主义的存在形式之"藏独"。"藏独"与"疆独"一样是民族分裂主义在中国存在的又一体现。长期以来,"藏独"问题也是困扰我们西藏地区稳定发展的重大问题。"藏独"势力打着"西藏独立"的旗号,勾结境外反华势力,阴谋制造了上百次扰乱事件,因"藏独"策划恐怖活动而死亡的人数达上千人,受伤或造成财产损失的更是数不胜数。"藏独"势力要求建立国家,为实

---

① 《"东突"恐怖势力难脱责》,http://www.china.com.cn/chinese/zhuanti/224386.htm,访问日期2017年12月8日。
② 陈超:《新疆的分裂与反分裂斗争》,民族出版社2009年版,第83—86页。
③ 厉声:《中国新疆历史与现状》,新疆人民出版社2003年版,第326页。

现这一目标,"藏独"分裂势力不断强化本民族意识,蓄意制造国内民族矛盾,把一般事件上升至排汉的层面,并联合国内外反华势力,通过策划恐怖袭击事件恫吓族民,威胁中央政府。

"藏独"问题的出现亦是源自西方列强的侵略。1840年鸦片战争后,英国列强打开了中国的大门,从此中国沦为半殖民地国家。当时的英国正处于全盛时期,为保住"英王皇冠上最亮的明珠",确保英国对印度的殖民控制,英国人提出了"拱卫印度安全"的战略思想,核心内容包括"三个缓冲区、两个同心圆和一个内湖"①。其中,这三个缓冲区就有西藏。英国为达到霸占西藏的目的,不仅武力侵犯西藏,而且还幻想效仿沙俄导演外蒙古独立的丑剧,鼓动西藏统治集团中的分裂分子建立独立的傀儡政权。英国先是以传教、旅游、通商的借口进入西藏,受阻后,便发动了第二次侵略西藏的战争,野蛮屠杀反抗的民众,并逼迫西藏地方政府立下城下之盟——《拉萨条约》,自此英国在西藏获得了"最惠国待遇"。辛亥革命时,英国人又趁中国社会动荡之际,护送十三世达赖喇嘛返回西藏,用武力逼迫驻藏军队撤出西藏,鼓励达赖集团脱离中央政府管辖。1913年10月13日,在英国的胁迫下,中英藏代表在印度西姆拉举行会议。会上,时任西藏首席的噶伦伦钦夏扎在英国的教唆下正式提出了关于"西藏独立"的要求:"今后中藏互不干涉对方权利,确定西藏为独立国家,至尊的达赖喇嘛为西藏之政教君主","今后不准中国大臣、官员、军队、百姓等入藏侨居"②。英方代表麦克马洪提出"承认外藏自治,中国允不干涉其行政"③,并划出了"麦克马洪线","这条红线从念青唐古拉起,包括青海、甘肃南部到四川西部,最后又从云南与缅甸交界的尖高山折向不丹与西藏交界处"④。由于中方代表未在三边协定上签字,英藏图谋最终失败。但英藏并没有因此而放弃分裂图谋,反而加快了分裂我国西藏的步伐。1933年,英国在西藏设立驻藏机构,1942年在英国的唆使下西藏宣布成立"外交局",1946年在英印两国的支持下藏方代表以独立国家代表身份参加了"泛亚洲会议",并发言。1947年印度的独立给了"藏独"势力

---

① 三个"缓冲区"中,第一个就是"英国管理下的西藏,保证印度不受中国威胁";第二个是印度洋,使"印度洋沿岸的国家在英国的控制之下";第三个是"阿富汗,它挡住了沙皇俄国"。两个"同心圆"是指内圆、外圆。内圆:印度西北边境的部落地区—尼泊尔—锡金—不丹—阿萨姆邦—印度东北边境的部落地区。外圆:波斯湾的酋长国—波斯—阿富汗—西藏—泰国。一个"内湖"就是英国控制的印度洋。
② 《中印边境自卫反击作战史》,军事科学出版社1994年版,第24页。
③ 周源:《再论西姆拉会议》,《中国藏学》2004年第2期。
④ 张宪文:《中华民国史》,南京大学出版社2005年版,第255页。

一线希望,"藏独"代表团开始发动外交攻势,先后"访问"印度、美国、英国、法国、瑞士、意大利等国家,并且在美国接受媒体采访时公开表示"西藏与中国的关系,仅只是宗教上的联系,中国根本无权管辖西藏人民"①。有碍于二战同盟和国际舆论压力,在"藏独"代表团所"访问"的国家中,无一国公开承认西藏是独立国家。

1949年,新中国成立,英国和"藏独"势力害怕解放军入藏,制造了"驱汉事件"。英国勾结西藏地方反动当局举行这个反共事变的目的,就是企图在人民解放军即将解放全国的时候,使西藏人民不但不能得到解放,而且进一步丧失独立自由,变为外国帝国主义殖民地奴隶。1952年,西藏地方政府与中央政府签订了《中央人民政府与西藏地方政府关于解放西藏办法的协议》(因内容具有十七项条款,该协议又称为《十七条协议》)。这项协议不仅得到了西藏广大僧俗的欢迎,西藏两大宗教领袖达赖喇嘛和班禅额尔德尼先后公开表示拥护。然而,事与愿违,达赖喇嘛集团表面拥护《十七条协议》,行动上则采取不合作的态度。达赖喇嘛回藏后,打出了"人民议会"的旗号,组织民众游行示威,张贴"请愿书",叫嚣"汉人的军队滚出去"等口号。虽然中央政府代表严正交涉,但达赖喇嘛集团不予理会,并打出"西藏独立"的旗帜,组织叛军占领了拉萨市的一些制高点。中央政府迫于形势所逼,出兵平叛,达赖喇嘛出逃,西藏社会才得以稳定,僧俗人民才得以正常生活。

出逃的达赖喇嘛集团并没有因此了断策划"西藏独立"的"痴念"。1959年4月,达赖集团自称建立"西藏临时政府",之后召开了仅有"藏独"分子参与的"西藏人民代表会议",并设立了内政、外交、财政、文教和宗教等部门。为了取得西方国家的支持,达赖集团效仿西方,封设了"西藏人民会议"和"最高法院",搞起了"三权分立"。随后,又公布了伪《西藏国宪法》(后更名为《流亡藏人宪法》),该宪法声称要"为实现西藏最终的正义事业而奋斗",并要求藏民信赖它所建立的"西藏国"。其中规定:"达赖喇嘛任国家元首";"政府的一切职权都属于至尊的达赖喇嘛";"达赖喇嘛可以直接或通过下属官员发布指令"。由此可见,达赖集团预想建立的国家是属于达赖集团的封建君主国家。达赖集团还炮制了所谓的"国旗""国歌",绘制了包括川、青、滇、藏在内的面积达240万平方公里的所谓"西藏国地图"②。为了达到建立"西藏国"的目的,达赖集团还筹建

---

① 《西藏地方是中国不可分割的部分》(史料选集),西藏人民出版社1986年版,第536页。
② 《50年真相——西藏民主改革与达赖的流亡生涯》,人民出版社2009年版,第166页。

了两支叛乱武装。其中一支"四水六岗教军"①,当中的大多数成员都是当年随达赖出逃的人员,大约2万人。这支叛军在外国反华势力的支持下,长期在中尼边界实施骚扰破坏活动,占领了尼泊尔的草地,洗劫财物,强奸妇女,严重危及尼泊尔的百姓的正常生活,一有机会就流窜到中国境内搞破坏。1974年,在中尼两国军队的打击下,这支叛军被彻底铲除。另一支叛军是活跃在中国西藏和印度边境的特种部队。为壮大这支叛军的力量,达赖集团要求在印度的藏人学生、15—30岁的未婚男性藏人和女性藏人以及学校的毕业生等,必须到军队服役满两年才予以安排工作。在国外势力的支持下,这支叛军经常进行军事武器、军事技术的学习和培训。达赖集团对外宣传这支军队是维护西藏人民利益、保卫"西藏独立"和宗教信仰的部队。

从20世纪60年代开始,达赖集团不断发展其"藏独"势力,主要有"三区团结会""西藏青年大会""西藏妇女协会""九十三"组织等。"三区团结会"是由达赖的哥哥1965年组建。该组织组建的最主要目的是把藏传佛教各派统一到达赖喇嘛领导之下,维护达赖喇嘛的领袖地位。"西藏青年大会"又称"藏青会",成立于1970年,其目的"就是为西藏独立事业培养后备力量"②。"藏青会"成立以来,在境内活动十分猖獗,也因此获得达赖集团的器重。据有关资料显示,"藏青会"已经控制了达赖集团的"噶厦"和主要部门,在"噶厦"的各级人员中"90%是藏青会成员"③。成立于1959年的"西藏妇女协会"通过"游行""绝食"和"和平挺进"等活动鼓吹"藏独",谋求参加世界妇女组织国际会议的机会。在境外反华势力的支持下,该组织在全世界拥有20多个分会。"九十三"组织成立于1990年,是以1987年、1988年和1989年"藏独"分子在西藏拉萨发起的三次严重骚乱事件取名。该组织号称有3000余名成员,主要在印度、尼泊尔地区以"爱国现身说法"宣传"藏独"思想,并利用国外媒体大肆污蔑中央政府在西藏的政策,公开挑拨汉族与藏民的关系,制造民族矛盾。

改革开放后,"藏独"势力在进行分裂宣传的同时,蓄意制造混乱。1987年10月1日,正当拉萨人民庆祝国庆游园活动时,十多名"藏独"分子高举"雪山狮子旗"("雪山狮子旗"是清朝中央政府为维护国家统一,授权西藏地方政府制定

---

① "四水"是指康、青地区的金沙江、黄河、澜沧江、怒江四条河流;"六岗"是指康区的擦瓦岗、芒康刚、木雅绕岗、色波岗、波贡岗、马杂岗六个地方。
② 《从暴力走向恐怖的"藏独"急先锋——专家解读"藏青会"真面目》,《人民日报》2008年5月4日第4版。
③ 唐家卫:《事实与真相——十四世达赖喇嘛丹增嘉措其人其事》,中国藏学出版社2003年版,第167页。

的一面军旗),高呼"西藏独立"的口号。尽管公安人员保持了克制,但"藏独"分子并没有罢手,而是鼓动人群围攻并用石块攻击维持治安的公安人员,夺走公安人员的一支冲锋枪,烧毁了七辆警车和当地的一所派出所。1988 年 3 月 5 日,在拉萨举行传昭大法会的最后一天,500 余名"藏独"分子,围攻时任自治区副主席、统战部部长的郑英同志,要求释放被捕的"藏独"分子,打砸了西藏电台的转播设备,砸死武警班长袁石生(藏族),打伤武警战士 29 名。1989 年 3 月 5 日,一伙"藏独"分子高举"雪山狮子旗"进行游行,高呼"吃糌粑的都站出来,把汉人赶出去","西藏独立"等口号,恫吓藏民"谁家不出来扔石头,就砍下谁的脑袋"。该扰乱事件持续到 3 月 6 日,共造成 11 死,100 余人受伤,900 余家商店被抢砸,24 个企事业单位遭到冲击,直接经济损失 1000 余万元。2008 年 3 月 14 日至 16 日,"藏独"分子在拉萨有预谋地实施暴力骚乱。"不法分子纵火 300 余处,拉萨 908 户商铺、7 所学校、120 间民房、5 所医院受损,砸毁金融网点 10 个,至少 20 处建筑物被烧成废墟,84 辆汽车被毁。有 18 名无辜群众被烧死或烧伤,受伤群众 382 人,其中重伤 58 人。拉萨市直接财产损失达 24468.789 万元。"[①]"藏独"分子不仅在国内搞破坏,而且在北京奥运会火炬传递过程中,火炬在希腊和法国传递过程中,也受到"藏独"分子的骚扰。2011 年至今,"藏独"分子在境内多处搞自焚事件,"年轻僧人和还俗僧人在实施自焚行为之前,都高呼'西藏自由'、'西藏独立'"[②]等口号,"达赖是想把藏传佛教变成一种自杀教、自焚教"[③],策划这类事件的真实目的则是为了分裂祖国,实现分裂集团一己之私。

再者,中国民族分裂主义的存在形式之"蒙独"。"蒙独"势力以"泛蒙古主义"为思想"阵地",以制造摩擦或恐怖事件手段,阴谋策划"内蒙古独立"。"泛蒙古主义"这一术语最早由俄罗斯哲学家弗·谢·索罗维约夫提出,其观点主要是"黄祸论"[④],与后来的"蒙古语族联合成立统一国家"的泛蒙古主义存在很大差别。20 世纪初,中国辛亥革命期间,泛蒙古主义沉渣泛起,提出了"全世界

[①] 《拉萨"3·14"打砸抢烧事件真相》,http://news.sina.com.cn/z/xizang08/,访问日期 2017 年 11 月 23 日。
[②] 《僧人自焚事件拷问基本道德底线》,《人民日报》2011 年 12 月 7 日第 10 版。
[③] 《达赖想把藏传佛教变成自焚教》,http://www.mzzjw.cn/html/report/268772-1.htm,访问日期 2017 年 11 月 27 日。
[④] "黄祸论"是成形于 19 世纪的一种极端民族主义理论,最早由无政府主义者俄国人巴枯宁在其 1873 年出版的《国家制度和无政府状态》一书中作了直白阐述。该理论宣扬黄种人对于白种人是威胁,白种人应当联合起来对付黄种人。19 世纪末 20 世纪初,"黄祸论"甚嚣尘上,矛头针对中国和日本等国家。

蒙古人联合起来"的口号。1911年,布里亚特联合泛蒙古主义分子在赤塔召开大会,宣布成立"大蒙古国",定都海拉尔,后被平叛而折戟沉沙。之后,日本企图利用泛蒙古主义削弱中国和苏联,并支持泛蒙古主义分子,使泛蒙古主义逐渐在内蒙古蔓延,引发了包括德穆楚克"自治运动"在内的一系列"蒙独"分裂活动。直到1980年,戈尔巴乔夫改革再次激起了蒙古族的民族意识,给泛蒙古主义的再次沉渣泛起提供了滋生环境。1990年,图瓦共和国发生扰乱,提出了"俄罗斯人留下给我们做奴隶","给你们一周期限,否则消灭你们"的口号。在该国政府的纵容下,大批俄罗斯人的住房被强占,酿成了88人死亡的惨案。一些史学家、政论家和人权组织出于反俄的政治需要,积极推动"泛蒙"主义。例如,布里亚特著名的激进分子斯托马欣写道:"俄罗斯民族总是野蛮地征服其他民族,对他们实施残酷的种族灭绝:从精神上,也从肉体上。""大屠杀、流放到西伯利亚送死、饥荒,完全剥夺他们的民族权利,掠夺其财富,消灭其古老文化……"而这类"种族灭绝、恐怖和法西斯主义"就是俄罗斯帝国的统治基础——"俄帝国过去、现在和将来都依靠它而存在,这也是她对被征服民族(从波兰人到车臣人,从犹太人到楚科奇人)唯一的大方案,任何欧亚主义谎言都不能让经历过俄罗斯地狱的各民族忘记这一切。"日本学者田中在《蒙古民族与自由》一书中表示:"内、外蒙古之间不存在任何自然边界,外蒙古和布里亚特之间也是如此。"在论及蒙古民族的统一性时,他所宣扬的是一种"泛蒙"地缘政治思想,这种思想以布里亚特为核心,波及中国、俄罗斯和蒙古三个主权国家。按照田中教授的设想,将中国和俄罗斯的领土进行肢解,形成一个包括所有蒙古语族的"大蒙古国",并使其成为日本以及西方国家遏制中国、俄罗斯的工具。

在中国,以席海明(即"内蒙古人民党主席")为代表的"蒙独"分子,是泛蒙古主义思想的"继承者"。20世纪80年代,早在读大学时席海明、呼庆特古斯、王满来、哈达(后来"蒙独"主要成员)就密谋延续历史上的"内蒙古人民党"而成立所谓的蒙古族政党。为了实现其政治目的,他们开始在蒙人网站上炒作"蒙古族优越论",有些不明真相的青年也开始逐步参与其中,其中的一些人成为了后来"蒙独"的成员,德乐鹤伊就是其中一员。为了摧毁汉人的自信心,凸显蒙古族的优越性,德乐鹤伊在无任何考证的情况下,无视前人历史考证事实和中外学者研究成果,在网站上大肆污蔑祖国,杜撰了《中国根本不是四大文明古国之一》《"四大发明"的无稽之谈》《东西方文明之比较》《汉字、美术和染缸》等文章,采用各种谎言和歪曲的手段编织论据和观点,企图从根本上否定民族历史。

2007年,席海明自称"内蒙古人民党主席",在德国波昂发出了旨在分裂祖国的民族分裂主义言论:"南蒙古的主权归属问题应由南蒙古人'自决',大量汉人移民南蒙古的事实并不能改变这一原则。"更有甚者在网络上大肆叫嚣南蒙古应当脱离中国而独立存在,应当按照蒙古的传统和日、德的做法,成为单一民族的国家,凡入籍者就是自愿化为蒙古族,必须用蒙姓、说蒙语;南蒙古的汉人只是外来的新住民,只有通过对蒙古历史和蒙语的考试并且宣誓效忠南蒙古才可入籍。自此,"蒙独"成了泛蒙古民族主义的宣传地。

反华、反汉是"蒙独"势力宣传的"主旋律"。"蒙独"网站成为海内外蒙古极端势力的宣传平台。他们扭曲事实,引用无从考究的历史、民族、族群研究,编造汉人是破坏内蒙古环境的罪魁祸首,横加指责汉人同化原住民族群。他们的论调归纳起来主要有以下几个方面:一是要求内蒙古"高度自治"。"蒙独"分子提出将蒙语定为官方语言,党政军各级领导职务应当由蒙古族人担任,汉族人只有通过蒙语考试并且宣誓效忠内蒙古政府才可进蒙古、入蒙籍。茂敖海就曾提出区域自治就是少数民族的自治,"自治机关民族化的范围是很广泛的,不仅是人民代表大会和人民政府机关、审判机关、检察机关、侦查机关、党的机关、经济机关和文化机关都要民族化,就是公安部队、青年团、妇联、合作社、工会等也要适当的民族化"①。其目的就是在时机成熟时进行所谓"民族自决",实现"蒙独"。二是"蒙独"分子以保护环境为由,大肆宣扬汉族人才是破坏内蒙古自治区生态环境的罪魁祸首,将环境的恶化归结为开垦移民和滥垦,并横加指责中央政府的生态移民计划是汉人毁灭蒙古文化,企图进行种族灭绝的罪证。三是"蒙独"分子奉行大蒙古主义,推动"三蒙"统一。在"蒙独"分子看来,13世纪的蒙古人凭借武力征服欧亚,今天的蒙族人也怀念大蒙古旧梦,追随先人的脚步建立一个包括内蒙、外蒙、布里亚特和图瓦在内的大蒙古国。四是"蒙独"势力极力宣传外蒙中心论。内蒙古是中国的一部分,网上"蒙独"们却大肆宣扬蒙古国是蒙古人的精神家园,而把中国当成历史的过渡,鼓动中国的蒙古族科学家为蒙古的国防、经济、文化发展服务。1993年9月在蒙古乌兰巴托召开的"世界蒙古人大会",呼吁内蒙古自治区要独立,要求把中国的蒙古人聚集在"世界蒙古人联合会"的旗帜下。五是"蒙独"分子宣扬"蒙为主,汉为客"。他们宣称内蒙古自治区的土地从来就是蒙古人的,占内蒙古83%的汉人都是来做客的,不是内蒙古的主人。显然,所有这些都是在宣传和推销"蒙独"思想,旨在分裂祖国。

---

① 茂敖海:《关于民族区域自治的几个问题》,《黑龙江民族丛刊》1996年第1期。

三、当代中国民族分裂主义的精神实质

首先,"民族自决权"是民族分裂主义的理论基础。民族分裂主义势力提出"一个民族一个国家"的理论基础是"民族自决权"。正确理解"民族自决权"是行使自决权的基础。民族自决权是指"受外国奴役和殖民统治的被压迫民族摆脱殖民统治和建立民族独立国家的权利,也泛指各国人民都有不受外族统治和干涉、自由决定和处理自己事务的权利"①。从哲学意义上讲,民族自决权起源于康德。康德曾提出过"国家是由许多人依据法律组织起来的联合体"②,每个社会都有自己进行统治的权利。后来,黑格尔提出"独立自主是一个民族最基本的自由和最高荣誉"③,费希特则强调许多人组成的团体与单一个体具有一样的自由,之后又有了卢梭的"主权在民"和霍布斯的民族独立论。综合这些观点,我们可以看出,民族自决权是以国家主权为核心的对内和对外两个部分组成的。民族自决权对外表现为国家主权神圣不可侵犯,一般表现于国与国之间的关系之中;对内则蕴含国家各组成部分(可以是单个的个体,亦可以是由许多人组成的组织)平等享有不可分割的国家主权,一般表现为国家各组成部分平等处理国家事务的权利。

在具体的实践过程中,民族自决权的完整涵义逐步在世界范围内形成共识。联合国成立以来,在发展中国家的努力下,《联合国宪章》(1945年)、《给予殖民地国家和人民独立宣言》(1960年)、《关于各国依联合国宪章建立友好关系及合作之国家法原则之宣言》(1970年)等重要文件都明确提出,"各国人民享有平等权利与自决权之原则","所有人民都有权自由地决定建立自主独立国家,与某一国家自由结合或合并,或采取任何其他政治地位,均属该人民实施自决权之方式"④,并规定了"以上各项不得解释与授权或鼓励采取任何行动,局部或全部破坏在行为上符合上述各人民享有平等权原则并因之具有代表领土内不同种族、信仰或肤色之全体人民之政府之独立国家领土完整或政治统一。每一国均不得采取目的在局部或全部破坏另一国国内统一及领土完整之任何行

---

① 王家福:《中国人权百科全书》,中国大百科全书出版社1998年版,第401页。
② 康德:《法的形而上学原理》,苗力田译,商务印书馆1986年版,第139页。
③ 黑格尔:《法哲学原理》,范扬、张企泰译,商务印书馆1961年版,第339页。
④ 《关于各国依联合国宪章建立友好关系及合作之国际法原则之宣言》,A/RES/2625(XXV),联合国大会1970年10月24日通过。

动"①。

在近现代历史上,民族自决权几乎是和国家的概念同时出现。民族自决权的提出是基于西方列强侵略瓜分世界和被侵略殖民国家奋勇抵抗建立独立自主国家的形势,所赋予的是受殖民侵略的国家的一种主权权利。这里的民族自决权中的"民族"是国族,是由国家内部各组成部分组成的"大民族"。对于已独立的国家,其内部的民族(小民族)是不具备与国族(或大民族)相对应的主权权利的,仅具备与国内其他组成部分平等享有完整且不可分割的国家主权权利。"藏独""疆独""蒙独"提出的"一个民族一个国家"是混淆民族自决权内外涵义和滥用民族自决权的具体体现。民族分裂分子故意混淆民族自决权内外涵义,偷换概念,以民族自决权外部涵义充当内部涵义使用,将国内各"小民族"的平等处理国内事务的权利(成员平等享有国家主权)延伸到撕裂和行使完整的国家主权,为他们在国内进行分裂活动辩护。

中国自古以来就是一个统一的多民族国家。新中国成立后,中国共产党和中国政府十分尊重"民族自决权","为了实现少数民族人民真正当家作主、管理本民族内部事务和地方事务的权利"②,决定在各少数民族聚居的地方实行区域自治。1954年《中华人民共和国宪法》明确提出"民族区域自治政治制度"。作为解决国内民族问题的基本政策和基本形式,民族区域自治制度以马克思主义的民族理论为指导,与我国多民族共存和发展的实际相结合,成为一项重要的政治制度。1982年,《关于中华人民共和国宪法修改草案的说明》明确了民族区域自治的主要内容,在尊重民族自决权的基础上,强化和扩大民族自治地方的自治权。其中明确规定了自治区的最高领导由该民族内部人员担任;在国家政策的指导下,民族自治机关对经济、教育、科学、文化等事业享有自主的管理权;国家对民族自治地区的资源开发、企业建设等行为,都要优先照顾民族自治地方的利益;对民族自治地区的经济、文化建设,国家将给予财政、物资和技术等方面的支持,并帮助其培养各级机关干部、专业人才以及技术工人等。③ 1984年,我国第一部《民族区域自治法》颁布实施,充分体现了党和国家对民族自决权的尊重。在序言中就明确规定,各少数民族聚居的地方在国家统一的前提

---

① 《关于各国依联合国宪章建立友好关系及合作之国际法原则之宣言》,A/RES/2625(XXV),联合国大会1970年10月24日通过。
② 宋才发:《民族自治地方政府自治权实施的宪法保障探讨》,《中央民族大学学报(哲学社会科学版)》2009年第1期。
③ 彭真:《关于中华人民共和国宪法修改草案的说明》,《中华人民共和国国务院公报》1982年第9期。

下,享有自治权,并且设立专门的自治机关。在正文中,还对民族区域自治制度做了全面系统的规定,成为保障民族区域自治健康有序发展的法律依据。2005年5月,胡锦涛同志在民族工作会议上的讲话中指出:"民族区域自治制度,是我国的一项基本政治制度,是发展社会主义民主、建设社会主义政治文明的重要内容,是党团结带领各族人民建设中国特色社会主义、实现中华民族伟大复兴的重要保证。在国家统一领导下实行民族区域自治,体现了国家尊重和保障少数民族自主管理本民族内部事务的权利,体现了民族平等、民族团结、各民族共同繁荣发展的原则,体现了民族因素和区域因素、政治因素和经济因素、历史因素和现实因素的统一。实践证明,这一制度符合我国国情和各族人民根本利益,具有强大生命力。民族区域自治,作为党解决我国民族问题的一条基本经验不容置疑,作为我国的一项基本政治制度不容动摇,作为我国社会主义的一大政治优势不容削弱。"①党的十八大后,习近平同志多次强调,要坚定不移地坚持党的民族政策、坚持民族区域自治制度。党的十八届三中全会明确要求,发展社会主义民主政治,必须坚持和完善包括民族区域自治制度在内的各项制度,充分发挥我国社会主义政治制度的优越性。

当然,对于民族自决权的尊重是建立在对民族自决权内涵科学理解的基础之上的。在尊重各民族行使民族自决权自行管理本民族内部事务的同时,我们必须履行民族自决权的义务。"民族的区域自治,是中华人民共和国领土之内的,在中央人民政府统一领导下的,遵循着中国人民政治协商会议共同纲领总道路前进的,以少数民族聚居区为基础的区域自治。这是一个总原则和大前提。对这个总原则和大前提,不可有任何的动摇。"②民族区域自治是"多重统一性体现在方方面面,主要有国家主权的统一性、领土的统一性、法律与制度的统一性;经济生活方式与规则的统一性;核心价值的统一性等。国家整合正是借助这些统一性获得实现的,反过来,国家整合就是要保障这些统一性的巩固与发展,从而使国家保持内在的统一、完整和有效"③。

其次,宗教极端主义是民族分裂主义的思想工具。我国是个多宗教国家,主要有佛教、道教、伊斯兰教、天主教、基督教(新教)。"宗教问题是个大问题,因为它关系到我们整个国家的安定团结,关系到民族的团结、祖国的统一,关系到我们整个社会主义物质文明和精神文明的建设,也关系到渗透与反渗透、和

---

① 《胡锦涛文选》第2卷,人民出版社2016年版,第322—323页。
② 李维汉:《统一战线与民族问题》,人民出版社1981年版,第464页。
③ 付春:《民族权利与国家整合》,天津人民出版社2007年版,第17—18页。

平演变与反和平演变的斗争。"①盖洛普国际协会抽样调查显示,2012年初我国有14%的人自称信教,30%的人自称不是信教者,47%的人自称是坚定的无神论者,9%的人不回答。2014年我国有7%的人自称信教,61%的人自称是坚定的无神论者。② 据不完全统计,"中国现有各种宗教信徒一亿多人,经批准开放的宗教活动场所近13.9万处,宗教教职人员36万余人,宗教团体5500多个。宗教团体还办有培养宗教教职人员的宗教院校100余所"③。

尊重和保护宗教信仰自由,是党和政府对宗教问题的一项基本政策。《中华人民共和国宪法》第三十六条规定:"中华人民共和国公民有宗教信仰自由。任何国家机关、社会团体和个人不得强制公民信仰宗教或不信仰宗教,不得歧视信仰宗教的公民和不信仰宗教的公民。国家保护正常的宗教活动。任何人不得利用宗教进行破坏社会秩序、损害公民身体健康、妨碍国家教育制度的活动。宗教团体的宗教事务不受外国势力的支配。"根据宪法规定,我国宗教政策可有以下四个方面理解:一是尊重和保护公民的宗教信仰自由,任何国家机关、社会团体和个人不得强制或歧视公民的宗教信仰。二是坚持宗教与国家政权相分离的原则。国家政权不能被用来推行某种宗教,也不能被用来禁止某种宗教,绝不允许利用宗教干预国家行政、司法和社会教育。国家行政机关只是依据法律和政策对宗教团体、宗教事务进行监督和管理。三是宗教活动必须在宪法、法律、法规和政策的范围内进行。宗教信仰自由的权利、正常的宗教活动、依法成立的宗教团体和宗教活动场所的合法权益,都受法律保护。同时,对超出法律和政策范围的宗教活动,需要进行教育、疏导和制止。要依法制止和打击利用宗教进行违法犯罪的行为。四是我国宗教团体和宗教事务不受外国势力的支配,坚持独立自主、自办、自治、自养、自传的原则。在我国宗教信仰自由政策引导下,在各方努力下,我国各种宗教能够互相尊重、和睦相处,从未发生什么宗教之间的纷争。

然而,民族分裂主义势力违反我国独立自主自办的宗教原则,公然利用极端宗教与国外反华势力相勾结,企图建立由其势力主导政教合一的政权。为实现其政治图谋,民族分裂势力强迫民众信仰其所谓的"大宗教",并以宗教的名

---

① 《新时期宗教工作文献选编》,宗教文化出版社1995年版,第199页。
② 《全球信教人口有多少》,http://www.cssn.cn/zjx/zjx_zjsj/201505/t20150526_2010096.shtml,访问日期2017年12月30日。
③ 《中国宗教概况》,http://www.gov.cn/test/2005—06/22/content_8406.htm,访问日期2017年12月23日。

义强迫民众参与分裂活动或恐怖活动。

泛伊斯兰主义就是"疆独"宣传极端思想的工具。泛伊斯兰主义是一种出现在19世纪下半叶的宗教政治思潮和政治运动。后来,随着伊斯兰国家的逐个成立,泛伊斯兰主义逐渐演化成了"突破部落、部族、民族、血缘、语言、地域等限制性因素,使伊斯兰教成为了超越性、普适性的宗教",泛伊斯兰主义成了一种以宗教为掩护的偏激宗教伦理思潮,不仅背离了伊斯兰教和平、顺从、宽容的中道思想,而且将伊斯兰教引向了极端。① 以阿富汗尼的思想最为典型,他"主张全世界穆斯林不分民族,拥戴一位共同的哈里发,在伊斯兰教的基础上,建立起一个超国家、超民族、超地域的统一的伊斯兰大帝国。为了反对西方基督教国家的进攻,伊斯兰国家必须实行改革和自强……提倡对'现社会幸福生活'的重视,并建议通过纯化宗教、用理智巩固信仰并对群众严加管教等几种途径去获得"②。泛伊斯兰主义"一方面是对现实社会的彻底否定,认为当代世界无论是资本主义、共产主义,还是阿拉伯民族主义,都处于'贾希利耶'(蒙昧状态)之中,并且认为这种'蒙昧状态'是对真主在世间主权的侵犯,导致了一部分人的统治和压迫。另一方面,把'真主独一'的宗教信仰夸大到了荒谬的地步,强烈主张用'圣战'彻底摧毁现存社会,摧毁一切世俗国家,重建所谓的真正的伊斯兰秩序,建立全面实施伊斯兰教法统治的伊斯兰国家,建立所谓的真主完全的主权和统治权,以实现社会生活的全面伊斯兰化"③。

"疆独"势力利用伊斯兰教所具有的影响力和召唤力,蒙骗、蛊惑其追随者,甚至蒙骗、蛊惑普通穆斯林群众,把所从事的罪恶活动,宣称为忠诚于信仰,履行神圣的宗教职责。"从近一个时期新疆的宗教情况来看,民族分裂主义分子大多是由宗教极端主义脱胎而来,也因为如此,我们说,新疆的民族分裂主义和宗教极端主义是合二为一的东西,即表现形式有异,但本质都是为了搞分裂。在这种情况下,我们可以说宗教极端主义是滋生民族分裂主义的温床。"④"东突是集民族分裂、宗教极端和暴力恐怖为一体的邪恶势力;民族分裂是它的根本目标本质要求,宗教极端和暴力恐怖是实现其罪恶目标的两大手段","'东突'势

---

① 张文全:《泛伊斯兰主义的本质及危害——去"极端化"之五》,《吐鲁番日报》2014年11月20日第1版。
② 金宜久:《伊斯兰教》,宗教文化出版社1997年版,第356—357页。
③ 杨发仁:《民族分裂主义思潮和宗教极端主义思潮剖析》,《实事求是》2002年第3期。
④ 刘仲康:《新世纪、新阶段做好新疆宗教工作的几点理论思考和建议》,《新疆社会科学》2005年第5期。

力就是'三股势力'的方面军"。①"疆独"势力鼓吹泛伊斯兰主义,把信仰"安拉唯一"曲解为服从安拉的"领导",将圣战曲解为疯狂的暴力和恐怖。他们还煽动反政府活动,宣扬穆斯林只能服从安拉,而不能服从政府。政府的一切行为是"阿拉目"②,对异教徒掌权的政府必须坚决抵制和反对,不能接受政府的法律,更不能接受政府的领导③。"疆独"分子诬蔑中国政府是异教徒统治的"汉人政权",并煽动群众推翻新疆现有政权。他们打着"振兴伊斯兰教,把广大穆斯林从异教徒手中解放出来"的幌子,"不但对异教徒和无神论者,而且对穆斯林的叛徒都要血战到底,要求不受时间地点和方式的限制,随时随地可以用鲜血和生命来进行斗争"④。

再者,恐怖主义是民族分裂主义的实施手段。民族分裂主义势力以"民族自决权"为理论基础,以宗教极端主义为思想工具,不断笼络人心。为了攫取不正当的政治权利,引起和获得国外势力的关注与支持,民族分裂主义势力常用最为激进的恐怖主义手段制造恐怖活动。从恐怖主义的特征来分析我国国内的民族分裂主义,比较容易看透民族分裂主义的真实面目。

"疆独"势力在国内制造多起恐怖主义活动。2006年,"疆独"分子在新疆境内策划暴力恐怖事件189起。2009年的乌鲁木齐"7·5"事件,导致633户房屋受损,197人死亡,千余人受伤。2012年2月28日,数名恐怖分子在新疆叶城县行凶致多人伤亡。2013年4月23日,一个暴力恐怖团伙在新疆喀什巴楚县色力布亚镇对社区干部及民警进行砍杀。2013年,"10·28"事件造成5人死亡,40人受伤。2014年3月1日,10余名统一着装的暴徒蒙面持刀在云南昆明火车站广场、售票厅等处砍杀无辜群众,造成29人死亡、130余人受伤。"藏独"分子在国内制造恐怖事件也由来已久。1988年3月5日,拉萨举行传昭大法会的最后一天,500余名"藏独"分子,围攻时任自治区副主席、统战部部长的郑英同志,要求释放被捕的"藏独"分子,打砸了西藏电台的转播设备,砸死武警班长袁石生(藏族),打伤武警战士29名,之后开始打砸抢拉萨市北京路上的商店、饭店、诊所。1989年3月5日,一伙"藏独"分子高举"雪山狮子旗"进行游行,高呼"吃糌粑的都站出来,把汉人赶出去"、"西藏独立"等口号,恫吓藏民"谁家不出来人扔石头,就砍下谁的脑袋",之后开始洗劫所在街道派出所和周围藏民的

---

① 潘志平、王鸣野、石岚:《"东突"的历史与现状》,民族出版社2006年版,第193页。
② 伊斯兰教法术语,一译"哈拉木",意为"禁忌""被禁止的""非伊斯兰法的"。
③ 马品彦:《新疆反对非法宗教活动研究》,《新疆社会科学》2003年第4期。
④ 马大正、徐建英:《"东突厥斯坦国"迷梦的幻灭》,新疆人民出版社2006年版,第189—194页。

商店、饭店等。该扰乱事件持续到 3 月 6 日,共造成 11 死,100 余人受伤,900余家商店被抢砸,24 个企事业单位受到冲击,直接经济损失 1000 余万元。直到 3 月 7 日,拉萨实施戒严,该事件才得以平息,藏民的人身和财产安全才得以保证。2008 年 3 月 14 日—16 日,"藏独"分子在拉萨有预谋地实施暴力骚乱。"不法分子纵火 300 余处,拉萨 908 户商铺、7 所学校、120 间民房、5 所医院受损,砸毁金融网点 10 个,至少 20 处建筑物被烧成废墟,84 辆汽车被毁。有 18 名无辜群众被烧死或烧伤,受伤群众 382 人,其中重伤 58 人。拉萨市直接财产损失达 24468.789 万元"①。2011 年以来,"藏独"分子在境内多处搞自焚事件,"年轻僧人和还俗僧人在实施自焚行为之前,都高呼'西藏自由'、'西藏独立'"②等口号,"达赖是想把藏传佛教变成一种自杀教、自焚教"③。民族分裂主义势力,特别是"疆独""藏独"已经和恐怖主义同流合污,恐怖主义已经成为民族分裂主义实现其政治目的的手段,至于这一手段的残酷性则不在民族分裂主义者考虑的范围内。

最后,西方反华势力充当了民族分裂主义势力的保护伞。国外反华势力已成为"疆独""藏独""蒙独"等民族分裂主义势力的保护伞,"疆独""藏独""蒙独"等民族分裂主义势力也已成为西方反华势力的忠实工具。我国境内民族分裂主义——尤其是"疆独""藏独"原本就是西方国家侵略中国的产物。"藏独"源自英国殖民主义。鸦片战争后,英国列强打开了中国大门,为保住"英王皇冠上最亮的明珠"和"食品篮",确保英国对印度的殖民控制,英国人通过拉拢西藏上层统治集团中的分裂分子,希望西藏脱离中央政府,建立独立的傀儡政权,"西藏独立"的闹剧从此开始。"疆独"源自俄国和英国的殖民主义。清政府后期,新疆成为俄国和英国的殖民地,两国背着清政府瓜分了中国的萨雷阔勒岭以东的帕米尔地区,并把新疆作为他们的缓冲地带。列强的入侵为"泛伊斯兰主义"和"泛突厥主义"的渗透提供了机会,"疆独"思想开始在中国新疆传播。

透过现象看本质,国内民族分裂主义势力背后都有西方国家的影子。西方国家是国内民族分裂主义势力的导师,在"理论"和实践上给予民族分裂主义势力支持。自达赖出逃以来,达赖集团分裂中国的活动势头消涨与国际形势变化

---

① 《拉萨"3·14"打砸抢烧事件真相》,http://news.sina.com.cn/z/xizang08/,访问日期 2017 年 11 月 23 日。
② 《僧人自焚事件拷问基本道德底线》,《人民日报》2011 年 12 月 7 日第 10 版。
③ 《达赖想把藏传佛教变成自焚教》,http://www.mzzjw.cn/html/report/268772—1.htm,访问日期 2017 年 11 月 27 日。

密切相关,通过分析"藏独"一系列分裂活动,不难发现,达赖集团的分裂活动与西方国家对华战略需要非常"匹配"。根据相关报道,出于反华需要,西方国家为达赖集团提供了大量资金,帮助达赖集团设立电台,协助达赖集团"成立"了傀儡政权及相应的机构。美国前总统奥巴马曾在2014年和2016年两次会见达赖;美国众议院代表团访印会见达赖,抗议特朗普削减"藏独"拨款的决定。美国国会和政府确实一直充当达赖集团提款机的角色,即使特朗普削减"西藏基金会"(Tibet Fund)和"那旺曲培奖学金"(Ngwang Choephel Fellows)的拨款,"藏独"分子仍然还有其他渠道获得美国政府的资助,比如"美国国际开发署"(USAID)和美国国家民主基金会(NED)的拨款。2017年,"美国国际开发署"竟给"藏独"分子下发了2300万美元的巨款……①达赖集团"投桃报李",没有底线地迎合西方国家反华需求,唯反华势力马首是瞻,业已成为西方反华势力的工具。达赖集团武装叛乱被平息后,达赖出逃,西方国家曾一度泛起了一阵反华叫嚣。20世纪70年代到80年代上半期,国际气候发生改变,达赖集团的"藏独"活动在国际环境中几乎销声匿迹。80年代末到90年代初,西方再次掀起了反华叫嚣,鼓吹"中国崩溃论",达赖集团再次被西方国家推到了反华舞台的前端,达赖就多次公开发表中国政府即将"垮台"的"预言"。西方国家歪曲事实以"人权"为借口诋毁中国形象,达赖集团就散布"中国在西藏杀死了120万藏人",事实上西藏和平解放时人口才100万,如今西藏人口达到了300多万。近年来,西方反华势力蓄意遏制中国发展,达赖集团就煽动和指使极端民族分裂主义者在国内制造暴乱、爆炸等恐怖主义事件。如此种种,不难发现,西方反华势力业已成为"藏独"势力的保护伞,而"藏独"势力实则沦为西方反华势力的棋子。

"疆独"亦是如此。20世纪80年代后,随着西方国家对话政策的调整,西方反华势力增加了对"疆独"势力的支持力度,"疆独"问题被西方反华势力推到了国际舞台的前端。1983年,美国国会通过了《国务院授权法》,拨款3130万美元成立了美国国家民主基金会,用于美国在包括中国新疆、西藏在内的世界各地的"民主事业"。2008年,"新疆独立运动"组织获得资助57万美元,热比娅及所

---

① 《美国欲削减支持"藏独"拨款 美国会是否阻止特朗普决定引关注》,http://forex.cngold.com.cn/gnrd/20170602d11024n152737823.html,访问日期2018年1月7日。

属的三个组织获得55万美元资助"①。美国国家民主基金会还对"疆独"组织进行了额外资助,例如培训、演讲及提供相应场所等等。2009年5月,美国国会同意"世维会"在其国会大厦召开所谓的"三大"。凡此种种,西方国家对"疆独"的支持可想而知。"疆独"势力为了"报答"西方反华势力和实现分裂国家的目的,散布了大量诋毁中国形象的子虚乌有言论,配合西方反华势力需求,制造了一系列的恐怖事件。仅1990年至2001年的十多年间,境内外"疆独"势力在中国新疆境内制造了200余起暴力恐怖事件,造成了包括基层干部、宗教人士以及普通民众在内的162人丧失,440余人受伤。

第五节 新时期反民族分裂主义的相应对策

民族分裂主义是极端民族主义发展到一定阶段的产物,是20世纪到目前世界范围内出现的民族问题中影响最为严重的现象之一,正在成为全球性的安全隐患②。随着全球化和我国改革开放的不断深入,境内的民族分裂主义势力——"疆独""藏独""蒙独",为了实现分裂国家的目的,不顾各族人民福祉,鼓吹"一个民族,一个国家",利用宗教极端主义大肆蛊惑、恫吓民众,挑拨国内民族矛盾,利用各种恐怖手段制造混乱,严重影响少数民族地区人们的正常生活,严重危害国家社会和谐、稳定和发展。

一、用马克思主义民族理论指导民族工作

马克思主义民族理论是中国共产党人观察、分析和处理国内民族问题的行动指南。马克思和恩格斯在《神圣家族:或对批判的批判所做的批判》中提出了"民族平等"的思想——"古往今来每个民族都在某些方面优越于其他民族"③。新民主主义革命时期,"中国共产党依据马克思民族理论的基本原理,结合中国

---

① "U.S. NED Funded the Pro-Xinjiang Independence Groups That Masterminded the July 5th Urumaqi Riot", http://www.peacenowar.net/newpeace/index.php?option=com_content&tast=view&id=Itemid=58.

② "Settlement of Ethnic - Separatist Conflicts: European experience and its potential application in the Nagorno-Karabakh Settlement," October 19, 2011, karabakh.org, http://karabakh.org/confict/settlement-of-ethnic-separatist-conflicts-european-esperience-and-its-peotential-application-in-the-nagornokarabakh-settlement.

③ 《马克思恩格斯全集》第2卷,人民出版社1957年版,第194页。

革命中民族问题的具体实践,对民族自决权给予了符合中国实际的新解释"[1],"在少数民族区域,应承认各民族的平等地位及其自治权"[2],提出了"自治区域",建立了民族区域自治制度。"又如解决民族问题,中国采取的不是民族共和国联邦的制度,而是民族区域自治的制度。我们认为这个制度比较好,适合中国的情况。"[3]自1947年内蒙古自治区建立以来,我国已经建立了5个自治区、30个自治州、124个自治县(旗)和1500多个民族乡。历史证明,民族区域自治制度很好地维护了国家统一、民族团结和边疆的稳定,推动了各民族的发展与繁荣。民族区域自治制度的产生不是偶然,而是中国共产党人在长期的革命、建设和改革过程中,把马克思主义民族理论与中国民族发展的实际相结合的产物,是马克思主义民族理论中国化的必然。

在马克思和恩格斯看来,民族"平等应当不仅仅是表面的,不仅仅在国家的领域中实行,它还应当是实际的,还应当在社会的、经济的领域中实行"[4]。在中国社会主义建设时期,中国共产党人提出了民族工作的根本任务:"坚持四项基本原则,坚持改革、开放、搞活的基本国策,紧密结合少数民族地区和少数民族实际,从民族平等、民族团结、民族进步、相互学习、共同致富出发,以经济建设为中心,全面发展少数民族的政治、经济和文化,不断巩固社会主义的新型民族关系,实现各民族的共同繁荣。"[5]中国共产党人把民族工作的重心转向少数民族地区的经济和文化发展中来。"我们对各民族既要平等,又要使大家繁荣。各民族繁荣是我们社会主义在民族政策上的根本立场。"[6]中国共产党人以"经济建设为中心",大力推动民族地区改革。实现民族地区的繁荣,"改革是需要的,不搞改革,少数民族的贫困就不能解决,不消灭贫困,就不能消灭落后"[7]。为促进各民族发展,中共中央先后实施沿边开放战略、科教兴国战略、可持续发展战略和西部大开发战略等与少数民族地区发展相关的四大发展战略。经过各族人民的共同奋斗,少数民族地区经济建设、社会发展取得了举世瞩目的成就。1999年至2015年,民族地区生产总值从7743亿元增加到74736亿元,民

---

[1] 郝时远:《中国的民族与民族问题》,江西人民出版社1994年版,第74页。
[2] 《民族问题文献汇编》,中共中央党校出版社1991年版,第991页。
[3] 《邓小平文选》第3卷,人民出版社1993年版,第257页。
[4] 《马克思恩格斯全集》第26卷,人民出版社2014年版,第112—113页。
[5] 《新时期民族工作文献选编》,中央文献出版社1990年版,第301—302页。
[6] 《周恩来选集》(下),人民出版社1984年版,第263页。
[7] 《邓小平文选》第1卷,人民出版社1994年版,第167页。

族地区农村常住居民人均可支配收入从1622元增加到8766元①,经济社会面貌发生了翻天覆地的变化。

实践证明,解决好中国民族问题不能机械地应用马克思主义。"恩格斯在谈到他本人和他那位著名的朋友时说过:我们的学说不是教条,而是行动的指南。这个经典性的论点异常鲜明有力地强调了马克思主义的往往被人忽视的那一方面。而忽视那一方面,就会把马克思主义变成一种片面的、畸形的、僵死的东西,就会抽掉马克思主义的活的灵魂,就会破坏它的根本的理论基础——辩证法即关于包罗万象和充满矛盾的历史发展的学说,就会破坏马克思主义同时代的一定实际任务,即可能随着每一次新的历史转变而改变的一定实际任务之间的联系。"②苏联和南斯拉夫在民族问题上的失败就是前车之鉴。与之相反,中国共产党人带领全国各族人民取得的巨大成功,说明中国共产党人与时俱进,将马克思主义的普遍真理和中国具体实践相结合的伟大成功,也说明了马克思主义中国化民族理论成果的巨大成功。新时期,民族工作面临着反对民族分裂、宗教极端和局部地区暴力恐怖活动活跃多发并存的新的阶段性特征,需要我们更加坚定地坚持马克思主义民族理论及其中国化的理论成果,以更加科学的理论成果指导民族工作,为实现中华民族的伟大复兴打下坚实的理论基础。

二、坚持和加强党对民族工作的绝对领导

作为维护中华民族团结统一的核心力量,中国共产党自成立之日起,就高度重视民族工作。实践证明,无论在任何时期,坚持党的领导都是民族工作有序进行的根本保证,也是实现民族团结和共同繁荣的根本保证。"要使各民族真正团结起来,他们就必须有共同的利益。要使他们的利益能一致,就必须消灭现存的所有制关系,因为现存的所有制关系是造成一些民族剥削另一些民族的原因;对于消灭现存的所有制关系关心的只有工人阶级。只有工人阶级能够做到这一点。"③在中国,只有在中国共产党的领导下,各族人民才能真正实现当家作主,才能共同创造和享有和平、稳定、幸福安宁的生活。新时期,我国民族工作的内外环境发生了深刻变化,民族工作也出现了新情况新问题新挑战。做

---

① 相关数据源自国家民族事务委员会网站:http://www.seac.gov.cn/art/2016/4/5/art_31_250980.html。
② 《列宁选集》第2卷,人民出版社2012年版,第278页。
③ 《马克思恩格斯全集》第4卷,人民出版社1958年版,第409页。

好新形势下的民族工作,必须进一步提高党驾驭和解决民族问题的能力,加强党在民族工作中的领导作用。

加强党的领导首先就是要不断推进马克思主义民族理论中国化。政治上的坚定,源于理论上的清醒。新时期,我国民族工作"必须坚持党在指导思想上的与时俱进,用发展着的马克思主义指导新的实践。马克思主义是我们立党立国的根本指导思想。必须坚持以马克思列宁主义、毛泽东思想、邓小平理论和'三个代表'重要思想为指导,立足于新的实践和新的发展,着眼于对重大问题的理论思考,解放思想、实事求是、与时俱进,不断开拓马克思主义理论发展的新境界,不断开创社会主义事业发展的新局面"[①]。也就是说,要在坚持马克思主义民族理论及其中国化理论成果的基础上,克服经验主义和教条主义,在实践的基础上根据新思想、新政策和新措施,进一步推动马克思主义民族理论的中国化。习近平同志提出的"四个全面"战略布局是我们党治国理政方略与时俱进的新创造,是马克思主义与中国实践相结合的新飞跃,是指导我们民族工作的最新理论成果。全面建成小康社会要求推动民族地区快速发展,全面深化改革要求促进民族交往交融,全面依法治国要求推动民族事务管理法治化建设;全面从严治党要求加强民族工作领域党员干部队伍建设。"四个全面"为我国民族工作提供更为丰富的理论基础。

加强党的领导必须进一步加强民族干部队伍建设。习近平总书记在中央民族工作会议上提出,"做好民族工作关键在党、关键在人"。毛泽东同志曾提出,政治路线确定后,干部问题是主要问题。邓小平同志指出,少数民族地区工作能不能搞好,关键是干部问题。早在党创立时期,少数民族中的积极分子已经参与创建党的活动。新中国成立前夕,全国已有 48 万名少数民族干部在党政军部门工作。改革开放以后,党和国家不仅注重少数民族干部培养的数量,而且更加关注提升少数民族干部素质和改善少数民族干部结构,培养了一大批少数民族的经济、科技和管理人才。广大少数民族干部业已成为社会主义现代化建设的骨干力量。许多优秀的少数民族干部还当选为党的全国代表大会或全国人民代表大会代表。历届全国人大代表中,少数民族代表人数占代表总人数的比例,均高于同期少数民族人口占全国总人口的比例。目前,我国少数民族人口占全部人口的 8.49%,在第十二届全国人大代表选举中,少数民族代表占代表总数的 13.69%,55 个少数民族均有代表。我们民族工作取得的成绩与

---

① 《中共中央关于加强党的执政能力建设的决定》,http://www.gov.cn/test/2008-08/20/content_1075279.htm,访问日期 2018 年 1 月 12 日。

这么一支高素质的少数民族干部队伍是分不开的,正是由于在联系少数民族群众的过程中,少数民族干部发挥了桥梁纽带作用和骨干带头作用,才使得党的民族政策贯彻的好落实的好。办好中国的事情,关键在党。不断加强党的领导,锻造一支政治上强、能力上强、作风上强的高素质干部队伍,我们就一定能不断开创各民族和睦相处、和衷共济、和谐发展的新境界。

三、积极培育和践行社会主义核心价值观

"核心价值观是文化软实力的灵魂、文化软实力建设的重点。这是决定文化性质和方向的最深层次要素。一个国家的文化软实力,从根本上说,取决于核心价值观的生命力、凝聚力、感召力"①。也正因如此,"确立反映全国各族人民共同认同的价值观'最大公约数',使全体人民同心同德、团结奋进,关乎国家前途命运,关乎人民幸福安康"②。为此,党的十八大提出"三个倡导",倡导富强、民主、文明、和谐,倡导自由、平等、公正、法治,倡导爱国、敬业、诚信、友善,积极培育和践行社会主义核心价值观。

社会主义核心价值观植根于中华民族优秀的历史传统,"不是精英价值观,而是大众价值观;不是价值乌托邦,而是生存意义的支撑,是全体人民的价值导引"③。我国各民族在长期的历史发展过程中,创造了各具特色的民族文化。作为中华文化的重要组成部分,少数民族文化也是核心价值观的重要来源,因而与核心价值观在一定程度上是相契合的。可以说,社会主义核心价值观是包含少数民族文化在内的中国文化的提炼和升华,具有广泛的群众基础。中国特色社会主义核心价值观与西方"普世价值"存在本质区别。社会主义核心价值观中的"民主"是人民民主,"自由"是人民民主专政下的自由,"公正"是社会人人共建、人人共享的公正,而"法治"是坚持党的领导、人民民主专政和依法治国有机统一的法治。西方提出的"民主""自由""公正""法治"等"普世价值",是资产阶级"精英"的价值,实质上已经沦为资产阶级寡头的"工具"。西方提出"普世价值"的目的也不是为了增强各民族的生命力和凝聚力,而是为了"推销"其所谓的民主政治体制。阿富汗、伊拉克、利比亚、叙利亚的现实情况,说明了这种"推销"的彻底失败和"普世价值"的荒谬。

---

① 王蒙:《价值认知关键在于人心》,《光明日报》2014年10月6日第7版。
② 《习近平在北京大学师生座谈会上的讲话》,http://www.china.com.cn/news/2014-05/05/content_32283223_3.htm,访问日期2018年1月5日。
③ 辛鸣:《社会主义核心价值观的构建》,《学习时报》2010年5月3日第3版。

习近平总书记指出,世界上任何一个民族和国家要保持旺盛的生命力,都必须拥有全社会所共同认可的核心价值观,这是其发展所拥有的最持久、最深厚的力量①。在我国少数民族地区发挥社会主义核心价值观的生命力、凝聚力、感召力,具有特别的现实意义和深远的历史意义。新中国成立后,特别是改革开放以后,党中央先后实施沿边开放战略、科教兴国战略、可持续发展战略和西部大开发战略,经过了长期的发展,少数民族地区发生了翻天覆地的变化,少数民族地区人民对国家主流意识形态的认同显著提高,社会和谐稳定的基础日益牢固。但随着工业化、信息化、市场化和国际化快速发展,我国各地区间的经济发展不均衡在一定程度上激化了地区和民族间的矛盾。境内外敌对势力,特别是境内的"疆独""藏独""蒙独"等民族分裂主义势力,为了实现其分裂国家的意图,利用这些问题诋毁、丑化中国共产党和中国政府,甚至利用这些问题和具体事情煽动国内民族情绪,制造暴力恐怖事件。

"一个民族的软实力、文化力,从根本上取决于核心价值观的生命力、凝聚力。历史和现实反复表明,如果没有这个核心的东西,一种文化就立不起来、强不起来,一个民族就没有赖以维系的精神纽带。"②在我国,促进各民族团结和繁荣发展,在大力扶持少数民族地区经济发展的同时,需要培育和践行社会主义核心价值观。我国社会主义核心价值观继承了中华民族的优秀文化,经历了中国特色社会主义实践检验,充分汲取了我国各民族优秀文化价值形态的积极因素,超越了民族、血缘、语言、习惯、地域及社会阶层的差异,并且兼顾了国家、社会和个人的价值追求,与中国特色社会主义的主流价值观相一致,成为实现中华民族伟大复兴的"中国梦"的精神支柱。因此,社会主义核心价值观也是增强民族凝聚力和向心力的精神力量,对少数民族文化的保护和弘扬起到了引领的功能,进一步提升少数民族对核心价值观、中华文化以及中华民族的认同,从而提高对境外不良文化和腐朽文化的鉴别力和抵制力。

四、健全完善反民族分裂主义的法律体系

在我国,尽管可以依据相关法律对民族分裂主义的犯罪行为进行犯罪认定和制裁,但民族分裂主义仍然是我国学术界的概念,还未成为法律概念。从犯

---

① 习近平:《把培育和弘扬社会主义核心价值观作为凝魂聚气强基固本的基础工程》,《党史文苑》2014年第5期。
② 《国务院关于进一步繁荣发展少数民族文化事业的若干意见》,http://www.gov.cn/test/2009-08/13/content_1390565.htm,访问日期2018年1月12日。

罪认定的层面来讲,民族分裂主义已经构成了实质性犯罪。首先,民族分裂主义以分裂国家为政治目的,因而具有明确的犯罪动机。无论民族分裂主义势力制造和利用民族矛盾、宗教问题挑起事端,还是冲击国家机关和军队、制造恐怖活动,都有实现其分裂国家的政治目的。其次,民族分裂主义具有很强的组织性。"民族分裂主义绝不是偶然的、个别的、零星的行为,而是一种有思想基础、有组织、有领导的系统犯罪。"①另外,民族分裂主义活动具有严重的暴力性与破坏性,且实施犯罪的对象往往是无辜的民众。民族分裂主义犯罪行为已经存在,完善反民族分裂主义法律体系是保障各民族群众利益,维护国家统一和社会稳定的必然选择。

从世界范围来看,我国是受民族分裂主义影响较为严重的国家之一。短期内,"疆独""藏独""蒙独"等民族分裂主义势力不可能完全消除,除了从理论、政治、思想领域加强建设外,还需要把民族分裂主义的犯罪行为诉诸法律。建立完善的法律体系打击民族分裂主义是国际社会通用的做法,通过反民族分裂主义的立法,使反民族分裂斗争更具针对性。不仅如此,反民族分裂主义的立法具有强烈的政治色彩,对民族分裂主义势力具有强大的震慑作用。法国思想家卢梭曾说:"一切法律之中最重要的法律,既不是铭刻在大理石上,也不是刻在铜表上,而是铭刻在公民的内心里。它形成国家的真正宪法,它每天都在获得新的力量,当其它法律衰老或消亡的时候,它可以复活那些法律或代替那些法律,它可以保护一个民族的精神。"②"明法者强,慢法者弱。"通过建立和完善反民族分裂主义的立法,可以引导和培养我国各族人民反对民族分裂的意识,提高民众民族团结意识和维护祖国统一、反对民族分裂的自觉性,自觉履行法律规定的维护国家统一和民族团结的义务。

习近平同志指出:"要完善立法规划,突出立法重点,坚持立改废并举,提高立法科学化、民主化水平,提高法律的针对性、及时性、系统性。"③然而,在民族分裂问题上,"我国对打击民族分裂主义犯罪的法律调整少有针对性。加之境内外民族分裂主义相互勾结,以建立独立民族国家为目的进行各种非法的暴力行为。在此背景下,出台有专门针对性的法律法规是具有现实需要的"④。"有

---

① 杨茹:《分裂主义界定研究》,《国际政治研究》2010 年第 3 期。
② [法]卢梭:《社会契约论》,何兆武译,商务印书馆 1980 年版,第 20 页。
③ 《习近平谈治国理政》第 1 卷,外文出版社 2018 年版,第 144 页。
④ 王玫黎、张芷凡:《论"东突"民族分裂主义犯罪的国内法律调整》,《西南民族大学学报(人文社科版)》2010 年第 4 期。

学者将极端主义、恐怖主义和分裂主义'三股势力'同等对待,一并划入非传统安全问题。这与'三股势力'对中国西部边疆造成的重大安全威胁有关,也与中国政府推进上海合作组织联合对其打击的安全合作有关系。但是,分裂主义与极端主义、恐怖主义是不同的。在很多情况下,极端主义和恐怖主义仅是分裂主义的手段……分裂主义对国家传统安全的威胁是极其严重的,它对国家的领土主权的完整、内外部的安全与稳定均构成了严重的威胁。"①《反分裂国家法》主要是针对"台独"这一政治型分裂主义,不能完全涵盖和规制民族分裂主义。从长远来看,我国需要整合相关法律形成完备的反民族分裂主义的法律体系。在我国同时存在的"疆独""藏独""蒙独"等民族分裂主义,虽然其本质大同小异,但为更好地发挥反民族分裂主义法律的作用,各地区也要根据实际,制定地方反民族分裂主义的法规,以因地制宜地处理好本地区事务。另外,我国目前实施的与反民族分裂主义相关的法律与国际公约还存在差异,这就需要在不断完善国内立法的同时加强与国际社会的协作,唯此才能形成打击民族分裂主义的合力。

五、锻造反民族分裂行为的国家专政机关

面对"藏独""疆独""蒙独"等民族分裂主义势力分裂国家的暴力恐怖主义行为,我们要积极锻造反民族分裂行为的国家专政机关,及时、果断、严厉地打击民族分裂主义的暴力恐怖行为。

加强军队建设,向民族分裂主义亮剑。当今世界,和平发展成为两大主题。但世界仍不太平,强权主义、霸权政治、恐怖主义和民族极端主义依然存在,所以必须保持警惕,加强军队建设,做到防患于未然。"建设一支听党指挥、能打胜仗、作风优良的人民军队"是新时期、新形势下的强军目标。听党指挥是灵魂,是在伟大斗争中创建的原则,也是实现民族伟大复兴的重要要求。当前,国际国内形势复杂,不安定因素增多,民族分裂分子猖獗,军队只有坚决听党指挥,做到绝对忠诚、绝对纯洁、绝对可靠,才有做到"召之即来、来之能战、战之必胜",否则保家卫国也会变成一纸空谈。能打胜仗是军队建设的核心,是与敌对势力斗争的核心竞争力,要想做到"战则胜",必须练兵在平时,加强军队作战能力、创新能力,建成信息化军队。作风优良塑造英雄部队,作风松散搞垮常胜之师。作风优良是我军的鲜明特色和政治优势,是党的"红色基因"的延续。军队

---

① 李捷:《论分裂主义对国家安全的威胁》,《国家政治研究》2010年第3期。

作风直接影响到军队形象和军队战斗力,在与分裂敌对势力作斗争时,常常会深入少数民族聚居区,这时更要保持良好的作风,做到军民鱼水交融,这是我军在复杂民族环境中赢得胜利的重要法宝。

加强公安建设,为社会和谐保驾护航。公安和军队一样是国家权力的标志,是国家对民族分裂势力进行专政的工具。毛泽东在《论人民民主专政》一文中指出:"军队、警察、法庭等国家机器,是阶级压迫阶级的工具。"新时期,为了更好地适应新形势,我国公安建设除了进一步创新社会管理,做好社会组织管理、流动人口管理、社会矛盾预防和化解、社会治安排查、虚拟社区管理等基础性的工作,还要做到法治公安建设,以整化零,使民族分裂势力丧失组织大规模暴乱的机会。当今民族分裂主义势力常常利用部分群众的不满,制造群体性事件,制造恐慌,甚至制造暴恐事件,所以公安机关在面对聚众闹访、暴力抗法时,必须运用法治思维维护社会大局的稳定。同时,运用法律手段,毫不动摇地严厉打击各类破坏社会秩序的刑事犯罪,舒民心、顺民意、保民安。

加强司法建设,与分裂分子作斗争。2008年拉萨"3·14"暴力犯罪事件,2009年乌鲁木齐"7·5"打砸抢烧严重暴力犯罪事件,2014年昆明"3·01"火车站暴力恐怖事件等,都是由民族分裂分子有计划、有预谋地制造的恐怖案件,不仅侵害人民生命财产安全,而且损害法律的权威。因此,我们必须加强司法部门建设,维护司法权威,使犯罪分子受到应有的制裁。司法权威的提升需要多管齐下,不仅要保障司法公正、司法民主和司法监督,还要提高司法效率,保障司法体系的完善和司法队伍的建设。其中在与民族分裂主义势力作斗争的过程中,更加重要的是确立制裁的权威、结果的权威和培育民众认同的意识。强化制裁的权威,依法严厉打击暴力抗法和恐怖案件,有利于增强震慑力,切实解决"执行难、执行乱"问题;强调结果的权威,对终审裁判予以尊重,有利于保持终审裁判的稳定性,增加裁决的信服性。与此同时,司法部门要注意培养民众的法律意识,使民众认识到民族分裂主义的实质和危害,自觉远离民族分裂主义,积极参与到打击民族分裂主义势力的队伍中来。

六、增进在民族问题上的全球对话与合作

虽然当前我国民族分裂主义背后存在霸权主义、强权政治的国际因素,但我们不能因噎废食,拒绝和西方发达国家进行沟通与合作。正如习近平总书记所说:"要跟上时代前进步伐,就不能身体已进入21世纪,而脑袋还停留在过去,停留在殖民扩张的旧时代里,停留在冷战思维、零和博弈老框框内。"这就表

明,解决我国民族分裂主义的问题,需要树立全球治理理念,发挥联合国主导作用,建立人类命运共同体。只有这样,才能实现和西方发达国家的平等对话,切断我国民族分裂主义的外部支援,才能更好地与民族分裂主义作斗争,断送民族分裂主义势力的生存空间。

树立全球治理理念,共同应对极端民族主义。习近平同志曾指出:"随着全球性挑战增多,加强全球治理、推进全球治理体制变革已是大势所趋。"①"从全球角度来说,治理事务过去主要被视为处理政府之间的关系,而现在必须作如下理解:它还涉及非政府组织、公民的迁移、跨国公司以及全球性资本市场。伴随着这些变化,全球性的大众媒体的影响大大加强了。"②全球治理不仅实现了治理方式的转变——从政府转向非政府,从国家转向社会,从强制性到协商性③,而且还扩大了治理主体,除了政府间国际组织,全球公民社会和超国家组织也囊括其中。面对国际恐怖主义和极端民族主义愈演愈烈的情况,"全球治理"理念为国际反恐提供了新思路,在面对恐怖主义时要扩大治理主体,整合全球资源,加强全球治理,携手建构全球反恐战略体系。

发挥联合国在全球反恐中的主导作用。恐怖主义是民族分裂主义颠覆国家政权的主要形式,是反人类、反文明的行为。当前由于公正合理的国际政治经济新秩序尚未建立,一些大国在国际关系中仍处于操纵地位,这就导致反恐出现双重原则,存在"合则用,不合则弃"的做法。存在于我国的民族分裂主义正好迎合某些反华势力的利益,西方反华势力采用弃之不理甚至暗中支持的态度。在这种情况下,找到公正合理的第三方相当有必要。联合国作为国际组织,在维护世界和平、缓和国际紧张局势、解决地区冲突方面,发挥着相当积极的作用。在国际合作中,发挥联合国主导作用,加强主权国家之间的对话,有利于消解国家之间的矛盾,有利于达成反对恐怖主义和民族分裂主义的共识。

构建人类命运共同体,共筑人类安全屏障。当前,恐怖主义不是个别国家的私事,面对恐怖主义,哪个国家也不可能做到独善其身。人类正处在大发展大变革大调整时期,也正处在一个挑战层出不穷、风险日益增多的时代。面对这样一个时代,中国为实现全球和平与发展给出了自己的思考:构建人类命运共同体,实现共赢共享。构建人类命运共同体是新时代中国共产党人从一个全

---

① 汪勇、梅建明:《携手建构全球反恐战略体系》,《人民日报》2017年5月8日第7版。
② [瑞典]英瓦尔·卡尔松、[圭亚那]什里达特·兰法尔:《天涯成比邻——全球治理委员会的报告》,中国对外翻译出版公司1995年版,第2页。
③ 蔡拓:《全球治理的中国视角与实践》,《中国社会科学》2014年第1期。

新的视角出发为推动世界和平与发展所提供的行动方案。习近平同志指出,构建人类命运共同体,关键在行动。具体而言,构建人类命运共同体,要坚持对话协商,建立一个持久和平的世界。国家和,则世界安;国家斗,则世界乱。因此,构建人类命运共同体,需要坚持共建共享,建立一个普遍安全的世界;需要坚持合作共赢,建设一个共同繁荣的世界。

第十章　当代中国消费主义的价值引领

无论学者们如何从其所属的学科领域来构筑消费理论,也无论政治家如何将提高国民消费水平作为其政治合法性的依据,消费始终是人们每天都要进行的现实生活内容,是人们使用和消耗物品赖以维持生命有机体存续及发展的活动。其中,既包含吃喝住行等具体行为模式,也包含柴米油盐酱醋茶等日常生活琐事,当然更包含对这些具体的物质消费方式及日常生活琐事进行超越的精神文化消费,如琴棋书画诗之类的彰显高雅生活品位的活动。也就是说,人的消费绝非仅仅是基于生理肉体欲望的"吃喝住穿",绝非仅仅是单纯的物质性消耗,它还蕴含着寻求生命价值与意义的主体性文化建构。与此同时,消费也不是个体任性而为、自我确证的抽象性活动,它必然会受到社会因素的影响,必然会受到客观历史条件、社会文化及意识形态等因素的浸染。

第一节　消费领域中的意识形态之争

"作为人们生活方式重要内容的消费是否具有意识形态的属性?"[①]这是一个存在争议的问题。有人认为消费主要与个人经济条件、收入水平以及生活趣味相关,而与他人、社会甚至是政治意识形态无关,在消费领域内任何违背个人意愿的社会力量的介入都应当被视作对个体自由及权利的侵犯。还有人认为消费本就该是个人畅想自由与获得轻松自在生活的独有领域,若将消费与政治意识形态相关涉,必然会给个人生活带来沉重的政治压力与道德负担。故而,消费领域不应当存在意识形态问题。

一、消费领域中的意识形态问题辩驳

意识形态从理论上说带有明显的政治性,它适用的领域应当是在政治领

---

① 赵玲:《消费维度中的西方意识形态批判》,《政治学研究》2011年第3期。

域。与人们息息相关的生活问题似乎不应当沾染政治属性,消费亦不应当被贴上政治立场分野的标签,否则就是对个体自由生活的僭越,更是对人性的摧残。特别是在高度集权和计划经济的体制下,人们日常生活的一切内容都被纳入政治化轨道,消费更是服从于政治的需要。"节俭"和"奢侈"从个体生活的标准上升为社会伦理的高度,成为判断是非、好坏、善恶的标准;生活方式的差异也意味着政治上的分野:奢侈是资本主义的,节俭是社会主义的。由此,标新立异的消费方式必然会遭到社会伦理道德乃至国家意识形态最为严厉的批判。于是,本属于私人生活领域中正常的审美行为、趣味偏好,也被阶级化、政治化了。

从消费实现的客观条件而言,消费无法摆脱意识形态的评判与教化。也就是说,消费领域必然存在着意识形态问题,它是个体与社会、自由与必然、道义与利益等等矛盾在消费领域的综合反映。人们之所以会对消费领域中的意识形态问题持警惕态度,其实质无非是要强调公共权力对私人权利介入的恰当限度,以免这种介入演化为政治力量对弱小个体毫无节制的干预与奴役。事实上,当人类步入文明社会之后,有关消费活动的道德说教与政治强制便成为历史必然,且这种说教及强制带有明显的阶级属性,它往往是统治阶级意志的根本体现。譬如《后汉书·舆服志》中就有不同等级的人在车舆、冠服等消费格局中应当恪守"礼"之要求的规定:"夫礼服之兴也,以报功彰德,尊仁尚贤,非其人不得服其服,所以顺礼也。"因而,在社会变革之际,消费尤其是被统治阶级的消费方式便会以"马前卒"的角色拉起革命的大旗,"倡优下贱得以后饰""商贾末流僭以车舆"(《后汉书·舆服志》)这类日常消费在形式上的"僭越"就是被统治阶级反抗既有等级秩序的一种显性表达。可以说,新的消费行为的出现既是对个性的呼唤及张扬,更是对既有意识形态最感性、最直接的抨击以及对新的意识形态的鸣锣开道。

20 世纪 70 年代末,作为生活变迁晴雨表的消费势如破竹般地在中国大地迸发,这是历经多年苦行生活的中国百姓对极左路线的反思与批判。于是,穿喇叭裤、烫卷头发、抹口红等现象从最初被冷眼讥讽发展到了司空见惯,并最终被更加时尚的潮流之风卷到了后台。随着改革步伐的深入推进,市场逐渐成为配置资源的主要手段,人们的消费及其样式不再是政治态度的折射,反而被国家当作是最大的政治来看待。尤其是在 1997 年以来国内经济发展遭受瓶颈之后,消费不再是生产的附庸,而被视作日益发挥着扩大内需、推动经济发展的动力。于是,在价值评判的维度上,消费不再是被克制、被压抑的对象,消费维度中的政治话语不断经历着去政治化的过程。与市场经济的转型相适应,极左时期"越穷越革命"的口号已被解放思想、发展经济的强势话语扫进了历史的垃圾箱,"财富"上的"腐朽""贪婪"的政治枷锁已被解开。同样,"正当享受"也不再是"罪恶","消费"上的"浪费""堕落"的道德束缚也被松绑,消费于是成为个人价值实现的手段,个体享受生活也具有了道德正当性。然而,当消费品的符号意义被凸显,并形成了一套身份甄别的标识和话语系统时;当奢侈品消费此起彼伏地从奇货走向大众,享乐主义大行其道时,我们不得不惊叹,国人的消费生活已经受到了西方价值观的冲击,像"美国人一样去消费"已经成为某些人的圭臬、梦想。但不可否认的是,剥开人们身上多彩生活的外衣,还原消费本身的真实目的,我们不由地看到,国人的生活方式、消费方式在远离政治、追求解放的进程中正在遭受着西方意识形态的渗透和影响。

二、作为意识形态渗透新途径的消费

"全球化传播的过程受到符号与象征力量的操控,其本质是'软包装、硬内核',以媒体文化作为外包装,意识形态和价值观念作为核心。"①无疑,相比于经济、政治领域意识形态战略中的经济制裁、政治斗争、武力威胁、军事封锁策略,日常生活领域中的意识形态战略显得并不强。在表面上,它虽不是镇压性的意识形态,不是疾风暴雨式的思想变革,不是敌我之间的殊死斗争,但却以一种隐性的、潜移默化的方式承载着意识形态的功能。从其作用的影响来看,它会达到一种"无为而无不为"的效果。说它"无为",是指在形式上它没有意欲威胁他国的强力行为,但实际上却是借助于广告、网络与媒体等现代信息传播手段,通过有形、丰裕的"物"及其呈现方式来宣扬西方生活方式的"先进性"和"吸引力",去影响经济发展相对落后国家的人民,最终使他们乐意仿效、学习、向往。所以,它具有"寓无形于有形之中"的特点,是实质上的"有为"之举。这种"有为"凭借吸引、同化、感染等非强制方式获得了非西方化国家的亲近感、认同感、归属感,并进而自觉自愿地服从操纵者的意志。它的独特之处在于依赖人们日常生活经验的事实及感官性的体验来激发受众对物质、幸福等有形之物的拥有,从而不自觉地将"物"背后的价值观也接受了。这也就说明了好莱坞的影片、肯德基式的美国快餐、摇滚式的流行音乐、奢侈高档的着装配饰何以比西方社会抽象的民主政治思想在非西方化国家更能受到礼遇。

在全球化的进程中,西方消费生活方式这种潜移默化、渐进渗透的方式的

---

① 程明:《论全球化传播中的一体化与本土化——兼论广告传播》,《国外社会科学》2006年第2期。

作用是不可小觑的。因为,赤裸裸地实施武力威胁、经济封锁、军事战争无疑会招致非西方国家人民的强烈反对;而公然地兜售西方社会的民主、人权等价值观自然会遇到非西方国家本土文化和逆反心理的顽强抵抗。而像麦当劳、可口可乐等西方饮食,LV、CHANEL 等高档时装,迪斯尼等娱乐设施,《美国队长》等好莱坞大片风靡全球的时候,人们往往会毫无防御地接受甚至喜欢上这些看似价值中立的东西。但是,即使像麦当劳之类的快餐也并非毫无政治目的的商业模式,微不足道的炸鸡腿、汉堡包正在悄然影响和改变着世界各国的饮食习惯,甚至是生活方式①,更遑论像好莱坞大片中所隐含的西方幸福生活样式、价值观对非西方化国家的冲击和价值颠覆了。从表面上看,好莱坞的大片都是商业的、娱乐性的,与意识形态无关。但不可忽视的是,它对意识形态的传播方式是非常隐匿的。其原因在于,在形式上,通过技术的运用、语言的转换,它可以突破国家、民族、文化、宗教等方面的差异,具有全球的共享性特征。但是,其中宣扬的所谓人性、正义、爱情、自由、生命等价值观并不是绝对、无内容、无国界的,而是有着民族差异性的,是西方资本主义意识形态。西方社会动用科技与经济打造了自己富庶、幸福的生活景观,激励发展中国家的人们向往;而发展中国家的人们也希望追求西方社会用媒介、心理术编织的幸福生活梦想。"像美国人一样消费"成为发展中国家人民的理想。然而,在这些生活性的内容于非西方化国家畅行无阻的同时,我们看到的是其背后所隐藏着的西方价值观对非西方国家意识形态潜移默化的瓦解与颠覆。

三、消费领域中意识形态渗透的本质

固然,在消费领域中西方意识形态的渗透行动并没有借助于理性的体系,而是用物、用商品来激发我们对丰裕生活的追求。在这个过程中,它让我们把注意力放在当下的生活体验之中,借助于大众传媒手段不遗余力地鼓吹和渲染西方尤其是美国的"合理生活方式",并且让人们相信惟有这种生活方式才是正确的,才是人们应当拥有的。于是,美国式的生活、消费便成为发展中国家人民

---

① "我们用汉堡包和炸鸡腿敲开了中国的大门!"这是美国《时代》周刊对麦当劳和肯德基在华业务迅猛发展的形象评价。自 1955 年首家麦当劳店开业,店铺规模连续 46 年间保持了年平均增长率 11.32%,企业规模达到 31667 家,营业收入实现 218.86 亿美元,企业扩展到全球 120 多个国家和地区。麦当劳身为美国的社会组织架构核心理念。美国也将这种社会架构理念输入全世界。以麦当劳标志的快餐文化正在扫荡着世界上那些看似固若金汤的机构和地区,渗透并影响着人们的工作与生活。随着这种趋势发展,美国消费文化的软力量也将日益在世界政治国际关系中发挥着重大作用。

学习的一个典范。然而,其真实的目的却是要发展中国家的人民模仿西方尤其是美国的消费观念和生活方式,消除及抛弃与美国对立的意识形态,从而确立和维护以美国为中心的资本主义体系在全球所居于的支配地位。因为只有使发展中国家"更像美国"或"美国化",才能使这些国家按照美国设计的方式前进,才能使美国更好地控制这些国家,从而使这些国家自动地服膺于美国。客观而言,生活方式是最无形、最不易察觉的手段,但同时也是最有效、最易感染的传播手段。所以,若要像美国人一样生活、一样消费,那就必须接受美国人的价值观后才能"更像美国人"。从中,我们可以清晰地看到西方社会所持有的那种文化优越感。正如有学者所言:全球化在一定程度上是"全球美国化","即把美国作为现代国家的缩影,抬高到发展中国家模仿的模式"①。在西方社会看来,发展中国家是"落后""专制"的代名词,而美国模式才是他们应当效仿的对象,因为"美国生活方式等同于文化理想、多样文化和乐观主义"②,充满了积极的价值属性。

　　其实,在消费领域发动意识形态之争的主体不仅仅是政治集团,在其背后还有资本的力量。恰如桑巴特所说,资本主义具有"贪婪的攫取欲"的特点。资本对利润的追逐必然要求打开世界市场,以把全球纳入其经济利益增殖的链条。为了获取利益最大化,资本必然要把开发人们的消费欲望作为其根本驱动力。于是,在欲望扩张的欲求下,在幸福满足的目标下,人们会不由自主地服膺于资本的逻辑。在人们心理毫无设防的状态下,消费意识形态使资本主义制度的合理性得到强化。所以,消费意识形态表面上是不谈主义、去政治化、去神圣化的,但实际上却以政治化为深层本质。特别是在全球化浪潮中,资本主义依赖于广告媒体的宣传,依赖于时尚的促动,依赖于消费先锋人物的示范,将西方的生活方式作为一种进步、完美的生活方式,将西方价值观作为一种"普世价值"进行推广。在这种生活方式、价值观中,消费被视为人的根本的权利,消费成为通往幸福生活的途径,因而人们活着就应当及时行乐,就应当用消费去满足不断增长的欲望,就应当去打破束缚消费的各种心理障碍。发展中国家中的国民在这种看不见的手的操纵下,在糖衣炮弹的攻势下,在丰裕而幸福的西方消费神话的蛊惑下,逐渐认同西方消费生活方式,逐渐将西方价值观念、信仰体

---

① 张明之:《从"中国威胁论"到"中国责任论":西方冷战思维定式下的中国发展安全》,《世界经济与政治论坛》2012年第3期。
② 张明之:《从"中国威胁论"到"中国责任论":西方冷战思维定式下的中国发展安全》,《世界经济与政治论坛》2012年第3期。

系合理化。

消费意识形态战略是西方政府与资本联袂推出的。通过消费这张牌,既可以大大促进西方发达国家的消费品在他国的销售量,使资本家获得利润,实现其资本增殖,同时,受资本控制下的媒体为了扩大影响、获得收益,也积极配合政府、资本的力量,通过各种载体打造各种幸福的神话,不遗余力地宣传、引导、塑造西方消费主义生活方式。比如,活跃在国际经济舞台的跨国公司就担负着引导发展中国家消费观念向西方消费方式转变的职责。因为发展中国家对西方资本主义国家而言是一个庞大的利润市场,除了将发展中国家作为自己生产环节的"资源供应国"和"廉价劳动力的供给者",还需要让发展中国家成为所谓"美国制造"的各种商品的"消费者"。而后者,就是通过在跨国公司任职的"职场白领""精英人士"的消费示范乃至广告来改变当地人的消费习惯和生活情趣,使其接受西方尤其是美国式的生活方式。在强大的宣传攻势下,在衣食住行、生活情趣等方面,美国式的消费方式正在向发展中国家长驱直入。

西方社会试图通过在日常生活、消费领域掀起对社会主义国家强大攻势的意图是非常明确的。比如美国中央情报局炮制的旨在针对中国的《十条诫令》就足以证明其用心[1]。其前三条就是在生活领域对社会主义价值观进行颠覆的赤裸裸的言论,其目的可谓昭然若揭[2]。从这三条中可以看出,西方社会为了达到毁灭社会主义的目的,主要沿着针对中国青年人在日常生活领域中的物质引诱—西方价值观念渗透—社会主义制度颠覆这一路径,使之逐渐走向物质的沉溺、信仰的迷失、意志的消磨的泥潭,最终背离社会主义。应当说,伴随着全球化进程,消费品在全球得以流通,消费时尚在全球得以扩展,新的消费方式在全球得以推广,这在很大程度上丰富了全球范围内物质产品的供给和享受,同时也利于以"物"为媒介的各国文化的交流。然而,不容否认的事实是,华丽的文化外衣包装的是西方霸权和思想控制,在娱乐生活温情脉脉的面纱后的是西方战略的险恶与残酷。

---

[1] 参见赵玲《消费维度中的西方意识形态批判》,《政治学研究》2011年第3期。
[2] 第一条:"尽量用物质来引诱和败坏他们的青年,鼓励他们藐视、鄙视、进一步公开反对他们原来所受的思想教育,特别是共产主义教条。替他们制造对色情奔放的兴趣和机会,进而鼓励他们进行性的滥交。让他们不以肤浅、虚荣为羞耻。一定要毁掉他们强调过的刻苦耐劳精神。"第二条:"一定要尽一切可能,做好宣传工作,包括电影、书籍、电视、无线电波……和新式的宗教传布。只要他们向往我们的衣、食、住、行、娱乐和教育的方式,就是成功的一半。"第三条:"一定要把他们青年的注意力,从他们以政府为中心的传统引开来。让他们的头脑集中于:体育表演、色情书籍、享乐、游戏、犯罪性的电影,以及宗教迷信。"

第二节　消费主义基本原理及其相关

尽管西方意识形态在消费领域中的渗透方式具有多样性、复杂性,但其核心教义及主要形式是消费主义,是消费社会的意识形态。"消费主义来自资本主义意识形态的一个基本的教义,即认为人的自我满足和快乐的第一位要求是占有和消费物质产品。"①消费主义(Consumerism)产生于20世纪的美国,其根本要义在于把消费看作是人生最高目的的价值观念和生活方式,也就是说消费是人存在的目的与意义,生活的主要内容就是购物与消费,生活的根本原则就是无节制的物质享乐和娱乐消遣。可见,消费主义强调消费的至上价值,将即时购买、及时行乐、现实享乐的价值观念合理化,是消费主义在当代的新样态。当前,借助于科技力量及现代媒介,消费主义将个体的消费行为与自由、成功紧密相联,消费尤其是高消费不再是单纯的生存,而是一件事关个人荣誉及能力的行为;消费对象的价值也不在于其实用性,而在于其蕴含的符号价值、文化价值,因为对它的享用体现了消费者的社会地位和身份。

一、消费主义与经济主义

消费主义在根本上归属于经济主义,或者说是经济主义在消费领域中的具体呈现。经济主义是作为新教伦理的对立面而产生的观念,它将人还原为经济的动物,并将经济作为最终目的。国内学者卢风将经济主义的基本信条分为三点:(1)人的一切行为归根结底是经济行为;(2)个人幸福和社会福利绝对依赖于经济增长,因而应永无止境地谋求经济增长;(3)经济增长依赖于科技进步。在他看来,"经济主义是渗透于现代文化(广义的文化)各个层面的意识形态,是最深入人心的'硬道理'"②。

在经济主义的人性假说中,人是不折不扣的经济动物,一个追求物质利益最大化的经济动物,即"经济人"。对利益最大化的追求自然使"经济人"养成了精打细算、注重效率、务实笃行的品格,但这些品格的背后却有一个主线——"经济利益"。经济利益成为衡量一切价值的标准,包括信仰、道德等精神价值,或者说经济利益本身就是最大的"善"。与这种人性假设相关,经济增长就等同于社会发展,"经济至上"论甚嚣尘上。为了提高经济指标,实现经济增长,即使

---

① 厉以宁:《消费经济学》,人民出版社1984年版,第116页。
② 卢风:《经济主义批判》,《伦理学研究》2004年第5期。

将某些非经济因素作为代价偿付出去也是值得的。但必须看到,经济增长并不能进行自我确证,也并不能实现永久增长,即经济增长总是有条件的。因而,为创造经济不断高涨的奇迹,消费主义便应运而生了。正如销售分析家维克特·勒博那段直截了当的宣言:"我们庞大而多产的经济……要求我们使消费成为我们的生活方式,要求我们把购买和使用货物变成宗教仪式,要求我们从中寻找我们的精神满足和自我满足。我们需要消费东西,用前所未有的速度去烧掉、穿坏、更新或扔掉。"①

如前所述,消费主义意识形态向全球蔓延根源于资本对利润的追逐。按照马克思的社会再生产理论,消费既是上一个生产过程的终点,又是下一个再生产过程的起点,关系着国民经济的良性发展。"消费在观念上提出生产的对象,把它作为内心的图像、作为需要、作为动力和目的提出来。"②原本由生产决定的消费亦会反过来决定生产,并进而决定生产的持续性、稳定性及递进性。特别是当市场经济这一需求导向型经济确立之后,消费的作用更是至关重要:没有消费,经济必将萧条,发展必然停滞。正是在这个意义上,消费与经济的增长、资本的增殖呈正相关性。马克思曾深刻地描述了资本扩张、增殖的逻辑:"要从一切方面去探索地球,以便发现新的有用物体和原有物体的新的使用属性,如原有物体作为原料等等的新的属性;因此,要把自然科学发展到它的最高点;同样要发现、创造和满足由社会本身产生的新的需要。"③从对自然界中各种物体使用价值的充分挖掘以及发现,直至创造新的需要,资本内蕴的"贪婪的攫取欲"得到了充分展示。其实,创造需求并进而刺激消费是资本增殖的根本环节,没有消费对物的使用及消耗,没有不断更新的新需要,资本的增殖自然无从谈起。

经济主义自然深谙此道。二战之后,"消费民主化"的经济政策成为资本主义缓解矛盾的一剂良方。一方面,消费上的平等似乎昭示了资本主义制度的合法性,在一定程度上麻痹了工人阶级的反抗意志。"如果工人和他的老板享受同样的电视节目并漫游同样的游乐胜地,如果打字员打扮得同她的雇主的女儿一样漂亮,如果黑人也拥有凯迪拉克牌高级轿车……这种相似并不表明阶级的

---

① 转引自[美]艾伦·杜宁著《多少算够——消费社会与地球的未来》,毕聿译,吉林人民出版社1997年版,第5页。
② 《马克思恩格斯选集》第2卷,人民出版社2012年版,第691页。
③ 《马克思恩格斯选集》第2卷,人民出版社2012年版,第715页。

消失。"①当然,工人和老板享有一样的消费品并不意味着两者之间真正实现了身份上的平等,并不能掩盖资本家对工人阶级的剥削。另一方面,资本主义推行的"消费民主化"也是其以大众消费作为手段来刺激经济增长,希冀通过大众消费来不断制造经济增长点,从而为经济增长提供持续的动力,以避免经济萧条与危机。在这个过程中,除了科学技术进步创造出日新月异且种类繁多的消费品为大众消费提供了可能性之外,资产阶级经济学家也特别着重于瓦解抑制人们消费的伦理观念及心理动因。如果说形形色色的广告勾起了人们对物的幻想,激发了人们深层的欲望,那么信用消费则带来了一场观念的革命。它改变了"有钱才能消费"的既有生活方式,使"先享用、后付款"成为时尚并成为常态。贝尔认为分期付款制度或直接信用对新教伦理造成了"最严重伤害","从前,人必须靠着存钱才可购买。可信用卡让人当场立即兑现自己的欲求"②,使人们活在当下,而不必延迟享受。应当说,信用消费虽然是一种举债消费或超前消费,但其现实意义却不容否认。它解决了人们现实的购买力与需要的即时性之间的矛盾,使人们特别是较低收入者或现时财力不足者可以购置原本有可能要穷其一生才能享有的大件物品,人们可以提前享受到较高的生活质量,生活的自由度、幸福感得到一定程度的增强。从经济增长的角度而言,居民消费能力的充分释放和消费欲求的持续高涨对市场而言是利好的,它可以使生产出来的产品不至于无人问津甚至严重滞销,有助于经济的良性循环。然而,正如贝尔所揭示的,"欲求"毕竟不同于"需求":"需求"是"来自生命的本能——足够的食物、合适的住所和有效的卫生",而"欲求超过了生理本能,进入心理层次,它因而是无限的要求"③。为了不断制造经济繁荣的奇迹,经济主义就必须将人的"需求"转变为"欲求"。欲求没有限度,亦从不会得到满足,因而它在主观上必然使人们把不断占有和消费商品作为生活目标。曾经对资本主义发展起着至关重要作用的宗教苦行禁欲主义也最终让位于消费主义。被贝尔喻为资本主义两大"冲动力"的平衡关系已被打破:"宗教冲动力"失去效力,"经济冲动力"一家独大,经济主义大行其道是其直接后果。

在经济主义原理作用下的消费主义将人变成了欲望无止境的消费动物,变

---

① [美]马尔库塞:《单向度的人》,刘继译,上海世纪出版集团2010年版,第8页。
② [美]丹尼尔·贝尔:《资本主义文化矛盾》,赵一凡、蒲隆、任晓晋译,生活·读书·新知三联书店1989年版,第67页。
③ [美]丹尼尔·贝尔:《资本主义文化矛盾》,赵一凡、蒲隆、任晓晋译,生活·读书·新知三联书店1989年版,第68页。

成了如马尔库塞所言的只知享受而丧失批判精神的"单向度的人"。同样,人的消费亦不过是资本增殖的一个齿轮、经济增长的一个环节而已,消费已经同人的生命意义错位,已经和人的真正需要相异化,甚至于人们还有可能患上"消费瘾",不消费就有可能寝食难安。这样,消费—生产—大量消费—大量生产……才能使经济这个庞大的机体运转起来。人不仅异化于消费,更异化于经济。一个严峻的现实是,经济主义、消费主义并不是人类的未来和最终目的,反而是人类的劫难,"罗马俱乐部"的报告深刻说明了这个事实:增长是有极限的,不能任由经济主义这个怪兽横行。究其实质而言,经济增长并不等于社会发展,经济也并不是发展的惟一目的,人的自由而全面的发展才是最终目的;而经济以及其内在环节之一的消费,也只不过是人类自身实现自由全面发展的手段而已。

二、消费主义与自由主义

在人们追求的诸种自由中,消费自由应是其中一个重要部分。按照经济学的观点,收入是消费的函数,当下及长远的收入决定了个体消费自由的可行性,这应当是消费自由的限定性条件。可真实的情况却是:个体对消费的渴望往往会挣脱经济条件的束缚,"寅吃卯粮""打肿脸充胖子"等虚荣性消费在现实中比比皆是。入不敷出、债台高筑的窘境带给个体的自然是不自由。在专制社会,个体自由是个伪命题,更遑论消费生活中的自由。除却经济因素的影响之外,个体在消费中还要受强烈的身份约束和等级限定,即不同等级的人在消费格局、样式、数量等方面应当与之所处的等级相适应,即使是作为美德的节俭也非统一的标准,"节用以礼"之类的要求反映出"节俭"也应当与当事人的身份相匹配,否则僭越身份的节俭不是美德,反而是违礼的恶德。当专制制度被推翻之后,横亘在个体消费中的等级束缚被解除之后,个体有了充分的消费自由权,他消费什么、怎样消费、消费多少之类的问题应当完全由他自由选择,其他人或组织无权干涉。

客观而言,消费比较鲜明地体现了一个人的偏好、旨趣、格调、品位、气质等内在属性,具有明显的私人特征。一个人的确应当自由选择自己的消费品,一个现代民主制国家也理应为其公民创造这样的条件去过幸福美好的生活,这是其获得政治合法性的根据。消费主义为人们允诺了美好的生活前景,它让人们勇敢地消费,但事实上消费主义语境中的自由充满着虚幻。

第一,消费主义语境中的消费自由是资本的自由。消费主义看似把消费的选择权交给了个体,但这种自由并非是由个体自我确定而是由资本所激发的,人们所能选择的空间以及选择度的大小基本上是预先设定好的,它服从于资本增殖的目的。因而,这种所谓的"自由"毋宁说是一种被迫的自由、强加的自由,是另一种意义上的"臣服"。套用伯林的观点,这种对"物"的"臣服"无论是多么理性、多么富有想象力,但"都是对人们的自由和活力的剥夺"①。个体畅游于琳琅满目的商品世界中或许可以随心所欲地选择自己中意的消费品,然而随心所欲的背后却是资本对人的控制,是资本的自由而非"人"的自由。

第二,消费主义语境中的消费自由是少数人的自由。按照自由主义的观点,市场是资源配置的最有效方式,自由竞争通过优胜劣汰机制使资源得到最有效配置。每个参与自由竞争的"经济人"具有理性能力,并会主动追求自身利益最大化,他们通过自己的能力参与自由竞争,最终可以实现自己应有的自由权利。至于因竞争失败而产生的弱势群体,自由主义认为这与个人不努力等主观因素有关,因而无须帮助他们。从实质上讲,自由主义所推崇的自由竞争受制于弱肉强食的丛林法则,其结果只能造成强者越强、弱者越弱的"马太效应",并最终演变为代际的不平等。同时,自由主义所强调的公平竞争原则只是形式上的公平,是资本所控制的规则,弱势群体因为缺乏资本甚至于根本没有条件参与竞争。此外,弱势群体之所以成为弱势并非是其主观不努力所致,也有可能是由先天及后天等复杂原因所造成,放弃对他们的帮助必会造成愈益严重的贫富分化。一言蔽之,自由主义鼓吹的自由是强者的自由、少数人的自由。"分配借社会规律决定生产者在产品世界中的份额,因而出现在生产和消费之间。"②尽管对个体而言,花多少钱与收入分配的总额并不是完全重合,却并不能否认收入分配结果对消费的根本决定作用。消费主义强调人们的消费自由,但其内蕴的自由主义原理却无法使人们实现自由消费。在生产资料私有制条件下,能够尽情消费的人只是少数的富裕人群。根据国际货币基金组织的报告,"占美国人口10%的最富裕阶层控制了该国71%的财富,其收入占国民总收入的比例也由1980年的30%增长至2012年的48%;同期,占总人口0.1%的顶级富翁们的财富占有率也由2.6%增加至10.4%"③。富豪们挥金如土的奢侈生活是大多数平民甚至贫民根本无法企及的。

第三,消费主义语境中的消费自由是抽象的自由。马克思主义认为,自由

---

① [英]以赛亚·伯林:《扭曲的人性之材》,岳秀坤译,译林出版社2009年版,第49页。
② 《马克思恩格斯选集》第2卷,人民出版社2012年版,第694页。
③ 廖政军:《1%人占40%财富,两极分化动摇美国人逐梦信心》,《人民日报》2014年6月17日第3版。

是对必然的认识及对客观世界的改造。也就是说,脱离了必然的自由只能被指称为任性或为所欲为。同样,人的消费也要受社会历史条件的限制。"生产中介着消费,它创造出消费的材料,没有生产,消费就没有对象"①;"它给予消费以消费的规定性、消费的性质,使消费得以完成"②。消费总要受特定社会历史条件下物质生产方式、社会资源等因素的制约,而绝非无本之木的恣意妄为。消费主义其实亦看到了消费的条件,但它所开具的消除人们自由消费"障碍"的良方只不过是掩耳盗铃而已。消费主义关于"多多益善""花明天的钱,圆今天的梦""不在乎天长地久,只在乎曾经拥有""用过即扔"等消费哲学具有极强的蛊惑性,如若深究就会发现其危害性。比如,凭借科学技术,人类可以找到替代能源,可是这并不能改变人类贪婪的消费导致的地球满目疮痍的面貌,并不能改变我们的家园被破坏的悲凉!再如,尽管我们依靠信贷消费可以提前享受快乐生活,但不计后果的超前消费、负债消费带来的可能是生活与信用的严重透支。

第四,消费主义语境中的消费自由是虚假的自由。消费自由的主体应当是人、每个鲜活的个体,可消费主义中的"人""个体"是异化了的存在。异化是自由的对立面,是原本作为具有意识、能动的类存在物的人反被自己亲手创造出来的物所奴役和控制的状况。马克思认为:"人同自己的劳动产品、自己的生命活动、自己的类本质相异化的直接结果就是人同人相异化。当人同自身相对立的时候,他也同他人相对立。"③在消费主义中,I shop therefore I am(我买故我在),人们是从消费品中找到自己存在的价值而不是以自己创造性的活动来证明自己的价值。活着的目的就是为了消费,消费僭越为主,人沦为谋求感官快乐的消费动物。在消费主义所设定的美好生活目标的诱惑下,人们的消费"胃口"不断变大,频繁出没于购物街、超级市场、大型商场等消费场所去购买貌似什么都缺但实际上什么都不缺的商品,仿佛购买的目的就在于说明自己"拥有"了能够证明自己身份和能力的东西。于是,自由消费的外衣掩盖的是一颗颗被物奴役的心灵,人是为了消费而活,因为消费而幸福。这其实是对自由的扭曲。

三、消费主义与个人主义

如果说自由主义是消费主义的理论内核,那么个人主义便是消费主义的价

---

① 《马克思恩格斯选集》第2卷,人民出版社2012年版,第691页。
② 《马克思恩格斯选集》第2卷,人民出版社2012年版,第692页。
③ 《马克思恩格斯选集》第1卷,人民出版社2012年版,第58页。

值本位。个人主义(Individualism)的源头最早可以追溯到古希腊的斯多葛派，其真正发展却是在近代资产阶级革命之后。不过，"个人主义"一开始却是贬义词，被视作无政府状态的根源，甚至是罪恶渊薮。被引入英美之后，个人主义逐渐演变为资本主义社会的主流意识形态，并成为现代人格的精神要义(如中产阶级的"自助精神"及温和而重务实的"教养")[①]，以及社会秩序的奠基石。同时，个人主义也是一个内容极为复杂的词语。卢克斯在《个人主义》中极为细致地分析了不同学科的个人主义，如政治个人主义、经济个人主义、宗教个人主义、伦理个人主义等等。不管个人主义的形态如何多样，亦不管它是否存在着真假之分(哈耶克语)，个人主义总有自己的本质特征。个人主义强调个人价值的独特性和本源性，即个人是真实的存在，具有绝对的价值，是一切价值的源泉和最终评判尺度。每个人都是平等的，他有自己的人格、权利、尊严，不受外在强制，他的个人价值并非命定而是取决于自己的决定和创造，他对自己的行为结果负责。每个人也是独立的存在。他既有相同于他人的权利，也有相异于他人的权利；既有参与竞争的权利，也有与世无争的权利。每一种生活方式都应受到尊重。在个人与社会的关系问题上，个人主义主张社会是由无数个具有自由意志的独立个体所组成的，但只有个人才是目的，社会不过是实现个人目的的手段。社会不能凌驾于个人之上，不能以任何理由践踏个人的自由和尊严，不能以任何借口支配个人。这就是说，个人才是社会的活力与源头，只要个人的价值实现了，社会的价值自然也会得到实现，因而社会应当对个人的积极性和创造性给予保护。

消费领域在一定意义上是个人价值得到充分证明的特有空间。一方面，作为社会再生产的重要环节，消费是分配环节的直接结果，个体在消费上的质与量的状况都在相当程度上证明了他参与社会再生产过程的能力及成就。或者说，他消费的越多、越奢华，证明他的能力越强，个人的价值就越大。对此，社会应当肯定与维护个人消费权利，而不得干涉他的消费趣味。另一方面，消费也是最能充分展示个体独立个性的行为，是绝对的"私人"空间。"在其他任何地方都受到社会规矩约束的个体终于能够在那个属于自己的'私人'范围内享有一点点的自由和个人自主。"[②]若一个人想表达自己是优雅的还是庸俗的，是奔放的还是保守的，是精致的还是粗放的，是有内涵的还是重外在的，是节俭的还是奢侈的等等，都可以通过消费表现出来。相比于政治领域，个体在消费生活

---

① 参见史蒂文·卢克斯《个人主义：分析与批判》，中国广播电视出版社2001年版，第32页。
② [法]波德里亚：《消费社会》，刘成富等译，南京大学出版社2000年版，第73页。

中有充分的自主权,想怎样消费绝对是他个人的私事,至于他在消费中是否标新立异、是否特立独行,那也是他追求自己异于他人的个性表达,无须别人来评头论足,只要他自己喜欢就好。更值一提的是,与消费相关的奢侈或许是个"恶"德,或许被"崇俭黜奢"的正统观念所不齿,但不能否定的是,历史上并不乏为"奢侈"正名的观点,如中国古代管仲的"莫善于侈靡"、桑弘羊的"节奢刺俭",西方近代曼德维尔的《蜜蜂的寓言》、桑巴特的《奢侈与资本主义》等等。综观这些"奢侈论",无论它们看起来如何离经叛道,但若将其与社会发展这一主题相关,那么奢侈也的确是一种必要的"恶"。正如马克思在评价曼德维尔时所强调的那样,"在现代社会中恶习是必不可少的和有益的"①。没有这种"恶",各行各业将无法兴旺,劳动者也将因没有岗位需求而被迫失业,社会发展的动力就会缺失。奢侈透射的固然是人性的贪婪和占有欲,但也应当看到,奢侈是个历史范畴,其标准应当随着历史发展而发生内容的变更。同时,与奢侈相关的个体欲望也恰恰如马克思所强调的"历史发展动力借以表现的形式",它蕴含了助推创造性、进步性的因子,也反映了人们对美好生活的追求。

消费主义在肯定个体消费的独立性及权利方面的立场是正确的,本无可厚非。这是问题的一个方面,但另一方面,个人主义价值本位使消费主义又难以实现理论自洽。因为:(1)消费是否完全是个人的事?这其实也是个人主义的难题。马克思主义认为,人在本质上是一切社会关系的总和,社会是由个人组成的,但同样个人也离不开社会。个人消费需要的产生总是社会发展的产物,脱离社会发展条件的消费是无本之木,而社会也绝非是完全满足个人消费的手段,个人不能不顾社会历史条件和社会资源的真实拥有量而以消费去证明自己的个性及独立性,否则这就是对"自我"概念的背离。即使是推崇"自我"与"个性"价值的自我主义伦理学理论也特别说明:真正的"自我"既非"自私自利"也非"妄自尊大"(Big Ego)。同时,正如个人主义所强调的每个人都是自由平等的主体,这就必然有一个对社会资源占有状况的公平获取的问题,也就决定了对社会资源的占有情况既不该出现"公地悲剧"般的恶性占有,也不该出现"社会达尔文主义"那般的严重不公正。再者,个体消费虽具有较为明显的私人性特征,然而每个人不是活在真空里的存在物,他的一切行为自然包括消费,都会或多或少地对他人和社会带来影响,因而这就不是单纯的个人想怎样消费都行的问题,侵犯他人正当利益的消费无法得到合法性证明,违反道义及公序良俗

---

① 《马克思恩格斯文集》第1卷,人民出版社2009年版,第335页。

的消费(如黄赌毒)理应要被人们所唾弃。(2)个体消费能否与个人价值之间画等号?在消费主义看来,消费取决于个人的收入,而个人的收入又与他的能力呈正相关性,因而谁消费的越多,谁的价值就越大。这看似合乎逻辑,但事实上正如前面对自由主义的评价一般:在阶级社会,占有大量消费资料又勇于大量消费甚至大肆挥霍的人往往是占有生产资料的统治阶级,而广大被统治阶级有时甚至于连最起码的生活日用品都消费不起。因而,将消费与个人价值之间画等号实际上忽略了重要的制度条件,这在某种程度上掩盖了剥削制度的残酷性。这也是齐格蒙特·鲍曼所揭示的那般:消费贫穷的人"面临被抛弃、被剥夺权利以及被降格、被阻隔或者被驱逐出其他人得以享用的社会盛宴的痛苦"[1]。继而言之,如果个人消费是个人价值的最佳证明,那么它在客观上也会促进一些非理性的消费,如"虚荣消费"。这种消费模式往往无视自己的经济条件而购置昂贵的奢侈品,就是为了用一种虚假、欺骗世人的方式来证明自己的价值。其中,除了存在着道德问题之外,当事人的后果可能如莫泊桑小说《项链》中玛蒂尔德的命运一般:花几十年的青春去偿还自己一时的非理性举动,最后丧失的是自己的独立人格。用消费来证明个人价值的做法是对个人价值的简单化、物质化诠释。一个人的价值应取决于他对社会的贡献,而绝非如挥霍、斗富、炫耀等非理性的消费行为所能证明。否则,当富贵者以不可一世的姿态蔑视或嘲笑贫穷者时,那便是伦理的错位、道德的堕落。(3)"奢侈"果真能带来富足与进步?"奢侈带来富足"是现代战略家拉茨勒的名言,他对奢侈尤其是奢侈品的作用极为推崇,认为"奢侈刺激革新,创造工作机会,塑造品位和风格"[2]。拥有拉茨勒这种观点的人并不在少数,这也是为消费主义津津乐道的内容,仿佛奢侈是推动经济社会发展的引擎装置。奢侈的历史作用不容否认,然而这种"必要的恶"在本质上仍然是"恶"。因为当奢侈之风盛行且它超出了社会生产力所能提供的条件之后,就会掏空社会发展的物质基础。与之相关,当奢侈成为一种普遍的社会风尚,那么它同样会带来社会的堕落。这也是贝尔的担忧:"各种文明的兴衰史上都出现过这种引人注目的现象"[3],那便是奢侈之风以及享乐主义的胜利。

---

[1] [英]齐格蒙特·鲍曼:《工作、消费、新穷人》,仇子明等译,吉林出版集团有限责任公司2010年版,第84—85页。
[2] [德]沃夫冈·拉茨勒著:《奢侈带来富足》,刘风译,中信出版社2003年版,第48—49页。
[3] [美]丹尼尔·贝尔:《资本主义文化矛盾》,赵一凡、蒲隆、任晓晋译,生活·读书·新知三联书店1989年版,第130页。

四、消费主义与享乐主义

享乐主义(Hedonism)古已有之。从渊源上来看,享乐主义与伊壁鸠鲁主义同体,后者奠定了这一哲学思想的基调:享乐,追求快乐。正是由于这一点,享乐主义一直饱受正统伦理学家们的指责,尤其在中世纪时期更加不为主张禁欲主义的基督教所认同。即使在新教伦理中,享乐仍然是不可饶恕的罪行。20世纪以来,由于享乐主义价值观迎合了资本主义发展的需要,它便挣脱了新教伦理的束缚。经由消费主义对它的合理化证明,享乐主义这一原本属于少数剥削者的价值观逐渐被普遍化,即使穷人也无法逃脱其影响。

享乐是享乐主义的第一要义。快乐(Pleasure)是最高的价值,也是最高的评判者。伊壁鸠鲁认为:"快乐是幸福生活的开始和目的。因为我们认为幸福生活是我们天生的最高的善,我们的一切取舍都从快乐出发;我们的最终目的乃是得到快乐,而以感触为标准来判断一切的善。"①可见,快乐不仅是人生的惟一目的,而且是评判一切价值的尺度。以享乐主义为理论源头的功利主义也是如此定位快乐:"自然把人类置于两位主公——快乐和痛苦——的主宰之下。只有它们才指示我们应当干什么,决定我们将要干什么。"②追求快乐、逃避痛苦是人的本性,基内蕴的自然主义人性论必然对人的感官肉体给予了肯定,将满足生理本能的需要作为人的生命的第一要务。因而活着就应当吃好、穿好、玩好,就应当"为美厚尔、为声色尔"。否则,抽掉了这些快乐,生命又有何种乐趣,或者说"善"亦失却了依据。"如果抽掉了嗜好的快乐,抽掉了爱情的快乐以及听觉与视觉的快乐,我就不知道我还怎么能够想象善。""一切善的根源都是口腹的快乐;哪怕是智慧与文化也必须推源于此。"③尽管享乐主义并未完全排斥灵魂的快乐,但相较于肉体的快乐,灵魂的快乐不过是肉体的快乐的衍生物及点缀品。

从上述观点来看,享乐主义极有可能带来庸俗、纵欲的生活方式,自然难逃被其批判者指责为"猪的哲学"的命运。不过,英国哲学家罗素对伊壁鸠鲁的评价为我们理解享乐主义提供了一个客观视角。"他具有一个宗教改革者的一切热情。他对人类的困难,一定具有一种强烈的悲悯感情以及一种不可动摇的信

---

① 周辅成:《西方伦理学名著选辑》,商务印书馆1987年版,第103页。
② [英]边沁:《道德与立法原理导论》,时殷弘译,商务印书馆2000年版,第57页。
③ [英]罗素:《西方哲学史》(上),何兆武、李约瑟译,商务印书馆1963年版,第309页。

心：只要人们能接受他的哲学,人们的苦难就会大大地减轻"①。综观历史,享乐主义是反对抑制人的欲望的蒙昧主义、专制主义的有力武器,它把人拉回了凡间,把生活归于个体。同时,它对于那些被痛苦所羁绊的人来说,也起到了一定的心理调适作用。

消费主义培养了"诸如浪费,自我纵欲,人为的商品废弃等一些现代消费特征"②,享乐主义于是堂而皇之地入驻大众消费生活。购物街、大型 Shopping Mall 以及各种各样的消费场所通过耀目的灯光、新颖的陈列品、漂亮的模特、醉人的音乐等手段刺激了消费者的感官欲望,仿佛这些才是真实的世界,仿佛拥有了消费品才有幸福的生活。同时,借助于现代广告术,消费主义让人们感受到前所未有的"心理匮乏症"。面对五彩斑斓的物质诱惑,人们总是感觉到自己的生活有诸多欠缺,诸如自己缺房子、豪车、新衣、美食,甚至于自己还缺美貌、魅力等等,总之什么都缺(但事实上可能并不缺)。这种匮乏感会让人感到无限的苦恼,唯有想尽办法地拥有它们才能够得到快乐。为了调动人们的欲购情结,消费主义不仅通过富丽堂皇的消费场所及夺人眼球的商品营销术来助推人们的享乐主义习气,而且还对人们的生活方式进行循循善诱:纵情享受、奢侈浪费不是好逸恶劳,不是玩物丧志,更不是恶行,而是美好生活的象征以及爱国的重要条件。其中隐含着这样一个命题,即消费者是高贵的、新潮的。消费主义当然意识到享乐必然要以一定财力为条件,面对"能挣才能花"的指责,它提倡一种"能花才能挣"的理念。也就是说,创造财富的最巧妙方式是花钱。纵情享受、悠闲自在的想法调动了人的无限可能性。要想买更美好的东西,那就得想方设法、大胆地去挣更多的钱,而不是抱残守缺、安贫乐道,对花钱小里小气、畏首畏尾。于是,那种阻碍人们消费的行为,无异于断送了人们的财路,甚至是浪费人们的生命。

消费主义使人沉湎于对感官享受的满足,那么它在客观上就有一个如何看待享受的对立面——劳动——的态度问题。社会学家格罗瑙在勾勒了消费主义培养出的一些现代消费特征的同时,亦指出"这些特征又直接否定和破坏了成为这一体系基础的效率观念和工作伦理"③。显而易见,享乐主义冲击了原有的工作伦理与价值观。这不但表现为当代社会强调"消费者主权""顾客就是上帝"的理念以及消费者在政府行政中的重要角色,还表现为人们对职业选择上

---

① [英]罗素:《西方哲学史》(上),何兆武、李约瑟译,商务印书馆1963年版,第311页。
② [芬]尤卡·格罗瑙:《趣味社会学》,向建华译,南京大学出版社2002年版,第3页。
③ [芬]尤卡·格罗瑙:《趣味社会学》,向建华译,南京大学出版社2002年版,第3页。

的逆转。比如,当今年轻人选择职业时不再是追求那种具有浓郁生产性特征的工作,而是带有明显的消费色彩,从观众对各种红火的选秀节目的热捧就可以看出端倪。人们幻想一夜成名,而不愿意再默默无闻地努力工作。此外,从偶像崇拜的对象来看,人们更追捧那些如社会学家洛文塔尔所指称的"消费偶像",也就是娱乐界人士而非勤勤恳恳的生产者。这种消费转向说明,曾经被视为"天职"的劳动已被祛魅。人生苦短,殚精竭虑的苦行僧生活便变得毫无意义,悠闲自得、轻松愉快、纵情享乐的生活才应当作为最佳选择。对此,贝尔指出:"享乐主义的生活缺乏意志和刚毅精神。更重要的是,大家争相奢侈,失掉了与他人同甘共苦和自我牺牲的能力。"[1]无论是从其造成金融风险的通货膨胀、生态的破坏,还是带来不可调和的社会价值观的冲突来说,享乐主义都难辞其咎。按照马克思主义的观点,享受与人的感官的丰富性,与人的本质力量的发展存在着一定的联系。"那些能成为人的享受的感觉,即确证自己是人的本质力量的感觉,才一部分发展起来,一部分产生出来。"[2]然而,人的生命本质并不能止步于此,如果人类将消费定位于感官肉体的快乐,那么它只能将人的生命的本质归于单纯的肉体感受性,其结果就会使人的存在变得极其庸俗和粗鄙,人的生命体验也会因追逐和满足物欲这一目标而变得十分浅薄和狭隘。[3]历史上不乏追求纵欲放荡、醉生梦死者上演的消费闹剧,当事人非但没有得到应有的快乐,最极端的则以亡国而告终。

从享乐主义对劳动的态度而言,它对劳动、工作极为鄙视。可劳动是人类的本质活动,劳动创造了人,劳动创造了财富。没有劳动的创造性活动,何谈消费、何谈享受,尽管后者在一定程度上也是人类获得自由所必要的条件。劳动使人奋进、务实,使人远离懒惰、懈怠、麻木、萎靡等消极心理。特别是对于一个后发现代化国家而言,勤劳致富、艰苦朴素的作风依然必要,如若国民养成贪图享受的习气,则极有可能使国家丧失发展的大好时机。还应当看到,对劳动及劳动者的鄙视是剥削阶级的思想,最典型的莫过于孟子的"劳心者治人,劳力者治于人"(《孟子·滕文公章上》)观点。在阶级社会中,不事生产的少数剥削者过着寄生性的生活,他们的穷奢极欲、挥霍浪费是以剥削、压榨广大劳动人民为必要补充。因而马克思一针见血地道明了享乐主义的本质:"享乐哲学一直

---

[1] [美]丹尼尔·贝尔:《资本主义文化矛盾》,赵一凡、蒲隆、任晓晋译,生活·读书·新知三联书店1989年版,第131页。
[2] 《马克思恩格斯文集》第1卷,人民出版社2009年版,第191页。
[3] 参见赵玲《消费合宜性的伦理意蕴》,社会科学文献出版社2007年版,第49页。

只是享有享乐特权的社会知名人士的巧妙说法。"①享乐主义中的"享乐"其实是个人的快乐,是彻头彻尾的"独享"。伊壁鸠鲁原本是借助德谟克利特的原子论假说来构建其享乐主义思想的,这与柏拉图等人以城邦为本体来构建理论体系的方法不同。"遵循享乐主义,追逐眼前的快感,培养自我表现的生活方式,发展自恋和自私的人格类型,这一切,都是消费文化强调的内容。"②当个人只是希望通过消费寻求自己眼前的快乐、感官的快乐,仅把自己的快乐作为第一要务,而不懂得与他人和社会分享自己的快乐,那么这种短视的、片面的快乐论就会使之堕入自私自利的泥潭,其危害性自然不言而喻。

作为西方消费社会的意识形态,消费主义一直饱受各种社会力量的批判。1968年爆发的"五月风暴"运动中,情绪高涨的青年学生喊出了"消费社会不得好死,异化社会不得好死,我们要一个新的独创的世界,我们拒绝一个用无聊致死的危险去换取免于饥饿的世界"的口号,表达了对资本主义社会的不满、对消费主义的愤怒。除此之外,环保主义人士也加入反对消费主义的行列。"对消费品的喜新厌旧成风,无限制的使用能量,我们的前途只能是生态系统的灾难。"③他们依据可持续发展的战略需要,发出了"多少算够"的呐喊。由于资本与消费主义的亲和性,渗透着资本主义意识形态的消费主义正在向全球蔓延,它试图跨越民族、国家、文化的界限,营造一个具有共同兴趣、生活品位的国际之城。

第三节 消费主义在当代中国的境遇

在中国传统社会,虽然并不缺少王孙贵胄们一掷千金的"斗富"之举,也并不乏见普通百姓为了一时的"好面子"而偶尔为之的"奢侈"行为,但勤俭节约、蓄积备虞一直是中国消费价值观的主基调。在那个资源匮乏、计划生产、有限消费的短缺经济时代,我们不得不过着勒紧腰带求生存、攒着票证买定量、排起长队等供应的艰难生活。改革开放以来,发达资本主义国家的消费理念伴随着中国市场经济的发展逐渐被某些社会成员接受,传统的消费观受到了西方消费主义的严重挑战。面对消费主义的强势来袭以及其不断推进的本土化进程,需

---

① 《马克思恩格斯全集》第3卷,人民出版社1960年版,第489页。
② [英]迈克·费瑟斯通:《消费文化与后现代主义》,刘精明译,译林出版社2000年版,第165页。
③ [美]巴巴拉·沃德、雷纳·杜博斯:《只有一个地球》,吕瑞兰、李长生译,吉林人民出版社1997年版,第165页。

要对中国的消费主义有一个清醒的认知。当然,中国消费主义的发展有其特有的脉络,因而也就有着其复杂性。它是在传统社会与现代社会、农业文明与工业文明、中国文化与西方文化等多重张力下交汇而成的。

一、中国消费主义的有无之辩

在当代中国有无消费主义这个问题上,学术界存在着一定的争议。包亚明从文化学的角度考察了 21 世纪之初的"上海酒吧"——这个受西方消费主义影响的空间。此后,社会学的研究日益丰富起来。黄平认为,中国是否存在消费主义主要基于一个研究假设,即消费主义生活方式开始从大城市→中小城市→农村进行演进,从有教养、有资产的社会阶层→其他社会阶层扩展,其结果是整个社会都处于震荡、脱节、焦虑的状态[①]。陈昕将消费的高档和名牌倾向、消费的广告效应以及消费的符号象征意义作为评价是否出现消费主义的标准,通过一定的数据分析,他认为:"中国城乡社会追求西方发达国家代表性的高消费生活方式正在逐步发展成为普遍现象;在这个过程中,对符号象征价值的消费正在成为人们的主要消费选择,甚至超越了对商品使用价值的考虑;大众传媒的渗透以及西方国家、城市、高收入群体、知识分子的示范作用推动了消费主义生活方式的扩散。"[②]即是说,中国出现了消费主义,不仅在城市中,而且在农村也出现了消费主义的倾向。郑红娥从人们的消费心理出发,对当代中国的消费主义进行了实证研究,她选用了"国外名牌比国内好","穿不同档次的衣服表明他不同的身份和地位","别人有高档消费品,而我没有的话,就会被人看不起","人生的成功在于地位和时尚","人要讲面子,在人际交往中要舍得花钱","人活着就应该充分地享受生活"等消费心理测度消费主义的因子[③]。

当然,也有学者不同意上述观点。莫少群认为,关于消费主义的实证研究本身就是一个难题,更为重要的是,"国内已有的实证研究中普遍存在着一个将本属于正常的消费行为归类于消费主义的倾向,无论是居民对耐用消费品需求的增长,还是对物质生活条件改善的要求,都应该根据具体情况进行分析,不能简单地贴上消费主义的标签"。他认为,在判断消费主义是否在中国产生这个问题上应当从两点出发:(1)结合我国既有的政治经济条件以及消费行为实践;

[①] 黄平:《生活方式与消费文化》,《天涯》2003 年第 6 期。
[②] 陈昕:《救赎与消费:当代中国日常生活中的消费主义》,江苏人民出版社 2003 年版,第 8—16 页。
[③] 郑红娥:《社会转型与消费革命》,北京大学出版社 2006 年版,第 290—310 页。

(2) 必须区分合理消费和消费主义,区分人的正常物质要求与过度的占有行为。"如果按照西方消费社会的硬性标准来衡量,中国还称不上'消费社会',消费主义也难以在中国形成气候。"但他同时也指出:"目前中国的消费主义主要存在于高收入阶层以及一些特殊群体(可以统称为'精英'阶层)之中,但有由高收入阶层向中等收入阶层扩展,进而影响全社会的趋势。"①

中山大学王宁教授反对"从离轨和道德贬义的角度来定义消费主义",认为"消费主义是伴随我国社会转型而产生的新的主体类型中的重要维度"②。他从价值观中立的角度,把我国消费主义看做是市场化转型以后出现的一种"准大众化"生活方式和主体意识。对于消费主义所面临的指责,他将之定位为一种怀旧主义情结:"许多对消费主义的批判未尝不是现代人的一种'乡愁',一种对逝去的理想主义的怀旧。"③

上述社会学研究中关于消费主义是否在中国存在的问题虽然存在着一定的争议,但争议的焦点在于消费主义是否普遍存在,以及我们应当如何区别合理消费与过度消费、奢侈性消费的关系等问题。客观而言,简单地套用西方消费主义或用一些感性直观的指标体系来认定中国已经存在着严重消费主义的做法有其现实警示性意义,毕竟对于中国这样一个发展尚不平衡、人均收入水平并不高的发展中国家来说,消费主义盛行的危害性不言而喻,这也是《人民日报》多次推送"极简主义生活方式"的必要性之所在。不过问题的另一方面在于,与美国等西方国家相比,尽管中国的现代化步伐以超常规的方式突飞猛进,但即使再如何超越乃至跨越式发展,也不可能超越这种发展所能容纳的社会生产力水平以及现实的中国国情。在这个意义上,中国消费主义绝非是对西方消费主义的简单复制。

二、中国消费主义的基本特点

相比于西方消费主义,中国消费主义的基本特点有哪些呢?

从消费主义产生的条件来看,中国消费主义是从解放人的合理消费欲望这一政治主题产生的,这与西方社会的消费主义有着不同的使命。王宁认为,中

---

① 莫少群:《当代中国的消费主义现象:消费革命抑或过度消费?》,《南京师大学报(社会科学版)》2012年第7期。
② 王宁:《从"苦行者"社会到"消费者"社会》,社会科学文献出版社2009年版,第311页。
③ 王宁:《国家让渡论:有关中国消费主义成因的新命题》,《中山大学学报(社会科学版)》2007年第4期。

国的"消费主义是国家让渡的后果,是国家用其经济让渡换取居民政治让渡的产物,也是国家出于经济主义目标而借助经济政策对居民消费欲望加以刺激的结果"[1]。它与西方发达资本主义国家受资本逻辑控制的发生机制不同,而是由国家制度安排和政策推行自上而下展开的。1949年新中国成立后,鉴于当时复杂的国际国内环境,让人民群众养成勒紧腰带、勤俭节约的消费方式成为当时迫不得已的政策选择;再加上当时物资极其匮乏,国家也只能采用凭票消费的制度安排,这势必抑制了人民群众正常的消费需要,并在一定程度上挫伤了人民群众的积极性。此外,为了防范来自资本主义意识形态的渗透,国家在消费价值观上预设了阶级立场的分野,即节俭是无产阶级的生活方式,反之则是资产阶级的。然而,尽管这种"苦行者"的消费方式在当时有其历史的原因,但贫困并不是社会主义的本质特征,长期让广大人民群众为了伟大的政治理想而节衣缩食,甚至连温饱问题都无法解决,何谈社会主义的优越性?要知道,"发挥社会主义的优越性,归根到底是要大幅度发展社会生产力,逐步改善、提高人民的物质生活和精神生活"[2]。消费直接关系着广大人民群众的根本利益,也自然是社会主义改革的根本内容。面对"文革"结束后生产力遭受极大破坏的现实,邓小平对极左思想进行了清算,强调唯有以人民群众消费水平的提高、生活质量的改善作为衡量社会主义优越性的标准才是实事求是的做法。在这个意义上,改革开放40多年的历史也是人民群众消费质量不断提高、消费权利不断得到维护的历史。如果说刚打开国门我们还在惊诧于西方发达资本主义国家的繁荣与富庶,惊诧于中国与西方世界在消费领域存在着强烈的反差的话,那么这种差距在今天已经得到了明显的改观。不得不说,人民群众在衣食住行等日常消费领域的诸种惊人变化,深刻地体现了中国共产党执政的合法性。如今的中国人已不用再过那种"一分钱掰两半花"、"新三年、旧三年,缝缝补补又三年"的拮据生活。一座座平地而起的高楼、一条条通畅无阻的道路以及一列列疾驰而过的高铁,这些国人原本根本不敢想象的生活都已经变成了现实,更不用说国人餐桌上的美食、衣橱里的美服以及种类繁多的家用电器……当然,改革开放释放了人们的消费欲望,使人的消费需要得到满足,这是对人性的认可,是唯物主义的态度。但我们也应当看到,欲望从不会餍足,一旦它挣脱了理性的枷锁,那就有可能把人性中的"恶"释放出来而使人变得贪婪自私、为所欲为,变成

---

[1] 王宁:《从苦行者社会到消费者社会:中国城市消费制度、劳动激励与主体结构性转型》,社会科学文献出版社2009年版,第6页。
[2] 《邓小平文选》第2卷,人民出版社1994年版,第251页。

如动物一般没有目的性的存在。而这是对人性的戕害。

从中国消费主义存在的现实国情来看，它的发展极不平衡。与西方社会不同，中国没有经历西方那样的工业化历程，也没有如西方一般渐进性地步入后工业化时代。作为一个后发的现代化国家，面临的压力与挑战自然异常沉重。一方面要与传统势力决裂，另一方面又必须抓住历史机遇期用比西方短的时间步入后工业化时代。因此，传统与现代、工业化与后工业化本该是历时性存在的时代课题却在当代中国以共时性的样态呈现。"空间形式上，工厂区的生活社群层压在农业区之上；文化形式上，传统方式混杂于消费主义方式；社会形式上，在巨大的贫富不均的对比下，工人阶级与新兴的富裕中产阶级并置于紧密的社会关系中。"[1]这就注定了中国的社会经济发展极不平衡。与之相适应，中国的消费主义现象也自然异于西方社会。西方社会的消费主义经历了一个大众消费时代，也经历了"消费民主化"浪潮，它以极高的生产力水平来护航，以丰裕的消费品为基础，且以相对健全的社会保障制度为后盾，因而大众才敢在基本生活得到充分保障的前提下追求时尚、品牌等象征身份的"符号"型消费。尽管中国的综合国力得到了极大的提升，人民生活水平有了极大的改善，但不容忽视的现实是：我们的生产力水平与发达国家还有相当的差距，科技创新的能力还相对落后，社会保障制度还不甚健全。其直接后果就是一部分农村、行业、地区的人民群众因贫困而无法享受改革发展的成果，普通百姓面对生病、养老、子女教育等后顾之忧而不敢消费。而与之形成强烈反差的是：一部分大城市特别是国内一线城市的消费环境及设施堪比国外大城市，令中小城市及农村地区望尘莫及；一部分高收入人群的炫富、挥霍等行为随处可见，其奢侈性消费能力令人叹为观止。当前中国由社会经济发展不平衡导致的贫困、温饱、小康、富裕这四种生活状态共时性地存在于当代中国，也必然使得中国的消费主义有其特有的现实土壤。

消费主义的实践主体，主要是少数高收入群体，并有不断向普通群众蔓延的趋势。按照莫少群等人的观点，当今中国的消费主义者主要是高收入阶层以及一些特殊群体，他把此类群体称之为"精英阶层"。这个"精英"阶层共有三类："一是各级党政机关中的高中级官员和重要行业中的国企管理者"；"第二类群体是处于中国经济最有活力的行业中的私企所有者、管理者以及投资者"；第

---

[1] 许纪霖：《帝国、都市与现代性》，江苏人民出版社2006年版，第340页。

三类高收入群体"常被称作是'新兴的高收入白领阶层'"。① 当然这种分类存在着较多的争议,如"精英"的称谓是否合适,这种分法是否带有挂一漏万之嫌;也存在着更多的社会问题,即第一类群体必然涉及腐败,是政治生活的严重不公。但从他们的消费行为对经济增长的贡献来说,却又是不可忽视的。高收入群体的消费主义行为对其他社会群体又有着非常强的示范作用。改革开放以来,出于对计划经济时期正当消费被压抑的痛苦经历的补偿心理,拥有更多的消费品以及享受美好生活的心理被越来越多的人所认同。同时,国家为了发展经济而出台的"扩大内需、刺激消费"政策也产生了叠加效应,使人们原本还心存顾虑的消费伦理发生了逆转,加之各种各样的"消费爱国论"的泛起,居民消费还担负着繁荣国家经济的使命,因而消费不再被视作恶,奢侈反而是一种责任,是一种善。此外,伴随着全球化的进程,消费主义被资本的逻辑以各种手段植入中国大众的生活之中,并被赋予了合理化、日常化,追求西方式的时尚、趣味、及时性的快乐被人们所推崇。由此,越来越多的群体加入追捧奢侈品、追求符号性消费乃至过度消费的大军之中。"对符号象征价值的消费正在成为人们的主要消费选择,甚至超越了对商品使用价值的考虑;大众传媒的渗透以及西方国家、城市、高收入群体、知识分子的示范作用推动了消费主义生活方式的扩散。"②

第四节　当代中国消费主义呈现方式

从上文学者们的论述与争议中可以看出,中国的消费主义是由国家出于寻求政治合法性认同而推动的。由于中国社会转型的错综复杂、中国特有国情的影响以及西方消费主义的强势推进等多重因素的相互作用,中国消费主义有其独特的表现形式。

一、力倡节俭过时论

作为中国传统消费伦理观的主流,"崇尚节俭,力戒奢侈"是由古代社会的物质生产方式所决定的。其目的是防止由骄奢淫逸导致的寅吃卯粮,以避免陷入财力及物资不济时的生活窘境。在这个意义上,节俭更适用于贫穷时代,是

---

① 莫少群:《当代中国的消费主义现象:消费革命抑或过度消费?》,《南京师大学报(社会科学版)》2012年第7期。
② 陈昕:《救赎与消费:当代中国日常生活中的消费主义》,江苏人民出版社2003年版,第8—16页。

贫困时代的理性选择。中国消费思想史中不乏关于"节俭"的箴言警句。比如《左传·庄公廿四年》:"俭,德之大共也;侈,恶之大也。"《格言联璧·持躬类》:"俭则约,约则百善俱兴。侈则肆,肆则百恶俱纵。"《贞观政要·规谏太子》:"克俭节用,实弘道之源;崇侈恣情,乃败德之本。"节俭被赋予了极高的价值,不仅是个人的品行修养,还关系到治国理政,天下太平。节俭消费观培养了中华民族先劳后享、略有盈余的生活观。它要求人们"先攒钱再消费",以"储蓄—消费—再储蓄"的模式经营生活,切不可只注重眼前而花掉了未来的积蓄,以免影响了家庭未来的生活质量;即使要消费也理应坚持"量入而出"的原则,维持基本的生活需要就好,缺了再买、够了就好,不该花的尽量不花;对于已有的消费品应物尽其用、重复使用,不到万不得已千万别扔。这是一种典型的保守型、积累型消费观,在客观上避免了浪费,有助于人们财富的积累。这也塑造了中国人不同于西方的独有文化品格。

改革开放以来,特别随着社会主义市场经济的纵向深入,生产力的解放为人民提供了丰富的消费品,使人们既不必担心物质产品匮乏,也不必担心消费品品种稀少,自由而充分的消费有了根本保证。另外,科学技术不断创造的奇迹也使人们对未来充满了憧憬和期待,从前被视为奢侈品的东西不断变成必需品,从前从未有过的东西也被大量制造出来,满足了人们对生活幸福的追求。人们的消费欲望不断地被激发起来。同时,西方信用制度也被引入中国,经过商家与银行的刻意推动以及对国民信贷消费意识的启蒙,逐渐被人们所认同,且已然成为一种生活方式。分期付款、消费信贷、直接信用等信用制度将收入和消费在时间顺序上颠倒过来,消除了人们的心理顾虑,从而在深层次上冲击了国人先劳后享、先攒钱后消费的生活习惯。"花明天的钱,圆今天的梦"不再被视作"寅吃卯粮","提前享受"也不是罪过,而是新的消费宣言。在它看来,反正人的一辈子很长,即使今天透支也可以慢慢地偿还,没有必要为了那个遥不可及的未来而浪费青春,更别等存够钱再花却又花不动的那个"悲剧"的到来。因而,仿佛这个时代再提倡节俭变得毫无意义,它会压抑人的正当需求,会延迟幸福的感觉。恰如著名历史学家汤因比分析产业革命时代传统节俭观的没落所揭示的那样:"消费者的节俭,从生产者的角色看,就不再是美德;而成了恶德。"[①]就市场经济的本质而言,它是一个需求导向型经济。为了实现经济的繁荣,它必然会不断激发人们的消费需要和消费热情,不断创造出新的经济增长

---

① 汤因比、池田大作:《展望二十一世纪——汤因比与池田大作对话录》,荀春生等译,国际文化出版公司1997年版,第54页。

点。正是在这个意义上说,传统的储蓄、节俭、谨慎、远虑等消费观是不利于市场经济发展的。从民生角度而言,实现人民群众消费结构的升级换代、提高人民群众的消费水平关系着我们党的政治合法性,不顾现实条件而强制性地要求人民群众坚持过艰苦朴素生活的做法会绞杀经济发展的动力,最终无助于人民群众的幸福。不过,当节俭过时论甚嚣尘上之时,我们却看到了事情的另一个方面:越来越多的人热衷于大量消费、超前消费、奢侈消费,不计后果地以预支自己(现时与未来)收入的方式来获取自己的即时享受,成为提前透支人生幸福的"月光族""负翁"。在消费主义影响下,购买更多的物品,需要更多的东西已经成为超乎一切的目的。与传统社会追求物的实用性不同,人们更加注重用"物"来营造有意义、有品位的生活样态,不在意物尽其用、经久耐用,而是要多多益善、更新更奇。因而,在追求时髦的社会风气引领下,浪费便不可避免了。

二、热衷于奢侈品

国际上关于奢侈品的解释是:"超出人们生存与发展需要范围的,具有独特、稀缺、珍贵等特点的消费品。"德国学者沃夫冈·拉夫茨在《奢侈带来富足》中肯定了奢侈品的功能:"奢侈品是功能性和审美趣味的完美结合","现代奢侈品会给予全球社会更多发展动力,比大众产品更强烈地改变着全球社会"。[①] 奢侈品对革新工艺、扩大就业、增加税收大有裨益。尽管奢侈品并不等于奢侈,也并不直接等同于挥霍、浪费,但奢侈品的确是非生活必需品、非直接实用性的昂贵物品,因而注定了它有非常高的门槛,绝非大多数普通百姓所能消费。

在消费主义的语境中,奢侈品象征着一个人的地位和品质,因而对奢侈品的消费决定一个人的能力。改革开放以来 40 多年的时间里,中国从一个温饱问题解决是头等大事的国家发展成为世界上第二大奢侈品消费国。这看似是一件令国人扬眉吐气的幸事,也的确证明了中国强劲的经济增长实力。与此同时,经济一再萎缩的西方工业国家从中看到了中国的希望,更看到了中国消费市场膨胀对其具有的强大"救市"功能,因而纷纷把经济复兴、品牌振兴的拐点瞄向中国。他们踩着加速拓展中国业务的油门,将越来越多的奢侈品抛向了中国市场,刺激着需求旺盛的中国人。从几十元一支的哈根达斯冰激凌到上百元一粒的 GODIVA 巧克力,到上千元一件的 CHANEL 晚礼服,再到上万元一个的 LV 的提包以及几百万元一辆的宾利轿车,富裕起来的中国人毫不吝啬地购

---

① [德]沃夫冈·拉夫茨:《奢侈带来富足》,中信出版社 2003 年版,第 49 页。

买国际一线品牌,演绎着自己富足而高档的生活方式。

80后作家郭敬明编剧与导演的电影《小时代》四部曲取得高票房这一现象应当是中国消费主义存在的范例,有人甚至认为该影片对奢侈品品牌起到了普及性的作用。抛开电影本身的内容与情节不谈,仅就电影主人公的骄奢行为就令人咋舌。比如《小时代:青木时代》片头主人公林萧的一段独白:

> 金钱永不眠,上海老不睡。平凡的小街上,百姓们靠着啤酒冰凉的泡沫,打发着梅雨季节难以入眠的闷热夜晚。而有的人,从出生开始,就生活在寸土寸金的顶级地段,他们的生活仿佛玫瑰花蜜般,甜美而又奢侈。他们双脚远离世俗的灰尘,他们是活在云端的命运宠儿。那些金字塔顶端的有钱人,他们的每一天,都像是精心调配好的营养剂,每一种营养成分都按照严格精确的配比,他们的身体因此保持着最好的状态,璀璨夺目的生命,永远熠熠生辉。他们占据着上海最美的地段,最美的光线,享受众人羡慕的目光。①

在这里,我们无疑看到了林萧这一普通百姓对大都市高收入阶层的高档生活充满了艳羡的态度。影片中频繁出现了奢侈品品牌、高消费场所,即使是一个"骷髅伞"也要花费4000多,更遑论宫汐、顾里等人的众多奢侈品了。如果说艺术源于生活,那么《小时代》关于消费主义生活方式的描述无非是郭敬明现实生活的一种反映。从有关资料可知,郭敬明的生活很奢华:"生活中的郭敬明几乎是躺在奢侈品的包围,不仅承认在上海有十多处房产,且室内装修从沙发茶几到吊灯、睡床,统统都是超级昂贵的名牌货。一个灯三四十万元,随便一个包几十万元,喝水杯都是昂贵的玻璃杯……爱马仕的笔记本若干,LV的钱包十几个,孤品的国外品牌沙发、茶几超百万,吊灯镶嵌红宝石……各种高档奢侈品应有尽有,尽显内饰之奢华。观众看到电影《小时代》系列里的那种精致到浮夸的生活,其实就是郭敬明现实生活状态的反映。"②《小时代》试图揭示物质这个"小时代"在中国改革开放这个"大时代"的合理性,想证明对名利生活、奢华物质生活追求的正当性,以及感性个体在这个时代的命运。《小时代》中的物质主义倾向、炫富拜金以及扭曲的消费价值观有可能会对年轻人带来不利影响,自然招致了一些严肃作家及影评人的批判。比如《人民日报》的一篇署名文章就认为

---

① 电影《小时代2》台词。
② 范丽珍:《郭敬明奢侈生活与〈小时代〉系列电影现象浅析》,《中国电影市场》2015年第1期。

《小时代》"把物质本身作为人生追逐的目标,奉消费主义为圭臬,是'小'了时代,窄了格局,矮了思想"①。

通过比照可以发现,中国的奢侈品消费者主要集中于40岁以下的年轻人群,其消费内容也主要集中于服饰、手表等显性的消费品,炫耀性成分鲜明。与奢侈品自身的品牌积淀及西方奢侈品消费人群的年龄构成(40岁以上的中老年人)和看重房屋、汽车、合家旅游的消费类型有着明显的区别,说明中国奢侈品消费者的不成熟性,缺乏与奢侈品匹配的气质与内涵。年轻人过早地迷恋于奢侈品折射出的是一种畸形的消费现象。据世界银行发展报告,目前中国社会基尼系数已超过0.5,属于不公平的范畴。占人口比重较大的农村人口,其消费却只占全社会消费总额的30%左右,且中国贫富差距、消费两极分化现象不容乐观。尽管日本、美国的奢侈品消费无法掩盖其社会不公的现象,但毕竟还是有经济后盾和社会保障等方面做支撑的。然而,处于社会转型期的中国居民,在住房、养老、教育等生活必需品方面尚存在刚性支出,且其数额已远远超出了人们的现期收入水平。对普通人而言,花大量的金钱去购置奢侈品是存在风险的,将会影响到其未来的生活质量。

三、崇尚符号消费

消费主义对奢侈品的热捧表面上是追逐商品的品牌价值的,但实际上是追求由这种品牌所能折射的消费者的社会地位。"消费世纪既然是资本符号下整个加速了生产力进程的历史结果,那么它也是彻底异化的世纪。商品的逻辑得到了普及,如今不仅支配着劳动进程和物质产品,而且支配着整个文化、性欲、人际关系,以及个体的幻象和冲动。一切都由这一逻辑决定着。"②可见,在波德里亚看来,消费社会里的主要逻辑是物背后的"符号",物必须成为符号方可构成消费的对象,驱动消费的不是物的使用价值,而是其符号价值。消费是一种符号的游戏,一种"符号的系统化操控的行为"③。人们购买某物不是为了生理的、实际的需要,而是为了物背后蕴含着的社会文化意义。即消费具有甄别一个人社会地位的功能,一个人消费的商品越昂贵,那么所体现出的他在这个社会的地位也就越高,价值也就越大。

在社会评价体系方面,如果说过去注重的是政治评价、思想评价,那么现在

---

① 刘琼:《小时代和大时代》,《人民日报》2013年7月15日第24版。
② [法]波德里亚:《消费社会》,刘成富等译,南京大学出版社2000年版,第225页。
③ [法]尚·布希亚:《物体系》,林志明译,上海人民出版社2001年版,第200页。

就演变为经济评价、物质评价、消费评价。"消费则成为新的获取'正面'社会评价的方式之一。"①既然消费在直观上是人们经济实力的表现,那么依据一个人的消费状况便可以看出他在这个社会中的地位,亦即所谓的"衣贵人贵、衣贱人贱"。特别是当计划经济时代的那种价值评价体系面临市场化的祛魅之后,个体在经济活动中取得的成就以及与之匹配的消费能力,则关系着一个人被社会认同的程度。在符号型消费中,商品仿佛负载着前卫、时尚、浪漫、高贵等因素,它赋予商品以灵魂,同样也给予拥有它的消费者以魅力和价值。由于消费中的流行、时尚等元素,它又会引发社会的效仿行为。其结果就是上流阶层总想通过自己的炫耀性的消费行为来区隔下层阶层,以此拉大与他们之间的距离;而下层阶层又会追逐及模仿上层阶层所消费的物品及方式以弥合差距,在形式上实现地位与身份的升级。为了刺激消费品的升级代换,拔高消费标准,消费主义有效地运用人们的这一心理,使消费中的攀比之风越演越烈。这也就不难理解在当代中国符号性消费、奢侈性消费中既有高收入群体,也有普通收入者的现象了。

从符号消费的本质来看,它所满足的是为了社会象征意义及心理意味的需要,"浪费"是其题中应有之义。"在这个社会中,浪费式消费已变成一种日常义务,一种类似于向接赋税的通常无形的强制性指令、一种对经济秩序束缚的不自觉的参与。"②这种浪费由大众传媒传播,并逐步成为社会共识,由之而滋生出一批纸醉金迷、花天酒地的浪费者,仿佛只有浪费才能感觉自己是活着的。而活着就应该"只买贵的,不买对的",用过的东西哪怕只用一次就应该扔掉而不是该留着。这是一种奢华的浪费、高贵的浪费,是生活富足的表现。在时尚的引领之下,人们开始频繁更换自己的服装、汽车、家用电器、住房等等,展示及炫耀自己所拥有的消费符号,否则就会感觉不到生活的意义,感受不到自己的进步与成功。"告诉我你扔的是什么,我就会告诉你你是谁"③以极其荒诞的方式诉说了你的价值就在于对品牌、符号的浪费、挥霍。不得不说,这种消费是一种危机的游戏,它人为地终结了物的使用价值和时间价值。

四、贪图安逸享乐

消费主义对贪图安逸享乐具有天然的亲和力。在利润这一指挥棒下,商家

---

① 王宁:《国家让渡论:有关中国消费主义成因的新命题》,《中山大学学报(社会科学版)》2007年第4期。
② [法]波德里亚:《消费社会》,刘成富等译,南京大学出版社2000年版,第30页。
③ [法]波德里亚:《消费社会》,刘成富等译,南京大学出版社2000年版,第24页。

竭尽可能地发掘一切可以调动人们享乐思想的手段,从而唤醒潜藏于人们内心的消费欲望。因而,消费主义呼唤的是享受型人格而非劳动型人格。在生产型社会,在劳动至上的制度安排下,"不劳动者不得食"是社会共识。一个社会成员的正当行为方式应当是通过自己的劳动获得财富和价值,并尽可能地克制浪费财富的冲动。懈怠及安逸作为道德上的"恶",是包括新教伦理在内的一切主张劳动道德观的思想首当其冲要反对的东西。而在消费型社会中,"工作失去了其优越地位",不再是天职,更不具备神圣的意义。同时,"工作也不再是伦理关注的焦点"[1],消费才是重心。正如鲍曼所说,消费越多的人在社会中的地位越高,而在消费上贫穷的人不仅无法过正常的生活,更不能说过快乐的生活了。在这种价值评价机制下,个体对享乐的追求便名正言顺。

改革开放以来,中国一直保持着经济增长,丰富的消费品供给终于可以使人们一扫由物资短缺造成的压抑感。社会生产力的发展、科学技术的进步,也为人们享受新生活提供了便利条件。网络化、信息化、智能化为人们提供了数字化生存这一新的存在方式;洗衣机、微波炉、洗碗机等家用电器的运用,使人们不再耗费人力、时间去做低水平、重复性的家务工作,人们日益从繁重的体力劳动中解放出来,从而有了更多的空闲时间;而家庭影院、照相机、摄像机、手机等电子产品的运用,为人们创造了新的休闲娱乐方式;私人轿车的普及、日益增多的国际国内航班以及中国制造的高速铁路延长了人们的活动半径,为人们打开了看世界的新方式。更为重要的是,法定节假日、带薪休假制度的推行也为人们的休闲奠定了坚实的制度基础。在这样的历史条件下,出力流汗、攻坚克难、吃苦耐劳、锐意进取等艰苦奋斗精神仿佛已与时代格格不入,那种艰难岁月给人们留下了痛苦的记忆,人们再也不愿意过那种穷日子;那些探险者、先驱者、奋斗者等生产者形象已不再受到人们的关注,反而影视明星们的吃穿打扮、八卦消息更能引起人们的兴趣。人们总是想买过去没能拥有过的东西,以弥补那些"失去"的快乐生活。如果说短缺时代要求人们"延迟享受"、居安思危,那么当代人更希望"即时满足"、活在当下。在广告等现代营销术的诱惑下,人们对新产品极为渴望。当然,商家还通过所谓的成功人士、生活导师的循循善诱,为人们量身定做了一套新生活的样式,人们只需按图索骥,便能找到打开幸福的正确方式。由此,人们沉溺于美食的诱惑中,在各种各样、东西南北中的各式菜肴中满足口腹之欲;出没于 SHOPPING MALL 和 KTV 等购物休闲场所去

---

① [英]齐格蒙特·鲍曼:《工作、消费、新穷人》,仇子明等译,吉林出版集团有限责任公司2010年版,第77页。

寻求一时的感官刺激,甚至于声色犬马、纸醉金迷。"人们似乎是为商品而生活。小轿车、高清晰度的传真装置、错层式家庭住宅以及厨房设备成了人们生活的灵魂。"①仿佛唯有消费才会有人感到快乐,才会让人感受到自己的快乐。

其实,享乐主义并不是一种积极的生活方式,而是一种逃避、消极的心理。毕竟在改革开放这个宏观背景中,渺小的个体在面对风起云涌的变革大时代时会有诸多的不确定性,排遣痛苦与困扰的最直接方式自然是消费、享乐。这就是《小时代》充斥着纵情享受的片断、刻意强调奢侈品的缘由了。此外,注重享乐的消费者对劳动怀有天然的抵触情绪,因而对工作的态度便是拈轻怕重、挑肥拣瘦、偷懒耍滑。反映在当下便是一些年轻人不愿意离开灯红酒绿的大城市而到祖国真正需要的中小城市甚是边远山区,不愿从事辛苦的、有挑战性的却是对国家具有战略性意义的创业性工作,不愿投身安于一辈子坐冷板凳的孤独却是重大科技攻关的科研创新工作,反而更青睐那些出力少、加班少、挣钱多的行业。当然,还应当看到,贪图安逸在当今中国最典型的表现者便是一些党员干部的享乐主义之风。个别党员不愿意保持与群众的血肉联系,不愿下基层,不愿实践为人民服务的宗旨,干工作没有动力,更没有主动性,遇到困难总想绕道走;在生活方面讲究奢侈、重排场,不能严格要求自己,有的甚至走上了腐化堕落的道路,败坏了党在人民群众心中的形象,贻害中国特色社会主义事业。

第五节 当代中国消费主义的危害性

"消费主义是到目前为止最强有力的意识形态——现在,地球上已经没有任何一个地方能够逃脱我们的良好生活愿望魔法。"②随着我国对外开放程度的不断加深,尤其是在全球化浪潮的推动之下,消费主义迅速传入中国,对传统社会的"崇尚节俭,力戒奢侈"的消费观带来了极大的冲击,亦对基于现实国情而形成的艰苦朴素、克勤克俭的主流消费价值观进行渗透。它通过提供丰富多彩的(物质、文化)消费品,借助于国际广告及其影响力,以传授现代生活方式的秘诀和样板为手段,引导着中国人尤其是青年人消费理念的新转变,使其从对物的欣赏和接纳转向到对物背后的西方价值观的接受。这种影响看似是感性而平常的,但却是深层次的和难以抗拒的,它在相当程度上促使着某些社会成员思想意识、价值观念、行为方式的西方化。尽管它对国内消费市场的繁荣具有

---

① [美]马尔库塞:《单向度的人》,刘继译,上海世纪出版社集团2010年版,第9页。
② [美]比尔·麦克基本:《自然的终结》,孙晓春等译,吉林人民出版社2000年版,第49页。

一定的刺激作用,但从其实践的危害性来说,消费主义并非中国社会发展的良药。

一、自然生态恶化

"消费问题是环境危机问题的核心,人类对生物圈的影响正在产生着对于环境的压力并威胁着地球支持的生命的能力。从本质上说,这种影响是通过人们使用或耗费能源和原材料所产生的。"[①]对自然资源的消耗是消费的固有属性。一方面,自然资源为人类的日常消费行为提供了必要条件,而且它本身也是人们消费的对象;另一方面,人们消费所产生的各类废弃物不可回避地会被丢弃在自然界,且因不当使用及随意丢弃而导致的附带性后果最终会波及自然生态,对自然界的压力在所难免。正因如此,传统社会对"消费"不容置疑的否定性态度是有其根据的。也正是因为消费行为本身所隐含的毁坏性后果,生态学特别强调要将消费纳入生态系统这一维度,从人与自然的关系角度入手来规范消费,以防止杀鸡取卵式的浪费行径对自然生态的破坏。

虽然传统社会的消费行为也会对自然生态带来伤害,但由于社会生产力水平所能提供的物质消费水平和实现方式的有限性,人们的消费行为对生态的影响基本上还是在自然界所能承受的阈值之内,靠自然界固有的循环再生能力及自净功能,人们的消费对自然界的破坏力可谓微不足道。当消费主义产生之后,人们对自然的敬畏之情,与自然之间达成的休戚相关、共生共在的和谐关系,诗意地栖居于地球的田园般生活被资本无情地隔断。对"多少算够"之类的问题,消费主义根本不予考虑,它只关心"多多益善"的消费生活,至于有无"适度"这一客观要求和有无"自然生态"这一制约因素,则无须在意。消费主义解禁了人们长久以来被抑制的感性欲望,却无法估量将近70亿世界人口不断释放的消费欲望一旦如脱缰野马的失控会给地球带来怎样的压力;消费主义可以寻找煤炭、石油等能源的替代品,却无法弥补因过度采掘这些不可再生能源给生态环境带来的破坏;消费主义可以依靠高科技生产出所谓的环保消费品,但却无法避免由人类理性不及以及技术不成熟所造成的副作用;消费主义可以运用治理措施,但搭上几代甚至几十代人的幸福也未必能保证成效显著。更别说在消费主义对上述问题不屑一顾之时,其危害性会达到怎样的程度?

对于中国这样一个拥有14亿人口的发展中国家来说,庞大的人口基数使

[①] [美]施里达斯·拉尔夫:《我们的家园——地球》,夏堃堡等译,中国环境科学出版社1993年版,第13页。

我们的消费面临着更加复杂的情况。一方面，我们正处于新时代，面临着人民的温饱问题得到解决之后实现消费品升级换代的任务，以便使人民群众过上高质量的现代生活，过上符合文明标准的幸福生活。另一方面，快速发展的压力又使我们面临着比西方更加严重的生态问题，在不得不重复西方社会的先污染后治理的道路之外还要建设生态文明，使全面小康社会更有厚度。但问题的关键在于：什么样的生活才是现代生活、文明生活？是否是美国那种"用过即扔""一次性"式的高耗能、浪费式的生活？《只有一个地球》的作者曾告诫道："对消费品的喜新厌旧成风，无限制的使用能量，我们的前途只能是生态系统的灾难。"①从美国的经济实力角度而言，它有承受这样的高消费的资本。因为相比于全球水平，美国的个人消费占 GDP 比重远远高于我国。追求高质量的生活是我们的消费权利，但这绝不意味着我们要竞相效仿美国式的消费，像美国人一样拥有更宽大的豪宅、更奢华的轿车、更高档的奢侈品、更智能化的日常生活……与人口第一大国这个现实国情相伴相生的是我国自然资源的人均拥有量非常低，以及由于技术相对落后、消费观的畸形化、国民生态文明意识的欠缺，我们对生态环境的破坏更加令人触目惊心。气候异常、臭氧层破坏、水资源危机、土地荒漠化、生物多样性锐减等等现象对我们的消费行为敲响了警钟。弥漫于国内大多数城市的雾霾如同幽灵一样挥之不去，而要净化被重金属所污染的地下水需要花上千年的努力②。这就意味着我们绝不能走那种过度生产、过度消费的道路，也不能过分满足于过度包装、过度浪费的生活。不难想象，在空气、水等这些与我们生活息息相关的生命之源遭到根本性破坏后，我们的幸福感将无处安放。

二、社会贫富分化

电影《小时代》中有一个细节，即主人公顾里为了"过滤"蹭咖啡厅复习的学生，建议咖啡厅老板娘把所有饮料的价格提高 50%，最后使得咖啡厅的环境变

---

① ［美］巴巴拉·沃德，雷纳·杜博斯：《只有一个地球》，吕瑞兰、李长生译，吉林人民出版社 1997年版，第 165 页。
② 中国人民大学环境学院的马中院长指出："水资源不足和河流水质污染直接威胁着城市居民，而作为全国饮用水源的地下水污染更是一个大问题。"他预测今后 10 年中国很多城市将放弃现有水源地，更为担心的是，要想完全净化已经被重金属污染的地下水极其困难。他特别指出："要想净化已经渗透到深层的地下水污染需要 1000 年。"

得"清净而慵懒"①。这段情节描述出了消费主义者的心理优越感及冷酷性。在他们的认知里,用价格这个"过滤品"可以屏蔽大众、藐视苍生,从而建立起一个专属的、能够证明他们新贵身份的独立空间。这是资本对于空间消费权的霸道,也清晰地证明了消费这个场域中社会阶层分化的现实。消费主义极力否认消费中的等级问题,认为消费生活是个性的发展、自我的张扬和美的表达,能否拥有时尚、美好的生活取决于你的个人选择,这与统治、霸权、阶级和贫富毫不相关。正如马尔库塞质疑的那般:工人和老板、打字员与雇主的女儿拥有真正的社会平等吗?即使他们在形式上消费了某种相同的商品,但这种消费行为对两者的生活影响是不尽相同的,前者可能以更多的劳动为代价来偿还债务,后者的日常生活丝毫不受干扰。

同样,消费主义给我们勾勒了一个注重品味、趣味、优雅等特征的完满生活样式。但是,所谓品味、趣味、优雅等并不是天生的,获得他们的前提是对金钱的占有,没有足够的金钱,下层民众怎么能够优雅、高贵得起来?再者,所谓的"高级"趣味、"低级"趣味的界定权是掌握在权势者手中的,与下层弱势群体根本无缘。既然下层群体没有足够的经济实力培养高级趣味,他们自然也就很难在趣味上跟上层人士平起平坐。所以,在高雅音乐厅享受艺术的上层人士又怎么可能理解下层民众的辛酸生活呢?而且,消费主义虽然允诺了一个丰裕的时代、一个由物所堆积起来的梦幻时代,但消费品的充裕并不可能从根本上解决分配领域中的不公平,与物的增长并行的并不必然是贫穷的自然消除,甚至还可能会出现严重的两极分化,消费分化不过是社会分化的显性表达而已。

"消费是一个与学校一样的等级结构"②。消费主义看似带来了一股消费民主化的浪潮,但是强调符号特征的消费主义却又在相当大程度上强化了新的等级观念,它表面上是"消费品"的档次区分,实际上是受资本控制的社会地位、阶层的区隔。改革开放之初,为了快速改变贫穷落后的局面,国家在发展战略上选择了以注重效率为导向的制度安排,在"先富"与"后富"的矛盾中选择了前者。40多年的改革无疑取得了瞩目的成就,但也存在着无法回避的问题:贫富分化。这种分化在消费领域中的表现更为直接与特殊。因为除了受个人心理(如虚

---

① 学校的咖啡厅由于价廉物美吸引了无数的学生,"每天人满为患,门口排着长队,里面挤满了人,完全失去了它应有的高贵和懒散气质。"于是,在顾里的建议下,"这家咖啡厅把所有饮料的价格提高了50%,并且取消了所有廉价的饮料供应,最便宜的饮料变成了32块的冰拿铁——这种超越星巴克的价格迅速过滤了来乘凉的人群,将其变成了"一家冷清却赚得盆满钵满的咖啡厅"。

② [法]波德里亚:《消费社会》,刘成富等译,南京大学出版社2000年版,第46页。

荣、示差、求同)因素支配外,对消费起决定性作用的因素还有个体或家庭的收入分配状况。当代中国消费领域中一个不容忽视的现象是:一部分有钱的"上层人士"心安理得地享受改革的成果。他们身着限量版的世界级高档美服,从不重样;他们在"冷清而慵懒"的星级酒店悠闲地品尝珍馐美食,极尽稀有;他们深居于辉煌大宅,应有尽有。除衣食住行方面的高消费之外,富豪及其消费代理们①在其他非必要性消费中的一掷千金也令人瞠目结舌。他们用金钱建构起了自己的独立王国,也将自己同普通百姓隔绝开来。

总体而言,中国已经摆脱了温饱问题的困扰。但我们不能否认的景象却是,一部分地区的人民群众还过着相当艰辛的生活,他们吃着没有营养的三餐,还得节衣缩食,住在破落的房子里,靠自己双手去劳作,一旦生病,整个家庭将处于更加危困的局面。因为贫困而无法实现教育公平的后果已经显现,"寒门无贵子"就以特有的方式警示了代际贫困将使这些贫困人口的处境更加不利。然而,在现实生活中,一边是奢侈挥霍的高消费,一边是基本的消费需要得不到满足。消费分层或许并不完全等同于社会分层,但却将中国社会分化的状况进行了清晰的表达,其背后隐含的政治风险不容忽视。

三、主体人格异化

消费者主权理论(Consumer Paramountcy Theory)是与生产者主权相对应的理论,其目的在于烘托消费者而非生产者是市场经济时代的绝对权威,生产者听命于消费者的意见,围绕消费者的偏好及意愿来决定生产什么、生产多少。消费者→市场→生产者→市场→消费者……形成了一个链条,通过市场这个中介来形成生产与消费的互动,以减少生产的盲目性。消费者主权借用了民主理论的投票机制,即一元货币与一张选票勾连起来,消费者花钱购买了哪种商品,也意味着它向生产哪种商品的生产者投了至关重要的一票。"购买者通过购买那些价格和质量最好地满足他们的需求的商品,决定着每家企业是盈利还是亏损,他们让小企业做大,让身无分文的人致富。"②新自由主义人士米塞斯就曾强调市场是经济民主的完美体现,消费者购买商品的过程与政治投票无异,一个违逆消费者意志的企业必然会以失败而告终,而倾听消费者心声的企业则有可

---

① 凡勃伦在《有闲阶级论》专门描述了富人的家属作为有闲代理的消费模式,他们在消费中的夸示性行为也印证了有闲阶级的财力和地位。
② [奥]路德维希·冯·米塞斯:《货币、方法与市场过程》,戴忠玉译,新星出版社2007年版,第267页。

能赚得盆满钵溢。"买者拥有最高的权力。卖主只能通过以最好的方式满足买者的需求才能获得成功。"①消费者主权凸显了消费者至上的原则,它给予消费者无上的荣耀,"顾客是上帝"之类的经营守则便是实例。

消费者果真是市场的主人吗?从消费者主权理论的前提来看,消费者是否是有理性的"经济人"呢?且不论"经济人"假设本身的不完备性,就从消费者的实际状况来看,他们并不是真正有理性的,否则也不会发生林林总总的消费者权益被侵犯的案例,特别是在信息不对称状况下更是如此。这也是"买的不如卖的精"这一民间俗语所揭示的道理。消费者并不具备足够的事实甄别能力、风险防范能力、运筹帷幄能力,他们甚至还会因蝇头小利而放弃真正对他们有利的商品。所以,"与其说现代消费者是市场的主人,不如说更像是市场的奴隶;或者,与其说他们是消费主权的拥有者,倒不如说更像市场商品浪潮上随波逐流的浮生物。"②消费者主权理论同样服务于资本的逻辑,即利润最大化这一目的。在这里,人被简单化地规定为"消费者",他有自由选择消费品的权利,他更有推动市场繁荣的使命。可是,"消费者"是否等同于"人"?如是,其内在机理是什么?如不是,其根本差异又是什么?

波德里亚曾对消费社会的人格类型进行了分析,他认为:"这个系统需要有人作为劳动者(有偿劳动)、作为储蓄者(赋税、借贷等),但越来越需要有人作为消费者。"③消费主义需要与之相匹配的人格类型——消费者。这样的人格在特征上必须拥有无限欲望。如前所述,欲望不同于需求,它具有自我扩张性,一旦它被激发起来之后,便会寻找实现的途径及方式。在此起彼伏的欲望的推动下,人们就会陷入一个又一个消费浪潮之中,毫无节制地消耗物质财富和资源来寻求欲望的满足,从而在客观上推动生活标准的提高,导致产品的丰富以及生活的多彩。然而,在无穷无尽的"欲望—购买—新的欲望"的链条之中,人变成了欲望的奴隶。他总是想方设法地去拥有、占有某物,变成了如马尔库塞所言的"单向度的人",变成了异化的存在。正如马克思曾批判的:"在资产阶级社会里,资本具有独立性和个性,而活动着的个人却没有独立性和个性。"④当人自己定位于消费者的角色,看似是要用商品衬托出自己的独特价值,但实质却是

---

① [奥]路德维希·冯·米塞斯:《货币、方法与市场过程》,戴忠玉译,新星出版社2007年版,第189页。
② 万俊人:《道德之维——现代经济伦理导论》,广东人民出版社2000年版,第302页。
③ [法]波德里亚:《消费社会》,刘成富等译,南京大学出版社2000年版,第76页。
④ 《马克思恩格斯文集》第2卷,人民出版社2009年版,第46页。

没有独立性和个性。另一方面,在资本增殖链条上的消费者看似可以在对物的拥有中展现自己的个性,但在根本上并不是求异于他人的。因为在追求"符号价值"的过程中,个体之间的行为存在着一致性:金钱的奴隶、物的奴隶,个体原有的多样化生活被挤压成以对物质的占有和消耗为内容的单一性生活模式,丧失了对资本主义的否定性、批判性和超越性向度,由此成为资本主义价值观的顺民。此外,消费主义给予消费者以主权者的角色,但这种"主权"绝非可以与政治生活中的"主权"相提并论。政治学视域中的"主权"意味着最高、绝对之意,而消费者主权绝不可能达到这种高度,因为它是有限的且受制于资本。消费者自以为可以声张自己的主权,但他的"主权"往往只是他在既定的、无限丰富的消费品中去购买的"投票权",他只是被动的木偶,承担着消耗商品的责任。当他没有钱去购买商品时,也就连基本的"投票权"都没有了。

市场经济确立以来,我们告别了凭票消费的被动型消费模式,拥有了充分的消费自主权,消费权利受尊重的程度有了制度及市场的护佑。然而,我们必须警惕单纯地将人的无限丰富性定义为"消费者"的做法。单纯的"消费者"是一个受摆布的客体,是顺从匿名权威者的"单子",除了购物之物没有别的追求,它与我们社会发展的目标格格不入。单纯的"消费者"极度贪婪、自私,缺乏同情心,他只从消费中找到自己的定位,看到自己的归属,而忽略了他的社会性本质,更忽略了他作为社会主义公民的义务。

四、价值理想淡化

在消费主义话语系统中,消费是一种价值取向、道德观念。"这里起作用的不再是欲望,甚至也不是'品味'或特殊爱好,而是被一种扩散了的牵挂挑动起来的普遍好奇——这便是'娱乐道德',其中充满了自娱的绝对命令,即深入开发能使自我兴奋、享受、满意的一切可能性。"①消费成为一种交流、沟通、对话的方式,如何在消费中寻求个体的快乐与满足具有绝对意义。

中国市场经济的建设催生了多元的利益主体,同时也造就了多元价值观的共存现象:主流与非主流,本土与外来,传统与现代,宗教与世俗,个体本位与社会本位。这些多元价值观在当代中国既进行着沟通与对话,也存在着竞争与对立,这就为人们提供了众多的价值选择与生活模式。在 20 世纪那个极左年代,扼杀个体的极端集体主义、抑制正当享受的文化设计都有其存在的必然性,但

---

① [法]波德里亚:《消费社会》,刘成富等译,南京大学出版社 2000 年版,第 73 页。

却蕴含着脱离现实的理想主义、严肃主义特征。当倡导利益观念、主体意识、功利标准、个体本位的市场经济在中国大地纵向深入发展之际,其内在的价值观必然受到了一些人的接纳和实践。在社会转型时期缺乏"价值之榜"的人们已失去了往日的那种政治热情、革命意识,转而关注于日常的吃穿住行等日常消费行为,热衷在日常的闲聊杂谈、观赏娱乐中去寻找自己的生活目标。应当说,在这样一个社会大变革时期,个体应当如何在瞬息万变的时代安身立命,如何应对因节奏加快的生活而释放内心的郁闷与不安,如何去挽救原有价值体系裂变后的失落感?就在这时,娱乐性的消费文化无疑为我们开设了药方,它使我们的情感得到宣泄、生命得到关注,生活的意义仿佛就在笑声中,凡是能够给我们带来欢乐的就是对的。然而,有意思不等同于有意义,捧腹大笑也不等于幸福。正如美国批评家尼尔·波兹曼在《娱乐至死》一书中所说:"我们的政治、宗教、新闻和商业都心甘情愿地成为娱乐的附庸,毫无怨言,甚至无声无息,其结果是我们成了一个娱乐至死的物种。"[①]消费主义的娱乐化又有着将我们变成动物的危险性,我们有的只是"感性肉身",我们只是被滑稽而逗乐、被本能所钳制的动物,但对于为什么要笑,是否要笑,笑后又能如何等等问题,却又丧失了批判性和主动性。当政治、新闻、教育等内容变成只为迎合我们好奇、轻松的载体时,它们就失去了应有的厚度与深度,就不能发挥真正引领人、塑造人的功能。

在现象界层面,无论是市民阶层的柴米油盐,中产阶层的小资情调,还是富裕阶层的奢华生活,都说明了转型期的中国已迈入了追求生活质量的新阶段。然而,富裕起来的人们在实现了物质生活充裕的同时,并不必然实现了精神生活的充实与提升。在《快乐大本营》《欢乐喜剧人》《非诚勿扰》《今夜百乐门》之类的娱乐类或综艺类节目中,"快乐""欢乐"等概念正在解构以往严肃、正统的价值理念,这些节目给大众带来了欢声笑语和轻松的生活样式。然而,其内在隐含的无聊性、平庸性、媚俗性色彩却不能忽略。娱乐性节目确实迎合了人们的感官需求,隐私成为看点被人们观赏,欲望成为正常而被人们大加赞赏,生活琐事成为热点而被人们评论。然而,快乐总是稍纵即逝的,娱乐的宴席在给人们快乐的同时却没有带来深度的人生思索,除了那几个刺激的镜头会给人留下片断的记忆,其背后的意义却惰于顾及,这在相当程度上会诱发某种浅薄、庸俗、低级趣味的生活,瓦解人生的意义。同时,过度的娱乐精神会消磨人们的进

---

① [美]波兹曼:《娱乐至死》,章艳译,广西师范大学出版社2004年版,第4页。

取心,远离政治、国家、民族的神圣性,从而丧失公民应有的责任意识。这也是与社会主义价值观背道而驰的。

在泛娱乐化之风的带动下,对红色经典的恶搞、对历史的戏说也在相当程度上颠覆着传统的价值观。红色经典倡导的是社会主义主流价值观,其内蕴的爱国主义、集体主义、革命英雄主义、大公无私精神尽管是在那个革命年代的价值凝结,但其内容在当代中国并没有过时,依然发挥着社会主义市场经济建设的价值引导作用。在各式各样以搞怪方式丑化雷锋、黄继光、董存瑞等革命英雄人物形象的做法中,我们看到了以往信守的神圣的革命理想、高尚的道德情操、勇敢的牺牲精神竟然成为被娱乐、嘲弄的对象。在社会转型期,社会主义主流意识形态和价值观的宣传方式的确存在着与时代发展不相吻合的地方,的确要进行更加有效的手段革新。但对红色经典的歪曲、讥讽是有害的,其目的是要对社会主义意识形态和主流价值观进行瓦解。亵渎经典、损毁英雄人物形象伤害了人们的情感和集体的记忆,摧残当代社会发展的价值之榜,无助于社会主义市场经济的建设。同样,历史是已然的、庄严的、厚重的,应该给人以反思的力量,但是越来越多的历史题材影视剧已将这一本质篡改。历史于是变成了可以随意被涂抹的画卷,可以被嬉笑怒骂的谈资。历史的真相被不断歪曲,历史人物的形象被商业化进行了现代性的包装,历史事件则以获取票房和收视率为目标而进行故事式的演绎。观众们在这些文化快餐的消费中是获得了娱乐但却没有了深沉的思索,获得了情绪的宣泄但却没有了心灵的宁静。比如《笑傲江湖》《宫》等不断被翻拍的武侠剧、穿越剧,除了令人感受到高科技力量的进步,女主人公的美艳、越来越复杂的剧情之外,并没有给人带来多少心灵的碰撞和对现实社会发展的实际意义。而对中国古典四大名著的翻拍更是争议不断,丑闻不断的选秀事件、背离原著的低级错误、难以传神的失败演技以及张扬情欲的特写镜头等等,都破坏了文化典籍应有的严肃内容、艺术品质、人文关怀与教化功能。

在娱乐化、商业化氛围的营造中,可供人们模仿的"偶像人物"不再是那些政治精英、文化精英,而更多的是那些商界人士、娱乐及体育界明星。大众传媒简化了对其成功的艰辛历程的报道,而夸大其成名的偶然性因素,尤其是其成名之后的消费品位、生活习惯、私人空间等细枝末节的东西被连篇累牍地宣传着,以此激发人们尤其是青年人的效仿与热捧。然而,这种现象既强化着人们物质化倾向的价值观,也刺激了某些人幻想一夜成名而不求奋斗的投机观念。于是,像"干露露""凤姐""伪娘""宝马女"等等另类人物出现了,她们以丑为美、以恶为善,她们远离政治,拒斥传统,反叛主流,淡化理想追求,热衷庸俗文化,造成世界观、人生观的极大偏差。

在当今这个生活节奏越来越快、工作压力越来越大、社会分化越来越明显的社会转型期,人们寻求娱乐、消遣、快乐的生活是应当肯定的。毕竟中国经历过那个物质产品极度匮乏的年代,经历过那个视欲望为恶、视享受为玩物丧志的泛政治化时代。"但若将这种消遣、娱乐推向极致,甚至以怀疑的目光来抵制正统、以嘲弄的口吻来否定理想、以游戏的姿态来看待人生、以狂欢的方式来放纵自己,则是非常有害的,它会摧毁社会发展所需的精神力量和主体人格。"①

五、助推经济有限

改革开放40多年来,中国经济发展的腾飞有目共睹,但我们的经济发展是以高储蓄、低消费、高出口为模式的,这个经济发展或者说增长更多的是出口导向型的经济增长模式。其成果虽然是耀目的,但却缺乏后劲,充满危机。当国际金融危机的恶果蔓延开来,原有的发展方式自然难以经得住考验。在这种情况下,如果不进行经济增长方式的转变,不重视国内居民消费的作用,不注重内需的功能,经济低迷的危险性便会逐渐增大,经济进一步下滑的趋势将无法避免。而且,在国际经济形势波动的情况下,在西方贸易保护主义以及人民币汇率等等问题的影响之下,中国经济的不确定性及波动性明显增大。党的十七大就曾提出过要从"依靠投资、出口拉动"到"依靠消费、投资、出口协调拉动"的转变,党的十八大更进一步指出,"要牢牢把握扩大内需这一战略基点,加快建立扩大消费需求的长效机制,扩大国内市场规模"。这就说明消费在促进经济发展过程中的地位举足轻重。既然如此,是不是意味着无限放大消费尤其是奢侈性消费的价值,并主张用奢侈品来推动经济增长的主张就是合理的?

如前所述,由于符号价值及面子心理的作祟,国人对奢侈品消费表现出了相当大的热情,富裕起来的中国已跃升为世界第二大奢侈品消费大国。奢侈品购物大军之中既有高收入群体,也有普通收入者。总体而言,中国的第二奢侈品大国的地位与发展中国家的地位并不相符。处于社会转型期的中国人,在住房、养老、教育等生活必需品方面尚存在刚性支出,且其数额已远远超出了人们的现期收入水平,花大量的金钱去购置奢侈品是存在风险的,将会影响到其未来的生活质量,最终也会无法为经济的持续发展注入持久的动力。

---

① 赵玲:《消费维度中的西方意识形态批判》,《政治学研究》2011年第3期。

奢侈品消费对经济具有推动作用,但这种作用只能是有限的。助推中国的奢侈品消费行为实际上是发达国家对发展中国家经济上的掠夺,它在本质上并没有促进中国产业结构的调整和提升,没有培育出具有竞争力的中国企业,也没有通过技术革新成就出"中国创造产品",更没有给中国经济发展带来真正的福音。恰恰相反,它是以中国财富的大量流失为后果的。① 还有一个不容忽视的事实是,由于奢侈品具有强烈的身份标识意义,对它的拥有象征着一个人的社会地位和价值,因而在当代中国出现了各式各样的仿冒奢侈品,假 LV、CUCCI、PRARD 等国际一线品牌充斥于大街小巷,被市井百姓竞相追捧。这既产生了知识产权方面的法律争议,也不利于科技创新能力的培养。当消费者以极低的价格去购买带有一个奢侈品 LOGO 的假货,当商家可以在制造赝品中得到现期的利润,有谁还会去花费心思进行工艺创新呢?因此,Michael Kors 曾致信 IACC(国际反假联盟):"阿里巴巴是时尚界最危险、最具破坏力的对手"②,以此抗议中国假名牌猖獗的危害性。假货盛行严重降低了中国企业的信誉,这不利于中国经济的发展;假货盛行释放出错误的需求信号,也会使商家生产出更多低效甚至无效的供给,同样不利于经济的发展。此外,当人们热衷于购买国外的奢侈品,越来越倾向于各种大手大脚的海外游(购物),从毫无技术含量的指甲剪到高科技的电子产品,从无三聚氰胺的国外奶粉到智能化的日本马桶盖,都看到了中国人的购物狂热。除却产品的质量、舒适性、安全性等原因之外,当然还与崇尚洋货的消费心理有关。这对于中国民族品牌的发展也是极为不利的。因而,摆在中国经济社会发展面前的紧迫问题是什么样的消费才是有后劲的?防止经济下滑的有活力、有前景的消费增长点到底是什么?

第六节 以共享发展构建科学消费方式

作为一个以消费为人们日常生活最主要活动的社会样态,消费社会相比于以往的短缺社会而言无疑是一个"富裕社会"。然而,这个"富裕社会"又并非完美无缺,也未必会完全自足。无论从内容还是实质,我们所构建的全面小康社会都与消费社会有着根本的不同,这就决定了我们决不能实践消费主义,而应当依据全面建成小康社会的现实背景,以共享发展理念构建科学消费方式,进

---

① 参见赵玲《消费维度中的西方意识形态批判》,《政治学研究》2011 年第 3 期。
② 《马云有关假货比正品质量更好的言论引发争议》,http://qqenglish.com/wsj/19237.htm,访问日期 2017 年 11 月 20 日。

而引领人们形成科学正确的消费观。

一、消费：落实共享发展理念的一项重要内容

发展问题历来是马克思主义所关注和解答的主要问题。从"发展才是硬道理"，到"发展是执政兴国的第一要务"，再到"科学发展观"，中国社会主义实践对于什么是发展、为什么要发展等等基本问题，作出了马克思主义的回答及与时俱进的阐释。在全面建成小康社会的新时期，包含"共享"理念在内的新发展理念是以习近平同志为核心的党中央关于治国理政的新思想，是中国发展理论的升华。从字面上讲，共享即共同分享，反映了人与人之间的一种互动关系。在美德论的意义上，共享是对自私和独享的超越。作为一种理想追求，"共享"承载了中国人对美好生活的期盼，但无论是孔子"不患寡而患不均"的伦理忧患，还是孙中山"民有、民治、民享"的施政纲领，都注定了它们只能是愿景。"共享"一直是中国社会主义的实践目标与动力源泉，而将它作为中国社会发展的目的首次出现于党的十六届五中全会。针对国内贫富差距拉大的趋势，"更加注重社会公平，使全体人民共享改革发展成果"第一次以党的文件形式明确提出，并上升为一种新的执政理念。共享发展意味着社会的发展不是少数人独自享受的发展，而是全体人民共同享受的发展，这就注定了社会的发展不仅要具有深度，还要有广度与厚度，它应当是使人们有"获得感"而非"剥夺感"的发展。由于消费的特殊作用，它关系着共享发展的动力、目的、具体样态以及评判尺度等内容。

1. 消费与经济增长

在哲学的意义上，发展范畴反映了事物的一种正向的运动状态。辩证唯物主义认为，发展的实质是新事物的产生和旧事物的灭亡。因而，无论在方向上、形态上还是在本质上，发展都应当有着非常丰富的内容。但由于事物的运动、变化决非简单及机械化的流转，而是充满着复杂而多样性的特征。这期间可能既有进步的凯歌猛进，又有落后的反攻倒算；既有量变的简单性重复，又有质变的一蹴而就；既有运动的疾驰高速，又有运动的迟滞缓慢。总之，发展是一个包含诸多矛盾的综合体，它不应被片面化地理解。在社会发展的思路中，"增长"往往会和经济关联在一起。这样，社会发展就会被简单等同于经济增长，也往往会直观地等同于衡量国家经济状况的指标——国内生产总值（GDP）。而当GDP数值可观时，国家的经济状况良好、国家的国力和财富雄厚，那么发展的目标自然而然地被呈现和反映出来。客观而言，经济增长的确在一定程度上提供

了较为充裕的、可供国民享用的物质财富和消费品,反映了一个国家综合国力的积极态势。

从为经济增长提供动力的角度而言,消费的功绩自然不容忽视。马克思主义认为,"生产直接也是消费","消费直接也是生产"。对于"消费直接也是生产"这一命题,主要包含两个方面。一是消费使生产出来的产品由抽象变为现实,由无用变有用,由非对象性变为对象性,由客体变为主体。如果生产出来的产品没有被人所消费,没有使其中蕴含着的物的有用性、人的智力因素等等属性被人所认同和吸收,那么这种产品就是非现实的、无用的,就无法证明自己的价值。消费使产品"最后完成",产品只有经过消费而被消灭掉它的独立的物体形态,成为活动着的主体的对象的时候才是真正有意义的产品。从这个意义上说,消费只有将物的因素转变为人的内在力量才是其真正的目的。二是"消费在观念上提出生产的对象,把它作为内心的图像、作为需要、作为动力和目的提出来。消费创造出还是在主观形式上的生产对象。没有需要,就没有生产。而消费则把需要再生产出来。"①消费的生产意义还在于为生产创造出"需要",这是生产的前提、动力。消费是需要得以满足的活动,它通过对物的使用暂时平息了需要的匮乏感,使需要从主观欲求变成客观现实。如此,没有需要、没有消费则生产无以为继。而"需要—消费—生产—(新的)需要"是一个无限的循环的过程,当一个需要实现之后,会产生出新的需要,它为生产提供出了观念的对象,又会推动生产的再一步延伸,推动人类文明的演进。此外,消费对社会再生产的其他环节——交换、分配的作用也至关重要。特别是在现代市场经济中,刺激消费→生产增长→经济繁荣已成为现代经济生活的内在逻辑。没有健康而有活力的消费,自然就没有经济增长,更谈不上社会发展。

在社会主义市场经济中,消费尤其是居民消费应当是经济发展的主导因素。这不仅在于消费需要是各项经济活动的出发点,消费需要的总量在很大程度上决定着生产的总量,消费结构的变动是影响产品结构、产业结构、生产结构变动的根本因素,消费需要的层次上升是国民经济不断发展的基本动因②,更在于消费是与民生问题紧密结合在一起的。居民消费水平的提高、消费结构的优化、消费质量的跃升对国民素质的养成具有关键性的作用,更关系着社会主义制度的合法性。党的十八大报告指出:"必须以改善需求结构、优化产业结构、促进区域协调发展、推进城镇化为重点,着力解决制约经济持续健康发展的重

---

① 《马克思恩格斯选集》第 2 卷,人民出版社 2012 年版,第 691 页。
② 参见赵玲《消费合宜性的伦理意蕴》,社会科学文献出版社 2007 年版,第 80 页。

大结构性问题。要牢牢把握扩大内需这一战略基点,加快建立扩大消费需求长效机制,释放居民消费潜力,保持投资合理增长,扩大国内市场规模。"党的十九大提出:"在中高端消费、创新引领、绿色低碳、共享经济、现代供应链、人力资本服务等领域培育新增长点、形成新动能。"总之,消费的作用是不可忽视的,不仅关系着当代中国经济发展的问题,也关系着当代中国社会发展的问题。

2. 消费与共享发展

消费本身包含着对客观对象"享有"的成分,只不过这种享有是外在于人的单纯占有或无目的性的浪费。作为"生产过程以外执行生活职能"的消费,是人们在一定的物质生产方式中进行的,是对物质产品、精神产品、劳动力和劳务使用的活动。"个人怎样表现自己的生命,他们自己就是怎样。因此,他们是什么样的,这同他们的生产是一致的——既和他们生产什么一致,又和他们怎样生产一致。"① 人的发展和人的本质的展现固然要通过生产实践,并由生产实践创造出的劳动产品来展现人的本质力量与人的发展程度,但人对这些产品的消费也是不断发展和展现人的本质的必要环节。甚至可以这样说,人在什么意义上进行消费,他就在什么意义上把自己再生产出来。作为人类再生产自身的必要活动,消费反映了主体(消费者)与客体(消费对象)之间的物质能量的变换关系,是作为主体的人对物的客观属性进行使用、消耗的过程,也是人对内化在物中的精神智力要素进行消化和吸收的过程。而且,作为有着自觉自由意志的人在消费的过程中亦并非被动的消耗,而更应当是主动的、建构性的主体性活动,他必须通过对物的享用和安排来建构自己的存在方式。事实上,人在消费的过程中,不仅涉及客体的效用被主体运用的问题,更涉及主体的本质力量如何提升的问题。作为人的对象化存在物的客体,在被主体消费之后,它实际上已经随着其效用的消失而转化为主体的本质力量,成为主体的一部分,并促进人的存在方式的丰富性和内涵的多样化。也就是说,人的消费活动实际上是主客体之间的双向互动过程。人在消费中不仅要将物质及其内在的能量转化为自身的素质和机能,而且还要通过物中的能量提升自己的感觉、思维等主观要素,从而在对象化的世界中证实自己、发展自己。因此,消费的目的应当是人的发展,是对生存需要、享受需要以及发展需要依次递进的满足,从而展现人的本质力量。"人以一种全面的方式,就是说,作为一个完整的人,占有自己的全面的本质"②,实现人的全面而自由的发展。

---

① 《马克思恩格斯选集》第1卷,人民出版社2012年版,第147页。
② 《马克思恩格斯文集》第1卷,人民出版社2009年版,第189页。

人的全面发展的目的决定了消费不应当是独享,而应当包含一个如何与他人分享以及共享的问题。消费总是在一定的社会关系中进行的,具有特定的社会属性。作为消费对象的产品,是社会生产的必然结果。在普遍的交换关系中,产品摆脱了个别性、抽象性的属性,而融入在社会化大生产中,由此,它已经成为社会成员之间相互满足彼此需要的媒介,是人的社会性的需要。在人的生命实践中,人根据现实的需要展开人与自然、人与人的关系,又根据发展了的需要拓展和深化人与自然、人与人的关系。这样就会使人的生活逐步由脆弱走向强健、由贫乏走向丰满、由蒙昧走向文明、由自在走向自由,产生出越来越丰富多彩的、具有活力的人的世界。在人的世界中,每个人都感受着"他者"的共在。因为,单个人的存在是偶性的、任性的,亦是贫乏的,人的消费只有在社会关系中,并且在与他者的相互依存、协调发展中才能真正实现。进一步说,他的消费,只有在社会关系中才能真正实现对自我生命的肯定及对自我价值的确证。马克思在评价法国社会主义劳动者的聚会时曾言:"吸烟、饮酒、吃饭等等在那里已经不再是联合的手段,不再是联系的手段。交往、联合以及仍然以交往为目的的叙谈,对他们来说是充分的;人与人之间的兄弟情谊在他们那里不是空话,而是真情,并且他们那由于劳动而变得坚实的形象向我们放射出人类崇高精神之光。"[1]只有在个人与他人的共在、共鸣中,个体的消费才摆脱任性,才能获得无限的惬意与幸福,使生命得到升华。也只有这样,人才能在由人自己的活动所创造的不断发展着的人的世界中享用越来越丰富和多样化的文明成果,展现出品位和质量越来越高、形式和内容越来越丰富的物质的和精神的生活,使自己的规定性相应地得到丰富和发展。[2]

发展是为了人,为了满足人民群众正当合理的需要。发展决非少数人的事业,而是关系到广大人民群众的切身利益,体现于人民群众的日常生活的满足状况。如果发展的目标脱离了人民群众的需要,没有给人民群众带来实质性的好处、幸福,即便是它看起来再华丽、再有逻辑性,都是空中楼阁。同样,发展的目标在于让人民群众安居乐业,幼有所育、学有所教、劳有所得、病有所医、老有所养、住有所居,这样的社会才是有活力的,才是公平正义的。

二、彰显共享发展的宗旨,增添消费的情感性

"发展不仅是规模与量的增长,也是结构的优化和制度的合理创新与改进;

---

[1] 《马克思恩格斯文集》第1卷,人民出版社2009年版,第232页。
[2] 参见赵玲《消费合宜性的伦理意蕴》,社会科学文献出版社2007年版,第56—60页。

不只是经济的增长,更是社会在多方面、多领域的改善过程。"①发展的内涵绝非仅仅是量的增长,发展的语词也不应当成为由过分经济化带来恶果的替罪羊②。经济上量的增长是发展的一个侧面,但并不足以诠释发展。人的自由、尊严,社会的公正、文化的繁荣、政治的民主、国家的安全、民族的自强等方面,无不是发展的重要内容和有说服力的证明。将经济增长等同于社会发展注定是一种片面的、畸形的、单一的发展观,它在根本上混淆了"物本"与"人本"这一关键性的问题。无论从本体论的角度还是从认识论的角度,"本"之问题都是极为重要的,关系到社会发展的根源与方向性问题。马克思主义并不反对物的价值,却反对物凌驾于人、异化于人、背离于人,主张"以人为本",强调人是社会发展的主体,是社会发展的目的。因而,无论是个人日常的思维逻辑及现实活动,还是国家的方针制定及公共政策的实施,都应以"人"为出发点,都应以"人"为目的,并"始终把实现好、维护好、发展好最广大人民的根本利益作为党和国家一切工作的出发点和落脚点"③。而以"人"为目的,即是以人的全面发展为目的,它包括人的各种能力充分而全面的发展,各种社会关系的高度丰富和全面完善,以及人的需要的全面发展和充分满足。社会的进步和发展的评判尺度必然是归属于"人"的,归属于广大人民群众而非少数人。它是指人民群众的合理需要得到满足而非GDP等经济指标的飙升,是人民群众的合法权利得到保障而非高楼林立等外在物质条件的充盈,是人民群众的普遍幸福得到实现而非国家财富"量"的积累。总之,"物本"与"人本"在根本上并不矛盾,它们之间是手段与目的的关系,手段应当为目的服务,目的也应当引导手段。"物本"不应疏离、凌驾于"人本",而应支持、服从"人本","人本"也应当坚持主导地位,根据时代发展的主题规范、指导、纠正"物本",使之不偏离社会发展的正确轨道,真正做到"发展为了人民、发展依靠人民、发展成果由人民共享",以实现社会的进步。

消费是人的需要的实现,因而消费的直接表现便是人们的现实物质利益的满足。由于消费在人的生命存在中占据着非常重要的角色,人民群众的消费状况自然反映出生活质量的高低以及"获得感"的真实状况。尽管人类历史上也有一些志高存远、清心寡欲的君子,他们畅谈隔绝物质属性的"孔颜乐处",践履

---

① 刘森林:《发展哲学引论》,广东人民出版社2000年版,第48—49页。
② 曾任波士顿大学世界发展研究所所长的斯特里顿指出:"发展应该被重新解释为对今天世界的主要祸害:营养不良、疾病、文盲、贫民窟、失业和不平等的进攻。"——托达罗:《第三世界的经济发展》(上),中国人民大学出版社1998年版,第92页。
③ 《胡锦涛在中国共产党第十七次全国代表大会上的报告》,http://cpc.people.com.cn/GB/64162/64168/106155/106156/6430009.html,访问日期2017年12月26日。

舍生取义、成圣成仁的道德人生,但成功者毕竟是凤毛麟角。对大多数人而言,这种生活方式并不合适。因为它剥夺了人的正当需要,违背了生命的基本原则,是难以被普遍化的。历史证明,当一个社会强行推行这种价值观时,不仅会造成社会发展的停滞,而且还在客观上造成小部分剥削者无尽地享受财富以至于纵欲无度,大部分劳动者只能被迫履行义务而无法获得根本实惠的严重阶级对立。更有甚者,当社会财富分配严重不均时,还会造成民有饥色、野有饿殍的人间惨剧。民康物阜、丰衣足食是人们的普遍愿望,也是人性蓬勃发展的物质条件,不能满足人民群众的这些愿望和为人民群众谋得幸福的生活,则难以获得统治的合法性资源。

改革开放以来,经过对"文革""左"倾错误的拨乱反正,我们党对人民群众的消费生活不断给予制度上的保障,物资匮乏已成为历史,消费品升级也成为现实,人民群众生活在一个越来越丰裕的世界。但另一方面,我们的发展却是不平衡的,特别是农村地区人口的消费质量令人担忧。在总体上,由社会财富、科技水平、社会保障、收入条件等因素所决定的消费质量,也与欧美等发达资本主义国家之间存在着较大的差距。因而,在消费生活中使人民群众真真切切地感受到获得感自然成为共享发展的关键性内容。社会主义生产的目的是满足人民群众日益增长的物质文化需要。十八届五中全会也提出要使全体人民在共建共享发展中有更多获得感,而这"获得感"最直接的体现便是社会成员真实的消费状况及拥有的消费资料。恩格斯在谈到社会发展到较高阶段时曾说,"不仅生产生活必需品,而且生产奢侈品……这样,生存斗争……就变成为享受而斗争,不再是单纯为生存资料而斗争,而是为发展资料,为社会地生产出来的发展资料而斗争"[1]。可见,对更高层次、高水平的消费资料的享有会丰富和充实人民群众的获得感,使人民群众的"体力和智力获得充分的自由的发展和运用"[2]。

三、夯实共享发展的基础,延展消费的经济性

在市场经济体制中,经济发展的原动力既不是生产,也不是交换和分配,而是消费。在当前中国经济发展的语境与逻辑中,消费无疑是一个焦点话题。从社会再生产的角度,消费的关键性作用自不待言:作为结果的"消费"验证前几个环节的成败,而作为动力的"消费"则成为下一个生产过程的先导。刺激消

---

[1] 《马克思恩格斯选集》第4卷,人民出版社2012年版,第518页。
[2] 《马克思恩格斯全集》第26卷,人民出版社2014年版,第300页。

费—生产增长—经济繁荣已经成为中国市场经济发展的内在理路。特别是全球金融危机爆发以来,国外市场萎缩导致中国出口受阻的现实已深深制约着中国经济的发展,"刺激消费、扩大内需"在新的历史条件下便具有了更加紧迫的意义。这就可以理解"消费爱国论"之类的言论能够产生的原因了。抛开其将消费与爱国的简单化关联、对爱国的庸俗化理解以及对底层民众贫困生活状况的漠视,我们可以清晰地看到居民消费对经济增长的驱动意义:没有旺盛而持久的消费,国民经济停滞、衰退的危险性是不容忽视的。根据经济学理论,居民消费率是衡量一国经济发展良性与否的重要指标[①]。《2015年消费市场发展报告》指出,中国近十年来消费率首次突破50%,居投资、出口以及消费这三驾马车之首,这就表明我国消费驱动型发展模式基本确立。但我们还应当清醒地认识到,我国居民消费率不仅低于发达国家,也低于印度等发展中国家。消费需求不足的问题已经困扰着中国经济的持续健康发展,尽管中国"扩大内需"的政策提出了多年,其间出台的措施并不鲜见,但国内消费依然是激而不动、扩而不充,消费对国家GDP的贡献率仍与发达国家的70%—80%的数值比例相距甚远。因而,增强居民消费对经济增长的拉动作用,推进经济发展方式转变,促进国民经济的健康发展仍是中国经济领域长期而艰巨的任务。在经济新常态时期,我国还面临着三大困难:产能过剩、楼市库存、债务高企。这也暴露出原有经济增长方式的弊端,暴露出需求与供给之间的矛盾,既低端、无效乃至错位供给与居民消费需求之间存在着巨大的反差。这也是为何我们既看到一线城市一再攀升的畸形高房价令广大低收入群体望房兴叹,也看到了二三线城市"空置"的住房可供2.2亿人的强烈对比;既看到大量国产消费品牌的销售低迷,也看到国外奢侈品牌却被国人狂热购买的不同境遇。其背后的问题在于怎样发挥消费的经济驱动功能,使消费这一动力能够不会因任性而偏离正轨,从而为共享发展提供坚实的基础。

虽然奢侈性消费对于经济发展具有一定的作用,但我们绝不能以高收入群体的奢侈性消费作为拯救经济下滑困境的良方,而是应当以广大人民群众消费需要的满足作为共享发展的重点。这不仅在于高收入群体所占人口比重较少,更在于高收入群体消费具有随意性、边际消费倾向不断递减,以及消费的收入弹性和价格弹性比较小的特点,否则就会由释放错误的消费信号造成商品滞销,最终影响到发展。高收入群体的奢侈性行为还会受到其他群体的模仿,但

---

① "居民消费率"是一个国家或地区在一定时期内,用于居民个人消费和社会消费的总额占当年国民支出总额或国民收入使用额的比率。

后者却并不具备前者的经济实力,因不理智而产生的高消费不但对当事人的日常生活带来影响,同样会由这种消费的短暂性释放错误的信号,不利于形成合理的消费结构。消费直接关系着人民群众的根本利益,基本生活品供应不足、通货膨胀、房价居高不下、出行困难、医疗费过高、教育不公平等民生问题,始终牵动着人民群众的心。经过40多年的改革发展,中国已经步入中等收入国家,但与美国、日本等发达国家人均4万美元的人均国民总收入相比,中国还有很大的差距(见图1)。

	世界各国人均国民总收入排名(单位:美元)					
	国家名称	2010	2011	2012	2013	2014
1	挪威	88,430	90,270	99,100	104,260	103,050
2	卡塔尔	66,430	71,340	79,380	87,150	90,420
3	澳大利亚	46,490	50,060	59,760	65,410	64,680
4	瑞典	53,810	56,020	58,600	61,750	61,600
5	丹麦	60,820	61,490	60,680	61,740	61,310
6	美国	48,950	50,450	52,540	54,070	55,200
7	新加坡	44,790	48,330	51,390	54,580	55,150
8	加拿大	44,450	47,090	51,020	52,570	51,690
9	荷兰	53,320	53,130	51,760	51,060	51,210
10	德国	44,780	46,410	46,700	47,250	47,640
11	冰岛	36,710	37,720	40,700	46,650	47,640
12	比利时	47,200	47,130	46,900	46,340	47,030
13	爱尔兰	44,100	42,450	41,460	43,080	44,660
14	阿拉伯联合酋长国	33,690	34,400	38,360	42,420	43,480
15	法国	43,800	44,220	43,180	43,550	43,080
16	英国	40,470	40,090	40,600	41,590	42,690
17	日本	41,980	45,190	47,830	46,330	42,000
18	中国香港特别行政区	33,620	35,690	36,320	38,520	40,320
19	以色列	29,480	31,170	32,160	33,930	34,990
20	意大利	37,700	37,690	36,020	35,430	34,280
60	中国	4,300	5,000	5,870	6,740	7,380

图 1 2015 年世界各国人均国民总收入排名

收入是消费的函数,是有效发挥消费经济功能的前提条件。若如此,就应当完善收入分配制度,使人民群众劳有所得、劳有所获、勤劳能富、勤劳致富;就应当拓展就业渠道,使人民群众有岗可入、有职可升、有业可创,有绩可图。当然,广大人民群众通过自己努力而获得的收入应当是有效力的,即在 GDP 增长中的比重应予以提高,收入要跑赢 CPI(居民消费者价格指数),收入不受通货膨胀影响等,以真正能实现有钱能花、有钱可花。仅就推动消费民主化浪潮以及建构解决人们消费的后顾之忧的社会保障制度而言,消费主义的历史功绩不应被忽视。另外,阻碍居民现实消费力形成的原因除了其现期的收入状况,还有其未来的收入预期。如果政府不能提供有效的公共服务,不能健全社会保障制度,那么压在人民群众身上的医疗、养老、教育等领域的显在或潜在的沉重包袱,将会抑制其敞开钱袋而拒绝消费。

从刺激消费的紧迫性而言,农村消费无疑是重点,也是拉动中国经济增长的最大动力。从农村人口的数量、农村经济对国家经济模式转型的影响、农村安定对社会稳定的制约等因素的考察中,我们可以清晰地看到,激发农村的消费需求,将农村消费由潜在的需要变为现实的需求是当前中国刺激消费政策的关键点。据专家测算,一个农村人口变为城市人口,他的个人消费可以增加两倍,另外增加的潜在的基础设施和公共服务的投资需求在10万块钱①。如果每一年增加2000万城市人口的话,就能够带动20万亿元的城市基础设施和公共服务的投资需求。因而,减少农村人口比重,促使农村富余劳动力加快向第二、三产业转移,促使农村人口加快向城市转移,是推进城乡统筹、建立城市一体化制度的重要措施。但在推动农村人口向城市转移的过程中,不能简单化地将其变为名义上的城市人口,甚至也不是粗暴地剥夺农民土地而使之丧失赖以生存的生活来源,而是要通过增强公共服务、提供就业岗位、创造就业培训机会、适当补助其角色转变期的损失,以保障其顺利地向城市转移,在其身份发生转变后使其能够有真正的归属感而不是被剥夺感和被排斥感。而对于留在农村的人口,政府的任务应当在于有效选择着重提高农民消费能力的具体措施,比如,提高农产品的最低收购价格,加强农村基础教育,提供疾病预防保健、养老保障,加大农村在道路、电力、水利、通信等方面的基础设施建设,改善农民的居住环境,将家电下乡活动推广到其他方面,繁荣农村市场的发展,发展农业新技术、新产品,通过这些举措将农村消费这个具有巨大潜力的市场释放出来。

四、强化共享发展的能力,确保消费的持续性

"发展"一词是一个与现代性伴生的概念,有学者甚至将现代化视为发展的目标及检验标准。"发展并不仅仅是现代化,它还有更高的目标。现代化只是发展进程中的一个阶段。"②近代以来,发展内在地包含着进步、进化的逻辑。进步的意义是积极的,它能给人以信心与力量,给社会以井然有序的价值导向,给科技创新以乐观向上的精神支持,给人类文明以薪火永传的思想精粹。发展的要义固然在于进步,在于新事物对旧事物的替代,但发展并非是一蹴而就、天然而成的。其中所涉及环节的繁杂、要素的抵牾、思想的交锋、利益的冲突,往往使得进步目标的实现困难重重。所以,持续还是断裂始终是发展问题中的

---

① 郑新立:《扩大消费最大潜力在农村》,http://money.163.com/10/0306/16/613VA0KD00253B0H.html,访问日期2017年12月8日。
② 刘森林:《重思发展——马克思发展理论的当代价值》,人民出版社2003年版,第24页。

困惑。

人类社会的发展理应是一个充满生机的进步状态,只不过在不同的历史时期,人们认知模式的时代性及片面性,使得社会发展之路布满了荆棘和坎坷。科学技术是第一生产力,这是被我们不断强化的命题。作为推动社会发展的强大动力,科学技术为人的存在方式的变革带来了无与伦比的成效。不论是人类的健康生存、日益扩大的活动空间,还是人类社会交往关系的延展、生活内容的丰富性方面,科学技术都是现代社会不可否定的革命性力量。马克思主义经典作家曾高度评价了科学技术的作用,认为"科学是一种在历史上起推动作用的、革命的力量"[①]。不过,作为人的本质力量体现的科学技术虽然为人类文明创造了不朽的奇迹,但盲目乐观于科学技术的成就与前景亦存在着一定的风险。不可否认的事实是:科学技术的负效应、科技的异化等消极面,已经深深威胁到人类社会发展的未来,受科技主义乐观精神鼓舞和辅佐下的经济主义在创造社会物质财富的进程中又使人类对前途充满了担忧和恐惧。日益紧迫的环境污染、生态危机、资源枯竭等问题不断刺激着人类的神经,引发人类深刻反省人与自然的合理关系。另一方面,过分经济化、物质化、货币化的价值导向在使资源、环境疮痍满目的同时,亦使得人与人之间在资源、财富的分配问题上矛盾重重。"它使人和人之间除了赤裸裸的利害关系,除了冷酷无情的'现金交易',就再也没有任何别的联系了"[②],甚至于家庭关系也浸染了金钱的铜臭味道。这种没有情感交集、没有信任基础,充满了利用和交换特征的社会关系无疑会瓦解社会的凝聚力和共识,冰冷的利己主义亦会导致如托克维尔所言的"社会公德资源的枯竭"的弊病。特别是当资源、利益分配严重不公之时,道德的堕落、贫富的严重分化、社会的分裂亦会使发展成为一个伪命题,使人类文明的前景黯淡无光乃至发生断裂。正是基于这样的理性审思,"可持续性"便关系到发展的命脉,采取杀鸡取卵式的发展模式注定是断裂的、失败的。所谓发展的可持续,就是突出资源的后续利用能力,突出生态的再生能力,突出人的延续性等问题,它以光明的未来而非暂时的当下作为行为规范,是一种系统的、辩证的思维方式。

《只有一个地球》的作者曾告诫我们:"对消费品的喜新厌旧成风,无限制的使用能量,我们的前途只能是生态系统的灾难。"[③]消费与生态问题有着必然联

[①] 《马克思恩格斯文集》第3卷,人民出版社2009年版,第602页。
[②] 《马克思恩格斯选集》第1卷,人民出版社2012年版,第403页。
[③] [美]巴巴拉·沃德,雷纳·杜博斯:《只有一个地球》,吕瑞兰、李长生译,吉林人民出版社1997年版,第165页。

系,共享发展需要可持续性的消费,需要当代人与后代人享有同样的消费权利,而不是当代人对后代人消费权利的肆意剥夺。共享发展既反对高档消费品在生产中的深加工工艺对资源的过多占用,也反对低档消费品在生产中的粗放式手段对资源的耗竭性开采;既不赞成发达国家"用过即扔"的浪费模式对环境造成的压力,也不赞成发展中国家出于发展经济的目的充当廉价供给商和加工厂而对本国资源的转让和破坏;既否定以奢华高贵的时尚名义对珍稀动物生命的掠夺,也否定以离奇怪异的畸形心态对野生物种肢体的残害。因而,共享发展理念主张人的消费需要不应当是无限的,而应当是有限的。尽管运用现代科技可以创造出新的替代能源,但这并不意味着人类可以无所畏惧地浪费现有的不可再生资源,可以肆无忌惮地破坏可再生资源的再生速度,可以不计后果地将自然界当成承载消费垃圾或废物的容纳器。这也说明,科技创新能够去去创造无限的可能性,但却无法超越自然、社会所提供的必然性与客观限度。与此同时,共享发展理念强调自然是有尊严的,这种尊严在于自然是人的"无机的身体"而不单纯是"被征服的对象",是人的"生命之源"而不仅仅是生存的手段。一旦人类冒犯自然的尊严,它就会以强大的反击力来报复人类的"胜利"。"因此我们每走一步都要记住:我们决不像征服者统治异族人那样支配自然界,决不像站在自然界之外的人似的去支配自然界——相反,我们连同我们的肉、血和头脑都是属于自然界和存在于自然界之中的。"[①]可见,自然是有尊严的,自然的尊严是人类的尊严的衡量标准,是人类文明的印证。

对于像中国这样一个人口基数大、人均资源占有率极低、对资源的人为破坏又较为严重的国家而言,共享发展理念要求我们必须对消费需要的合理性提出现实规定性,必须抛弃西方社会"不求天长地久,只求一朝拥有"的不可持续的消费观,摒弃其无视消费品使用寿命的"用过即扔"的浪费方式,摒弃其过度包装的营销手段以及高耗能的生活方式。它要求我们认真评价现有的资源存量与环境现状,科学计算现有的能源破坏程度及其潜在的风险,将脱贫致富与资源保护、民族富强与环境优化、国民幸福与自然恒久、人口繁衍与生态平衡有机结合起来,以取之有度、享之有理的方式来营造绿色生活,在代际公正的原则下实现共享发展,从而在消费中确证"人"的本质和实现"人"的自由。

五、突出共享发展的目的,增进消费的公正性

在西方社会学理论中,消费分层理论是一个非常有意义的研究方法,它从

[①] 《马克思恩格斯全集》第26卷,人民出版社2014年版,第769页。

消费的维度揭示了西方国家步入消费社会时代的新变化,从消费分层这一视角对西方消费社会的社会分层进行了批判与解读。消费分层也像一张晴雨表一样折射着当代中国的社会分层景观。当然,消费上的分层能否真正指涉当代中国社会的分层现象还是一个有待于科学论证的问题。但就中国目前的现实而言,消费的确在某种程度上成为划分特定社会群体的指标,所以用消费作为参照系来研究社会分层是有现实意义的。

新中国成立后的相当长一段时间里,由于特定的国内外环境,国家采取了高积累、低消费的经济政策,人民群众的生活水平长期在低水平徘徊。改革开放40多年来,我国居民消费已经由温饱型向小康型甚至是富裕型转变,消费水平、消费结构都有明显的提高。但另一方面,由于经济发展的不平衡,消费分化现象亦变得相当突出。一部分人的生活水平迅速提高,其消费水平已经达到了富裕甚至是极富裕的水平,而绝大多数农村人口、城市低收入者的消费水平还很低,温饱问题尚需进一步解决。城乡之间、地区之间、行业之间的消费分化都很明显。而那些经济地位不断上升的阶层,往往会通过炫耀性的消费来证明自己的财富和成功,甚至以极其奢华之能事来昭示着自己的富有。消费问题实质上是分配问题的最终体现。国内学者的研究也表明:"按照十大阶层的划分标准,不同的社会阶层因为资源占有不同,在消费方式上表现出非常明显的特点。"[①]市场经济中的消费分层是必然的,它在一定程度上是对劳动主体劳动能力的验证。我们应当肯定消费分层的意义,但问题的关键在于分层的具体样态是否合理?各个阶层之间的比例关系是否合理?各阶层之间的流动性如何?还应当看到,消费分层具有显形特征,它更容易引起人们心理的不平衡感以及不公平感,如郭美美的炫富行为就一度带来公众的强烈不满。

社会主义的本质是消灭剥削、消除两极分化,最终实现共同富裕。在原有的发展战略中,"让一部分人先富起来"的思路有其历史必然性,它鼓励一部分人用自己的辛勤劳动、聪明才智致富,在"先富"的努力中带动一个注重自强、强调实干、创造效益、追求成功的社会氛围,为国家创造了发展的奇迹。然而,"先富"者未必自然带动"后富"者,从"先富"达至"共同富裕"还需要有政策激励和制度保障。当先富者以胜利者的姿态俯视大多数贫者时,就如电影《小时代》中的宫汐、顾里等人以一种强者的身份来屏蔽弱者,为自己营造繁华的高消费空间和惬意的人生时,暴露的就是有钱人的霸道和无情。然而,让一部分人先富

---

① 赵卫华:《地位与消费——当代中国社会各阶层消费状况研究》,社会科学文献出版社2007年版,第244页。

起来只是社会主义改革的阶段性目标而不是终极目的,如果改革的成果沦为少部分人的囊中之物,如果社会财富仅由少部分人享受,那么这就背离了社会主义的本质。须知,"过去的一切运动都是少数人的,或者为少数人谋利益的运动。无产阶级的运动是绝大多数人的、为绝大多数人谋利益的独立的运动。"①社会主义改革应当是要为广大人民群众谋福利,是要让全体人民共享发展成果。

共享发展并不否认消费分层,因为从共享的要义来说,既不是共同消费也不是平均消费,它的前提是劳动,不劳而获无法得到共享发展的资格。但若消费分层仅仅沦为有钱人任性、逍遥的身份标识,而贫困者生活窘迫,那么分层则演变为分化,其不公平性便跃然纸上。如果说这种严重的两极分化现象是建立在遵循市场规律、尊重公平法则的基础之上,并能带来效率和活力的话,我们尚可以在一定程度上容忍这种由市场的外部性特征带来的不平等现象,可问题的关键在于,中国基尼系数超过 0.5 的比例状况,严重的社会不公现象恰恰是蔑视市场规律、违背公平原则的结果。改革开放 40 多年来,广大人民群众为国民经济的繁荣做出了巨大贡献,但劳动者报酬在 GDP 的比重逐渐下降,社会财富却越来越多地向少数企业高管集中,劳动者缺乏讨价还价的权利,收入明显偏低;在行业领域,电力、电信、石油、金融等行业职工的各项收入远远高于其他行业,形成了职工人数仅占全国职工总数 8% 的行业在收入方面却远远高于全国平均水平;长期以来形成的城乡二元结构妨碍着"三农问题"的有效解决以及中国的城市化进程,造成广大农民消费能力长期得不到释放;而对政治权力监督的乏力,也使得一部分党政领导干部通过非正常渠道走向腐败,过着纸醉金迷的腐朽生活,动摇了党的执政根本和政府的公信力;各级政府在存款倍增的情况下并没有增加服务社会的责任,在教育、公路、医疗、养老、住房等公共产品的供给方面职能乏力,迫使广大群众无奈地进行储蓄而非正常消费。诸如此类的原因,造成了中国内需严重不足,消费对经济贡献率明显低于世界平均水平的不利后果。

消费公平的关键在于解决收入分配领域中的公平问题。在保证按劳分配政策有效实施的前提下,提高居民收入尤其是低收入者的收入尤为重要。而通过税收等手段对高收入者进行调节以及加强对领导干部及其子女的财产监督,有助于实现居民收入分配公平。消费公平呼唤共享发展理念对以往的不科学

---

① 《马克思恩格斯选集》第 1 卷,人民出版社 2012 年版,第 411 页。

发展观予以矫正,即改变单一的 GDP 指标评价尺度,既要重视 GDP 对经济活力的激励价值,又将 GDP 的增长与人均收入增长、货币保值、实际购买力有机结合起来,将少数人的富裕与多数人的富裕有机结合起来,从而实现人民群众消费能力的增长。共享发展既然强调人民享有改革发展成果的公正性,那么它在国富与民富的问题上更应侧重于民富,它主张国富虽然是民富的前提,但国富的根本及关键在于民富。因而,公共财政的目的在于改善民生,确保公共服务的有效供给及其均等化要求,使人民群众真正得到实惠,在消除制约消费的各种顾虑及基本需要得到保障之后实现消费结构的合理化、消费级别的递进性。

六、提升共享发展的质感,丰富消费的精神性

"因为要多方面享受,他就必须有享受的能力,因此他必须是具有高度文明的人。"①从享受的层次及其深刻内涵而言,仅仅是物质性的吃喝住行,仅仅是身体性需求的满足毫无深度可言,因为享受还需要与之相匹配的精神力量和文明气质。与之相应,共享发展不应当只是物质上的量的累积,还应当包含人的精神境界的提升。我们固然需要仓廪实、衣食足的小康生活来昭示共享发展的价值,但我们更需要人们践礼节、知荣辱,具有高尚的精神文明,这是实现共享发展理念的思想保证和精神动力。无论从时代的发展主题还是从人的全面性本质来看,精神文化消费都是不可或缺的内容。精神文化消费以善的、美的形式浸染人的心灵,它使人的消费折射出"人类高贵精神之光",因而它是一种高层次的消费,它能够将人引入高度文明的境界,使人趋于自由而全面的发展。

苏东剧变的惨痛经验告诉我们,社会主义如果不能在人们的精神生活领域中发挥引领作用和主导地位,社会主义的主流价值观的传播方式如果没有新意和魅力,那就会丧失优势阵地,在离散群众基础中被放弃。社会主义的感召力来自对人民群众根本利益的保护和实现,集体主义价值观的说服力来自党和政府对"三农""高房价""通胀"等民生问题的有效解决。要知道,人民群众只有在丰裕的消费品、公平的消费环境、稳定的制度保障中才能感受到社会主义的优越性,从而与国家政策保持一致。我们固然要抵制西方的消费主义、享乐主义之风对人们价值观的侵蚀,但若缺少优秀的弘扬社会主义主旋律的影视剧,缺少贴近百姓生活、客观反映现实生活的艺术作品,缺少将生活性与政治性、崇高化与大众化有机结合的文化产业,那么社会主义主流价值观就很难落实。因

---

① 《马克思恩格斯文集》第 8 卷,人民出版社 2009 年版,第 90 页。

而,共享发展需要建设先进的消费文化,即这种消费文化在反映社会主义主流价值观的同时也并不排斥平民百姓的娱乐休闲文化;既注重高层次、高品位的精英文化,又认可活泼乐观的大众文化。它们相互交叉,深刻反映了严肃性和生活性的统一,反映了系统思想性和广泛覆盖性的统一,反映了全民族的共同理想和各阶层特殊利益的统一。当然先进的消费文化建设要注意到各阶层群众的主观能动性,尊重不同对象的审美情趣;注意人民群众接受能力的层次性,即特别要注重精神文明产品的教化功能,依据不同群体的精神,以不断丰富的文化活动为手段,为各阶层群众搭配文化平台,在提高精神文化产品水平的同时,提高各阶层的文化鉴赏水平,培育人民群众自觉抵制不良文化影响的能力。此外,先进的消费文化既要鼓励支持一些高雅优秀且能够对社会价值观念起到积极引导作用的精品文化,也要发展能让各阶层群众享受到娱乐和美、享受到良好启发和教育的大众文化。当然,先进的消费文化还是增进社会共识、化解社会矛盾、促进人与人之间相互尊重和相互信任的消费文化。

崇尚节俭、力戒奢侈是中国传统消费文化的主基调,其中既有消极保守的道德内容,又有积极进步的道德成分。传统节俭观对中国古代社会的经济发展及人们精神生活的塑造起了不可低估的作用,但其内在缺陷也不应否认。新中国成立后,由于当时特殊的国际国内环境,我们对节俭的理解过于武断与片面,尤其是将消费与艰苦奋斗、勤俭节约对立起来,非但没有很好地发挥消费的经济动力功能,而且使人民群众的消费水平长期呈低水平徘徊,这也是当前人们对节俭颇为抵触的缘由。还有人以某些经济学家的观点为支撑,将商品积压、生产乏力、社会失业、经济下滑的根源都归因于节俭。固然奢侈的经济功能已被古今中外的学者所证明,但认为节俭过时以至于崇尚奢侈的观点也值得推敲。如果说西方社会推崇奢侈的高消费模式是以其高度繁荣的物质基础做坚强后盾,那么对于中国这个人均GDP的世界排名仅为第83位(国际货币基金组织2015年数据)的发展中国家而言,高消费就显得那么苍白无力、不堪一击。奢侈可以在一定程度上带来经济的繁荣,但这种繁荣只是虚假的、暂时的,它只是满足了少数富裕阶层的利益,而与支付能力有限的广大人民群众并无直接利益的相关性。一旦少数人的消费需求趋于饱和,大多数成员又无消费的实力,则消费市场就会萎缩,生产的持久动力便会丧失。因而,奢侈不是王道,节俭没有过时,经济下行的现状是由多种因素造成而非单纯节俭的缘故。节俭并不是一种道德强制,不是禁欲、吝啬,不是"节衣缩食",它体现着不畏艰难、奋发有为的时代精神,是根据中国社会生产力发展水平的实际确立自己生活需要,根据日益严峻的生态问题适度地节约资源,根据自己的真实需要安排自己的生活方式,根据社会财富的公平享有合理支出,所以它对财富的积累作用依然不可否定。

提升人民群众的精神文化消费尤其是发展性、智能性精神文化消费,是引导人民群众养成文明的消费方式和实现人的自由全面发展的必然要求。尽管人们对生存性需要的满足以及对"美食""美衣""悦目"等享受性需求的追求是人的发展的必要性环节,但这并不能充实人的本质。因为它们还有着明显的物质性特征,会在相当程度上导致浅薄、庸俗、贪婪、自私,甚至趣味低级。不可否认的是,在当代中国的精神文明消费领域存在着注重娱乐性、消遣性特征,一些品位低下、境界不高、愚昧落后的精神文化产品还在精神文化产品市场占据着相当比重,其中不乏色情、暴力、迷信、恶俗的成分。然而,娱乐性、消遣性给人带来暂时的快感与放松之际,并不能够使人产生心灵的共鸣,其中的片面感官性、个人主义的价值观会冲淡社会的凝聚力和公民的责任感。与此同时,低级趣味和怪诞离奇的劣质精神文化产品也会毒害人们的心灵,诱发心理疾病。尤其在当前激烈的国际竞争中,偏低水平、结构失衡的精神文化难以应对挑战,如果没有积极进取、开拓创新的国民精神品格,我们难以在竞争中取得优势。精神给人以超越动物性的动力,激发人走向自由;文化给人以摆脱蒙昧的目标,引领人趋向文明。高尚的、以发展性为特征的精神文化消费能够充实人的心灵,培养道德品质。当然,提高人民群众的文明素质,尚需党和政府加大图书馆、纪念馆等历史文化资源与设施的投入力度,需要建设好风格鲜明、启迪创新思维、培育科技精神的科技馆等科技文化场所,需要加强低俗性文化产品市场的监督管理和净化文化消费市场风气,唯此才能确保人民群众形成与现代文明相匹配的消费能力。

后 记

　　2013年8月19日,在全国宣传思想工作会议上的重要讲话中,习近平总书记明确指出:"经济建设是党的中心工作,意识形态工作是党的一项极端重要的工作。"习近平总书记的重要讲话深刻阐明了党的中心工作和意识形态工作的定位和关系,提出了正确把握这两项工作的实践要求,指明了意识形态工作引领社会、凝聚人心、推动发展的强大支撑作用,道出了意识形态工作的根本性、战略性、全局性意义,为维护我国意识形态安全指明了方向。

　　当前我国意识形态领域斗争依然尖锐复杂。一方面,随着世界范围内各种思想文化交流交融交锋日益频繁,西方敌对势力加大对我国的文化侵蚀和意识形态渗透力度,企图在意识形态这场没有硝烟的战争中"西化""分化"中国。另一方面,国内改革进入深水区过程中所呈现出的利益分化、阶层固化、价值观多元化、文化形态多样化等现代性特征,也一度给我国意识形态建设带来诸多不确定性。受国际国内环境的双重影响,中国社会各种社会思潮暗流涌动、此起彼伏。除了20世纪90年代以来在本土出现的、质疑改革开放道路的新左派思潮外,还有来自西方社会的各种非马克思主义甚至反马克思主义思潮,如自由主义、民粹主义、民主社会主义、宪政民主思潮、"普世价值"观、历史虚无主义、"公民社会"思潮、新闻自由论、消费主义和极端民族主义思潮等等,各种社会思潮彼此交织、遥相呼应,严重威胁着我国主流意识形态安全。为此,习近平总书记在十九大报告中明确指出,我们必须"牢牢掌握意识形态工作领导权……注意区分政治原则问题、思想认识问题、学术观点问题,旗帜鲜明反对和抵制各种错误观点"。针对我国意识形态领域"树欲静而风不止"的现实境况,近年来国内思想理论界在如何批判引领社会思潮和构建意识形态建设方略方面展开大量研究,并且取得了丰富的研究成果。但受制于独特的历史传统、文化心理和生活习性,西方社会思潮为了获得生存与发展的空间,在中国演进过程中自觉地或被动地进行着自我的本土化和民族化,即形成"西汁中味"式的非主流社会思潮。一个不容回避的事实是,在我国学界取得的研究成果中,多的是立足于中国主流意识形态而聚焦于批判西方各种社会思潮,而从全局性和历史性的视角对西方社会思潮的中国嬗变和中国样态进行专题研究和分析批判显得略微不够。基于上述理解,本人尝试从不同侧面对当代中国非主流社会思潮进行分析、梳理和理性批判,并由此促成了本成果的形成。

值得一提的是,笔者自20世纪80年代末开始研究政治哲学,曾先后成功申报并主持完成了国家社科基金一般项目"西方近现代政治哲学流派批判与当代中国政治文明建设"(04BZZ003)、国家哲学社会科学基金重点项目"当代西方意识形态终结理论批判与我国意识形态安全"(09AZZ001)两项,出版了政治哲学研究的系列论著,如2012年出版了《批判·启示:西方近现代政治哲学流派研究》一书。该书对西方近代以来14个主要政治哲学流派进行了多维透析和理性批判,力图为我们理解西方社会的政治生活提供一个基本视角,为建设中国特色社会主义政治文明提供必要的借鉴和启示。按照笔者对政治哲学的理解,作为当代中国非主流社会思潮,其主体构成基本来自西方近现代政治哲学诸流派,进一步讲,当代中国许多重要的社会思潮,如新自由主义、民粹主义、民主社会主义、宪政民主思潮、"普世价值"观、历史虚无主义、"公民社会"思潮、新闻自由论、消费主义等思潮,尽管形式各异,但都有着浓重的自由主义气息,传承着西方自由主义的血脉,实际上是西方自由主义在中国本土化过程中的不同表现形式与存在样态。

需要特别指出的是,本书作者在研究、撰稿过程中,除了以国内外政治学及相关经典著作为依据外,还大量参阅、整合和利用了国内学者有关当代中国社会思潮研究的具有共识性的成果,没有这些成果为依托,本书就难以诞生,在此谨向他们表示崇高的敬意。

作为研究计划的一个重要组成部分,本书是近年来笔者主持的教育部哲学社会科学重大课题攻关项目——"新时代马克思主义政治哲学话语体系构建研究"(19JZD008)的阶段性成果。作为该项目的主持人,笔者负责本书研究思路和方法的拟定、研究内容和框架的选择,在撰写绪论和书稿诸章节核心内容的同时,对初稿内容进行重大调整、全面修改、学理提升和审慎论证,并对全书进行统稿、定稿。笔者的课题组成员分别负责了全书各章初稿的写作,具体分工如下:第一章、第二章由竟辉撰写;第三章由胡媛媛撰写;第四章由李栗燕撰写;第五章由王翼撰写;第六章由祖密密撰写;第七章由刘玲玲撰写;第八章由袁婷婷撰写;第九章由高清军、竟辉撰写;第十章由赵玲撰写。在出版过程中,竟辉负责书稿的引文校对。

王 岩
于南京紫园

后　　记

　　2013年8月19日,在全国宣传思想工作会议上的重要讲话中,习近平总书记明确指出:"经济建设是党的中心工作,意识形态工作是党的一项极端重要的工作。"习近平总书记的重要讲话深刻阐明了党的中心工作和意识形态工作的定位和关系,提出了正确把握这两项工作的实践要求,指明了意识形态工作引领社会、凝聚人心、推动发展的强大支撑作用,道出了意识形态工作的根本性、战略性、全局性意义,为维护我国意识形态安全指明了方向。

　　当前我国意识形态领域斗争依然尖锐复杂。一方面,随着世界范围内各种思想文化交流交融交锋日益频繁,西方敌对势力加大对我国的文化侵蚀和意识形态渗透力度,企图在意识形态这场没有硝烟的战争中"西化""分化"中国。另一方面,国内改革进入深水区过程中所呈现出的利益分化、阶层固化、价值观念多元化、文化形态多样化等现代性特征,也一度给我国意识形态建设带来诸多不确定性。受国际国内环境的双重影响,中国社会各种社会思潮暗流涌动、此起彼伏。除了20世纪90年代以来在本土出现的、质疑改革开放道路的新左派思潮外,还有来自西方社会的各种非马克思主义甚至反马克思主义思潮,如新自由主义、民粹主义、民主社会主义、宪政民主思潮、"普世价值"观、历史虚无主义、"公民社会"思潮、新闻自由论、消费主义和极端民族主义思潮等等,各种社会思潮彼此交织、遥相呼应,严重威胁着我国主流意识形态安全。为此,习近平总书记在十九大报告中明确指出,我们必须"牢牢掌握意识形态工作领导权……注意区分政治原则问题、思想认识问题、学术观点问题,旗帜鲜明反对和抵制各种错误观点"。针对我国意识形态领域"树欲静而风不止"的现实境况,近年来国内思想理论界在如何批判引领社会思潮和构建意识形态建设方略方面作出了大量研究,并且取得了丰富的研究成果。但受制于独特的历史传统、文化积淀和生活习性,西方社会思潮为了获得生存与发展的空间,在中国演进过程中或自觉地或被动地进行着自我的本土化和民族化,即形成"西汁中味"式的各种非主流社会思潮。一个不容回避的事实是,在我国学界取得的研究成果中,更多的是立足于中国主流意识形态而聚焦于批判西方各种社会思潮,而从整体性、